JN311811

縄紋文化起源論序説

岡本東三

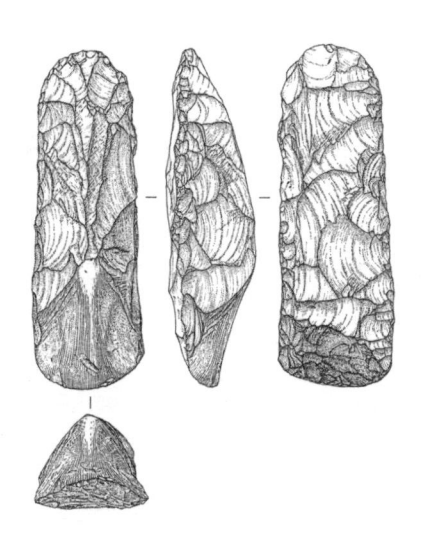

六一書房

序

　釣人には、「フナに始まり、フナに終わる」という格言がある。自己を振り返ったとき、多少の回り道はあったが、自分のライフワークは「縄紋文化起源論に始まり、起源論に終わる」と考えている。定年を迎えるにあたり、これまでの仕事を顧みながら一書に纏めてみたものの、いずれも未成熟・未完成なものばかり、恥ずかしい限りである。これも、自分史の一コマである。「縄紋文化起源論は終わりではなく、終わりの始まり」と気持ちを切り換え、『縄紋文化起源論序説』－千葉大学考古学研究叢書 5 －として上梓することにした。これを新たな出発点の礎にしたい。

　縄紋文化起源論は、その終末論とともに先史考古学の命題ともいえるテーマである。起源論への取り組みは、山内清男博士との「ヒトと学問」の衝撃的な出会いにある。自己の学問形成に大きく影響を与えたといっても過言ではない。戦前、『日本遠古之文化』を著し、"縄紋研究の父"と呼ばれた博士が沈黙を守り、戦後の清貧な思想や研究姿勢を貫いていた時代のことである。その謦咳に接することができようとは、夢にも思わなかった。それは博士晩年の成城大学時代の出来事であった。この時期、博士が戦前に築き上げた先史考古学の秩序が、「本ノ木論争」や「^{14}C 年代論争」によって大きく変容する激動の転換期でもあった。

　「短編年か、長編年か」、^{14}C 年代ありきの長編年による「トキが歴史をつくる」という思考法には何も魅力を感じなかったが、比較年代法による「ヒトが歴史をつくる」という方法論に考古学の本質を見いだすことができた。博士没後も先史考古学の伝統は、佐藤達夫先生に継承され、博士同様、多く教えを学ぶことはできた。「山内原理主義者」と揶揄されようとも、方法論としての山内先史考古学を貫き通すことができたと自負している。

　また、麻生優先生からは、学生時代より長崎県岩下洞穴・下本山岩陰・泉福寺洞穴の発掘調査の参加を通して、実践論や研究の基礎を学ぶことができた。発掘の場における縄紋文化の起源の実態をこの眼で確かめる

ことができ、単に九州島からだけではなく、列島全体の視座で起源論を再構成できたのも、麻生先生の教えの賜である。

　その後、奈良国立文化財研究所、文化庁、千葉大学文学部という恵まれた環境・組織・教育の中で、迷うことなく考古学研究を継続することができた。今後とも、多くの人々の学恩と励ましに支えられ、ただ精進するのみである。

　山内清男博士没後40年、佐藤達夫先生没後35年、麻生優先生没後13年、二一世紀の考古学はどこへ向かおうとしているのであろうか。しかし、時代は代わろうとも、先史考古学の方法論の本質は変わることがない。「学問はヒト」である。

　なお、最後に本書の編集にあたり、考古学研究室の大学院生加藤大揮さんがコンピュータを駆使した困難な編集作業を一手に引き受けてくれた。「ノリとハサミ」の考古学から、「コピー＆ペイスト」の考古学の時代になった。もう私はついて行けない、ただコンピュータの画面を傍観するのみである。また、考古学研究室の大学院生小林嵩・佃竜太・松嶋沙奈さんには、ささくれた曲竹のような論攷を細部まで点検し、矢柄研磨器で磨くが如く調整していただいた。校正・索引にあたっても院生・学部専攻生の総動員体制であたってくれた。おかげで短期間のうちに上梓することができた。それも考古学研究室の同僚、柳澤清一さんの暖かい励ましとご尽力の賜である。深謝の限りである。

2011年10月吉日

岡本　東三

目　次

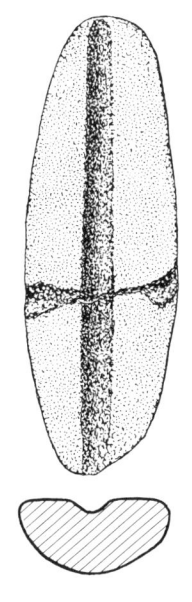

椛の湖遺跡

本文目次

序

序　説　　多岐亡羊の縄紋文化起源論

第Ⅰ部　細石器文化と神子柴文化

第1章　縄紋文化移行期の石器群の変遷 …………………………………… 13
－細石器文化と神子柴文化の理解－

はじめに（13）
1．石器からみた画期とは何か（13）
2．神子柴・長者久保文化の範囲（14）
3．移行期の石器群の変遷（15）
4．デポに関連して（17）
おわりに－本ノ木論争の今日的解決を－（18）

第2章　神子柴・長者久保文化について ……………………………………… 31

1．先土器文化の性格をめぐって（31）
2．神子柴・長者久保文化をめぐって（33）
3．神子柴・長者久保文化の石斧（36）
4．石斧を伴う石器群の組成（43）
5．神子柴・長者久保文化の様相（47）

第3章　神子柴文化をめぐる40年の軌跡 ……………………………………… 85
－移行期をめぐるカオス－

はじめに（85）
1．神子柴文化をめぐる位相（85）
2．神子柴文化縄紋時代説（88）
3．神子柴文化先土器時代説再論（95）
4．神子柴文化前後の問題点（101）
おわりに（105）

第4章　細石器文化と神子柴文化の危険な関係 ……………………………111

はじめに（111）
1．「旧石器時代」の『神武西征論』（111）

－ⅴ－

　　　　2．『植民論』の問題点　(115)
　　　　3．細石器集団と神子柴型集団の危ない関係　(118)
　　　　4．細石器と神子柴石器の近年の事例　(130)
　　　おわりに　(136)

第5章　九州島の細石器文化と神子柴文化……………………………………145
　　　はじめに　(145)
　　　　1．九州島における神子柴文化のホライゾン　(146)
　　　　2．九州島における削片系細石器　(149)
　　　　3．九州島における神子柴文化の要素　(152)
　　　　4．九州島における有舌尖頭器文化の要素　(158)
　　　おわりに　(161)

付　編　1．福井県鳴鹿山鹿遺跡出土の局部磨製石斧……………………………165
　　　　2．青森県長者久保遺跡……………………………………………………175

第Ⅱ部　先土器時代から縄紋時代

第1章　移行期の時期区分について………………………………………………185
　　　はじめに　(185)
　　　　1．時期区分に関する諸説　(185)
　　　　2．時代区分の手続き　(188)
　　　　3．画期と時代区分　(188)
　　　　4．どこで区分するのか　(190)

第2章　「縄紋土器起源論」のゆくえ……………………………………………193
　　　　1．縄紋土器の起源を求めて　(193)
　　　　2．撚糸紋土器－最古をめぐる情勢－　(194)
　　　　3．隆起線紋土器をめぐる情勢　(196)
　　　　4．窩紋土器・豆粒紋土器をめぐる情勢　(198)
　　　　5．「第三の土器」を求めて　(200)

第3章　縄紋土器起源の系譜とその変遷…………………………………………207
　　　はじめに　(207)
　　　　1．「第三の土器」の検証　(208)
　　　　2．最古の縄紋土器の系譜　(212)

            3．九州の草創期土器群の変遷 （216）
            4．本州における草創期土器群の変遷 （221）
          おわりに （227）

  第4章　沖ノ島海底遺跡の意味するもの………………………………………229
        －縄紋海進と隆起現象のはざまで－
          はじめに （229）
            1．館山市沖ノ島海底遺跡 （231）
            2．沖ノ島海底遺跡と海水面および地殻変動について （243）
            3．沖ノ島海底遺跡と海食洞穴の絶対比高 （248）
            4．各地の海底遺跡と縄紋海進の海水面 （253）
            5．前期初頭遺跡と縄紋海進のクライマックス （258）
          おわりに－海進と隆起のはざまで－ （263）

  付　編　　1．山内説と比較年代法………………………………………273

第Ⅲ部　押型紋土器の編年とその技法
  第1章　押型紋土器の地域性……………………………………………281
          はじめに （281）
            1．東北地方の押型紋土器 （282）
            2．関東地方の押型紋土器 （284）
            3．中部地方の押型紋土器 （285）
            4．近畿以西の押型紋土器 （287）
          おわりに－その地域性について－ （290）

  第2章　神宮寺・大川式押型紋土器について…………………………293
        －その回転施紋具を中心に－
          はじめに （293）
            1．神宮寺・大川式土器をめぐって （294）
            2．回転施紋具について （296）
            3．押型紋土器の編年とその位置 （301）
          おわりに （304）

  第3章　立野式土器の出自とその系統…………………………………307
          はじめに （307）
            1．押型紋土器の起源その展開 （308）

　　　　　2．立野式土器のゆくえを追って　(312)
　　　　　3．立野式土器の型式学的吟味　(315)
　　　　　4．立野式土器とその周辺　(323)
　　　　　おわりに－立野式土器の編年的位置－　(333)

　　第4章　トロトロ石器考……………………………………………………341
　　　　　はじめに　(341)
　　　　　1．研究史　(342)
　　　　　2．トロトロ石器の概観　(344)
　　　　　おわりに－磨製か、磨耗か－　(352)

第Ⅳ部　押型紋土器と沈線紋土器の編年的関係
　　第1章　埼玉県大原遺跡第3類土器をめぐって……………………………371
　　　　　はじめに　(371)
　　　　　1．大原3類土器　(372)
　　　　　2．大原遺跡発掘前後の縄紋土器研究をめぐる情勢　(374)
　　　　　3．戦後の早期編年の混乱　(378)
　　　　　4．大原3類土器の型式学的検討　(383)
　　　　　おわりに　(394)

　　第2章　関東・北の沈線紋と関・東北の押型紋……………………………401
　　　　　－三戸式土器と日計式土器の編年的研究－
　　　　　はじめに　(401)
　　　　　1．三戸式土器の出自をめぐって　(402)
　　　　　2．東北の日計式押型紋と大新町式沈線紋　(408)
　　　　　おわりに　(421)

　　第3章　関東・中の沈線紋と関・中部の押型紋……………………………425
　　　　　－三戸3式と細久保2式の編年的研究－
　　　　　はじめに　(425)
　　　　　1．撚糸紋土器と押型紋土器　(426)
　　　　　2．撚糸紋土器から沈線紋土器へ　(430)
　　　　　3．細久保2式押型紋と三戸3式沈線紋　(435)
　　　　　おわりに　(441)

第4章　縄紋土器における曲線紋の成立……………………………………445
　　　はじめに　(445)
　　　1．縄紋土器の曲線紋をめぐって　(446)
　　　2．佐藤達夫の曲線紋の理解　(448)
　　　3．田戸下層式における曲線紋の出現　(451)
　　　4．菱形区画内の渦巻紋　(455)
　　　5．田戸上層式土器の入組紋　(457)
　　　おわりに　(460)

付　編　　1．城ノ台南貝塚出土の田戸下層式土器の細分…………………………465

跋

　　　　索　引　-人　名-
　　　　索　引　-遺跡名-
　　　　索　引　-用　語-
　　　　初出一覧

図版・図表目次

序説

図A-1	大平山元Ⅰ遺跡出土土器の ^{14}C 年代と較正年代	5
図A-2	35,000年前以降の気候変動と先史時代の変遷	6
図A-3	「旧石器時代」から縄紋草創期の気候変動	6

第Ⅰ部

図Ⅰ-1	縄紋移行期の石器群（北海道）	19
図Ⅰ-2	縄紋移行期の石器群（東北）	20
図Ⅰ-3	縄紋移行期の石器群（新潟）	21
図Ⅰ-4	縄紋移行期の石器群（北関東）	22
図Ⅰ-5	縄紋移行期の石器群（南関東）	23
図Ⅰ-6	縄紋移行期の石器群（長野）	24
図Ⅰ-7	縄紋移行期の石器群（東海）	25
図Ⅰ-8	縄紋移行期の石器群（近畿）	26
図Ⅰ-9	縄紋移行期の石器群（中国・四国）	27
図Ⅰ-10	縄紋移行期の石器群（九州）	28
図Ⅰ-11	石器製作技法の変遷	29
図Ⅰ-12	縄紋移行期の石器群の組成率	30
図Ⅰ-13	神子柴型石斧の形態分類	37
図Ⅰ-14	先土器時代終末期・縄紋時代草創期の主要遺跡の遺物組成一覧	45
図Ⅰ-15	後野遺跡・大平山元Ⅰ遺跡出土土器	46
図Ⅰ-16	神子柴・長者久保文化、有舌尖頭器文化の編年	48
図Ⅰ-17	円鑿形石斧（Ⅲd型）の類例	52
図Ⅰ-18 (1)	先土器時代終末期・縄紋時代草創期の石斧出土一覧表	59
図Ⅰ-18 (2)	先土器時代終末期・縄紋時代草創期の石斧出土一覧表	60
図Ⅰ-18 (3)	先土器時代終末期・縄紋時代草創期の石斧出土一覧表	61
図Ⅰ-18 (4)	先土器時代終末期・縄紋時代草創期の石斧出土一覧表	62
図Ⅰ-18 (5)	先土器時代終末期・縄紋時代草創期の石斧出土一覧表	63
図Ⅰ-19	先土器時代終末期・縄紋時代草創期の石斧出土遺跡分布図	64
図Ⅰ-20	先土器時代終末期・縄紋時代草創期の石斧（北海道）	65
図Ⅰ-21	先土器時代終末期・縄紋時代草創期の石斧（北海道）	66
図Ⅰ-22	先土器時代終末期・縄紋時代草創期の石斧（青森）	67
図Ⅰ-23	先土器時代終末期・縄紋時代草創期の石斧（岩手）	68
図Ⅰ-24	先土器時代終末期・縄紋時代草創期の石斧（岩手）	69
図Ⅰ-25	先土器時代終末期・縄紋時代草創期の石斧（宮城）	70

図Ⅰ-26	先土器時代終末期・縄紋時代草創期の石斧（山形）	71
図Ⅰ-27	先土器時代終末期・縄紋時代草創期の石斧（福島）	72
図Ⅰ-28	先土器時代終末期・縄紋時代草創期の石斧（群馬・栃木・茨城）	73
図Ⅰ-29	先土器時代終末期・縄紋時代草創期の石斧（埼玉）	74
図Ⅰ-30	先土器時代終末期・縄紋時代草創期の石斧（東京・神奈川）	75
図Ⅰ-31	先土器時代終末期・縄紋時代草創期の石斧（新潟）	76
図Ⅰ-32	先土器時代終末期・縄紋時代草創期の石斧（長野）	77
図Ⅰ-33	先土器時代終末期・縄紋時代草創期の石斧（長野）	78
図Ⅰ-34	先土器時代終末期・縄紋時代草創期の石斧（長野）	79
図Ⅰ-35	先土器時代終末期・縄紋時代草創期の石斧（長野）	80
図Ⅰ-36	先土器時代終末期・縄紋時代草創期の石斧（福井・愛知）	81
図Ⅰ-37	先土器時代終末期・縄紋時代草創期の石斧（三重・岡山・高知・山口）	82
図Ⅰ-38 (1)	神子柴・長者久保文化の石器組成	83
図Ⅰ-38 (2)	神子柴・長者久保文化の石器組成	84
図Ⅰ-39	鈴木忠司の変遷観	89
図Ⅰ-40	栗島義明の変遷観	91
図Ⅰ-41	稲田孝司の変遷観	94
図Ⅰ-42	先土器時代の石器生産システム	97
図Ⅰ-43	山形県八森遺跡出土の石器群	99
図Ⅰ-44	特殊な形態の石槍	100
図Ⅰ-45	先土器時代終末期から縄紋時代草創期の石器群の変遷	106
図Ⅰ-46	神武東征図	112
図Ⅰ-47	「旧石器」西征図	113
図Ⅰ-48	大型両面体素材	118
図Ⅰ-49	大平山元Ⅰ・Ⅱ・Ⅲ遺跡出土の各石器群	119
図Ⅰ-50	月山沢遺跡の大型尖頭器と湧別技法細石器の分布	121
図Ⅰ-51	後野遺跡の石器分布図	122
図Ⅰ-52	樽口遺跡の層位別石器群の変遷	124
図Ⅰ-53	大刈野遺跡の石器分布	126
図Ⅰ-54	神子柴遺跡の石器分布	127
図Ⅰ-55	宮ノ前遺跡16・17層出土の石器	129
図Ⅰ-56	馬見岡遺跡出土の細石器	131
図Ⅰ-57	相模野台地の細石器出土層準	132
図Ⅰ-58 (1)	狭山遺跡の各石器群の分布図（1 矢出川型　2 湧別技法細石器）	134
図Ⅰ-58 (2)	狭山遺跡の各石器群の分布図（3 ホロカ型細石器　4 大型尖頭器）	135
図Ⅰ-59	八森遺跡の神子柴型石器組成	137
付　図　1	向善提遺跡出土石器分布図	144
図Ⅰ-60	先土器時代終末期から縄紋時代草創期の石器群の変遷	146

図Ⅰ-61	福井4層から泉福寺5層の細石核の変遷	148
図Ⅰ-62	佐賀県中尾二ツ枝遺跡の細石核と剥片	151
図Ⅰ-63	長崎県茶園遺跡第Ⅳ層の細石器と石槍	154
図Ⅰ-64	神子柴型石斧	156
図Ⅰ-65	椛ノ原型石斧	157
図Ⅰ-66	石鏃と有舌尖頭器	159
図Ⅰ-67	九州島の細石器文化から縄紋草創期の石器編年	160
付 図2	宮崎県白ヶ野第2遺跡出土神子柴型石斧	164
図Ⅰ-68	鳴鹿山鹿遺跡遠景	167
図Ⅰ-69	鳴鹿山鹿遺跡出土の局部磨製石斧（実測図）	168
図Ⅰ-70	鳴鹿山鹿遺跡出土の局部磨製石斧（写真）	169
図Ⅰ-71	神子柴型石斧の形態分類	170
付 図3	鳴鹿山鹿遺跡出土の石器（1）	172
付 図4	鳴鹿山鹿遺跡出土の石器（2）	173
付 図5	鳴鹿山鹿遺跡出土の石器（3）	174
図Ⅰ-72	青森県長者久保遺跡の位置	175
図Ⅰ-73	長者久保遺跡の層位と石器分布	176
図Ⅰ-74	長者久保遺跡出土の円鑿形石斧	177
図Ⅰ-75	長者久保遺跡出土の彫掻器	178
図Ⅰ-76	長者久保遺跡出土の石器	179

第Ⅱ部

図Ⅱ-1	時代区分の諸説	186
図Ⅱ-2	先土器時代から縄紋時代への道具の変遷	191
図Ⅱ-3（1）	古文様帯の変遷	214
図Ⅱ-3（2）	古文様帯の変遷	215
図Ⅱ-4	九州草創期土器群の変遷	219
図Ⅱ-5	本州草創期土器群の変遷	222
図Ⅱ-6	隆起線紋土器から爪形紋土器へ	224
図Ⅱ-7	沖ノ島海底遺跡と周辺遺跡	230
図Ⅱ-8	安房国鏡ヶ浦八景図	231
図Ⅱ-9	沖ノ島海底遺跡の発掘区	233
図Ⅱ-10	出土遺物分布図	234
図Ⅱ-11	発掘区（A区）土層断面図	235
図Ⅱ-12	出土土器（撚糸紋土器・押型紋土器）	236
図Ⅱ-13	出土石器・骨角器	237
図Ⅱ-14（1）	動・植物遺存体	240

図Ⅱ-14（2）	植物遺存体	241
図Ⅱ-15	元禄地震と関東大地震の地盤変動	243
図Ⅱ-16	東京湾における完新世の自然変遷	245
図Ⅱ-17	沼段丘の形成と年代的変遷	246
図Ⅱ-18	沼段丘における地殻変動と海水面変動関係	247
図Ⅱ-19	明鐘崎洞穴出土の「久ヶ原式」土器	249
図Ⅱ-20	縄紋海進の海面上昇過程	250
図Ⅱ-21	地殻隆起と沼段丘の形成過程	251
図Ⅱ-22	鷹島海底遺跡と出土土器（押型紋土器・前期曽畑式土器）	254
図Ⅱ-23	先刈海底貝塚と出土土器（押型紋高山寺式土器）	255
図Ⅱ-24	東名海底貝塚と出土土器（上：塞ノ神B式土器　下：轟A式土器）	257
図Ⅱ-25	奥東京湾の貝塚分布	258
図Ⅱ-26	下高洞遺跡と出土土器（平坂式土器）	264
図Ⅱ-27	日本・シベリアの先史時代年代比較	273
図Ⅱ-28	東シベリア先史時代の編年	274
図Ⅱ-29	西シベリア先史時代の編年	275
図Ⅱ-30	カレリア・レーニングラードの編年	276
図Ⅱ-31	北部ヨーロッパとシベリアの遺物対比	277

第Ⅲ部

図Ⅲ-1	日計式土器の文様	282
図Ⅲ-2	大新町遺跡出土の土器	283
図Ⅲ-3	二宮森腰遺跡・東寺山石神遺跡出土土器	285
図Ⅲ-4	大川遺跡出土の土器	286
図Ⅲ-5	樋沢遺跡出土の楕円押型紋土器	286
図Ⅲ-6	近畿地方の押型紋土器	287
図Ⅲ-7	押型紋土器の分布	289
付図1	各種押型紋原体と文様	292
図Ⅲ-8	神宮寺・大川式土器の文様とその原体模式図	298
図Ⅲ-9	神宮寺・大川式土器の文様とその原体模式図	299
図Ⅲ-10	線刻原体の類例	301
図Ⅲ-11	兵庫県神鍋遺跡第10地点出土の押型紋土器	303
図Ⅲ-12	縄紋時代早期編年	312
図Ⅲ-13	縄紋時代早期編年	313
図Ⅲ-14	立野式土器	316
図Ⅲ-15	東海地方の大川式土器と神宮寺式土器	317
図Ⅲ-16	大川・神宮寺系押型紋の文様別比率	318

図Ⅲ-17	立野式土器の山形紋	320
図Ⅲ-18	縦刻原体の楕円紋	321
図Ⅲ-19	樋沢式土器の楕円紋	322
図Ⅲ-20	「大鼻式」土器	324
図Ⅲ-21	大川式土器	325
図Ⅲ-22	神宮寺式土器	326
図Ⅲ-23	近畿地方の樋沢・細久保系山形紋	327
図Ⅲ-24	各遺跡の層位事例	329
図Ⅲ-25	樋沢式土器（古・中・新）	330
図Ⅲ-26	異系統施紋土器	332
図Ⅲ-27	押型紋土器前半期の編年	335
図Ⅲ-28	帯状構成の縄紋土器	337
図Ⅲ-29	プラスチック製部品	341
図Ⅲ-30	部分名称	344
図Ⅲ-31	トロトロ石器の形態分類	345
図Ⅲ-32	トロトロ石器の大きさ	346
図Ⅲ-33	糠塚遺跡出土石器	350
図Ⅲ-34	山形県日向洞穴出土石器	351
図Ⅲ-35 (1)	トロトロ石器出土一覧	356
図Ⅲ-35 (2)	トロトロ石器出土一覧	357
図Ⅲ-35 (3)	トロトロ石器出土一覧	358
図Ⅲ-36	トロトロ石器出土分布図	359
図Ⅲ-37	トロトロ石器（九州）	360
図Ⅲ-38	トロトロ石器（九州）	361
図Ⅲ-39	トロトロ石器（岡山・兵庫・大阪・滋賀）	362
図Ⅲ-40	トロトロ石器（三重）	363
図Ⅲ-41	トロトロ石器（三重）	364
図Ⅲ-42	トロトロ石器（愛知・岐阜）	365
図Ⅲ-43	トロトロ石器（岐阜・長野）	366
図Ⅲ-44	トロトロ石器（岐阜）	367
図Ⅲ-45	トロトロ石器（奈良・和歌山・滋賀・長野・千葉・茨城）	368

第Ⅳ部

図Ⅳ-1	大原遺跡出土の土器	373
図Ⅳ-2	古代文化編年表	376
図Ⅳ-3	山内編年表	377
図Ⅳ-4	山内編年表・江坂編年表	379

図Ⅳ-5	江坂編年表の変遷	380
図Ⅳ-6	田戸下層Ⅰ式（1）・田戸下層Ⅱ式（2）・田戸下層Ⅲ式（3）	381
図Ⅳ-7	大原3類土器の横帯区画内文様	384
図Ⅳ-8	大原3類土器	385
図Ⅳ-9	大原3類土器	386
図Ⅳ-10	大原3類土器	387
図Ⅳ-11	大原3類土器	388
図Ⅳ-12	神奈川県三戸遺跡出土の土器	390
図Ⅳ-13	千葉県舟塚原遺跡・庚塚遺跡出土の土器	391
図Ⅳ-14	千葉県今郡カチ内遺跡出土の土器	393
図Ⅳ-15	三戸1式・三戸2式・三戸3式	394
図Ⅳ-16	三戸式土器の編年	395
図Ⅳ-17	各期の分布	402
図Ⅳ-18	沈線紋土器の併行関係	403
図Ⅳ-19	三戸2式土器（三戸類b種）	405
図Ⅳ-20	三戸3式土器（三戸類a種）	405
図Ⅳ-21	三戸遺跡出土の押型紋土器	407
図Ⅳ-22	大新町b式から白浜式への変遷	409
図Ⅳ-23	大新町a式土器	410
図Ⅳ-24	大新町b式土器	411
図Ⅳ-25	押型紋・沈線紋併用土器	412
図Ⅳ-26	押型紋・沈線紋併用土器	413
図Ⅳ-27	日計式土器（古段階）	416
図Ⅳ-28	日計式土器（新段階）	417
図Ⅳ-29	松ケ峯No.237遺跡出土の押型紋土器	418
図Ⅳ-30	塞ノ神遺跡出土の押型紋土器	419
図Ⅳ-31	沈線紋土器の変遷・編年表	420
図Ⅳ-32	三戸式・日計式・樋沢式・細久保式の対比	425
図Ⅳ-33	芹沢編年	426
図Ⅳ-34	多摩ニュータウンNo.205遺跡の撚糸紋・押型紋・縄紋土器	428
図Ⅳ-35	二宮神社境内遺跡の撚糸紋・押型紋土器	429
図Ⅳ-36	撚糸紋終末期の撚糸紋・沈線紋・押型紋土器	433
図Ⅳ-37	日計式と「塞ノ神型」	436
図Ⅳ-38	三戸3式の文様構成をもつ押型紋土器	438
図Ⅳ-39	三戸3式の文様構成をもつ押型紋土器	439
図Ⅳ-40	市道遺跡の斜位施紋の押型紋土器	440
図Ⅳ-41	三戸3式・細久保式・「塞ノ神型」の綾杉紋	441
図Ⅳ-42	三戸遺跡の三戸2式・細久保1式・三戸3式・細久保2式	442

図Ⅳ-43	佐藤達夫研究発表会要旨	449
図Ⅳ-44	曲線紋をもつ田戸下層式土器	453
図Ⅳ-45	田戸下層式Ⅰ文様帯の変遷	454
図Ⅳ-46	菱形区画内の装飾紋	456
図Ⅳ-47	単一渦巻紋・連結渦巻紋	457
図Ⅳ-48	田戸上層式の渦巻紋	458
図Ⅳ-49	物見台式・中野A式の渦巻紋	460
図Ⅳ-50(1)	田戸下層式土器の文様帯変遷	468
図Ⅳ-50(2)	田戸下層式土器の文様帯変遷	469
図Ⅳ-51(1)	田戸上層式の文様帯変遷	470
図Ⅳ-51(2)	田戸上層式の文様帯変遷	471
図Ⅳ-52	茨城県ムジナⅠ遺跡出土土器	472
付図 1	城ノ台南貝塚出土の田戸下層式土器	474
付図 2	城ノ台南貝塚出土の田戸下層式土器	475
付図 3	城ノ台南貝塚出土の田戸下層式土器	476
付図 4	城ノ台南貝塚出土の田戸下層式土器	477
付図 5	城ノ台南貝塚出土の田戸下層式土器	478
付図 6	城ノ台南貝塚出土の田戸下層式土器	479
付図 7	城ノ台南貝塚出土の田戸下層式土器	480
付図 8	城ノ台南貝塚出土の田戸下層式土器	481
付図 9	城ノ台南貝塚出土の田戸下層式土器	482
付図 10	城ノ台南貝塚出土の田戸下層式土器	483
付図 11	城ノ台南貝塚出土の田戸下層式土器	484
付図 12	城ノ台南貝塚出土の田戸下層式土器	485
付図 13	城ノ台南貝塚出土の田戸下層式土器	486
付図 14	城ノ台南貝塚出土の田戸下層式土器	487
付図 15	城ノ台南貝塚出土の田戸下層式土器	488
付図 16	城ノ台南貝塚出土の田戸下層式土器	489
付図 17	城ノ台南貝塚出土の田戸下層式土器	490
付図 18	城ノ台南貝塚出土の田戸下層式土器	491
付図 19	城ノ台南貝塚出土の田戸下層式土器	492
付図 20	城ノ台北貝塚・南貝塚形成時期と層位	493

※図版・図表については区別せず、各部ごとに連番として一括した。なお、編集にあたって、追加した図版については付図と記した。

序　説

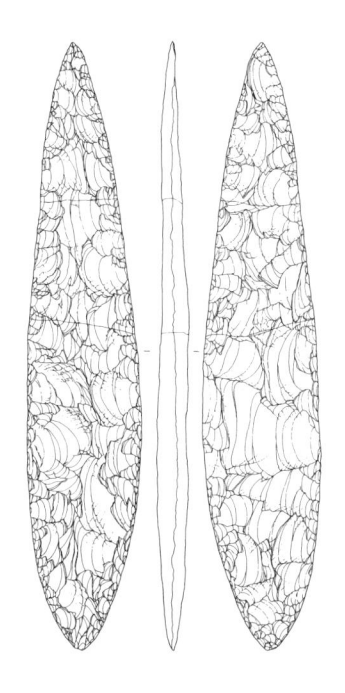

神子柴遺跡

序説　多岐亡羊の縄紋文化起源論

1．壊れた縄紋土器の底

　1930年代に提示された「縄紋式の底は見えたとは云ひ切れない」との山内清男の予見は、その後、撚糸紋土器、隆起線紋土器、「第三の土器」（隆起線紋より古いとされる土器群）とその最古の座を譲りながら、二一世紀を迎えた。そして、最新の^{14}C年代A.M.S.法によれば、「第三の土器」の較正年代はCal.B.P.16500年を示している。縄紋文化起源論の行き着いた先は、氷河時代であり、旧石器時代であった。山内の予見から70年を過ぎた現在、「縄紋式の底はとうとう貫けてしまった」のである。凍てつく極寒のため、縄紋土器の底が壊れたのではあるまい。お伽話のようである。

　美しいドリアスの花を活けるため土器がつくられたとする、旧石器人の美意識に基づく起源論も提示されかねない。一方、「確実な更新世」の人骨とされる港川人も縄紋人になってしまう。港川人が抜歯をもっていた理由もこれで肯けるということか。教科書も書き換えなければならない。取り急ぎ、新年代観に基づく起源論の二一世紀パラダイムを再構築しなければならないと言う訳である。その手はじめに、2000（平成12）年8月の第四紀学会では「^{14}C年代の較正年代」を統一して用いることを宣言した。「リビー元号」の法制化である。そして、次代を担うと自負するオピニオン・リーダーたちは、更新世の自然環境に適合した起源論のガイドラインを提示しはじめている。こうした二一世紀初頭の縄紋文化起源論の動向は、はたして正しいのであろうか。

　私達は世紀末に、「前期旧石器」捏造事件に直面したばかりである。年代観が先行し、次々とその最古性のみが追究され、とうとう「原人」段階にまで到達した。それでも飽きたらず、原人の住まいや墓跡、原人の美意識やジェンダー論まで論議されたのである。その勢いは「前期旧石器を認めないものは研究者にあらず」といった鼻息であった。こうした学界形成は捏造者一人の責任ではあるまい。それは演劇における、道化役（捏造者）・主役（取り巻きの研究者）・演出家（意義付けを担う研究者）・プロデューサー（前期旧石器のオピニオン・リーダー）・論評家（学界の権威者）のそれぞれに責任があり、もたれ合った学界の構造的な汚染なのである。こうした学界形成のあり方こそ、検証しなければなら

ないはずである。舞台は「前期旧石器」だけには限らない。考古学の各分野でも他の学問領域でも起こりうる負の構造なのである。最古性のみを追究する起源論や「^{14}C年代を認めないものは研究者にあらず」といった言説は、「前期旧石器」捏造と同根の問題点であり、この世紀末の大事件の反省も教訓も活かされているとは言い難い。旧来の学界形成の構造を温存させたままでは、おそらく二一世紀の縄紋文化起源論の新しいパラダイムは望めないであろう【補記】。

2．果てしない修正主義

　1999（平成11）年4月17日付けの朝日新聞（夕刊）の一面トップ記事として、青森県大平山元Ⅰ遺跡の神子柴文化に伴う土器の年代が公表された。「青森で1万6500年前の土器片」という見出しで語られたその内容は、縄紋土器の起源は従来12000年前とされてきたが、最新のA.M.S.法による^{14}C年代を較正年代に直すと、縄紋文化の起源はさらに4500年遡るというものである。一般読者にとっては最古性が興味の対象であろうが、研究者にとっては縄紋土器の起源が「旧石器時代」に突入したことが衝撃であり、驚きであった。
　この記事の反響が大きかったのであろうか、4ヶ月ほどたった8月23日付けの朝日新聞（夕刊）で東京大学の小林紘一が較正年代の解説を行った。小林はいう、「驚くことはない、従来の^{14}C年代を補正して、正しい暦年代に換算しただけなのだ」と。そして、較正年代は暦年代だと主張する。これにも驚いた。ある特定の歴史事象や事件の暦年代は、「その時」しかないのである。このことは歴史学者でなくても知っている。大平山元Ⅰ遺跡の土器片は調査者によって一個体の土器と推定されている。同一個体の土器片から得られた5例の^{14}C年代は、バラバラである［図A-1］。これを較正年代に換算しても、一つの暦年代が提示されるわけではない。^{14}C年代法自体のもつ矛盾や混乱を、精度の高い方法で修正し、あたかも「暦年代」に置き換えたかのような解説をするのは詐欺ではないか。
　1947（昭和22）年、シカゴ大学のW.リビーによって開発された^{14}C年代法は三つの前提があったはずである。^{14}C濃度の空間的一定性・時系的一定性・試料的閉鎖性の三つである。しかし、その後の測定過程で、三つの前提となった^{14}C濃度が変動していることが判明する。このことは開発者リビー自身によっても公表されている。そこで公式的に定められた半減期「5568±30年」を、^{14}C濃度の変動を考慮して半減期「5730±40年」に修正して、より正確な測定年代を求めることになる。すなわち、第一の修正が半減期測定値の調整によってなされた。
　しかし、実際には宇宙線照射量の変化により、生成される^{14}C濃度は経年的に変動する

序説　多岐亡羊の縄紋文化起源論

測定試料	炭素安定同位体比 δ $^{13}C_{PDB}$ (‰)	^{14}C 年代値[1] (yrBP± 1 σ)	較正暦年代[2] (calBP)	測定機関番号[3]
土器付着炭化物	未測定	13,780±170	cal BP 16,540	NUTA-6510
土器付着炭化物	未測定	13,210±160	cal BP 15,880	NUTA-6515
土器付着炭化物	−30.5	13,030±170	cal BP 15,660	NUTA-6507
土器付着炭化物	未測定	12,720±160	cal BP 15,360	NUTA-6509
土器付着炭化物	−29.6	12,680±140	cal BP 15,320	NUTA-6506
	平均値	13,070±440		
炭化樹木(針葉樹)	−26.1	13,480±70	cal BP 16,190	Beta-125550 (RH-130)

1) ^{14}C 年代値はLibbyの半減期5568年を用いて算出し、西暦1950年から遡った年数で示してある。誤差は1標準偏差を示す。また、測定したδ $^{13}C_{PDB}$ を用いて炭素同位体分別の補正を行った。試料不足でδ $^{13}C_{PDB}$ を測定出来なかった3試料については、他の土器付着物試料の平均値を用いた。
2) INTCAL98 Program Rev 4.1.2 (Stuiver et al. 1998)を用いて ^{14}C 年代から暦年代への較正を実施した。暦年代は西暦1950年から遡った年数で示してある。測定誤差に基づく暦年代範囲(1標準偏差)とその確率を明記すべきであるが、紙幅の都合で ^{14}C 年代と較正曲線との交点の数値のみを記した。
3) NUTA：名古屋大学　Beta：米国ベータアナリティク社　RH：国立歴史民俗博物館

図A−1　大平山元I遺跡出土土器の ^{14}C 年代と較正年代

のである。この時点で ^{14}C 年代法の前提は破綻したはずであった。しかし、経年的に測定できる年輪・サンゴ・ヴァーヴを利用して、^{14}C 濃度の変動を補正する年代較正法が提案された。これは第二の大きな修正というより、^{14}C 年代測定法の延命策である。国際標準とされる較正曲線は1986年版・1993年版・1998年版・2004年版が提示され、現在はINTCAL09で「暦年代」に較正している。しかし、今後より精度の高い較正値が提示されれば、さらに修正され、その修正に終わりはない。自転車操業である。また、地域ごとの較正曲線が必要になるかもしれない。もういい加減にしてほしい。

　国立歴史民俗博物館の辻誠一郎は、次のように語っている。「山内清男氏はいろいろな社会事情も加わって放射性炭素年代を強く否定しました。さらに放射性炭素年代測定法を肯定する研究者と激論し、結果的には全般に放射性炭素年代測定についてはうっとうしいイメージをつくってしまった。」とんでもない言い掛かりであり、問題のすり替えである。^{14}C 年代を批判した山内に「異端」のレッテルを貼ったのは、あなた達ではないか。

3．夏島貝塚の原風景

　「この遠い海岸線から、寒系の貝を集めてきた証拠が果して夏島貝塚に認められるか。報告書（杉原博士等、昭33）によれば、この貝塚下層の貝は「かき」を主とし「はいがい」「あかにし」等遥か後世（？）の貝塚と同じ種類である。動物の骨は鹿、乏しいが猪等があり、決して寒い時代のものとは考えられない。事実が予想と背反するのは、この年代−

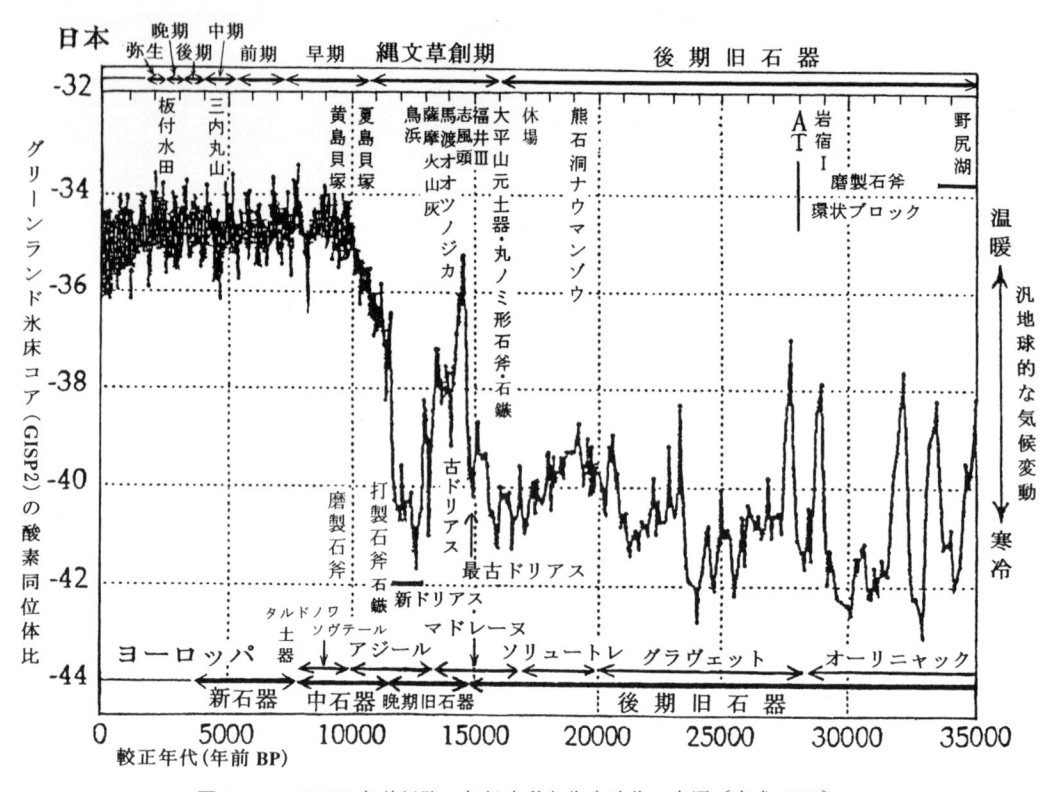

図A-2　35,000年前以降の気候変動と先史時代の変遷〔春成2001〕

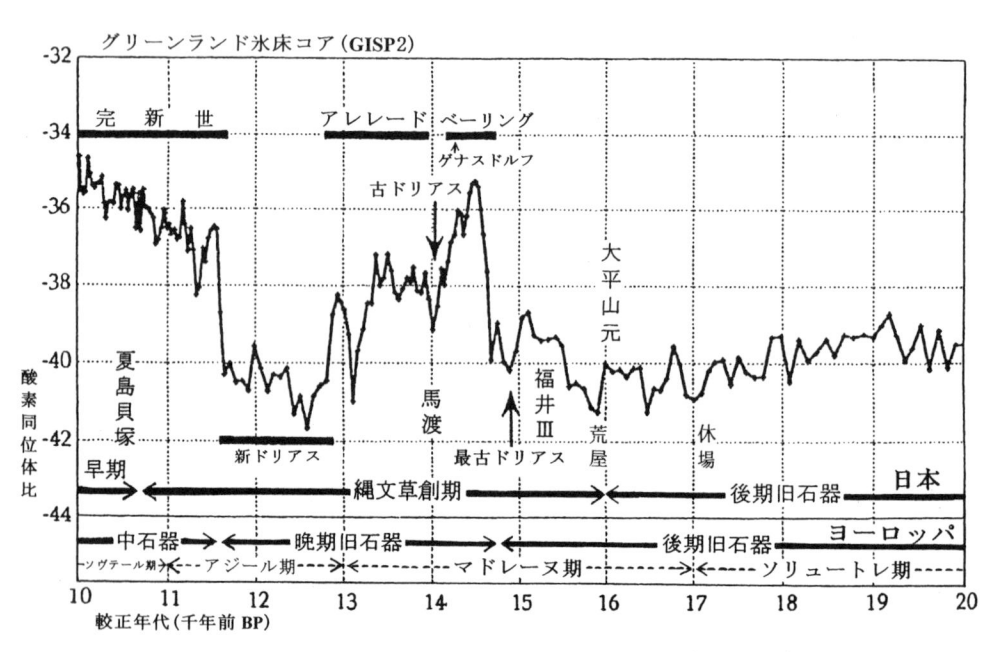

図A-3　「旧石器時代」から縄紋草創期の気候変動〔春成2001〕
※夏島貝塚の位置に注意

^{14}C による－が間違っている事を示すと考えてよいであろう。寒暖計も狂って居るのかも知れぬ」。かつて山内清男が、夏島貝塚の^{14}C 年代を批判した一文である〔山内1967〕。

夏島貝塚の^{14}C 年代は長編年説の原点である。1957（昭和32）年に発表されたβ線法による年代は B.P.9450±400年（カキ）、B.P.9240±500年（木炭）である。現在、A.M.S. 法による鴇崎貝塚の較正年代は Cal.B.P.11000 であるから、夏島貝塚の較正年代は Cal.B.P.12000 年前後になろう［図 A－2・3］。これが正しいとするならば、夏島貝塚は、最終氷期の「寒の戻り」といわれるヤンガードリアス期の極寒期に形成されたことになる。当時の海水面は－40m、夏島貝塚は標高20ｍにあるから、約3キロほど先の海岸に出向き、わざわざ60ｍの山の上にまで運んだことを想定しなければならない。当時の東京湾は河川の激しい侵食により入組んだリアス式の海岸線を呈していたと推定される。

東京湾には四つのカキ礁（Ⅰ～Ⅳ）が確認されている。最も古いⅠ期のカキ礁は B.P.10000～9000年とされ、－40ｍの現海底に認められる。較正年代に直せば夏島貝塚形成期と一致する。しかし、カキは採れても、ハイガイは採れないであろう。旧石器時代にもシカやイノシシがいたとする説が提示されはじめたが、温暖なハイガイまで登場させたら、まさに捏造といわざるを得ない。一方、館山市沖ノ島遺跡では汀線下から撚糸紋土器（大浦山式）や沈線紋・押型紋土器が出土する。この海底遺跡は大寺山海食洞穴遺跡の標高（約30m）から単純に推定すると、縄紋海進時の海水面下約－30ｍの位置に立地していることになる。調査が進めば新たな知見が得られるであろう。いずれにしても夏島貝塚の原風景は、ハイガイの棲む温暖な海や干潟を想定しなければならない。

また、西之城貝塚や鴇崎貝塚が立地する現利根川下流域は、最終氷期に大きく侵食され、河川基底は非常に深かったとされる（－60m下）。はたして深い河底からヤマトシジミは採ることができたのであろうか。また、鳥浜貝塚は草創期（隆起線紋期）から前期まで三方湖畔の同一地点に立地している。「5000年」以上にわたる平和な湖畔の縄紋の暮らしからは、更新世から完新世への劇的なイベントや環境変化を想定することはできない。三方五湖の一つ水月湖の詳細な年縞編年が喧伝されるが、鳥浜貝塚の調査成果とどのように交差するのか、そのデータが示されたことはない。

4．「第三の土器」の正体

神子柴文化とイサコヴォ文化に共通する円鑿形石斧をもとに提示された交差年代に対し、当時、土器を伴わない日本の「旧石器時代」とシベリア新石器時代の文物の交差比較は、「似て非なるもの」と一蹴されたものである。ところがどうであろうか。今や神子柴文化

には土器が伴い、縄紋時代に属する文化であるという。しかし神子柴文化は先土器時代の石刃技法石器製作システムの範疇にあり、縄紋的石器技術大系とは異なる。この点については、機会あるごとに指摘している。にもかかわらず、「旧石器研究者」たちは土器の共伴を受け入れても、この点は認めることはできないらしい。不思議なことである。今や、「旧石器時代」から神子柴文化を切り取り、さらに細石器文化をも切り売りし、残るはナイフ形石器文化だけとなった。しかし、これとても危ない。

　それはさておき、1970年代、先土器時代終末期の石器群に伴うとされる土器を「第三の土器」と呼び、隆起線紋土器以前とする、その最古性を検討してみよう。その接近法は石器の変遷論、土器の型式論、層位論あるいは ^{14}C 年代に求める人もいるかもしれない。しかし、最終的には「土器は土器から」その最古性を追究することが原則であろう。

　先土器時代終末期の細石器文化や神子柴文化の遺跡から土器が発見されている。青森県大平山元Ⅰ遺跡、群馬県芳見沢遺跡、茨城県後野遺跡、神奈川県上野第一地点・勝坂遺跡、長野県下茂内遺跡、新潟県大刈野遺跡、鹿児島県帖地遺跡などである。いずれも少量で、ほとんどが「無紋」である。終末期の石器群とともに発見された土器が直ちに共伴の「事実」にはならないことは、ミネルヴァ論争以降、本ノ木論争に至る学史が教えてくれる。「出たまま認定」にはさらなる検証が必要であろう。

　また「無紋」土器が発見されてから30年近くになるのに、有紋土器の無紋部か、単なる無紋土器なのか依然として不明である。「土器は土器から」型式学的に検討できる材料は整っていないのである。「第三の土器」の最古性は、現在のところ共伴とされる石器の年代観と層位の傍証に過ぎないのである。頼りは ^{14}C 年代ということか。隆起線紋土器以降の土器群は、鈴木正博が分析したように古文様帯の系統的変遷が辿れる。文様意匠は口縁部施紋から全面施紋へ、装飾法は浮紋系（隆起線紋）から沈紋系（爪形紋以降）と変遷している。「第三の土器」が縄紋土器の祖系とするならば、古文様帯をもつ有紋土器であろう。その正体を知りたいものである。

5．起源論は「一国考古学」か

　縄紋文化の起源が一系統であるか否かは、自生説や伝播説を考える上で重要な問題を含んでいる。かつて山内清男の一系統説に対し、その反論として江坂輝彌による南北二系論が提起された。北の貝殻沈線紋文化と南の押型紋文化の融合によって、日本古来の撚糸紋文化が生成するというものである。これは皇国の起源を闡明する目的で結成された日本古代文化学会のプロパガンダでもあった。これこそ「一国考古学」である。

戦後50年を過ぎ、『国民の歴史』の縄紋文明論に迎合した訳ではないだろうが、鳴りを潜めていた南北二系論が亡霊のように復活した。鹿児島県上野原遺跡の発掘以降、栫ノ原遺跡・帖地遺跡・水迫遺跡・奥ノ仁田遺跡・三角山遺跡など草創期の発掘成果は目覚しいものがある。完新世の温暖化に伴う照葉樹林の伸張とともに、南で生成した定住的縄紋文化が北上するという南九州起源説である。神子柴文化北方起源説の北風に対し、太陽策（温暖化）で対抗しようというわけか、イソップ物語の世界である。この南九州から発信された太陽策は、さらに氷河時代に遡っても維持できると思っているのであろうか。

　こうした南北二系論こそ、列島の内在的発展によって起源論を解釈しようとする「一国考古学」なのである。ところが最近、山内縄紋学を「一国考古学」とする批判が提起されている。これは、柳田國男の「一国民俗学」批判にかこつけた便乗戦略である。縄紋土器の分布する範囲が縄紋文化の領域であり、一系統の文化と定義する山内の、どこが「一国考古学」なのか。旧石器文化が列島に存在しようとも、大陸文化に縄紋文化の起源を求めた山内の、どこが「一国考古学」であるのか。

　「縄紋文化は一系統ではない、多元的であり多様」とする多系統論が、一系統論の反動形成である限り、二一世紀の起源論は展望できないであろう。縄紋土器の各型式が時空間の連鎖的構造をもって展開することを理解すれば、どちらの系統観が正しいのか自ずと判明するであろう。言い換えるならば、列島の縄紋文化を「閉ざされた社会」とみるか、「開かれた社会」とみるかに係わっているともいえよう。

　2003年の干支は「未」である。世紀末から二一世紀初頭の考古学界の混迷は、そのまま縄紋文化起源論にも反映し、当分、多岐亡羊の考古学が続きそうである。

引用・参考文献

大塚達朗　2001　「曽谷式土器再考の視点」『土曜考古』25
鈴木正博　1991　「古文様帯論」『古代探叢』Ⅲ　早稲田大学出版部
谷口康浩　2002　「縄文早期のはじまる頃」『異貌』20
辻誠一郎　2000　「環境と人間」『環境と食料生産　古代史の論点①』　小学館
春成秀爾　2001　「旧石器時代から縄文時代へ」『第四紀研究』40－6
山内清男　1939　『日本遠古之文化』－補注付新版
山内清男　1967　「縄紋土器の改定年代と海進の時期について」『古代』48

【補　記】　　出口なき混迷の闇

　2000（平成12）年の秋に発覚した前期旧石器捏造事件は、考古学界に大きな衝撃を与えた。そして、1980年代の座散乱木遺跡の発掘をはじめとして今日に至る前期旧石器研究の蓄積は脆くも崩れ去ろうとしている。同世代に生きる者にとって、この20年間は何であったのであろうか。まさに世紀末を象徴する大事件であった。上高森原人・秩父原人の正体は、実は藤村現人であったのだ。どおりで住居や墓もつくり、ジェンダーを識別しうる知恵のもち主であった。しかし、この浅はかな知恵をもつ現人は、愚かな行為と知りながら沈黙を守って石器を埋め続けた。いつしか「神の手」、「ゴッド・ハンド」ともてはやされ、招きネコと化した現人は、福をよばずに禍をもたらしたのである。ネコは穴を掘って用を足し、きちっと埋め戻す。その後始末をするのは飼い主の責務ではないか。

　しかし、掘り出された「藤村石器」を前期旧石器として評価し、次々と言挙げしてきたのは彼を取り巻く「あなた達」だ。それだけではない、学会をリードするオピニオン・リーダー達も「第二の岩宿の発見」と賞賛し、教科書にも載せ、日本人の起源に関する国家的プロジェクトにも、これらの成果を積極的に取り込もうとしてきたのである。前期旧石器の負の学問形成に大きな役割を果たした、その責任は重大である。「藤村石器をみても判らないものは、研究者にあらず」という恫喝は、一線で活躍する旧石器研究者を従わせるに充分な言質であった。異端のレッテル貼りは、いつの世にもある反動形成の常套手段である。「みんなで渡れば怖くない」のである。

　日本考古学協会は即座に藤村新一を除名したように、藤村石器や藤村遺跡の検証はやめ、一度「前期旧石器」との決別を宣言すべきであろう。検証すべきは、こうした学問形成の構造である。これは前期旧石器だけの問題ではない。日本考古学の体質は、戦後清算されることなく、登呂の発掘・岩宿の発見・本ノ木論争・丹生論争と「負の構造」を継承し続けた。そして二一世紀の考古学にも引継ごうとした「負の構造」の一端は、破綻したのである。検証が隠蔽にならないことを切に願うのみである。

　検証に関してもう一つ。弥生式土器の発祥の地「向ヶ岡貝塚」の位置についてである。上野武論文〔上野2001「「最初の弥生土器」の発見の真相」古代学研究153〕は、1975（昭和50）年に発掘された東京大学工学部の貝塚（A地点）こそ、「向ヶ岡貝塚」であったことを見事に立証している。佐藤達夫説の検証と確認である。しかし、「向ヶ岡貝塚」をめぐっては、太田博太郎説によって白井光太郎が発見した貝塚（B地点）が有力な候補地とされてきた。そのため東大構内の貝塚は「弥生町二丁目遺跡」として史跡指定された。坪井正五郎や白井は有坂鉊蔵が発見した弥生式土器を、B地点の貝塚から出たのだと勘違いしたのである。B地点に連れて行かれた有坂に、坪井は「何処から出たのか」と問うた。有坂は困り果て、とっさに自分の発見した貝塚の方向を指差して「あっち」だと答えたのであろう。有坂少年、数え17歳の早春のことである。

　丹生遺跡や向ヶ岡貝塚を主導した今は亡き佐藤達夫は、この世紀末の状況をどうみるのであろうか。二一世紀を迎えた日本考古学、出口なき混迷の闇は深い。

第Ⅰ部　細石器文化と神子柴文化

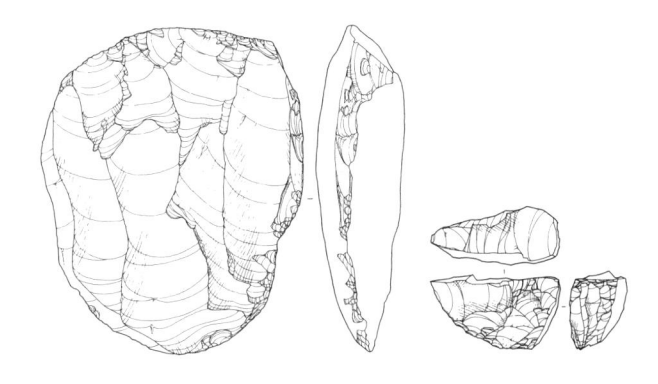

神子柴遺跡・中ッ原遺跡

第1章　縄紋文化移行期の石器群の変遷
第2章　神子柴・長者久保文化について
第3章　神子柴文化をめぐる40年の軌跡
第4章　細石器文化と神子柴文化の危険な関係
第5章　九州島の細石器文化と神子柴文化
付編　1.　福井県鳴鹿山鹿遺跡出土の局部磨製石斧
付編　2.　青森県長者久保遺跡

第1章　縄紋文化移行期の石器群の変遷

－細石器文化と神子柴文化の理解－

はじめに

　日本列島における先史時代から今日に至る列島文化の特質と独自性は、縄紋文化の形成過程にその源流を求めることができる。従って縄紋文化の起源・成立に関する究明は古くからの先史考古学の命題であるとともに、なお今日的課題としても活発な議論が展開されている。かつて山内清男は縄紋文化を一系統の土器の展開として捉えた〔山内 1939〕。しかし、土器の出現過程や前代の先土器時代も、また列島の内在的発展として捉えられるか否かは別の問題を含んでいる。特に縄紋時代に移行するその終末期の様相は、ちょうど半島文化の波及あるいは受容によって農耕社会に転換する弥生時代の成立過程と同様、大陸文化が断続的に、あるいは相前後して波及した結果、新たなる胎動を呼び起こしたものと考えられる。

　この移行期の鍵を握る細石器文化や神子柴・長者久保文化は、列島内の変容があったにしても、巨視的には東北アジア先史文化の一分派として系統的連鎖性を有している。また、その大陸文化が一系統の波及かあるいは異なる系統の波及なのかを明らかにすることも重要な課題の一つである。今日、移行期の石器群の様相は近年の資料の増加によって、ますます複雑な様相を呈し二者択一的な理解では解決し得ない状況となっている。こうした中で、移行期の石器群の諸様相を空間的な複合文化として捉え、集団や生業の差異として解釈しようとする新しい試みが提示されつつある。しかし、そのためにも移行期の石器群の共伴関係や組成の分析を通して、系統の差異や連続性を検討しながら再度、時間的・地域的変遷を確立することが急務であろう。ここでは移行期の石器群を3期に区分し、第Ⅰ期（細石器文化）、第Ⅱ期（神子柴・長者久保文化）、第Ⅲ期（石鏃文化）として、以下述べることにする。

1．石器からみた画期とは何か

　狩猟社会における大きな変革は弓矢の出現であろう。この革命的ともいうべき飛び道具の出現が、生産力の向上、狩猟形態の変革、強いては移動から定住への狩猟社会の再編に

第Ⅰ部　細石器文化と神子柴文化

つながったとする見解は多くの人の認めるところであろう。こうした狩猟社会の変革期を、縄紋文化の成立過程に置き換えて想定することにはさほど矛盾はないように思われる。世界史的にみれば石鏃と弓矢の発生は必ずしも一致しないが、列島においては石鏃の出現をもって弓矢の使用と考えてよさそうである。では、石鏃の出現はいつに求められるであろうか。第Ⅱ期の青森県大平山元Ⅰ遺跡で、石鏃の出土例が知られている。しかし、他の神子柴・長者久保文化には共伴例はなく疑問視されている。同遺跡では土器も共伴しており、その組成に石鏃を加えてもおかしくはないが、ここでは第Ⅲ期の段階を石鏃の出現期としたい。この時期には石鏃に伴って矢柄研磨器の出土例も多くみられる。その意味から第Ⅲ期を仮に石鏃文化と呼ぶことにするが、前代から続く投げ槍も主たる狩猟具であることには変わりない。石鏃はいわゆる有舌尖頭器の変遷を契機として出現するとの説も提示されているが、むしろ、その逆で弓矢の出現を契機として、茎をもつ石槍に変容する可能性も考えられる。いずれにしても石鏃の出現を契機として、画期の指標とすることには異存はないと考える。

　もう一つの大きな指標は石器製作技法いわゆる石刃技法の消長である。先土器時代の主たる狩猟具は、石刃を素材として製作されたといっても過言ではない。石刃技法の発達はその終末期を迎え、微細な細石刃技法として列島全域で展開し、局地的には北海道樽岸遺跡にみられる大型石刃となって現れる。いずれも第Ⅰ期にみられる特徴的な石刃技法であるが、第Ⅱ期の大型石槍は石刃を素材とはしない。礫もしくは大型石片を両面から調整剥離しながら石槍を作り出す。この時期の特徴とされる石斧も同じ技法である。しかし、こうした両面調整技法はこの時期に新しく導入された技法ではない。第Ⅰ期のいわゆる湧別技法と呼ばれる細石核作出技法がその萌芽となり、この技術体系を継承しつつ第Ⅱ期の石器製作技法が生まれるのであろう。また、第Ⅱ期に石刃技法が消滅したわけではない。伝統的な石刃石核やこの時期の特徴とされる円盤形石核もあり、掻器・削器等の加工具の素材として使用されている。柳葉形石槍・有舌尖頭器・石鏃の隆盛する第Ⅲ期になって、石刃技法が衰退し、縄紋的石器製作技法に転換する。

　以上述べたように、移行期の石鏃の出現と石刃技法の消長を指標とするならば、石器からみた転換期は第Ⅱ期と第Ⅲ期の間に求めることができよう。

2．神子柴・長者久保文化の範囲

　1960年代に発掘された長野県神子柴遺跡、青森県長者久保遺跡の特徴的な石斧に注目し、縄紋文化の起源とシベリアの新石器文化の系統観や年代観を提示した山内・佐藤説はよく

知られているところである〔山内・佐藤1962〕。当時は、長崎県福井洞穴の発掘事実をもとに細石器文化を母胎として縄紋文化に転換するとする芹沢説が大勢を占めていた〔芹沢1962a・b〕。多くの人々の山内・佐藤説への反論は、年代観はともかくシベリアの新石器文化と対比しながらも、土器が欠落する交差法に批判が集中した。しかし、両説とも神子柴・長者久保文化の位置づけは、先土器時代終末期とされていた。

ところが1970年代後半に入ると、大平山元Ⅰ遺跡、茨城県後野遺跡をはじめ、近年では神奈川県上野遺跡・勝坂遺跡の土器共伴例から、今日では神子柴・長者久保文化に土器が伴うといわれている。しかしながら、いずれの事例も小片であり、それらの土器が無紋土器か有紋土器の無紋部なのか未だによくわからない。にもかかわらず、土器を持つ文化として、その枠組みを縄紋時代に編入し、更に第Ⅲ期の石器群をも神子柴文化に包括し、草創期に位置づけるのが今日的趨勢である。こうした神子柴文化の下限への拡大とともに、さらに上限へも拡大されつつある。第Ⅰ期の湧別技法細石器文化との共伴を示す神奈川県上野第一地点・長堀北遺跡・勝坂遺跡の事例、神子柴型石斧と共伴したといわれる矢出川型の細石核をもつ長野県上ノ原遺跡や船野型細石核をもつ大分県市ノ久保遺跡の事例をもとに、細石器文化と神子柴文化との関係が論じられている。こうした議論が進めば、細石器文化をも縄紋時代に編入せざるを得ない事態は避けられまい。移行期の編年研究を放棄した雪達磨式の神子柴文化の拡大は、実体を伴わないバブル経済と同様、いずれ崩壊するであろう。

ここでは拡大された神子柴文化を清算し、第Ⅱ期に限定して神子柴・長者久保文化を位置づける。技術体系に石刃技法と両面体石器製作技法をもち、組成に大型木葉形石槍・神子柴型石斧・彫掻器・掻器・削器・錐を有する石器群に限定したい。ただし、遺跡の性格によってもその組成は異なり、北海道陸別遺跡・大関遺跡、岩手県早坂平遺跡、長野県下茂内遺跡・横倉遺跡、西日本の広島県冠遺跡、香川県国府台遺跡、佐賀県多久三年山遺跡・茶園原遺跡のような大型木葉形石槍を主体とした石器群もこの文化の一員とする。

3．移行期の石器群の変遷

異なる系統の遺物の型式的理解には、空間的な解釈と時間的な解釈があり、決して背反するものではない。しかし、系統の差異を集団・部族・民族の差異に置き換える空間的解釈は、研究史をふりかえると多くの事例が間違いであったことを教えてくれる。それは時間的な共時性という視点が欠落していたからに他ならない。移行期の複雑に絡み合った石器群を解きほぐすためには、それぞれの石器群の共時性を有する組成を抽出し、時間的位

第Ⅰ部　細石器文化と神子柴文化

置づけを行わなければならない。こうした枠組みがつくられてこそ、絡んだ糸が一つの糸か複数の糸で構成されているかが判明するのである。

　しかし、時間的序列を示すお誂え向きの遺跡は数少ない。例えば、後野遺跡のA群（神子柴・長者久保文化）とB群（細石器文化）の差異も層位的といえる程のものでもない。しかし、同じ遺跡を共有しながらも異なる系統の集団が同居していたとは想定できない。同じ領域を占有する人々の道具の変遷すなわち時間的経過を示していると考える方がより妥当であろう。長堀北遺跡第Ⅰ文化層（石鏃文化）と第Ⅱ文化層（神子柴・長者久保文化）の関係、大平山元Ⅰ遺跡（神子柴・長者久保文化）とⅡ遺跡（細石器文化Ⅰb）とⅢ遺跡（細石器文化Ⅰa）の関係も時間的序列を示すものであろう。現在のところ、一遺跡での層位的関係は明確ではないが、近年の神奈川県大和市を中心とした相模野台地や東京都多摩ニュータウン内の一定地域内で、移行期の石器群の変遷を示す層位的傾向が認められる。こうした所見と併せて、移行期の石器群の組成が揃っている群馬県内の遺跡の事例をもとに、その編年の骨子を提示したい［図Ⅰ-1〜10］。

第Ⅰ期　細石器文化には、前田遺跡例（野岳・休場型）、桝形遺跡例（船野・幌加型）、頭無遺跡例（恩原・湧別型）の3つの異なる石器群がある。用いる石材もそれぞれ黒曜石・黒色頁岩・頁岩と異なる。同じ宮城村に所在する前田遺跡例と桝形遺跡例は出土層位によって、前者が古く、後者が新しい。問題は桝形遺跡例と頭無遺跡例である。いずれも移行期の鍵層となるAs-YP火山灰の直下に包含される。船野・幌加型には野岳・休場型を伴う事例があること、湧別技法が神子柴・長者久保文化の石器製作技法の母胎となっていること、恩原・湧別型が神子柴・長者久保文化の石器群にみられること等から、桝形遺跡例を古く、頭無遺跡例を新しくする。以上、この細石器文化3細別（Ⅰa・Ⅰb・Ⅰc）は、図示したようにほぼ全国的な変遷とみなすことができよう。

第Ⅱ期　県内には神子柴型石斧と伴う良好な資料はないが、単独出土例や隣接する後野遺跡、栃木県川木谷遺跡の事例からも、その存在が窺われる。房谷戸遺跡例は神子柴・長者久保文化に属する石器群である。As-YP火山灰の直上に位置し、細石器文化層とは一線を画する。神子柴型石斧を伴う組成と大型石槍を多数有する組成の違いが、時間的あるいは生業形態、遺跡の性格に由来するものかどうかよく分からない。時間的差異とするなら、神子柴・長者久保文化は大きく二分されよう。

第Ⅲ期　石鏃や土器は伴っていないが、石山遺跡例が石鏃文化に属する。柳葉形石槍のほか搔器・凹状削器と器種は少なく、彫器は衰退する。石鏃や土器を伴う事例もあるが、基本的には神子柴・長者久保文化を継承する槍の文化であることには違いない。こうした時期に弓矢の文化が出現する。新たな大陸文化の波及があったのであろう。その組成は、

第1章　縄紋文化移行期の石器群の変遷

石鏃・有舌尖頭器・石槍・石斧・矢柄研磨器・植刃・断面三角形錐・半月形石器など、その道具立ても豊富である。槍を主とした一群と石鏃を主とした一群の前後関係は、共伴する土器の編年では解決しない。一見、前者が古相を示すが、両者が併存している可能性を含んでいる。前代から続く槍による伝統的な狩猟法を保持する一群と弓矢を採用して新しい狩猟法に取り組む一群、その転換期の二態の姿を反映しているとも考えられる。本ノ木論争とも絡んで、なお解決しなければならない課題を含んでいる。

4．デポに関連して

　第Ⅱ期の神子柴・長者久保文化には、一括遺物として特殊な出土状態を示す遺跡がしばしばみられるようになる。これは前代にはない傾向であり、縄紋時代・弥生時代には一般化する現象として捉えることができる。こうした遺跡を山内・佐藤はデポとして捉え、「デポがあるということは、そこに交換用の品物があり、それを運搬した人間がいるということである。それは交換用物資の獲得、製造および交易といったような、日常生活以外の諸活動を支えた社会的余剰の存在を意味している。」と提言した〔山内・佐藤1962〕。今日でもデポに関する議論が活発になされている。その批判の多くはデポがヨーロッパにおいては旧石器時代にもあったとする論点である。こうした批判は、ヨーロッパの旧石器時代に磨製石斧あり、矢柄研磨器ありといった次元での為にする議論であろう。同様、いわゆる日本旧石器時代の研究者は、移行期の石器群を草創期に編入することなく「旧石器に土器あり」となぜ、主張しないのであろうか。

　大事なことは、列島の先史時代の大きな転換期に、こうした現象や新たなる文物が出現する狩猟社会の変革をいかに捉えるかという視点や背景が求められているのである。日常的な諸活動を一定の集団社会の中で自己完結する「閉ざされた社会」構造とみるのか、あるいは狩猟や石器製作の諸活動を通して、その情報や物資が交換しあえる「開かれた社会」構造とみるのかという視点の議論が深化されなければならない。先土器時代でも、神津島の黒曜石はどの集団でも採集できたわけでもないし、北海道の黒曜石はサハリンや沿海州住民が直接採りにきたわけではない。また、東北の瀬戸内技法も直接、西日本の住民が伝授したのではない。そこには石材や石器製作の交換ルートやシステムがあったことを意味している。ややもするとデポの議論は神子柴遺跡を巡ってなされるが、長野県宮ノ入遺跡・福井県鳴鹿山鹿遺跡など明らかにデポと認定できる遺跡がある。またこの時期、新潟県本ノ木遺跡・東京都前田耕地遺跡などの石器製作遺跡、原産地の石材供給に関連した遺跡など、通常の遺跡とは異なる多様な場が展開している。日常生活の場、石器製作の場、石器

第Ⅰ部　細石器文化と神子柴文化

素材の場の関連性の中で、日常の装備とは異なる特異な組成を示すデポの在り方を解釈しなければならない［図Ⅰ-12］。その時初めて、新潟県荒屋遺跡の多量な彫器、岩手県持川遺跡・長野県神子柴遺跡・唐沢B遺跡の石斧の多さ、長野県横倉遺跡・福井県鳴鹿山鹿遺跡の石槍の多さの謎が解けるであろう。

おわりに　-本ノ木論争の今日的解決を-

　縄紋土器の研究においては、ある遺跡の同一面から出土する土器が、すべて同一型式のものではないことを経験的に知っている。貝塚や洞穴の層位においても同様である。同一面や同一層位から混在している他型式の土器を抜き出すことは、さしてむずかしいことではない。それは型式学的理解と編年が確立しているからである。しかし、先土器時代の石器の出土状態については、往々にして全てを容認する傾向にある。これは取りも直さず、石器の型式学や編年学が未成熟であるともいえる。また、土器の情報量に対して石器のもつ情報量が少ないともいえよう。土器と石器の共伴関係については尚更のことである。

　土器が伴うか否かで相異なる見解が提示された1960年代の本ノ木論争は、今日、先土器時代の尖頭器ではなく、縄紋時代草創期の石槍としての位置づけが定着している。しかし、依然として本ノ木式土器に柳葉形石槍が共伴するのか否かという問題は未解決のままである。土器を共伴する神奈川県寺尾遺跡・東京都前田耕地遺跡もあれば、土器を伴わない山形県弓張平B遺跡・群馬県石山遺跡・千葉県南大溜袋遺跡など、両者が存在している。しかし、神子柴・長者久保文化に土器が存在するとすれば、本ノ木段階に土器が共伴しても不思議ではない。このことは、土器の有無が時間差を示す基準とはなり得ないことを意味している。狩猟社会における土器の出現はあくまでも副次的な産物であり、土器の有無には別な観点が必要であろう。

引用・参考文献

芹沢長介　1962a　「日本の旧石器文化と縄文文化」『古代史講座』2　学生社
芹沢長介　1962b　「旧石器時代の諸問題」『岩波講座日本歴史』1　岩波書店
山内清男　1939　『日本遠古之文化』-補注付新版
山内清男・佐藤達夫　1962　「縄紋土器の古さ」『科学読売』14-2

第 1 章　縄紋文化移行期の石器群の変遷

北海道

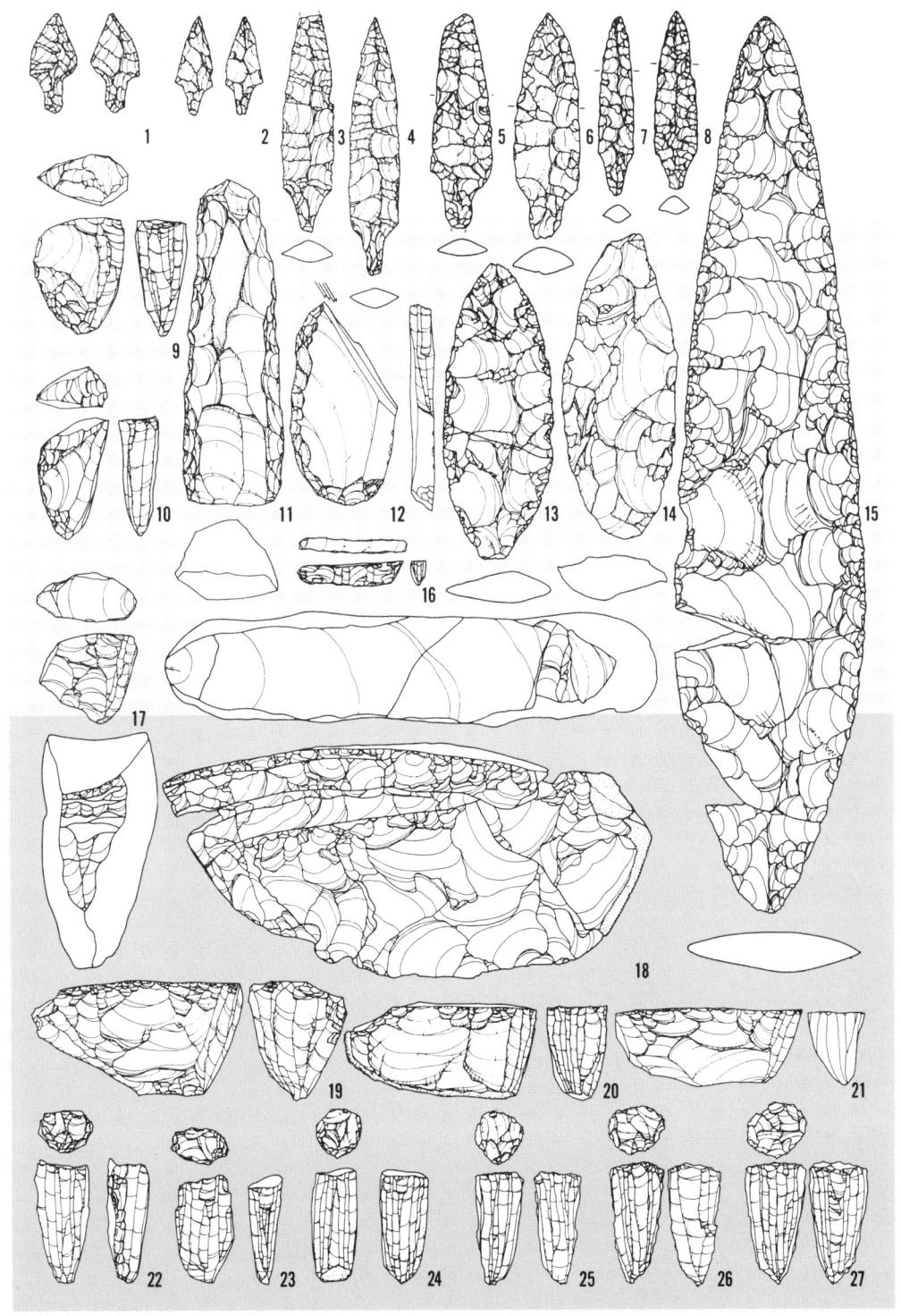

図 I-1　1〜4・19 タチカルシュナイ遺跡　5〜8・13・14・15・17・18 美利河 1 遺跡　9・10 都遺跡
　　　　　11・12・16 モサンル遺跡　19 白滝 Loc33 遺跡　20・21・25〜27 置戸安住遺跡　22〜24 紅葉山遺跡

- 19 -

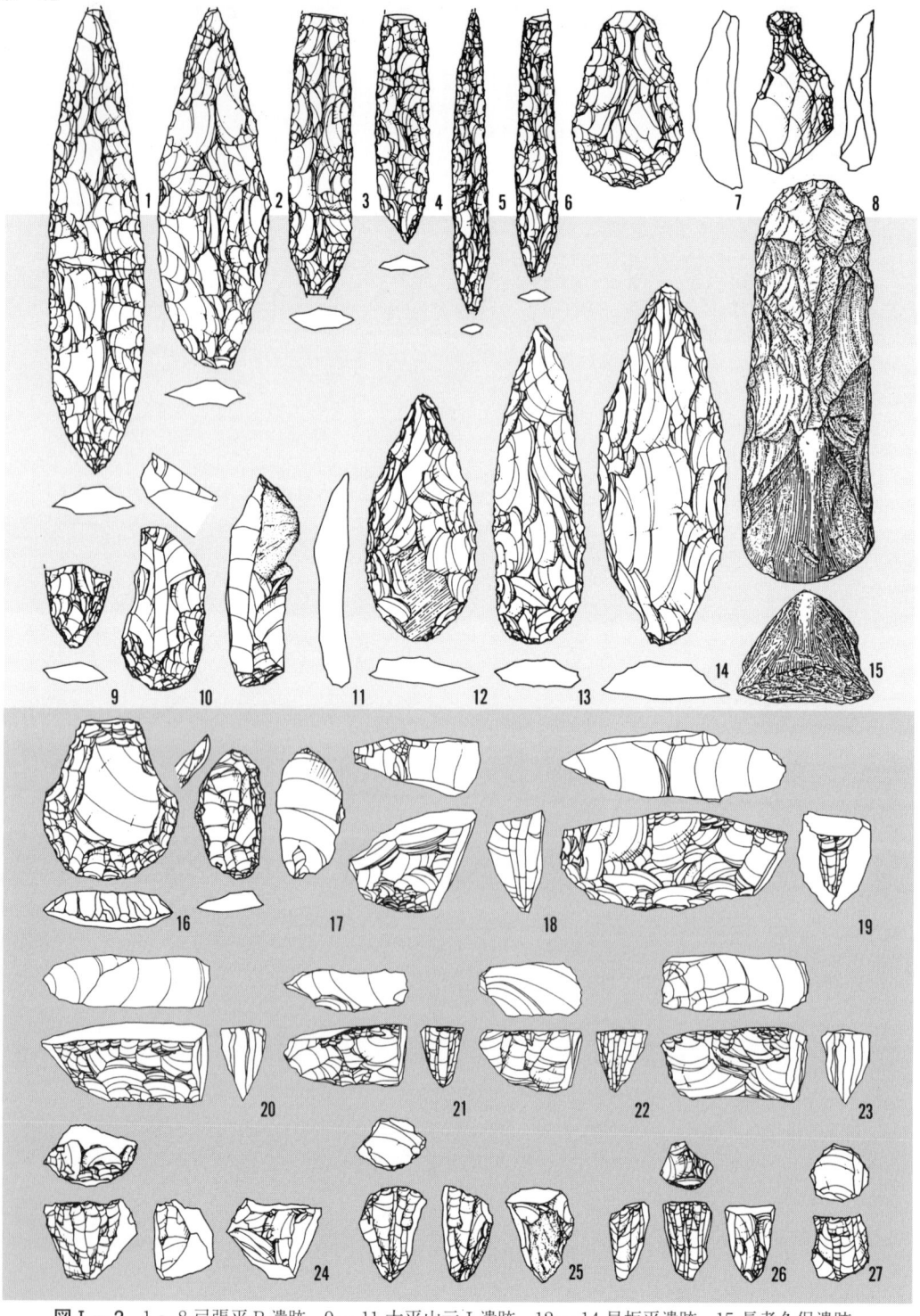

第Ⅰ部　細石器文化と神子柴文化
東　北

図Ⅰ-2　1〜8 弓張平B遺跡　9〜11 大平山元Ⅰ遺跡　12〜14 早坂平遺跡　15 長者久保遺跡
16〜19・26 角二山遺跡　20〜23 越中山S遺跡　24・25 大平山元Ⅲ遺跡　27 大台野遺跡

- 20 -

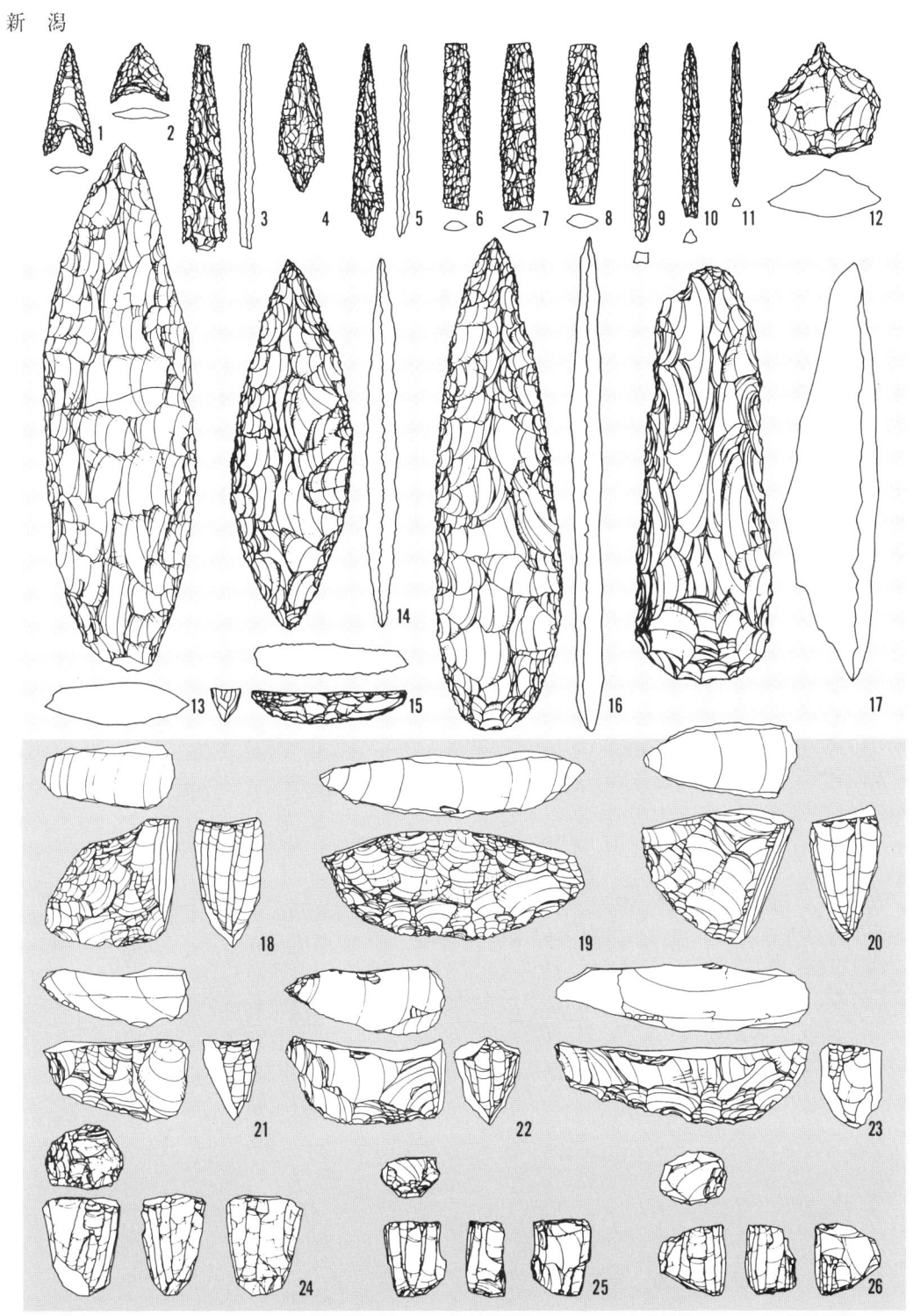

第 1 章　縄紋文化移行期の石器群の変遷

新　潟

図Ⅰ-3　1～12・14～17 小瀬ガ沢洞穴　13 大刈野遺跡　18～20 中土遺跡　21～23 荒屋遺跡　24～26 荒川台遺跡

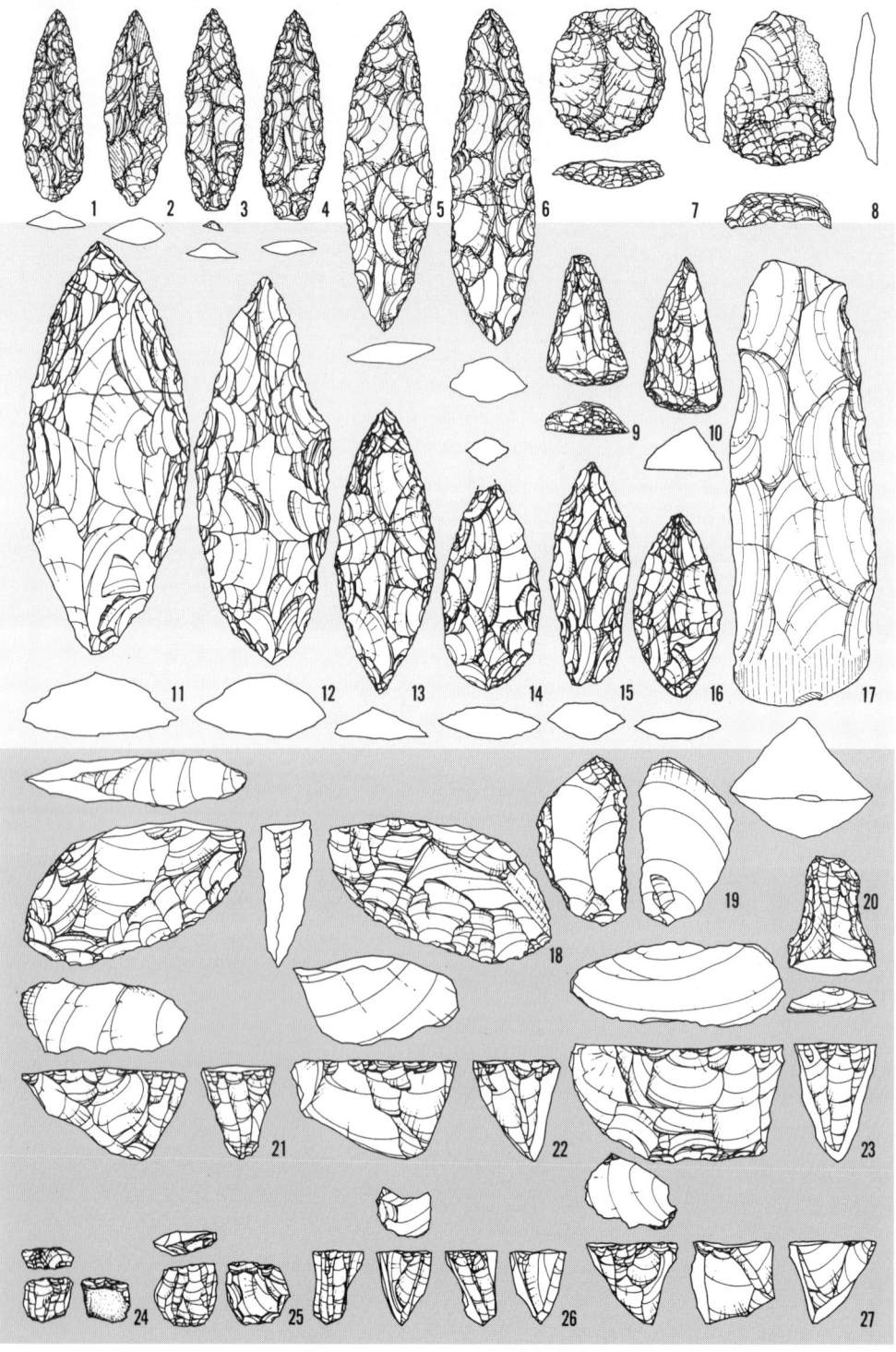

第Ⅰ部　細石器文化と神子柴文化

北　関　東

図Ⅰ-4　1～8 石山遺跡　9・10・14～17 川木谷遺跡　11～13 房谷戸遺跡
18～20 頭無遺跡　21～23 桝形遺跡　24～27 前田遺跡

南 関 東

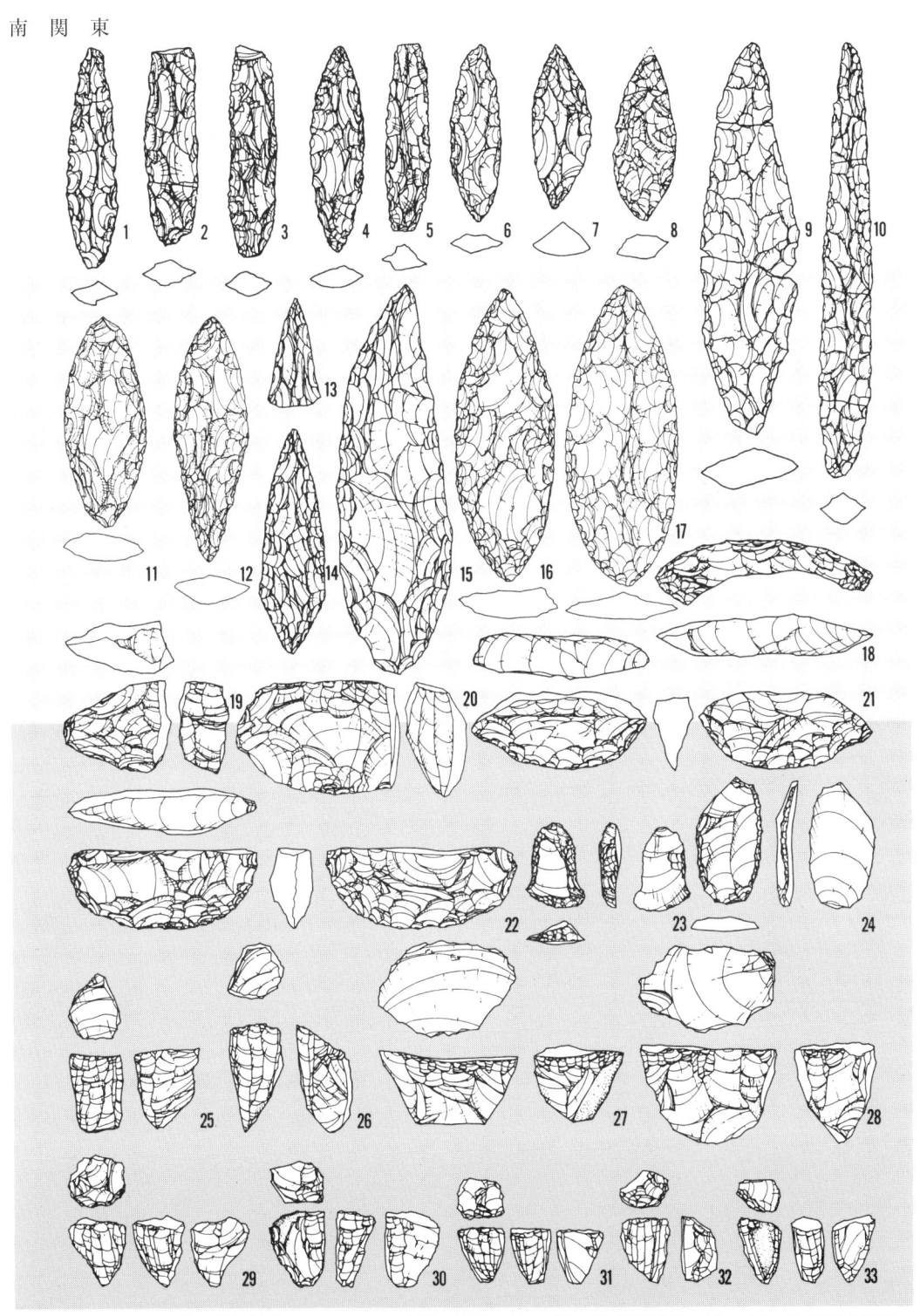

第1章　縄紋文化移行期の石器群の変遷

図Ⅰ-5　1～10 前田耕地遺跡　11・12・19 上野Ⅰ遺跡　13～15・20 勝坂遺跡　16～18・21 長堀北遺跡
22～24 白草遺跡　25～28 上草柳Ⅰ遺跡　29～33 多摩ニュータウンNo.69遺跡

第Ⅰ部　細石器文化と神子柴文化

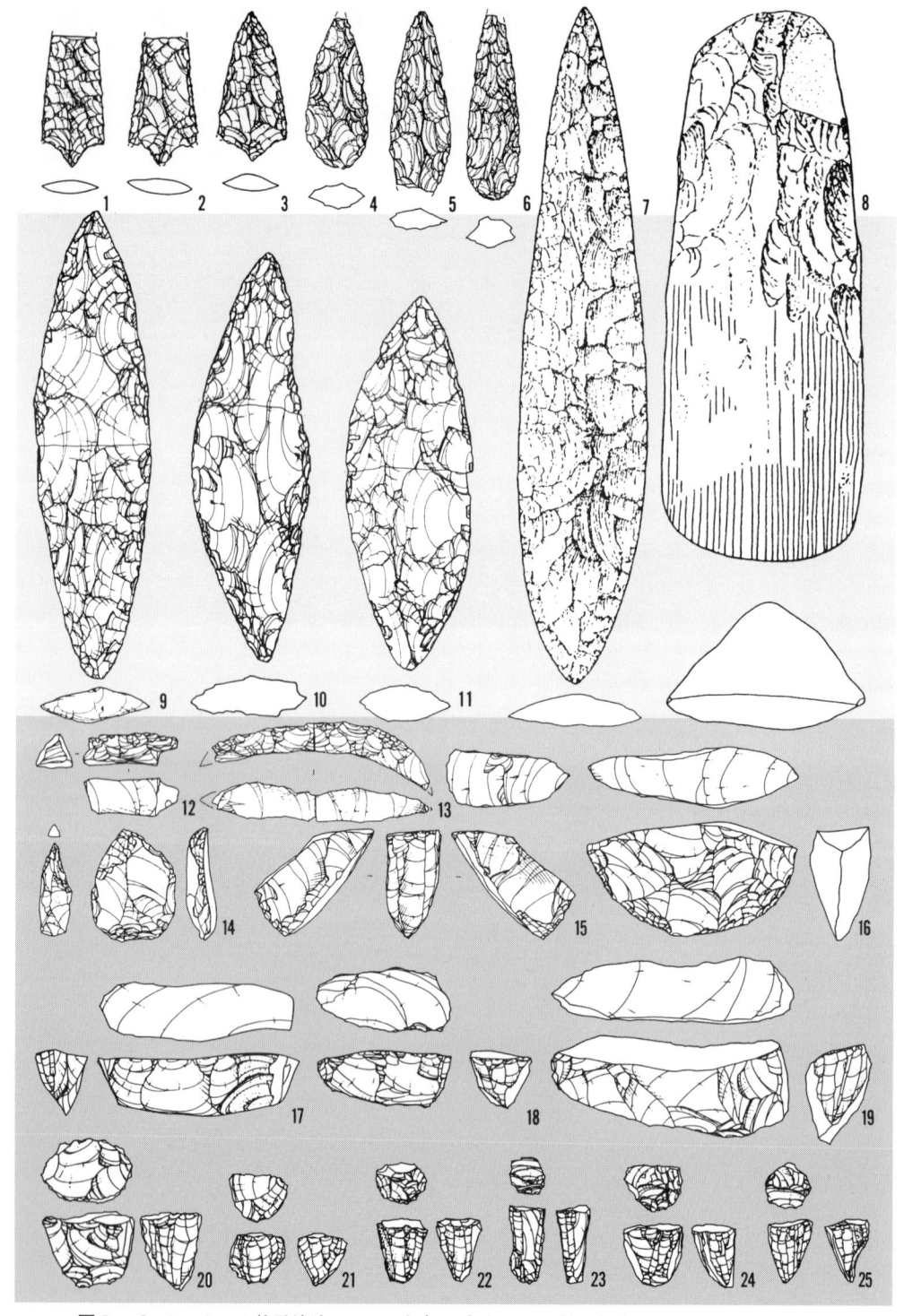

長　野

図Ⅰ-6　1～3・16 柳又遺跡　4～6 中島B遺跡　7・8 神子柴遺跡　9～11 下茂内遺跡
　　　　12～15 中ッ原5B遺跡　17 樅ヶ崎遺跡　18・20～25 矢出川遺跡　19 柏垂遺跡

東 海

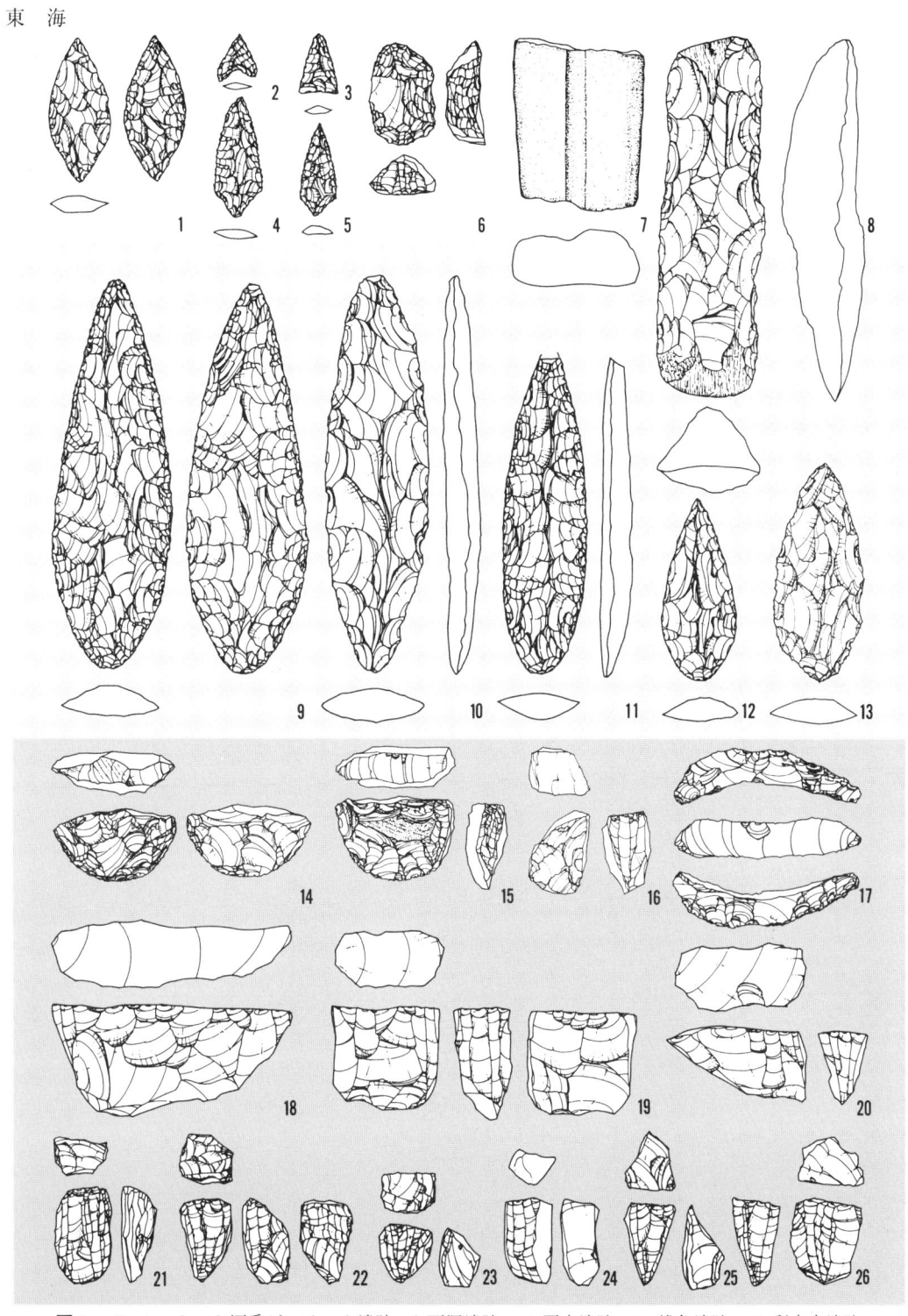

第1章 縄紋文化移行期の石器群の変遷

図Ⅰ-7 1～8・13 酒呑ジュリンナ遺跡 9 西洞遺跡 10 栗宿遺跡 11 銭亀遺跡 12 剰水南遺跡
14～17 池の原遺跡 18～20 駿河小塚遺跡 21～26 休場遺跡

第Ⅰ部　細石器文化と神子柴文化

近畿

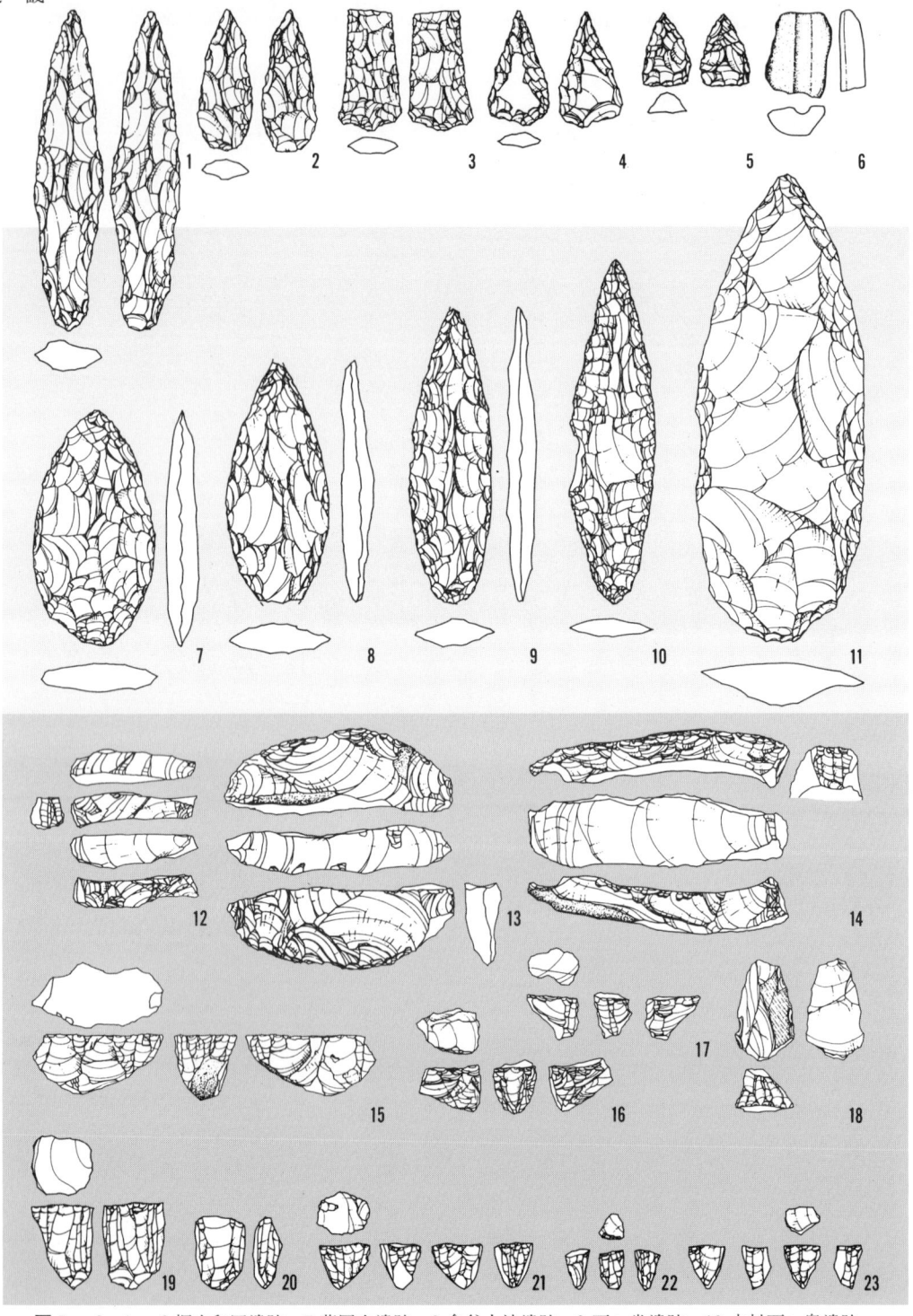

図Ⅰ-8　1～6 桐山和田遺跡　7 藤岡山遺跡　8 倉谷大池遺跡　9 石ヶ堂遺跡　10 木村西ヶ奥遺跡
11 八代芝崎山遺跡　12 南大塚古墳　13 新地遺跡　14 誉田白鳥遺跡　15～18 壁川崎遺跡
19 東伸遺跡　20 登茂山遺跡　21 中野遺跡　22 日岡山遺跡　23 和田新池遺跡

中　国・四　国

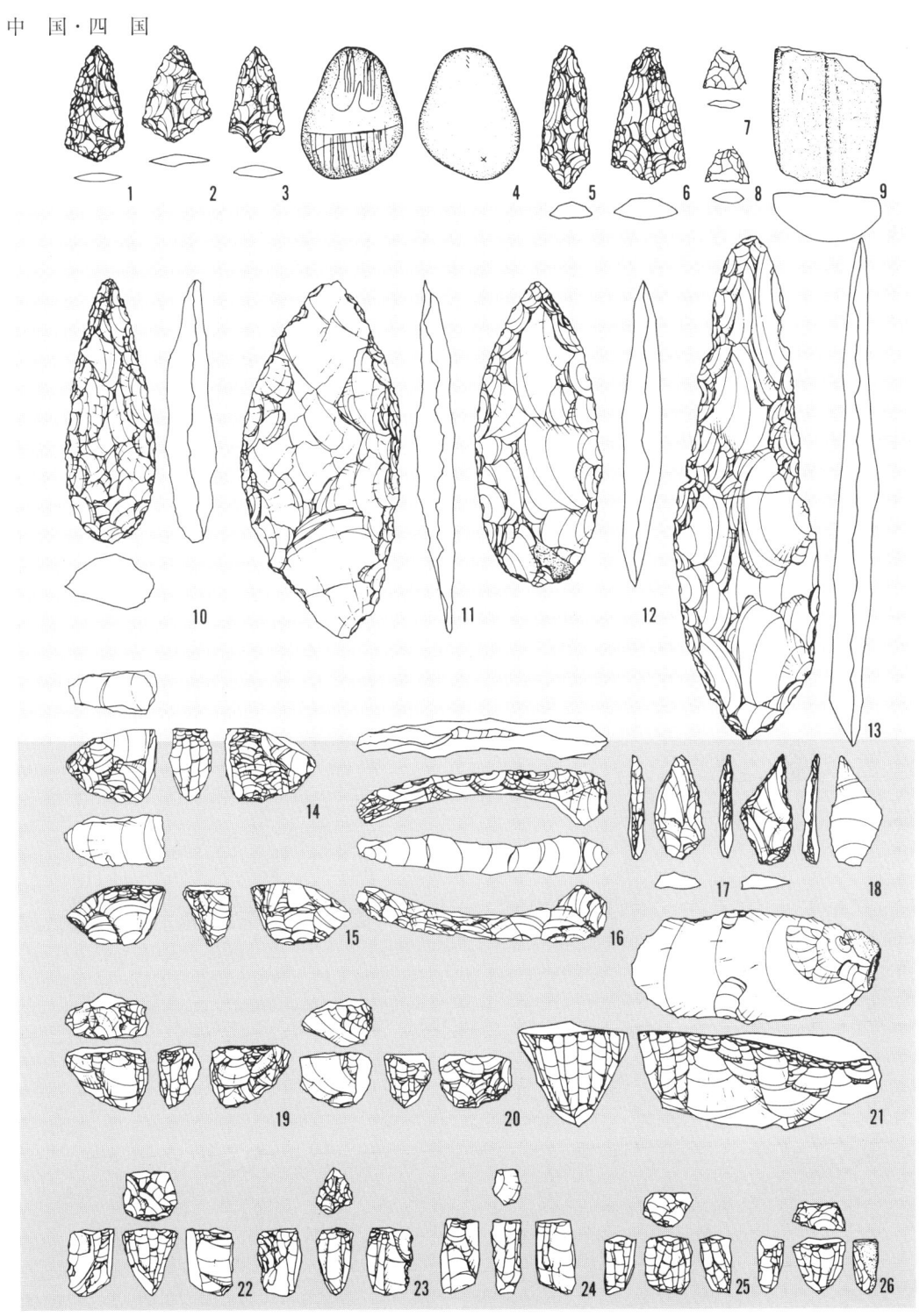

図 I-9　1〜4 上黒岩遺跡　5〜9 不動ケ岩屋洞穴　10・11 冠遺跡　12・13 国府台遺跡　14〜18 恩原遺跡
　　　　19・20 花見山遺跡　21 穂波遺跡　22〜26 南方遺跡

第Ⅰ部 細石器文化と神子柴文化

九 州

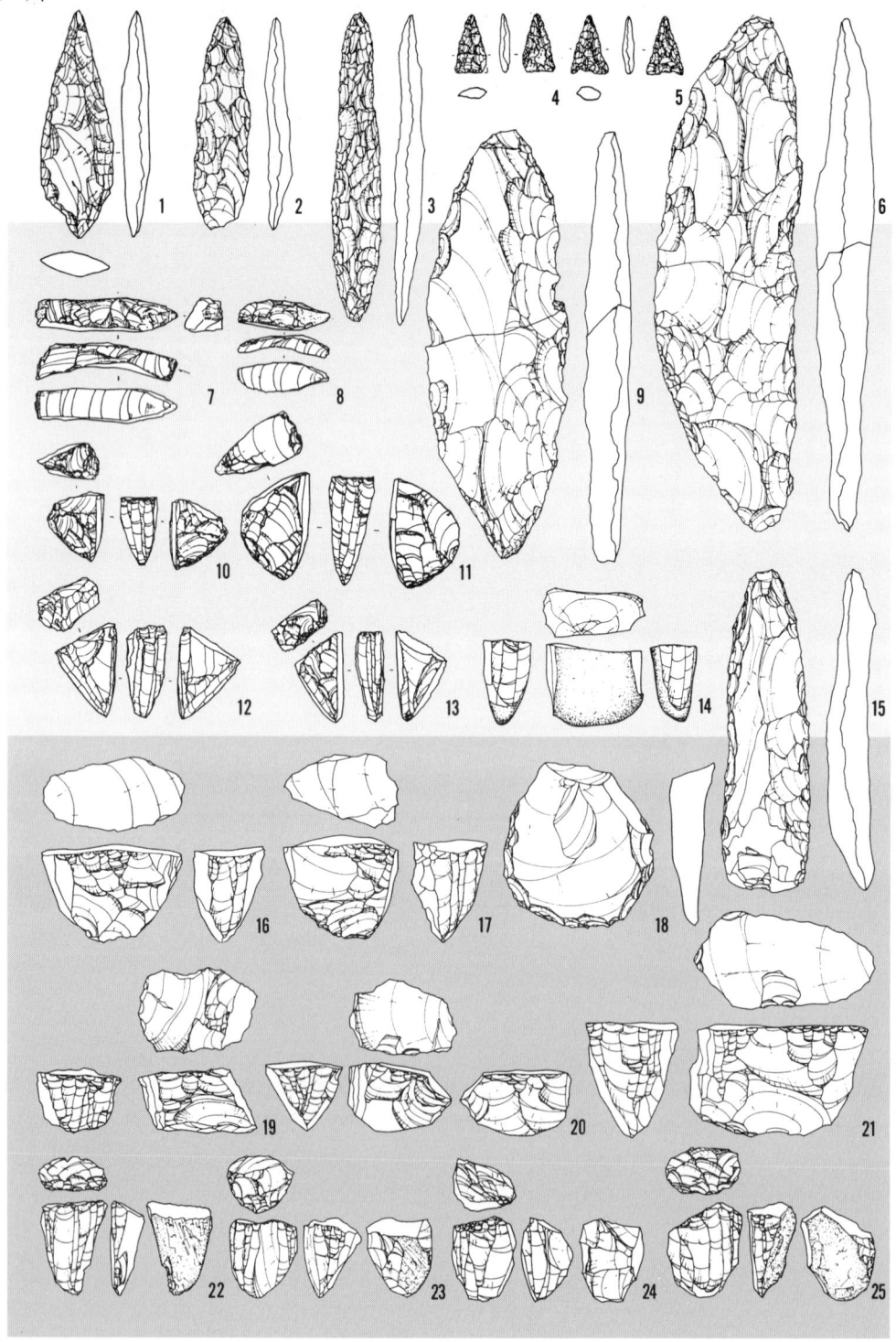

図Ⅰ-10 1・4・5・7・8・10〜13 泉福寺洞穴　2・3 中尾岳洞穴　6・9 多久茶園原
14 西畦原遺跡　15〜18 市ノ久保遺跡　19・20 船野遺跡　21 岩土原遺跡　22〜25 野岳遺跡

第1章 縄紋文化移行期の石器群の変遷

石器製作技法

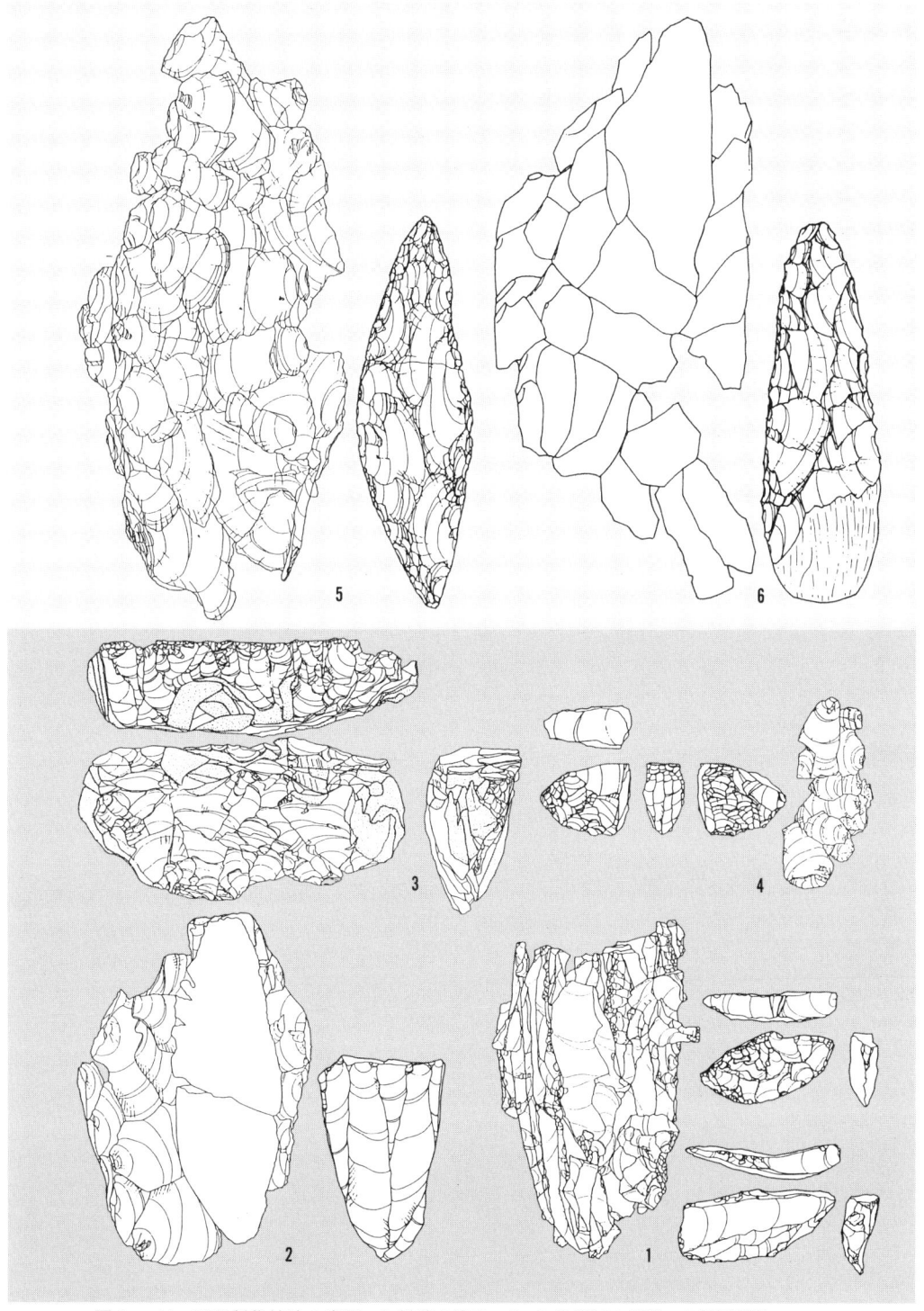

図Ⅰ-11 石器製作技法の変遷 1 新道4遺跡 2・3 美利河1遺跡 4 恩原遺跡
5 下茂内遺跡 6 多摩ニュータウンNo.796 (写真よりスケッチ)

第Ⅰ部　細石器文化と神子柴文化

石器組成率

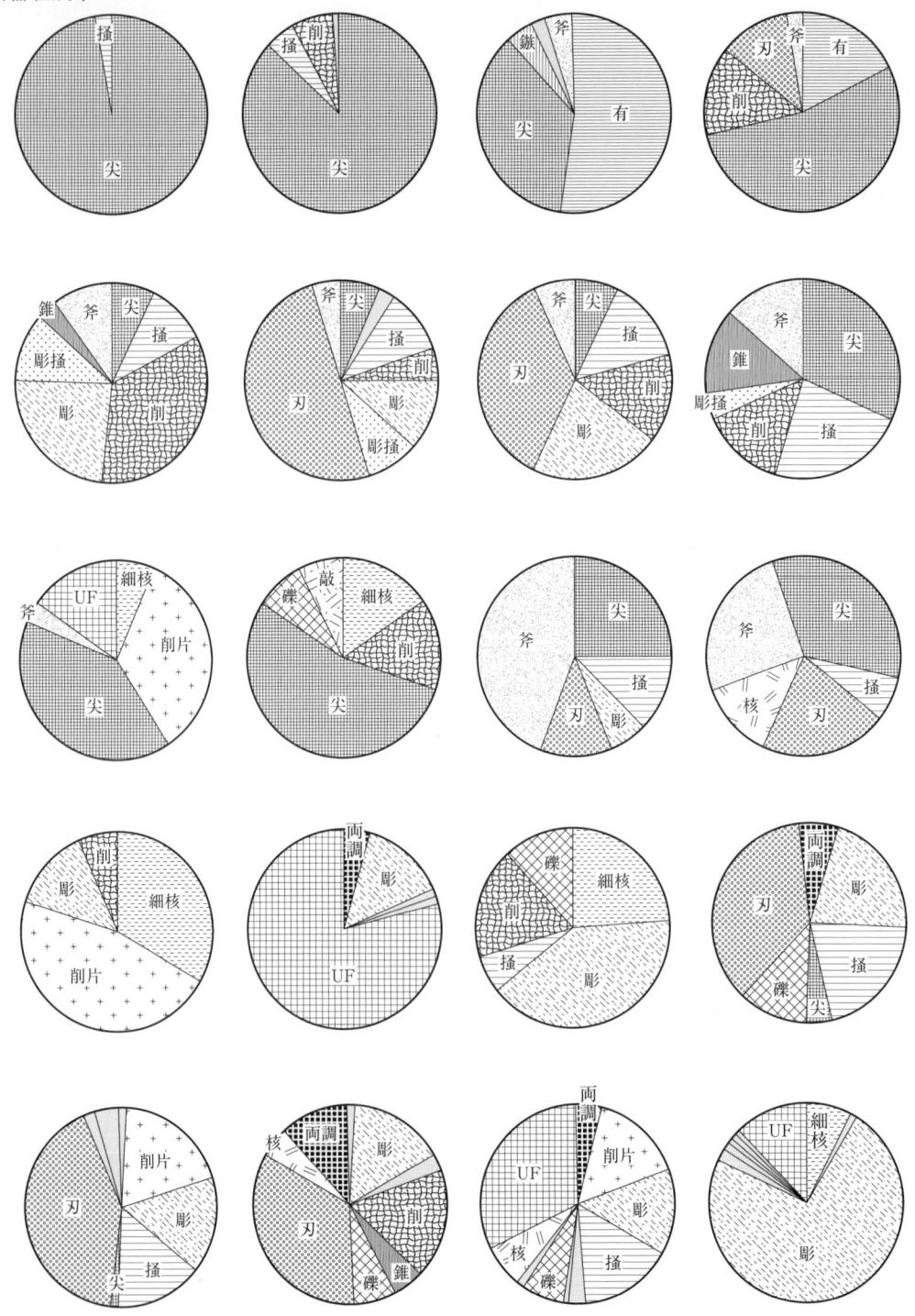

図Ⅰ-12　尖-尖頭器 掻-掻器 削-削器 斧-石斧 鏃-石鏃 有-有舌尖頭器 刃-石刃 彫掻-彫掻器
錐-石錐 細核-細石核 細刃-細石刃 両調-両面調整石器 礫-礫器 核-石核 削片-スポール
UF-Uフレーク 敲-敲石（剝片・細石刃・彫器スポールを除く）

- 30 -

第2章　神子柴・長者久保文化について

1．先土器文化の性格をめぐって

　先土器文化の性格をめぐる旧石器時代説と新石器時代説の相異なる見解は、いまだ結着をみていない。一般的には旧石器時代説が優勢とみられているが、学問の真理は多数決で決定すべき性質のものではないから、おいそれとこうした情勢に従うわけにはいかない。

　むしろ、新石器時代説の提示する内容により学ぶ点が多いように思われる。まず、対立する二説の背景について、学史的に振返ってみたい。

　先土器文化が旧石器時代であるとする見解は、1949（昭和24）年群馬県岩宿遺跡の発掘の直後すなわち先土器文化研究の初期段階にすでに醸造されていた。こうした発想の根底には次の3つの要素があげられる。

1. 日本に旧石器があったかどうかという戦前の存否論〔大山 1932〕や縄紋時代早期の中石器的様相論〔八幡 1937〕の延長に先土器文化を位置づけたこと。
2. 石器を包含するローム層が洪積世であるとする明治以来の地質的見解に支えられていたこと。
3. 岩宿以降の研究がヨーロッパ旧石器時代研究を手本にして進められたこと。

50年代に用いられた「無土器文化」「プレ縄紋」「先縄紋」という用語は、それを縄紋文化の前段階に位置づける単に順序をしめす概念であったが、その内容は土器のない石器文化として旧石器時代あるいは中石器時代とする暗黙の了解があり、大方の研究者は先土器文化を新石器時代とは考えていなかった。しかし、こうした情勢の中で、後の山内清男[1]・佐藤達夫の新石器時代説の系統論の根底となる先駆的見解がJ.マリンガーによって示された〔Maringer,J 1956a・b，1957a～d〕。権現山Ⅰ・Ⅱをジャワの前期旧石器パジタン文化に、岩宿Ⅰをホアビニアン文化に、権現山Ⅲをスマトラリス文化に、岩宿Ⅲをトアラ文化にそれぞれ対比させる東南アジア系統論である。日本の新進の研究者がM.C.バーキットの『旧石器時代』を片手に、石器編年に熱中する最中に、先土器文化をアジア先史時代の枠組みで位置づけようとする卓越した作業であった。しかし、こうしたマリンガーの見解も充分理解されないまま、岩宿Ⅰ→茂呂→岩宿Ⅱ（切出形石器）→ポイント→細石器文

第Ⅰ部　細石器文化と神子柴文化

化の編年を軸とした全国的な大綱ができあがる。

　1960年代に入ると夏島 ^{14}C 年代で認知された旧石器時代説は傲然化する〔芹沢1962〕。この時期の研究課題は、体系化された先土器時代の編年が、如何に縄紋文化へ移行するかという問題、すなわち縄紋文化起源論との係わりの中で進められる。細石器文化から縄紋文化へとする芹沢長介の見通しは、長崎県福井洞穴の発掘によって証明されたが、一方では長野県神子柴遺跡、青森県長者久保遺跡のような局部磨製石斧を伴う大型尖頭器文化が存在し、終末期の様相は一筋縄ではいかない複雑さを示すことが判明した。

　こうした先土器文化研究の動向を静観していた山内清男は、1939（昭和14）年以来の沈黙を破って猛然と反論を展開する。ミネルヴァ論争を通して自らが築きあげてきた先史考古学の秩序が ^{14}C 年代によって歪められつつある状況に警告を発したのである。新潟県本ノ木遺跡の土器共伴問題[2]が発端となって展開する山内と芹沢の論争を"本ノ木論争"と呼ぶことにする。山内は、縄紋文化渡来期の石器群および先土器文化終末期の神子柴・長者久保文化がシベリアの新石器時代イサコヴォ期に関連するものとして、縄紋文化の上限年代をB.C.3000年に位置づけた。先土器文化は局部磨製石斧が出土することから新石器時代とした。なお、岩宿Ⅰおよびナイフ形石器の両者に伴う石斧については、東南アジアのトアラ・ホアビニアン文化との系統関係を示唆した。先土器文化前期を東南アジア系統、終末期をシベリア系統と結びつけた無土器新石器時代説である。この年代観は、周辺文化との比較年代決定法によって導き出された先史考古学の正統な見解であった。先土器文化と縄紋文化との接点を山内は神子柴・長者久保文化に、芹沢は細石器文化に求めたわけで、こうした視点の相異に両者の運命的ともいえる岐路を見い出すことができる。

　一方、芹沢は ^{14}C 年代に基く周辺文化との比較を行う〔芹沢1965a・b〕。しかし、ややもすると周辺文化を日本の ^{14}C 年代をもって古く位置づけようとする指向性があり、山内のいう八紘一宇、シベリア出兵的発想といわざるをえない。

　「時間的な位置づけが文化の内容よりさきに判明するというのもそれ自体おかしなことである。土器型式の内容が知られるまえにその相当年代が決定しうることがありえようか」〔芹沢1956〕。

という芹沢自身の発言を忘れたわけではあるまい。系統関係をぬきにした文物個別の比較論では、先史時代の長い大陸との交渉史や全体像を再構成することはできないであろう。

　旧石器時代に磨製技術が存在することをコステンキⅠの石斧例から強弁する〔芹沢1965a〕。しかし、先土器文化の石斧は明らかに研磨された石器であり、使用による磨耗痕とは異なるものであって、山内見解の否定材料とはなりえない。近年の磨製石斧の多数の発見例から、芹沢は次のように言う。

「旧石器時代に磨製石器なしという昔ながらの説もあるが、私たちは事実を事実としてとらえる客観的な態度をとりたい」〔芹沢編 1974〕。

しかし、J. ラボック以来の旧石器時代の概念を勝手に変更されてはかなわない[3]。文中の磨製石器を、例えば、土器、農耕という用語に置き替えれば無限に旧石器時代の概念は変質する。かつて山内は、ミネルヴァ論争を「ルールの異なった試合」と称したが、本ノ木論争は「ルールのない試合」になってしまう。また、芹沢のいう事実とは、先土器文化に磨製石斧が伴うという事実であり、この事実を客観的に把握していたのは山内側であり、芹沢は懐疑的にみていたのではないか[4]。

その後、山内は三部作〔山内 1967a・b, 1968〕を発表し、縄紋文化の上限年代を B.C.2500 年に改定し、より整備した先史考古学の体制を編成した。両説の対立は深まるばかりで解決の糸口はつかめない。この論争の発端は ^{14}C 年代による時間的な位置づけが、文化の内容より先に決められたことによって生じたのであるから、両説を比較し、いずれが文化の内容をより正しく提示しているかを検討吟味することが、第一義と考える。

その手はじめとして、先土器文化終末期の様相を分析しながら、新石器時代説の正しさを証明しようとする試みが小論の骨子である。

2．神子柴・長者久保文化をめぐって

先日、長野県神子柴遺跡出土の石器群を詳細に観察する機会を得た。発掘からほぼ20年を経過し、幾度か展覧会でお目にかかっているのに、伊那の郷土館のガラスケースに草鞋のように並んだその石器群の新鮮さと異様さは、今だに心を強くひきつける。

1958（昭和33）年、林茂樹と藤沢宗平によって神子柴遺跡の発掘が行われた。大型の石斧と尖頭器を中心とした石器群がローム層中より出土し、土器を伴わないことから、先土器文化終末期に位置づけられた〔林・藤沢 1961〕。しかし、当時は細石器文化から縄紋文化へ移行するという考えが大方の予想であったため、この異質な石器群の位置づけには戸惑いがあった。発掘者はこの石器群とイサコヴォ期の石斧との関連を説き、集積した出土状態から墳墓の可能性を指摘した。芹沢長介は発掘の事実のみふれ、細石器文化以降に位置づけたが、その文化内容に言及することを避けた〔芹沢 1960〕。これは、神子柴・長者久保文化に対する芹沢の一貫した態度である。その後、小林達雄によって新潟県下の類例が紹介される〔小林達 1960〕。しかし、神子柴遺跡発見の意義やイサコヴォ期に関連するという指摘は、長崎県福井洞穴の細石器と隆起線紋土器が共伴するというセンセイショナルな出来事によって影が薄れてしまう。

第Ⅰ部　細石器文化と神子柴文化

　しばらく類例をみないまま、1962（昭和37）年、青森県長者久保遺跡の発掘を迎える。その成果は山内清男・佐藤達夫によって公表され、神子柴・長者久保文化の編年観、系統観が明確に提示された〔山内・佐藤1962〕。長者久保遺跡出土の円鑿形石斧がシベリアのアンガラ川流域のチャドベック遺跡のものと類似することから、イサコヴォ期（B.C.4000〜3000年）の文化にその系統関係を求めた。神子柴・長者久保文化が新石器時代に属するものであり、それに後続する縄紋文化上限の年代をB.C.3000年（のちにB.C.2500年に改定）とした。この終末期の円鑿形石斧と前期の岩宿Ⅰ、ナイフ形石器に伴う局部磨製石斧の系統観と年代観が核となって、先土器文化を新石器時代と断定したことは前述のとおりである。^{14}C年代を援用する井川文子や芹沢は長者久保遺跡を包含する八戸パミスの^{14}C年代から、これらの石器群の年代をB.C.11000年と考える〔Ikawa1964、芹沢1967〕。

　同様、^{14}C年代に近い立場から山内・佐藤の系統論を真向から反論したのは加藤晋平である〔加藤晋1968〕。加藤はシベリアにおける片刃石斧の出現時期を、アンガラ川流域のウスチ・ベラヤ遺跡に求め、B.C.7000年に遡ることを指摘した。つまり、先土器文化終末期の石斧をイサコヴォ期以前の中石器時代の石斧と関連させたのである。しかし、仮に両者の^{14}C年代を認めたとしても、長者久保遺跡とウスチ・ベラヤ遺跡の間には4000年の開きがあり、自論を展開しなくとも、この系統論が成立しないことは明白である。また、石斧の形態比較においても、ウスチ・ベラヤ遺跡のわずかに磨かれた初源的な片刃石斧と、長者久保遺跡の完成した形態をもつ円鑿形石斧との比較は適切でないように思われる。形態の類似性からみれば、イサコヴォ期の石斧がより近い関係にあることは、多くの認めるところであろう。ウスチ・ベラヤ遺跡の石斧が大陸における磨製石斧の初源であれば、日本には先土器時代前期に局部磨製石斧があり、磨製技術の面からもこの系統関係を認めるわけにはいかない。加藤は前期の局部磨製石斧をアファントバ・ゴラ下層（B.C.18000年）の打製石斧と対比させ、東南アジアとの系統を否定する。しかし、磨製でないものと比較してもしかたがない。アシュリアンの握斧と新石器時代の磨製石斧を比較するようなものである。結局はシベリアの年代を遡らせても、なおかつ日本の年代が古くなるという矛盾した系統論しか展開できないのである。加藤のこうした努力もむなしく、ウスチ・ベラヤ遺跡の中石器文化層直上（ⅡA層）から土器が出土することが明らかになり、その年代観は全体に新しく位置づける方向にある。加藤はウスチ・ベラヤⅡA層の土器をイサコヴォ期に当てた〔加藤晋1973〕が、ジャブリンの指摘のようにミヌシンスク低地の編年でいえばアホナシェヴォ文化の前段階に対比するのが妥当であり、それはV.N.チェルネッォフの編年[5]によればB.C.2500年と年代が与えられている。ゆえにⅡA層以下の中石器時代の石器群もより新しく位置づけて検討する必要があると考えられる。

第 2 章　神子柴・長者久保文化について

　加藤の反論のもう一点は、山内がリトリナ海進と関連して改定した縄紋上限年代（B.C.2500 年）についてである〔山内 1967a〕。加藤は海水面変動に関する三つの説をあげ、地盤上昇説をとる。いわゆる縄紋海進を否定することによって、山内の見解を批判する。しかし、山内説を認めないために、縄紋海進をいとも簡単に否定することは問題があろう。地盤隆起の主な要因である火山活動の休止した後氷期の海水面変動を、すべて地盤隆起によって説明しようとする試みは、戦後の地質学的な成果をあまりにも軽視しているとはいえないだろうか。こうなったら、まさに"日本沈没"である。なぜ、このようにしてまで、日本の先史時代を遡らせなければならないのか。ソビエト先史考古学に精通した加藤であれば、大局的にみて山内・佐藤の提示したイサコヴォ期との系統的関係が妥当であることがおわかりのはずだが…如何なものであろう。

　しかし、こうした加藤の見解はその後に出版される報告書や論文に大きな影響を与えることになる。神子柴・長者久保文化に関連をもつ北海道モサンル遺跡の報告〔岩本 1972〕、山形県上屋地遺跡の報告〔加藤稔編 1972〕や先土器時代の局部磨製石斧について総論した小田静夫・Keally 論文〔Oda・Keally 1973〕、長野県下の神子柴型石斧を集成し、その編年を試みた森嶋稔論文〔森嶋 1968a，1970〕は、いずれも加藤の指摘したシベリアとの系統論に準拠している。いずれも ^{14}C 年代公害に汚染されている。しかし、こうした誤った系統論をぬきにすれば、森嶋稔の行った唐沢 B 遺跡の発掘をはじめとする一連の神子柴・長者久保文化への追究の姿勢は、この方面での研究の試金石として評価すべき内容を含んでいるといえよう。また、森嶋とソビエト先史考古学者 I.G. ショコプリアスとの対話は非常に興味深い〔千曲川水系古代文化研究所 1972〕。神子柴遺跡や唐沢 B 遺跡の資料についてショコプリアスは次のように語っている。

　「これを日本では旧石器文化に入れているわけですね。もし森嶋さんがキエフにくれば、これと同じ様なものをお見せして、逆（新石器文化）のことを証明してみせます。」また、

　「私の方では、イサコヴォ文化を 4500 年位に見ています。4500 年というと新石器文化になるんで、日本では新石器文化と比べながら旧石器文化といっているわけです。」
といった皮肉とも受けとれる発言を行っている。古典的な石器研究を蓄積したショコプリアス[6]がこれらの資料を新石器時代と考えたのは当然の帰結であろう。"ショコプリアスさん、これらの石器群を新石器時代と考える日本の研究者もいるんです！"

　近年、山内・佐藤の提示した新石器時代説を裏付けるように、神子柴・長者久保文化に属する青森県大平山元 I 例〔三宅ほか 1976〕・茨城県後野例〔川崎ほか 1976〕は土器を伴って出土した。いずれの土器破片も無紋でその全貌は明確でないが、大平山元 I 遺跡では角底の土器片が出土する。石器の組成からみて、隆起線紋土器よりは古いと考えられる。ま

− 35 −

第 I 部　細石器文化と神子柴文化

さか、旧石器時代に土器はあるまい。このように、神子柴・長者久保文化の実態も少しずつ明らかになってきた。これらの土器が究明されれば、シベリアとの系統論もより明確になろう。縄紋文化を生みだす先土器時代終末期の胎動は、幾度となく波及する大陸文化の影響をうけ、複雑な様相を呈している。神子柴・長者久保文化を解明する過程で、その糸口を見いだしてゆきたい。

3. 神子柴・長者久保文化の石斧

　先土器時代は大きく前期と後期に二分され、さらに各々前半期と後半期に細分される。すなわち、前期前半期が岩宿 I・権現山Ⅲ、前期後半期がナイフ形石器、小型尖頭器文化、後期前半期が細石器文化、後期後半期が神子柴・長者久保文化となる[7]。

　神子柴・長者久保文化は細石器文化に後続する先土器時代終末期の文化であり、大型尖頭器と特異な形態をもつ石斧が伴う。この文化に有舌尖頭器が加わる段階で隆起線紋土器が出現し、縄紋時代草創期へと転換する。縄紋文化生成への基層となるべき文化といえよう。この神子柴・長者久保文化を解明するためには、これらの文化に伴う石斧についての分析が必要とおもわれる。

(1) 神子柴型石斧

　神子柴・長者久保文化に特徴的な局部磨製石斧や打製石斧が伴うことは周知の事実である。断面三角形石斧、片刃石斧、円鑿などと呼ばれるが、いずれも形態上の一面を指すものにすぎない。森嶋稔はこれらの総称として"神子柴型石斧"を提唱した〔森嶋1968a〕。ここではこの提唱に従い、神子柴型石斧と呼ぶことにするが、終末期に出現する多様な形態をもつ石斧を神子柴型として一括することは若干の問題もあろう。神子柴・長者久保文化の石斧は一系統の文化の中から出現したと断定しえない複雑な様相をもっている。

　この時期と同じ形態の石斧は、次の縄紋文化草創期にまで伴っており、先土器文化と縄紋文化を繋ぐ石器の一つである。ここでは、神子柴・長者久保期から縄紋時代草創期までの石斧を集成し、分析・検討を行なっていきたい。

分　布　現在、先土器時代終末期から縄紋時代草創期に属する石斧は、約96遺跡157点をこえる〔図 I - 18 (1) 〜 (5)〕。このうち、大多数のものが表採資料や単独出土のもので、その遺跡との関連や組成が充分に判明しているとはいえない。北は北海道から南は山口県に至る広い分布をもつが、従来の見解のとおり、東北日本に高い密度を示しており、北方系統の文化の流入にふさわしい分布を呈する〔図 I - 19〕。また、新潟県、長野県を中心とした地域に高い密度の分布がみられるが、一概に北から順次南へという伝播経

第 2 章 神子柴・長者久保文化について

路では説明しえない様相を含んでいると考えられる。かつて佐藤達夫が縄紋土器の伝播経路として、大陸から日本海を直接渡るルートを想定したように〔佐藤 1974a〕、その前段階にも同じ経路からの流入も考えられる。東北地方では、青森県、秋田県の出土例が少ないが、これは未調査のためと考えられ、今後の発見が期待される。

　分布上で重要な点は、これらの石斧が九州地方に及んでいないことである。この事実は、九州で細石器文化がながく存続することと密接な係わり合いがあると考えられる。福岡県門田遺跡では、細石器や爪形紋土器に伴って、粗雑な打製石斧が出土してはいるが、神子柴・長者久保文化の石斧とは直接関係があるとは思えない。なお、佐賀県多久三年山遺跡では大型尖頭器が多量に出土し、神子柴・長者久保文化との関連も考えられるが、その実態が明らかになるのをまって、検討したい。

分　類　　神子柴・長者久保文化の石斧の分類については、森嶋稔によって先鞭がつけられた〔森嶋 1970〕。その分類は、円鑿と片刃に大別し、それぞれ磨製と打製に区別し、さらに刃縁が円刃のもの、直刃のものに細分する。しかし、この時期の石斧は多様性をもっており、こうした分類では充分でないであろう。ここでは、基本的に両刃と片刃石斧に二

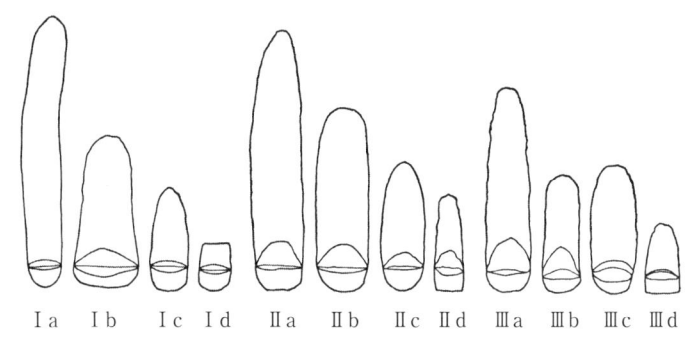

	刃形	分類	特徴	実例
神子柴型石斧	両刃石斧　蛤刃	Ⅰa	側辺が平行し、狭長で扁平な短冊形のもの。	鳴鹿山鹿 (90)
		Ⅰb	撥形を呈し、横断面がレンズ状となるもの。	大平山元Ⅰ (13a)
		Ⅰc	基部が圭頭状となり、円刃となるもの。	石神 (92a)
		Ⅰd	小型で横幅に対して、長さが短い短斧形のもの。	不動ケ岩屋 (95)
	片刃石斧　平鑿刃	Ⅱa	側辺が平行し、狭長で横断面が三角および台形を呈するもの。	宮ノ入 (76a)
		Ⅱb	横幅があり、草鞋状を呈し、横断面が三角およびD字状となるもの。	唐沢B (80a)
		Ⅱc	Ⅱbとほぼ同一形態をもち、横断面がやや扁平なレンズ状を呈するもの。	上口 (5a)
		Ⅱd	狭幅な撥形・短冊形で、刃先方向からの剥離によって刃部調整するもの。	モサンル (11a)
	円鑿刃	Ⅲa	側辺が平行し、狭長で横断面が三角および台形を呈するもの。	辻ノ内 (62)
		Ⅲb	横幅に対し、長さが比較的短く、刃部の彎曲の強いもの。	長者久保 (12a)
		Ⅲc	Ⅲbとほぼ同一形態をもち、やや扁平で刃部の彎曲もややゆるやかなもの。	貝沼 (41a)
		Ⅲd	小型で、切断したような刃部調整を行なう扁平なもの。	神子柴 (87c)

図Ⅰ-13　神子柴型石斧の形態分類

- 37 -

第Ⅰ部　細石器文化と神子柴文化

分し、片刃石斧を平鑿形（直線刃）と円鑿形（彎曲刃）に分ける。すなわち、両刃（Ⅰ）、片刃直線刃（Ⅱ）、片刃彎曲刃（Ⅲ）の3型式に大別し、各型式を平面形と横断面形によってa〜dの4種に分類する。3型式12種となる［図Ⅰ-13］。磨製と打製の区別は、後述するように機能的な差異で作り分けたものではなく、効力すなわち、対象物に対する力学的な違いとみる観点から分類の基準とはしなかった。また、打製石斧は磨製石斧の未製品という見解もある〔山内1969a〕。なお、石斧の部分名称については、佐原真による名称を原則として用いた〔佐原1977〕。ただし、主面の理解は斧柄との着装関係でしか判明しないため、ここでは主要剝離面を裏面、その反対側を表面と呼ぶ。

（2）各地の概観

　ここに取上げる石斧は、96遺跡157点に及ぶ［図Ⅰ-18］。時期は先土器時代終末期から縄紋時代草創期前半のものである。しかし、すべてを網羅しているとは思えない。また、資料が全国に点在しているため、すべてのものを観察することは不可能に近い。ここでは、報文によりその詳細の判明するものや実見した資料を中心に概要をのべる［図Ⅰ-20〜37］。

北海道地方（1〜11）　11遺跡、15点が出土しており、北海道の東北部に集中している。これらは報文にみえる資料で、他にもかなりの出土例があると思われる。

　白滝例（8）は採集資料のため、その出土地点は明確でない[8]。断面半円状で側辺が平行するⅡa型の代表例である。原材はもともと円形か半円形の狭長な河原石で、その形状を生かし、裏面をわずかに調整しただけのものである。刃部は両面から丁寧に研磨し、みごとな刃先をつくりだした局部磨製石斧である。側辺も研磨しており、この時期の石斧の特徴をよく表わした優品である。モサンル例（11a）は刃部形成に特徴をもつ。刃先方向からの数条の剝離によって調整したⅡd型に属するものである。刃部はわずかに横方向に研磨されている。発掘調査によって、石器組成が判明する貴重な資料である。Ⅲc型の置戸安住例（6）とともに、神子柴・長者久保文化に関連するものであろう。他の例（2〜5、7、9）は、立川ポイントの有舌尖頭器文化に属すると考えられる。

東北地方（12〜42）　青森県2遺跡5点、岩手県8遺跡17点、秋田県2遺跡2点、宮城県8遺跡9点、山形県8遺跡10点、福島県3遺跡6点、東北6県にわたり、31遺跡から計49点が出土している。単独出土のものが多く、その組成などはよくわからない。また、東北地方に特有の縄紋時代の石箆と呼ばれる石斧と類似しており、単独出土例の帰属時期の決定には注意をはらわなければならない。

　青森県長者久保例（12a〜c）・大平山元Ⅰ例（13a・b）はいずれも発掘資料で重要な指標となる。12aは横断面がほぼ正三角形で、両側辺がほぼ平行し基部と刃部が弧状を呈する。表面は中央に稜をもち、裏面は平坦に剝離される。刃線がアヒルの嘴状に彎曲するⅢb型

である。刃部表面のみを研磨した局部磨製石斧である。12b・cはいずれも打製石斧である。12bは表面中央に稜が通り、ほとんど調整していない。裏面は両側から平坦に剥離する。刃先方向から剥離し、刃部を形成したⅡd型である。12cは小型で扁平なもので、基部が尖り刃部は弧状となるⅠc型に属するものである。13aは横断面がレンズ状の比較的扁平な撥形を呈するⅠb型のものである。表裏とも刃部を横方向に研磨した局部磨製石斧である。13bは刃部が欠損しており、形態は不明である。

岩手県持川例（15a～g）は、基部が圭頭状となる扁平な短冊形の打製石斧である。やや特殊な形態であるが、Ⅱ型の範疇に入れておく。この種のものは北上市周辺に多い。

宮城県戸谷沢例（29a）は撥形を呈し、表面刃部がわずかに抉れているⅢc型である。表裏を研磨した局部磨製石斧である。

山形県上屋地A例（34a～c）は、いずれも刃先方向から剥離によって刃部を調整したⅡd型である。頁岩あるいは砂岩製が多い中で、東山・紺野例（35）は黒曜石を素材としたⅠc型である。

福島県貝沼例（41a・b）はいずれも局部磨製石斧である。41aは横断面がレンズ状となるⅢc型である。41bはやや小型のⅡc型に属する。乙字ケ滝例（42a～c）は3点出土しており、ナイフ形石器文化の石斧とも考えられているが、ここでは終末期のものとした。42aは断面三角形の自然石を用い、刃部のみ表裏両面から丁寧に研磨した特異な形態をもつ。

神子柴・長者久保期に属するもの（12、13、34、41）と草創期のもの（27、36～39）に分れる。

関東地方（43～58）　　群馬県1遺跡1点、栃木県2遺跡2点、茨城県2遺跡2点、埼玉県5遺跡7点、東京都2遺跡2点、神奈川県4遺跡5点、6県にわたり、16遺跡から19点が出土している。量的には少ないが、関東地方一円に分布する。

発掘により神子柴・長者久保文化と判明する資料は、茨城県後野例（46）のものである。しかし、残念ながら刃部が欠損しており、その形態はわからない。残存部から推定すると20cmほどの大型石斧と考えられる。他に重量感をもつ大型の石斧は、群馬県月夜野例（43）・茨城県千代田例（47）・埼玉県側ヶ谷戸例（50）・市場坂例（51）・東京都東寺方例[9]（53）のものである。43は刃部が一部欠損するがⅡb型である。47はⅢc型の局部磨製石斧で、福島県貝沼例（41a）に類似する。50は単独出土である。表面を粗く剥離して調整するが、裏面は自然面をそのまま残したⅡa型のものである。51は断面三角形で、基部が尖り刃部が弧状となるⅢbの局部磨製石斧である。尖頭器が伴う。53は横断面がほぼ正三角形となり、基部が尖る幅広のⅡb型で、神子柴例（87b）によく類似する。

— 39 —

第Ⅰ部　細石器文化と神子柴文化

　埼玉県皆野例（48）は基部が尖る扁平な打製石斧Ⅰc型で、長者久保例（12c）と同形のものである。埼玉県中道例（52a〜c）は大型尖頭器が共伴した発掘資料である。52はいずれも小型のⅡd型に含むことができよう。他に刃部を欠損するが扁平な撥形のものもある。栃木県大谷寺例（44）・埼玉県西谷例（49）・東京都なすな原例（54）・神奈川県花見山例（56）・寺尾例（58a・b）は草創期に属するものである。小型で狭長な打製石斧Ⅱd型が多い。押圧縄紋土器を伴う49はモサンル例（11a）に類似する。同じく、押圧縄紋土器を伴う58aはⅠb型で、本ノ木例（64）に類似する。58bは粗い調整で分銅形にしたⅡ型の打製石斧である。

中部地方（59〜89）　　新潟県7遺跡12点、長野県24遺跡53点、両県で31遺跡から65点が出土している。最も分布の密度の高い地方である。

　新潟県下における石斧のうち、神子柴・長者久保文化に属するものは、辻ノ内例（62）・蛇新田例（61）・村杉例（59a・b）がある。62は全長25.3cmの長大な短冊形で、断面三角形を呈す。刃部が弧状となるⅢa型の局部磨製石斧である。61は"断面三角形石斧"と呼ぶにふさわしい形態をもったⅡa型の局部磨製石斧である。59a・bを出土した村杉遺跡については、戦前藤森栄一によって紹介された〔藤森1931〕。しかし、なぜかこの2本の石斧は図面からはずされ、大型石核と石刃のみが図示された[10]。実測図から判断すると、両例ともⅡa型とみられる。これらの石斧と大型石核が共伴する事実は、終末期の編年上、重要な意味をもつと考えられる。草創期のものは小瀬ガ沢例（60a〜c）・本ノ木例（64）・田沢例（65a〜c）がある。小瀬ガ沢洞穴からは約100点近くの石斧が出土している。時期は限定できないがⅡ型のものが多い。60bは刃先方向から調整するⅡd型である。64は押圧縄紋土器が共伴し、小型のⅠb型に属するものである。

　長野県下の出土例については、森嶋稔により集成されているため、多くふれる必要はない〔森嶋1968a〕。神子柴遺跡からは13本の石斧が出土し（87a〜m）、その形態もⅡb・Ⅱc・Ⅲd型の各種があり、終末期の完成された石斧の姿を如実に示している。とくに扁平なⅢd型（87d）は刃先を切断したような刃部調整が特徴で、類例は唐沢B例（80）・弁天島北例（73）・家敷畑例（81）・高出北ノ原例（84）・岩垂原例（83）がある。中には、刃先を切断したままで調整しないものもある。唐沢B例（80a〜j）は神子柴同様10本の石斧を出土した。Ⅰa・Ⅱa・Ⅲd型がある。宮ノ入例（76a〜e）は小ピットから埋納された状況で5本まとまって出土した。76a・eはⅡa型に属するもので、76aは全長30cm以上の最大級のものである。76bはⅡa型、76c・dはやや刃部が彎曲したⅢa型である。手児塚例（66）は幅広でやや刃部に開いた重量のある断面三角形のⅡb型で、基部側もⅢ型の刃先を呈する。草創期のものは孤久保例（71a・b）・小馬背例（85）・西又例（86a〜

c）がある。いずれも隆起線紋土器が伴う。

東海・近畿地方（91、92）　愛知県酒呑ジュリンナ例（91a・b）2点、三重県石神例（92a～c）3点の計5点が出土している。他に、単独出土の和歌山県垣谷例や近年発掘された兵庫県伊府例がこの時期のものかも知れない[11]。

91aは断面三角形で小型の幅の狭い短冊形をなし、刃部方向からの剥離によって刃部を作りだす。Ⅱd型の局部磨製石斧である。有舌尖頭器、隆起線紋土器が共伴する。92a・bはいずれも基部が尖る扁平なⅠc型の打製石斧である。有舌尖頭器が伴出する。

北陸地方（90）　福井県鳴鹿山鹿遺跡出土のもの（90）が唯一の例である。先土器文化研究が進む富山県下では、前期の局部磨製石斧は数例知られるが、この時期のものは未発見である。日本海側に位置する富山・石川両県での発見は今後、充分に期待できよう。

90については先の報告〔土肥・岡本東1979〕のとおり、有舌尖頭器を含む一括埋納遺物に隣接して発見され、その組成の一員であると考えている。全長34cmを計り、この時期の石斧としては最長である。扁平でわずかに彎曲した平行する側辺をもつ。刃部を表裏から研磨したⅠa型の代表例である。側面も研磨している。

中国・四国地方（93～96）　岡山県領家例（93）・山口県前田例（96）・高知県不動ケ岩屋洞穴例（95）・愛媛県上黒岩洞穴例（94）の計4点が出土している。

93は発掘資料であるが、共伴遺物はない。磨滅しているが小型のⅡc型である。96は握斧として紹介されたもの〔小野1968〕であるが、形態的にみて終末期の石斧とした。94・95は有舌尖頭器、隆起線紋土器を伴うものである。95はⅠd型で、いわゆる神子柴型石斧とは形態を異にした扁平で短斧の局部磨製石斧である。94は刃部の破片とみられるもので、一部研磨されるが、形態はわからない。

以上、概観してきたように多種多様の形態をもち、分類どおりにはなかなか収まらない。また、形態の違いを森嶋編年のように、時間差としてとらえることは甚だむずかしい。大局的にみれば、神子柴・長者久保期のものは、大型で重量があり、比較的丁寧に調整を施した局部磨製石斧が多いが、草創期になると、小型化し調整も粗雑なⅡd型が増える傾向が認められ、形態的には退化していくように思える。

（3）製作技法および着装法

神子柴例（87b）・東寺方例（53）・市場坂例（51）は、表面の基部近くや最も厚味をもつ中央部に自然面を残している。こうした例から、多くの原材は自然の長大な楕円形の河原石を用いていることが判明する。これを長軸方向に分割して断面D字状の素材を作る。丸味をもつ河原石を二分するためには、ハンマーを用いる直接打法や楔を用いる間接打法では打点が定まらず、うまく行かない。むしろ、原材を手にもち、他の大きな河原石に打

第Ⅰ部　細石器文化と神子柴文化

ちつける簡単な台石技法によったと推測される[12]。うまくいけば、一つの原材から二つの素材がとれることになる。神子柴遺跡には同一石質の石斧があり、こうした対をなす素材から作られたものかも知れない。断面D字状の素材ができると、主要剥離面すなわち石斧の裏面を打面として表面を剥離する。中央に稜をもつ断面三角形の石斧の粗形ができあがる。最後に主要剥離面に両側から平坦剥離を加え、刃部調整を行えば、打製石斧が完成する。さらに、神子柴・唐沢B遺跡でみられる棒状の手持砥石で刃部および側辺を研磨すれば、局部磨製石斧となる。また、打製と局部磨製の差異は機能的な違いではなく、研磨することにより、対象物との間に生ずる抵抗力を軽減するためと考えた方が妥当であろう。なお、すべての打製石斧が研磨されるべき未製品とみる必要もなかろう。

　この時期の石斧は、佐原真が指摘したように、タテ斧が優勢であることは使用痕あるいは形態的にみて明らかである。しかし、両刃Ⅰ型はヨコ斧の可能性が大きいように思われる。重要なことは、この時期の石斧が両刃、片刃、円鑿の3型式12種に細分できることである。こうした形態の多様化は、石斧の役割すなわち、伐採から加工までの各工程の石斧が存在したことを示している。用途による形態の細分化が進み、石器時代を通じて最も石斧の発達した時期といえよう。

　また、石斧の重量も、その機能、着装法に密接に関連すると考えられる。神子柴遺跡の例をあげれば、1200g（87a）、860g（87b）・810g（87e）・770g（87j）、740g（87f）、720g（87k）、610g（87g）、200g（87i）・50g（87d）・30g（87c）の重さに分れ、大まかに、1000g前後のもの、500g前後のもの、100g以下のものに大別できる[13]。こうした傾向は、柄の長さと相関関係をもっている。石斧は元来打ちおろすことによってその機能を果たすものであるから、作用する支点の長さ、すなわち腕の付根、肘、手首の利用によってその重量と柄に制約が加わる。神子柴遺跡の石斧重量の三大別もこの三つの支点の利用法と密接に関連をもつと考えられる。

　対象物が木であれば、伐採用、荒仕上げ用、加工用に分かれ、それぞれ斧の重さと柄の長さが決まるわけである。柄の長さは、支点までの長さより長めのものが効力をもつ。腕を利用する伐採用の斧は1m前後の柄、肘を利用する荒仕上げ用は長さ50cm前後、手首を利用する加工用は20cm前後のものとなろう。現在の鉄製の道具もその用途によって重量と柄の長さは一定の相関関係をもっている。こうした相関関係を図式化することができれば、石斧の用途もより明確になろう[14]。遺物として残っている縄紋時代の柄は50cm前後のものが多く、伐採用とは考えられない。また、柄が細いのは石斧自身に弾力性がないため、柄に弾力をもたせたためであろう[15]。いずれにしても、この時期に石斧の多様な用途が確立されたといえよう。

4．石斧を伴う石器群の組成

　石斧を伴う先土器時代終末期から縄紋時代草創期における主要な利器は尖頭器であろう。その意味において、石斧は尖頭器文化の一員として位置づけることができる。この尖頭器文化は、神子柴・長者久保期の大型尖頭器文化、草創期に継続する有舌尖頭器文化の2段階に変遷する。まず、神子柴・長者久保文化の石器組成について、器種別に概観する〔図Ⅰ－14・38〕。

尖頭器　終末期における尖頭器は、その形態によって多種に分類されている〔芹沢1966、白石1976、鈴木保1974〕。ここでは、やや幅広の木葉形と細身の柳葉形に大別する。前者をⅠ型、後者をⅡ型とし、それぞれ大型（10cm以上）、中型（5～10cm）、小型（5cm以下）の3種 $Ⅰ_1～_3$、$Ⅱ_1～_3$ に分類できる。

　神子柴・長者久保文化に伴う尖頭器はⅠ型のもので、最大幅が下半部にあって基部の尖るⅠA型、丸味をもつⅠB型、左右対象形とはならないいわゆる半月形ⅠC型に分類できる。$ⅠA_1$型は神子柴遺跡の一群をはじめ、長者久保・大平山元Ⅰ・後野・中道などの各遺跡で出土する。なお、大型尖頭器が単独に出土する例は、秋田県綴子、埼玉県場北、東京都立川周辺遺跡がある。$ⅠA_2$型は長者久保・神子柴・唐沢B遺跡から出土し、東京都狭山B遺跡では比較的まとまって出土する。$ⅠB_1～_2$型は横倉遺跡のものが代表例である。$ⅠC_1$型は、神子柴・唐沢B遺跡にみられ、他に東京都砂野遺跡などがある。これらの尖頭器は有舌尖頭器が出現したのちも存続する。

石鏃　現在、大平山元Ⅰ遺跡で出土した一例のみである。発掘者はこの時期の組成と考えている。ほぼ五角形を呈し、基部は平基となる。草創期に出土する三角形、あるいは抉りをもつ石鏃とは異なる。共伴が事実であれば、石鏃の上限資料であり、弓矢の使用時期に係わる重要な問題を含んでいる。

彫掻器　剝片の一端を彫器、他端を先刃掻器とした2種の機能を有する石器である。これを彫掻器と呼ぶ。この種の石器は北海道と本州の一部とで数例みられるが、神子柴・長者久保文化の特徴的な石器の一つといえよう。モサンル・長者久保・大平山元Ⅰ・後野遺跡で出土する。

彫器　一側方向のみの剝離によって刃部を形成するもの（Ⅰ型）と、両側方向から交叉する剝離によるもの（Ⅱ型）に大別できる。モサンル・長者久保・大平山元Ⅰ遺跡で出土する。他の遺跡であまりみられないのは、彫掻器があるためであろう。

掻器　比較的分厚い整った剝片、石刃を素材として、その先端を入念に二次調整した先刃掻器（Ⅰ型）と、剝片の周辺を円形あるいは楕円形に加工した円形掻器（Ⅱ型）がある。前者は、モサンル・長者久保・大平山元Ⅰ・後野・神子柴遺跡から出土する。円形掻器は

第Ⅰ部　細石器文化と神子柴文化

モサンル・長者久保遺跡で出土し、つぎの草創期の段階に顕著にあらわれる。

削　器　いわゆるサイド・スクレイパーと呼ばれるもので、定型的な形態をとらない。石刃および比較的整った剝片の側辺に二次調整を加えたものである。モサンル・長者久保・大平山元Ⅰ・後野・神子柴遺跡から出土する。

錐　剝片の先端に簡単な調整を施した錐である。北海道ホロカ沢・中本遺跡で出土する"ツィンケン"と呼ぶ石器と同種のものである。穿孔具というより彫刻器としての機能をもつものであろう。長者久保・大平山元Ⅰ遺跡で出土する。

砥　石　砂岩を用い、ちょうど握るのに都合のよい大きさの細長い多面体の手持砥石である。各砥面は、長軸に対してねじれた面を形成する。局部磨製石斧の砥石である。神子柴・唐沢B遺跡で出土する。

舟底形石器　北海道の先土器文化終末期の遺跡から細石器に伴うものとは異なる小型の舟底形石器が出土する。立川・モサンル・中本・置戸安住・タチカルシュナイ遺跡で伴っている。これらの遺跡は神子柴・長者久保文化に関連すると考えられる。本州では草創期の小瀬ガ沢遺跡からの出土が唯一の例である。また、九州の多久三年山遺跡にも大型尖頭器に伴う舟底形石器がある。やはり、この時期に関連するものであろう。大陸の石器文化にはこの種の舟底形石器をともなう一群があり、その系統を知るうえでも重要な役割をもつ石器といえよう。

石　核　この時期の石核は3種に大別できる。両端に打面をもつ円筒形（A型）と打角が鋭角のため側面形が三角形（B型）を呈するもの、円盤形[16]（C型）のものである。A型は10cmをこえる大型のもの（A_1）と普通のもの（A_2）に細分できる。A_1型は村杉・樽岸遺跡で、A_2型は大平山元Ⅰ遺跡で出土する。B型はモサンル・置戸安住遺跡から出土し、C型と共伴する例が多い。A型とC型の中間形態といえよう。C型はこの時期の特徴的な石核であり、タチカルシュナイ・中本・モサンル・置戸安住・神子柴・鳴鹿山鹿遺跡から出土する。長者久保・後野遺跡では石核は出土していないが、その剝片からみて大平山元Ⅰ遺跡と同じA_2型の石核から剝離されたものと考えられる。

土　器　60年代の隆起線紋土器の発見をもって、日本最古の土器が確定したかにみえた。しかし、近年大平山元Ⅰ・後野遺跡から、神子柴・長者久保文化の石器群に土器が共伴することが明らかになった［図Ⅰ-15］。これで、イサコヴォ文化との系統関係の批判となった"土器の欠落"という指摘も、解消することになる。

　両遺跡の土器は、いずれも無紋であるため、その特徴を充分に把握できるまでに至らない。大平山元Ⅰには角底土器が出土している。後野遺跡の土器は、砂粒や鉱物質の含有物がみられ、胎土はあらく、一見すると土師器のようである。厚さは4～8mmほどで、口唇

第 2 章 神子柴・長者久保文化について

時期	遺跡名	尖頭器	有舌尖頭器	石鏃	彫掻器	彫器	掻器	削器	錐	砥石	舟底形石器	石核	矢柄研磨器	鑿	植刃	石斧	土器
先土器時代終末期	樽岸						I				○	A₁					
	モサンル	○			○	I	I・II	○			○	B・C				II d	
	置戸安住	I・II				I・II	I・II	○			○	B・C				III c	
	長者久保	I			○	I・II	I・II	○	○							I c・II c・III b	
	大平山元 I	I		○	○	I	I	○				A₂				I b	○
	綴子	I															
	上屋地 A	II					I									II a・II b	
	後野	I														○	○
	市場坂	II														II b	
	中道	I				○	○	○								II	
	村杉											A₁				II a	
	横倉	I															
	宮ノ入															II a・III c	
	唐沢 B	I				○	○		○							II b・II c・III d	
	神子柴	I					I	○		○		C				II b・II d	
	里見 V	I				○	○	○								II	
縄紋時代草創期	中本	○	I		○	I・II	I	○	○		○	B・C				II	
	タチカルシュナイ	○	I・II			I	I・II	○			○	B・C					
	立川		I			I・II	I	○			○					○	
	日向	I・II	○	○		I・II	○	○					○	○		I c・II c	隆
	一ノ沢		I	○		○	I・II	○					○			II d	隆
	大谷寺	I		○			○									II b・III d	隆
	西谷	I	I	○			○									II d	押
	花見山	I・II	I・II			I・II	○	○								II d	隆
	寺尾	I・II				I	○									I c・II	押
	小瀬ガ沢	I・II	I	○		○	I・II	○	○		○	○		○	○	II d	隆
	本ノ木	I・II	I			○		○					○			I c	押
	田沢	I・II	I				○									II d	隆
	孤久保	I	I		○		○									II a	隆
	柳又		II	○										○			隆
	西又		II													II b・III b・III d	隆
	高出北ノ原	I	I				○									III d	
	鳴鹿山鹿		I・II													I a	
	酒呑ジュリンナ	I	II	○		○	○						○			II d	隆
	石神		II				○									I c	
	上黒岩	I	II				○					○				○	隆
	不動ケ岩屋	I	II				○						○			I d	隆

図 I-14 先土器時代終末期・縄紋時代草創期の主要遺跡の遺物組成一覧

- 45 -

第Ⅰ部　細石器文化と神子柴文化

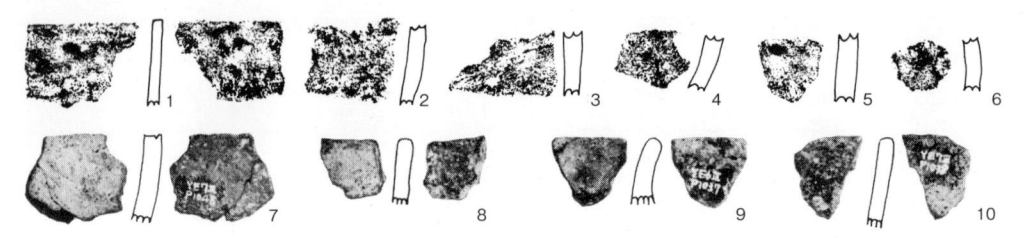

図Ⅰ-15　後野遺跡（1～6）・大平山元Ⅰ遺跡（7～10）出土土器

部は平坦となる。大平山元Ⅰ遺跡の土器は、細砂、雲母、石英粒を含む比較的緻密な胎土である。厚さは4～3mmと薄く口唇部の断面はやや丸味をもつ。いずれの土器も精選した胎土を用いる隆起線紋土器とは異なる。これらは隆起線紋土器に先行する土器と考えられる。

つぎの有舌尖頭器文化は、前述した神子柴・長者久保文化の石器組成をそのまま受け継ぎ、新たに有舌尖頭器、断面三角形の鑿、植刃、矢柄研磨器などの石器に加え、隆起線紋土器が出現する。完成した尖頭器文化として縄紋時代へ突入する。

ここでは有舌尖頭器についてのみふれておく。

有舌尖頭器　　有舌尖頭器が注目されるようになったのは、1951（昭和26）年立川遺跡の発掘からである。基部に茎をもち、その両側を研磨する尖頭器で、"立川ポイント"と呼ばれた。以降、北海道各地で発見され、先土器文化終末期に位置づけられる。一方、本州では立川ポイントとは茎の形態の異なる小型の"柳又ポイント"と称される有舌尖頭器が発見され、隆起線紋土器を伴出することから一段と関心が高まる。現在、北は北海道から南は九州の一部にまで広く分布している。

有舌尖頭器は細身で長い形態のものとずんぐりした小型のものに分れる。北海道の立川ポイントと遠軽ポイント、本州における柳又ポイントと小瀬ガ沢ポイントである。北海道と本州のものは茎の形状が異なるが、こうした二者は対応関係にあると考えられる。芹沢は有舌尖頭器をⅠ～Ⅳ期に分類し、大型から小型へという変遷のもとに、土器の有無を基準として終末期から草創期に位置づけた〔芹沢1966〕。しかし、有舌尖頭器の形態的なバラエティーを時間的な縦の関係に位置づけることには問題があろう。有舌尖頭器文化の位置づけについては、次章でふれることにする。

神子柴・長者久保文化および有舌尖頭器文化の組成について述べてきたが、各遺跡における組成の実態はどのようなものであろうか。代表的な遺跡の組成を示した［図Ⅰ-14］。すべての器種が完備している遺跡は少ない。ある器種に偏っていたり、単一器種のみの遺跡もある。こうした個々の遺跡における組成の実態は、時間的な関係を示している場合もあろうし、その遺跡の性格を表わしている場合もあろう。これら遺跡の個々の検討、分析から、まず編年の手がかりをみいだしてみたい。

5．神子柴・長者久保文化の様相

(1) 終末期の編年

　先土器時代から縄紋時代への移行は、神子柴・長者久保文化から有舌尖頭器文化への変遷の中でとらえることができる。前者が古く、後者が新しい段階とすることには異論なかろう。ここでは、土器を伴わない有舌尖頭器の一群も含めて、すべて有舌尖頭器文化は縄紋時代草創期に属するものと理解したい。すなわち、神子柴・長者久保文化をもって先土器時代の終焉とする考え方である。神子柴・長者久保文化における細分については、長者久保→神子柴とする2段階説〔山内 1969a〕と、神子柴→唐沢B→長者久保とする3段階説〔森嶋 1970〕の2説がある。両説とも、層位的な事実に基くものでなく、主として形態学的な視点によるものである。前説は、長者久保遺跡の背の高い断面三角形の円鑿Ⅲb型を初源形態とし、神子柴遺跡でみられるやや扁平な片刃石斧Ⅱb・Ⅱc型をやや新しくみる。これは、イサコヴォ期からセロヴォ期における石斧の形態変化が下敷になっている。なお、神子柴遺跡における彫器の欠落も新しい要素としてあげる。

　一方、森嶋稔は、先土器時代終末期から縄紋時代草創期の石斧に関して神子柴→唐沢B→長者久保→田沢→小瀬ガ沢・西又→酒呑ジュリンナとするⅥ期の編年を提示する。この変遷は、石斧の形態すなわち、幅広のものから狭長なものへ、そして小型化へという変化の中でとらえようとするものである。大局的には、森嶋の指標は正しいが、神子柴例を最も古く置くことは根拠が乏しく、問題があろう。おそらく山内の説が正しいであろう。

　その理由としては、共伴する石核の形態の差異、神子柴・唐沢B遺跡の小型で扁平な円鑿Ⅲd型の存在、彫掻器の有無があげられる。長者久保遺跡には石核が出土していないが、前述したように大平山元Ⅰ遺跡と同じ円筒形A_2型の存在が考えられる。一方、神子柴遺跡はC型の円盤形石核をもつ。このC型の石核は有舌尖頭器文化の鳴鹿山鹿遺跡から出土する。A型が古く、B型が新しい要素となる。また、神子柴・唐沢B遺跡出土のⅢd型石斧は、有舌尖頭器を伴う高出北ノ原・岩垂原遺跡から出土し、隆起線紋土器を伴う大谷寺洞穴にもある。これも新しい要素である。神子柴遺跡には彫器、彫掻器がない。草創期には彫器が減少することからも、新しく位置づけられよう。このような理由からその変遷を考えると、長者久保→神子柴→鳴鹿山鹿という編年の骨子が設定できる。これに肉付けしたものが、図Ⅰ-16に示した先土器時代終末期から縄紋時代草創期にかけての石器を中心とした編年表である[17]。長者久保例の前段階には大平山元Ⅰ遺跡に近接して発見された小型舟底形石器を伴う大平山元Ⅱ遺跡の石器群をあてた。関東地方では群馬県桝形遺跡にあたる。両者は小型の石刃を伴うことから、北海道の樽岸・白滝13地点の段階に関連しよう。九州の多久三年山例もこの段階のものであろうか[18]。

第Ⅰ部　細石器文化と神子柴文化

　長者久保例と大平山元Ⅰ例はほぼ同一時期と考えられる。大平山元Ⅰ例は土器と石鏃をもつことからやや新しいとみることもできる。大平山元Ⅰ例と後野例は彫掻器や土器を共有することから同一時期であろう。中部地方では、神子柴例の前段階に大型のA_1型の石核を共伴する村杉例を位置づけた。神子柴例と唐沢B例は同一段階とした。

　有舌尖頭器文化は三段階に大別した。すなわち、鳴鹿山鹿・田沢→柳又→本ノ木・寺尾という変遷である。隆帯紋土器を伴う細身で長手の角ばった基部となるもの、細隆起線紋土器に伴う小型でやや幅広な逆刺が張り出す柳又ポイント、押圧縄紋土器に伴う有舌というよりは下半部に最大幅がある柳葉形の尖頭器を指標とした。しかし、多様性をもつ有舌尖頭器の変遷は草創期の土器編年と対比しながら、細かく検討する必要があろう。なお、土器を伴わない鳴鹿山鹿例を田沢例と同列に置いたのは、土器の出現期において土器の有無をただちに前後関係に置きかえることより、石器の形態の類似性を重視したためである。

　こうした本州における編年と北海道方面の関係はどうであろうか。A_1型の石核をもつ樽岸例を長者久保例の前段階においたが、長者久保・大平山元Ⅰ例に対比できるA_2型石核・彫掻器・石斧を伴う段階はまだ発見されていないようである。円盤形Ｃ型石核をもつモサンル・置戸安住例を神子柴・唐沢B例、立川ポイントをもつ立川・中本例を田沢・鳴鹿山鹿例、小型の遠軽ポイントを有するタチカルシュナイ例を柳又例の各段階に位置づけた。しかし、北海道における終末期の様相は複雑で、さらに検討を必要とする[19]。

　一方、九州方面の事情はどうであろうか。福井・泉福寺両洞穴の事実が示すとおり細石器に隆起線紋土器が伴っている。大型尖頭器を伴う多久三年山例や有舌尖頭器を伴う遺跡も若干あり、本州的な要素もないわけではないが、九州では細石器文化が存続したと考えなければなるまい。ここでは欠落した神子柴・長者久保文化、有舌尖頭器文化に対比すべき細石器文化を"続細石器文化"と呼ぶ[20]。この続細石器文化はさらに細石核の形態から数段階にわかれるが、その検討については今後の課題としたい［図Ⅰ-16］。

時期	文化	北海道	東北	関東	中部	東海・近畿・北陸	中国・四国	九州
先土器終末期	神子柴・長者久保文化	樽岸　白滝13	大平山元Ⅱ	桝形	(+)	+	+	多久三年山
		(+)	長者久保　大平山元Ⅰ	後野	村杉			続細石器文化
		モサンル　置戸安住	上屋地A	中道	神子柴　唐沢B	(+)	領家	
縄紋草創期（前半）	有舌尖頭器文化	中本　立川　タチカルシュナイA	日向Ⅰ　火箱岩	大谷寺	田沢　小瀬ガ沢	鳴鹿山鹿　石神	(+)	(+)
			座散乱木　一ノ沢	橋立　花見山	柳又　西又	酒呑ジュリンナ	上黒岩　不動ケ岩屋	
			日向Ⅲ	寺尾	本ノ木	九合Ⅲ	馬渡	中尾岳

図Ⅰ-16　神子柴・長者久保文化、有舌尖頭器文化の編年

- 48 -

第 2 章　神子柴・長者久保文化について

　最後に、神子柴・長者久保文化に伴う土器についてふれておく。先土器時代終末期に土器が出現する事実は用語上、時代区分上若干の問題があろうが、すでに大陸では新石器時代であり、北方系の文物とともに土器が渡来しても決して不思議なことではない。先土器時代全体が無土器新石器文化であるように、隆起線紋土器が全国一斉に出現する前段階の終末期には、土器をもつ集団、もたない集団が存在するという日本の中での凝縮された無土器現象があったのではないだろうか。大平山元Ⅰ・後野遺跡の土器は、こうした理解の中で位置づけることができよう。

(2) 終末期の環境とその背景

　先土器時代終末期を先土器文化の衰退期あるいは停滞期とする消極的な評価は誤りであろう。むしろ、次の縄紋文化を生みだすエネルギーを保有した躍動期として位置づけることが妥当と思われる。一般的に、この時期を旧石器時代から新石器時代への変革期としてとらえ、大形動物の消滅とともにその狩猟社会の労働編成が大きく転換するという図式を設定する向きもある。しかし、こうした社会的背景の想定は、歌舞伎の舞台で現代劇を演ずるような違和感がある。終末期の自然遺物は発見されていないが、草創期のシカ・イノシシを主体とした動物遺存体からみても、それ以降の動物相とはあまり変っていないようである。^{14}C 年代による時代背景を、そのまま先土器社会にあてはめようというのは、時代錯誤もはなはだしい。こうした方向性を誰も"科学的精神"とはいわないだろう。

　まず、終末期社会を考える上では、その生活基盤である立地条件を把握することが重要である。この時期にみられる特徴は、モサンル・長者久保・大平山元Ⅰ遺跡などが示すように、いずれも河川の本流と支流または沢との合流地点の比較的低位な段丘あるいは舌状の小丘陵上に立地している。こうした立地は草創期にも受け継がれる。60年代の洞穴調査によって、草創期には洞穴遺跡が多いかのような印象を与えたが、近年平地遺跡の数も増えつつある。神奈川県花見山遺跡では、隆起線紋土器の住居跡が発見された〔鈴木重・坂本 1978〕。多摩丘陵上から見た同遺跡は、まさに谷底にあるといってよいほどの低地に立地する。撚糸紋土器を出す遺跡が馬背状の丘陵上に立地するのとは大きな隔りがある。終末期から草創期にかけて、河川近くの低位な場所に立地するのは如何なる理由であろうか。

　先土器時代は採集と狩猟によって、その生産活動を支えていたことは当然であろうが、終末期には陸の対象物に加えて、水の対象物すなわち、河川漁撈への生産活動がはじまったとは考えられないだろうか[21]。河川縁辺に立地することや、この時期と系統関係のあるセロヴォ期にもすでに漁撈が存在することからもその可能性を充分みいだすことができよう。また草創期後半の撚糸紋文化における海への生産活動も、その前段階としての河川漁撈の基盤の上に成立したものであろう。逆刺をもつ有舌尖頭器は銛やヤスなどの機能を有していたの

- 49 -

第Ⅰ部　細石器文化と神子柴文化

かもしれない。石鏃の出現は、さらに空への狩猟を容易にした。こうした狩猟活動の拡大が、食物の多様性あるいは調理法の改善につながり、ひいては煮炊の容器としての土器が出現する背景となった。また、広範囲な生産活動に対応するためには、その集団も個々の小集団から大きな集団へと再編成する必要があったのであろう。こうした労働の再編成がより生産活動を活発化し、社会的余剰をうみ、新しい縄紋社会の原動力となりえたのである。終末期には、社会的余剰の現象を示すデポが出現する。デポと考えられる埋納遺跡は、次の6ヶ所がある。

秋田県綴子遺跡　1919（大正8）年7月長谷部言人が綴子村大畑の小笠原重太より貰い受けた資料で、自宅裏に溜池築造中、最長約17cmをはじめとする7本の大型尖頭器が1ヶ所からまとまって発見された〔八幡1938、林ほか1961〕。

岩手県持川遺跡　和賀川がその下流に広い平野部を形成し北上川に合流する。その最も広い低位段丘上に位置する。水田の改良工事中に硅質頁岩製の大型打製石斧7点が若干の剝片を伴って積み重なった状態で発見されたという〔鈴木孝1968〕。

長野県横倉遺跡　千曲川褶曲部左岸の小段丘の一段目、川までの比高15mに位置する。発掘資料を含めて40数本の玄武岩製の大型尖頭器が小範囲から出土した〔永峯・神田1958〕。

長野県宮ノ入遺跡　千曲川右岸の谷状地形の緩傾斜の小平地部に位置する。植林作業中に発見され、小ピットに5本の石斧が埋納されていた〔森嶋1968a〕。

長野県神子柴遺跡　天竜川に直角に流入する小支流に形成された扇状地頂部の小丘陵上に位置する。大型尖頭器16点、石斧13点、刃器12点、搔器3点、石核7点の多量の石器が小範囲から出土した。生活跡、墳墓とする説もあるが、山内・佐藤が指摘したようにデポであろう。同様な石器を出した唐沢B遺跡も生活跡とは断定しえない面をもっている。

福井県鳴鹿山鹿遺跡　九頭竜川が福井平野に向って大きく開けるゆるやかな扇状地頂部に位置する。1867（明治元）年頃、用水工事中に有舌尖頭器30余点、石核3点、大型尖頭状石器1点が埋納された状態で発見された。その後、隣接地から局部磨製石斧（90）が出土している〔土肥・岡本東1979〕。

こうしたデポは世界的にみても、新石器時代を特徴づける現象である。埋納遺物が余剰生産物として交易の対象となっているという事実は、その背後の集団関係、生産活動を究明する上でも重要な手がかりになろう。一部に土器をもち、デポといった新石器時代的様相をもつ文化が、果して旧石器文化といえようか。先土器時代終末期の社会的背景は、洪積世から沖積世へという自然環境の変化を軸とした一般論では解明しえない。まず、この時期の遺跡、石器群の在り方を分析究明することが、その社会的背景を再構成する第一歩と考える。

（3）終末期の系統と年代

　大陸の発達した文化が周辺の未発達な地域へ波及する事象は、高い文化から低い文化へと同心円状に広がる文化波及の法則に基いている。日本の文化も大局的にみれば、大陸文化をとりまく周辺地域として、大陸→半島部→島という経路でその文化が流入する。日本列島はまさに大陸文化を受止める受皿のように、大陸に接して南北に弧状に位置している。

　こうした地理的環境が日本の文化を大きく規定している。先史、有史時代を問わず、時代を画する歴史事象、たとえば、弥生時代の稲作伝播、6世紀の仏教伝来、明治維新、戦後の文化など、大陸文化あるいは欧米文化の受入を契機として、新しい歴史の展開がはじまっている。日本の文化は、内なる構造的な矛盾を外的な要因によって変革しようとする特質をもっている。また、長い大陸との交渉史の中で、常にその影響下に置かれていたものの、異民族支配すなわち、文化変容主体者の交替がなかったことも独自性といえよう。

　こうした日本文化の特質と独自性は、縄紋文化の成立とともに、その基層が形成されたと考えられる。日本文化の源流は縄紋文化の成立過程にあるといえよう。これは"日本人"としての種族の形成や"日本語"としての言語の成立とも深く係わっているであろう[22]。

　終末期から草創期における大陸文化の影響が新たに縄紋社会の展開の原動力となったことは前述のとおりである。この時期の大陸文化の流入経路は3つのルートが考えられる。

1. シベリア→カラフト→北海道ルート
2. 沿海州→（日本海）→裏日本ルート
3. 中国→朝鮮→九州ルート

神子柴・長者久保文化は1、2の経路によってもたらされたものであろう。九州にまで分布が及ばなかったのは、3のルートによって流入した文化が別に存在したためであろうか。細石器文化が存続することにも関連があろう。

　先土器文化終末期の石斧の系統は、第2項でふれたようにバイカル編年のイサコヴォ期（B.C.4000～3000年）・セロヴォ期（B.C.3000～2500年）に対比するのが妥当であろう。

　沿海州のタドゥーシャ遺跡の石器群は、モサンル遺跡の石器群に類似している。ただし、局部磨製石斧はない。A.P.オクラドニコフは独特な石器群として、日本の先土器文化に類縁をもとめ、中石器時代に位置づけた〔Okladnikov,A.P1969〕。しかし、先土器時代終末期にはすでに磨製石斧があり、その年代観は新しくしなければならない。

　神子柴・唐沢B遺跡で出土した小型の扁平なⅢd型の円鑿は、その系統を探る上で重要な石器である。この石斧の特徴は"hollow－cut"と呼ばれる切断したような刃部形成にある。この種の石斧はイサコヴォ・セロヴォ期にもみられ、また、アムール流域のグルマトゥハ文化（B.C.4000～3000年）の石斧、アルダン流域のベリカチⅠ文化（B.C.4000年）

第Ⅰ部　細石器文化と神子柴文化

の両端に刃部をもつ石器の刃部調整に類似点をもつ。蒙古にもこの種の打製石斧があり、J. マリンガーはシベリアとの関係を認めないが、森林地帯からもたらせられた道具であろう。佐藤達夫はドロンノールの石斧との類似点を指摘している〔佐藤1974a〕。西シベリア、ウラル方面の事情はよくわからないが、ウクライナの森林とステップの入りくんだ地方のジエスニスク・ソジュスク文化（B.C.2500〜2000年）にもある。しかし、今のところヨーロッパの新石器文化には見られないようである。アフリカでは、エジプトのファーユム文化（B.C.4500年）、カルツューム文化（B.C.4000年）に同種の石斧があり、神子柴・唐沢B例に最も類似する。A.J. アーケルは、コンゴの森林文化より波及したものとしている〔Arkell, A.J 1975〕。ここに列挙した石斧が相互に系統関係があるとはいえないが、この種の石斧は、いずれも新石器時代の文化に認められ、森林地帯とその周辺の乾燥地帯に分布していることは興味深い。おそらく、これらの石斧は森林地帯の木材用の道具であろう［図Ⅰ-17］。

不動ケ岩屋洞穴出土のⅠd型はシベリア系統の石斧とは言いがたい。むしろ、中国方面の沙鍋屯洞穴、林西、昆々渓などの短い石斧と共通する。また、両刃Ⅰc型とした石斧も蒙古方面との系統が指摘される〔佐藤1974a〕。

このように石斧の系統をみても、先土器時代終末期は一系統の文化とはいえない複雑な様相を呈している。終末期の石器群は、いずれにしても大陸の新石器文化との間に系統関係が認められ、神子柴・長者久保文化とイサコヴォ・セロヴォ文化を繋ぐ、空白地帯の情

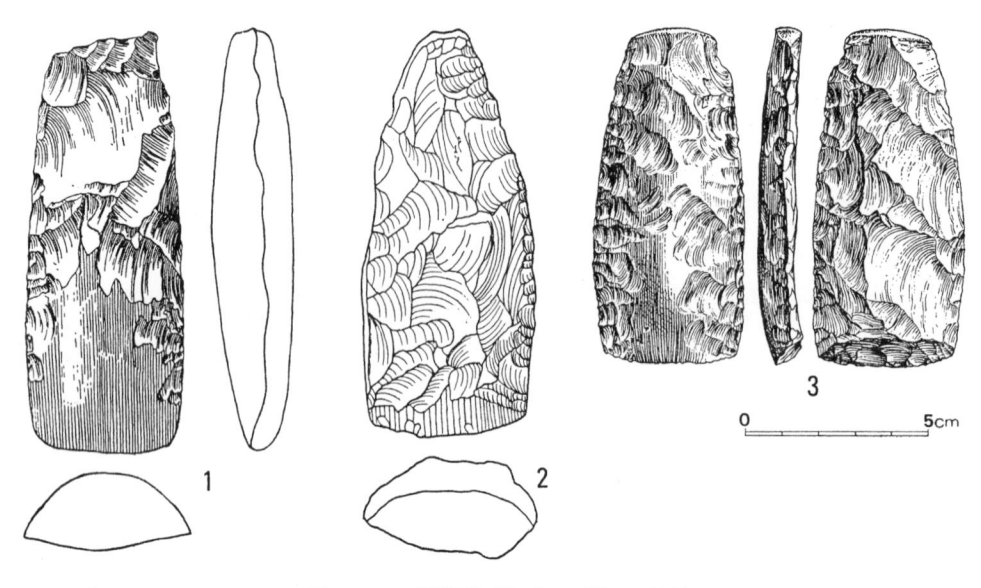

図Ⅰ-17　円鑿形石斧（Ⅲd型）の類例
1 イサコヴォ文化の石斧　2 ジエスニスク・ソジュスク文化の石斧　3 ファーユム文化の石斧

第 2 章　神子柴・長者久保文化について

勢がより明確になれば、山内・佐藤の示した系統観がより鮮明に裏付けられよう。今、山内の年代観に従って、縄紋文化の上限年代を B.C.2500 年とすれば、先土器時代終末期はイサコヴォ期というよりはセロヴォ期併行になり、B.C.3000 年から B.C.2500 年に位置づけることができよう。

付　記　本稿をまとめるにあたっては、麻生優・岩本圭輔・海老原郁雄・奥平一比古・鎌田俊昭・川上博義・小林達雄・坂本彰・佐々木洋治・佐藤耕治・佐藤静江・佐原真・白石浩之・須藤隆・田熊信之・土肥孝・土肥三恵・長島元重・永山倉造・中村貞史・中村友博・能登健・塙静夫・林茂樹・松沢亜生・三宅徹也・森嶋稔・矢島俊雄の諸氏から御教授、御助言と励しをいただくとともに、貴重な資料の提供を受けることができた。また、編集者田中琢氏には、粗雑な打製の拙稿を研磨していただき、やっと製品になった。ここに記して、感謝の意を表したい。

起稿過程では、山内清男・佐藤達夫両先生がめざした日本先史考古学の緻密な方法論とその見通しについて再認識し、改めて多くを学ぶことができた。今後とも、単なる山内・佐藤エピゴオネンに終ることなく、自己の研鑽を積んでゆきたい。

なお、小稿は 1977（昭和 52）年度文部省科学研究費による「先土器時代の局部磨製石斧について」の研究成果の一部である。

註
（1）　本文中における研究者名の敬称はすべて省略させていただいた。
（2）　この問題について、芹沢長介は新潟県中林遺跡の発掘事実から土器との共伴を否定したが〔芹沢1966〕、その後、近接地点の田沢遺跡からは尖頭器とともに隆起線紋土器が共伴するという新たな事実が明らかになった〔芹沢・須藤1968〕。本ノ木遺跡の尖頭器に土器が伴わないと主張するためには、中林遺跡と田沢遺跡で出土する尖頭器の違いを証明しなければならない。しかし、それは無理であろう。なぜなら、本ノ木遺跡には中林・田沢両遺跡から出土する尖頭器と同形態のものが共に存在するからである。この共伴問題については別の機会に述べたい。
（3）　旧石器時代に磨製石斧が出土する事例は、チェコスロヴァキヤやオーストラリアなどで知られるが、これらの特殊な事例から、旧石器時代の磨製技術の存在を普遍化することはできまい。重要なことは、旧石器時代には磨製石斧はなく、先土器時代には磨製石斧が存在する事実を巨視的に認識することである。
（4）　長野県茶臼山遺跡に局部磨製石斧が伴うという藤森栄一の見解について、芹沢は「この見解には私は疑問を持っている」〔芹沢1954〕と述べている。また、藤森は「（上ノ平）遺跡で、表面採集中、芹沢は緑色の硬いシストで造った大型の扁平な局部磨製石斧を拾った。そして、捨てようとした。それを筆者が貰いうけた」〔藤森1962〕ことを証言している。
（5）　A.P. オクラドニコフによるバイカル編年が、批判はあっても確固とした指標であることは、V.N. チェルネッコフによるウラル地方以東の新石器時代、青銅器時代編年との比較年代が確立しているためである。
（6）　I.G. ショコプリアスはウクライナ地方の著名な上部旧石器時代のメジン遺跡やドブラニチョフカ遺跡を手

第Ⅰ部　細石器文化と神子柴文化

　　　　がけ、その著作をみても第一線級の旧石器時代研究者として評価することができよう。日本を代表する
　　　　研究者の一人である芹沢長介のショコプリアスに対するコメントは如何なるものであろうか〔芹沢1972〕。
（7）　佐藤達夫の先土器時代の大別〔佐藤1974a〕にしたがい、本論では神子柴・長者久保期をとくに先土器時
　　　　代終末期とした。
（8）　本資料は現在山形県佐々木洋治所有のもので、戦前に山形県の博労の手によってもたらされたという教
　　　　示を得た。
（9）　本資料は現在、福島県須賀川市立博物館首藤コレクションの一品である。石斧裏面には「武蔵国南多摩
　　　　郡東寺方村発見」という墨書がある。なお、同館永山倉造によれば、もう一例出土しているという教示
　　　　を得た。
（10）　森嶋稔の教示による。
（11）　和歌山県垣谷例については中村貞史の教示による。兵庫県伊府例は1976（昭和51）年、藤井祐介発掘の
　　　　資料で、石鏃・スクレイパー・彫器と多量の剥片をともなっている。土器は伴出していない。実見にあたり、
　　　　深井明比呂から教示を得た。
（12）　松沢亜生の天竜川の河原での実験による。製作工程についてはより多くの資料を実見した上で、深めて
　　　　ゆきたいと考える。
（13）　1976（昭和51）年3月、松沢亜生に同行し、同遺跡出土品を実見させていただいた際に、林茂樹より、
　　　　重量計測の機会を与えられた。
（14）　ヨーロッパでは両手用（Axe）と片手用（hatchet）の区別があるという指摘を佐原真から受けた。
（15）　すでに、鳥浜貝塚を調査した森川昌和によって指摘されている〔森川・山田1976〕。しかし、柄が太いと
　　　　折れるのではなく、石斧すなわち身に弾力がないためと理解した方が妥当であろう。
（16）　長者久保遺跡の剥片製作技法を分析した佐藤達夫は、多面体石核から円盤状石核に転化する可能性を示
　　　　唆した。しかし、神子柴遺跡、鳴鹿山鹿遺跡出土の円盤形石核は両面に自然面を残しており、当初より
　　　　円盤形を目的にした石核であろう。
（17）　編年については、土肥孝より佐藤編年をはじめとして種々の助言を得た。
（18）　長者久保の前段階については、細石器文化との係わりが問題となり、これらの一群を神子柴・長者久保
　　　　文化に包括することには検討の余地がある。資料の増加を待ちたい。
（19）　北海道における終末期の編年の問題は、多様性をもつ細石器文化との関連であろう。ここでは、樽岸・
　　　　白滝13地点以前に細石器文化を位置づけた。
（20）　山内清男・佐藤達夫は細石器と土器とは共伴しえないという立場をとる。しかし、長崎県福井洞穴、泉
　　　　福寺洞穴が示す層位的な事実からは共伴を認めざるをえない。しかし、九州の隆起線紋土器を本州の神
　　　　子柴・長者久保期以前に遡らせることはできない。そこで、神子柴・長者久保文化に対比すべき細石器
　　　　文化を続細石器文化としたのである。
（21）　近藤義郎は「刺突または手づかみなどの初歩的な河川漁撈が、おもに鮭鱒の季節的遡上を狙っておこな
　　　　われたことは、日本の先土器時代においてもありえたことかもしれない。」〔近藤1976〕とその可能性を
　　　　指摘している。
（22）　縄紋文化の成立にあたっては、ツングース系統の列島への流入を考慮しなければならないという具体的
　　　　な指摘が佐藤達夫によってなされている〔佐藤1974a〕。

引用・参考文献

相沢忠洋　1967　「群馬県赤堀石山遺跡」『考古学ジャーナル』9

一迫町編　1976　『一迫町史』

市立函館博物館　1956　『樽岸発掘報告書』

岩本圭輔　1972　「北海道モサンル遺跡の石器」『歴史』42

宇野修平　1971　「河北町沢畑・山ノ神遺跡」『寒河江考古』2

海老原郁雄　1965　「氏家町狭間田発見の石器二例」『栃木県考古学研究』7

大宮市史編纂委員会編　1968　『大宮市史』第一巻

大山　柏　1932　「日本旧石器文化存否研究」『史前学雑誌』1－5・6

大和久震平・塙　静夫　1972　『栃木県の考古学』吉川弘文館

岡本健児・江坂輝彌・西田　栄　1967　「愛媛県上黒岩岩陰」『日本の洞穴遺跡』平凡社

岡本健児・片岡鷹介　1967　「高知県不動ケ岩屋洞穴」『日本の洞穴遺跡』平凡社

岡山県教育委員会　1975　「領家遺跡」『岡山県埋蔵文化財発掘調査報告8』

オクラドニコフ,A.P.　1965　「隣接地域の先土器時代・シベリア旧・中石器時代」『日本の考古学』Ⅰ

小野忠熙　1968　「東岐波前田発見の握斧」『宇部の遺跡』宇部市教育委員会

柏倉亮吉・加藤　稔　1967　「山形県下の洞穴遺跡」『日本の洞穴遺跡』平凡社

加藤晋平　1968　「片刃石斧の出現時期」『物質文化』11

加藤晋平　1973　「バイカル編年の問題点」『貝塚』11

加藤晋平・桑原　護　1969　『中本遺跡』永立出版

加藤晋平・鶴丸俊明・水村孝行　1971　「多面体彫器の問題－北海道東部間村・吉村両遺跡の調査から－」『考古学ジャーナル』57

加藤晋平・畑　宏明・鶴丸俊明　1970　「エンド・スクレイパーについて」『考古学雑誌』55－3

加藤晋平・藤本　強　1969　『一万年前のたんの』

加藤　稔　1967　「山形県日向洞穴における縄文時代初頭の文化」『山形県の考古と歴史』山教史学会

加藤　稔　1975　「上屋地遺跡A地点」『日本考古学年報』26

加藤　稔編　1972　『山形県飯豊町上屋地遺跡発掘調査報告書』山形県立博物館

加藤　稔編　1973　『山形県岩井沢遺跡の研究』山形考古学文献刊行会

鎌木義昌・芹沢長介　1965　「長崎県福井岩陰」『考古学集刊』3－1

鎌田俊昭　1971　「片刃打製石斧と両面加工尖頭器」『遮光器』4

神村　透　1970　「下伊那郡下条村採集の神子柴型の石斧」『長野県考古学会誌』9

川崎純徳ほか　1976　『後野遺跡』勝田市教育委員会

金野　正・佐藤信行　1976　『築館町史』

工藤清司　1964　「幸成遺跡の概況と二三の所見」『北海史論』北海道学芸大学史学科機関誌

国見町編　1973　『国見町史』2

港北ニュータウン埋蔵文化財調査団　1977　「港北のむかし」71

小林達雄　1960　「ある形態をもつ石斧について」『若木考古』56

小林　孚　1968　「長野県上水内郡信濃町孤久保遺跡緊急発掘調査概報」『信濃』20－4

近藤義郎　1976　「先土器時代の集団構成」『考古学研究』22－4

第Ⅰ部　細石器文化と神子柴文化

佐々木洋治　1971　『高畠町史別巻』考古資料編
佐々木洋治・加藤　稔　1962　「山形県一ノ沢岩陰遺跡」『上代文化』31・32　國學院大學考古學會
佐藤達夫　1964　「日本先史時代概説－旧石器時代・無土器時代」『日本原始美術』1
佐藤達夫　1968　「1967年の歴史学界－先史・原史Ⅰ－」『史学雑誌』77－5
佐藤達夫　1969　「考古学25年の歩み－旧石器時代・無土器時代・縄紋時代」『日本考古学目録』
佐藤達夫　1971a　「無土器文化の石器」『日本歴史』276
佐藤達夫　1971b　「縄紋式土器研究の課題－特に草創期前半の編年－」『日本歴史』277
佐藤達夫　1974a　「黎明期の日本」『図説日本の歴史』
佐藤達夫　1974b　「旧石器時代・無土器（先土器）時代」『日本考古学の視点』
佐藤達夫・小林　茂　1962　「秩父皆野出土の石器」『ミュージアム』134
佐原　真　1977　「石斧論－横斧から縦斧へ－」『慶祝松崎寿和先生六十三歳論文集』
ショコプリアス,I.G.・堀江　豊訳　1972　「ソ連考古学者から見た日本考古学」『考古学ジャーナル』76
白石市史編纂委員編　1976　『白石市史別巻』考古資料編
白石浩之　1976　「先土器終末から縄文草創期前半の尖頭器について（上・下）」『考古学ジャーナル』126・127
鈴木重信・坂本　彰　1978　「横浜花見山遺跡の調査」『第2回神奈川県遺跡調査研究発表会発表要旨』
鈴木次郎・白石浩之　1978　「綾瀬町寺尾遺跡の調査」『第2回神奈川県遺跡調査研究発表会発表要旨』
鈴木孝志　1968　「北上川中流域の無土器文化」『北上市史』1
鈴木孝志・鎌田俊昭　1971　「北上川中流域の石器」『遮光器』5
鈴木道之助　1972　「縄文草創期初頭の狩猟活動」『考古学ジャーナル』76
鈴木保彦　1974　「本州地方を中心とした先土器時代終末から縄文草創期における石器群の様相」『物質文化』23
澄田正一・大参義一　1967　「酒呑ジュリンナ遺跡－わが国土器文化発生期の一様相－」『名古屋大学文学部研究論集』XLⅣ
石器時代談話会　1976　「ざさらぎ」
芹沢長介　1954　「関東及び中部地方に於ける無土器文化の終末と縄文文化の発生に関する予察」『駿台史学』4
芹沢長介　1956　「無土器文化研究雑感」『ミクロリス』13
芹沢長介　1960　『石器時代の日本』　築地書館
芹沢長介　1962　「旧石器時代の諸問題」『日本歴史』1　岩波書店
芹沢長介　1965a　「旧石器時代の磨製石斧」『歴史教育』13－3
芹沢長介　1965b　「縄文文化の研究をめぐる諸問題－周辺文化との関連－」『日本の考古学』Ⅱ　河出書房新社
芹沢長介　1966　「新潟県中林遺跡における有舌尖頭器の研究」『日本文化研究所研究報告』2
芹沢長介　1967　「日本の旧石器(6)」『考古学ジャーナル』13
芹沢長介　1972　「ソ連考古学者から見た日本考古学」コメント　『考古学ジャーナル』76
芹沢長介編　1974　「最古の狩人たち」『古代史発掘』1
芹沢長介・須藤　隆　1968　「新潟県田沢遺跡の発掘調査予報」『考古学ジャーナル』27
芹沢長介・中山淳子　1957　「新潟県津南町本ノ木遺跡発掘調査予報」『越佐研究』12
滝沢　浩　1963　「埼玉県市場坂遺跡（関東地方におけるナイフ形石器文化の一様相）」『埼玉考古』2
千曲川水系古代文化研究所　1972　『イワン・ショウコプリヤス氏との対話』
土肥　孝・岡本東三　1979　「福井県鳴鹿山鹿遺跡出土の局部磨製石斧」『考古学雑誌』65－1

第2章 神子柴・長者久保文化について

東洋大学編　1976　『中道遺跡調査報告書』

戸沢充則　1967　「北海道置戸安住遺跡の調査とその石器群」『考古学集刊』3-3

長野県教育委員会　1973　「里見Ⅴ遺跡」『長野県中央道埋蔵文化財包蔵地発掘調査報告書－下伊那郡松川町地内－』

永峯光一・神田五六　1958　「奥信濃・横倉遺跡」『石器時代』5

中村孝三郎　1960　「小瀬が沢洞窟」『長岡市立科学博物館研究調査報告』3

中村孝三郎　1966　「先史時代と長岡の遺跡」『長岡市立科学博物館研究調査報告』8

沼　弘・増田進治　1968　「福井県鳴鹿遺跡出土の旧石器」『考古福井』1

早川正一・奥　義次　1965　「三重県石神遺跡出土の石器群」『考古学雑誌』50-3

林　茂樹　1960　「長野県上伊那郡南箕輪村神子柴遺跡出土の円鑿形石斧について」『信濃』12-6

林　茂樹　1964　「長野県上伊那神子柴遺跡（第2次調査）」『日本考古学年報』12

福島県編　1964　『福島県史』6　資料編1（考古資料）

福島県編　1969　『福島県史』1　通史編1　原始・古代・中世

藤沢宗平　1974　「第一篇原始・第一章先土器時代」『東筑摩郡・松本市・塩尻市誌』歴史第2巻

藤沢宗平・林　茂樹　1961　「神子柴遺跡－第1次発掘調査概報－」『古代学』9-3

藤森栄一　1931　「北越村杉出土の瀝青質石器に就いて」『考古学』8-10

藤森栄一　1962　「日本石器時代研究の諸問題」『考古学研究』35

三上真二　1968　「北方古代学界の展望（16）タドウシァの遺跡」『古代学』15-1

三宅　馳・井上　久・天間　馳　1976　「大平山元Ⅰ遺跡調査概要」『青森県郷土館研究年報』2

森嶋　稔　1968a　「神子柴型石斧をめぐっての試論」『信濃』20-4

森嶋　稔　1968b　「長野県繰郡期町菅平B遺跡の調査」『日本考古学協会昭和43年度大会研究発表要旨』

森嶋　稔　1970　「神子柴型石斧をめぐっての再論」『信濃』22-10

森嶋　稔編　1970　『菅平の古代文化』　菅平研究会

森嶋　稔編　1976　『上水内地方の考古学的調査』

山形県史編纂委員編　1969　『山形県史』資料編11　考古資料

山崎博信　1966　「北海道における有舌尖頭器について」『北海道考古学』2

山内清男　1960　「縄紋土器文化のはじまる頃」『上代文化』30

山内清男　1967a　「縄紋土器の改定年代と海進の時期について」『古代』48

山内清男　1967b　「洞穴遺跡の年代」『日本の洞穴遺跡』　平凡社

山内清男　1968　「矢柄研磨器について」『日本民族と南方文化』　平凡社

山内清男　1969a　「縄紋草創期の諸問題」『Museum』224　東京国立博物館

山内清男　1969b　「縄紋時代研究の現段階」『日本と世界の歴史』1　学習研究社

山内清男・佐藤達夫　1962　「縄紋土器の古さ」『科学読売』14-2

山内清男・佐藤達夫　1964　「日本先史時代概説」『日本原始美術』1　講談社

山内清男・佐藤達夫　1967　「下北の無土器文化－青森県下北郡東北町長者久保遺跡発掘報告－」『下北－自然・社会・文化』

八幡一郎　1937　「日本に於ける中石器文化的様相に就いて」『考古学雑誌』27-6

八幡一郎　1938　「原始文化の遺物」『日本文化史大系』1

第Ⅰ部　細石器文化と神子柴文化

吉崎昌一編　1973　『タチカルシュナイ遺跡1972』
吉田　格・肥留間博　1970　『狭山・六道山・浅間谷遺跡』　東京都瑞穂町文化財調査報告1
Arkell, A. J. 1975 *The Prehistory of Nile Valley*.
Ikawa, F. 1964 "The Continuity of Non‐ceramic to Ceramic Cultures in Japan" *Arctic Anthropology 2‐2*.
Maringer, J. 1950 *Contribution to the Prehistory of Mongolia*.
Maringer, J. 1956a "A Core and Flake Industry of Palaeolithic Type from Central Japan" *Artibus Asiae Vol. 19*.
Maringer, J. 1956b "Einige faustkeilartige Gerate von Gongenyama (Japan) und die Frage des japanischen Palaolithikums" *Anthropos Bd. 51*.
Maringer, J. 1957a "Die Industrie von Iwajuku I (Japan) und ihre kulturelle Einordnung" *Anthropos Bd. 52*.
Maringer, J. 1957b "Some Stone Tools of Early Hoabinian Type from Central Japan" *Man 1957‐1*.
Maringer, J. 1957c "A Stone Industry of Patjitanian Tradition from Central Japan" 『考古学雑誌』*42‐2*.
Maringer, J. 1957d "Eine Toalian‐artige Industrie aus Mitteljapan" *Ethnos 3‐4*.
Michael, H. N. 1958 *The Neolithic Age in Eastern Siberia*.
Oda, S. and Keally, C. T. 1973 "Edge‐ground stone tools from the Japanese preceramic culture" 『物質文化』*22*.
Okladnikov, A. P. 1969 "An Ancient Settlement on the Tadusha River at Ustinovka and the Problem of the Far Eastern Mesolithic" *Arctic Anthropology Vol. Ⅵ‐1*

第 2 章　神子柴・長者久保文化について

番号	遺跡名	所在地	長	幅	厚	重	石質	打磨	分類	文献	所蔵
1	北上遺跡	北海道北見市上常呂北上								大場ほか1959	
2	中本遺跡	北海道北見市高栄町	14.0	4.2	3.3			打製	Ⅱa	加藤ほか1969	
3	吉田B遺跡	北海道常呂郡瑞野町	18.2	6.0	3.9		チャート	打製	Ⅱc	加藤ほか1970	
4	間村遺跡	北海道常呂郡瑞野町		4.4	2.0		黒曜石	打製	Ⅱc	加藤ほか1971	
5a	上口遺跡	北海道常呂郡瑞野Ⅱ区	16.2	5.6	2.2			打製	Ⅱc	加藤ほか1970	
5b	上口遺跡	北海道常呂郡瑞野Ⅱ区	16.6	6.6	3.4		安山岩	打製	Ⅱd	加藤ほか1970	
5c	上口遺跡	北海道常呂郡瑞野Ⅱ区		5.2	2.3			打製	Ⅱc	加藤ほか1970	
5d	上口遺跡	北海道常呂郡瑞野Ⅱ区		6.1	3.9			局磨	Ⅱb	加藤ほか1970	
6	置戸安住遺跡	北海道常呂郡置戸町安住		5.0	2.3		砂岩	局磨	Ⅱc	戸沢1967	明治大学
7	白滝鴻上Ⅴ地点	北海道紋別郡白滝村								山崎1966	
8	白滝	北海道紋別郡白滝村	22.1	5.8	3.4			局磨	Ⅱa		佐々木洋治
9	杉久留遺跡	北海道紋別郡滝上町								山崎1966	
10	高瀬遺跡	北海道上川郡下川北町								岩本1972	名寄博物館
11a	モサンル遺跡	北海道上川郡下川町幸成	12.3	3.8	2.5		頁岩	打製	Ⅱd	岩本1972	東北大学
11b	モサンル遺跡	北海道上川郡下川町幸成	11.3	5.8	3.0			打製	Ⅱ	工藤1964	
12a	長者久保遺跡	青森県上北郡東北町	14.9	5.0	3.8	328		局磨	Ⅲb	山内・佐藤1966	佐藤達夫
12b	長者久保遺跡	青森県上北郡東北町	15.3	5.8	2.6	221		打製	Ⅱd	山内・佐藤1966	佐藤達夫
12c	長者久保遺跡	青森県上北郡東北町	7.4	3.2	1.0	17		打製	Ⅰc	山内・佐藤1966	佐藤達夫
13a	大平山元Ⅰ遺跡	青森県東津軽郡蟹田町	19.3	8.4	3.5			局磨	Ⅰb	三宅ほか1976	青森県郷土館
13b	大平山元Ⅰ遺跡	青森県東津軽郡蟹田町		6.2	2.5			局磨		三宅ほか1976	青森県郷土館
14	佐和田遺跡	岩手県二戸郡一戸町	11.0	4.7	1.9		頁岩	打製	Ⅱc	鎌田1971	
15a	持川遺跡	岩手県和賀郡江釣子村	23.6	5.9	2.2		珪質頁岩	打製	Ⅱ	鈴木・鎌田1971	
15b	持川遺跡	岩手県和賀郡江釣子村	15.5	4.9	2.0		珪質頁岩	打製	Ⅱ	鈴木・鎌田1971	
15c	持川遺跡	岩手県和賀郡江釣子村	17.7	4.7	1.9		珪質頁岩	打製	Ⅱ	鈴木・鎌田1971	
15d	持川遺跡	岩手県和賀郡江釣子村	18.6	4.8	2.0		珪質頁岩	打製	Ⅱ	鈴木・鎌田1971	
15e	持川遺跡	岩手県和賀郡江釣子村	18.8	4.6	2.1		珪質頁岩	打製	Ⅱ	鈴木・鎌田1971	
15f	持川遺跡	岩手県和賀郡江釣子村	14.8	4.0	1.8		珪質頁岩	打製	Ⅱ	鈴木・鎌田1971	
15g	持川遺跡	岩手県和賀郡江釣子村					珪質頁岩	打製	Ⅱ	鈴木・鎌田1971	
16a	夏油温泉遺跡	岩手県和賀郡和賀町	20.2	5.8	2.9		珪質頁岩	打製	Ⅱ	鈴木・鎌田1971	
16b	夏油温泉遺跡	岩手県和賀郡和賀町	10.8	3.9	2.7		珪質頁岩	打製	Ⅱ	鈴木・鎌田1971	
16c	夏油温泉遺跡	岩手県和賀郡和賀町	10.5	4.5	2.4		珪質頁岩	打製	Ⅱ	鈴木・鎌田1971	
16d	夏油温泉遺跡	岩手県和賀郡和賀町		4.5	1.8		珪質頁岩	打製	Ⅱ	鈴木・鎌田1971	
17	蓮見遺跡	岩手県和賀郡和賀町					珪質頁岩	打製	Ⅱ	鈴木1968	
18	岩脇遺跡	岩手県北見市稲瀬町					珪質頁岩	打製	Ⅱ	鈴木1969	

図Ⅰ-18（1）　先土器時代終末期・縄紋時代草創期の石斧出土一覧表

第Ⅰ部　細石器文化と神子柴文化

番号	遺跡名	所在地	長	幅	厚	重	石質	打磨	分類	文献	所蔵
19	大竹	岩手県北見市更木町	11.7	5.2	1.1		硅質頁岩	打製		鈴木1968	
20	胆沢城付近	岩手県水沢市佐倉河						打製		鈴木1968	
21	山田遺跡	岩手県一関市						打製		鈴木1968	
22	心像遺跡	秋田県仙北郡西仙北町									
23	矢櫃遺跡	秋田県雄勝郡東成瀬村									
24	佐野原B遺跡	宮城県栗原郡一迫町	17.5	5.5	5.5			打製	Ⅰc	一迫町1976	
25	鍛冶屋遺跡	宮城県栗原郡栗駒町	18.8	5.1	2.8		玄武岩	打製	Ⅱ	金野・佐藤1976	
26	池ノ上遺跡	宮城県玉造郡池ノ上町						打製			
27	座散乱木遺跡	宮城県玉造郡岩出山町		5.2	3.8			打製		石器時代談話会1976	
28	芋沢遺跡	宮城県名取郡秋保	14.2	5.2	3.0		砂岩	打製	Ⅱb		鎌田俊明
29a	戸谷沢遺跡	宮城県白石市大鷹沢	21.3	6.6	3.5			局磨	Ⅲc	白石市1976	東北歴史資料館
29b	戸谷沢遺跡	宮城県白石市大鷹沢	16.0	6.3	3.5				Ⅱb	白石市1976	東北歴史資料館
30	小菅遺跡	宮城県白石市大鷹沢	14.3	5.2	3.0			局磨	Ⅱb	白石市1976	東北歴史資料館
31	明神裏遺跡	宮城県白石市蔵王町						打製		白石市1976	
32	沢田・山ノ神遺跡	山形県西村山郡河北町	10.5	3.0	2.2				Ⅱ	宇野1971	
33	庚申山遺跡	山形県西村山郡大江町								加藤1972	
34a	上屋地A遺跡	山形県西置賜郡飯豊町	14.0	5.2	4.8	225	頁岩	打製	Ⅱd	加藤1972	山形県立博物館
34b	上屋地A遺跡	山形県西置賜郡飯豊町	17.2	5.2	3.2	255	頁岩	打製	Ⅱd	加藤1972	山形県立博物館
34c	上屋地A遺跡	山形県西置賜郡飯豊町	10.8	4.2	2.6		頁岩	打製	Ⅱd	加藤1972	山形県立博物館
35	東山・紺野遺跡	山形県西置賜郡小国町	12.2	5.2	1.7	92	黒曜石	打製	Ⅰc	加藤他1973	
36	日向洞穴	山形県東置賜郡高畠町	16.1	6.7	3.4		硬砂質	局磨	Ⅱc	加藤1967	山形大学
37	火箱岩洞穴	山形県東置賜郡高畠町	12.3	4.7	2.8			打製	Ⅱc	加藤1969	山形大学
38	一ノ沢洞穴	山形県東置賜郡高畠町						打製	Ⅱd	佐々木他1963	山形大学
39	大立洞穴	山形県東置賜郡高畠町						打製	Ⅱd	佐々木1976	山形県立博物館
40	中山遺跡	福島県伊達郡国見町	14.3	5.1	3.0			打製	Ⅱc	国見町1973	
41a	貝沼遺跡	福島県福島市田沢	16.2	5.9	3.5		硬砂岩	局磨	Ⅲc	福島県1964	福島市中央公民館
41b	貝沼遺跡	福島県福島市田沢	13.2	5.4	2.5		硬砂岩	局磨	Ⅱc	福島県1964	福島市中央公民館
42a	乙字ケ滝遺跡	福島県須賀川市前田川	14.8	4.4	2.5		硬砂岩	局磨	Ⅱ	福島県1969	須賀川市立博物館
42b	乙字ケ滝遺跡	福島県須賀川市前田川	9.5				緑泥片岩	局磨	Ⅱ	福島県1969	須賀川市立博物館
42c	乙字ケ滝遺跡	福島県須賀川市前田川	11.5					打製	Ⅱ	福島県1969	須賀川市立博物館
43	月夜野	群馬県利根郡月夜野町	17.5	6.0	3.4		頁岩	打製	Ⅱb		月夜野町公民館
44	大谷寺洞穴	栃木県宇都宮市大谷町	13.7	5.5	4.3			打製	Ⅱa	塙他1969	大谷寺
45	狭間田a遺跡	栃木県塩谷郡氏家町	13.3	4.8	3.7		硬砂岩	打製	Ⅱa	海老原1965	海老原郁雄
46	後野遺跡	茨城県勝田市中根	15.4	6.7	4.6	560	軟質頁岩			川崎ほか1976	勝田市

図Ⅰ-18 (2)　先土器時代終末期・縄紋時代草創期の石斧出土一覧表

第 2 章　神子柴・長者久保文化について

番号	遺跡名	所在地	長	幅	厚	重	石質	打磨	分類	文献	所蔵
47	千代田	茨城県新治郡千代田村	15.4	5.5	3.2			局磨	Ⅲc	佐藤1974	川上義博
48	皆野	埼玉県秩父郡皆野町	11.5	4.4	1.7	86	チャート	打製	Ⅰc	佐藤1962	
49	西谷遺跡	埼玉県大里郡岡部町	12.9	3.6	2.5			打製	Ⅱd	大宮市1968	
50	側ヶ谷戸遺跡	埼玉県大宮市三橋	18.1	5.2	3.6			打製	Ⅱa		埼玉県立博物館
51	市場坂遺跡	埼玉県朝霞市朝霞町	13.0	5.4	3.8			局磨	Ⅲb	滝沢1963	
52a	中道遺跡	埼玉県朝霞市岡	8.0	3.7	1.8		赤色玉髄	打製	Ⅱd	中道1976	
52b	中道遺跡	埼玉県朝霞市岡	7.0	3.7	1.9			打製	Ⅱd	中道1976	
52c	中道遺跡	埼玉県朝霞市岡	7.8	3.6	1.5		頁岩	打製	Ⅱd	中道1976	
53	東寺方	東京都多摩市東寺方町	24.5	6.8	5.4			打製	Ⅱb		須賀川市立博物館
54	なすな原遺跡	東京都町田市成瀬						打製	Ⅱd		
55	朝光寺原東遺跡	神奈川県横浜市港北区市ヶ尾町							Ⅱ		
56	花見山遺跡	神奈川県横浜市緑区川島町	10.7	3.7	1.4			打製	Ⅱ	坂本ほか1978	
57	東市場	神奈川県横浜市緑区東市場町					頁岩質	打製	Ⅱ		奥平一比古
58a	寺尾遺跡	神奈川県高座郡綾瀬町	10.7	3.7	1.4			打製	Ⅰb	白石ほか1978	神奈川県教委
58b	寺尾遺跡	神奈川県高座郡綾瀬町	19.8	8.0	5.0			打製	Ⅱ	白石ほか1978	神奈川県教委
59a	村杉	新潟県北蒲原郡笹岡村							Ⅱa	藤森1931	
59b	村杉	新潟県北蒲原郡笹岡村							Ⅱa	藤森1931	
60a	小瀬ガ沢洞穴	新潟県東蒲原郡上川村	7.6	5.5			輝緑岩	局磨	Ⅱc	中村1960	長岡市立科学博物館
60b	小瀬ガ沢洞穴	新潟県東蒲原郡上川村	15.5	4.6			硬砂岩	打製	Ⅱd	中村1960	長岡市立科学博物館
60c	小瀬ガ沢洞穴	新潟県東蒲原郡上川村	19.4	6.0		503	砂岩	打製	Ⅱd	中村1960	長岡市立科学博物館
61	蛇新田遺跡	新潟県長岡市福田町	19.9	5.1	4.0			局磨	Ⅱa	小林1960	
62	辻ノ内	新潟県柏崎市辻ノ内	25.3	5.7	4.8			局磨	Ⅲa	山内・佐藤1962	
63	台林	新潟県北魚沼郡小出町	18.7	5.3	3.5			打製	Ⅱd	小林1960	
64	本ノ木遺跡	新潟県中魚沼郡津南町	10.8	3.8	1.9			打製	Ⅰb		山内清男
65a	田沢遺跡	新潟県中魚沼郡中里町						打製	Ⅱd	芹沢・須藤1968	東北大学
65b	田沢遺跡	新潟県中魚沼郡中里町						打製	Ⅱd	芹沢・須藤1968	東北大学
65c	田沢遺跡	新潟県中魚沼郡中里町						打製	Ⅱd	芹沢・須藤1968	東北大学
66	手児塚遺跡	長野県上水内郡豊野町	24.5	9.0	5.5		玄武岩質	局磨	Ⅱb	森嶋1968	
67	ゴンボ山遺跡	長野県上水内郡豊野町		5.2	2.3		頁岩質	局磨	Ⅲb	森嶋1968	
68	立ノ鼻遺跡	長野県上水内郡信濃町	17.6	6.1	3.4		硬質砂岩	打製	Ⅱc	森嶋1968	
69	小丸山遺跡	長野県上水内郡信濃町	19.0	5.1	3.1		頁岩	局磨	Ⅲ	森嶋1968	吉松雄一
70	砂間遺跡	長野県上水内郡信濃町	19.0	6.1	3.8		硬頁岩	局磨	Ⅱb	森嶋1968	池田寅之助
71a	孤久保遺跡	長野県上水内郡信濃町		4.4	3.2		頁岩	局磨	Ⅱ	森嶋1968	
71b	孤久保遺跡	長野県上水内郡信濃町					安山岩			森嶋1968	

図 Ⅰ − 18 (3)　先土器時代終末期・縄紋時代草創期の石斧出土一覧表

第Ⅰ部 細石器文化と神子柴文化

番号	遺跡名	所在地	長	幅	厚	重	石質	打磨	分類	文献	所蔵
72	杉久保A遺跡	長野県上水内郡信濃町					粘板岩			森嶋1968	
73	弁天島北遺跡	長野県上水内郡信濃町	13.0	4.5			頁岩	打製	Ⅲ	森嶋1973	吉松雄一
74	堺トド	長野県下水内郡栄村								神村1970	斎藤正男
75	猪ノ平遺跡	長野県長野市塩崎	16.7	5.5			頁岩	局磨	Ⅲc	森嶋1968	
76a	宮ノ入遺跡	長野県長野市松代町	32.1	6.4	3.3		頁岩	局磨	Ⅱa	森嶋1968	清水一男
76b	宮ノ入遺跡	長野県長野市松代町	12.9	3.8	1.7		頁岩	局磨	Ⅱa	森嶋1968	宮本速雄
76c	宮ノ入遺跡	長野県長野市松代町	14.5	3.9	1.5		頁岩	局磨	Ⅲa	森嶋1968	宮本速雄
76d	宮ノ入遺跡	長野県長野市松代町	16.7	3.9	2.0		頁岩	局磨	Ⅲa	森嶋1968	宮本速雄
76e	宮ノ入遺跡	長野県長野市松代町	16.7	4.3	2.1		頁岩	局磨	Ⅱa	森嶋1968	倉科小学校
77	仁礼	長野県須坂市仁礼							Ⅱc	森嶋1970	
78	池尻遺跡	長野県更埴市大田原					緑泥片岩	局磨	Ⅱ	森嶋1968	
79	小島沖遺跡	長野県小県郡真田町	17.1	4.5	2.3			局磨	Ⅰa	森嶋1968	小宮山茂樹
80a	唐沢B遺跡	長野県小県郡真田町	23.1	7.9	4.2	957	黒色頁岩	打製	Ⅱb	森嶋1970	森嶋稔
80b	唐沢B遺跡	長野県小県郡真田町	22.7	6.9	4.0	720	黒色頁岩	打製	Ⅰa	森嶋1970	森嶋稔
80c	唐沢B遺跡	長野県小県郡真田町	27.3	6.8	3.3	560	黒色頁岩	打製	Ⅱa	森嶋1970	森嶋稔
80d	唐沢B遺跡	長野県小県郡真田町	20.0	6.7	2.8	467	黒色頁岩	打製	Ⅱa	森嶋1970	森嶋稔
80e	唐沢B遺跡	長野県小県郡真田町	17.3	4.9	1.4	129	硬質頁岩	打製	Ⅱa	森嶋1970	森嶋稔
80f	唐沢B遺跡	長野県小県郡真田町	20.0	6.4	3.1	514	黒色頁岩	打製	Ⅱa	森嶋1970	森嶋稔
80g	唐沢B遺跡	長野県小県郡真田町	23.5	7.6	4.8	1079	黒色頁岩	打製	Ⅱa	森嶋1970	森嶋稔
80h	唐沢B遺跡	長野県小県郡真田町	21.8	7.6	3.5	654	砂岩	局磨	Ⅱa	森嶋1970	森嶋稔
80i	唐沢B遺跡	長野県小県郡真田町	23.0	8.4	4.1	977	ホルンフェルス	局磨	Ⅱa	森嶋1970	森嶋稔
80j	唐沢B遺跡	長野県小県郡真田町	12.2	4.0	1.15	78	硬質頁岩	局磨	Ⅲd	森嶋1970	森嶋稔
81	屋敷畑	長野県小県郡真田町	10.5	5.2	2.2		安山岩	打製	Ⅲd	岩本1972	菅平第一館
82a	山形	長野県東筑摩郡山形村						局磨	Ⅱ	藤沢1974	
82b	山形	長野県東筑摩郡山形村						打製	Ⅱ	藤沢1974	
83	岩垂原	長野県松本市今井							Ⅲd	藤沢1974	
84	高出北ノ原遺跡	長野県塩尻市広丘	4.5	2.0	0.9			打製	Ⅲd	藤沢1974	
85	小馬背遺跡	長野県木曽郡開田村							Ⅱ	森嶋1970	
86a	西又遺跡	長野県木曽郡開田村							Ⅱc	森嶋1970	
86b	西又遺跡	長野県木曽郡開田村							Ⅲc	森嶋1970	
86c	西又遺跡	長野県木曽郡開田村							Ⅲd	森嶋1970	
87a	神子柴遺跡	長野県伊那市南箕輪	23.2	8.6	5.0	1200	閃緑岩	打製	Ⅱb	藤沢・林1961	伊那市郷土館
87b	神子柴遺跡	長野県伊那市南箕輪	21.0	7.8	4.0	860	斑励岩	局磨	Ⅱb	藤沢・林1961	伊那市郷土館
87c	神子柴遺跡	長野県伊那市南箕輪	7.5	4.2	1.1	30	飛白岩質	局磨	Ⅲd	藤沢・林1961	伊那市郷土館

図Ⅰ-18 (4) 先土器時代終末期・縄紋時代草創期の石斧出土一覧表

第 2 章　神子柴・長者久保文化について

番号	遺跡名	所在地	長	幅	厚	重	石質	打磨	分類	文献	所蔵
87d	神子柴遺跡	長野県伊那市南箕輪	8.8	4.4	1.1	50	板岩質	局磨	Ⅲd	藤沢・林 1961	伊那市郷土館
87e	神子柴遺跡	長野県伊那市南箕輪	21.4	8.3	4.1	810	閃緑岩	打製	Ⅱb	藤沢・林 1961	
87f	神子柴遺跡	長野県伊那市南箕輪	22.0	7.3	4.0	740	閃緑岩	局磨	Ⅱb	藤沢・林 1961	
87g	神子柴遺跡	長野県伊那市南箕輪	20.0	7.0	3.5	610	閃緑岩	局磨	Ⅱb	藤沢・林 1961	
87h	神子柴遺跡	長野県伊那市南箕輪	22.0	7.0	4.2		粘板岩	局磨	Ⅱb	藤沢・林 1961	
87i	神子柴遺跡	長野県伊那市南箕輪	12.0	5.0	2.3	200	泥岩質	打製	Ⅲd	藤沢・林 1961	
87j	神子柴遺跡	長野県伊那市南箕輪	21.1	7.4	3.6	770	閃緑岩	局磨	Ⅱb	藤沢・林 1961	
87k	神子柴遺跡	長野県伊那市南箕輪	21.0	7.7	3.3	720	閃緑岩	局磨	Ⅱb	藤沢・林 1961	
87l	神子柴遺跡	長野県伊那市南箕輪	22.5	7.5	4.0		閃緑岩	打製	Ⅱb	藤沢・林 1961	
87m	神子柴遺跡	長野県伊那市南箕輪	11.2	3.2	1.2		泥岩質	打製	Ⅱc	藤沢・林 1961	
88	下条	長野県下伊那郡下条村	12.8	4.3	2.4		硅岩質	打製	Ⅲa	神村 1970	下条中学校
89	里見Ⅴ遺跡	長野県下伊那郡松川町		4.9	3.3		泥岩質	打製	Ⅱ	長野県 1973	長野県教委
90	鳴鹿山鹿遺跡	福井県吉田郡永平寺町	34.0	5.2	1.7	385	粘板岩質	局磨	Ⅰa	土肥ほか 1979	野沢徳松
91a	酒呑ジュリンナ遺跡	愛知県東加茂郡松平町	15.0	4.0	3.0		流紋岩	局磨	Ⅱd	澄田・大参 1967	名古屋大学
91b	酒呑ジュリンナ遺跡	愛知県東加茂郡松平町		4.0			流紋岩	打製		澄田・大参 1967	名古屋大学
92a	石神遺跡	三重県多気郡勢和村	13.0	5.0	2.0		サヌカイト	打製	Ⅰc	早川・奥 1965	
92b	石神遺跡	三重県多気郡勢和村	9.8	4.3	1.3		サヌカイト	打製	Ⅰc	早川・奥 1965	
92c	石神遺跡	三重県多気郡勢和村	6.5	3.8	1.3		サヌカイト	打製	Ⅰc	早川・奥 1965	
93	領家遺跡	岡山県久米郡久米町	14.4	4.0	2.3		火山岩系統	打製	Ⅱc	岡山県 1975	岡山県教委
94	上黒岩洞穴	愛媛県上浮穴郡美川村					チャート	局磨		江坂ほか 1969	慶応義塾
95	不動ケ岩屋洞穴	高知県高岡郡佐川西山	6.0	4.2	1.3		硬砂質	局磨	Ⅰd	岡本ほか 1969	明治大学
96	前田	山口県宇部市東岐波前田	13.4	5.7	4.0		安山岩	打製	Ⅱc	小野 1968	

図Ⅰ-18（5）　先土器時代終末期・縄紋時代草創期の石斧出土一覧表

第Ⅰ部　細石器文化と神子柴文化

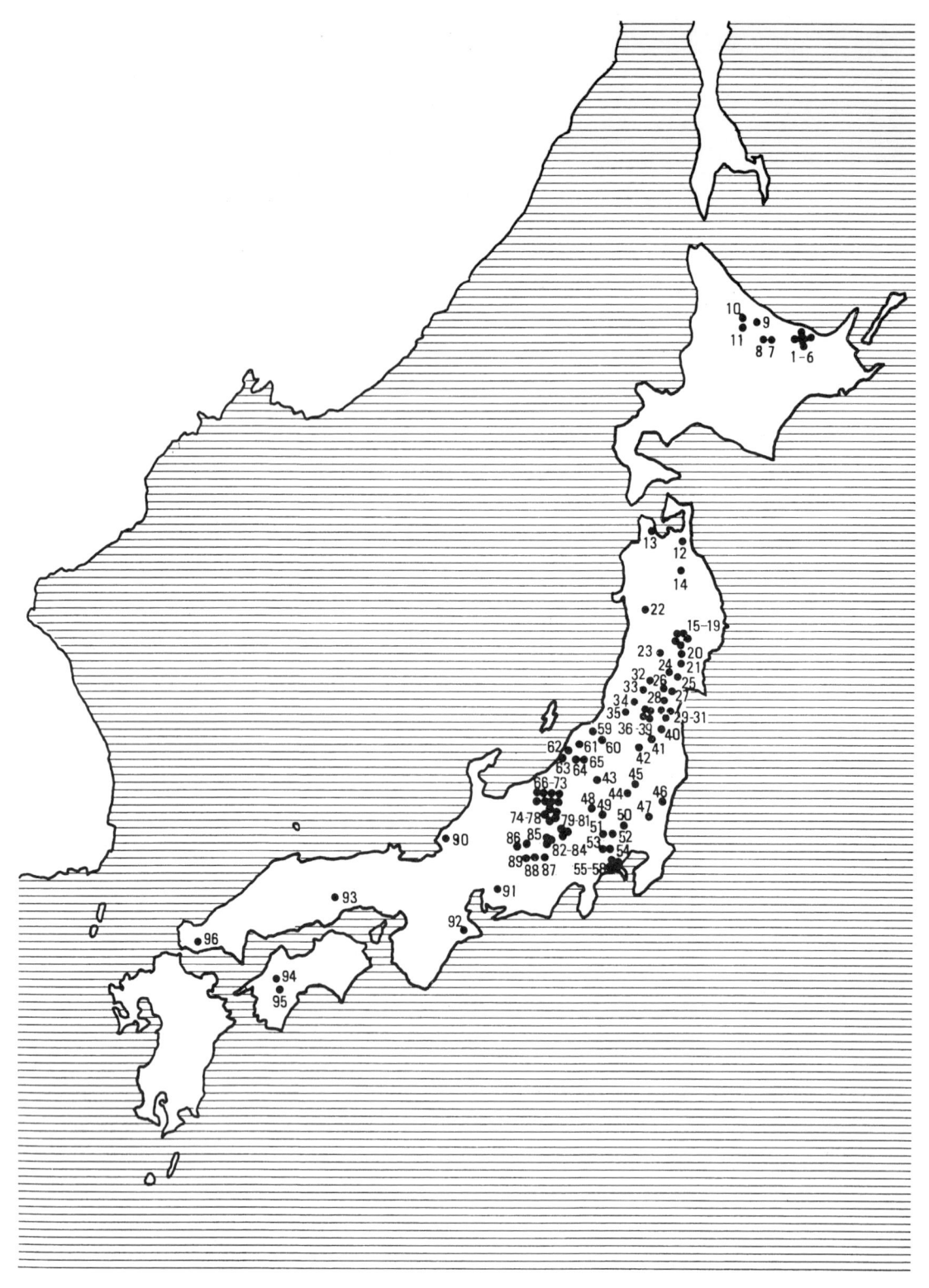

図Ⅰ-19　先土器時代終末期・縄紋時代草創期の石斧出土遺跡分布図

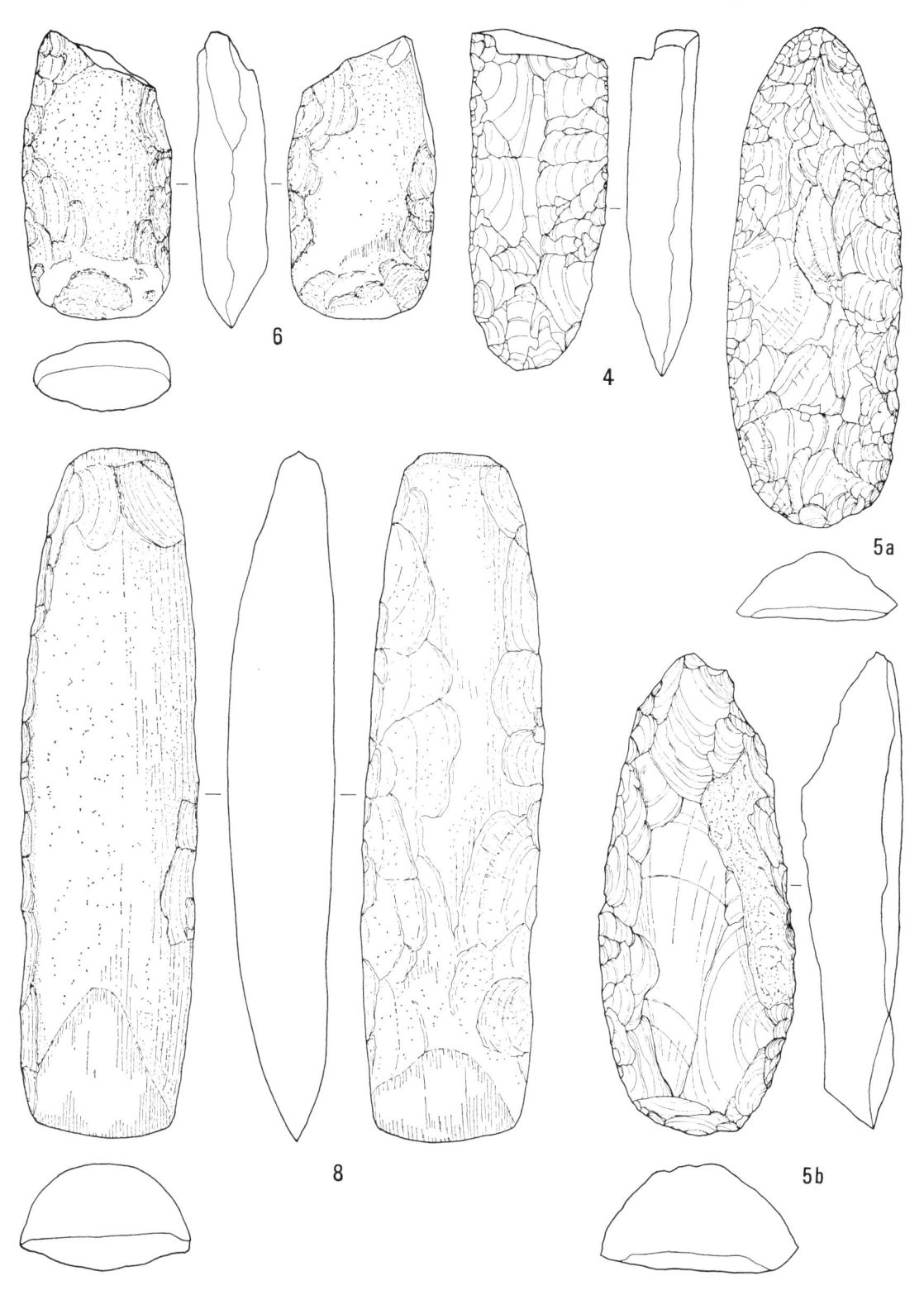

第 2 章　神子柴・長者久保文化について

図 I-20　北海道 (1)　4 間村遺跡　5a〜d 上口遺跡　6 置戸安住遺跡　8 白滝出土

第Ⅰ部 細石器文化と神子柴文化

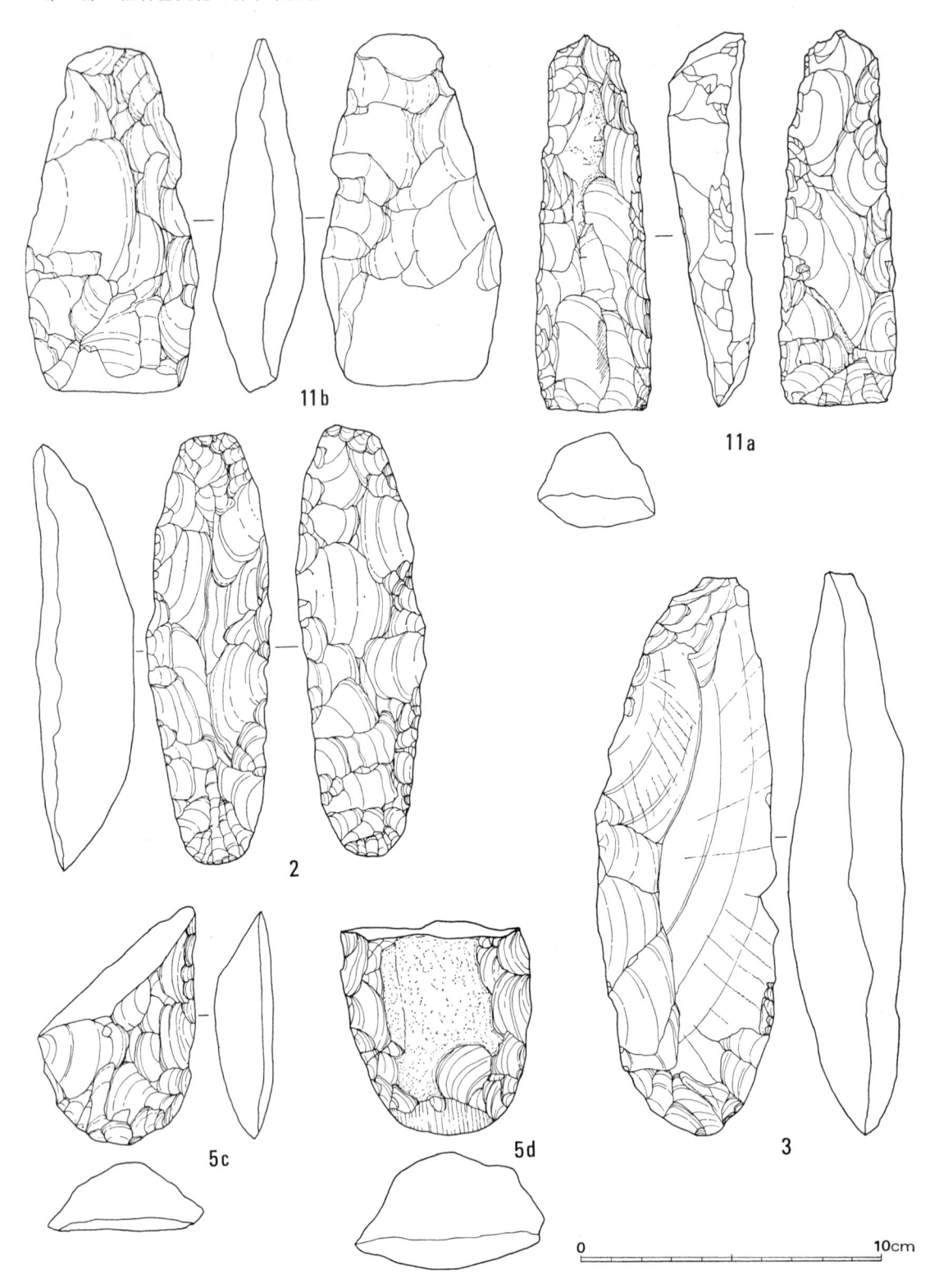

図Ⅰ-21 北海道(2) 2中本遺跡 3吉田B遺跡 11a・bモサンル遺跡

— 66 —

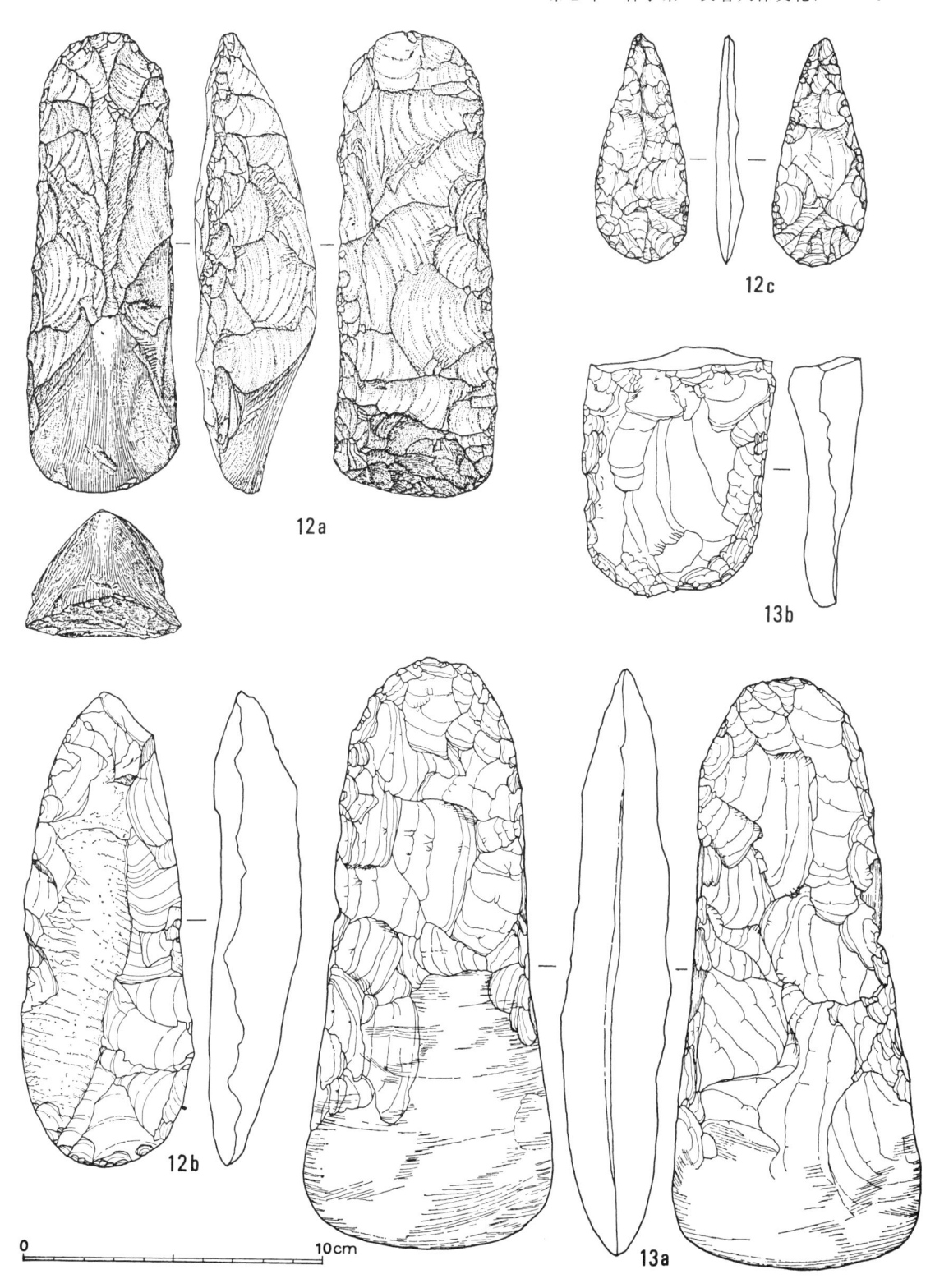

第 2 章　神子柴・長者久保文化について

12a

12c

13b

12b

13a

図Ⅰ-22　青森県　12a～c　長者久保遺跡　13a・b　大平山元Ⅰ遺跡

第Ⅰ部 細石器文化と神子柴文化

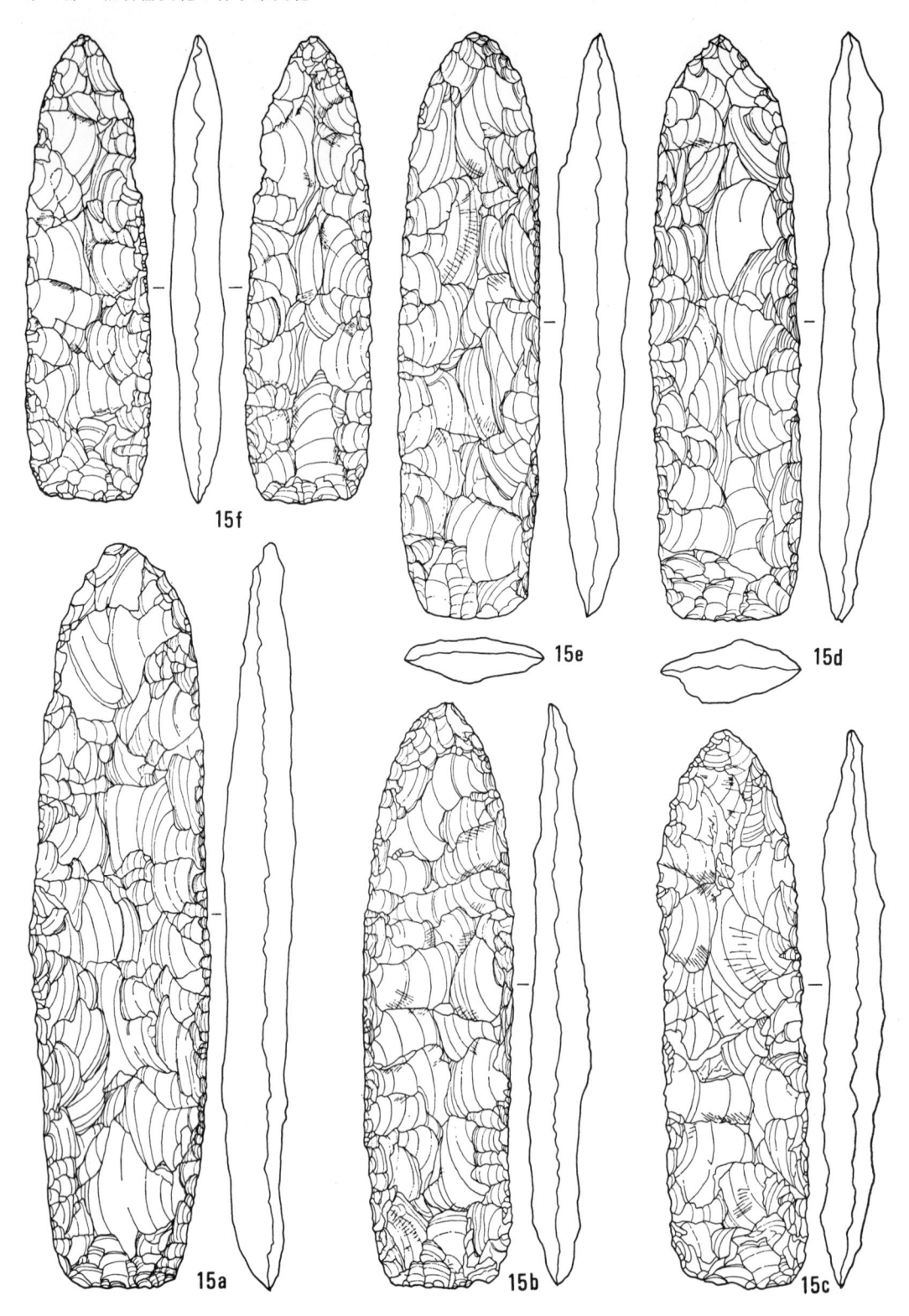

図Ⅰ-23 岩手県 (1) 15a〜f 持川遺跡

第2章 神子柴・長者久保文化について

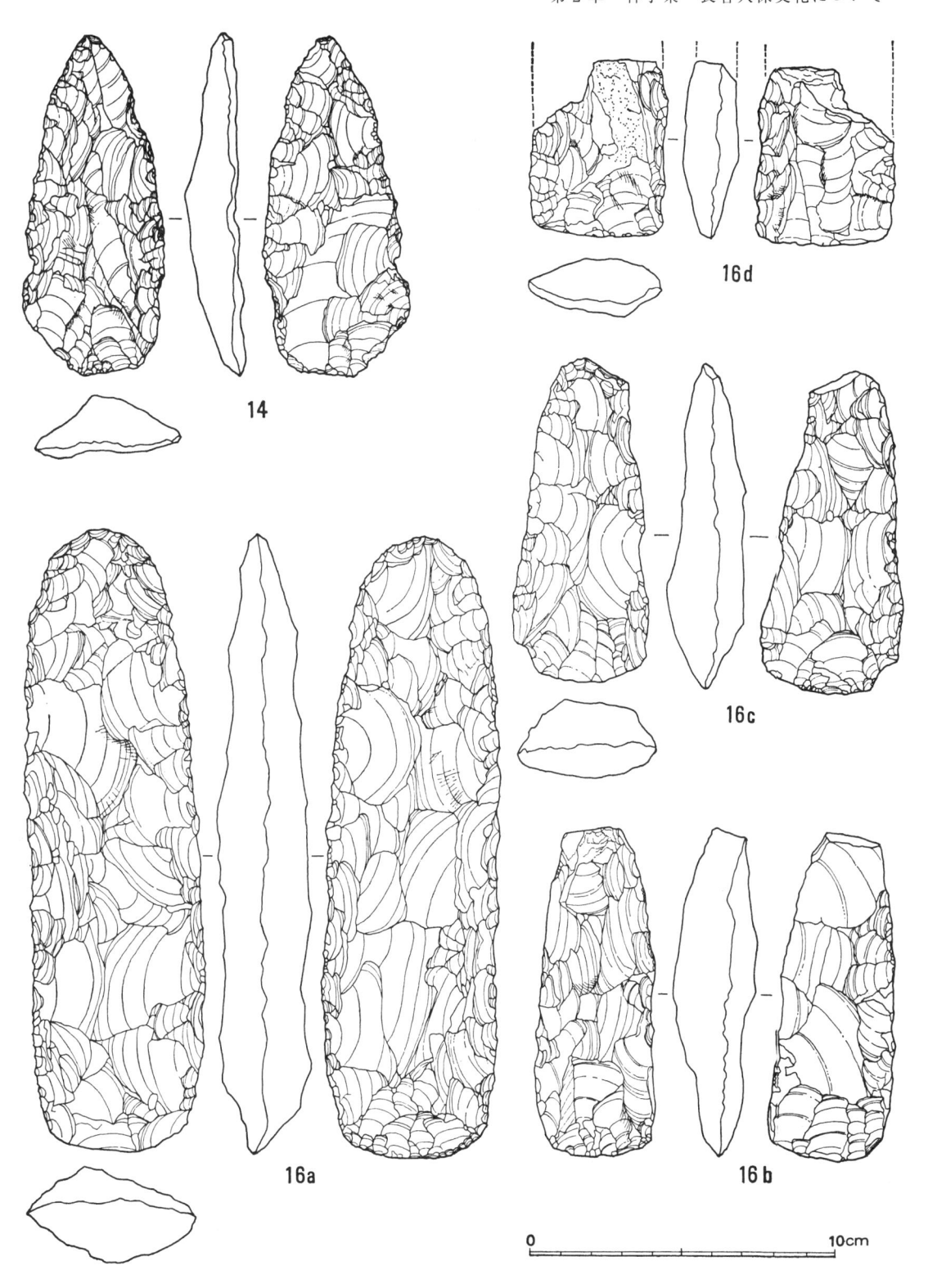

図Ⅰ-24 岩手県 (2) 14 佐和田遺跡　16a〜d 夏油温泉遺跡

第Ⅰ部　細石器文化と神子柴文化

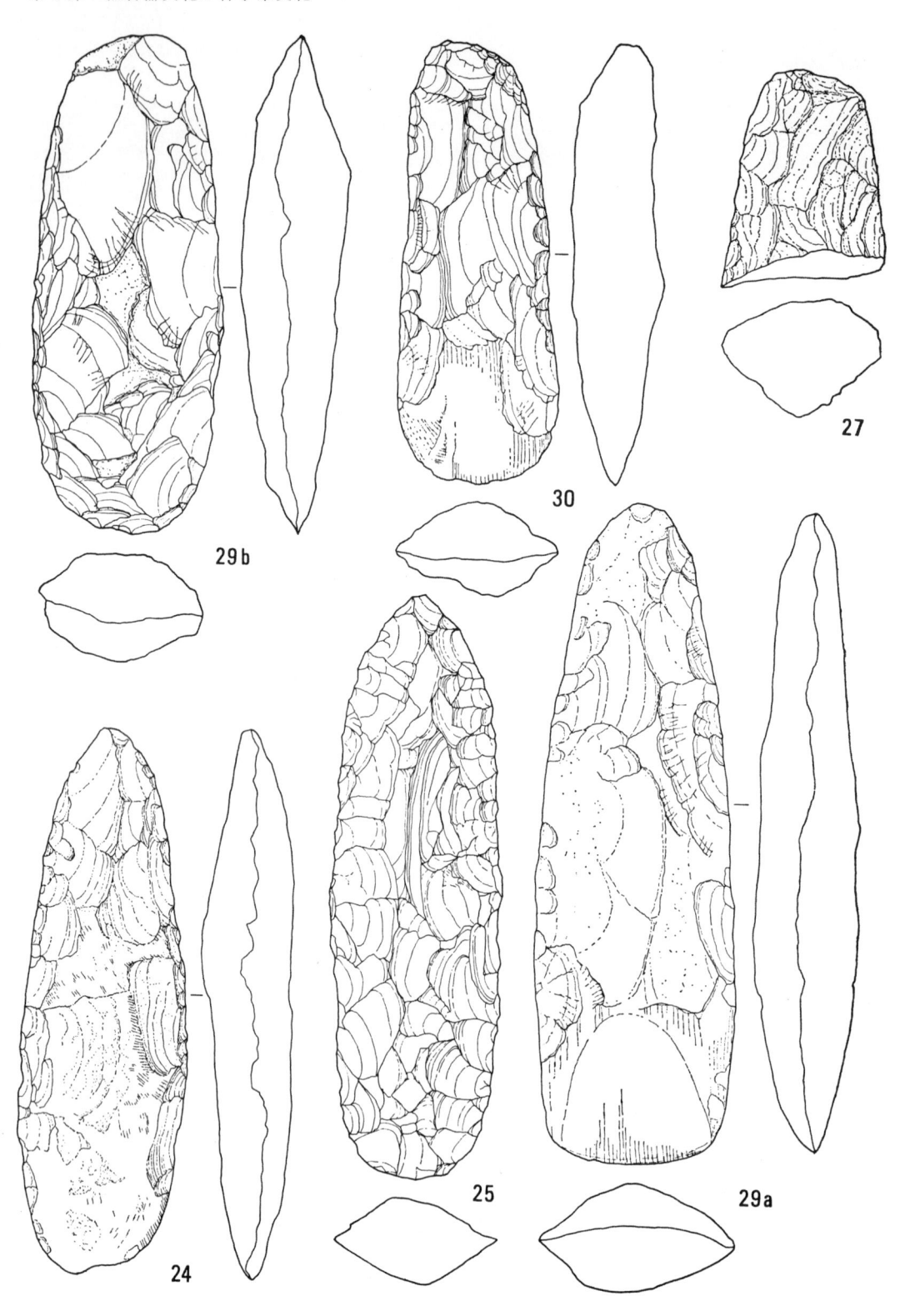

図Ⅰ-25　宮城県　24 佐野原B遺跡　25 鍛冶屋遺跡　27 座散乱木遺跡　29a・b 戸谷沢遺跡　30 小菅遺跡

- 70 -

第 2 章　神子柴・長者久保文化について

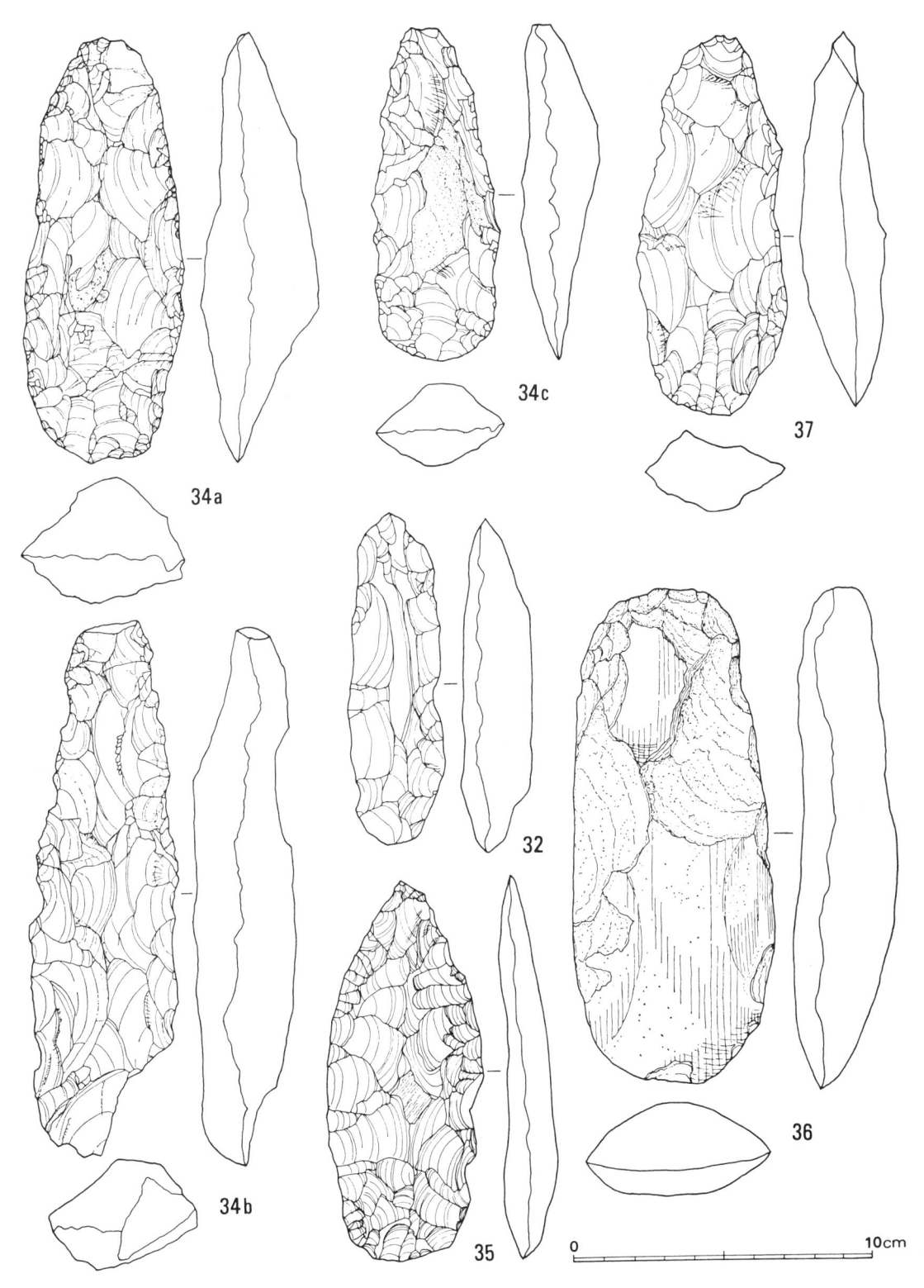

図Ⅰ-26　山形県　32 沢畑・山ノ神遺跡　34a～c 上屋地 A 遺跡　35 東山・紺野遺跡　36 日向洞穴　37 火箱岩洞穴

第Ⅰ部　細石器文化と神子柴文化

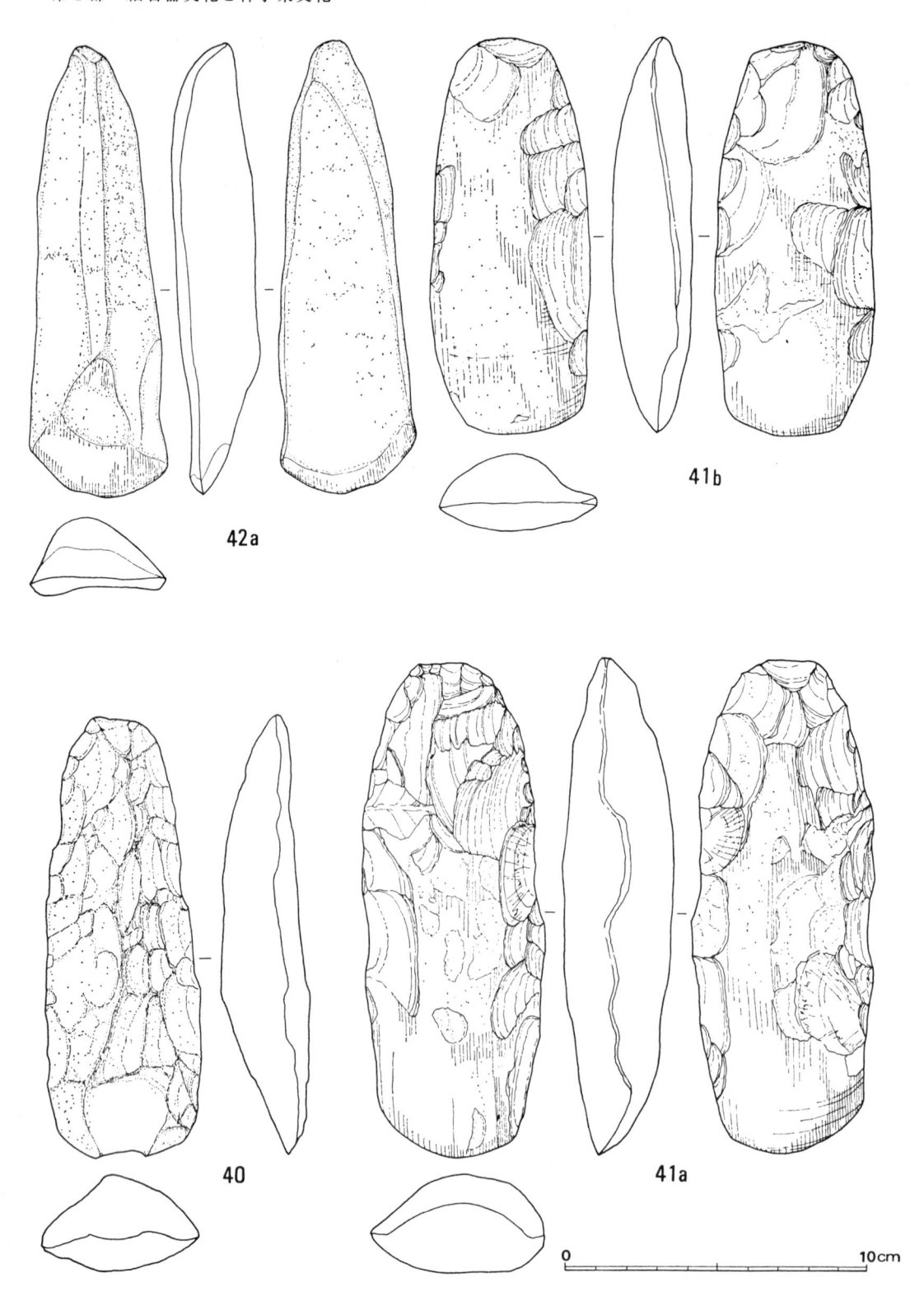

図Ⅰ-27　福島県　40 中山遺跡　41a・b 貝沼遺跡　42a 乙字ケ滝遺跡

- 72 -

第 2 章　神子柴・長者久保文化について

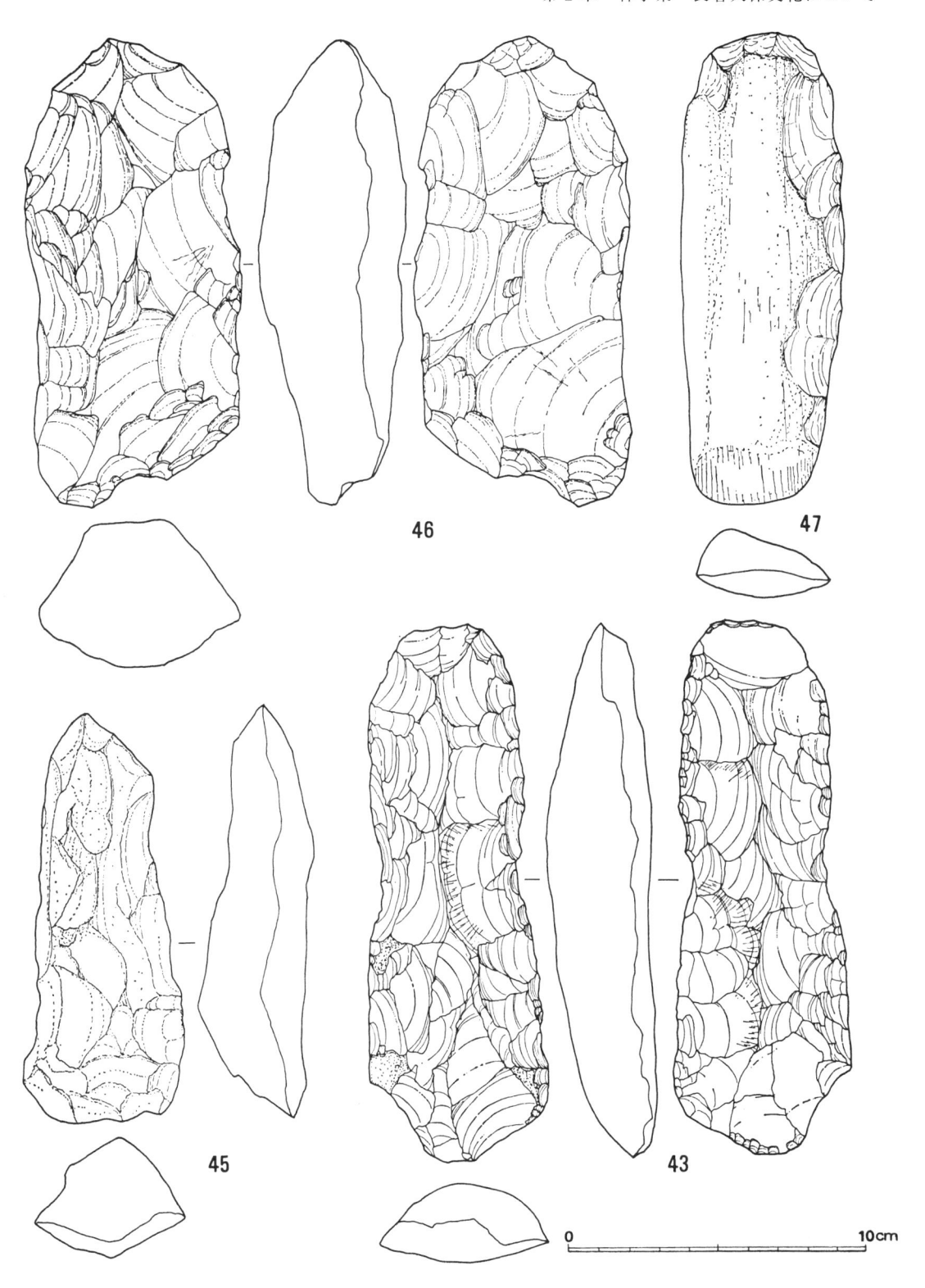

図Ⅰ-28　群馬県　43 月夜野町出土　栃木県　45 狭間田 a 遺跡　茨城県　46 後野遺跡　47 千代田村出土

第Ⅰ部 細石器文化と神子柴文化

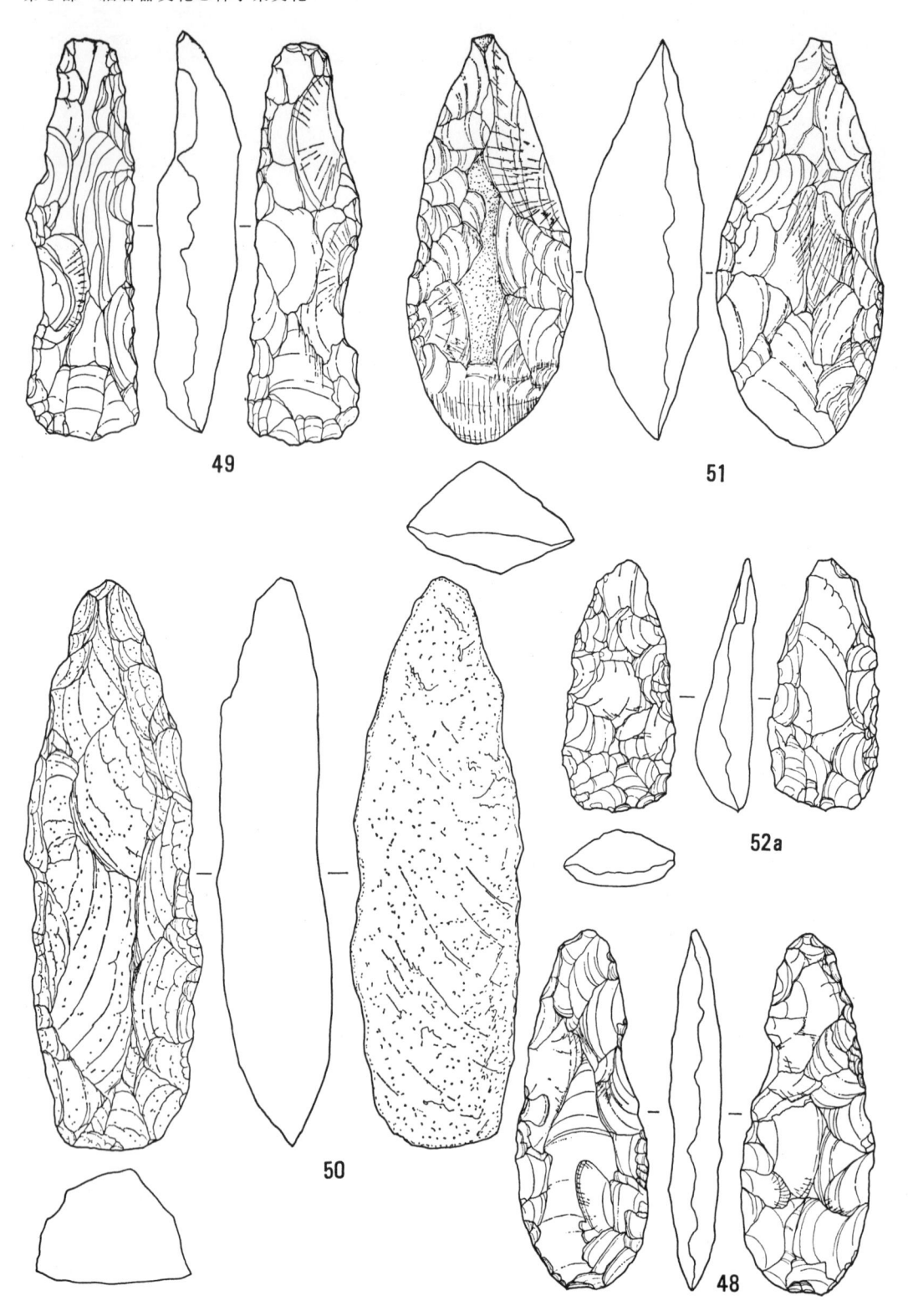

図Ⅰ-29 埼玉県 48 皆野町出土 49 西谷遺跡 50 側ヶ谷戸遺跡 51 市場坂遺跡 52a〜c 中道遺跡

第 2 章　神子柴・長者久保文化について

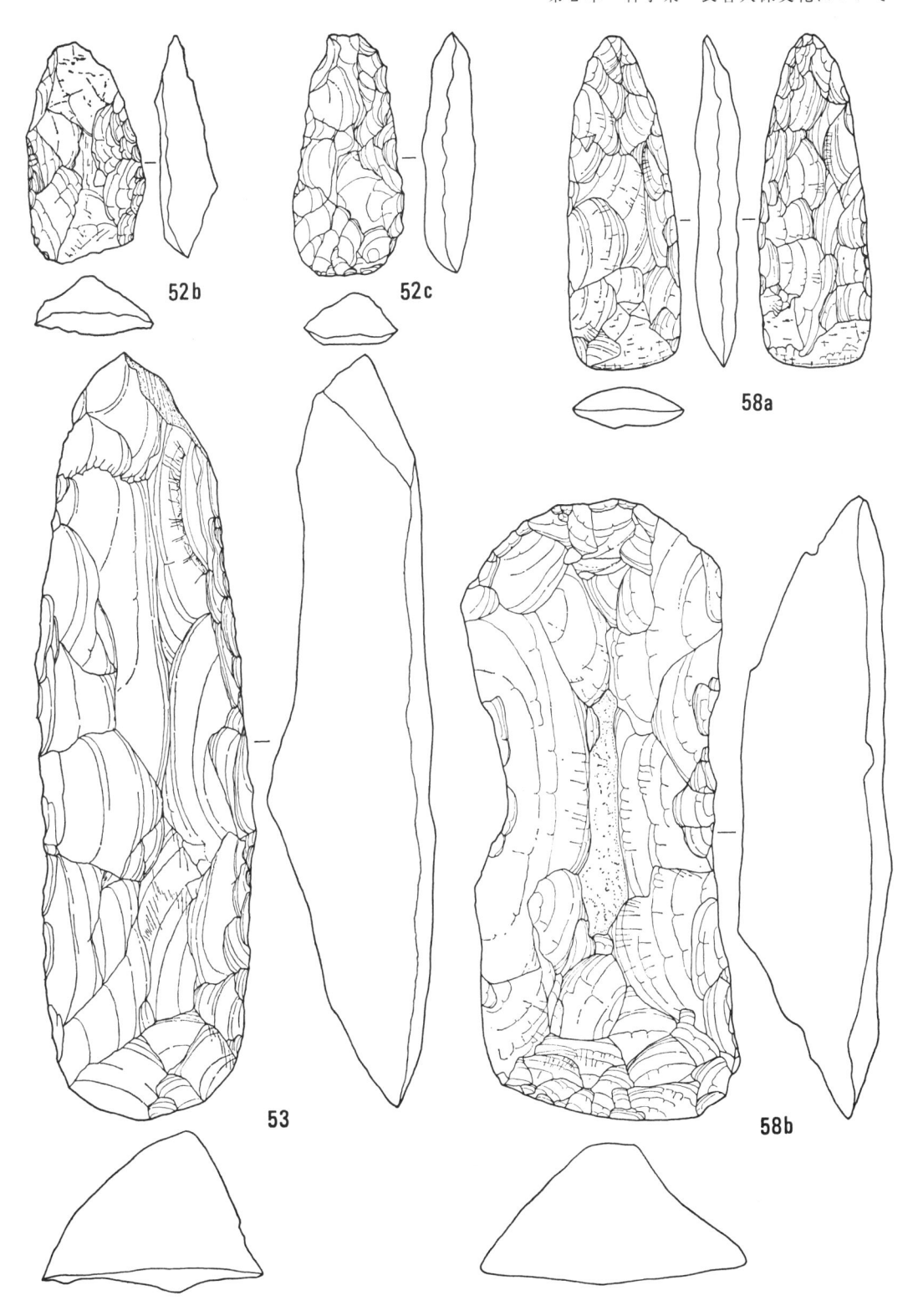

図 I −30　東京都　53 東寺方町出土　神奈川県　58a・b 寺尾遺跡

− 75 −

第Ⅰ部 細石器文化と神子柴文化

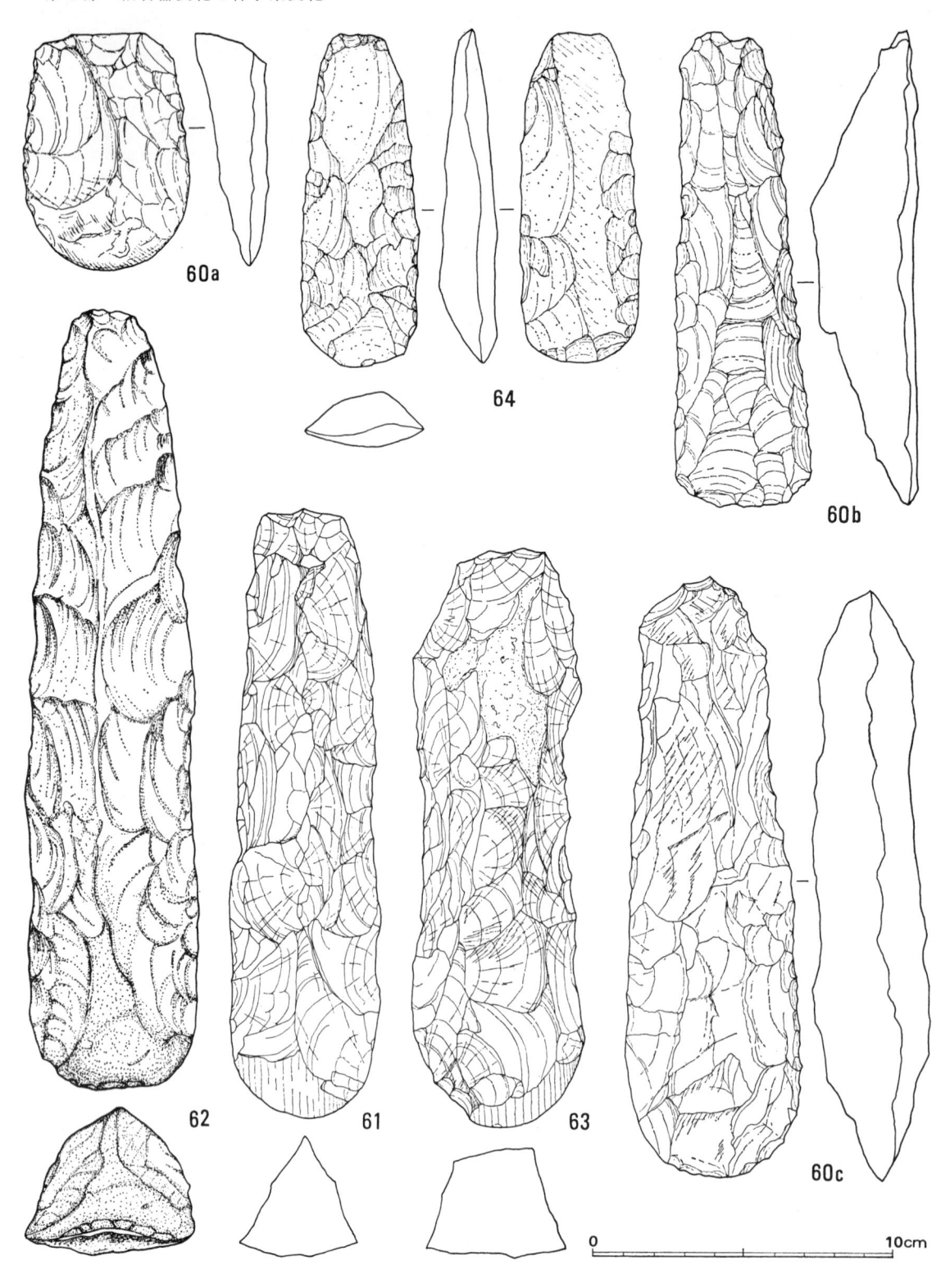

図Ⅰ-31 新潟県 60a〜c 小瀬ガ沢洞穴 61 蛇新田遺跡 62 辻ノ内出土 63 台林出土 64 本ノ木遺跡

- 76 -

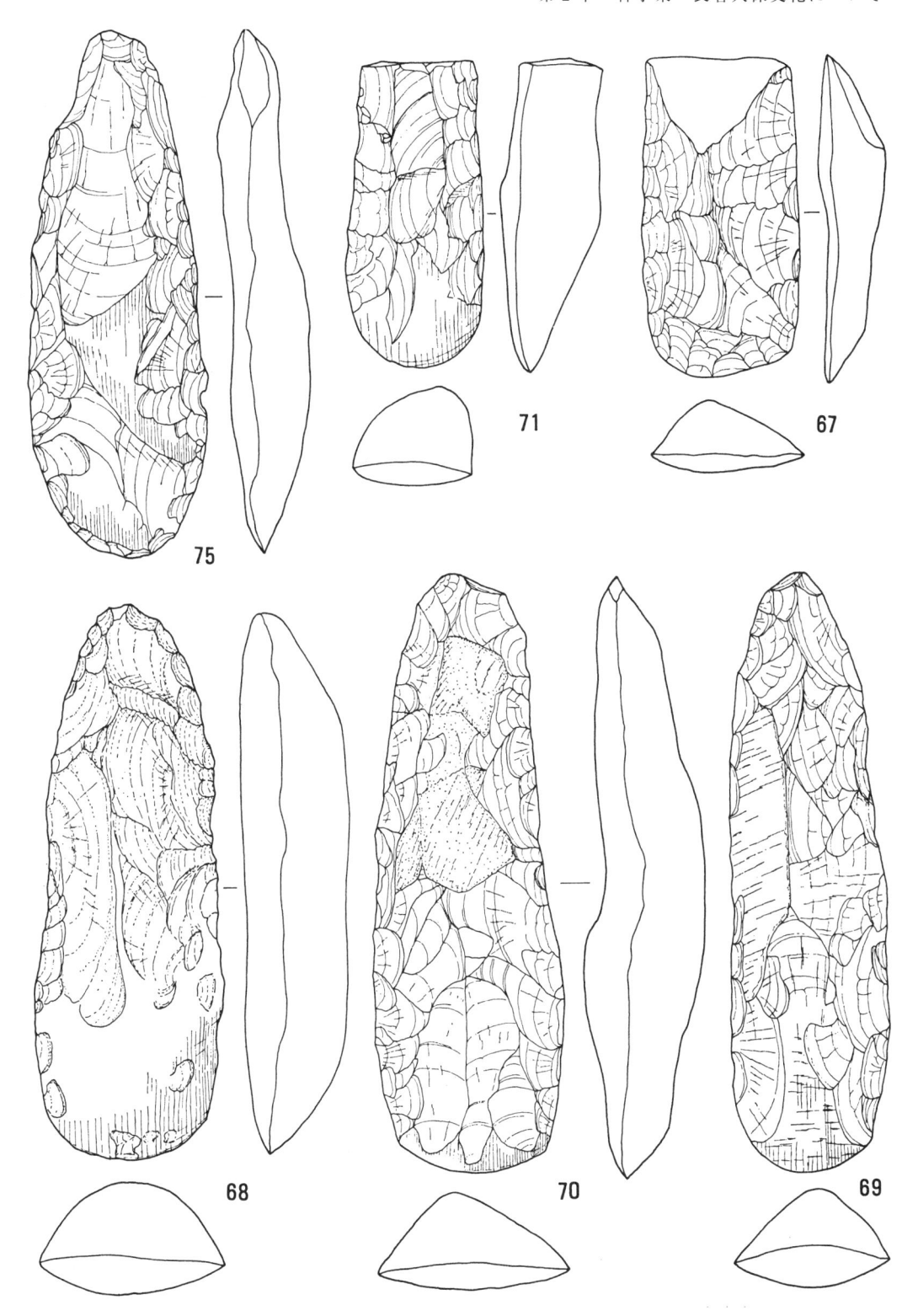

図Ⅰ-32 長野県 (1) 67 ゴンボ山遺跡 68 立ノ鼻遺跡 69 小丸山遺跡 70 砂間遺跡 71 孤久保遺跡 75 猪ノ平遺跡

第Ⅰ部 細石器文化と神子柴文化

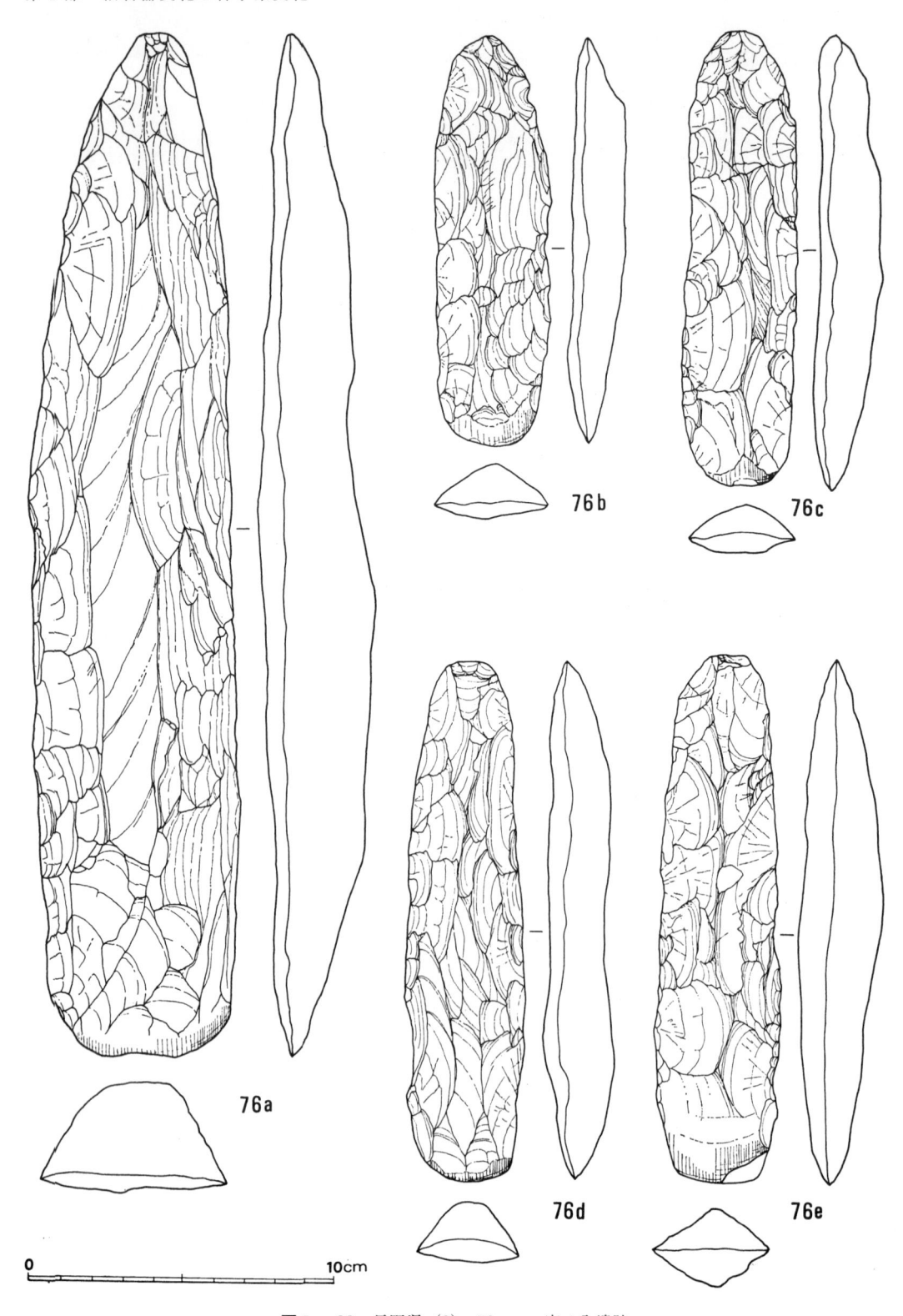

図Ⅰ-33 長野県 (2) 76a〜e 宮ノ入遺跡

第 2 章　神子柴・長者久保文化について

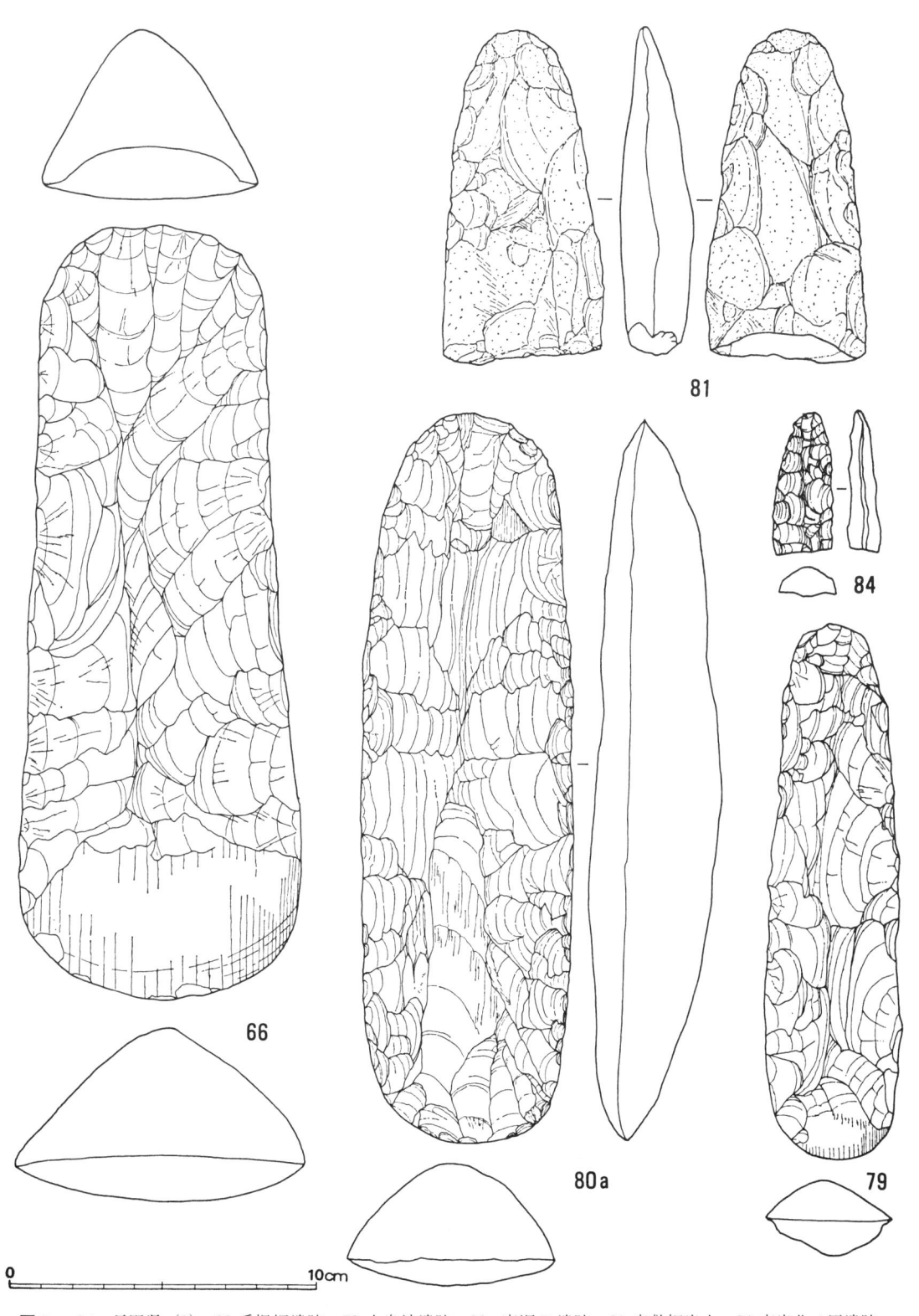

図Ⅰ-34　長野県（3）　66 手児塚遺跡　79 小島沖遺跡　80a 唐沢 B 遺跡　81 家敷畑出土　84 高出北ノ原遺跡

第Ⅰ部　細石器文化と神子柴文化

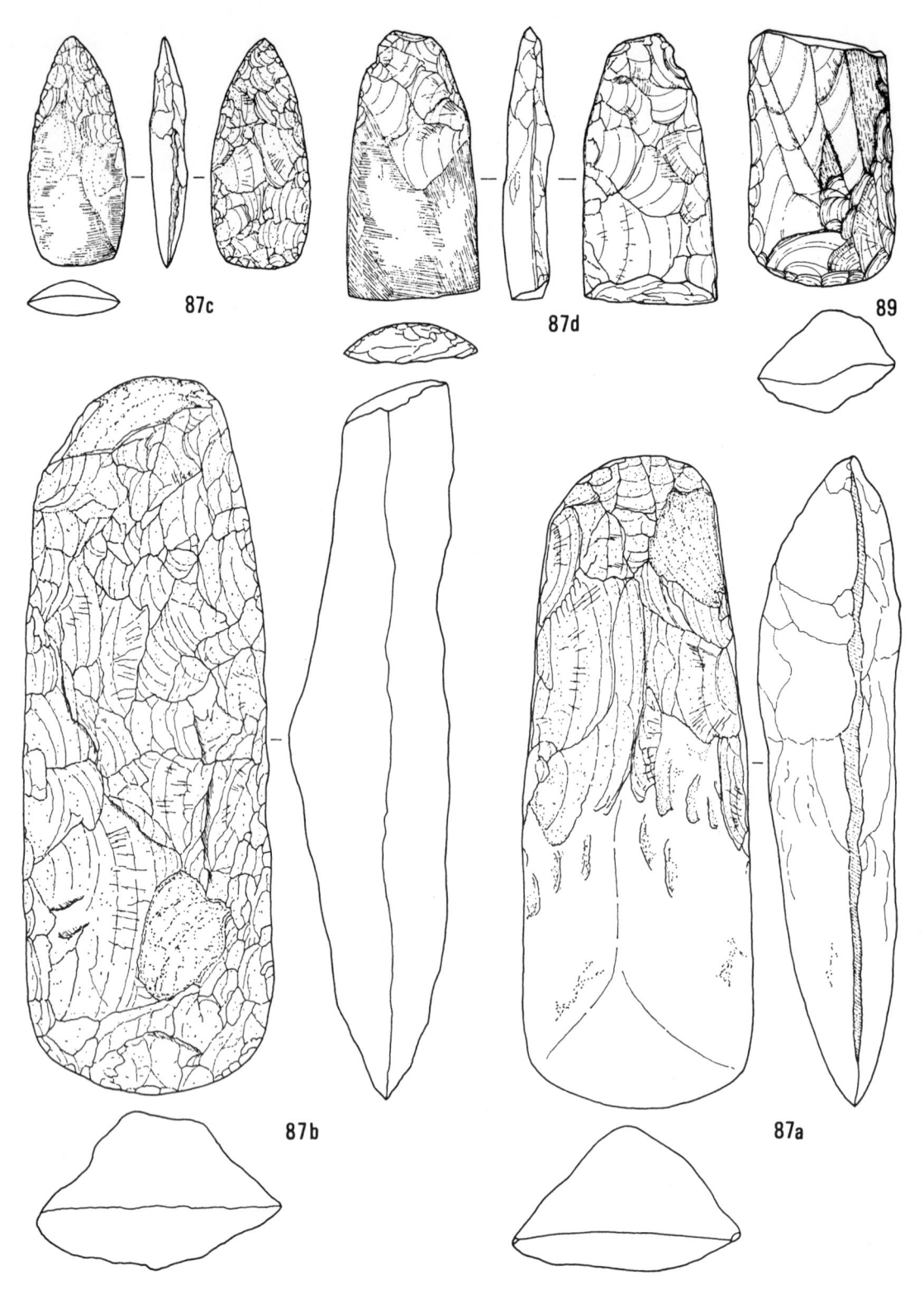

図Ⅰ-35　長野県（4）　87a～d 神子柴遺跡　89 里見Ⅴ遺跡

第 2 章　神子柴・長者久保文化について

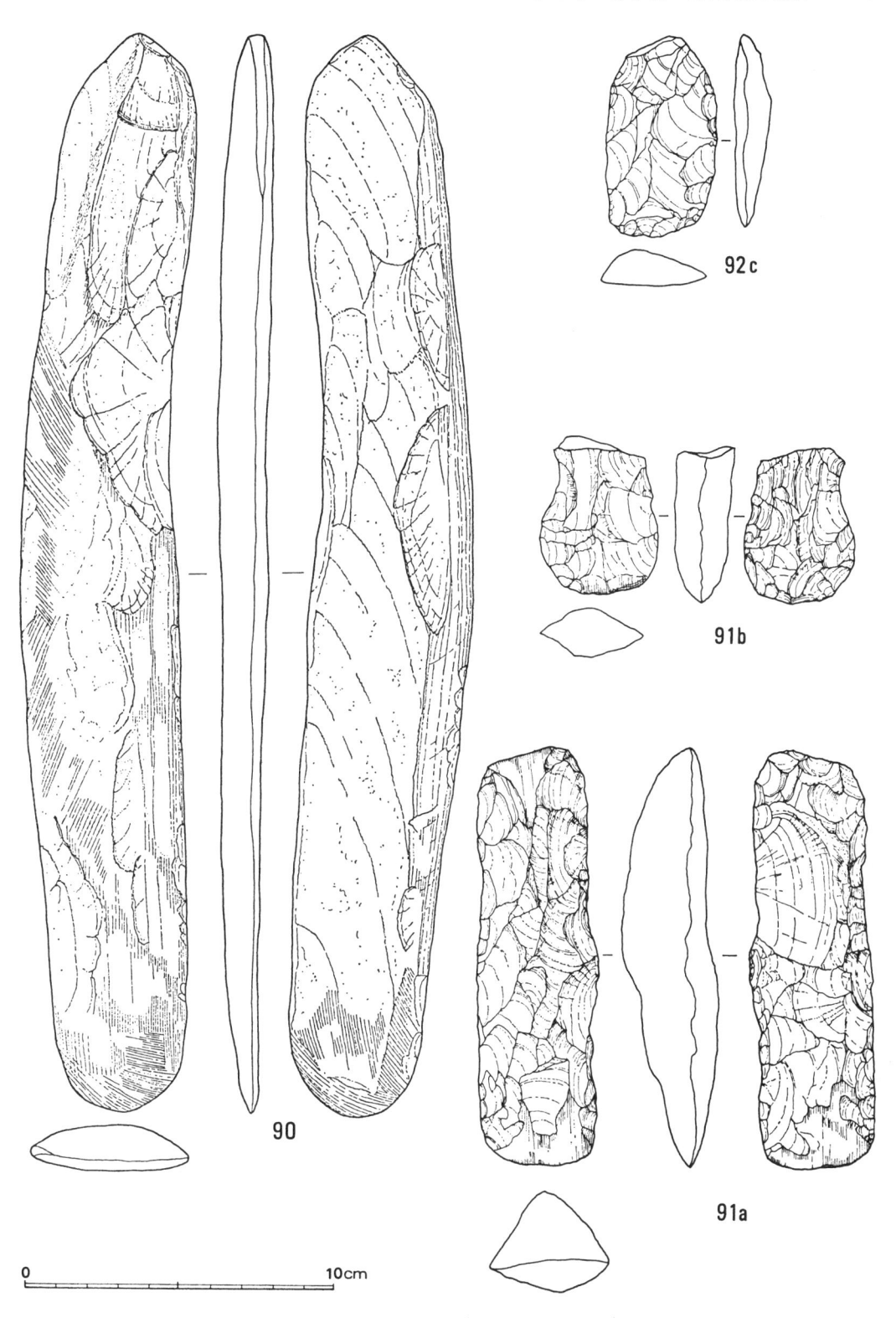

図Ⅰ- 36　福井県　90 鳴鹿山鹿遺跡　愛知県　91a・b 酒呑ジュリンナ遺跡

第Ⅰ部　細石器文化と神子柴文化

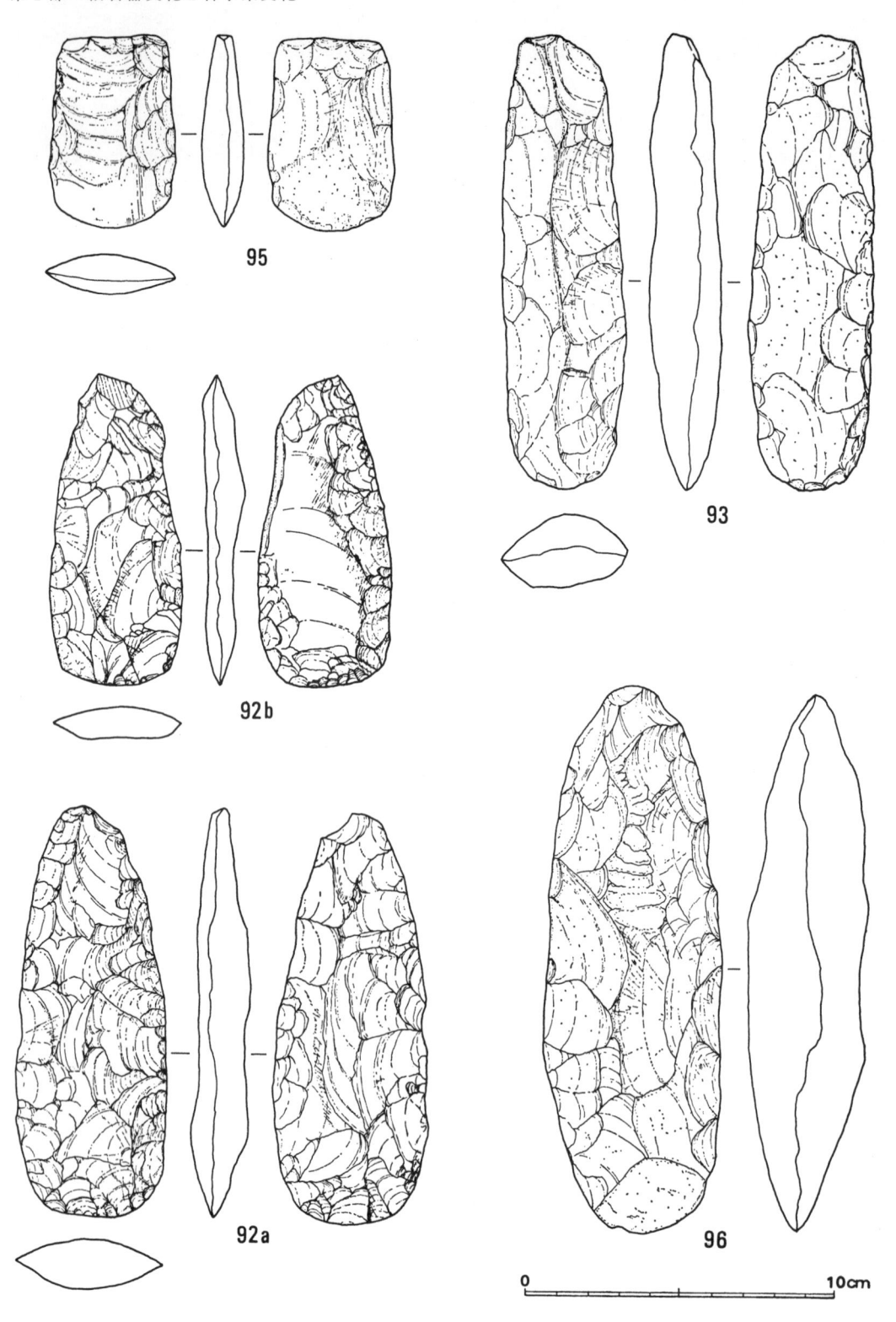

図Ⅰ-37　三重県　92a～c 石神遺跡　岡山県　93 領家遺跡　高知県　95 不動ケ岩屋洞穴　山口県　96 前田出土

第2章　神子柴・長者久保文化について

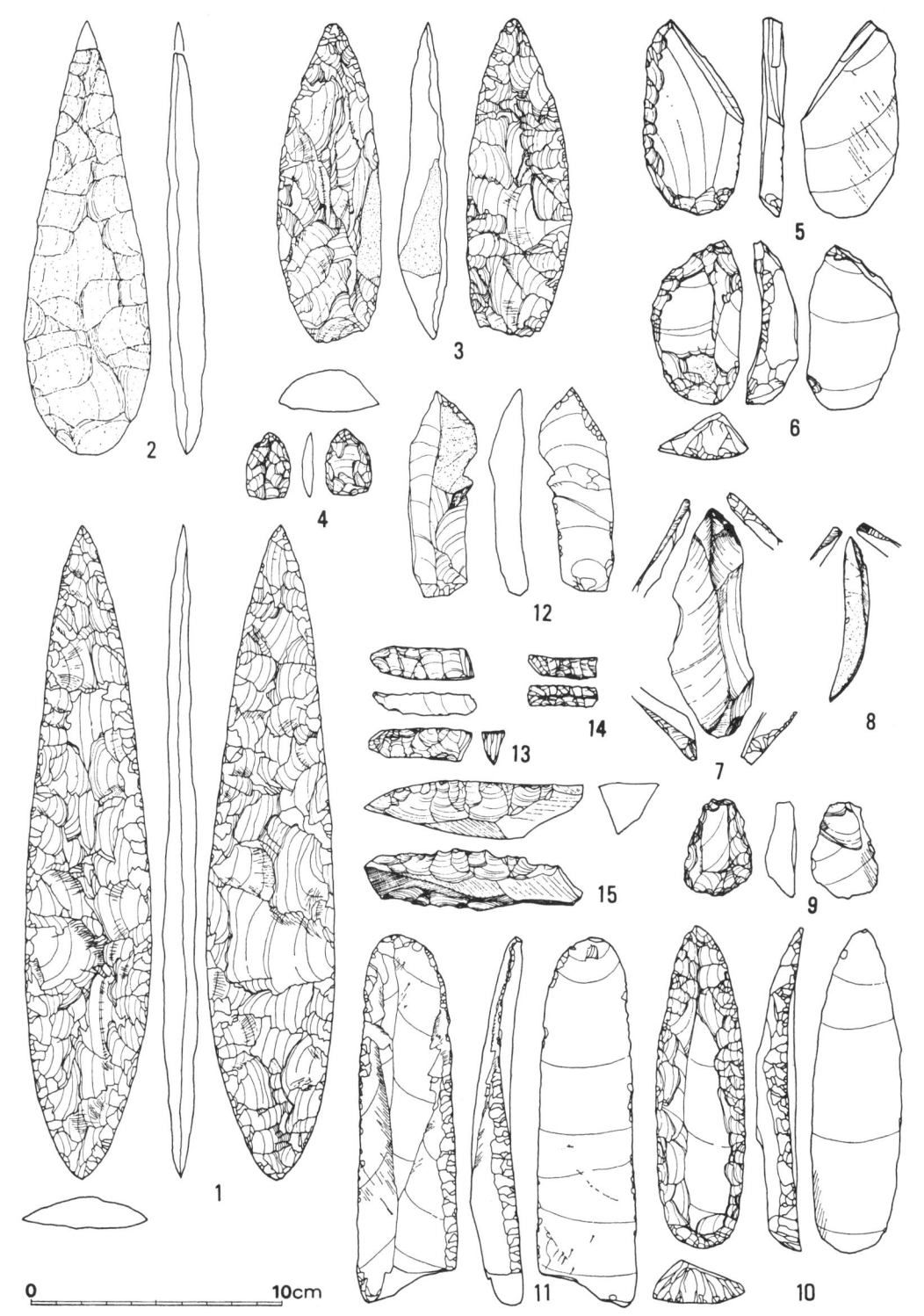

図Ⅰ-38 (1)　神子柴・長者久保文化の石器組成
尖頭器：1（ⅠA）・2（ⅠB）・3（ⅠC）　石鏃：4　彫掻器：5・6　彫器：7（A）・8（B）　掻器：9（A）・10（B）
削器：11　錐：12　舟底形石器：13・14・15　砥石：16　石核：17・18（A₁）・19（A₂）・20（B）・21・22（C）

第Ⅰ部　細石器文化と神子柴文化

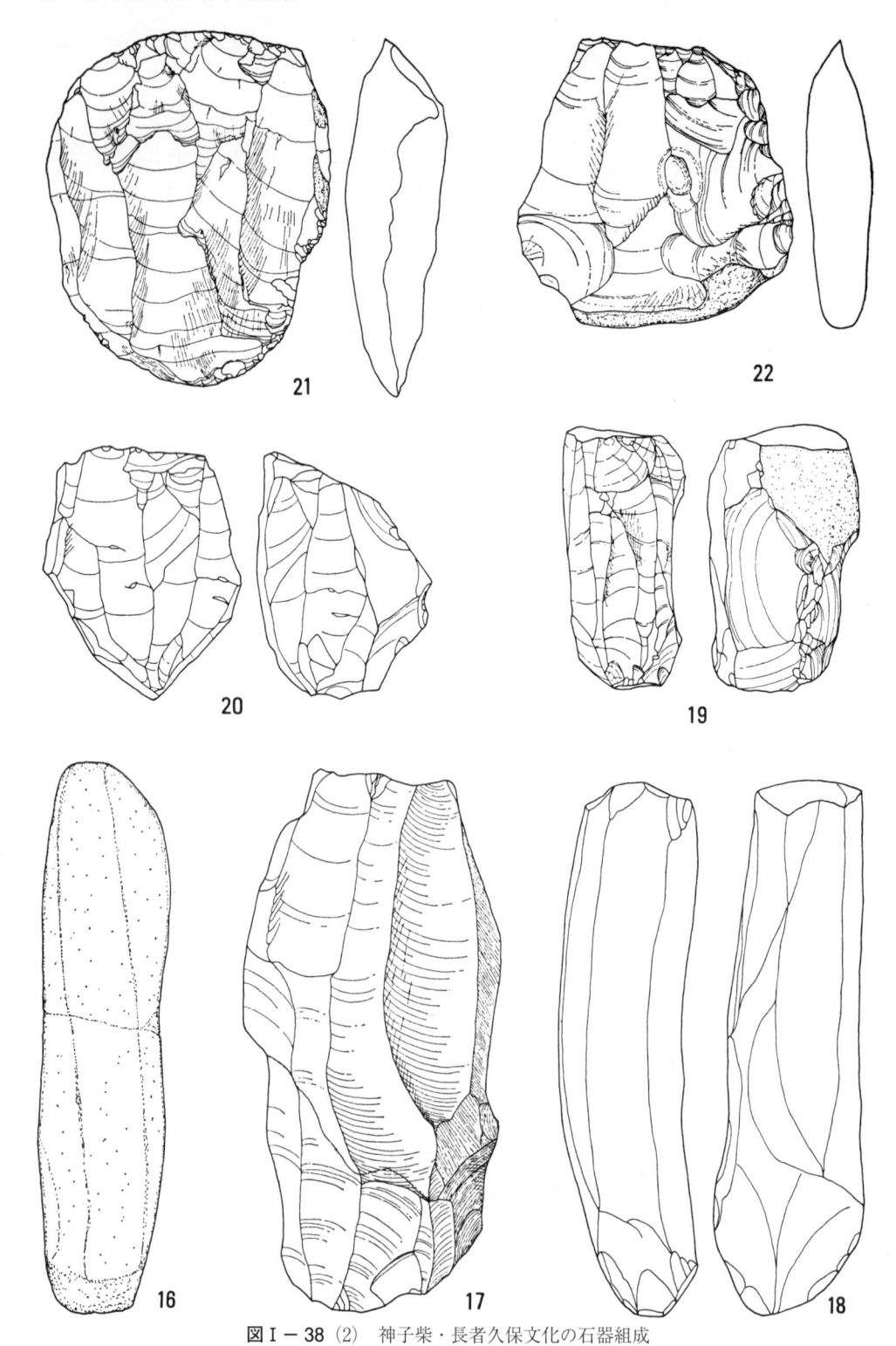

図Ⅰ-38 (2)　神子柴・長者久保文化の石器組成
1・3・11・16・21 神子柴遺跡　2 横倉遺跡　4・12・19 大平山元Ⅰ遺跡　5・9・13・20 モサンル遺跡
7・8 長者久保遺跡　6・10 後野遺跡　14 置戸安住遺跡　15・17 樽岸遺跡　18 村杉遺跡　22 鳴鹿山鹿遺跡

第3章　神子柴文化をめぐる40年の軌跡

－移行期をめぐるカオス－

はじめに

　「泰平の眠りを覚ます上喜撰、たった四杯で夜も眠れず」と詠まれた狂歌は、明治時代でも縄紋時代でもない、激動期の幕末のことである。近代化を迎えようとする移行期（幕末）の一つの大事件を表象しているのである。では「泰平の眠りを覚ます無紋土器、たった数点で夜も眠れず」といったら、どうであろうか。これも縄紋時代でも明治時代でもない、現代考古学史の一コマであり、その出来事はおそらく先土器時代終末期に位置しよう。にもかかわらず1975（昭和50）年に発見された青森県大平山元Ⅰ遺跡や茨城県後野遺跡の「無紋土器」を契機に、神子柴文化[1]を縄紋時代に編入しようとする動向が形成されつつある。こうした今日の趨勢は、主に先土器時代の下限から縄紋文化の起源を追求する「旧石器」研究者側から提起されてきた。こうした論調でいけば、近々、細石器文化も縄紋時代に編入しなければならない事態に陥るのは必至であろう。先土器時代の下限から縄紋文化の起源を追求する研究者は土器の有無に左右されず、石器変遷・石器製作・狩猟採集の技術革新及び集団構成・社会の変革という視点から、自らの研究領域である「旧石器時代」・「岩宿時代」を規定すべきであろう。それが「旧石器」研究者としての正道であり、見識というものではないか。

　ともあれ、バブルのように肥大した神子柴文化を再吟味し、ルーズ・ソックスのように弛んだ移行期の実態を、秩序ある変遷に組み立てることが本稿の骨子である。

1. 神子柴文化をめぐる位相

　諏訪湖に発する天竜川の急流によって開析された伊那谷の一角、神子柴遺跡が発掘されたのは1958（昭和33）年11月のことである。それは岩宿遺跡の発掘から10年目の晩秋の出来事であった。ローム層上位に現れたその石器群は精緻な大型石槍と重量感のある大型局部磨製石斧との特異な組合せをもつ石器群であり、石核を含めた50点以上の石器が楕円形に配置されて、纏まって出土したのである〔藤沢・林1961〕。発掘者林茂樹も、そ

第Ⅰ部　細石器文化と神子柴文化

の場に立ち会った芹沢長介も、未だ目にしたこともない石器群とその出土状態に遭遇し、発掘現場が異様な興奮・熱気に包まれたであろうことは想像に難くない。

芹沢コメント　　発掘の1959（昭和34）年、東京に内地留学した林は、日本考古学協会第23回総会（5月3日～5日）において「ローム層内に発見された石斧を伴う文化について」と題して研究発表を行い、神子柴遺跡の成果を初めて学界に問うことになる〔藤沢・林1959〕。この反響はすぐさま、戦後の石器時代研究のオピニオン・リーダーとして「無土器文化」の枠組みとその変遷を築き上げてきた芹沢によって、朝日新聞5月11日付け朝刊の学芸欄のコメントとして現れる〔芹沢1959〕。これが芹沢の文章化された神子柴遺跡に対する最も早い評価であろう。芹沢は神子柴遺跡の重要性を次の三点に要約している。

1. 「これらの石器には土器がまったくともなっていなかったこと。」
2. 「長さ二十五センチの大形品をふくむ美しい石ヤリ、断面は三角形を呈し長さ二十センチの大型局部磨製の石オノ、大形石刃、石核などの特異な組み合わせをもっていること。」
3. 「石器群のレベルは黄カッ色粘土層中にあるとともに、それらは長軸五メートル、短軸三メートルのほぼダ円形をなして配置されたような状態であった。」

以上の諸点から、神子柴遺跡の年代を縄紋時代以前に位置づける。局部磨製石斧を有することから、縄紋時代に極めて近い関係をもつこと、シベリア新石器時代のイサコヴォ文化との関連性を示唆[2]した。あわせて、ほとんどが完成品であることや特殊な出土状態から日常生活の場ではないと推論したのである。そして、あくまでも一つの予測と断りながらも、無土器時代と縄紋時代のミゾを埋める資料として神子柴遺跡を位置づけた。頑なまでに慎重な立場を取りつつ、「わたくしたちはあくまでも事実の集積につとめなければならない。」と神子柴遺跡に対するコメントを結んでいる。以降、現在に至る芹沢の著作を繙いてみても、神子柴文化への評価は多くを語ることはない。有舌尖頭器文化とともに晩期旧石器時代（中石器時代）の一時期とする見解を貫き通している。「日本旧石器時代」研究の第一人者としての自負と見識を垣間見ることができ、志しの異なる著者にとっても大変に感慨深い。

しかし、芹沢は神子柴遺跡の先の慎重な評価とともに、もう一つの予測、すなわち細石器文化を視座にした縄紋文化起源論を模索していた。また、その2年前の1956（昭和31）年、新潟県本ノ木遺跡の発掘に端を発した山内清男と芹沢の論争の火種が燻りはじめた時期でもあった。発掘者林茂樹の言葉を借りれば「時あたかも日本の考古学界は、縄文時代以前の石器文化存否の是非、縄文文化年代論の是非をめぐって激しい論争が展開されようとする状勢であった。」のである〔林1995〕。

二つの視点　1960年代に入り、本ノ木論争を契機とした先土器文化の性格と年代観をめぐる芹沢・旧石器時代説、山内・新石器時代説の相反する見解は鋭く対立していく。神子柴文化の位置づけは、両説とも細石器文化に後続する先土器時代終末期におかれていたが、両者の神子柴文化に対する認識は大きく乖離したものであった。山内説は芹沢もふれた神子柴文化とシベリア新石器時代のイサコヴォ期との系統観を視座にした起源論・年代観を展開する〔山内・佐藤1962〕。これに対し、芹沢説は自らが1960（昭和35）年に発掘した福井洞穴の層位的事例を契機として、それまでの慎重な態度を急旋回させ、細石器文化を視座した起源論を構築していくのである〔芹沢1962〕。九州における福井洞穴の隆起線紋土器と細石器との共伴事実、^{14}C年代（B.P.12400±350年）や山内説の提示した新しすぎる年代観（B.C.2500年）から、多くの研究者は芹沢説に傾斜していった。細石器文化母胎論や「土器北上説」が華やかに展開されるのが、1960年代の起源論の趨勢[3]であった。しかし、こうした中にあっても本州における神子柴文化の存在は、芹沢説の喉元に突きつけられた刃として、その後の起源論に大きな影を落としていく。なぜならば、細石器文化からの移行を示す事例は福井洞穴だけであり、列島全体の普遍化した起源論を構築できないというジレンマがあったからにほかならない。

　70年代にはいると、泉福寺洞穴の組織的な発掘によって福井洞穴の事例は補強され、さらに古い豆粒紋土器が登場する〔麻生1984〕。九州起源説がより活発に展開されるが、その一方、佐藤達夫は福井洞穴の細石器との共伴事例を混在とし「土器北上説」に警告を与える〔佐藤達1971〕。山内が提起した大陸との系統観をより近い沿海州・朝鮮半島の櫛目紋土器との型式学的検討によって、その系統観を補強し草創期の体系を再構成させた。しかし、小林達雄の批判に見られるように、佐藤の見解は机上の論理として無視されることになる〔小林ほか1980〕。ところが不思議なことに、その後の縄紋文化起源論の動向を規定していったのは、佐藤が提示した視点であった。その視点はつぎの三点に集約できよう。

　1. 福井洞穴の層位の矛盾から「土器北上説」を批判したこと。
　2. 沿海州ザイサノフカ遺跡の対比から日本海を直接わたるルートを提示したこと。
　3. 隆起線紋土器以前の土器群（小瀬ガ沢式）を抽出し、Ⅶ大別論を提示したこと。

こうした諸点は、1980・90年代の起源論をリードしていく大塚達朗や栗島義明の研究戦略に形を変えて引き継がれていくのである。

　1975（昭和50）年には、神子柴文化の評価を一転させる事実が判明する。土器を伴っていなかった神子柴文化に、「無紋土器」が共伴することが大平山元Ⅰ遺跡・後野遺跡の発掘よって明らかにされた〔三宅ほか1979、川崎ほか1976〕。こうした事実は、山内・佐藤が提示した系統観の正しさを証明したかにみえたが、この時期、ロシア側の比較資料で

第Ⅰ部　細石器文化と神子柴文化

あるシベリア編年そのものが再検討を迫られる事態となっていた。すなわち、山内清男・A.P.オクラドニコフ没後、列島側においてもシベリア側においても、石器時代の枠組みを再構成する動向[4]が連動して起こっていたのである。こうした事態の中で、神子柴文化を縄紋時代草創期に組み込む動向が次第に醸造されていく。山内が提唱した草創期の大別は、その下限を撚糸紋土器によって切り離され、上限を拡大して、神子柴文化を加えた時期区分へと変貌しつつある。山内の大別方針に承伏し得ないのであれば、新たな概念や名称を用意すべきである。それが学問の正道であろう。

2．神子柴文化縄紋時代説

今日の神子柴文化が縄紋時代として位置づけられる1980年代以降の研究動向を振り返ってみたい。まずは鈴木忠司・栗島義明・稲田孝司の3人の「旧石器」研究者の「まなざし」を通して検討することにしよう。提示された神子柴文化縄紋時代説が、先土器時代の石器研究、すなわち石器製作および石器の形態・型式学的変遷や方法論（石器は石器から）に導かれた区分原理であり、時代設定であったのか、その妥当性と問題点を探ってみたい。

鈴木忠司のまなざし　1981（昭和56）年、上野第一地点の発掘によって、新たな「無紋土器」の共伴事例が提供された。層位的所見によれば、上層（第Ⅰ文化層）から隆起線紋土器が、下層（第Ⅱ文化層）から「無紋土器」と石槍の石器群に伴って、細石器が出土したのである。神子柴文化に本州で、はじめて細石器文化の消長が関わるという事態を迎えたのである。こうした「共伴事実」を契機として、鈴木忠司は「神子柴・長者久保文化に代表される石器群を、先土器時代の枠組みから外し、縄文文化の最古の段階に加え、これと一連の動きにある諸要素を整理した上で、あらためて縄文起源論の出発点に立つべく共通認識に達したい」と宣言した〔鈴木忠1985〕。時期区分という重要な問題を土器共伴という事実のみで、いとも簡単に変更し、さらに下記の二点を変更理由にあげている。

1. 「長い槍先形尖頭器を着装した槍による狩猟をもっぱらにした時期を設定する必要が生じた。」
2. 「神子柴型石斧は縄文草創期に特徴的な石器であり、先土器時代の神子柴型石器というとらえ方は無理ではないか」

しかし、第一に、細石器文化もまた、槍による狩猟をもっぱらにした時期ではないのか。神子柴文化と細石器文化が時代が異なるのであれば、石器の形態にとらわれることなく、両者の槍による狩猟法の違いを明確化しなければならないであろう。第二に、神子柴文化が縄紋文化の母胎になったからこそ、その伝統が草創期の石器群に受け継がれたのではな

第3章　神子柴文化をめぐる40年の軌跡

いか。むしろ両時期の間には石刃技法が消滅する事実がある。当然、「旧石器」研究者の鈴木であれば、石刃技法の消長に対する評価は避けて通れないはずである。石器からの視点を捨象し、目先の現象にとらわれた結論といわざるを得ない。「神子柴型石斧は先土器時代にはない。」、「石刃技法も細石刃文化段階にはない。」いう発言には議論[5]の余地も返す言葉もない。

　こうした立場から「草創期」の石器群を整理した鈴木は、さらに驚くべき起源論を展開するのである。「日本列島の縄文文化の誕生の経過をみると、土器は九州から北上し、有茎尖頭器・石斧は、北海道から南下すると解釈するのが妥当であろう。〈中略〉縄文文化の成立にかかわって南北二方向からの文化的なインパクトが大きな役割を果たしていたことがあらためて痛感される。」という南北二系論を開陳するのである。「土器北上説」・「石器南下説」の折衷起源論であり、これでは、戦前の江坂輝彌が提起した起源論に立ち帰ってしまう〔図Ⅰ-39〕。戦前の南北二系論がどのような末路を辿ったか、学史がよく教えてくれる。

　その後、鈴木は石槍を3段階（神子柴グループ→寺尾グループ→南大溜袋グループ）に整備するとともに、上野第一地点の細石核を福井型と評価し、草創期の福井型細石器文化と神子柴文化を対峙した二系論に仕立て、その接点として上野Ⅱ文化を位置づける〔鈴木忠1988〕。とするならば、九州の福井型に伴う隆起線紋・豆粒紋が、北上の過程で「無紋土器」に変質してしまう、その理由を明らかにしなければならないであろう。九州の隆起線紋は本州の隆起線紋との対比によって、その位置を決めるのが鉄則であろう。また、上野Ⅱ文化に対する基本的評価にも次の三つの問題があろう。

1. ナイフ形石器が混在であれば、他の遺物が混在で無いという保障はどこにもない。すべて共伴とするならば、ナイフ形石器・細石器も縄紋時代になり、先土器時代は無土器新石器時代となる。

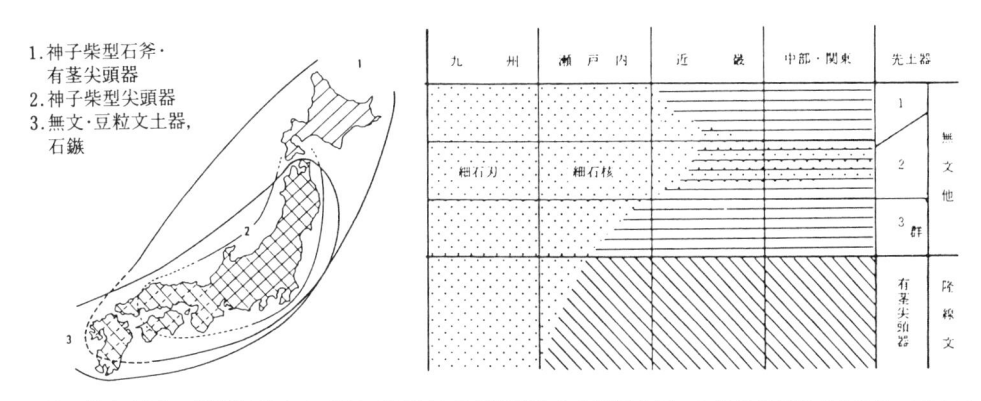

図Ⅰ-39　鈴木忠司の変遷観〔鈴木忠1985, 1988〕(1 草創期遺物分布域概念図　2 縄紋草創期最古段階の西南日本)

第Ⅰ部　細石器文化と神子柴文化

2. 伴う細石核が福井型とするならば、相模野台地の細石器の変遷の中での位置づけや北の削片系細石核との関係を明らかにしなければならない。
3. 上層（第Ⅰ文化層）から出土した隆起線紋土器は、隆起線紋のなかでも「中位」のものであり、下層（第Ⅱ文化層）の土器が、隆起線紋以前であるという保障はない。

これらの諸点は、今日でも検討しなければならない課題として残っているのである。

栗島義明のまなざし　森嶋稔や著者の神子柴文化に対する論考が1970年代の総括であったとすれば、それ以降、1980年代の新しいを動向を踏まえて神子柴文化の問題点を整理し、新たな視点で評価したのが栗島義明である〔栗島1988〕。栗島は神子柴文化を分析するにあたり、「先土器時代と縄文文化との境界線をどこに求めるのか」を問いかけ、両時代の区分する二つの原則を提示した。

1. 先土器時代の終末と縄紋時代の起源という二つの検討課題を含み、両者の比較検討なくしては相互の影響・関連あるいはその変化・対立といった実相的な境界及び区分原理を見出すことはできない。
2. 単に時代的に相接した時期の差異的様相の抽出に留まるだけでなく、むしろ総体的な両者間の時代的な特質間相互の比較の上ではじめてなされる。

すなわち、土器が伴うという原理からだけでなく、先土器時代の終末と縄紋時代の起源（下限・上限）を複眼的に透視した時代の特質を抽出することによって、はじめて画期が定められる点を強調した。まさに正論であろう。しかし、こうした問題設定のもとに神子柴文化の分析を進めるのであるが、結論に至っても神子柴文化が先土器時代なのか、縄紋時代なのかはっきりしない。神子柴文化が「先土器時代の伝統のなかで生み出された文化と考えることは不可能であろう。」、デポや遺跡の立地から「前時代（先土器時代）とは相違した経済構造を持っていた」という言説からみると、先土器時代説でないことは明らかである。しかし、縄紋草創期だともいっていない。70年代の森嶋稔や著者の神子柴文化の総括の枠組みから抜け出すまでには至ってない〔森嶋1970、岡本1979〕。もう一つ重要な点は、有舌尖頭器を北からの波及とみる独自の傾斜編年をもとに、北海道の有舌尖頭器石器群を神子柴文化に組み入れたことであろう。これによって、提示された神子柴文化の編年と「有茎尖頭器」の編年〔栗島1984〕は整合性をもたなくなっている。両者の編年表を対比すれば、のちに栗島が神子柴文化の枠組を拡大せざるを得ない要因が判明する[6]。

　1990年代になると栗島は、それまで「石器組成のみならずその技術基盤を異にしている」とした本ノ木型有舌尖頭器を神子柴文化に編入し、二段階編年（長者久保→神子柴）から六段階編年（長者久保→神子柴→寺尾→上ノ平→本ノ木→中林）に変更した〔栗島1991a～c〕。これは隆起線紋土器以前の土器群の変遷観に呼応したものであろうし、神子柴文化

第3章 神子柴文化をめぐる40年の軌跡

を草創期に位置づけたことに他ならない。初心に示した時代区分の二原則はどうしたのであろうか。「石槍の時代を雪達磨のように太らせてしまった〔山内1960〕。」のは、あなた自身ではないか。これでは本ノ木論争の今日的意義など語れまい。いずれにしても神子柴文化の改定編年は先の2つの編年ともさらに整合しなくなっている。後は自転車操業である。整合性を求めようとすればするほど、細分に細分を重ねなければならない事態に陥ることは自明の理であろう［図Ⅰ-40］。

さらに、近年の九州における船野型細石器と神子柴型石斧や石槍の共伴例を積極的に評価し、船野型細石器文化と神子柴文化との並行関係を説く〔栗島1991a～c〕。とするならば、船野型やそれ以降に位置づけられる削片系細石器は、当然のこととして縄紋時代になる。また船野型には、隆起線紋土器段階（岩土原遺跡例）、「無紋土器」段階（帖地遺跡例）、神子柴型石斧段階（市ノ久保遺跡例）、神子柴型尖頭器段階（福井Ⅳ層・上下田遺跡例）、土器を伴わない船野型（船野遺跡例）など、それぞれの共伴事実を認めていくならば、船野型はさらに細分しなければならない。船野型もまた「雪達磨」である[7]。九州における神子柴文化併行期は基本的には細石器文化であるから、その変遷のいずれかの段階に併行するのは確実であろう。しかし、船野型との共伴関係は、なお慎重な検討を要しよう。

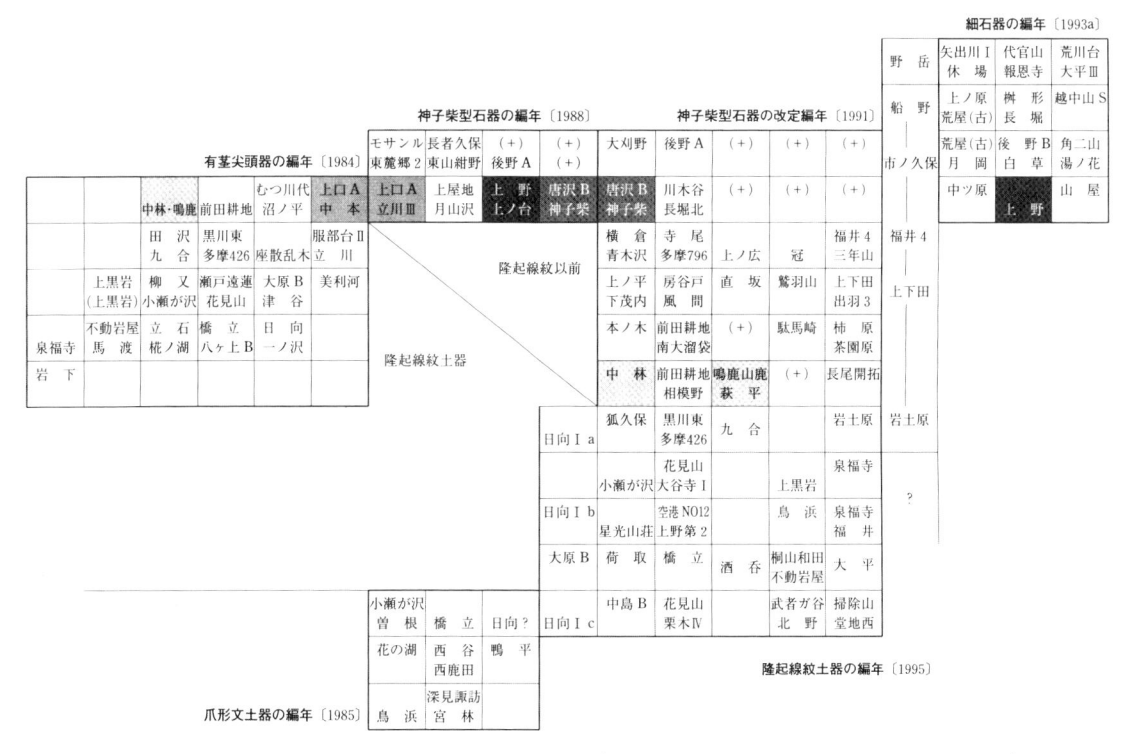

図Ⅰ-40 栗島義明の変遷観（一部省略・地域の組替）〔栗島1984, 1985, 1988, 1991, 1993a, 1995〕

- 91 -

第Ⅰ部　細石器文化と神子柴文化

　なお、栗島は船野型－海老山型－ホロカ型という広域編年に視座をおき、長堀北遺跡・勝坂遺跡、上野第一地点の削片系細石核（湧別技法）の関係を解釈する〔栗島1993a, 1994〕。まずは、船野型を中部・関東の在地系ととらえ、北方系の湧別技法が波及する濃度を測定する手法を用いる。柳又Ⅲ類の在り方から、中ッ原遺跡での船野型と削片系細石核の出会いを説き、中ッ原→柳又→長堀北→上野という変遷を提示するのである。しかし、今日の型式学においては残念ながら、恋愛の進行状況に合わせて細分や変遷を論じるまでには至っていない。ましてや文化の方向性を定めてから型式を設定するのは禁じ手である。長野県中ッ原遺跡・長野県柳又遺跡（船野系・削片系）、群馬県頭無遺跡・埼玉県白草遺跡（削片系）、静岡県駿河小塚遺跡・群馬県桝形遺跡（ホロカ・船野系）の在り方は、それぞれの在地における時代的推移の一断面を表象しているのであろう。

　栗島のように在地系・北方系に区分するのであれば、神子柴文化も、草創期の渡来石器に至るまで北方系一色になり、在地色は失われることになる。在地の受容の在り方によって、船野型細石器文化・削片系細石器文化・神子柴文化が三つ巴となって展開するという考えは、到底承伏できない。細石器文化以降、編年のできない無法地帯になり、ますます起源論の糸口は見出せなくなる。起源論も現代の世相を反映してカオスの時代を迎えたということか。栗島は90年代の神子柴文化研究・起源論の牽引者の一人であり、多くの問題や各種の編年案を提起した多彩な論考には評価すべき点は多い。しかし一度、自らが設定した二原則に立ち帰り、自己点検する必要があろう。

稲田孝司のまなざし　　石器製作技術大系を基盤として、その革新を先史社会の構造的発展の諸段階にまで止揚させて、鋭く分析した稲田論文が発表されたのは1960年代末のことである〔稲田1969〕。それまでの編年論・文化論に終始していた先土器時代研究に新境地を切り開いた構造的研究は、その後の研究に大きな影響を与えた。稲田は冒頭において当時の状況を、「いつ北風が吹きいつ南の波がおしよせたかを論ずれば世界史的視点に立つことができると信ずるが如く"コスモポリタニズム"の危険がますます顕著になっている」と語っている。30年前と今日の状況とに如何ほどの違いがあろうか、なお新鮮な響きとなっている。稲田はこの時点において、神子柴文化を含めた尖頭器文化の中に、旧石器的石器製作の解体の意義を認め、その出現に大きな画期を見出していたのである。すなわち、ナイフ形石器文化を旧石器的社会、以降縄紋時代に至る過度期を如何なる社会に位置づけ、その性格・意義をもたせるのかという構造的視点を提示した。当時、細石器文化や神子柴文化を何の矛盾無く、無意識に先土器時代という概念に包括していた状況下にあって、とつに優れた先駆的な視座であった。ここに、稲田自身が後に神子柴文化を縄紋草創期に位置づける素地が認められるのである。

稲田は発達期尖頭器石器群の一つとして神子柴石器群にふれ、「一見少なからず異なった性格を示し、〈中略〉器種はそれほど少ないとはいえず、いずれの器種でも型式が非常に定式化している。石刃はよく整った典型的なもので掻器とおそらく一部の尖頭器との素材の役割を果たしている。神子柴石器群は、青森県長者久保・北海道モサンル石器群につながって多分に外来的要素の強いものと一般にいわれている。著者はそういう傾向を認めつつも、少なくとも神子柴に関しては、本州の石器文化の中心部にある以上、従来からの伝統を負うた他石器群と何らかの共通性をもつと考えられる」と述べている。発達期尖頭器石器群の共通性として、第一に特定の器種が他器種に対して独立性を有すること、第二に型式が安定していること、第三に特定の素材を統一的な素材としないことをあげる。「一定の素材が全器種にわたる統一的基盤の役割を果たさず、調整技法の個別化に相応して、むしろ単独か、いくつかの特定器種に従属する傾向をもつ点に特徴がみられる」とその構造的特質を抽出し、同様の特徴を細石刃石器群の構造の中にも見出した。

　こうした尖頭器文化の構造的論究から17年後、稲田は縄紋時代形成に至る過程を概観することになる〔稲田1986〕。槍先用石器を初期尖頭器の第1段階、細石器文化の第2段階、神子柴型尖頭器・有舌尖頭器の第3段階に分け、前2者を先土器（旧石器）時代に、後者を縄紋時代に措定したのである［図Ⅰ-41］。しかし、この区分は旧石器的石器製作解体の原理からすると、やや乖離していると感じるのは私一人であろうか。稲田自身も、「中石器時代の区分を試みたが」と断っている[(8)]が、旧石器的解体現象を尖頭器文化の出現にもとめ、その構造上の画期や革新性を見出したのであるから、そこにこそ区分原理を設定すべきであった。今回の時代区分には構造的な視点がみられず、尖頭器文化がもつ構造的発展の法則性を自らの手で分断してしまったことになる。神子柴文化と土器をもたない有舌尖頭器の細分には、土器の有無で区分するのはさけるとしながらも、神子柴文化を縄紋時代としたのは、どうも「土器をもつ」という区分原理に導かれているようである。また、後に問題にする細石器文化と神子柴文化との関係についても、土器の有無で区分できない立場をとるならば、縄紋時代に組み込まなければならない事態となる。「草創期」の用法も折衷的であるのと同様、この時代区分も限りなく折衷的といわざるを得ない。

　縄紋草創期とした神子柴文化については、石刃の有無が技術基盤の性格の違いを示すという観点から、「神子柴型石斧・神子柴型尖頭器を指標とし、石刃石器群を伴う石器群」と限定的に定義した点は重要であろう。また、それまで客体的であった系統観についても、「おそらく大陸で生まれた神子柴型石斧とその他の要素が、北海道で神子柴文化としての体裁をととのえ、本州にも入ってきたものと推測される。〈中略〉北海道から本州にわたった神子柴文化の加担者が、中部地方まで到達したあと急速に崩壊し、在地集団に吸収され

第Ⅰ部　細石器文化と神子柴文化

ていった経過が類推できる」と強い北風が吹きはじめている。そして、神子柴文化を受容した在地集団が有舌尖頭器を指標とする集団であったと断言している。「層位的な証拠」も「前後関係を知りうる確実な証拠」もない中、また、栗島のように北風の影響で南下したと考える有舌尖頭器文化を、波及（神子柴文化）と受容（有舌尖頭器文化）の関係に置き換えて論じた。こうした議論は、同時代性の確認とその前後の編年を確立してからにして欲しい。神武天皇は北からも南からも来ないし、史実でも科学的な思考とはいえない。「"コスモポリタニズム"の危険がますます顕著になっている」という稲田自身の批判をそのままお返ししたい。また、誰が渡来者であり、誰が加担者であり、誰が受容者であるという発想自体も、定住生活をはじめて国家ができて以来の思考であり、これらの関係を突き詰めていったとしても、生産的な議論には発展しないだろう。石器群の類似性や関連性は、石器製作システムにおける集団間の需要・供給、生産の諸段階における集団間の情報・交易、集団の世代間の伝習・伝統の関係に留めておくことが肝要であろう。

次に稲田は、1980年代末から90年代に顕在化した神子柴文化と細石器文化の関係に論究する〔稲田1993〕。編年の検討が主眼で無いと断りながらも、長野県上ノ原遺跡（野岳・休場型）、大分県市ノ久保遺跡（船野型）、神奈川県上野第一地点、神奈川県長堀北遺跡・勝坂遺跡（削片系細石核）の共伴事例を前提として「細石刃文化と神子柴文化が単一の時代の時間系列の中で順次交替していく関係にとどまらず、一定の時期と地

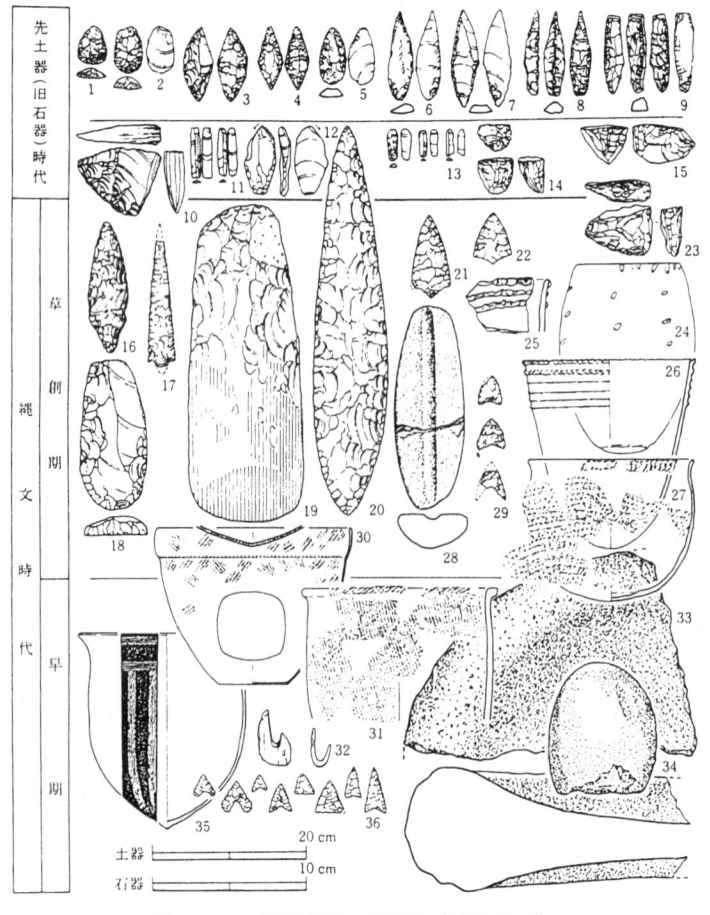

図Ⅰ-41　稲田孝司の変遷観〔稲田1986〕

域において両者が共存し相互に接触する関係にあった」ことを確認する。細石器文化は巨視的には野岳・休場型→船野・ホロカ型→削片系細石核の三段階の変遷が考えられることから、神子柴文化と細石器文化は編年上は併行関係にあったことになる。また、有舌尖頭器文化も併行関係であるから、この三者は同時期となる。細石器文化もまた、縄紋時代になるのは必然であろう。先土器時代との境界線は、稲田が最初に提示した尖頭器の出現の画期に近づき、縄紋時代の上限は行くところまで行かないと収まらない状勢である。

著者にとっては、先土器時代が新石器文化になることはさほど抵抗はないが、困るのは「旧石器」論者であろう。「旧石器時代」を切り売りするのはもう止して、「終末期」あるいは「移行期」として再度、捉え直す時期に来ているのではないか。稲田の分析からも明らかなように、尖頭器の出現に大きな革新があったにしても、「ナイフ形石器文化から神子柴文化に至るまで一貫して石器群に循環過程が認められ、石器製作の根幹が小集団ごとの自給自足であったことに変化はなかった」のだから。

3．神子柴文化先土器時代説再論

発掘から40年目を迎えた1998（平成10）年7月伊那谷に入り、久しぶり神子柴遺跡に立つことができた。

　　　　－おぼつかなき左脚かたく踏みしめて息みだれつつリハビリ始む－〔林1992〕

そこには病をおして、なお『神子柴遺跡報告書』の完成に情熱的に取り組む林茂樹の姿があった。出土遺物は重要美術品となり、上伊那郷土館の特別室に収められているが、今でも見るものの心に迫る強烈な時代の輝きを投げかける。

自説再論　著者はかつて、神子柴文化を検討する中で土器共伴例にふれ、次のように述べた〔岡本1979，1993〕。「先土器時代終末期に土器が出現する事実は用語上、時代区分上若干の問題もあろうが、すでに大陸では新石器時代であり、北方系の文物とともに土器が渡来していたとしても決して不思議なことではない。〈中略〉隆起線紋土器が全国一斉に出現する前段階の終末期には、土器をもつ集団、もたない集団が存在するという日本の中での凝縮された無土器現象があったのではないだろうか。大平山元Ⅰ・後野遺跡は、こうした理解の中で位置づけることができよう。」

神子柴文化を先土器時代終末期に位置づけた視点は、今も変わらない。佐原真にも揶揄された「先土器時代の土器」という用語上のおかしさは承知しているが、「岩宿時代の土器」といえば解消されるという問題でもない。要はどのような時代区分の中で土器の出現を在地の受容の在り方によって、位置づけるかである。確かにJ.ラボックやV.G.チャイルド

第Ⅰ部　細石器文化と神子柴文化

が述べるように、土器の発明や出現には歴史背景や意義を見出すことはできるが、あくまでも生産形態の変革に伴う副次的産物なのである。先土器時代・縄紋時代をトータルに見わたせば狩猟採集社会であり、同じ経済段階にある最大の社会的画期は、おそらく弓矢の発明や出現であろう。弓矢による狩猟形態の変革が縄紋化への道を切り開き、集団の再編、定住化、食生活の変革を誘発したのであり、こうした縄紋化現象の一つとして土器出現の意義も求めることができるのである。決して土器の意義より弓矢の意義が大きいと主張しようというのではない。また、土器の出現と縄紋文化の起源は別個の問題であるといっているのでもない。縄紋化への道筋を土器の出現の背景をふくめて相対化したいのである。こうした複雑な移行期の様相を土器共伴の有無を区分原理として、神子柴文化を縄紋時代に組み込むのは手続き上からも内容的にも問題があろう。

　ここでは、先土器時代の終焉の画期として、伝統的な石器製作技法であった石刃技法の消長をメルクマールとして下限を設定する。その上で、次のように神子柴文化を定義する。
　1. 神子柴文化は先土器時代の石刃技法を有する終末期の文化である。大型石槍と大型局部磨製石斧をもち、加工具に彫器及び彫掻器をもつ。
　2. 縄紋時代特有の石鏃（弓矢）や土器は、まだ一般化・普遍化していない。
また、縄紋時代の開始の画期として、有舌尖頭器の出現、土器が型式化する隆起線紋土器をメルクマールとして上限を設定する。
　1. 神子柴型石器群の伝統を継承しながら石刃技法は消滅し、石槍に新たな器種（有舌尖頭器）、石鏃（弓矢）が出現し、縄紋的石器製作が開始される時期。
　2. 隆起線紋土器の斉一性や広域な広がりは、縄紋化現象・列島化現象の始まりを意味し、以降、土器の定型化・型式的な変遷が認められる。
以上、提示した石器と土器からの区分原理には、なお若干の間隙を残しているが、地質学的な立川ローム層形成終了とも整合する。「旧石器」論者が提起する縄紋草創期説では、立川ローム中も確実に縄紋時代の一部になり、「旧石器時代」の大きな拠り所なる地質学的区分原理（更新世・完新世）をも自ら変更しなければならない。また、^{14}C年代による縄紋開始年代はB.P.17000年前後にしなければならない。この矛盾は「先土器時代の土器」というおかしさの比ではない。どう解消するのであろうか。

石刃技法の消長　　仮に立川ローム相当段階を先土器時代とするならば、その成立期（立川ロームⅩ層）からナイフ形石器が出現する。しかし、その剥片剥離技法は石刃技法と呼べるほど整った素材を提供できるまでには至っていない。むしろ、前時代（武蔵野ローム）から続く、横長・幅広剥片技法のうえに、ナイフ形石器を契機とした縦長剥片技法が新たに生み出され、しばらくの間、新旧の剥離技法が二極的・二項的構造をもちつつ展開した

第3章　神子柴文化をめぐる40年の軌跡

と考えられている〔佐藤宏1988、田村隆1989〕。石刃技法が確立するのは東京都鈴木遺跡例・高井戸遺跡例のIX層段階からであろう。以降、衰退した時期や形を変える時期もあったが、終末期の細石器文化・神子柴文化まで、先土器時代の伝統的な剥片剥離技法として展開した。石刃技法の消長は、先土器文化を規定する大きな要素である。

長らく続いた石刃技法とブランティング調整技術によるナイフ形石器の生産は、尖頭器の出現を契機に大きな革新を迎えることになる。その革新性について、稲田が「石刃は、諸器種の統一的素材としてそれらの器種の形状の平均値に最も近い形状を示すものであるが、ひとたびそのわくをこえた形状をもつ器種（尖頭器）となった場合には画一的な素材は崩れざるを得なかった。」と評価し、「石器群の統一的な構造の崩壊は、器種単位での個別化された新たな構造を発生させた。」と尖頭器出現の革新性を意義づけた〔稲田1969〕。しかし、現在の見解からすれば、稲田が言うように、ナイフ形石器の技術基盤は画一的な石刃技法のみに支えられていたのではなく、二極的構造の中で発展していったことが明確になってきた。

事実、尖頭器を総括した白石浩之は、東京都仙川遺跡の初期尖頭器が「縦長剥片を作り出す石核と、多方からの打面を持ち寸ずまりの縦長剥片・横長剥片を作り出す石核との2種類があり、これらの石核から〈中略〉石槍を作り出している。」ことを明らかにしている〔白石1989〕。あわせて下鶴間長堀・代官山・深見諏訪山の相模野台地諸遺跡の初期尖頭器の分析を通して、「石槍の素材となった剥片は、ナイフ形石器・削器・掻器・彫器の素材と同じであったことがわかる。」と、ナイフ形石器の技術基盤から尖頭器が生成する可能性を示唆した。尖頭器の出現は、稲田がかつて「旧石器的石器製作の解体」と叫んだほどの革命的な現象であったといえよう。稲田が提起した尖頭器出現の画期を踏まえて、その意義を問うならば、石刃を媒体とする間接生産システムから直接生産システム[9]へという

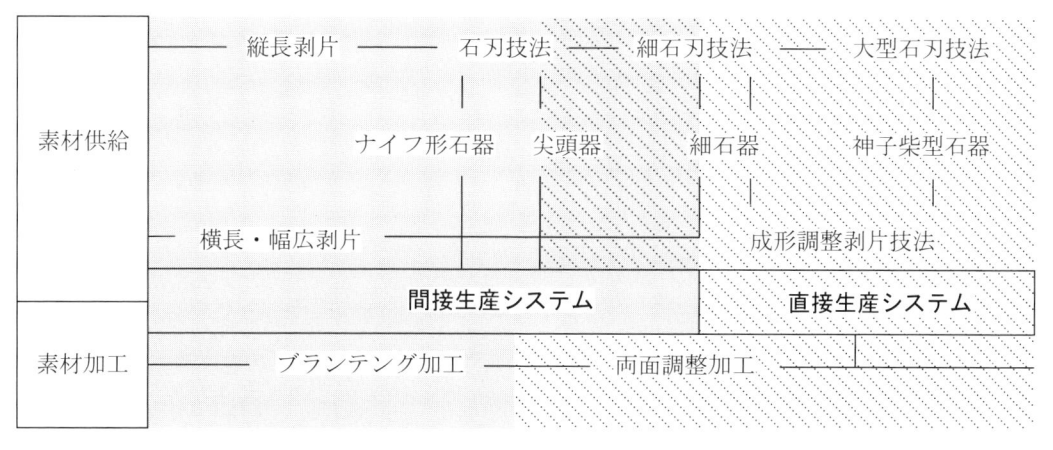

図I−42　先土器時代の石器生産システム

第Ⅰ部　細石器文化と神子柴文化

新しい製作システムに変革する技術基盤を習得した結果といえよう。その革新性は、限定された素材（石刃）からでも、どんな大きさの原材を提供されても、形状に合わせた尖頭器を作り出す両面調整技術を獲得していたからに他ならない。素材の形を自在に変える両面調整技法が技術基盤のもう一つの柱である素材提供技術・石刃技法を凌駕していくのである。こうした契機が石刃技法を衰退させる要因になったが、初期尖頭器群にも存続し、細石器文化として復活する。細石刃はもはや素材提供の石刃ではなく、直接生産システムの製品そのものとして再生したのである。また、尖頭器の両面調整技法を石核製作工程に取り入れた北の湧別技法・南の西海技法や、北海道新道4遺跡のように大型石刃技法の中から細石核を作出する技法を保有しながら展開する。そして、神子柴文化にみられる大型石槍と大型石刃の技術体系にも、その伝統は引き継がれていくのである［図Ⅰ-42］。

　先土器時代の石器製作における二つの技術基盤、素材提供技術と調整技術が石器の変遷とともに連動・相関しながら展開していくのが、ナイフ形石器から神子柴文化にいたる一貫した構造といえよう。ゆえに、石刃技法の消滅にこそ先土器時代の解体的現象をみることができるのである。

神子柴文化の範囲　近年の拡大した神子柴文化を、前述のように限定的に使用することにすれば、どのような石器群が位置づけられるのであろうか。基本的には旧稿〔岡本1979〕の立場を踏まえ、その後の新資料を加え概観してみよう。

　北海道では、北の視点で語られる終末期神子柴文化の実態は必ずしも明確とはいえない。草創期の土器の実態もまた不明である。また、発達した細石器文化や立川ポイントにみられる有舌尖頭器文化と複合した関係にあるのであろうか。しかし、本州島の北端で確認され、終末期の一時期を画した神子柴文化は、北海道でもおそらく独自の段階として存在しよう。大型尖頭器をもつ大関遺跡、石刃技法を有し、片刃石斧や彫掻器をもつモサンル遺跡、大型尖頭器・石斧を伴わないが、大型の石刃技法を有する樽岸遺跡、大型石斧はないが、大型尖頭器と石刃をもつ陸別遺跡、東麓郷2遺跡・吉田遺跡・間村遺跡などが挙げられる。これらの諸例から、神子柴文化の存在が確認できる。とするなら、有舌尖頭器と複合する中本遺跡・置戸安住遺跡・美利河Ⅰ遺跡などは、後出的要素あるいは混在とみることができる。おそらく、有舌尖頭器は神子柴文化に後続する位置付けになろう。ここが、北海道の神子柴文化の石器組成に有舌尖頭器を含める栗島見解との相違点である。有舌尖頭器の起源や系譜は本州島の有舌尖頭器とも関わり、重要な問題を含んでいる。

　東北では青森県長者久保・大平山元Ⅰ遺跡はじめ、大型尖頭器のデポとみられる秋田県綴子遺跡、石斧のデポとみられる岩手県持川遺跡はよく知られている。大型石刃と大型尖頭器をもつ岩手県早坂平遺跡もこの時期に属しよう。最近、山形県では日本海側の八森

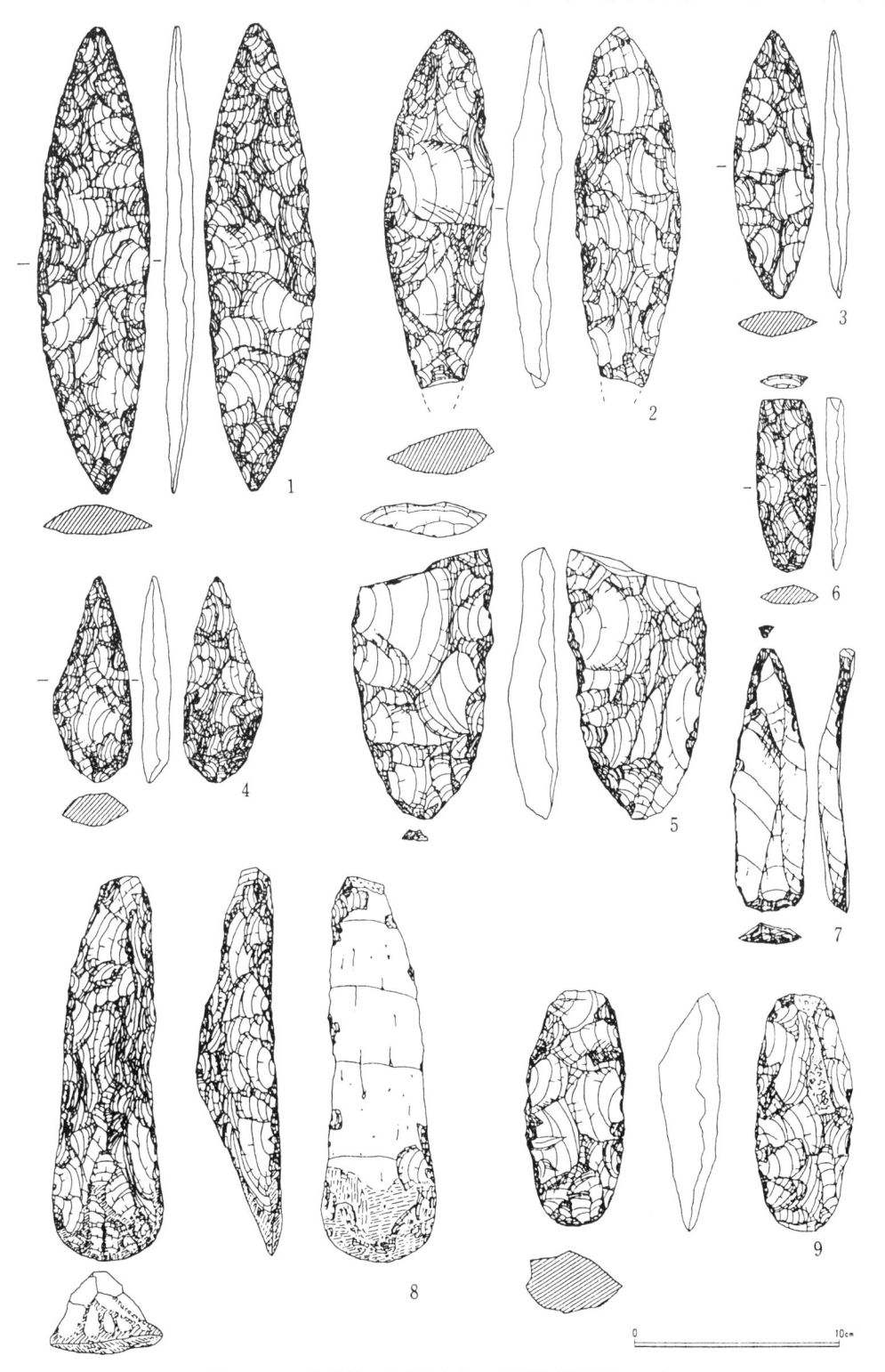

第 3 章　神子柴文化をめぐる 40 年の軌跡

図 I－43　山形県八森遺跡出土の石器群〔佐藤禎 1998〕

第Ⅰ部　細石器文化と神子柴文化

遺跡で、久々に典型的な神子柴石器群[10]が発掘された［図Ⅰ-43］〔佐藤禎1998〕。神子柴文化の一つの基準資料として注目されよう。再報告された月山沢J遺跡は神子柴型石斧には力強さがないが、石器群の組成が整い、出土状態もまとまりをもっている〔鈴木隆1998〕。福島県では大坂遺跡がこの時期のものであろう。

　関東では、茨城県後野A遺跡や栃木県川木谷遺跡が標準資料であるが、ほかは群馬県房ヶ谷戸遺跡など大型尖頭器や大型石斧は伴うものの石刃技法や彫器などが欠落したものが多い。削片系細石器と土器が伴うとされる神奈川県上野第一地点・長堀北遺跡・勝坂遺跡は、神子柴文化とはいい切れないが、同一時期に位置しよう。土器が伴う神奈川県寺尾遺跡、東京都多摩ニュータウンNo.796遺跡は石刃技法が消滅した神子柴文化直後の様相であろう。

　中部では、神子柴文化の伝統を担う有舌尖頭器石器群や単独例は増加しているが、神子柴遺跡・唐沢B遺跡にまさる資料は未だ検出されていない。デポとされる大型尖頭器群の横倉遺跡、大型尖頭器製作跡の下茂内遺跡は、石刃技法の影が薄いが、同時期であろう。

　北陸では、新潟県大刈野遺跡が唯一の例である。削片系細石核や「無紋土器」が伴うとされる。デポとされる福井県鳴鹿山鹿遺跡では多数の有舌尖頭器に伴って偏平で長大な石斧が出土し、あわせて円盤状石核二点がおかれていた。おそらく、後続の有舌尖頭器文化の時期であるから、北陸でもその前段階の神子柴文化が存在していた可能性は高い。

　西日本では、神子柴文化はいたって分解的である。しかし、岡山県恩原遺跡には、前段階の湧別技法をもつ削片系細石器文化が存在する。また、広島県冠遺跡には大型尖頭器群の存在がしられている。後続の有舌尖頭器石器群（愛媛県上黒岩洞穴）に神子柴石器群の要素が認められ、山口県領家遺跡の神子柴型石斧の単独出土例がある。こうしたことから神子柴文化が広がる素地は十分に考えられる。九州の続細石器文化との関係もあり、しばらく静観しておきたい。

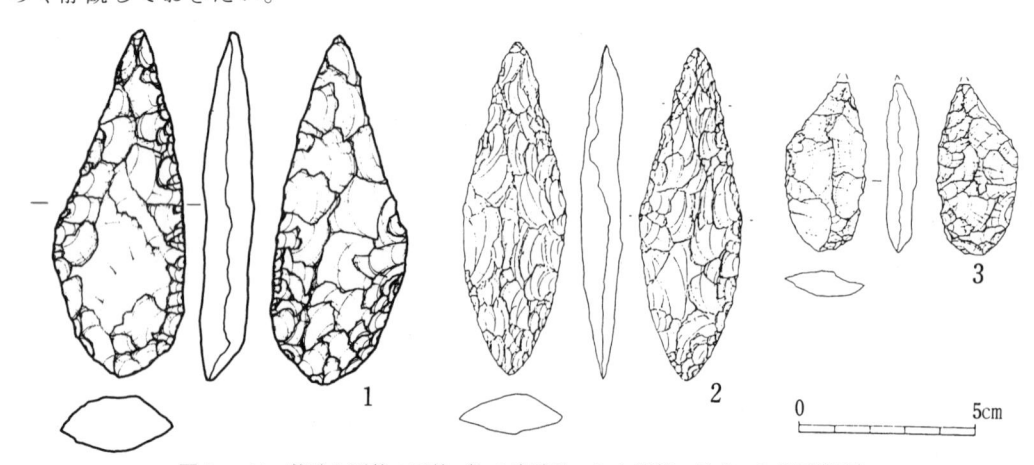

図Ⅰ-44　特殊な形態の石槍（1 八森遺跡　2 上野第一地点　3 茶園遺跡）

- 100 -

かつて、九州では縄紋草創期にまで細石器が存続することが障壁となって、神子柴文化が欠落すると推定したが、その要素まで否定したのではない。その後、横田義章による神子柴型石斧の探究や共伴の発掘事例が増えてきた〔横田1981, 1989, 1991〕。すべてを神子柴型に包括できるものではないが、その要素は確実に認められる。長崎県茶園遺跡のリダクションとされる急角度の調整をもつ石槍[11]は、上野第一地点や八森遺跡にもみられる[図Ⅰ-44]。この時期に特有な石槍の一形態とみることもできる。共伴事例から船野型細石器と神子柴文化との関連が取り沙汰されるが、後述するように問題があろう。

　以上のように神子柴文化の分布は、東日本が拠点的であるのに対し、西日本は極めて分散的である。その分布は、細石器文化の湧別技法の広がりを下敷きにしているようにみえる。貫入的で短い期間に消長した様子が看取されよう。

4．神子柴文化前後の問題点

　神子柴文化の定義、その時間的・地域的範囲について述べてきたが、未だにそれを保障する資料は出揃っているわけではない。未だに、文化としての一階梯を設定することさえも疑問符を投げかける考えもある。近年の細石器との共伴関係や有舌尖頭器との関係も共存とみる見解も提示されている。細石器や神子柴型石器群や有舌尖頭器を複合的な文化とみなし、生業、集団間、受容、地域性といった相違によって、それぞれの装備を異にした集団が、ほぼ同時に棲息したと解釈する。複雑な移行期の様相を説明する上で有効な面もあろうが、余りにも混沌としてはいまいか。削片系細石器、神子柴型石器、有舌尖頭器の広がりや構造には、それぞれ秩序があるようにみえる。ここでは神子柴文化前後の様相を整理し、その問題点と見通しを述べてみたい。

細石器文化との関連　細石器との関連を考える上で重要なことは、次の二点であろう。第一に基準資料となる神子柴型石器群（長者久保・大平山元Ⅰ・神子柴・唐沢B）は、基本的には細石器が伴わないこと。第二は後野A地区（神子柴石器群）とB地区（削片系細石器）の関係であろう。後野遺跡の両者の関係は神子柴型石器群が四ヶ所の小ブロック（径1.5m）で弓状に分布するのに対し、削片系細石器が三ヶ所のブロック（径3m）で直線的に配置され、A・B地区の隔たりはわずか約10mである。しかし、出土層位は神子柴型石器群が上層の黄褐色パミス層、削片系細石器が下層の黄褐色軟質ローム層にあり、共存しないことは層位的にも明らかである[12]。また、石質の個体別検討においても、異なる石器文化であることが検証されている。ゆえに、削片系細石器→神子柴型石器群の変遷が導き出される。後野遺跡の層位と個体別分析は、今後とも重要な指標になろう。

- 101 -

第Ⅰ部　細石器文化と神子柴文化

　次は削片系細石器と船野・ホロカ型細石器の関係であろう。後野B遺跡と同じひたちなか市に所在する額田大宮遺跡は大型石刃を伴う船野・ホロカ型細石器であるが、両者はほぼ同一層位から出土する。両者の関係は群馬県頭無遺跡と桝形遺跡の関係に置き換えることができる。素材も石質も異なる両者を同時共存と捉え、一方が波及的で、他方が在地的だと解釈できるであろうか。桝形遺跡、芳見沢遺跡、沖餅遺跡、下鶴間長堀遺跡、駿河小塚遺跡など広範囲にわたって広義の船野・ホロカ型細石器が純粋な形で存在し、削片系細石器との関係が認められない。むしろ下鶴間長堀・上草柳遺跡では古かるべき野岳・休場型細石器との関連性が認められる。一方、削片系細石器には新潟県荒屋遺跡の細石核や関連する多く遺跡にみられるように、削片技法だけでなく分割技法もみられる。この両者を波及型と在地型と解釈する栗島の視点とは別に、湧別技法に内包された連動システムとみる永塚俊司の視点が提示されている〔永塚1997〕。いずれにしても削片系細石器には船野・ホロカ技法が内包されていることになる。同時並存とするには、双方に関連がなければならない。一方だけの関連であれば、古い技法の伝統（船野・ホロカ型）を基盤に、新しい技法（削片系）が加わったと考えるのが妥当であろう。

　削片系細石器群は上野第一地点・長堀北遺跡・勝坂遺跡のように神子柴型石器群に近いともいえるし、両面調整技法は削片系細石核・神子柴型尖頭器に共通する。相模野台地の層準傾向が示すように船野・ホロカ型→削片系を動かし難い。また野岳・休場型は、桝形遺跡（船野・ホロカ型）が上位のAs-YP（浅間－板鼻黄色軽石）直下と前田遺跡（野岳・休場型）が下位のAs-SP（浅間－白糸軽石）にあり、野岳・休場型→船野・ホロカ型になろう。また浅間火山起源テフラを参照〔佐藤雅ほか1993〕すれば、神子柴文化はAs-YPの上位に位置する。しかし、荒屋遺跡や下茂内遺跡の位置づけには問題があり、広域的にみるとテフラだけで編年の整合性を求めることはできない。以上の点から細石器文化は大局的に野岳・休場型→船野・ホロカ型→削片系の三段階に変遷し、神子柴文化が後続する。

　こうした秩序の枠組みを逸脱しない範囲で、さらに細分し動的に捉える方向性は必要であろう。しかし、前後左右を省みず無秩序に波及論を展開するのは御法度である。その典型は、栗島や綿貫俊一が提示した九州の船野型と神子柴型文化の併行関係である〔栗島1991、綿貫1992〕。船野型と共伴したとされる市ノ久保遺跡には、約120点の細石核が出土している。船野型が主体であるが、野岳型や綿貫が「岩土原型」と呼ぶ、あまり厚くない剥片を用い長軸や側方から打面作出と簡単な下縁・背縁調整を施す細石核も出土している。神子柴型石斧が船野型と共伴であれば、野岳型や「岩土原型」も共伴とみなければならない。後者のみが混在とするのであれば、船野型と神子柴文化との共伴関係も保障されないことになる。同様の共伴事例とされる帖地遺跡には、船野型のほかに加治屋園型細石

核・「無紋土器」・石鏃なども出土している。すべて共伴とすると、おそらく編年は成り立たなくなる。また、九州の神子柴型石斧とされるものの中には福岡県門田遺跡例や長崎県茶園原遺跡のように船野型ではない細石核を有するものもある。すなわち、船野型との共伴関係は検証されたとは言い難い。まずは神子柴文化との議論をする前に、九州の細石器文化の編年を確立することであろう。南九州や西北九州の細石器の様相は複雑に異なっており、その整合性を求めるだけでも難業である。そして、中国地方にまで波及している湧別技法と九州の細石器文化の関係を解決できれば、おのずと神子柴文化との関連も定まるであろう。九州の神子柴文化については別稿を用意し、改めて論及したい。

有舌尖頭器文化との関連　　その関連性を述べる前に、本ノ木論争のゆくえを解決しておかなければならない。論争の発端になった「土器共伴」説・「混在」説は、栗島が論評したように「近年の他遺跡の資料から演繹する限り芹沢の「混在説」がより正当性を持つ」といえるのであろうか〔栗島1991〕。先ず第一に確認しておかなければならない重要な点は、芹沢が本ノ木の石槍を無土器時代の「ポイント」の段階に位置づけていたことである。だから理論的にも編年的にも、土器と共伴することはなかったのである。すなわち、本ノ木式土器は、上ノ平遺跡の石斧と同じ運命にあったのである〔藤森1962，1995〕。

本ノ木遺跡の二次発掘調査に参加しなかった芹沢は、石沢寅二の要請に応じ、その年（1957年）『津南郷古代文化第一集』付録古代遺跡解説書を作成し、本ノ木遺跡を次のように解説した〔芹沢1957〕。

「無土器時代後半のポイント文化に属すると考えられる。包含層の原位置は、本ノ木段丘礫層直上にあると思われ、おそらく上部洪積世の末期においてよかろう。遺物は大小三〇〇ほどのポイントを主体とし、これにノッチ、不定形のスクレイパーを伴なう。」

また同じポイントの宮ノ原遺跡の解説では、

「本ノ木のポイントとは異なっていて、むしろ長野方面のポイント（踊場・上ノ平など）に類似している。おそらく本ノ木期よりも後出のものであろう。」と述べた。

すなわち本ノ木遺跡を無土器時代のポイント文化に位置づけ、踊場・上ノ平遺跡のポイントより古く考えていたことがわかる。こうした本ノ木ポイントの位置づけを有舌尖頭器の段階に変更したのは、1965（昭和40）年の新潟県中林遺跡の発掘以降であろう〔芹沢1966〕。明らかに山内の見通しが正しかったのである。にも関わらず、未だに石槍と「土器」は泣き別れ状態が続いている。本ノ木式土器は、隆起線紋直後あるいは爪形紋土器に後続する押圧縄紋土器の仲間である。近年、近接した卯ノ木南遺跡では、良好な本ノ木式土器の一群に、本ノ木の石器群が共伴している〔佐藤雅ほか1993〕。この事実は「土器共伴」説を雄弁に物語っている。土器の共伴・混在の争点はひとまず解決したといえよう。

第 I 部　細石器文化と神子柴文化

　しかし、その後の資料の増加と相俟って、なお、解決しなければならないのは本ノ木石槍群の型式学的位置づけである。小林達雄も指摘するように、膨大な本ノ木石槍群を本ノ木式土器すなわち押圧縄紋土器の一時期に限定することには問題があろう〔小林達1986〕。多くの研究者は神子柴文化の最終末あるいは有舌尖頭器の最古段階に位置づけている。その位置づけはある意味で正しいように考えられる。本ノ木遺跡からは1500本以上の石槍・半製品や多量の剥片が出土し、製作跡とされている。石器群の実態は未だ明らかではないが、細身の石槍ほか、茎を有する有舌尖頭器、大型木葉形石槍、小型石槍、石斧、植刃、石鏃と多様な内容を含んでいる〔山内・佐藤1962〕。その後の周辺遺跡の調査でも明らかなように、信濃川中流域右岸には卯ノ木遺跡・卯ノ木南遺跡・壬遺跡・中林遺跡・田沢遺跡などが集中する草創期のメッカでもある。他の遺跡はほとんどが生活跡とみられることから、本ノ木遺跡が草創期の当初より、この地域の石器製作のセンターとしての役割を担っていた蓋然性は高い。本ノ木式土器は石器製作の最終段階を示しているとも考えられる。

　では、神子柴文化直後から有舌尖頭器の段階をどのように理解したらよいのであろうか。有舌尖頭器の出現については、北方系とみる栗島説と尖頭器の内在的変容とみる稲田説が提示されている〔栗島1984、稲田1986〕。本州島のものと立川ポイントは石材が異なるものの、基部側縁に磨痕がみられるなど形態的にも技術的にも共通が認められる〔芹沢1966〕。出現の契機は削片系細石器・神子柴文化同様、北からの視点が妥当であろう。ここでは大まかに四時期に分けておきたい。

　第 I 段階は、茎が明確に作出されず、基部を意識した細身の石槍、神子柴型尖頭器から変化した中広型石槍もこの時期の所産であろう。東北の月山沢石器群と弓張平 B 石器群との関係から理解できる。前者は石刃技法をもつ神子柴型石器群であり、後者は細身の石槍、基部を意識した調整、ノッチド・スクレイパーなどの特徴をもつ。弓張平 B 石器群は神子柴文化直後の石器群であろう。こうした神子柴型石器群からの変化は、川木谷石器群・房ヶ谷戸大型尖頭器群と石山石器群の関係、また、長堀北大型尖頭器群と寺尾・多摩ニュータウン No.796 遺跡例、吉岡遺跡の中広型や細身の石槍にも置き換えることができる。上ノ平遺跡もこの時期に位置づけられる。おそらく初源の本ノ木型石槍もこの時期であろうから、同類の東京都前田耕地遺跡、千葉県南大溜袋遺跡の石槍群もこの時期であろう。また、細身で長身の鳴鹿山鹿遺跡の有舌尖頭器石器群もほぼ同時期であろう。神子柴文化からバトンの代わりに二個の円盤状石核が、ともに埋納されていることは象徴的である。

　次の第 II 段階は、有舌尖頭器が型式化する段階である。多摩ニュータウン No.796 と No.426 石器群との関係から理解できる。後者は有舌尖頭器が伴い、層準からも、No.796 石器群が直後の段階に位置づけられる。千葉県南原遺跡、神奈川県南鍛冶・黒川遺跡の有

舌尖頭器は、広義の小瀬ガ沢型であり、この時期に属しよう。同じ段階のものは、愛知県萩平遺跡・岐阜県九合洞穴・富山県臼谷岡ノ城遺跡・新潟県田沢遺跡など、小瀬ガ沢型有舌尖頭器の一群が位置しよう。

　第Ⅲ段階は、関東では小瀬ガ沢型が小型化し、石鏃ほどの大きさのものも出現する。東京都前原遺跡では柳又型がこの時期に共伴する。中部以西では柳又型有舌尖頭器の段階と考えられ、九州にも続細石器文化直後に波及する。

　第Ⅳ段階は、西では佐賀県中尾岳洞穴・広島県馬渡岩陰の細身の石槍の段階、東では神奈川県南葛野遺跡、本ノ木・壬・卯ノ木南遺跡の段階であろう。

　また北海道の段階に照らすと、第Ⅰ・Ⅱ段階が立川型尖頭器の段階、第Ⅲ段階がタチカルシュナイ遺跡にみられる遠軽型有舌尖頭器の段階に位置するものと考えられる。以上のように有舌尖頭器の変遷と大まかに四段階に分けたが、土器との関連からみると、隆起線紋土器が全国に波及する直前から押圧縄紋土器の段階に対比されよう。なお、石鏃出現は時期区分の問題とも絡み、重要な課題である。大平山元Ⅰ遺跡（神子柴文化）や南原遺跡（隆起線紋古段階）にもみられるが、資料的な制約もあり、その出現期を確定するまでには至っていない。ここでは慎重を期し、第Ⅲ段階には石鏃が存在していたとする見通しに留めておきたい。

おわりに

　1958（昭和33）年「ローム層内に発見された神子柴文化」は当初、先土器時代終末期に位置づけられていた。しかし、1975（昭和50）年「無紋土器」の共伴以降、縄紋時代草創期に編入され、発見から40年目を迎えた今日、縄紋文化初頭の文化として位置づけられようとしている。この区分原理は土器の出現以降を一貫して縄紋土器として捉えようとする点では正しいようにみえるが、石器製作、石器の変遷からみると構造的に分断された時代区分といえる。さらに、近年の神子柴文化と細石器文化との共伴関係からみると、両文化の間に「旧石器」時代と縄紋時代の社会的・構造的な変革を認めることは難しい。「細石器文化をも縄紋時代だ」とする新思潮の形成は時間の問題であろう。そんなことはないと思うが、かつて東京都溜淵遺跡からはナイフ形石器に伴って焼成前の土器が報告されたことがある。もし、事実とすれば先土器時代はすべて消滅し、縄紋時代になってしまう。現代の世相と同じで、何の歯止めもない無原則な時代区分といえよう。また、前述したように旧石器時代と新石器時代の区分原理の一つである更新世・完新世の地質学的区分とも整合しない結果になる。

第Ⅰ部　細石器文化と神子柴文化

　すなわち、神子柴文化を先土器時代とみるか、縄紋時代とみるかといった二者選択的な問題ではない。先土器時代・「岩宿時代」・「旧石器時代」とは何か、もう一度原点に立ち戻り、先土器時代の終末期を問い直す必要があろう。再三述べてきた、その区分原理は、「基本的には石刃技法を石器製作システムに取り入れた文化」・「ローム層に潜む文化」の二点に集約できよう。先土器時代終末期の細石器文化・神子柴文化は、区分原理が異なろうと「縄紋文化への移行期」の石器群であるという認識では一致することができよう。両文化は今流にいえば国際化の時代であり、ベーリング海峡を渡り、新大陸へ人々が移住し始めた激動の時代であった。激動の時代を生き抜いてきた東アジア先史社会の共通した文化の一分派が、日本列島にも流入したことは多くの人々が認めるところでもあろう。事実、近年のアムール下流域や沿海州の調査で明らかにされつつあるオシポフカ文化との共通点は多い。こうした大陸側と共通する細石器文化と神子柴文化を、列島化し独自に発展を遂げた縄紋文化の枠組みの中で語ることには問題があろう。また、土器の出現も、列島内での独自的契機を見出すことができない限り、縄紋文化の枠組みで捉えることは慎重を期したい。恐らく、縄紋文化がシベリア出兵するとは考えられないのだから。

　なお、先土器時代終末期の神子柴文化と縄紋時代草創期の有舌尖頭器文化、「無紋土器」と隆起線紋土器の間、石鏃出現の契機には、なお検討の余地を残している。なお、研鑽していかなければならないが、僅かな資料からプライオリティーを争うのではなく、その実態が明らかにされる遺跡の出現を待とうではないか。ちょうど神子柴遺跡が発掘されたように。

　最後に、先土器時代終末期から縄紋時代草創期の暫定的な編年案を掲げ、結びにかえたい［図Ⅰ-45］。

地域 石器		北海道	東北	北陸	関東	中部	東海	近畿	中国 四国	九州
細石器	Ⅰ	紅葉山	大平Ⅲ	荒川台	前田・代官山	矢出川	休場	(+)	南方	野岳
	Ⅱ	置戸C	越中山S	荒屋	桝形・上草柳	柏垂	海老山	壁川崎	奥谷南	船野
	Ⅲ	美利河Ⅰ	角二山	樽口	頭無・白草	中ッ原	池の原	誉田白鳥	恩原	(+)
神子柴	Ⅰ	モサンル	長者久保 八森	大刈野	後野・長堀北 川木谷					(+)
	Ⅱ	樽岸 大関	早坂平 月山沢J	村杉	房ヶ谷戸	神子柴・唐沢 横倉・下茂内	(+)	(+)	冠	(+)
有舌尖頭器	Ⅰ	立川	弓張平B	鳴鹿山鹿	石山・寺尾	上ノ平	(+)	(+)	(+)	泉福寺10
	Ⅱ	(+)	座散乱木	小瀬ガ沢	TN429	柳又	萩平	(+)	上黒岩	福井3
	Ⅲ	タチカルシュナイ	大原B	臼谷岡ノ城	前原	星光山荘	酒呑	(+)	不動ケ岩屋	(+)
	Ⅳ			本ノ木	南葛野	荷取	(+)	(+)	馬渡	中尾岳

図Ⅰ-45　先土器時代終末期から縄紋時代草創期の石器群の変遷

　　　　　　　　　　　　　　　　　　　　　　　　　　　　第3章　神子柴文化をめぐる40年の軌跡

付 記　本稿を脱稿したのは、昨年の9月のことである。昨年11月28日、先史考古学研究会で口頭発表したが、ある事情で今日に至った。机の引出に納めている間に、とうとう神子柴遺跡発掘41年目を迎えることとなった。今年に入り、朝日新聞4月17日付け夕刊一面に大平山元Ⅰ遺跡第二次調査（1998年）の成果として、「青森で1万6500年前の土器」という見出しが躍った。驚いたのは私だけではない、良心的な「旧石器」研究者もしかりであろう。商業主義による「最古の、最大の、最長の」のレッテルのみの報道はもううんざりである。こうした話題に迎合する研究者の何と多いことか。三内丸山遺跡の話題にかこつけて、「北国の春」をまことしやかに縄紋語で歌う研究者は、宴会の余興やカラオケボックスで願いたい。正に二〇世紀の世紀末現象であろうか。

　最後に病を推しながらも、今なお神子柴遺跡に真摯に取り組む林茂樹先生のご健勝と報告書の完成を祈りつつ筆をおきたい。なお本稿の作成にあたって、多くの諸氏にお世話になった。改めて謝意を申し述べたい。

註
（1）1979（昭和54）年時点で「神子柴・長者久保文化」と呼称した理由〔岡本1979〕は、両遺跡の重要性と青森県から長野県に広がりを持つ一階梯の文化と認識し、発掘順に名称を与えた。その後、「長者久保・神子柴文化」だと主張する研究者も現れた。その理由は編年順だという。言いがかりである。ならば「長者久保文化」と呼べばいい。不毛な議論である。今日、この文化段階を否定する研究者はおそらくいないと思われるので、初出の遺跡名を冠して単に「神子柴文化」と呼ぶことにする。
（2）芹沢は、「イサコボォ期には、死体の埋葬にあたって大形の石オノや石ヤリなどをまとめて副葬する風習があった。この時期の墳墓形態と、神子柴遺跡の状態とが一脈通じる点をもっているのである。」と指摘した。しかし、不思議なことに、翌1960（昭和44）年に出版された『石器時代の日本』以降今日に至るまで、イサコヴォ文化との関連にふれることはない。
（3）戦後第二世代と呼ばれる研究者の多くは、センセイショナルな福井洞穴の発掘事例の前に、「隆起線紋土器は九州から」と考えていた。こうした中で育った著者自身も当初、「桜の開花前線と同様、隆起線紋土器は北上する」と考えていた。今日、また南九州の草創期の椿ノ原遺跡や早期の上ノ原遺跡など豊富な資料から、「南九州起源論」が華々しく議論されている。歴史は繰り返す。「北上する針葉樹林とともに、縄紋文化が開化する」というわけである。
（4）A.P. オクラドニコフによるバイカル編年が、N.A. サヴェリエフ等のウスチ・ベラヤ遺跡の発掘事例以降、揺らぎ始めたのは1970年代のことである。イサコヴォ期とキトイ期が逆転しようとも、南シベリアとの交叉編年によるヒン期の位置付けに変わりはない。アムール河下流域や沿海州の完新世初頭の新石器文化が新バイカル編年と如何に交叉するのか、まだ不明な点が多い。
（5）北海道新道4遺跡では、大型の石刃石核から剥ぎとられた石刃を素材とした細石核も損座している。群馬県桝形遺跡・茨城県額田大宮遺跡でも大型石刃が伴う。細石器文化も石刃技法の一種である。細石器文化研究の第一人者にしては、不用意な発言であろう。
（6）「有茎尖頭器」編年におけるⅠ期北海道「上口A」は、神子柴編年ではⅡ期に位置づけられている。とするなら、「中林・鳴鹿山鹿」も神子柴編年Ⅱ期になろう。「有茎尖頭器」Ⅱ期以降は、当然、神子柴編年に直接後続するものと考えられる。しかし、その後の隆起線紋土器以前の土器群の想定のもと、神子柴

第 I 部　細石器文化と神子柴文化

　　　　編年を二期から六期に改定し、「中林・鳴鹿山鹿」はⅥ期となる。土器の事情により、「有茎尖頭器」の
　　　　型式学や系統観は破綻した。
（7）　栗島に従えば、九州の船野型は土器を伴わない段階から、隆起線紋土器を伴う岩土原段階まで最低五段
　　　　階に分けられる。更に福井型が後続し、九州の続細石器文化は間延びする。これも神子柴文化を拡大し
　　　　たためであろう。パートナーの顔色をみず、細石器の編年をすることが肝要であろう。
（8）　稲田は1982（昭和57）年の概説書の中で、「細石器文化があらわれた一・四万年前から縄文文化の確立
　　　　をしめす撚糸文土器文化の九〇〇〇年あまり前のあいだを、ここでは中石器時代とよぶことにしよう。」
　　　　と提案した。賛否は抜きにしても、こちらの方が稲田本来の主張であろう。
（9）　ここでいう間接生産システムとは、石刃技法によって抽出される石刃の長さと幅と厚さ、すなわち素材
　　　　の形状に制限された石器しか製作できない生産システムを言う。これに対して直接生産システムとは、
　　　　原材から夏ミカンの皮を剥くように石器を直接取り出すことができる生産システムをいう。これは、要
　　　　求する石器にあわせて、自在に原材・素材を選択する製作技術を獲得したことを意味している。
（10）　これらの石器群に混じって、基部加工のナイフ形石器が伴出している。おそらく、複合していると考え
　　　　られ、石刃や掻器がどちらに伴うのか検討を要しよう。
（11）　片刃のポインテッド・ナイフと呼ぶべき、この時期の一器種とも考えられる。上野第一地点では上下逆
　　　　に図示されている。八森遺跡からは二点出土している。リダクションは本来の形状に合わせて、相似形
　　　　に修復するのが原則であろう。リダクションだとしても、もともとの形状を示していると考える。
（12）　かつて「後野遺跡のA群とB群の差異も層位的といえるものではない」〔岡本1993〕と述べたが、その
　　　　後の検討、個体別分析により層位的な出土例と確信した。前言を取り消したい。

引用・参考文献

相沢忠洋　1981　『桝形遺跡調査報告』　宮城村教育委員会

青森県立郷土博物館　1979　『大平山元Ⅰ遺跡発掘調査報告書』　青森県立郷土博物館調査報告5　考古2

麻生　優　1984　『泉福寺洞穴の発掘記録』　佐世保市教育委員会

稲田孝司　1969　「尖頭器文化の出現と旧石器的石器製作の解体」『考古学研究』15－3

稲田孝司　1982　「旧石器時代」『日本の美術』188　至文堂

稲田孝司　1986　「縄文文化の形成」『日本考古学』6　岩波書店

稲田孝司　1993　「細石刃文化と神子柴文化の接点－縄文時代初頭の集団と分業・予察－」『考古学研究』40－2

稲田孝司編　1996　『恩原2遺跡』　岡山大学文学部考古学研究室

岡本東三　1979　「神子柴・長者久保文化について」『奈良国立文化財研究所研究論集』Ⅴ

岡本東三　1993　「縄紋文化移行期石器群の諸問題」『環日本海における土器出現期の様相』

川崎純徳ほか　1976　『後野遺跡』　勝田市教育委員会

九州旧石器文化研究会　1997　『九州の細石器』　第22回旧石器文化研究会

九州旧石器文化研究会　1998　『九州の細石器』　第23回旧石器文化研究会

栗島義明　1984　「有茎尖頭器の型式変遷とその伝播」『駿台史学』62

栗島義明　1985　「草創期土器型式変遷における一考察」『信濃』37－4

栗島義明　1986　「「渡来石器」考」『旧石器考古学』32

栗島義明　1988　「神子柴文化をめぐる諸問題」『（財）埼玉県埋蔵文化財調査事業団研究紀要』4

栗島義明　1991a　「本ノ木論争－その学史的背景と今日的意義－」『日本考古学協会第57回総会研究発表要旨』
栗島義明　1991b　「有茎尖頭器の起源」『利根川』12
栗島義明　1991c　「「上ノ平尖頭器文化」再考（上・下）」『古代文化』43－2・3
栗島義明　1993a　「湧別技法の波及」『土曜考古』17
栗島義明　1993b　「福井4層－その草創期研究に与えた影響について－」『利根川』14
栗島義明　1994　「細石器文化の終焉」『細石刃文化研究の新たなる展開』Ⅱ
栗島義明　1995　「縄文草創期研究〈二つの学史〉」『展望考古学』　考古学研究会40周年記念論集
小林達雄　1986　「縄文文化の幕開け」『新潟県史』通史編Ⅰ原始・古代
小林達雄ほか　1980　「（座談会）縄紋土器の起源」『國學院雑誌』81－1
佐藤禎宏　1998　「八幡町八森遺跡桑園地区出土の旧石器略報」『山形考古』6－2
佐藤達夫　1971　「縄紋式土器研究課題－特に草創期前半の編年について－」『日本歴史』227
佐藤宏之　1988　「台形様石器研究序論」『考古学雑誌』73－3
佐藤雅一ほか　1993　「信濃川水系における縄文時代草創期遺跡の様相」『環日本海における土器出現期の様相』
白石浩之　1989　『旧石器時代の石槍』　ＵＰ考古学選書7　東京大学出版会
白石浩之　1990　「本ノ木遺跡の意味するもの」『神奈川考古』26
白石浩之　1992　「旧石器時代から縄文時代初頭の石斧の研究」『東北文化論のための先史学歴史学論集』
鈴木　隆　1998　「月山沢Ｊ遺跡出土石器群の分析」『山形考古』6－2
鈴木忠司　1985　「縄文草創期石器群小考」『考古学ジャーナル』256
鈴木忠司　1988　「上野Ⅱ文化層の位置づけをめぐって」『大和のあけぼの』Ⅱ
鈴木道之助　1986　「新国際空港No.12遺跡の有舌尖頭器をめぐって」『研究紀要』10
芹沢長介　1957　『津南郷古代文化第一集』　付録古代遺跡解説書
芹沢長介　1959　「ジョウモン文化の起源」『朝日新聞』昭和34年5月11日朝刊
芹沢長介　1960　『石器時代の日本』　築地書館
芹沢長介　1962　「旧石器時代の諸問題」『日本歴史』1　岩波書店
芹沢長介　1966　「新潟県中林遺跡における有舌尖頭器の研究」『日本文化研究所研究報告』第2集
田中英司　1982　「神子柴遺跡におけるデポの認識」『考古学研究』29－3
田村　隆　1989　「二項モードの推移と巡回」『先史考古学研究』3
永塚俊司　1997　「荒屋系細石刃石器群における一つの定点」『人間・遺跡・遺物』3
林　茂樹　1966　『上伊那の考古学的調査　総括編』
林　茂樹　1992　「リハビリ（一）」
林　茂樹　1995　『伊那の石槍』
藤沢宗平・林　茂樹　1959　「ローム層内に発見された石斧を伴う文化について」『日本考古学協会第23回総会研究発表要旨』
藤沢宗平・林　茂樹　1961　「神子柴遺跡－第1次発掘調査概報－」『古代学』9－3
藤森栄一　1962　「日本石器時代研究の諸問題」『考古学研究』35
藤森栄一　1995　『旧石器の狩人』　学生社
（財）北海道文化財センター編　1988　『新道4遺跡』　北海道埋蔵文化財センター調査報告52
森嶋　稔　1968　「神子柴型石斧をめぐっての試論」『信濃』20－4

第Ⅰ部　細石器文化と神子柴文化

森嶋　稔　　1970　「神子柴型石斧をめぐっての再論」『信濃』22 - 10
山内清男　　1960　「縄紋土器文化のはじまる頃」『上代文化』30
山内清男・佐藤達夫　　1962　「縄紋土器の古さ」『科学読売』14 - 2
八幡町教育委員会　　1996　『八森遺跡－第16次発掘調査概報－』
八幡町教育委員会　　1997　『八森遺跡－第17次発掘調査概報－』
横田義彰　　1981　「いわゆる「神子柴型石斧」の資料」『九州歴史資料館研究論集』7
横田義彰　　1989　「いわゆる「神子柴型石斧」の資料（2）」『九州歴史資料館研究論集』15
横田義彰　　1991　「いわゆる「神子柴型石斧」の資料（3）」『九州歴史資料館研究論集』17
横浜市歴史博物館・横浜市ふるさと歴史財団埋蔵文化財センター編　　1996　『縄文時代草創期資料集』　横浜市歴史博物館
綿貫俊一　　1992　「長者久保・神子柴文化併行段階の九州」『古文化談叢』27

第4章　細石器文化と神子柴文化の危険な関係

はじめに

　自分では革新的な楽天論者と思っていたが、次代を担う旗手谷口康浩には旧守的な悲観論者に映るらしい。これも時代の流れというものか。旧体制下の「段階的編年論者[1]」との烙印を押されてしまった。これもまた、甘んじて受けることにしよう。

　さて、谷口は大平山元Ⅰ遺跡の ^{14}C 較正年代 B.P.16500 年を受け、「完新世の環境変化に適応して土器が出現したとか、新ドリアス期相当の寒冷期シベリア起源の土器文化が伝えられた」といった縄紋土器起源論の諸説はその年代的根拠を失ったと宣言した。そして「時代区分を含め全体的な説明の枠組みを再構築する必要に我々は直面しているのである」と新たなパラダイムを模索しはじめている〔谷口 2003〕。この発言は土器出現を縄紋時代開始の画期とみる時代区分論が破綻したことを意味し、自ら神子柴文化＝縄紋時代草創期を撤回したことになる。これを「谷口トランスファー」と呼んでおこう。時代区分としてはやや曖昧な「移行期[2]」という概念を持ち出し、極寒の氷河時代に勇ましく飛び出していった。その気概は見事であるが、いささか無防備ではないか。こうした試みが果たして成功するか、しばらく静観することにしよう。

1．「旧石器時代」の『神武西征論』

　かつて、稲田孝司の神子柴文化に対するまなざしを批判するなかで、「神武天皇は北からも南からも来ないし、史実でも科学的な思考ともいえない」と述べたことがある〔岡本東 1999〕。その後、稲田は「植民」という概念を導入し、湧別技法をもつ細石器文化の集団が北海道から南下しながら在地民を征圧し、やがて縄紋時代に変容する移行期の姿を躍動的に描いた〔稲田 2001〕。

　稲田の「植民論[3]」を日本神話の『神武東征論』に因み、「旧石器時代」の『神武西征論』と位置づけておきたい。

『神武西征論』のあらまし　　『日本書紀』神武即位前紀の東征伝をテキストに、稲田が構

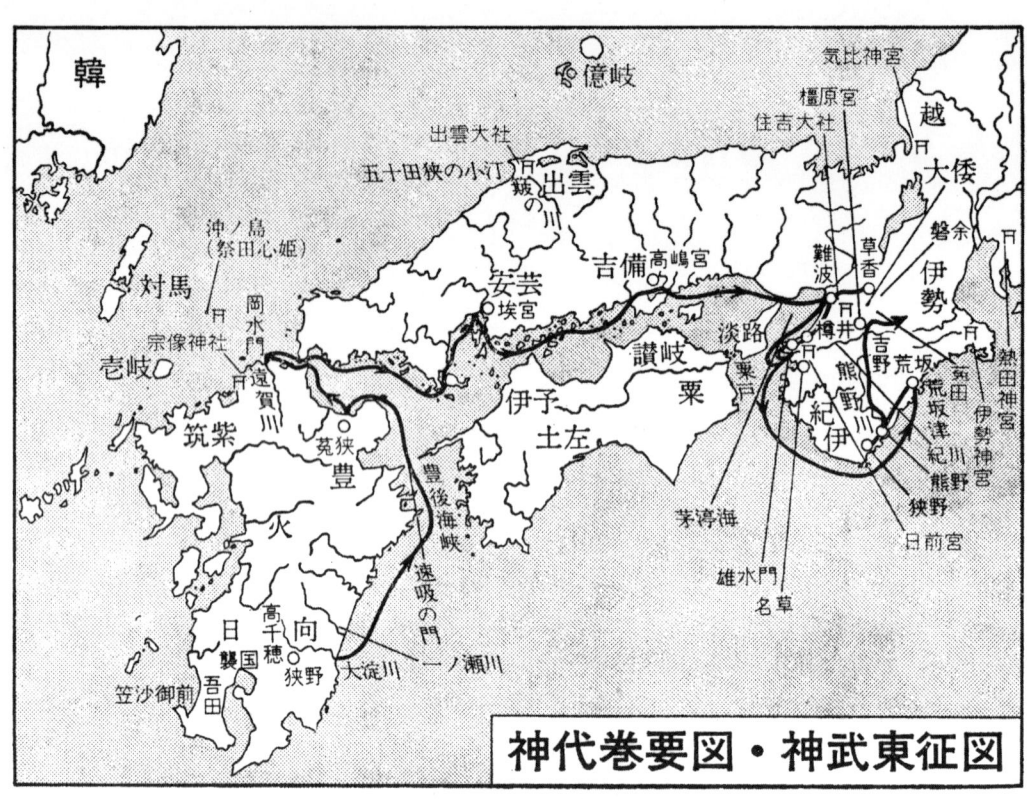

第Ⅰ部　細石器文化と神子柴文化

図Ⅰ-46　神武東征図〔井上 1987〕

神武東征伝〔日本書紀巻第三　神武即位前紀〕

天祖（瓊瓊杵尊）が降臨してからこのかた、今までに百七十九万二千四百七十余歳経っている。しかるに、残念なことに、はるかに遠い地方はなおまだ王化にうるおっていないで、村々にはそれぞれ酋長がいて、おのおの境界をわけ、相たがいに、しのぎあっているのが現状である。さてまた、塩土老翁に聞いたところによると、『東の方に美しい国がございます。そこは青山が四周をめぐっていて、その中に天磐船に乗って飛び降ってきたものがございます』とのことである。余が考えるに、その地方は、きっと国家統治（あまつひつぎ）の大業をひろめるために、天下に君臨するのに好都合ないところで、たぶん国の中心に位置することころであろう。その、天から飛び降ったというのは、あるいは饒速日であろうか。さそこに行って都を営もうと思うがどうだろう」と仰せられた。諸皇子は、「たいそう理にかなったお話です。私たちもいつもそう思っておりました。さっそく実行なさいませ」と申し上げた。これは太歳甲寅の年のことである。

その年の冬十月丁巳の朔辛酉（五日）に、天皇はみずから諸皇子と舟軍をひきいて東征の途にのぼられた。まず速吸之戸（豊予海峡）を通られたとき、一人の漁師がいて、小舟に乗ってやって来た。—中略—

十一月の丙戌の朔甲午（九日）に、天皇は筑紫国の岡水門に到着された。
十二月の丙辰の朔壬午（二十七日）に、安芸国に到着して埃宮においでになれた。

乙卯の年の春三月の甲寅の朔己未（六日）には、吉備国に移られて、ここの行宮を作って滞在されたが、これを高嶋宮と申し上げる。ここで三年過ごされた。その間、舟を準備し、兵器や食糧を蓄えて、一挙に天下を平定しようと考えられた。

戊午の春二月の丁酉の朔丁未（十一日）に、皇軍はついに東に向かい、舳艫相接して進んだ。ちょうど皇軍の船団が難波碕に着かれるころ、急潮の非常に速いのに出会った。そこで名づけて浪速国といい、また浪花ともいう。いま、難波というのはそれを訛っているのである。

三月の丁卯の朔丙子（十日）に、皇軍は川をさかのぼって河内国の草香邑の青雲の白肩之津に到着した。

夏四月の丙申の朔甲辰（九日）に皇軍は兵器を整え、徒歩で竜田に向かって進んだ。ところがその路は狭けわしくて、軍勢は列をつくって行くことができなかった。そこでいったん引き返して、さらに東の方の胆駒山をこえて内国に侵入しようと考えられた。そのとき長髄彦がこれを聞いて「この天神の御子たちがやって来たのは、かならず私の国を奪い取ろうというわけだろう」といって、全兵力を動員して孔舎衛坂に防衛線を張ったので、ここで会戦となった。この戦いは激戦となり、流れ矢が五瀬命の肱にあたるという悲運に見舞われ、皇軍はこれ以上進撃できなくなった。

井上光貞　監訳　一九八七『日本書紀』上

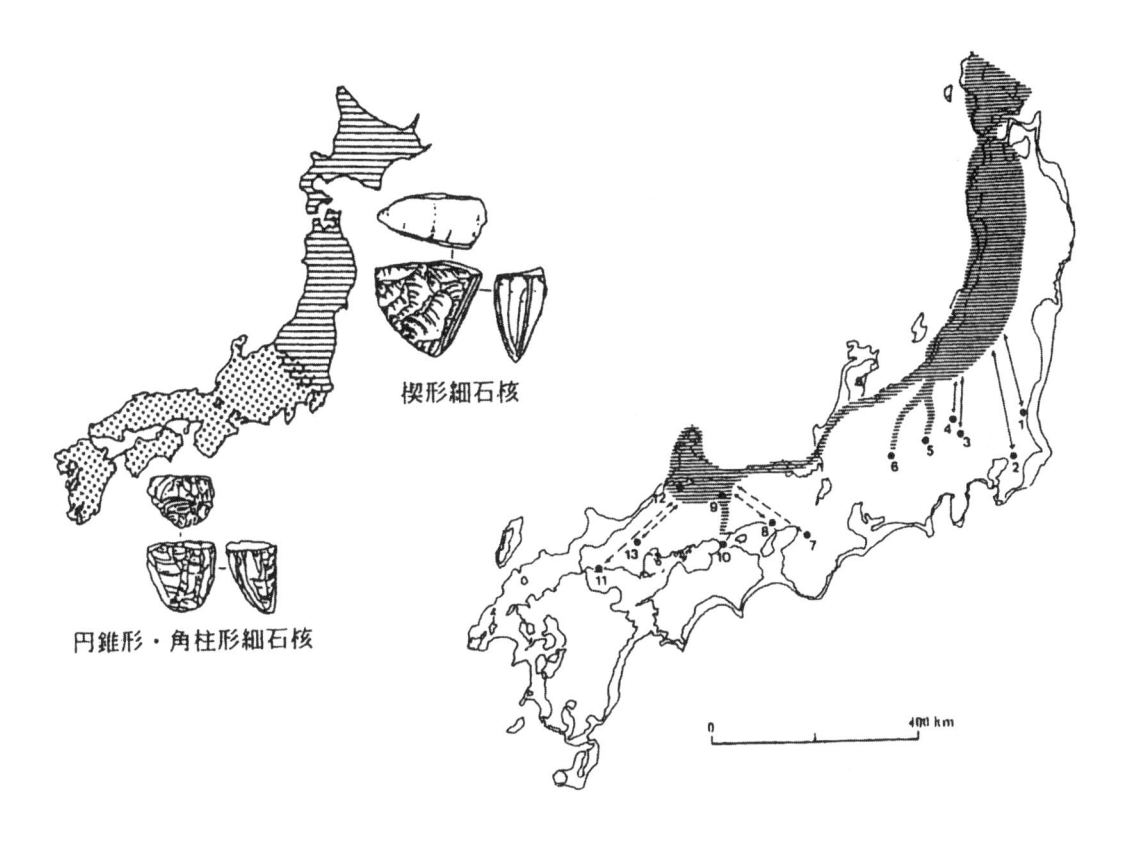

第4章　細石器文化と神子柴文化の危険な関係

楔形細石核

円錐形・角柱形細石核

図Ⅰ−47　「旧石器」西征図〔稲田2001〕

想した「旧石器時代」の『神武西征論』を跡付けてみよう［図Ⅰ−46・47］。

『日本列島にわれわれの祖先が天降ったのは、今から一七九万二四七〇余年。それは、ジャワに現れた直立原人や周口店に現れた北京原人より、遥か以前のことであった。大東亜の源淵は正にここにある。

細石器時代（B.P.20000年）になっても、西の遼遠の地は、いまなお新技術の湧別技法の恩恵をうけていない。あげく人々はムラの地境を割って、互に侵犯を繰り返している。さてまた、塩土老翁は「西に美しい地がある。青い山が四周して、中には天磐船形細石器を携えて一人、西に降るものがいる」という。それを聞いた白滝ムラの長老は、「つぎの縄紋文化の大業を広めるためには、なんとしても豊かな西の地に行かなければならぬ」と天に誓った。ムラ人達も「まことに理にかなっています。早速、実行に移しましょう」と同行に賛意を示した。

西征を開始した太歳の甲寅は、A.M.S.較正年代に換算するとB.P.16500年のことであった。この年の冬十月五日、白滝ムラを出発した一行は雪の険しい石狩山地、石狩川の源を西に下り始め西征の第一歩を踏み出したのである。ようやく石狩川の水門に着いた時に小

第Ⅰ部　細石器文化と神子柴文化

樽の漁撈民が現れ、一行の水先案内をかってでた。おかげで積丹半島を越え、瀬棚を経て松前の水門に到る水行を終えることができた。時、十一月九日のことであった。

　最大の難所である津軽海峡を渡る準備と装備に一ヶ月を要した。暮も押詰った十二月二十七日、松前の水門を出航した一行は、竜飛岬を目指して一路、荒波を漕ぎ出していった。三厩の水門に着いたのは、その日の夜半のことである。

　翌、乙卯年の春三月六月、蟹田の大平山元遺跡を居住地と定め、本格的な植民活動を開始する。この地には先住者としての矢出川型集団（Ⅲ遺跡）や北海道から別な経路で植民してきた神子柴型集団（Ⅰ遺跡）が住んでいた。三年間にわたる津軽での植民活動（丸山遺跡）を行いながら、石材や食糧を蓄え更に西征への準備を整えた。

　戊午年の春二月十一日、湧別技法集団は遂に西征をはじめた。出羽国（鴨子平・下堤D遺跡、角二山・越中山・月山沢・湯ノ花遺跡）など、東北での植民領域を広げていった。三月十日、一行は日本海側に西進し三面川を遡り、その上流域の樽口遺跡を基地とした。越国での活発な植民活動（荒屋・中土・月岡・正面中島遺跡）を展開した。その余勢を駆って、関東（上野国上原・頭無・馬見岡遺跡、常陸国後野B遺跡、下総国木戸場A遺跡、上総国大網山田台遺跡、武蔵国白草遺跡・狭山B遺跡）や中部山岳の信濃国（信濃国中ッ原・柳又A遺跡）にまで進出した。

　夏四月九日、中部山岳地帯の開田高原で活動した一派は、長峯峠を越えて飛騨国に入った（池の原遺跡）。しかし、その道は狭く険しく、人が並んで行くことはできなかった。このとき長髄彦（矢出川型集団）が聞きつけて、「天神の子ら（湧別技法集団）が来るわけは、きっとわが国を奪おうというのであろう」といい、孔舎衛（宮ノ前遺跡）に迎え撃ち、会戦となった。五瀬命（湧別技法集団のリーダー）は流れ矢で負傷し、行く手を阻まれた。そこで、一度引き返し日本海側に進路を定め、ヤタガラスの道案内で中国地方（美作国恩原遺跡、出雲国杉谷・正源寺遺跡）にようやくたどり着くことができた。この山陰を本拠地として、山陽・瀬戸内地方にも再び植民活動を行った。

　かくして九州島を除く[4]、ほぼ全土を征圧した。時に渡島を出発してから六年の歳月が経っていたのである。』

　こうした旧石器時代の『神武西征物語』は、神武一代で成し遂げられたものではない。おそらく応神紀の四道将軍、景行紀の日本尊命の再征の物語にみられるように、十数世代にわたる植民活動の偉業であったと考えられる。

２つの戒め　　現代の世界に織田信長や千利休、ガリレオやフレミングを蘇らせることのできるのはヴァーチャルなＣＭの世界だけではない。映画や小説でも、また神話や歴史書においても然りである。神武天皇の存在年代はB.C.660年と推定され、戦前、弥生文化の

第 4 章　細石器文化と神子柴文化の危険な関係

東漸が神武天皇東征神話と結びついて語られてきた。これは一部の狂信的な皇国史観の考古学者だけが保有していた発想ではない。一般的な常識とでもいったら言い過ぎになろうが、森鷗外が描いた「かのように」の世界であったに違いない。こうした歴史観は『日本遠古之文化』に提示された科学的方法によって、神武天皇の東征とそれに基づく弥生文化の生成論が史実ではなく単なる物語であったことが明らかになったのである〔山内1939〕。ところが今日、弥生時代のA.M.S.年代（B.P.1000年）が遡ると、虚構であった神武天皇を復活させ、「弥生文化の広がりはあたかも神武天皇の東征神話のようであった」と説く教科書まで現れた。反動的な歴史観は繰り返すということか。

「考古学で対象とするモノ（遺物）の歴史をヒト（集団）を動かして解釈してはならぬ」と強く戒めたのは杉原荘介であった[5]。おそらく戦前の弥生文化研究の自戒を踏まえた発言であろう。遺物の研究はモノの比較によって導き出されるものであり、ヒト（植民）の行動に合わせた解釈は誤りであろう。また、山内清男は「文化の変遷は進行中の状態では観察することは出来ない」と述べ、「任意の物件を並列し、独断によって古かるべきものを決め、それに照して新しいものを推定する様な所謂型式学は取るに足らず、我々もこの方針の失敗を数多傍観したのである」と注意を促した〔山内1937〕。ましてや文化の方向性を定めてから型式を設定するのは御法度であろう。

「真に執るべき科学的手段は先づ個々の短い時代の文物を確認する」ことである。これはミネルヴァ論争以降、今日に至る重要な視点である。ところが「旧石器研究」においては、未だに「出たまま認定」論者が多い。困ったものである。湧別技法集団の『神武西征論』の根拠となった共伴事例も検証が充分とはいえない。「層位・自然現象による年代順を決める」→「それを補うために文物の比較をして先後を推定」→「短期間の文物の年代的編成」→「文物の変遷をみる」といった科学的な手続きがなされているとは言い難い。ゆえに「型式は益々細分され、究極まで推し進むべき」〔山内1937〕との先史考古学の方針は、「段階的編年論者」のレッテルを貼られようとも貫き通さなければならない。

『神武東征論』が虚構であったように、稲田が描いた「旧石器時代」の『植民論』は物語としては魅力的であるが、考古学的に実証された見解とは言い難い。以下、『植民論』の問題点とその論拠となる共伴事例を検証していこう。

2．『植民論』の問題点

縄紋時代の研究者は、亀ヶ岡式土器が九州で発見されようとも、東北で遠賀川式土器が発見されようとも植民論はとらない。『植民論』者は遊動する「旧石器人」と定住する縄

第Ⅰ部　細石器文化と神子柴文化

紋人の違いだと反論するであろう。しかし、縄紋人の定住性が確かに保証されるものか、縄紋時代の環状集落と旧石器時代の環状ブロックの違いは何か、実のところ十分に解明されている訳ではない。

　削片系の舟底形石核は、沿海州やカムチャッカ半島、中国北東部や朝鮮半島でも出土する。白滝産の黒曜石や荒屋型彫器も発見される[6]〔木村1995〕。限りない植民論を展開しなければならない。「一万年の旅路」を彷徨わなければならない。よもやシベリア出兵はあるまい。

植民が携えた石材　神武天皇の出発地については『書紀』には記載がないが、おそらく日向と考えられている。植民の出発地について、稲田は「北海道」としか記さないが、湧別技法の本場である白滝・置戸・十勝の黒曜石原産地帯を領域とした植民集団であろう。稲田も「北海道産の黒曜石が混じっていれば、もっと筋書きに説得力があるはずなのだが」と述べている。ここでは植民集団の原郷土を黒曜石原産地の白滝と想定しておきたい。重要なのはどこが出発地なのかではなく、湧別技法が黒曜石原産地帯で発達した技法だという点である。

　稲田によれば、植民の条件は器種組成・型式の特徴・製作技法の3つの要素の共通性であるという。移動の距離、遺跡分布、異なる集団との在り方、使用石材の比率に基づく在地化の度合いなどによって、総合的・個別的・具体的に判断するともいっている。黒曜石を用いていた植民集団が、本州で最初に植民活動を行った御聖蹟は青森県大平山元遺跡・丸山遺跡である〔青森県立郷土館1980, 2000ほか〕。ところが、湧別技法でつくられた石器は地元の頁岩を使用している。それに対し、在地民がつくったとされる円錐形・角柱形細石刃核（矢出川型）は黒曜石製である。山形県角二山遺跡でも同じである。

　なぜ、使い慣れた黒曜石を用いず、地元の頁岩を用いたのであろうか。この使用石材の逆転現象をどのように理解するのであろうか。渡島半島に移ってきた段階で白滝産の黒曜石が底を尽き、仕方なく頁岩を使い始めたとでも説明するのであろうか。頁岩地帯の渡島半島でも白滝産の黒曜石は搬入されているし[7]、近場の赤井川産の黒曜石も当時から知られていたはずである。また、青森県にも多くの黒曜石の原産地が所在している。これではどのように判断しても、石材比率による在地化の度合いなど計れまい。にもかかわらず本州の植民活動の実態と波及について、湧別技法・頁岩・器種組成（特に荒屋型彫器）の三要素から植民の足跡を追うことになる。しかし、植民活動の西端に位置する岡山県恩原遺跡や島根県杉谷遺跡は、頁岩ではなく地元の瑪瑙や玉髄（花仙山産）で湧別技法細石器をつくっている。

　古今東西のコロニアリズムの原則は地元民との友好・融和であり、征服民のように追い出したり排除することはない。ましてや遊動する「旧石器時代」の植民と在地民の相互間に、

「他者」意識があったとは考えにくい。また、植民集団が持ち込んだ技術をもとに、地元の材料を調達し現地で生産することが植民地における鉄則である。だから原郷土の黒曜石や頁岩にこだわることはない。適用できる地元の石があればよいのである。石材としての頁岩が湧別技法と関連して普及する背景には、別の可能性や考え方も成り立つのである。

石材・製品・技法の流通　モノ（石材・製品）やカタチ（技法）はヒトを介さない限り動かない。しかし、植民という集団移動を想定しなくても、ヒトによって石材・製品・技法は広がっていく。すなわち、石材や製品は食糧や特産物の流通と同じように集団間に波及し、その技術も伝習されるのである。ナイフ形石器文化のサヌカイトを原産とした瀬戸内技法は、遠く山形県越中山K遺跡まで伝えられている。これも植民の結果とみる必要はない。石材としてのサヌカイトの流通のなかで、その技術が次第に遠方の集団に伝わったとみるべきであろう。列島的に分布する茂呂型・切出形といった同じカタチのナイフ形石器が広がっている理由もここにある。すなわち山民集団に見たこともない海産物を流通させるためには、同時に調理法や食べ方を伝授しない限り普及しない。同じように、石材の入手とともに石質に合った製作技法も伝授されたと考えるのが自然であろう。遊動する「旧石器人」が、食糧の確保から石材の入手まで、すべて集団内で自己完結する社会はあまりにも閉鎖的世界（クローズ・システム）といえまいか。集団間の連帯・連携や情報・交換はどのように機能するのであろうか。遊動すればするほど、開放的社会（オープン・システム）を想定しなければならないはずである。

　愛鷹山麓や相模野に広がる神津島産の黒曜石は、海水面が低下していったといっても、距離にして40km近い潮流の激しい海峡を渡って採取しなければならない危険な作業である[8]。ついでに採集できる代物ではない。調達にあたっては、丸木舟を操り、潮の流れを熟知した地元の集団を想定する必要があろう〔池谷2003, 2004〕。原産地と消費地を介在する特定の集団の存在が考えられるのである。また、新潟県荒屋遺跡では500点以上の頁岩製の荒屋型彫器が発掘されている。一集団が保有する量を遙かに超えており、流通用の製品が作られていたに違いない。北海道の黒曜石地帯でも荒屋型彫器は頁岩製品が多い[9]。こうした製品の流通のほか、多くは原産地で運搬し易い原石や粗加工した大型両面体素材で流通した可能性は高い。湧別技法細石器には、細石核母岩のもとになる大型両面体素材がしばしば出土している［図Ⅰ-48］。鋳物でいえばインゴットのような整えられた原材料で運ばれたと推定できる。植民論を展開しなくても製品や原材料は流通し、その製作技法が伝授され普及するのである。「旧石器時代」といえども、食糧資源や特産資源の余剰を再配分する流通システムは、早くから確立していたと考えられる。なにも社会的分業としての交易集団・仲介集団を想定する必要はない。

第Ⅰ部　細石器文化と神子柴文化

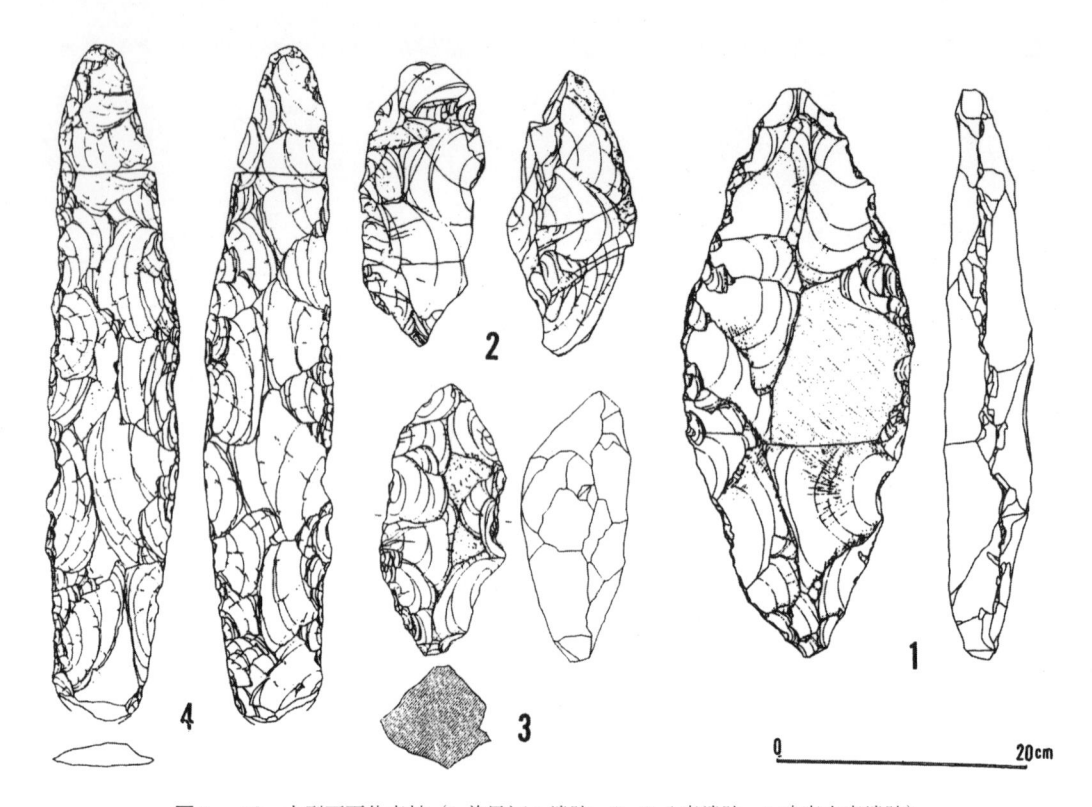

図Ⅰ-48　大型両面体素材（1 美里河1遺跡　2・3 八森遺跡　4 鳴鹿山鹿遺跡）

3．細石器集団と神子柴型集団の危ない関係

　稲田は当該期の幾つかの遺跡の共伴事例を検討し、湧別技法細石器と神子柴型石器の共存関係を説いている。さらに踏み込んで、円錐形・角柱形の矢出川型細石器との同時存在性をも視野に入れている。とするなら、細石器文化もまた縄紋時代に編入されることになる。しかし、稲田自らが提示した時代区分論の変更についてはふれない。不思議なことである。すでに谷口が告白しているように、神子柴文化＝縄紋時代説は破綻しているのである。いまさら細石器文化をも縄紋時代に組み込んで、延びきった草創期を設定することに、どのような意義があるか。ここでは稲田が提示した共伴事例を、北から順番に検討していきたい。

青森県大平山元遺跡　大平山元遺跡は蟹田川左岸の大平段丘上に位置し、近地した3つの遺跡（Ⅰ・Ⅱ・Ⅲ遺跡）で形成される［図Ⅰ-49］。Ⅰ遺跡は神子柴型石器、Ⅱ遺跡は湧別技法細石器、Ⅲ遺跡は包含層が削平されているが、矢出川型細石器とそれぞれ特徴的な石器群が発見されている〔青森県立郷土館1979, 1980, 1981ほか〕。Ⅰ遺跡の神子柴型石器は、上層に縄紋時代の包含層があるものの下位には文化層の重複はない。それに対

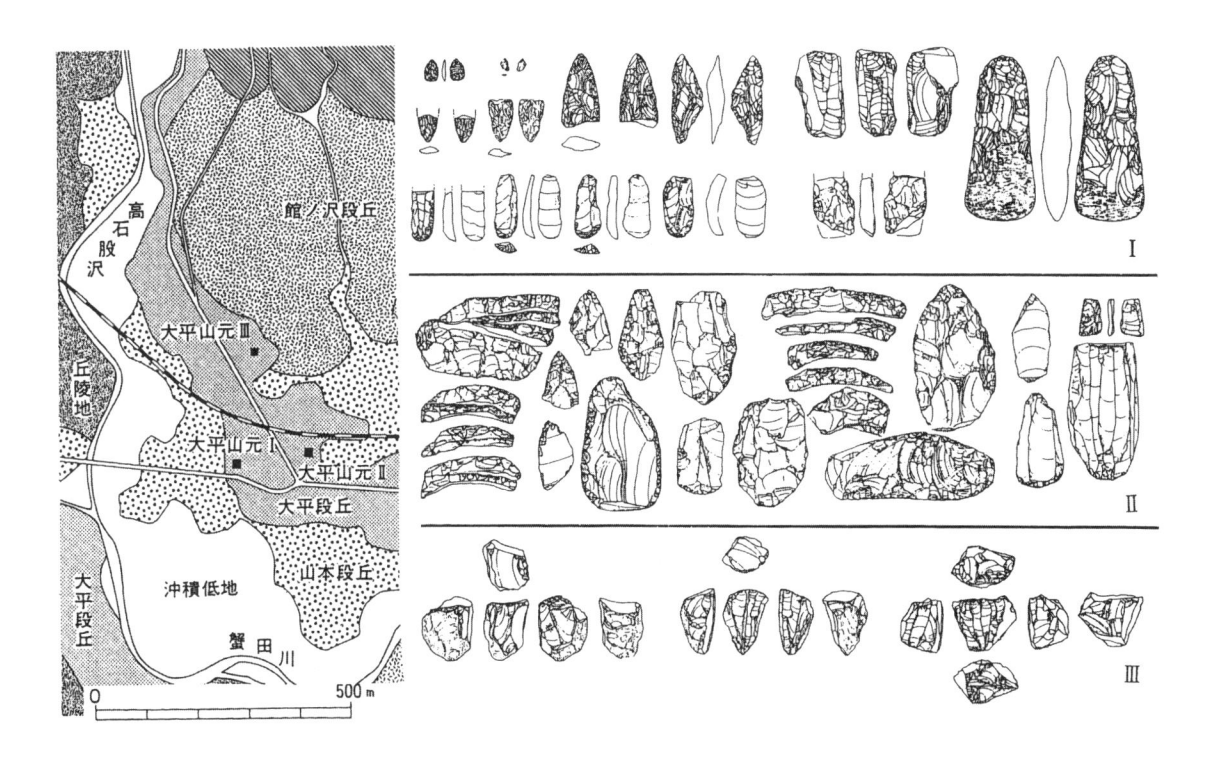

第4章　細石器文化と神子柴文化の危険な関係

石器群	Ⅰ遺跡	Ⅱ遺跡	Ⅲ遺跡
神子柴型石器	○		
円錐・角柱形細石器			Ⅲa
舟底形石器群		Ⅱa	
湧別技法・尖頭器		Ⅱb／Ⅰ	
大平山元技法 樋状剝離尖頭器		Ⅱc	Ⅲb
樋状剝離尖頭器		Ⅱ・Ⅲ	
石刃技法		Ⅳ	
ナイフ形石器			Ⅲc

図Ⅰ-49　大平山元Ⅰ・Ⅱ・Ⅲ遺跡出土の各石器群

第Ⅰ部　細石器文化と神子柴文化

しⅡ遺跡は、1977、1978（昭和52・53）年の調査で3つの文化層（Ⅱa・Ⅱb・Ⅱc）が、1989（平成元）年の調査では4つの文化層（Ⅰ・Ⅱ・Ⅲ・Ⅳ）が確認されている。Ⅲ遺跡も3つの文化層（Ⅲa・Ⅲb・Ⅲc）に分けられる〔蟹田町教委1992〕。発掘の所見を整理すれば、文化層の対比は次のようになる。8時期から9時期の変遷が考えられる。

　問題は細石器の位置づけである。舟底形石器をホロカ型細石器と仮定するならば、自説の段階的編年（矢出川型→ホロカ型→白滝・札滑型）とは逆転する。Ⅱ遺跡のⅡc文化層に円筒状の細石核（矢出川型）が伴うとすれば、Ⅲ遺跡の同じ矢出川型細石器（Ⅲa）もⅡc・Ⅲb文化層と関連してこよう。また、Ⅱ遺跡におけるⅠ文化層の湧別技法とⅡc文化層の大平山元技法（A・B）との関係についても十分に説明されたとは言い難い。遺跡間の包含層の対比にもやや問題があろう。ことはそう単純ではない。頁岩の原産地遺跡であり、また、河川による再堆積や削平がみられ、複雑な様相を示しているのである。

　こうした中にあって、稲田はⅡ遺跡から出土した2点の神子柴型石斧の原形を手がかりとして、湧別技法細石器との共存説をとる。石斧の原形とした1点は報告者によって、「細石刃石核原形」とされたものである。横のものを縦にして図示している。もう1点は攪乱層から出土したもので、「帰属文化層不明」と慎重を期している〔蟹田町教委1992〕。神子柴型石斧の原形の可能性は否定しないが、この2点をもって湧別技法細石器と共伴の論拠とするのは、いささか踏み込んではいまいか。ここでは報告者の慎重な態度に倣っておきたい。

　さらに稲田は「Ⅰ遺跡とⅡ遺跡が一連の居住地、あるいは密接に関連した2つの居住地であった可能性」を指摘している。Ⅱ遺跡は湧別技法集団のムラであり、Ⅰ遺跡は神子柴型集団のムラである。稲田の言によれば、両者は出自の異なる植民集団だ[10]。Ⅱ遺跡の湧別技法植民集団とⅠ遺跡の神子柴型植民集団が同時に引っ越してきた証拠もないし、仲良く暮らしていた保証もない。Ⅲ遺跡の在地民（矢出川型集団）のみが、Ⅱ遺跡の植民集団に追い出されたのだという。面白いことに報告者である三宅徹也はⅢ遺跡の矢出川型細石器を在地民とはみず、西からの外来者と推定している〔青森県立郷土館1981〕。事実は、Ⅰ遺跡には湧別技法の痕跡は認められないという点である。

山形県月山沢遺跡　　出羽三山を源にする寒河江川流域は、月山沢遺跡をはじめ金谷原遺跡・弓張平B遺跡・お仲間林遺跡・上野A遺跡が点在し、峠を越えたところには越中山遺跡が知られている。まさに先土器時代の宝庫である。遺跡は大きく蛇行した寒河江川を見下ろす丘陵先端部に位置している。遺跡に近接（北約20m）して月山沢J遺跡が所在する。

　月山沢J遺跡からは大型石刃・大型尖頭器・掻器・彫器・石斧が出土している。石材は黒曜石（約39%）と頁岩（約12%）を用い、黒曜石は地元の月山産の可能性が高い。重厚な大型神子柴型石斧はないが、8点の石斧を有し神子柴文化期の石器群とみて間違いない。

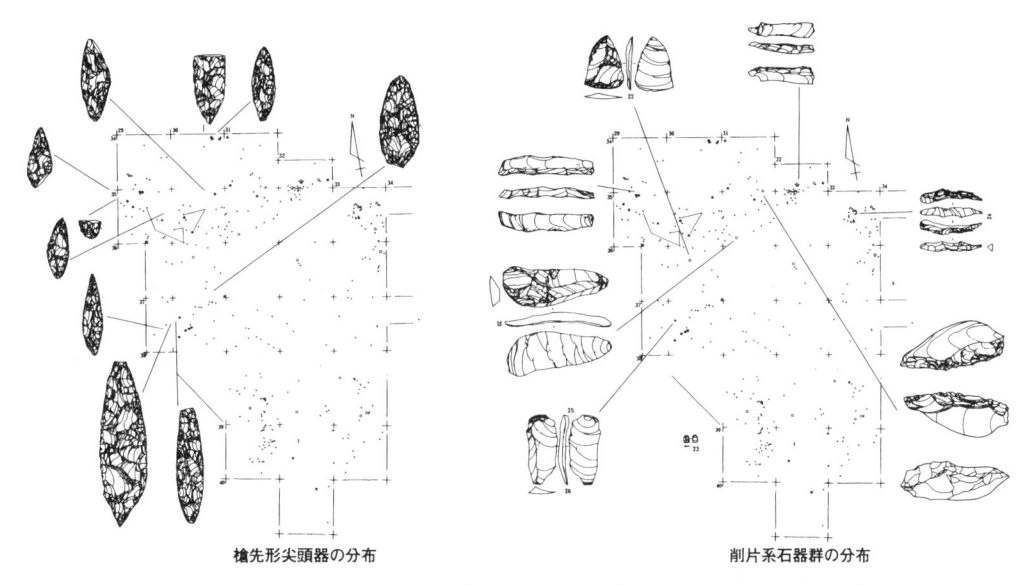

第 4 章　細石器文化と神子柴文化の危険な関係

槍先形尖頭器の分布　　　　　　　　　　　　削片系石器群の分布

図Ⅰ－50　月山沢遺跡の大型尖頭器と湧別技法細石器の分布〔石井 2005〕

湧別技法を示す削片や細石核・細石刃の出土はない〔鈴木隆 1998〕。

　それに引き替え月山沢遺跡では、大型尖頭器・掻器・彫器・削器・石刃石核の石器群と湧別技法細石器がともに出土している〔山形県教委 1980〕。大型尖頭器の石器群は月山沢Ｊ遺跡同様、神子柴文化期の所産である。稲田は両石器群を共伴とみなし、自説を補強する資料と考える。こうした湧別技法細石器と大型尖頭器石の共伴説を受け、石井浩幸は月山沢遺跡の石器群の再整理とその検討を行っている〔石井 2005〕。両者の出土状況は層位的には区別がつかず、6 ブロック（Ａ～Ｆ）からも両者の「排他的」ではなく、「包括的」な分布を示すという［図Ⅰ－50］。

　しかし、Ｂブロックの大型尖頭器が集中する「デポ」のような空間に、湧別技法細石器が不自然に混在しており、両石器群の「遺存状況には差異が窺える」とも分析している。重要な指摘は、大型尖頭器の石器群には製品が多く、反対に湧別技法細石器では道具としての細石刃がないという点である。石井は、湧別技法細石器の中心的な分布は他の地点にあると想定した。あわせて両石器群に母岩の共有が認められないことから、「分布を共有しながらも石材や場の機能などの点から積極的に共伴を提唱することはできない」と結論づけている〔石井 2005〕。この石井の検討結果を、そのまま稲田にお返ししたい。

茨城県後野遺跡　那珂川の支流である本郷川谷に突出する低丘陵（約 30 ｍ）の南西面に所在する。1975（昭和 50）年の発掘調査によって、神子柴文化にはじめて「無紋土器」が伴うことが明らかになった。同年行なわれた大平山元Ⅰ遺跡でも追認されることになる。

　Ａ地区からは神子柴型石器が、Ｂ地区からは湧別技法細石器がブロック別に検出された。

第Ⅰ部　細石器文化と神子柴文化

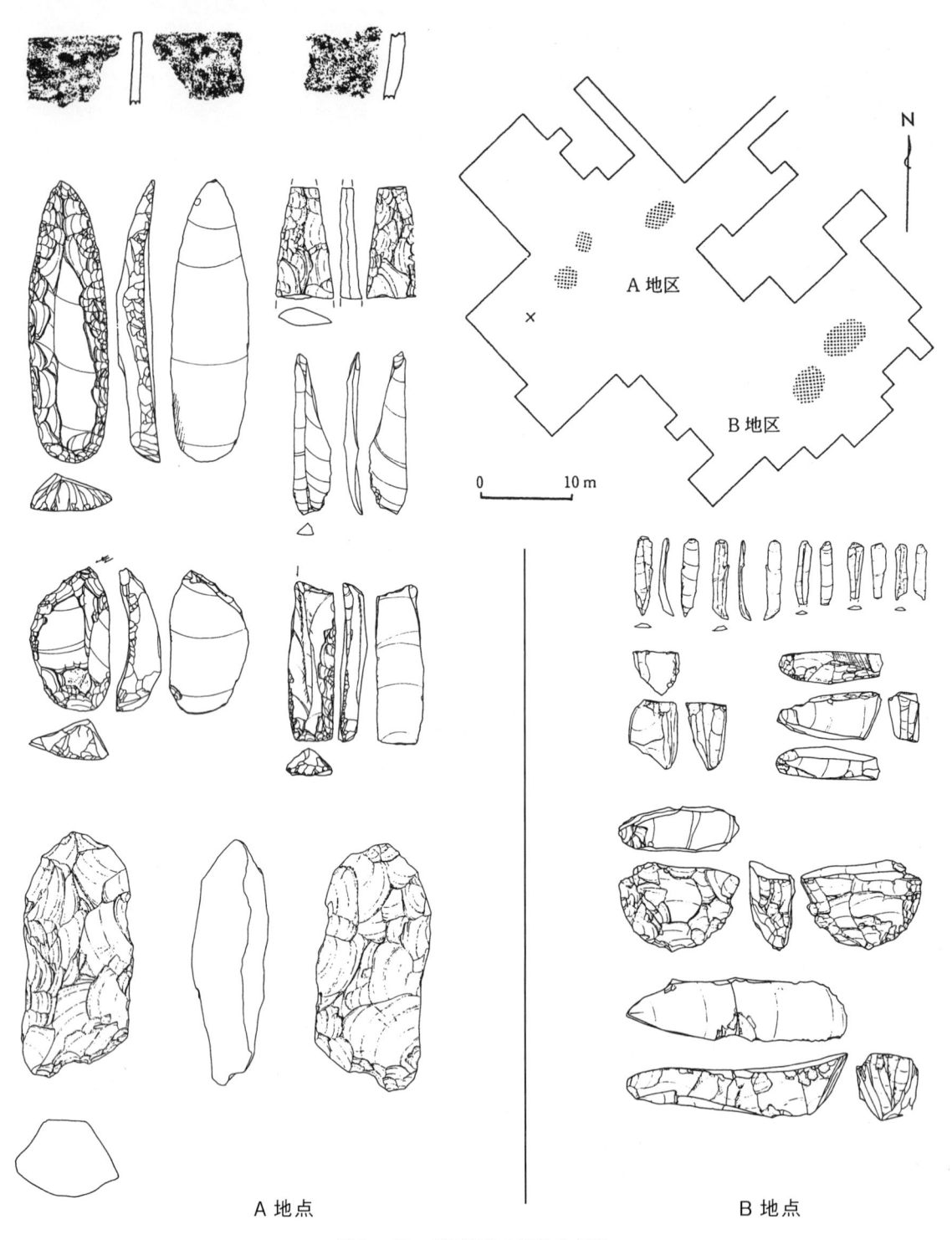

A 地点　　　　　　　　　　B 地点

図Ⅰ-51　後野遺跡の石器分布図

両石器群の距離はわずか約20mである［図Ⅰ-51］。出土層位は神子柴型石器が上層の黄褐色パミス層（第3層）であるのに対し、湧別技法細石器は下層の褐色軟質ローム（第4層）であることが確認されている〔川崎ほか1976〕。しかし、稲田は次のような事実をあげ、両石器群の共伴説をとる。引用が少し長くなるが、その言い分に耳を傾けてみよう。

「しかし、じつはA地区の石器出土地点からB地区と同じ原石でつくった細石刃が四点出土している。最初に居住した細石刃集団が、その居場所から二〇メートル離れた地点にたまたま数点の細石刃をのこし、次の時代の神子柴集団がきっちりその位置に居住したというのでは偶然すぎる。同じ時期に二つの集団が居住したから、両者のあいだで石器の移動があったと考えた方がわかりやすい。」

なるほど両石器群のブロックに、同じ母岩でつくった細石刃が共有されているのであれば、誰しも共伴説に傾くであろう。『報告書』分類表では個体番号No.4の細石刃のうち2点（742・743）がA地区からの出土となっている。「しかし、じつは」本文中ではA・B両地区に共有する個体は、個体番号No.2の剥片1点（533）、No.4の剥片3点（807・814・815）、No.16の剥片2点（920・922）の3個体6点の剥片のみで、細石刃ではない。こうした所見を踏まえ、報告者は「A地区とB地区は同じ台地上に存在し、しかもその間隔は20mしか離れていないことを考慮するならば、A，B地区から出土した総点数835のうちで両地区に混在しているものが僅か6点にすぎないことに注目しなければならないであろう。A，B両地区の石器群が異なる層位に包含され、石器群の組成の上にも明確な相違が認められるわけであるが、石器作出の素材の上からも、2つの文化層はほとんど完璧に分離されたというべきであろう」と結論づけている〔川崎ほか1976〕。なお、A地区の無紋土器の出土地点の近くから、黒曜石製の剥片のブロックが検出されている[11]。B地区の湧別技法細石器は黒曜石を用いておらず、この石材の違いには注意を要しよう。

稲田の論拠とした4点の共有の細石刃は、分類表No.4の2点の誤りか、No.16の頁岩の剥片4点のことであろうか。

なお改めて実見しても、頁岩の同一個体の認定は肉眼ではなかなか難しい[12]。「旧石器時代」研究のオピニオン・リーダーが「細石刃」といえば、実見していない多くのものが共伴説になびくのは学界の常である。自戒も含めて慎重でありたいものである。

新潟県樽口遺跡　東北地方の出羽国の植民活動から越国に入った最初の基地は、朝日連峰の三面川上流域の樽口遺跡である。三面川左岸の上位段丘に位置し、現河床との比高は41mを測る。上段は一段高いテラス上に位置するA地区と平坦なB地区にわかれる〔朝日村教委1996〕。とくにA地区では狭いテラスにナイフ形石器から細石器に至る多重的な文化層が検出されている［図Ⅰ-52］。その成果は先土器時代の石器群の編年を考える上

第Ⅰ部　細石器文化と神子柴文化

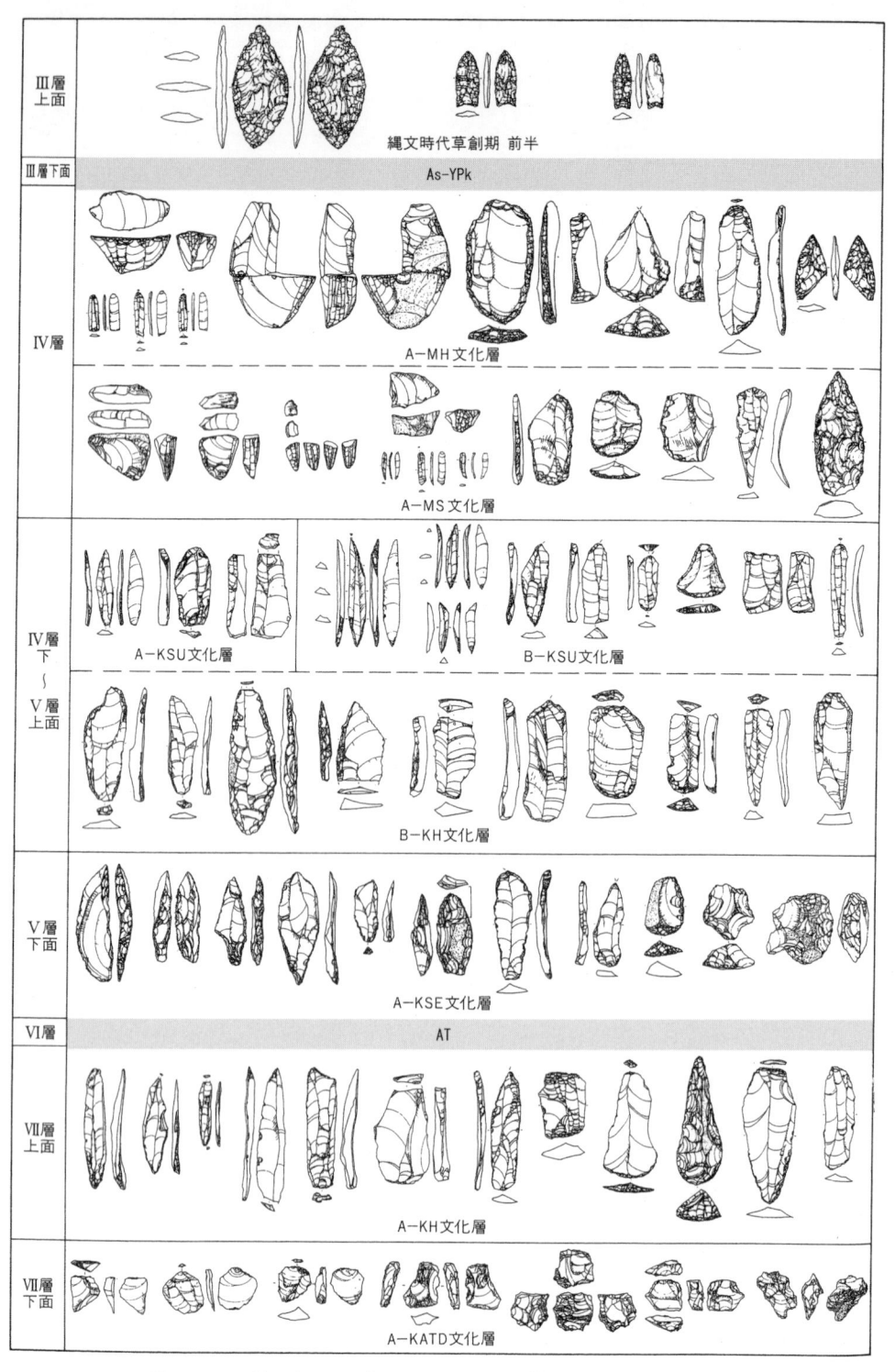

図Ⅰ－52　樽口遺跡の層位別石器群の変遷〔朝日村教育委員会 1996〕

で重要であろう。狭い範囲に7つほどの文化層が重複していることは、「数万年」にわたって彼らの居住立地が変わらなかったことを示している。接近した異なる時期の石器群が存在する理由は立地・地形条件の共通性に起因するのであって、必ずしも同時期を保証するものではない[13]。

広域的な鍵層となる浅間山起源のAs-YPk[14]（浅間－草津黄色軽石）層下、Ⅳ層から2つの細石器の文化層が検出されている。上位がホロカ型細石器（A－MH文化層）、下位が湧別技法細石器（A－MS文化層）である。大平山元Ⅱ遺跡の層準と同様、自説の細石器編年観とは異なるが、第4項で検討することにしよう。

樽口遺跡の湧別技法細石器は東北の植民地でみられた札滑型細石核ではなく、打面に擦痕をもつ白滝型細石核である[15]。また通常、用いている頁岩ではなく黒曜石製（92％）だ。上位のホロカ型細石器が頁岩製（97％）であるのに対し、明らかに黒曜石にこだわっている。その原産地は秋田県男鹿産だという。かつての植民活動地であり、事情のわかっている朝日連峰出羽側の月山産でないのが少し気がかりである。白滝型細石核は僅かではあるが、越中山E遺跡や湯ノ花遺跡でも見つかっている。湯ノ花遺跡のものも男鹿産だ。

こうした白滝型細石核に、大型尖頭器が伴っている。黒曜石製の細石器とは異なり、尖頭器は頁岩・安山岩製である。神子柴型石器に特有の彫掻器もある。稲田のいうとおり神子柴型石器の仲間であろう。しかし、上位のホロカ型細石器にも尖頭器や彫掻器が伴い、さらに上のⅢ層も大型尖頭器が出土する。これらすべてを神子柴型石器とすると数段階で共伴することになる。何と付き合いのよい集団であろうか。

新潟県大刈野遺跡　新潟県南端、碓氷峠を通って関東に抜ける要衝の地である。大嶺山麓の裾部の丘陵先端部に位置し、魚野川と支流ツナキ川との比高差は約30mである。当該期の石器群はⅣ層から出土し、4つのブロックから構成される［図Ⅰ－53］。発掘所見によれば、これらのブロックはAs-YPk（浅間－草津黄色軽石）降下後に形成されたものである〔佐藤雅編1988,1991〕。

第1～第3が大型尖頭器・削器を中心としたブロックで、第1ブロックからは小破片の無紋土器が1点出土している。神子柴文化期の尖頭器の製作跡とみられている。第4が細石刃・彫器を中心としたブロックである。細石核は出土していないが、細石刃が頁岩製であることから湧別技法細石器の仲間であろう。尖頭器の製作跡とは異なるブロックとされる。稲田は「尖頭器製作のブロックからも一点の細石刃が出土しているので、両者は同時期とみてよさそうだ」と強調する。稲田が尖頭器に共伴したとする細石刃は第2ブロック出土のものであろう。しかし、報告者は「企画剝片として量産されたとは考えにくい」ことから、細石刃だとは認定していない。また、尖頭器と細石器のブロックは「石器組成や及びブロック形成、

第Ⅰ部　細石器文化と神子柴文化

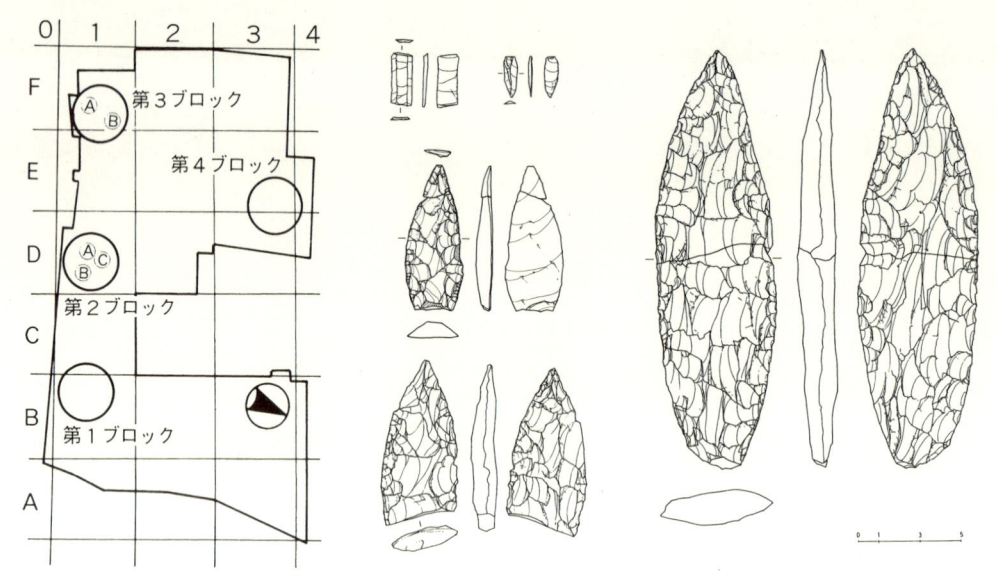

図Ⅰ－53　大刈野遺跡の石器分布

さらには剝片剝離技術の特徴から、時間差を有している」と考えている〔佐藤雅編1988〕。微量の資料から共伴説を主張するのは、やや無理があろう。

　また、大刈野遺跡では神子柴型石器も細石器も鍵層のAs-YPk（浅間－草津黄色軽石）の上位（降下後）から出土するのに対し、樽口遺跡では両石器群とも下位（降下前）から出土する。今後、鍵層の認定にも検討を要しよう。

長野県神子柴遺跡　病に倒れながら、なお『神子柴遺跡発掘報告書』の編集に情熱的に取り組んでいた林茂樹が永眠されたのは2004（平成16）年2月のことであった。完成目前の死は無念であったに違いない。林の願いと意志は遺された次世代に引き継がれ、きっとその責務は果たされるであろう［図Ⅰ－54］。

　神子柴遺跡にふれた近年の著述で、林は次のようにいっている。「わずか一点ではあるが細石核に似た舟底形石器がある。また最近の精査の結果、フリント製削片一点に細石核の『湧別技法』が認められた。世界的に大型美麗で知られる神子柴型石器には、それを製作するための多くの技法が多く認められることを重視したい〔林1994〕。」舟底形石器は黒曜石製であるが、細石核とは言い難い。林が湧別技法とみなした削片については、稲田も「湧別技法で製作された第一削片の可能性」を指摘している。

　可能性は否定しないが、石器製作の痕跡が顕著ではない神子柴遺跡で、なぜ第一削片のみが出土し、細石刃や細石核が遺らなかったのか。断面三角の削片は石槍の製作過程でも作出されるし、盤状石核の縁辺部の破片である可能性も考えられる。湧別技法による削片ではない可能性も同時に担保されなければならない。神子柴文化を代表する長野県唐沢B遺跡や青森県長者久保遺跡では、湧別技法を示す石器や剝片は皆無である。存在しないことと可能性

－ 126 －

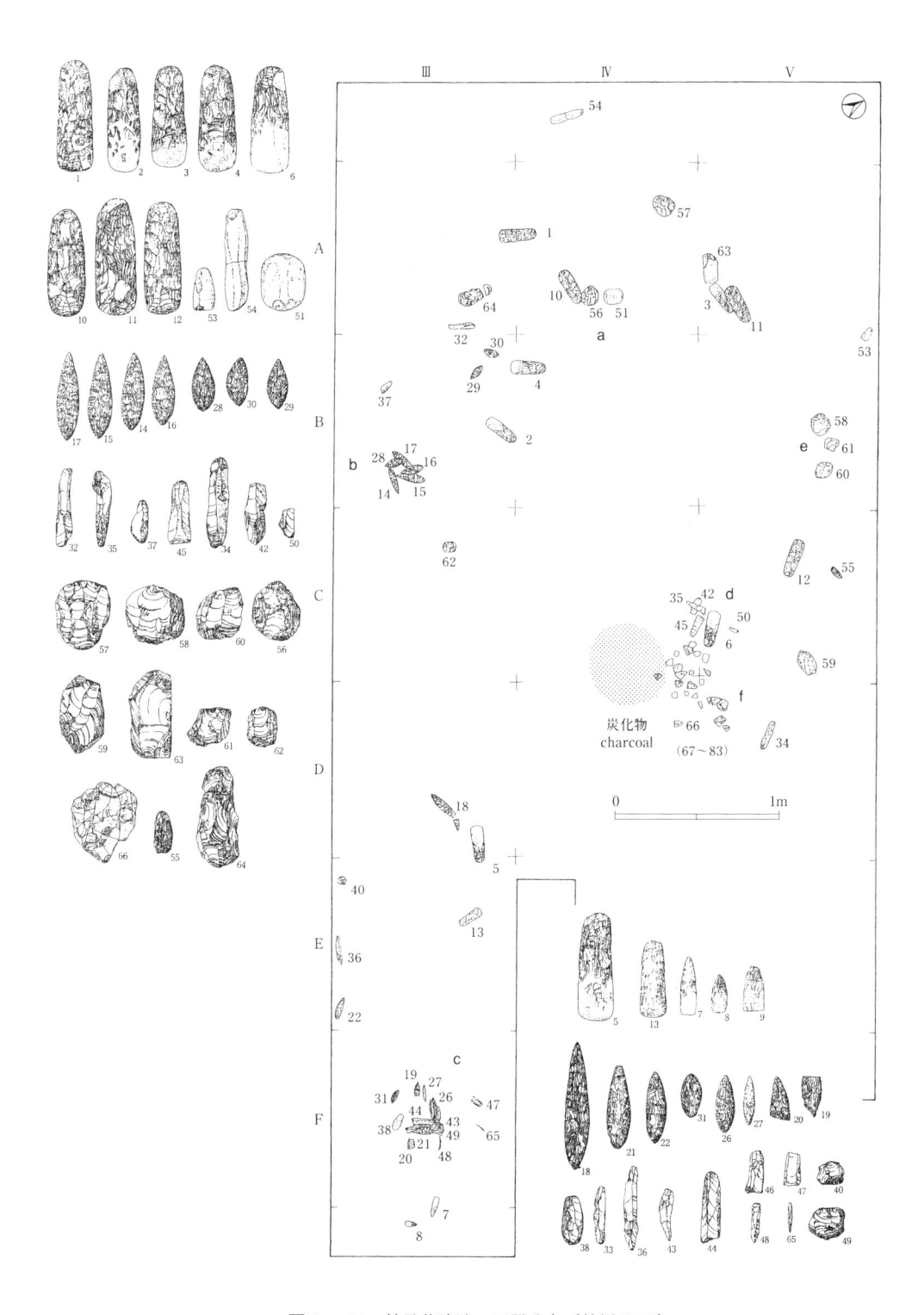

第4章 細石器文化と神子柴文化の危険な関係

図Ⅰ-54 神子柴遺跡の石器分布〔林編 2008〕

第Ⅰ部　細石器文化と神子柴文化

がないことは別な次元であるが、神子柴遺跡の石器群の評価は、主要利器が細石刃槍から大型石槍に変わった段階の姿を示していることにある。湧別技法細石器が伴ったとしても、その評価は微動だにしない。おそらく、その共伴の可能性は少ない。

岐阜県宮ノ前遺跡　飛騨山地に入った湧別技法植民集団は、日本海側に流れる神通川上流部宮川左岸の峡谷に居を構える。先土器時代から縄紋時代にわたるこの地域の拠点遺跡の一つである。発掘年度によって4地点に分かれるが、一つの遺跡とみてよい。

稲田は「この宮ノ前遺跡からは、まだ詳細は公表されていないが白滝型細石核と神子柴型尖頭器、それに神子柴型石斧に土器まで出土した」と、これらの共伴関係を肯定的に受け止め自説を強化する事例に加えている。その後、二冊の報告書が刊行された〔宮川村教委1998、2000〕。

細石器は16・17層から出土する（前田地点）。細石刃は下呂石・黒曜石・頁岩・チャート製である。細石核は矢出川型と湧別技法白滝型があり、前者は黒曜石・下呂石・チャート製、後者は黒曜石製である［図Ⅰ-55］。おそらく17層は細石器の文化層であろう。16層から白滝型細石核が1点出土するほか、十数点の尖頭器、円形貼付紋（豆粒紋）土器などが出土する（1989年調査区）。これらの石器や土器は共伴すると考えられている。しかし、隣接した1994年調査区では輝緑岩製の神子柴型石斧1点と下呂石・頁岩製の掻器・削器・石刃・剝片が出土するが、細石器・尖頭器・土器は検出されていない。包含層は水成堆積層であり、層の対比や共伴関係については慎重を要しよう。

報告者はこれらの事実を踏まえて、「16層から出土した石器にも時期差がある可能性があり、石刃石器群と、細石刃・神子柴系尖頭器・土器を含めた4者の関係ついては、調査例の増加と今後の研究に委ねたい」と述べている〔宮川村教委1998、2000〕。

以上、稲田が提示した7遺跡の共伴事例について検証してきた。一緒に出たことは認められても、「出たまま認定」をそのまま共伴関係に置き換えることはできない。これらの共伴関係については二つ問題点がある。一つは細石器自身の変遷である。湧別技法細石器と異なる技法でつくられる矢出川型細石器やホロカ型細石器が「同時期なのか」という点である。もう一点は湧別技法細石器と神子柴型石器との関係である。典型的な神子柴型石器とされる青森県大平山元Ⅰ遺跡・長者久保遺跡、山形県八森遺跡、長野県唐沢B遺跡の石器群には、細石器の影は認められない。「一方の集団のうしろに他方の集団が見え隠れする、といった関係だろう。つかず離れずの結びつきといってよいかもしれない」との稲田の主張は、おそらく氏自身の願望か幻想であろう。さらに共伴の同時性を「在地民」・「植民」という別個の部族の社会関係に置き換えて解釈することが正しいと言えるのであろうか。「ヒトを動かしてはならぬ」という戒めを強く感じるのは、筆者だけであろうか。

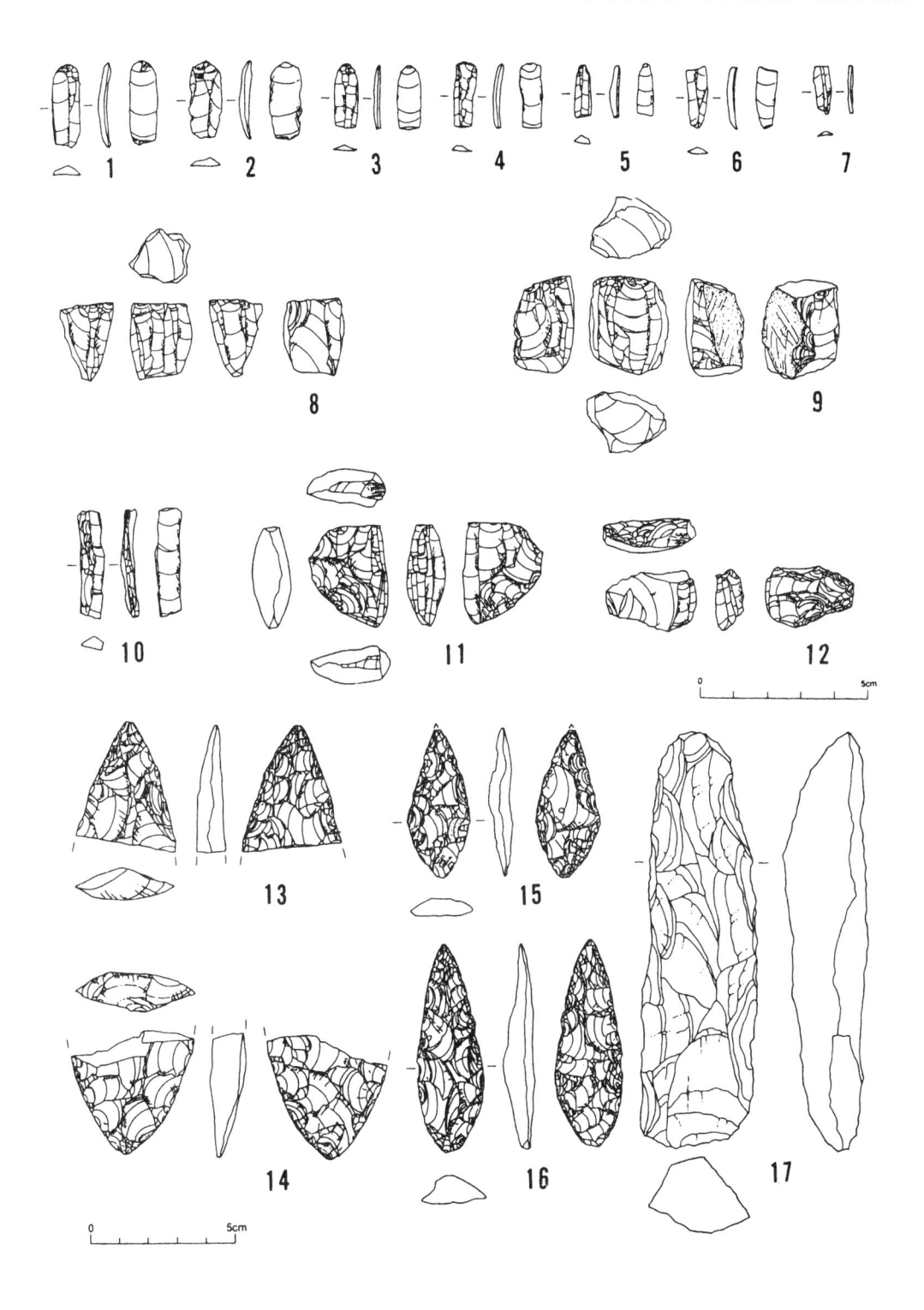

第 4 章　細石器文化と神子柴文化の危険な関係

図 I − 55　宮ノ前遺跡 16・17 層出土の石器

第Ⅰ部　細石器文化と神子柴文化

4．細石器と神子柴型石器の近年の事例

「層位は型式に優先する」という言葉は、旧石器研究のパイオニア芹沢長介が好んで引用した言葉である。層位を信じ「原人の世界」にまで突き進んでいった捏造事件の記憶は、未だ生々しい。正しくは「層位は型式を検証し、型式は層位を保証する」と言い改めるべきであろう。ここでは、近年発掘された細石器と神子柴型石器にかかわる3遺跡の事例について検討してみよう。

群馬県馬見岡遺跡　渡良瀬川左岸の最も古い河岸段丘桐生面の東端に位置し、水田を形成する沖積地との比高差約1mの所に立地する〔小菅2006〕。出土した細石器は、黒曜石製の矢出川型細石器と頁岩製の削片・掻器をもつ湧別技法細石器、他に黒色安山岩の剥片・砕片が約6mの一つのブロックから検出された〔図Ⅰ-56〕。共伴論者にとっては好都合な事例である。しかし、湧別技法の細石核や細石刃は1点もなく、砕片類が目立つ。出土層位はⅣ層のAs-YP（浅間－板鼻黄色軽石）の下位とされるが、その垂直分布はⅢ層からⅤ層上端の約60cmの上下幅をもっている。果して一つのブロックからの出土をもって、共伴を検証したといえるであろうか。

前橋市市之関前田遺跡では、As-SP（浅間－白糸軽石）直下から黒曜石製を主体とする矢出川型細石器が検出されている〔宮城村教委1991〕。矢出川型細石器の包含層はAs-YPより下位の鍵層As-SPの直下である。同じ柏倉地区の芳見沢遺跡では、黒色頁岩を主体とするホロカ型細石器がAs-YP直下から出土する〔前橋市教委2005〕。桝形遺跡も同一層準であろう〔宮城村教委1973〕。

また、同市頭無遺跡では湧別技法細石器が同じくAs-YP直下から出土している〔前原・関根1988〕。テフラの鍵層からみると、矢出川型細石器（As-SP直下）と古く、ホロカ型細石器と湧別技法細石器（As-YP直下）の前後関係は不明というのが現状であろう。なお、石山遺跡・房谷戸遺跡の神子柴型石器はAs-YPより新しい〔群馬県教委1992〕。すなわち、細石器と神子柴型石器は共伴しない。しかし、長野県下茂内遺跡ではAs-YP下位のAs-OP$_2$（浅間－大窪沢第2降下軽石）、八風山遺跡ではAs-YP上位で出土する。浅間起源のテフラによる鍵層をもっても解決しない〔長野県埋文センター1992、佐久市教委1999〕。

同じ浅間起源のテフラをもつ新潟県下ではどうであろうか。荒屋遺跡ではAs-YPk（浅間－草津黄色軽石）の下位に包含される可能性が高い〔東北大学大学院文学研究科考古学研究室2003〕。前述した樽口遺跡ではAs-YPk（浅間－草津黄色軽石）直下のⅣ層から細石器が検出される。Ⅳ層上位にホロカ型細石器の包含層が、下位に湧別技法細石器の包含層が位置する。大平山元Ⅱ遺跡の層位例とも合致する。ところが、大刈野遺跡ではAs-

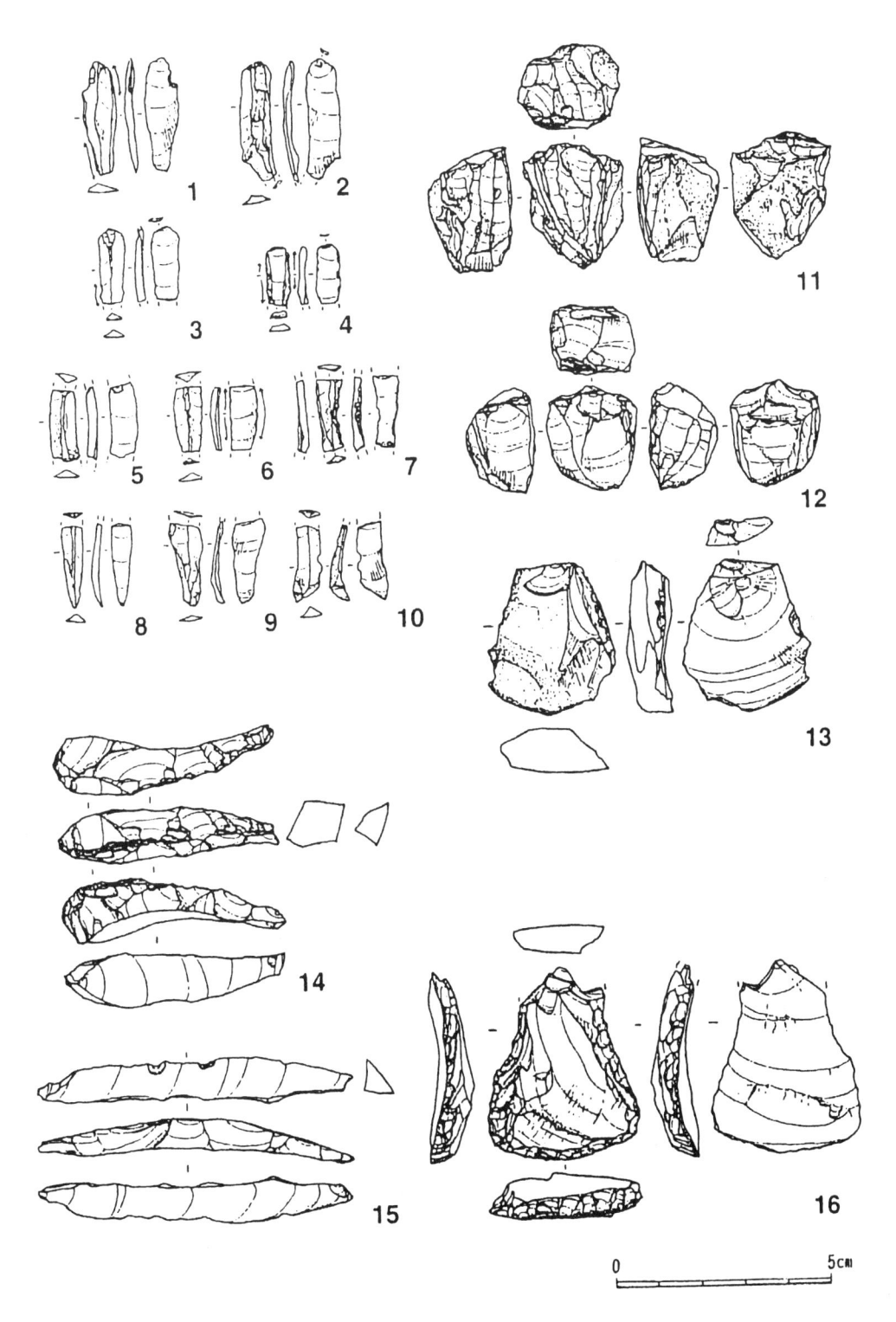

第4章　細石器文化と神子柴文化の危険な関係

図Ⅰ-56　馬見岡遺跡出土の細石器〔小菅2006〕

第Ⅰ部　細石器文化と神子柴文化

層位	細石刃石器群		
L1S	上和田城山Ⅰ　　（L₁S上面） 栗原中丸Ⅱ　　（L₁S下部）	下鶴間長堀Ⅰ　（L₁S下部）	勝坂　　　　　（L₁S上面～） 月見野上野Ⅱ　（L₁S上面） 寺尾Ⅰ　　　　（L₁S） 長堀北Ⅱ　　　（L₁S）
BB0	相模野149Ⅱ　　（BB0上面） 深見諏訪山Ⅱ　（BB0上面） 報恩寺　　　　（BB0上部） 上草柳第3中央Ⅰ（BB0下部） 中村Ⅱ　　　　（BB0下部） 月見野上野Ⅲ-1・Ⅲ（BB0下部） 上和田城山Ⅱ　（BB0下部）	上草柳第1地点Ⅰ　（BB0中）	
L1H	かしわ台駅前Ⅱ　（L₁H上位） 柏ヶ谷長ヲサⅣ　（L₁H上部） 代官山Ⅲ　　　（L₁H上部）		
細石刃石核の構成	稜柱形	稜柱形＋舟底形	楔形

図Ⅰ-57　相模野台地の細石器出土層準〔大和市教育委員会1991〕

YPk降下後に包含層が形成されている。神子柴型石器と湧別技法細石器が共伴するのであれば、ホロカ型細石器より湧別技法細石器は新しいと主張しなければならない。共伴しないとする立場からは、細石器より神子柴型石器が層位的に新しいといえる。As-YPkはAs-YPより年代的に新しいとされてきたが、同一噴火輪廻テフラとされている〔町田・新井編1992〕。As-YPとAs-YPkの分析・同定には、さらに検討を要しよう。

　目を転じて南関東の相模野台地の層位例をみると、矢出川型細石器（L1H～BB0）→ホロカ型細石器（BB0）→湧別技法細石器（L1S）と変遷する［図Ⅰ-57］。いずれの層位例も、「層位は型式を検証し、型式は層位を保証する」までには至っていない。だからといって矢出川型細石器も、ホロカ型細石器も、湧別技法細石器も、神子柴型石器もそれぞれ異なる集団によって用いられ、共存共栄していたとする考え方には賛同しがたい。

東京都狭山B遺跡　狭山池に隣接する丘陵の西端、立川段丘面に位置している。1968・1969（昭和33・昭和34）年、吉田格によって多数の尖頭器や細石器が出土したことで知られる遺跡である〔吉田・肥留1970〕。特に矢出川型細石器にまじって、2点の舟底形細石器が発見された。当時、関東地方において数少ない舟底形細石核の資料として注目された。その後2002（平成14）年、東京都埋蔵文化財センターが、吉田の発掘地点に一部重複して調査を実施している〔東京都埋蔵文化財センター2003〕。5つの遺物集中地点が検

第4章 細石器文化と神子柴文化の危険な関係

出され、第3集中地点を中心にして石器が分布している［図Ⅰ-58］。

最も多い石器は尖頭器で100点を超えている。細身の柳葉形のものもあるが、多くは大型の木葉形を呈する。未製品や撥ね物も認められる。これら尖頭器に混じって、矢出川型・ホロカ型・湧別技法細石器が発見されている。また濃密に石器が分布する第3集中地点から無紋土器片1点が検出されている。胎土に繊維を含む、やや厚手（8mm）の土器である。矢出川型細石器は第3集中地点とその北東側、湧別技法細石器はその南東側にやや異なる分布を示す。ホロカ型細石器は第4集中地点から出土する。矢出川型細石器の多くは黒曜石製であるのに対し、尖頭器やホロカ型・湧別技法細石器の多くは頁岩製で地元のもの（五日市町層群秋川層）と考えられている〔国武2004〕。

主体的な尖頭器を神子柴型石器の一員とすれば、矢出川型・ホロカ型・湧別技法の各細石器が、ともに一遺跡内で共伴したことになろう。おまけに無紋土器まで伴っている。共伴論者にとってはお誂え向きの遺跡であり、格好の資料である。しかし、これらの石器群や土器を共伴と認定するならば、一緒に出たナイフ形石器も共伴となろう。日本の「旧石器時代」の大半は縄紋時代になってしまう。ナイフ形石器を細石器や神子柴型石器と切り離すことができるのは、編年が確立しているからに他ならない。時代が異なるナイフ形石器が一緒に出るのは立地や環境条件の同一性であり、同時期の同居性を示すものではない。

裏返していえば細石器と神子柴型石器を切り離すことができないのは、編年が確立していないからである。該期の^{14}C年代に惑わされているためでもあろう。狭山B遺跡から出土した5点セット、矢出川型細石器＋ホロカ型細石器＋湧別技法細石器＋神子柴型石器＋無紋土器の前後関係や共伴関係を如何に検証するか、今後の重要な課題となろう。

山形県八森遺跡　　出羽山地を源とする荒瀬川が庄内平野に流れ出す丘陵裾部に位置する。平安時代の出羽国府に擬せられる著名な官衙遺跡である〔佐藤禎編2003〕。桑園地区と呼ばれる丘陵先端低位段丘面から数多くの神子柴型石器が出土した［図Ⅰ-59］。石器群は主に3・4層上面のローム質粘質土に包含され、3つのブロック（A～C）が検出されている。神子柴遺跡や長者久保遺跡のような小範囲な出土状態とは異なり、石器製作を行うなど広範囲に広がり生活跡の様相をもっている。出土石器は、神子柴型石斧を含む5点の石斧、未製品や撥ね物を含む尖頭器、ナイフ形石器、掻器・彫器・削器・砥石・石刃のほか、母岩・石核・剥片である。神子柴型石器に特有な彫掻器は認められない。彫器は荒屋型を含んでいるが、細石器の影は一切認められない。石材の大半は庄内地域の地元産珪質頁岩で、ほかに玉髄・安山岩・砂岩が混じる。石材の頁岩は原産地で表皮を剥がし、ラグビーボール状に粗く成形した大型両面体の石材を持ち込んで石器を作っている［図Ⅰ-59（35）］。こうした素材の存在は、神子柴型石器製作や流通を考える上で重要な点である。

第Ⅰ部　細石器文化と神子柴文化

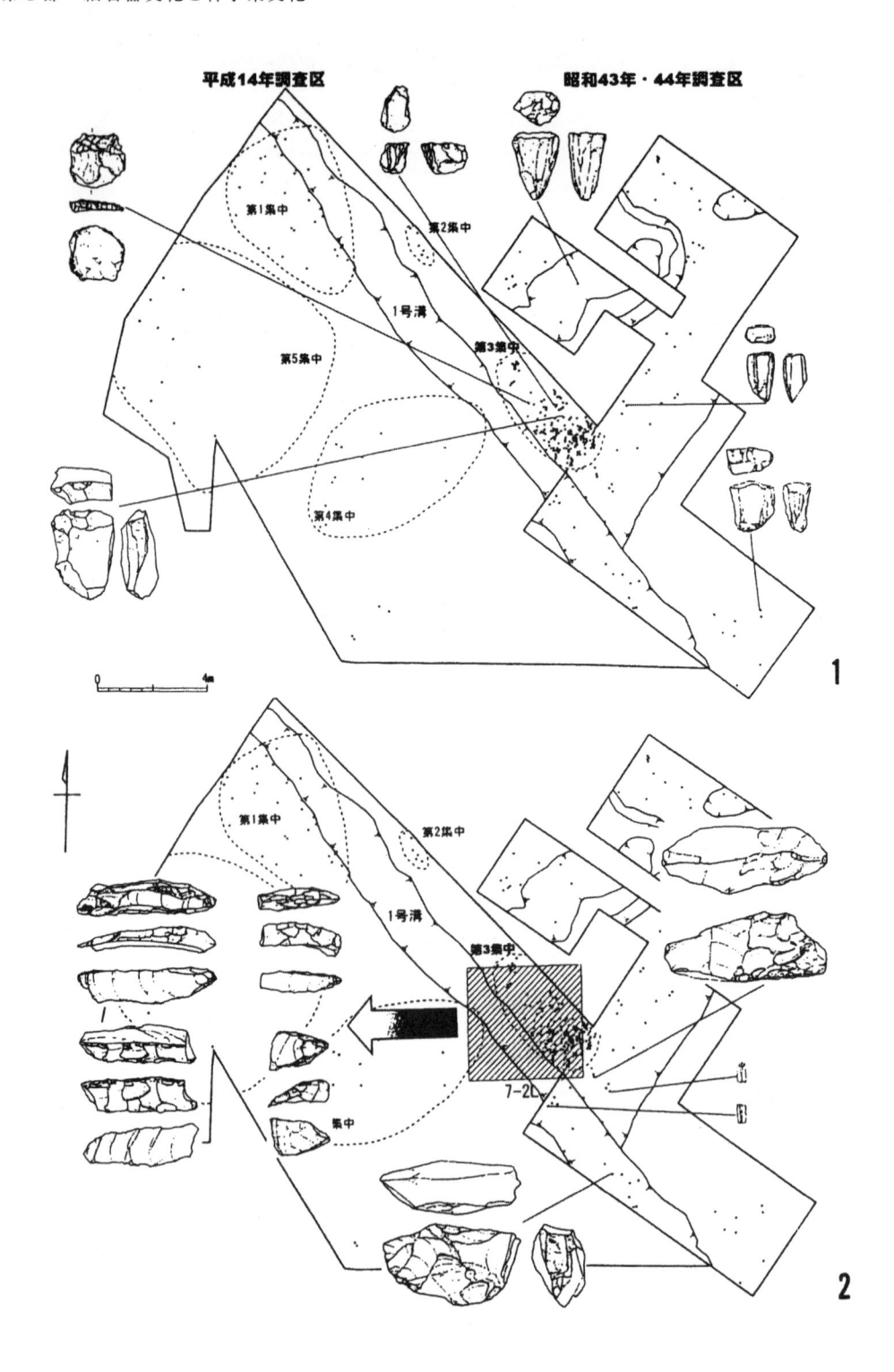

図Ⅰ-58（1）　狭山遺跡の各石器群の分布図（1 矢出川型　2 湧別技法細石器）〔国定 2004〕

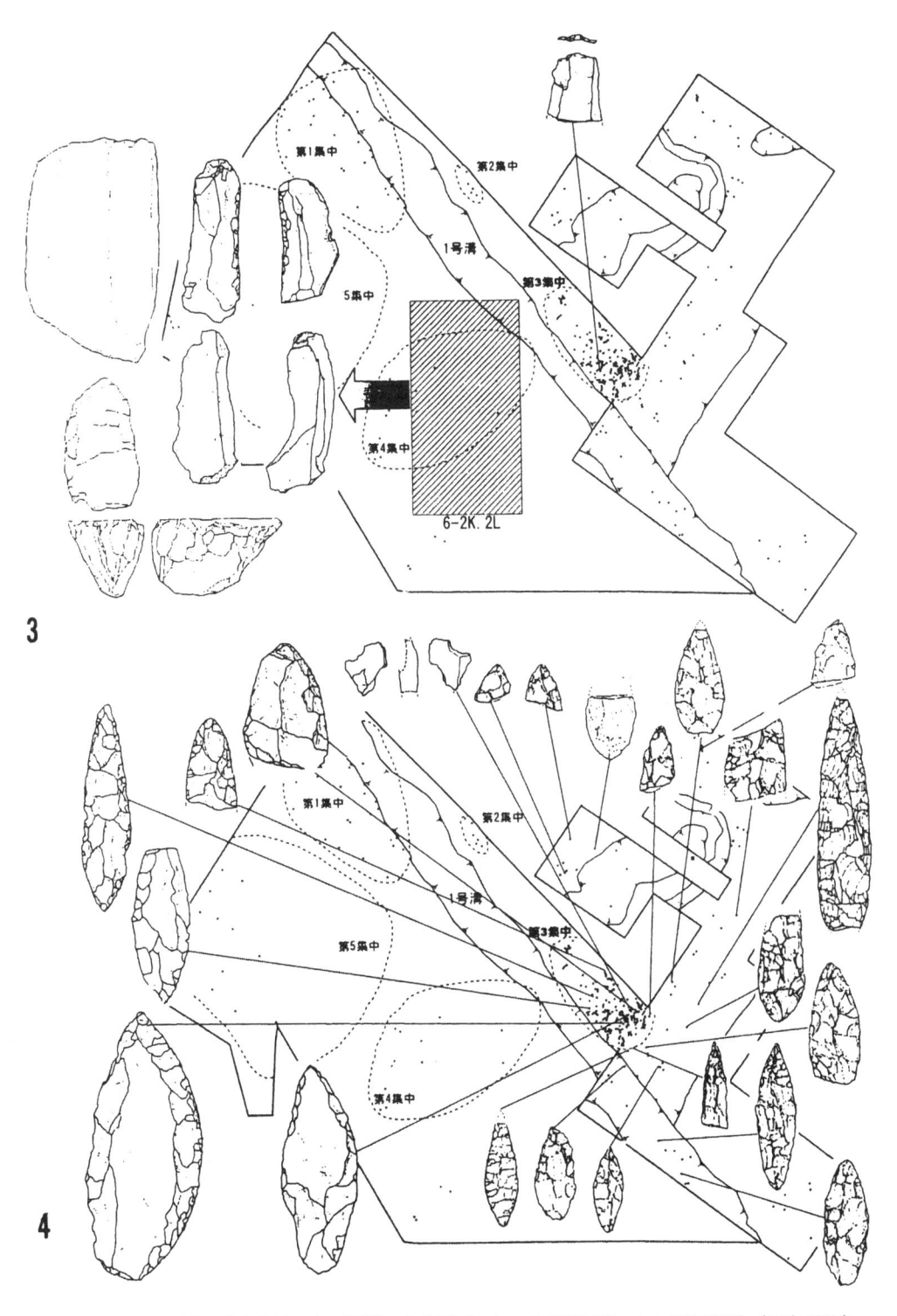

第4章　細石器文化と神子柴文化の危険な関係

図Ⅰ-58（2）　狭山遺跡の各石器群の分布図（3 ホロカ型細石器　4 大型尖頭器）〔国定2004〕

第Ⅰ部　細石器文化と神子柴文化

　問題となるのは、ナイフ形石器の共伴関係であろう。出土したナイフ形石器は東山型の範疇のものである。調査者の佐藤禎宏は東山型ナイフ形石器が有舌尖頭器文化直前まで降るという考えから、共伴説の立場をとり次のように述べている〔佐藤禎編 2003〕。「東山型系ナイフ形石器文化の盛行期に、桑園に到来した槍先形尖頭器・斧型石器・削器を作出する集団が、石刃石器文化と接触があってその石器を取り入れたとするのが自然な理解である。」果たしてそうであろうか。樽口遺跡ではAT火山灰降下後のⅣ層下〜Ⅴ層上面にかけて二つのナイフ形石器の文化層が検出されている。上位（A－KSU・B－KSU文化層）が杉久保型ナイフ形石器と神山型彫器に代表される石器群、下位（B－KH文化層）が東山型ナイフ形石器と大型彫器・掻器に代表される石器群とされる。両者は層位的に明確に分離できないが、少なくともⅣ層の湧別技法細石器より下層から出土している。東山型ナイフ形石器もまた神子柴型石器の新たなパートナーだとすると、多様な様相はさらに深まる。複雑に絡まった糸はますます解けなくなりはしまいか。ここでは混在と考えておきたい。

　以上、細石器や神子柴型石器に関連する近年の3遺跡の事例を紹介する中で、その問題について述べてきた。すべては、それぞれの石器群が共伴するか否かにかかっている。島根県杉谷遺跡における古墳時代の玉作工房跡から出土した玉の素材と同質の玉髄製湧別技法細石器を容易に抽出できるのは、時代の異なる文物と認識できるからである。偶然に同一地点から出土しても、誰も共伴説はとらない。同じようにナイフ形石器も細石器も神子柴型石器も一緒に出たからといって、どうして多様な同時代の実態を示していると断言できようか。3つの石器群の共伴関係を懐疑的にみる立場からは、「縄紋土器と宋銭が同時代である」と主張しているようにも聞こえる。「旧石器時代」はミネルヴァ論争以前の世界なのであろうか。さらなる検証は必至である。

おわりに

　稲田が認定した細石器と神子柴型石器の共伴関係を近年の事例を含めて、遺跡ごとの各石器群について検討してきた。あくまでも共伴説を否定せんがために議論してきたわけではない。同一母岩から作られた細石核と神子柴型石斧や石槍が接合するのであれば、自説を撤回しなければならない。微少な資料を積み上げ共伴説を強化し「植民論」を展開するのは、いささか針小棒大ではないかと考えているだけのことである。

　湧別技法細石器も神子柴型石器も両面体加工技術を有する石器製作体系に由来している[16]。その出自は湧別技法に求めることができるであろう。両面体加工技術による湧別技法からは細石刃、母岩作製時の剝片から彫器・削器等の加工具が、一連の製作工程でつくられる。細石刃

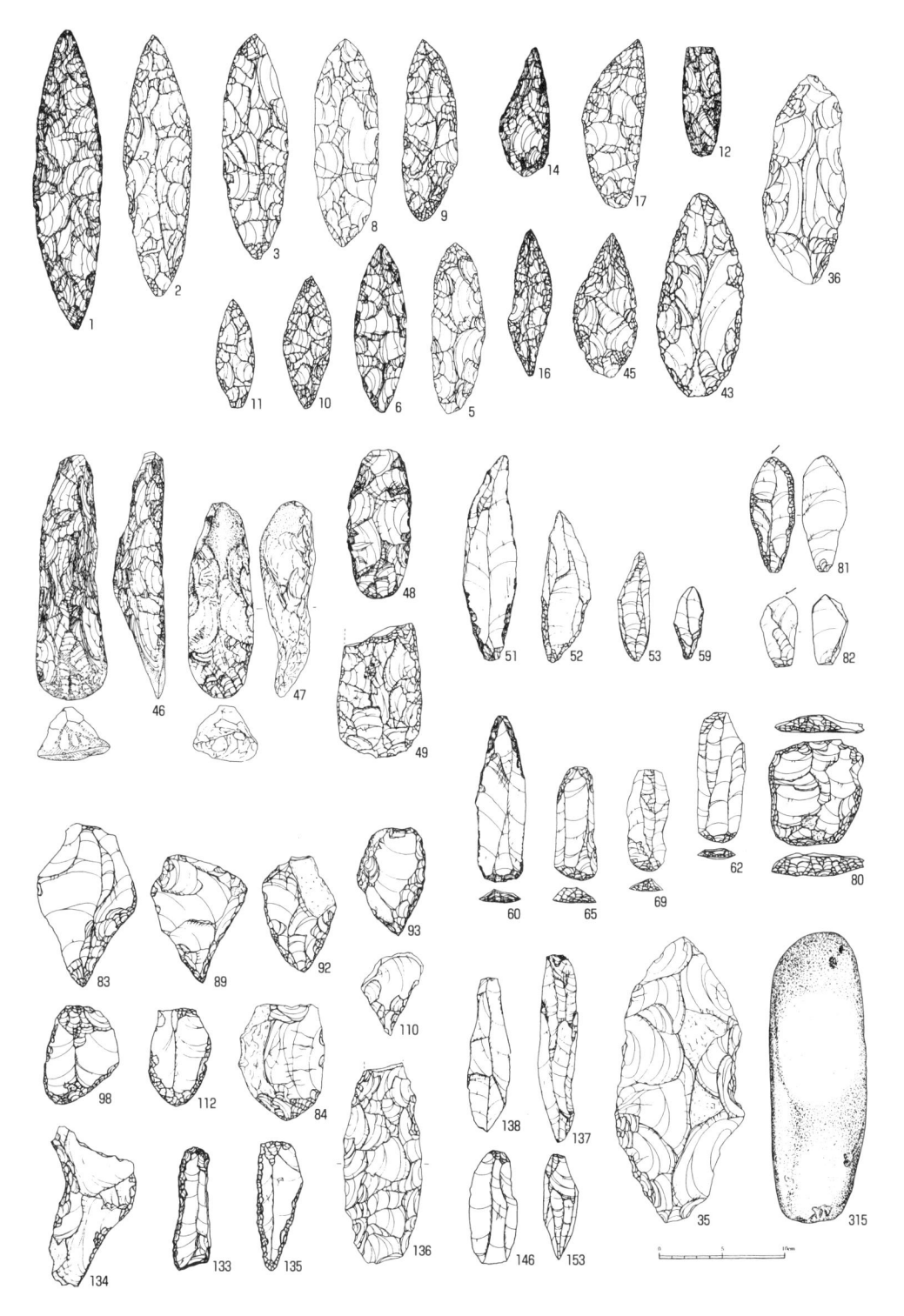

第 4 章　細石器文化と神子柴文化の危険な関係

図 I－59　八森遺跡の神子柴型石器組成〔佐藤禎編 2003 を改変〕

第Ⅰ部　細石器文化と神子柴文化

の作出は伝統的な小型石刃技法による。一方、神子柴型石器は両面体加工技術による石槍とその技術を応用した神子柴型石斧、彫器・削器・掻器は大型石刃技法による。すなわち、両者は大小の差はあるものの両面体加工技術＋石刃技法を基盤としている。しかし、細石刃槍から大型石槍の変化は、道具の変化からも石器の型式からも画期的な革新である。土器の型式論と石器の型式論が異なることは理解できるが、石器のカタチは製作技法や道具の形式（カタシキ）によって決められることに変わりない。湧別技法細石器と神子柴型石器の型式学的な差異を異種集団の違いに置き換え、多様な同時性の中で解釈する「複合的同一論」には再三疑問を呈してきた。縄紋時代草創期の有舌尖頭器石器群が神子柴型石器を継承しているのと同様、神子柴型石器も湧別技法細石器の伝統を継承しているのである。神奈川県長堀北遺跡・勝坂遺跡では神子柴型尖頭器に変化しているにも係わらず、湧別技法細石器が出土するのは、前代の細石器の伝統を引き継いだ証であろう〔大和市教委1991、青木・内川1993〕。

最後にミネルヴァ論争において、考古学の正道を説いた山内清男の言葉を引用し本論考をとじたい〔山内1936〕。

「笑窪はあるべき位置を持つが、痘痕の所在には秩序が無いと云うことである。近年あばた顔は減ったが、学説に秩序を持たぬ人は必ずしも減ったとはいえないかも知れぬ。誠に遺憾な次第である。〈中略〉何人が主張しても道は道であることに相違ないが、自ら戒めることが先ず必要だと思う」。

本稿の作製にあたり、いつもながら多くの方々から御教授・御協力を賜った。記して感謝申し上げたい。

安蒜政雄・池谷信之・石川日出志・井上　賢・近江　哲・小笠原永隆・小熊博史・及川　穣・葛城瑞穂・鴨志田篤二・川口武彦・國分篤士・佐藤雅一・島田和高・永塚俊司・中村　剛・長沼　孝・西川博孝・前原　豊（敬称略）。

追　記　織笠昭さんが亡くなられて、三年を迎えようとしている。その年、九州での発掘者談話会の会合で元気な顔を拝見した数日後の出来事であった。同じ年の1月大手術で死にかけていたのは、むしろ私の方であった。これも運命のいたずらか、詮無いことである。その眠りについた顔は白髪混じりの髭をたくわえてはいたが、明治大学に入学し駿河台の坂を颯爽と駆け上ってくる若き日の美少年の面影そのままであった。

そして現在、織笠さんとその若い仲間の勉強会、「石器に学ぶ会」も発足して十年目を迎えようとしている。教え子の一人川口武彦さんから原稿の依頼を受け、これも織笠さんの導きであろうと喜んでお引き受けした。会津に眠る織笠さんの墓標に刻まれた「ONE FOR ALL, ALL FOR ONE」の精神で頑張ってみたが、年甲斐もなく挑発的で粗野な拙稿になってしまった。お許し願いたい。

第 4 章　細石器文化と神子柴文化の危険な関係

註

（1）「段階的編年論」と呼ばれる筆者の立場は、神子柴型石器を一つの文化階梯とみなし、細石器文化→神子柴文化を経て縄紋文化へ移行するという基本的な編年観である。あわせて細石器文化を3段階（野岳・休場型→ホロカ・船野型→札滑・白滝型）に細分する編年観も含む。これに対し神子柴型石器を一つの文化とは認めず、細石器も神子柴型石器も一つの複合的文化を形成する「複合的同一論」者が大勢を占めている。とするなら細石器文化という文化階梯もなくなる。なお本稿を草するに当たり、用語を整理しておきたい。細石器に関連して、総称として「細石器文化」と呼ぶ。その石器群を細石器石器群・細石刃石器群とはせず、単に「細石器」と記す。3段階の細石器の細分について、野岳・休場型を「矢出川型」、ホロカ・船野型を「ホロカ型」、削片系細石器の札滑・白滝型を「湧別技法細石器」とし、必要が生じた時は型式名で呼ぶことにする。

　　神子柴型石器の総称については、「神子柴文化」と呼ぶ。その石器群の呼称については神子柴系石器群、神子柴石器群、長者久保・神子柴石器群、神子柴・長者久保石器群と立場によって異なっている。ここでは「神子柴型石器」と呼称し、特徴的な石斧や大型尖頭器を「神子柴型石斧」・「神子柴型尖頭器」と記す。

　　神子柴文化を一つの文化として認めるか否か、名称についての問題は入り口の議論ではなく、本質的な検討の後にして欲しい。高邁な理論から文化論を語っているのではなく、ナイフ形石器文化・細石器文化と呼ぶように、神子柴型石器にも文化があるということである。

（2）筆者も1993（平成5）年の日本考古学協会新潟大会の発表の際、「移行期」という用語をもちいたが苦肉の策であり、便宜的なものであった。「旧石器時代」でも縄紋時代でもない中間の時代である。時代区分論としては相応しい名称ではない。完新世であれば「中石器時代」の用法も考えられるが、なにせ氷河時代のことである。困ったことになった。

（3）稲田孝司の『植民論』についての批判は、『遊動する旧石器人』〔稲田2001〕を用いた。専門書ではあるが啓蒙的な概説書でもあり、意識的にやや踏み込んで解説されているものと考えられる。その論調の骨子は他の論文〔稲田1986, 1993, 1996〕でも提示されており、失礼を省みず引用文の多くは同書によった。

（4）実は、九州島にも「西海技法」あるいは「福井技法」と呼ばれる削片系細石器が存在する。打面を一側面から調整剝離する特徴をもつが、その工程は湧別技法とほぼ同じである。本当に系統や時期が異なるのであろうか。神子柴文化は九州島に影響を与えたのに、湧別技法植民集団は九州島に上陸することをあきらめたのであろうか。西海技法が本州島の削片系細石器に影響を与えたとする鈴木忠司や織笠昭の見解もある〔鈴木忠1988、織笠1992〕。西海技法と湧別技法の関係については解決しなければならない重要な課題の一つである。機会を改めて検討したい。

（5）弥生文化の東漸について、杉原は東日本の様相を「接触土器・接触文化」という概念を用いて解釈した。文化変容としての「接触」も否定していないが、弥生民族の東漸による縄紋民族との「接触」の様相として捉えた。自戒の弁からの発言であろうか。書かれたものは残っていない。不肖の弟子である筆者は先生の教えを直接聞く機会はなかったが、その教えは明治大学考古学の良き伝統として研究室の後継者に引き継がれているという（安蒜政雄・石川日出志両教授による談）。

（6）サハリン南部のソコル遺跡やドリンスク1遺跡では白滝産や置戸産黒曜石が出土している〔木村1995〕。やや時期は下るが沿海州の石刃鏃文化にも白滝産のものがあるという（長沼孝の教示）。先土器時代終末期の細石器文化は東アジアに共通する基盤をもっている。先史時代の国際化の時代であり、共通の文物や石材が行き交うことは当然のことであろう。

（7）渡島半島頁岩産出地帯の美利河1遺跡・神丘遺跡・湯の里遺跡・石川1遺跡でも白滝産の黒曜石が搬入

− 139 −

第Ⅰ部　細石器文化と神子柴文化

されている〔木村 1995〕。また本州新潟県小瀬ガ沢洞穴でも、白滝産・置戸産黒曜石が用いられている〔藁科・小熊 2002〕。

（8）　神津島産黒曜石について、こうした厳しい地理的条件や丸木舟を用いなければならないことから、「旧石器時代」の利用を否定する見解もある〔川口 2003〕。

（9）　北海道で出土した荒屋型彫器は 45.5％ が頁岩製で占めている。木村は「基本的には、荒屋型彫器は頁岩類でなければならなかった」と述べている。また木村は、暁遺跡から 171 点と多量の荒屋型彫器が出土する背景を、素材との頁岩や製品の流通と関連づけて考えている〔木村 1995〕。

（10）　かつて稲田は神子柴型石器を植民集団、有舌尖頭器を在地集団と解釈し両石器群の同時存在を説いた〔稲田 1986〕。湧別技法集団が在地集団を排除するのに対し、神子柴型集団は有舌尖頭器の在地集団に吸収されたのだという。

（11）　神子柴型石器に伴って黒曜石の砕片ブロックがある。Ｂ地区の湧別技法細石器にはない。明治大学考古学研究室の再整理にあたり、細石器に関連するブロックの可能性を含めて検討されている。その結果を待ちたい（安蒜政雄・及川 穣の教示）。

（12）　出土した石器や剥片が同一母岩から剥離されたものか否かの分析については、砂川遺跡の報告以降、石器研究の重要な視点となっている。しかし、同一認定については肉眼（見た目）では不十分であり、理化学的分析でも難しい。ましてや接合するものや特徴的な石質を除き、頁岩の同一母岩認定は不可能に近い。接合関係や母岩認定については、認識論や手続き論をはじめ新たなる検討が模索されている〔五十嵐 2002〕。

（13）　先土器時代や洞穴遺跡における多重層は、遺跡形成論から検討すべき重要な課題である。

（14）　As-YPk については、現在 As-K とも記載される〔町田・新井編 2002〕。ここでは元報告によった。

（15）　擦痕をもつものは、東北だけではなく群馬県稲荷山遺跡・新潟県上ノ原Ｅ遺跡・岐阜県宮ノ前遺跡から出土する。また九州の佐賀県竹木場前田遺跡・長崎県重篭遺跡出土の「船野型」細石核にも認められる。
　　　また湧別技法の札滑型と白滝型の新旧関係についても、充分に検討されているわけでもない。

（16）　湧別技法細石器も神子柴型石器も同一の石器製作システムを有することについては、多くの研究者も認めるところであろう。両面調整加工技術の発達は湧別技法に由来するところが大きい。また小型石刃と大型石刃の違いはあるものの、両石器群とも長い石刃技法の伝統の上に立っている。大きな違いは同じ機能を持ちながらも、細石刃槍から大型石槍に変化することであり、ここに道具としての革新が認められる。そして草創期の石器群もこうした製作システムを継承しながらも、やがて伝統的な石刃技法が消滅し、さらに新しい道具として石鏃を生み出していく。ここに縄紋時代としての新たなる画期を見出すことができるのである。

引用・参考文献

青木　豊・内川隆志　1993　『勝坂遺跡第 45 次調査』　相模原市教育委員会
青森県立郷土館　1979　『大平山元Ⅰ遺跡発掘調査報告』　青森県立郷土館調査報告 5　考古 2
青森県立郷土館　1980　『大平山元Ⅱ遺跡発掘調査報告』　青森県立郷土館調査報告 8　考古 4
青森県立郷土館　1981　『大平山元Ⅲ遺跡発掘調査報告』　青森県立郷土館調査報告 11　考古 5
青森県立郷土館　2000　『東北町長者久保遺跡・木造町丸山遺跡』　青森県郷土館調査報告 44　考古 12
朝日村教育委員会　1996　『奥三面ダム関連遺跡発掘調査報告書 5　樽口遺跡』　朝日村文化財報告書 11
阿部祥人編　1998　『山形県上野Ａ遺跡』　慶應義塾大学文学部
安斎正人　1999　「狩猟採集民の象徴空間」『長野県考古学会誌』89

安斎正人　2001　「長野県神子柴遺跡の象徴性」『先史考古学論集』10
安斎正人　2002　「「神子柴・長者久保遺跡」の大陸渡来説批判－伝播系統論から形成過程論へ－」『物質文化』72
安斎正人　2004　「神子柴石器群の象徴性」『長野県考古学会誌』107
五十嵐彰　1998　「考古資料の接合－石器研究における母岩・個体問題－」『史學』67－3・4
五十嵐彰　2002　「旧石器資料関係論－旧石器資料報告の現状（3）－」『東京都埋蔵文化財センター研究論集』XⅨ
池谷信之　2003　「伊豆・箱根黒曜石原産地の産状と成因」『黒曜石文化研究』2
池谷信之　2004　「細石器文化と海上渡航」『日本の細石刃文化』Ⅲ
池谷信之　2005　「「海の黒曜石」から「山の黒曜石」へ」『考古学研究』52－3
石井浩幸　2005　「山形県川西町月山沢遺跡出土石器群の検討－見高段間遺跡の消長と黒曜石交易－」『山形県埋蔵文化財センター研究紀要』3
稲田孝司　1986　「縄文文化の形成」『日本考古学』6　岩波書店
稲田孝司　1993　「細石刃文化と神子柴文化の接点－縄文時代初頭の集団と分業・予察－」『考古学研究』40－2
稲田孝司　2000　「神子柴石器群と縄文時代のはじまり」『九州の細石器文化』Ⅲ
稲田孝司　2001　『遊動する旧石器人』岩波書店
稲田孝司編　1996　『恩原2遺跡』岡山大学文学部考古学研究室
井上光貞監訳　1987　『日本書紀』上　中央公論社
大竹憲昭　2003　「移行期の石器群の変遷」『季刊考古学』83
大竹憲昭　2004　「神子柴系石器について」『長野県考古学会誌』107
岡村道雄　1990　『日本旧石器時代史』考古学選書33
岡本東三　1979　「神子柴・長者久保文化について」『奈良国立文化財研究所研究論集』Ⅴ
岡本東三　1993　「縄紋文化移行期石器群の問題点」『環日本海における土器出現期の様相』
岡本東三　1999　「神子柴文化をめぐる40年の軌跡」『先史考古学研究』7
岡本東三　2002　「九州島の細石器文化と神子柴文化」『泉福寺洞穴研究編』
岡本東三　2003　「多岐亡羊の縄紋文化起源論」『季刊考古学』83
及川　穣　2004a　「神子柴・長者久保石器群をめぐる行為論」『駿台史学』122
及川　穣　2004b　「神子柴・長者久保石器群と有茎尖頭器石器群の石器製作」『長野県考古学会誌』107
織笠　昭　1990a　「西海技法研究序説」『東海大学文学部紀要』53　東海大学文学部
織笠　昭　1990b　「西海技法の研究」『東海大学文学部紀要』54　東海大学文学部
織笠　昭　1992　「南関東における西海技法の受容と変容」『人間・遺跡・遺物』2
蟹田町教育委員会　1992　『大平山元Ⅱ遺跡発掘調査報告書』
川口　潤　2003　「東北北部地域の細石刃文化」『日本の細石刃文化』Ⅰ
川崎純徳ほか　1976　『後野遺跡』勝田市教育委員会
木村英明　1995　「黒曜石・ヒト・技術」『北海道考古学』31
工藤誠一郎　2003　「細石刃石器群の年代に関する諸問題」『日本の細石刃文化』Ⅱ
国武定克　2004　「東京都瑞穂町狭山遺跡石器組成の再検討」『日本の細石刃文化』Ⅲ
栗島義明　1988　「神子柴文化をめぐる諸問題」『（財）埼玉県埋蔵文化財事業団研究紀要』4
栗島義明　1993　「湧別技法の波及」『土曜考古』17

第Ⅰ部　細石器文化と神子柴文化

栗島義明　2004　「「神子柴文化」-その実像と虚像-」『長野県考古学会誌』107
群馬県教育委員会編　1992　『房谷戸遺跡Ⅱ』
小菅将夫　2006　「群馬県馬見岡遺跡第12次調査」『考古学ジャーナル』539
佐久市教育委員会編　1999　『八風山遺跡群』
佐藤禎宏　1998　「八幡町八森遺跡桑園地区出土の旧石器略報」『山形考古』6-2
佐藤禎宏編　2003　『八森遺跡先史編』　八幡町埋蔵文化財調査報告書13　八幡町教育委員会
佐藤雅一　1994　「信濃川水系における縄文時代草創期遺跡の様相」『環日本海における土器出現期の様相』
佐藤雅一　2003　「遺跡の立地と集団の動き-新潟県・信濃川上流域における活動痕跡の様相-」『季刊考古学』83
佐藤雅一編　1988　『大刈野遺跡』　湯沢町埋蔵文化財報告9
佐藤雅一編　1991　『大刈野遺跡-第3次発掘調査-』　湯沢町埋蔵文化財報告13
白石浩之　1993　「細石器石器群の終末と神子柴・長者久保系石器群の関連性について」『細石刃文化研究の新たなる展開』Ⅱ
白石浩之　2003　「石器と土器の出会いの世界-移行期の様相-」『季刊考古学』83
鈴木　隆　1998　「月山沢J遺跡出土石器群の分析」『山形考古』6-2
鈴木忠司　1988　「上野Ⅱ文化層の位置づけをめぐって」『大和のあけぼの』Ⅱ
須藤隆司　2004　「大型石槍製作の歴史的見方」『長野県考古学会誌』107
須藤隆司　2006　『石槍革命-八風山遺跡群-』　遺跡を学ぶ25
田中英司　1982　「神子柴遺跡におけるデポの認識」『考古学研究』29-3
田中英司　2000　『日本先史時代おけるデポの研究』　千葉大学考古学研究叢書1
田中英司　2003　「デポの視点」『季刊考古学』83
谷口康浩　2003　「長者久保・神子柴石器群と細石刃石器群の関係」『日本の細石刃文化』Ⅱ
谷口康浩　2004　「財としての大形石斧とそのトランスファー」『長野県考古学会誌』107
谷口康浩編　1999　『大平山元Ⅰ遺跡の考古学調査』　大平山元Ⅰ遺跡発掘調査団
千曲川水系古代文化研究所　1998　『唐沢B遺跡』
千葉県文化財センター　2005　『国道道路改築委託（久留里）埋蔵文化財調査報告書　-君津市富田田面遺跡・向郷菩提遺跡-』　千葉県埋蔵文化財センター調査報告507
津南町教育委員会　2002　『正面中島遺跡』　津南町文化財調査報告37
東京都生涯学習文化財団・東京都埋蔵文化財センター　2003　『狭山遺跡』　東京都埋蔵文化財センター調査報告124
東北大学大学院文学研究科考古学研究室　2003　『荒屋遺跡』　東北大学文学部考古学研究会
長沼　孝　2003　「北海道様相-細石刃石器群と尖頭器石器群-」　季刊考古学83
日本道路公団東京第二建設局　1992　『上信越自動車道埋蔵文化財発掘調査報告書1-佐久市内-下茂内遺跡』　長野県埋蔵文化財センター発掘調査報告書11
中村由克　1992　「長野県上ノ原遺跡における細石器文化の遺構」『考古学ジャーナル』342
中村由克　2004　「神子柴系石器群の石材利用」『長野県考古学会誌』107
林　茂樹　1994　「神子柴遺跡」『信州の大遺跡』　郷土出版社
林　直樹　1996　「岐阜県宮川村宮ノ前遺跡遺跡の調査-旧石器終末～縄文草創期・早期文化層の調査に関する概報-」　考古学ジャーナル400

林　茂樹編　2008　『神子柴遺跡発掘調査報告書』　神子柴遺跡発掘調査報告書刊行会
藤沢宗平・林　茂樹　1961　「神子柴遺跡－第1次発掘調査概報－」『古代学』9－3
北海道埋蔵文化財センター　1985　『美利河1遺跡』　北海道埋蔵文化財文センター調査報告書23
前原　豊・関根吉晴　1988　「柳久保遺跡群頭無遺跡」『第2回東北日本の旧石器文化を語る会予稿集』
前橋市教育委員会文化財保護課編　2005　『柏倉芳見沢遺跡・柏倉落合遺跡』
町田　洋・新井房夫編　1992　『火山灰アトラス』　東京大学出版会
宮川村教育委員会　1998　『宮ノ前遺跡発掘調査報告書』
宮川村教育委員会　2000　『宮ノ前遺跡発掘調査報告書（Ⅱ）』
宮城村教育委員会　1973　『桝形遺跡発掘調査報告書』
宮城村教育委員会　1991　『一之関前田遺跡Ⅰ』
八ヶ岳旧石器研究グループ編　1993　『シンポジウム細石刃文化研究の新たなる展開』Ⅰ・Ⅱ
八ヶ岳旧石器研究グループ編　2003　『シンポジウム日本の細石刃文化』Ⅰ・Ⅱ
八ヶ岳旧石器研究グループ編　2004　『シンポジウム日本の細石刃文化』Ⅲ
柳浦俊一　2002　「遺跡速報　島根県正源寺遺跡」『考古学ジャーナル』505
山形県教育委員会　1980　『月山沢遺跡』　山形県埋蔵文化財調査報告29
大和市教育委員会　1991　『長堀北遺跡』　大和市文化財報告39
山内清男　1936　「考古学の正道」『ミネルヴァ』1－6
山内清男　1937　「縄紋土器の細別と大別」『先史考古学』1－1
山内清男　1939　『日本遠古之文化』－補注付新版
山内清男・佐藤達夫　1967　「下北の無土器文化－青森県下北郡東北町長者久保遺跡発掘報告－」『下北－自然・社会・文化』
吉田　格・肥留間博　1970　『狭山・六道山・浅間谷』　東京都瑞穂町文化財調査報告1
藁科哲男・小熊博史　2002　「新潟県小瀬ヶ沢・室谷洞窟遺跡出土黒曜石製遺物の原材産地分析」『長岡市科学博物館研究報告』37

第Ⅰ部　細石器文化と神子柴文化

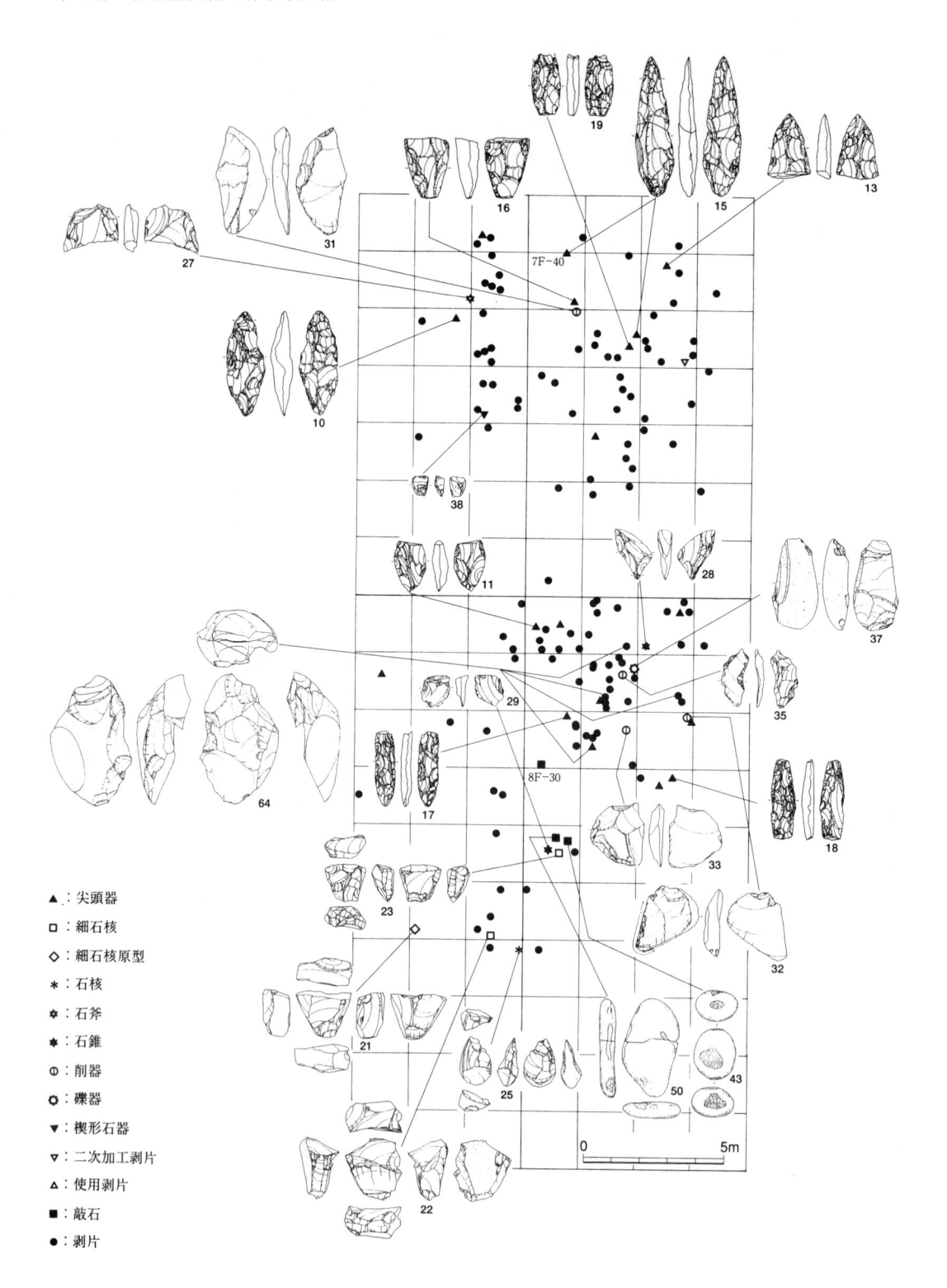

▲：尖頭器
□：細石核
◇：細石核原型
＊：石核
✿：石斧
✱：石錐
◐：削器
✪：礫器
▼：楔形石器
▽：二次加工剥片
△：使用剥片
■：敲石
●：剥片

付図1　向菩提遺跡出土石器分布図（〔千葉県文化財センター 2005〕を改変）

- 144 -

第5章　九州島の細石器文化と神子柴文化

はじめに

　1990年代の鹿児島県上野原遺跡の発掘は、北の青森県三内丸山遺跡に匹敵する南の集落遺跡として、また縄紋定住化現象の初期の姿を示す遺跡として脚光を浴びることになる。以降、栫ノ原遺跡・帖地遺跡・水迫遺跡・種子島の奥ノ仁田遺跡・三角山遺跡等、南九州の縄紋時代早期から草創期の発掘成果は目覚ましいものがある。

　こうした成果は三内丸山遺跡から移動してきたコメンテイター達や地元の研究者によって、南九州縄紋文化起源論が華々しく打ち上げられてきた。ちょうど南から桜の開花が北上するかのように、完新世の温暖化現象とともに照葉樹林文化が広がり、縄紋文化が東遷を果たすという縄紋文化起源論である。こうした言説は破綻したはずの神武東征史観を、なお縄紋文化に遡らせて復活させるようなものである。これでは『国民の歴史』としての縄紋文明論に利用されるだけのことである。

　果たして九州島縄紋文化起源論は成立するのであろうか。私達は1960年代から70年代の対立する縄紋文化起源論の中で、福井洞穴や泉福寺洞穴の発掘成果をもとに細石器文化に伴なう隆起線紋土器が最古であり、縄紋文化が北上する編年観が提示されてきたことを知っている。照葉樹林文化論も同時代の産物である。九州島縄紋文化起源論の骨格はこの時にできあがっているのである。しかし80年代以降、こうした西高東低編年観は「土器は土器から」という視点から見直され、訂正されてきたはずである。今回の起源論も舞台を西北九州から南九州に移しただけのことである。確かに豊富な資料が提示され、文様も器形も異様な隆起線紋土器、近畿地方のネガティヴ押型紋にみられるような煙道付住居跡、南方型円鑿など、中には北の神子柴文化と関係する石斧や石槍の存在が議論されている。資料が増えれば増えるほど、南九州縄紋文化起源論の混迷の度合いは深まっていくのが現状であろう。

　南九州の南風に煽られ、勇ましく出発しようとする旅人は早くも北風の恐怖に晒されている。この旅人はどうのような装備と戦略を描きながら北へ旅立とうとしているのであろうか、その路は厳しい。

第Ⅰ部　細石器文化と神子柴文化

1. 九州島における神子柴文化のホライゾン

　1975（昭和50）年の青森県大平山元Ⅰ遺跡や茨城県後野遺跡の土器共伴例以降、神子柴文化を縄紋時代とみなす時代区分論が多数派を形成しつつある。そして、今日、大平山元Ⅰ遺跡の年代はA.M.S.年代測定法によるとB.P.16450年であるという。ついに縄紋時代は氷河期に突入したのである。このおかしさは悲劇を通り越して喜劇に近い。前期旧石器捏造事件に通じるおかしさである。

　年代測定者はこの年代を「歴年代」と真顔でいう。考古学者が容認してきた^{14}C年代B.P.12000年を単にキャリブレーションした「歴年代」に過ぎないのだと強弁する。パソコンのプリンタでもキャリブレーションしてくれる。更生してほしいのは、年代測定者とその年代観にしがみつく考古学者の方であろう。なお、近年の測定年代の問題点については別稿を準備しているため、ここでは深入りしない。

　神子柴文化縄紋時代説の経緯については既に述べた通りである〔岡本1999〕。本稿においても巨視的な石器群の変遷として、細石器文化→神子柴文化→有舌尖頭器文化の3期区分とし、神子柴文化までを先土器時代、有舌尖頭器文化を縄紋草創期とする時代区分論の立場を堅持する。まずは、編年表を再掲しておきたい［図Ⅰ-60］。

縄紋と先土器の境　九州島における縄紋時代と先土器時代の境は、どこに求められるのであろうか。その接近法には二つの方法がある。一つは九州島における神子柴文化のホライゾンを決定すること。もう一つは福井洞穴・泉福寺洞穴の層位例をもとにその境を確定

地域 石器		北海道	東北	北陸	関東	中部	東海	近畿	中国 四国	九州
細石器	Ⅰ	紅葉山	大平Ⅲ	荒川台	前田・代官山	矢出川	休場	(+)	南方	野岳
	Ⅱ	置戸C	越中山S	荒屋	桝形・上草柳	柏垂	海老山	壁川崎	奥谷南	船野
	Ⅲ	美利河Ⅰ	角二山	樽口	頭無・白草	中ッ原	池の原	誉田白鳥	恩原	(+)
神子柴	Ⅰ	モサンル	長者久保 八　森	大刈野	後野・長堀北 川木谷					(+)
	Ⅱ	樽　岸 大　関	早坂平 月山沢J	村杉	房ヶ谷戸	神子柴・唐沢 横倉・下茂内	(+)	(+)	冠	(+)
有舌尖頭器	Ⅰ	立川	弓張平B	鳴鹿山鹿	石山・寺尾	上ノ平	(+)	(+)	(+)	泉福寺10
	Ⅱ	(+)	座散乱木	小瀬ガ沢	TN429	柳又	萩平		上黒岩	福井3
	Ⅲ	タチカルシュナイ	大原B	臼谷岡ノ城	前原	星光山荘	酒呑	(+)	不動ケ岩屋	(+)
	Ⅳ			本ノ木	南葛野	荷取		(+)	馬渡	中尾岳

図Ⅰ-60　先土器時代終末期から縄紋時代草創期の石器群の変遷〔岡本1999〕

すること。しかし、九州島における神子柴文化は、分解された文化要素（個々の遺物）は認められても、一つの文化階梯を示すような遺跡は見つかっていない。20年前の旧稿〔岡本1979〕で述べた状況は、今日でも基本的には変わっていない。

「福井・泉福寺両洞穴の事実が示すとおり細石器に隆起線紋土器が伴っている。大型尖頭器を伴う多久三年山例や有舌尖頭器を伴う遺跡も若干あり、本州的な要素もないわけではないが、九州では細石器文化が存続したと考えなければなるまい。ここでは欠落した神子柴・長者久保文化、有舌尖頭器文化に対比すべき細石器文化を"続細石器文化"と呼ぶ。」

その後、九州島の神子柴型石斧を集成した横田義章も、「「神子柴型石斧」という名称でこれらの石斧を呼んできているが、九州には「神子柴文化」があるのかという問題であろう」と述べている〔横田1981〕。神子柴文化が文化階梯として認められるのは東日本に限られており、本州島西半、西日本においても九州島同様、分解した要素が認められるに過ぎない。こうした分布状況は神子柴文化が北から貫入的に波及し、短期間のうちに列島を通り貫けて分解した姿を示している。この神子柴インパクトが縄紋文化の幕開けの原動力となっている事実は、多くの研究者の認めるところであろう。

まずは、客体的な神子柴文化の要素の検討はひとまず置き、九州島の主体的な細石器文化変遷をみていこう［図Ⅰ-61］。

福井4層と3層との間　福井洞穴の4層に関する遺物は、細石核5点・細石刃6点・石槍2点・スクレーパー2点・楕円形石器1点などが概報などで紹介されているに過ぎない〔鎌木・芹沢1965，1967〕。細石器の文化層であることには違いない。当初、4層の細石核は野岳型の範疇で捉えられてきたが、栗島義明や綿貫俊一の提起により船野型として位置づけられる動向にある〔栗島1993、綿貫1992〕。おそらく大分県市ノ久保遺跡で船野型細石核に「神子柴型石斧」が伴ったことに起因していると考えられる〔栗田1988〕。そして、4層の細石核に伴った安山岩製の石槍を神子柴文化の影響とみなす。神子柴文化＝船野型細石器文化併行説である。

しかし、4層の細石核は打面側からわずかに側面調整を行うが、ほとんど無調整に近い。また、打面の形成はいずれも細石刃剥離面側から行われている。原石を一定の方向に分割した後、あまり調整を加えず、そのまま細石核として利用しているようにみえる。

野岳型や船野型とも異なる。これらの4層の細石核は、野岳型の前にも船野型の前にも位置づけることができないから、おそらく船野型の後に編年されるべき一群であろう。限られた公表資料でもあり、4層の全貌が明らかになってから改めて検討したい。

では4層の細石核と隆起線紋土器に伴う3層の細石核は連続的に推移するのであろうか。巨視的には4層の細石器文化層を先土器時代、3層の細石器文化層を縄紋時代とする区分

第Ⅰ部　細石器文化と神子柴文化

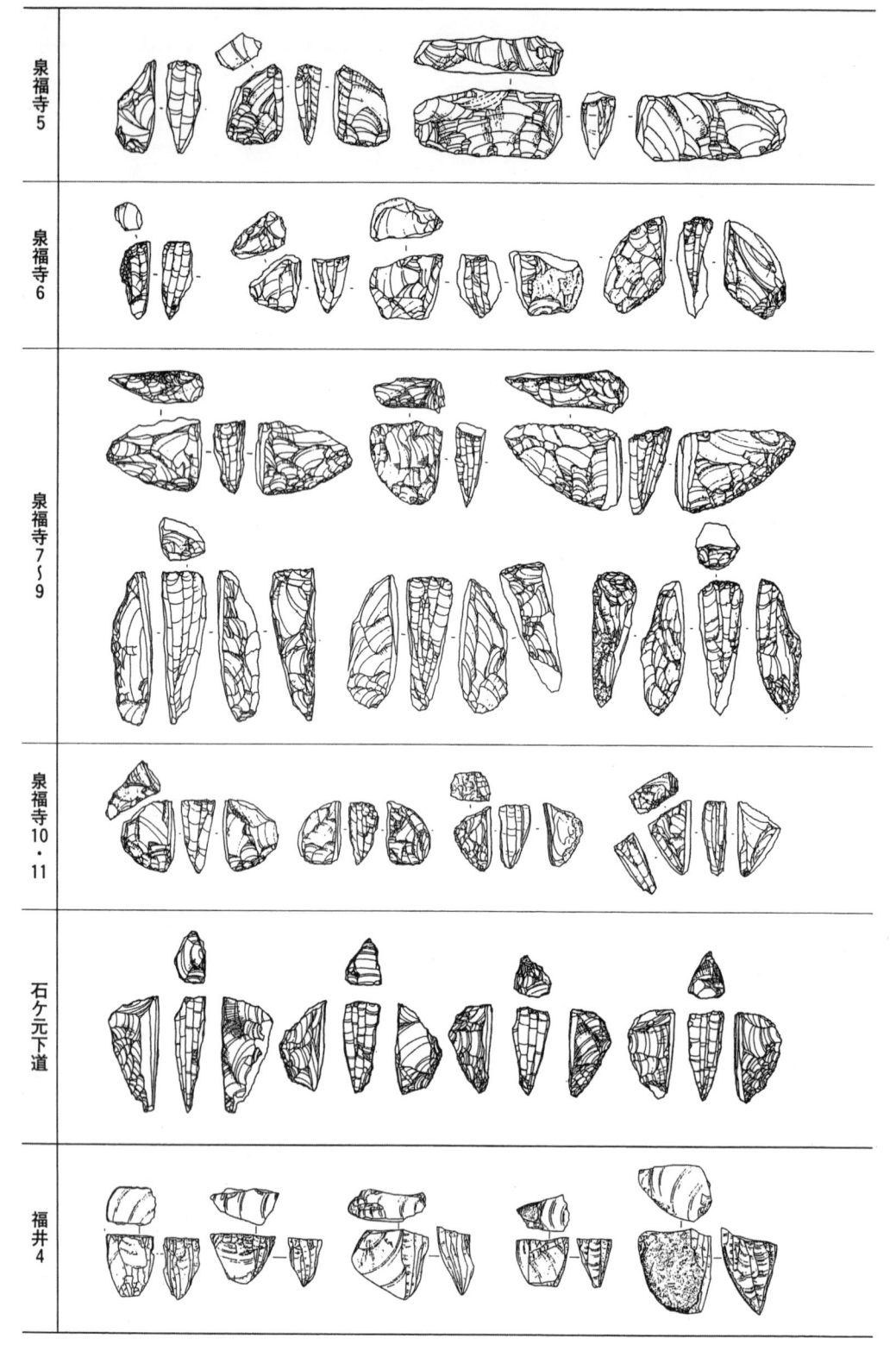

図Ⅰ-61　福井4層から泉福寺5層の細石核の変遷

論は多くの研究者の認めるところであろう。3層の細石核は西海技法と呼ばれる削片系細石核の技術大系をもつ一群の細石器文化である。北海道島や本州島の削片系細石器とは異なり、削片作出後に横位からの打面調整を行う点に特徴がある。九州島独自の地域性を示している。こうした3層の細石核の特徴は、泉福寺洞穴の隆起線紋文化層（9層～7層）の細石器と一致し、齟齬はない。

しかし、福井洞穴3層の西海技法による細石核と4層の細石核の間には、なおヒアタスがあるようにみえる。

泉福寺11・10層の細石核　泉福寺11層は資料的には少ないが、土器を伴わない細石器単独の文化層がある。細石核の形態は側面形が三角形あるいは半舟底形を呈し、打面作出は細石刃剥離面から長軸方向からなされている。このほかブランクやスポールも出土しており、削片系の技術大系をもっている。同じように豆粒紋土器の文化層とされる10層にも側面形が半舟底形を呈する一群と、明らかに西海技法による舟底形の細石器が共存している。織笠昭の詳細な分析でも明らかなように隆起線紋文化層以降の細石核とは異なる特徴をもっている〔織笠1991〕。11層の半舟底形細石核や10層の両端に剥離作業面をもつ細石核の存在は9層以降の細石核とは型式学的には弁別しうる可能性をもっている。また、これらの細石核は福井4層の細石核とも異なっている。

すなわち、福井4層と3層との間には、泉福寺洞穴の層位例を介して福井4層→泉福寺11・10層→福井3・泉福寺9～7層という変遷が認められる。では、福井4層と3層との隙間はこれで埋まったのであろうか。つぎに九州島における削片系細石器の実態を追っていこう。

2．九州島における削片系細石器

北海道島・本州島にみられる削片系細石器文化は湧別技法によるものであり、石器群の組成に荒屋型彫器を伴う。現在、岡山県恩原遺跡を西限として北方文化の流入と考えられている。一方、朝鮮半島の忠清北道スヤンゲ遺跡でも同様の技法がみられ、いずれも大陸起源の細石器の技法であることは否定できない。とするならば、九州島の西海技法による削片系細石核も、九州独自で生まれた技術というより、これらの系統関係の中で生成されたものと考えるのが妥当であろう。

ここでは、西海技法による細石核を福井型と呼ぶ。打面の横位調整を細石刃剥離と関連づけるならば、擦痕をもつ白滝型と大差はないように考えられる。こうした系統観が成立するためには、湧別技法の細石器文化と西海技法の細石器文化の併行関係を証明しなければならない。しかし、本州島における湧別技法は神子柴文化以前に成立し、これらの削片

第Ⅰ部　細石器文化と神子柴文化

系細石核は細石器文化第3段階に位置する。これに対し、西海技法は福井3層・泉福寺9層以降すなわち隆起線紋段階の縄紋時代の所産である。そのヒアタスは大きい。
　しかし、九州島には西海技法とは別の削片系細石核が存在するのである。

もう一つの削片系細石核　こうした削片系細石核は1968（昭和43）年の明治大学考古学研究室の発掘による佐賀県原遺跡の報告で紹介されている〔杉原荘・戸沢1971〕。唐津型・石ヶ元型・枝去型と呼ばれる半舟底形の細石核の一群である。現在のところ土器を共伴する事例は報告されていない。唐津周辺にみられることから、ここでは唐津型と呼ぶ［図Ⅰ-62］。スキー状スポールもあるが三角形のスポールが多い。おそらく原石の大きさに制約されているとみられる。スポールは彫器として多用される。打面はスポールを剥がした面をそのまま利用し、西海技法にみられる横位調整は認められない。一方、縁辺加工は丁寧に施し、大陸でセルト型と呼ばれる細石核である。北海道島の蘭越型に共通する。半舟底形というより細身の楔形といった方が適切かもしれない。福岡県門田遺跡や長崎県津吉遺跡の細石核にもみられ、唐津地域のローカリティとみるより、細石器文化の一階梯をもつ石器群であろう。では唐津型細石核はどこに位置づけられるのであろうか。
　その前に、泉福寺9層以降の細石器の消長をみておきたい。

泉福寺9層以降の細石器　九州島の細石器文化はいつまで存続するのであろうか。泉福寺洞穴では隆起線紋（9〜7層）、爪形紋（6層）、押引紋（5層）まで細石器は存続している。爪形紋文化層に細身の石槍が、押引紋文化層に有舌尖頭器や石鏃が出現する。本州島の草創期の要素が窺われ、押引紋文化層はおそらく本州島の押圧縄紋の時期に対比されよう。九州島では共通した隆起線紋土器を用いながらも、草創期前葉まで先土器時代からの伝統的な細石器文化を保持し続けたのである。巨視的な視点からみれば、縄紋化現象の要因となった神子柴インパクトをも分解させてしまう九州島独自の「続細石器文化圏」を形成していたともいえよう。こうした独自性は何に起因しているのであろうか。環境や狩猟方法に関連すると考えられるが、その謎は未だ解けていない。
　泉福寺9層以降の細石器は半舟底形や細身の楔形を呈するものもあるが、基本的には西海技法による細石核である。さきの唐津型を泉福寺9層以降のホライゾンに求めるとすれば、福井型と併行関係を証明しなければならない。むしろ下層の11・10層の細石核に近い。ここでは唐津型を福井4層と泉福寺11層の間に位置づけておきたい。

南九州の細石器事情　南九州でも共通する野岳型から船野型の変遷は確認できるが、その後の状況は複雑なものがある。また、この地域独自にみられる畦原型や加治屋園型がある一方、削片をもつ福井型も認められる。また、在地の黒曜石を利用した小型の細石核は草創期まで存続する。石鏃・石槍・石斧の共伴例もみられる。九州島における石鏃の出現は、

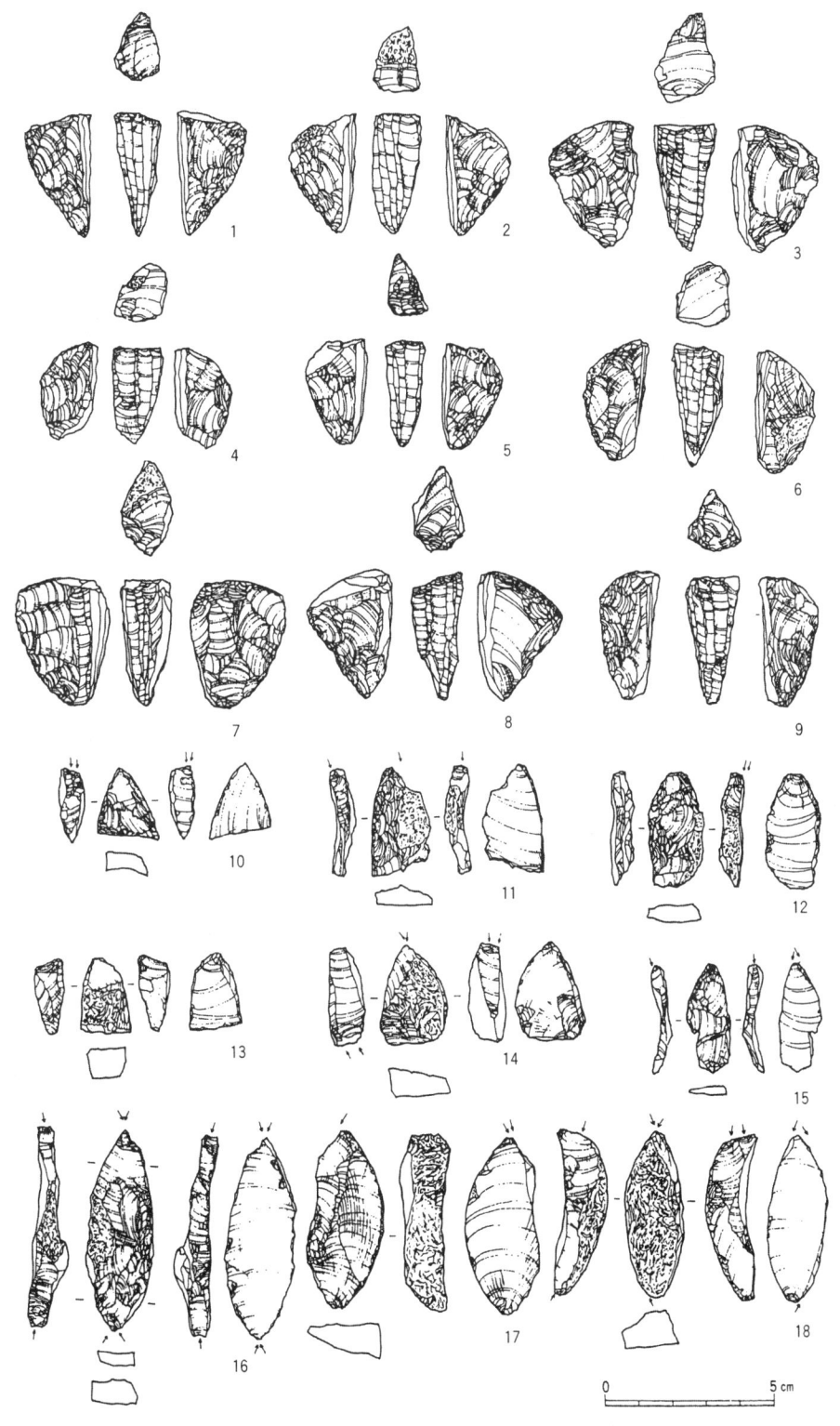

第 5 章　九州島の細石器文化と神子柴文化

図 I-62　佐賀県中尾二ツ枝遺跡の細石核と剥片

第Ⅰ部　細石器文化と神子柴文化

　西北九州では押引紋土器以降であるから、石鏃をもつ南九州独特の隆起線紋土器はこの時期まで存続するとみなければならない。石鏃は弓矢の出現を意味し、狩猟具の革新的な画期を生みだした道具である。九州島の中で南九州がいち早く取り入れたとする必然性はないように思われる。また、栫ノ原遺跡・奥ノ仁田遺跡・掃除山遺跡のように細石器を伴わない草創期の一群もある。

　こちらを立てれば、あちらは立たないといった状態である。列島の南端の吹き溜まり的情況を示すといったら、南九州縄紋文化起源論を志向する人々に非礼になろうか。とりあえず、野岳型→船野型→畦原型→加治屋園型と変遷する指標をあたえ、これと合わせて在地の黒曜石生産体制による小型の細石核が存続すると考えたい。

3．九州島における神子柴文化の要素

　今日、神子柴文化の範囲はとめどもなく拡大しつつある。野岳・休場型細石核に伴うとされる神子柴型石斧から草創期の有舌尖頭器に伴う神子柴型石斧までを神子柴文化と呼ぶならば、細石器文化も草創期の有舌尖頭器文化も神子柴文化も同時に存在したことになる。狭い列島で棲み分けを行い、移動していたとする解釈には到底承服することはできない。おそらく系統的変遷と秩序があろう。

　前にも述べたことだが、縄紋時代包含層からは弥生土器や土師器も出ることがある〔岡本1993〕。かつて御領貝塚からは押型紋土器と晩期の土器が共伴し、同一時期とされたこともある。同一時期の包含層から同一時期の土器だけが出ることは、むしろ稀なことである。発掘経験を積んだものなら誰でも知っている。それを弁別できるのは、型式学が確立しているからである。しかし、往々にして石器しか出ない先土器時代の遺物については、なぜか出たまま認定が多いようである。前期旧石器捏造問題はこのことを象徴している。型式学と系統観の欠如である。

　ここでは編年表に提示した長者久保段階と神子柴段階の2段階に限定して、神子柴文化と呼び、このホライゾンが九州島の細石器文化のどの段階に対比するのかを検討したい。

石槍の系譜　　九州島における石槍の出現は、三時期に顕在化する。第一段階は、杉原敏之が検討し位置づけた、ナイフ形石器後半期の「槍先形尖頭器」の時期〔杉原敏1997〕。列島レベルでのナイフ形石器の変遷とも対応する。

　次が佐賀県多久三年山・茶園原遺跡や熊本県柿原遺跡、最近注目されている種子島の園田遺跡の大形石槍の段階。これらの大形尖頭器を神子柴文化に積極的に位置づける根拠はないが、原産地で多量に生産されていること、デポからまとまって出土することがあげら

れる。福井4層の安山岩製石槍を神子柴文化に位置づける見解が多い。公表されている一点は片面加工のもので、なお型式学的検討を要するが、時期的には近いと考えられる。

次は縄紋時代草創期の細身の柳葉形石槍である。泉福寺の層位例から爪形紋・押引紋の時期に対比されるものである。この時期に有舌尖頭器も出現する。こうした細身の石槍は早期の押型紋土器前後の段階に再び顕在化する。その実態は長崎県岩下洞穴や佐賀県中尾岳洞穴でみられる通りである。局部磨製石槍はこの時期の所産であろう。

茶園遺跡第Ⅳ層の石槍　長崎県五島列島の福江島岐宿町の茶園遺跡から出土した石槍の一群は神子柴文化に関連するものとして注目されている〔川道編1998〕。良好な多重層遺跡であり、Ⅵ層がナイフ形石器文化後半期。Ⅴ層が調査者が「茶園型」と呼ぶ扁平細石核を主体とする細石器文化第Ⅰ期に属するもの。Ⅳ層が細石器と神子柴文化に関連する石槍・局部磨製石斧、それに石鏃や土器が伴う一群［図Ⅰ-63］。Ⅲ層が押型紋土器文化層である。それぞれの文化層の遺物分布は若干異なるものの重複して出土する。

調査者川道寛は土器や石鏃を伴う事実から、泉福寺層位例を尊重してこれらの石槍を押引紋文化層に対比するが、果たしてそうであろうか。泉福寺出土の細身の石槍より古い形態を有している。またⅣ層の細石核は舟底形のもの、楔形のもの、野岳型のものがあるが福井型はない。野岳型は打面調整を施すが、舟底形・楔形は非調整が多い。削片系を示すスポールやブランクが多数出土する。Ⅳ層の野岳型がⅤ層との混在とすると、唐津型・泉福寺11層例に近い。石槍や石斧はこれらの細石器に伴った可能性が高い。なお、伴ったとされる土器にはⅢ層の押型紋土器（結節沈線紋）に類似するものもあり、石鏃を含めて押型紋土器文化層からの混在とも考えられる。とするならば茶園遺跡Ⅳ層は神子柴文化の後半か、その直後の草創期初頭に位置づけることができよう。本州島と対比するならば神奈川県長堀北遺跡段階であろうか。九州島の神子柴インパクトは福井4層と唐津型の間に求めることができよう。

帖地遺跡の石槍　帖地遺跡出土の石槍は、形態的には神子柴文化の石槍に近い。石槍が出土するⅦ層から在地の石材を用いた伝統的な小型の細石核、シルト質凝灰岩製の船野型、局部磨製石斧・石鏃・無紋土器のほか、小型のナイフ形石器・台形石器が検出されている〔永野編2000〕。下層や上層からの混在も考えられないことはない。ここで問題になるのは、船野型とされるものである。側縁調整を施すものもあるが、分割の剥離面や自然面をそのまま残している。むしろ下縁加工を施すところが特徴であろう。加治屋園型に近い幅狭なものもある。調査者の永野達郎が指摘するようにその製作技法は加治屋園技法に共通する。帖地遺跡の石槍は神子柴文化と時期的には関連するものであろう。

また、これらのシルト質凝灰岩の舟底形石核を、「船野型」と呼ぶことには細石器の編

第Ⅰ部 細石器文化と神子柴文化

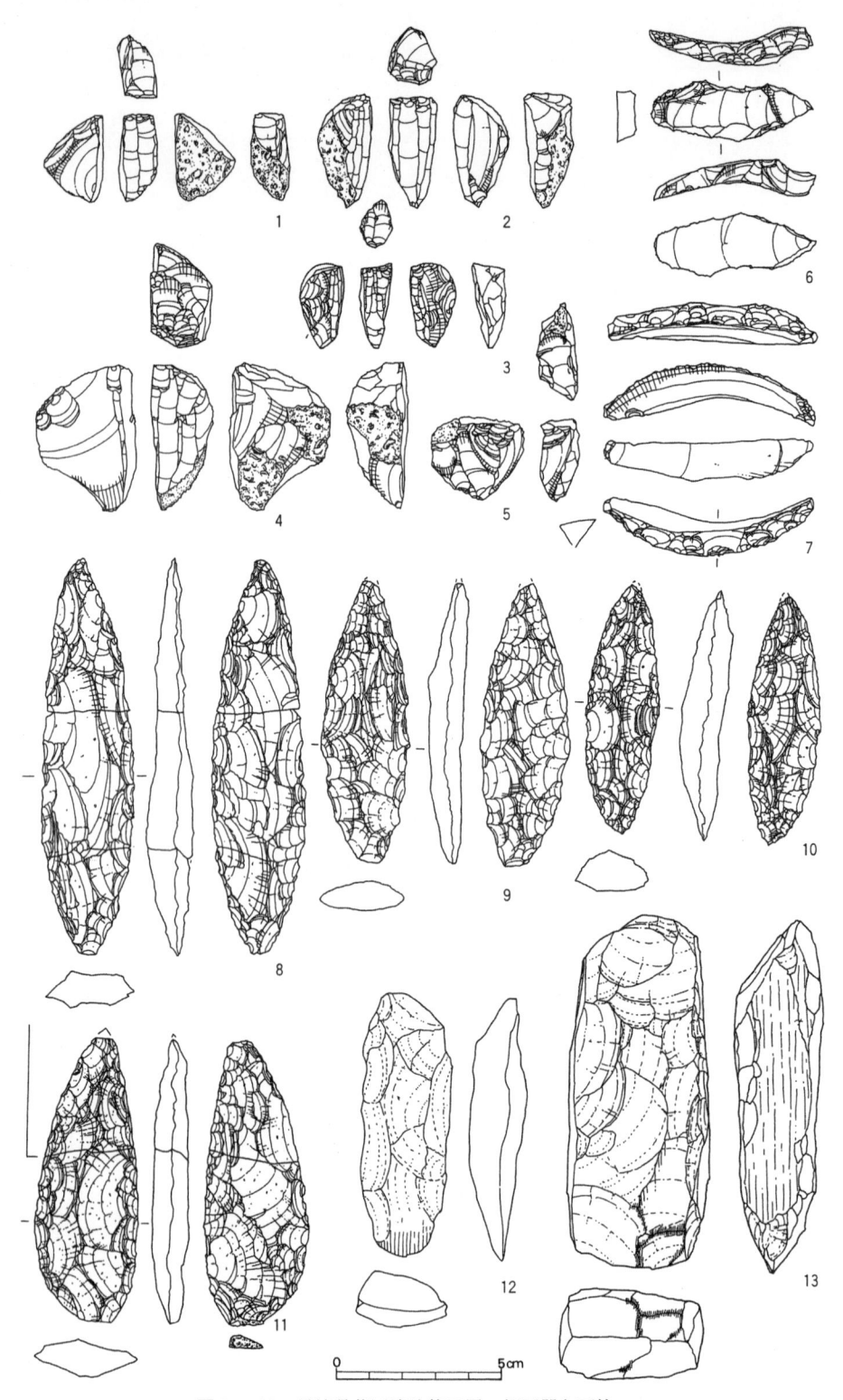

図Ⅰ-63 長崎県茶園遺跡第Ⅳ層の細石器と石槍

年上問題が生じよう。福井4層の細石核についても、また後述する大分県市ノ久保遺跡例も同じである。決して本州島では船野型と神子柴文化との接触は認められない。関連するのは削片系細石核になってからである。この事実を踏まえてほしい。

九州島の神子柴型石斧　旧稿において九州島における神子柴文化を否定した訳ではない〔岡本1979〕。当時、春成秀爾の指摘をうけて旧鹿児島県立資料館保管の2点の神子柴型石斧（津畑遺跡例・安原遺跡例）を実測したが、時期の決め手を欠いていた。論旨は縄紋草創期になっても九州島では細石器文化が存続する点を強調したまでである。「続細石器文化」がある限り、文化としての神子柴型石器群を割り込ますことはできないと考えたのである。その意味において、ネガティヴな立場であった。これに対して九州島の神子柴型石斧を丹念に集成し、ポジティヴな立場から神子柴文化を追究したのが横田義章である〔横田1981, 1989, 1991〕。先駆的な業績として評価できるが、神子柴文化の設定にまでは至っていない。表採資料が多く、時期の決め手に限界があったのである。その後、九州島における神子柴文化の存在をクローズアップさせたのが、市ノ久保遺跡の神子柴型石斧と「船野型」細石器文化の共伴例である。こうした事実をふまえて、神子柴文化を積極的に評価したのが綿貫俊一である。細石器の断絶期を設けて、九州島の神子柴文化の一階梯として編年表に組み入れた〔綿貫2000〕。綿貫や栗島義明が積極的に評価する「船野型」との併行関係を、もう一度再考してほしい。かつて述べたように市ノ久保遺跡の細石核は公表されたもののほか、多用な細石核が出土しているのである〔岡本1999〕。すべての細石核を「船野型」に収斂させることはできないであろう。

共伴した神子柴型石斧も、どの段階のものか決めなければならない。神子柴型石斧と呼ばれるものには、神子柴文化のものと後続する草創期の有舌尖頭器に伴うものがある。また、福岡市柏原遺跡のように押型紋土器に伴う石斧もある。これらの神子柴型石斧が、神子柴文化の所産とするならば、九州島の神子柴文化もまたバブルである［図Ⅰ-64］。また、この時期の局部磨製石斧には加栗山遺跡にみられるような細石器文化から系譜を引く石斧、別系統と考えられる梓ノ原型石斧のような円鑿などがあり、一様ではない。

梓ノ原型石斧　梓ノ原遺跡から南九州型隆起線紋土器に伴う石器群は、細石器文化や神子柴文化の面影はもはやない。多量の石斧・石皿・磨石・スクレイパー・石鏃が主体で、いたって南国的である。掃除山遺跡・奥ノ仁田遺跡・三角山遺跡も同様である。石斧の中には、梓ノ原型と呼ばれる特徴的な円鑿形石斧が存在する。その特徴は棒状（横断面カマボコ形）で刃部がスプーン状の丸鑿を呈する。ペッキングで成形したのち研磨して仕上げ、基部がやや突起する形態的特徴をもっている［図Ⅰ-65］。

こうした梓ノ原型石斧に、いち早く注目したのは小田静夫である〔小田1994〕。中国南部

第Ⅰ部　細石器文化と神子柴文化

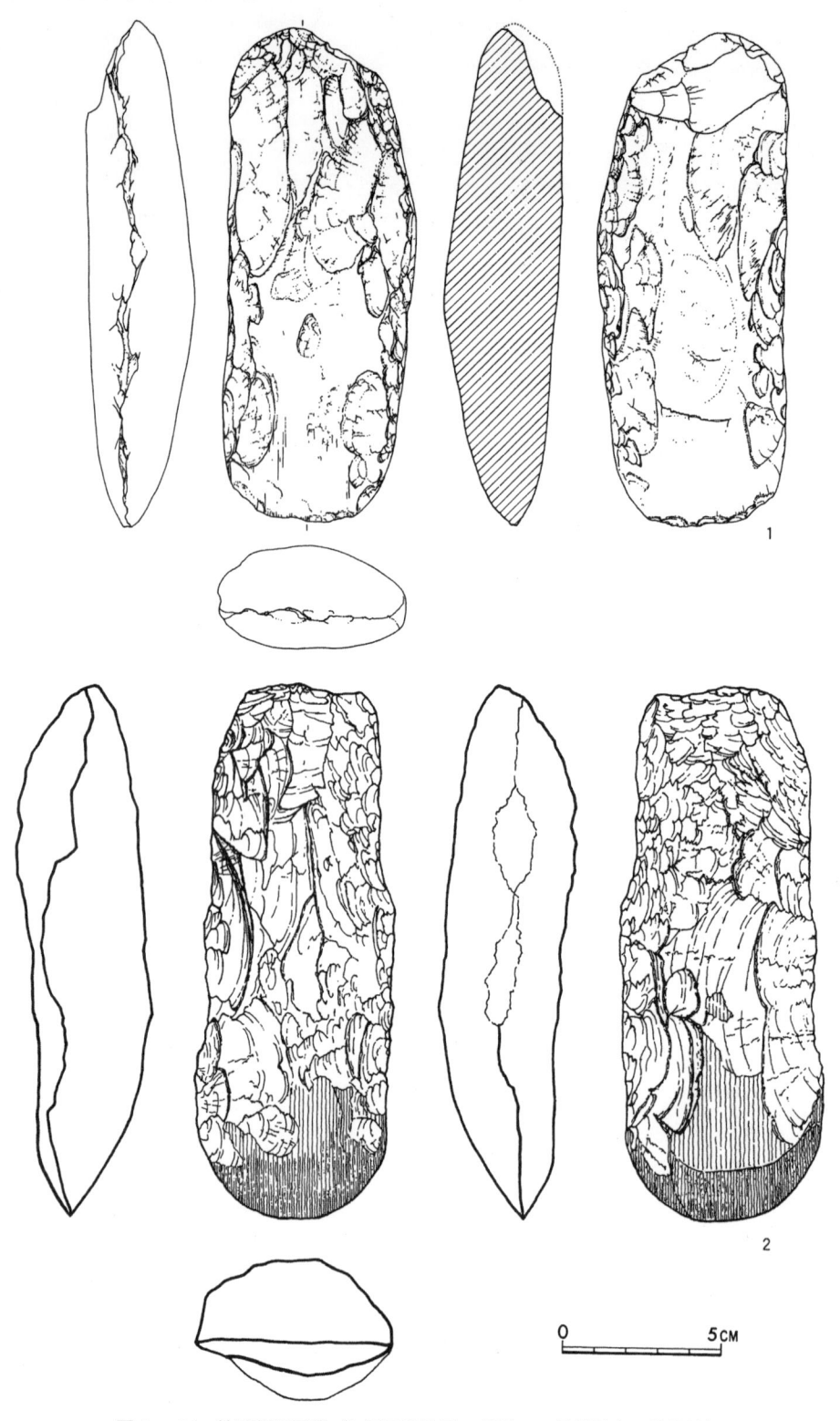

図Ⅰ-64　神子柴型石斧（1 福岡県柏原F遺跡　2 長崎県山ノ前遺跡）

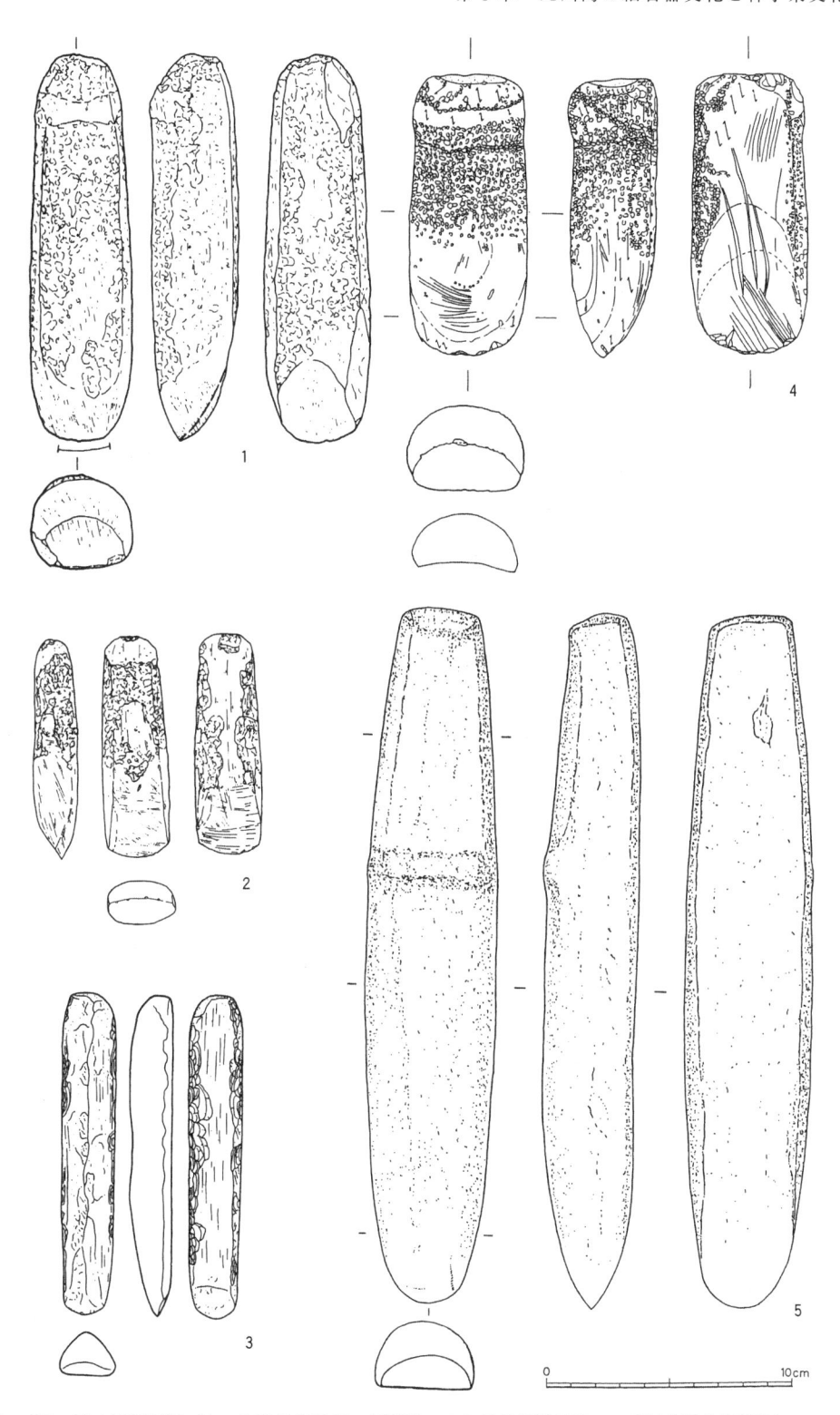

第 5 章　九州島の細石器文化と神子柴文化

図 I-65　椛ノ原型石斧（1～3 鹿児島県椛ノ原遺跡　4 宮崎県掘浦遺跡　5 鹿児島県前畑遺跡）

第Ⅰ部　細石器文化と神子柴文化

から東南アジアから海上の道を通って、鹿児島に辿り着いた石器であることを提起した。小田の感性はすばらしいものがあるが、東南アジアのそれとは年代観がかけ離れていることを新田栄治が指摘している〔新田1995〕。だから南方起源説が成り立たないという訳ではない。南九州の年代観を下らせればよいだけである。とはいっても、薩摩火山灰の下から出土する事実は重い。文物の比較によって、地質年代を変えられるかにかかっている。こうした栫ノ原型石斧の系譜は、鹿児島県前畑遺跡でみられるように早期の平栫式まで存続する〔春成1998〕。栫ノ原型石斧の存亡は、南九州の草創期を解く鍵を握っているのである。

4．九州島における有舌尖頭器文化の要素

　本州島では神子柴文化が終わると、有舌尖頭器や石鏃をはじめ、植刃・断面三角鑽・矢柄研磨器などの新たな渡来石器を装備した文化が広がる。これを有舌尖頭器文化あるいは石鏃文化と呼ぶことができる。土器は北海道島をのぞき、隆起線紋土器が九州島にまで広く分布した時期でもある。それは縄紋時代の幕開けの時期でもあった。

有舌尖頭器の波及　　本州島で有舌尖頭器文化を迎えた時期、九州島ではなお細石器文化が続いている。しかし、土器は共通した隆起線紋土器であり、神子柴文化と同様、九州島にも有舌尖頭器が分布する。これらの有舌尖頭器の存在は、当然のこととして本州島や四国島からの波及を考えなければならないだろう。大分県目久保第1遺跡では隆起線紋土器と柳又型有舌尖頭器が、泉福寺洞穴では押引紋土器が伴っている［図Ⅰ-66下］。また、岩下洞穴の最下層からも出土している。有舌尖頭器の多くは柳又型で、九州島北半に分布する。宮崎県内資料として柳又型より古い立川型とみられる有舌尖頭器が紹介されているが、その後言及するものはいない〔宮崎県博1967〕。ほかに現在のところ南九州型隆起線紋土器の分布圏には認められない。また有舌尖頭器文化に伴う矢柄研磨器状の砥石が、泉福寺8層の隆起線紋文化層から出土していることも注目されよう。

石鏃の問題　　石鏃も有舌尖頭器の一員である。神子柴文化の大平山元Ⅰ遺跡における石鏃の存在を根拠に、九州島まで普遍化することには慎重でありたい。本来、神子柴文化には伴わざる文物である。まずは九州島での石鏃の出現時期を決めるべきであろう。福井・泉福寺洞穴例が示すように、隆起線紋土器や爪形紋土器の時期には石鏃は存在しない。押引紋土器の時期に一点出土しているが、条痕紋土器の時期に定着する。すなわち続細石器に替わって石鏃が普及するのである。この変革は主要利器としての細石器（槍）から弓矢が普及する画期を如実に物語っているのである。先土器時代からの伝統を保持し続けたのは、細石器（槍）でも狩猟対象物を確保できる環境が整っていたことを意味している。出現期の石鏃は平基あ

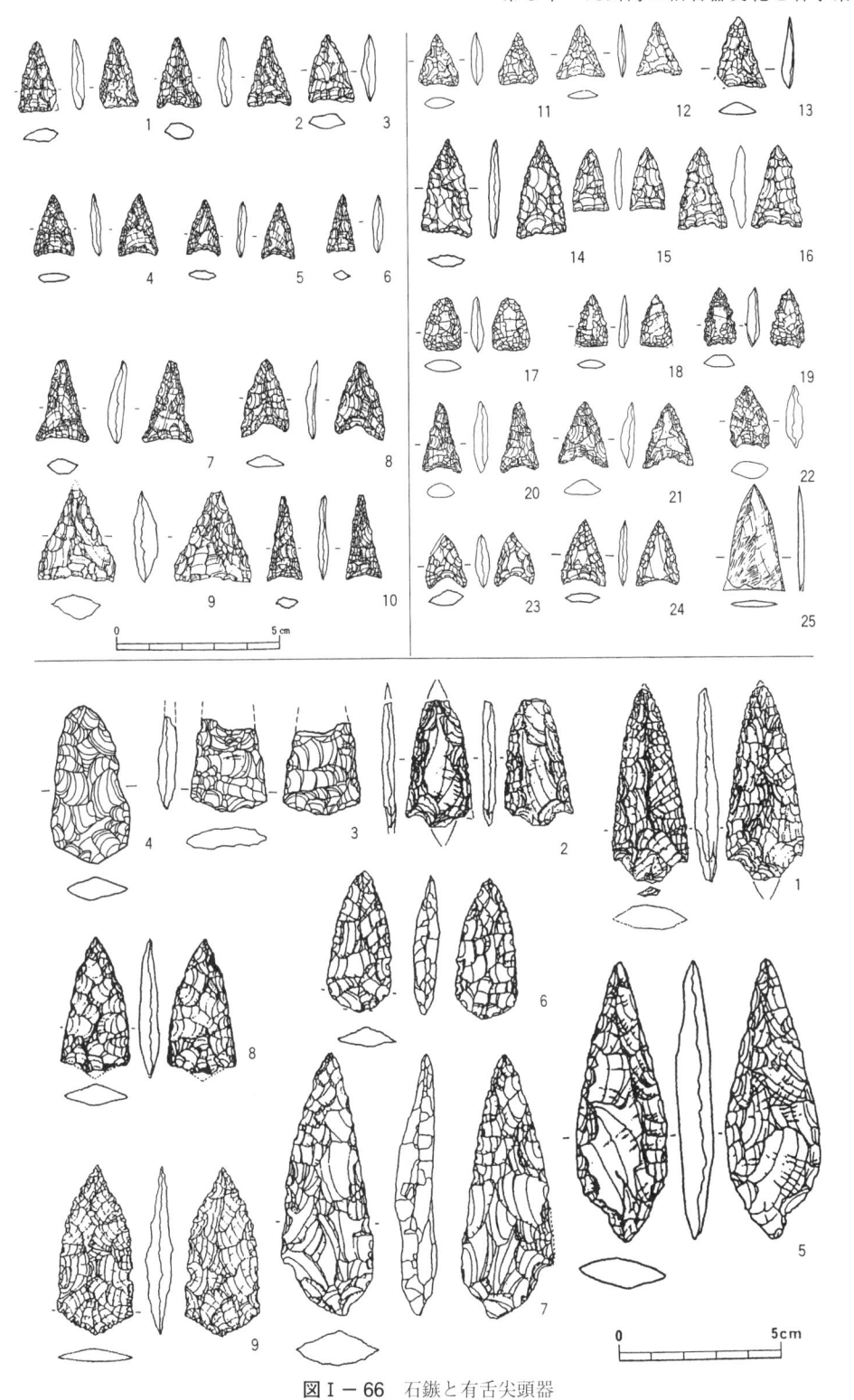

第 5 章　九州島の細石器文化と神子柴文化

図 I－66　石鏃と有舌尖頭器
　石鏃：1～10 泉福寺洞穴　11～13 横井竹ノ山　14 幌地　15・16 滝之段　17～19 掃除山　20～22 栫ノ原　23～25 奥ノ仁田
　有舌尖頭器：1 井掘　2 黒山　3 西輪久道　4 岩下洞穴　5 泉福寺洞穴　6・7 目久保第1　8 古閑北　9 セペット

第Ⅰ部　細石器文化と神子柴文化

るいは基部がわずかに彎曲する三角形および二等辺三角形の石鏃である［図Ⅰ-66上］。
　これに対して南九州型隆起線紋土器に伴う石鏃も、泉福寺洞穴例にみられる出現期の特徴を備えている。細石器を伴うとされる横井竹ノ山例・加治屋園例をとっても、細石器を伴わないとされる掃除山例をとっても、石鏃の形態には大差はない。種子島三角山遺跡では全磨製石鏃まで存在する。石鏃の定着すなわち弓矢の普及は、狩猟形態の変革をもたらす大事件であったはずである。九州島における石鏃の出現は、連鎖的に拡がっていったものと考えられる。この時期に弓矢が斉一的に広がったとすれば、総体として南九州型隆起線紋土器は、爪形紋土器以降の所産とみなければならない。

土器の問題　　石器の変遷とは別に、「土器は土器自体の比較に基づいてその古さを考えるべきであろう」とする佐藤達夫の警鐘がある〔佐藤1971〕。近年、沖縄県渡具知東原遺跡・野国遺跡などにみられる南島型爪形紋土器は、現在アカホヤ火山灰降下後の所産であることが明らかになった。それと関連づけられた門田遺跡の爪形紋土器の位置も宙に浮き、誰もふれることはなくなった。珍事である。

　南九州起源論の主役である南九州型隆起線紋土器は福井・泉福寺洞穴のそれとは大きく異なっている。隆起線紋をとっても、器形をみても大きく異なっている。それは縄紋式と弥生式の違いにもみえる。何とか関連性を認めようと試みるが妙案はない。しかし、時期はほぼ同一時期であるから、細石器文化の中で培われた南九州の地域性の中で独自の変容を遂げた姿とみなくてはならない。近年こうした南九州型隆起線紋土器とは別に、鹿児島県桐木遺跡では、私達が見慣れた隆起線紋土器が出土してしている。おそらく九州島にも普遍的な隆起線紋土器が全島的に分布し、その後に変容したものと考えられる。同じく鹿児島県上場遺跡でも普遍的な爪形紋土器が存在する。こうした列島レベルでみられる隆起線紋土器や爪形紋土器の存在は、その後、南九州型隆起線紋・爪形紋土器が地域的に変容した姿を示しているのであろう。南九州縄紋起源説や神子柴文化に惑わされることなく、「土器は土器から」検討する時期にきているのである。

		福岡	佐賀	長崎	大分	宮崎	熊本	鹿児島
先土器器	細石器	大草平	川原田	野岳	(+)	赤木	城長場	西丸尾
		有田178	竹木場前田	重篭	宮地前	船野	(+)	(+)
		(+)	(+)	福井4	市ノ久保	畦原	(+)	帆地
		神子柴インパクト
縄紋時代	続細石器	門田	石ヶ元下道	牟田堤	政所			加治屋園
		大原D		泉福寺9-7				枦堀
				泉福寺6				
				泉福寺5				

図Ⅰ-67　九州島の細石器文化から縄紋草創期の石器編年

おわりに

　九州島における神子柴文化の理解にあたっては、如何に波及したのかといった立場ではなく、先土器時代から縄紋時代への画期が如何に成されていったのかという九州島に内在する独自の問題から検討してきたつもりである。今日に至る九州モンロー主義といわれる伝統も、実は縄紋時代から生成されてきたのである。九州島のもつ伝統的な保守性と先進性が、列島における九州島の文化的位置づけを規定しているのである。しかし筆者は九州人でもなく、単なる部外者である。これまで述べてきた問題提起も、戯言あるいは野次馬的な発言とも受け止めるかもしれない。しかし、それを解決するのは九州島を基盤に研究を重ねる、あなた達ではある。ぜひとも、縄紋時代草創期に至っても伝統的な細石器文化を保持し続けたのか、その理由と要因を解明してほしい。遠く離れた北海道島にも同様な情況がある。こうした視点が、列島レベルにおける縄紋文化起源の解明に寄与していくと考えられる。最後に、まだ解決しえない問題も含んでいるが、先土器時代終末期から縄紋草創期に至る編年表［図Ⅰ-67］と五つの問題点を掲げて稿を閉じたい。

1. 九州島の細石器文化の編年を確立すること。特に神子柴文化と併行するといわれる「船野型」細石核を再考すること。神子柴文化同様、船野型の範疇は雪達磨式に拡大する。
2. 九州島の削片系細石器の起源および系譜をどこに求めるのか。湧別技法に求めるのか、朝鮮半島に求めるのか、いずれにしてもその起源は列島レベルでの細石器の変化と考えられる。おそらく西海技法は九州島での変容であろう。
3. 神子柴文化をどのような範疇で捉えるかは別にして、その波及をまず長者久保・神子柴段階に限定して追究すること。
4. 続細石器文化と弓矢の出現の意義を解明すること。南九州の石鏃と泉福寺洞穴の層位例にみられる石鏃の出現時期を検討すること。
5. 南九州縄紋文化起源論を一度は白紙に戻すこと。

付　記　　麻生先生が病を宣告されて以降、御自身の研究の集大成をなすべく『日本における洞穴遺跡研究』の執筆と編集に取り組まれていた。それがほぼ完成した春、突然その時がやってきた。御自身の身辺を整理し、後継者に後を託したあと、ちょうど桜の花が散るような清い旅立ちであった。しかし、先生自身も、御家族も、身近にいた私達も想像もできない出来事であったのである。先生も、次は『泉福寺洞穴の研究編』と考えられていたに違いない。

　十数年前に既に原稿も大半が集まり、構成も目次立ても決まっていた。しかし、最後までダメだしをされることはなかった。それだけ泉福寺洞穴の発掘にかけた一〇年間の思いは強く、完璧な泉福寺

第Ⅰ部　細石器文化と神子柴文化

洞穴の考察編を目指されていたのである。そばにいて補佐することのできなかった私にも、その責任の一端がある。

　先生の三周忌を迎え、編集の任をとられた白石浩之さん、下川達彌さんをはじめとする九州発掘者の皆さんの御努力によって、ようやく出版の運びとなった。しかし、最後まで原稿を出さなかったのは不肖私一人であった。編集の実務をとられた中島眞澄さんには九州からの催促の電話代がかさみ、呆れらながらも辛抱強くお待ちいただいた。御迷惑をおかけしたことをお詫びしつつ、その完成をともに喜びたい。また、先生のカミナリが聞こえてきそうである。

　また資料の実見にあたっては、九州島の友人および発掘者の諸氏の御尽力の賜物である。個々にお礼を申し上げないが、深く感謝する次第である。

引用・参考文献

麻生　優編　1985　『泉福寺洞穴の発掘記録』　築地書館
雨宮瑞生　1996　「南九州の幅狭型細石刃核」『考古学雑渉』　西野元先生退官記念論文集
稲田孝司　1993　「細石刃文化と神子柴文化の接点－縄文時代初頭の集団と分業・予察－」『考古学研究』40－2
稲田孝司　2000　「神子柴石器群と縄文時代のはじまり」『九州の細石器文化Ⅲ』　九州旧石器文化研究会
稲田孝司編　1996　『恩原2遺跡』　岡山大学文学部考古学研究室
指宿市教育委員会編　1999　『ドキどき縄文さきがけ展』図録
牛ノ濱修ほか編　1981　『九州縦貫自動車道関係埋蔵文化財調査報告5－福岡県小郡市三沢所在遺跡群の調査－』鹿児島県埋蔵文化財発掘調査報告書（6）
岡村道雄　1997　「日本列島の南と北での縄文文化の成立」『第四紀研究』36－5
岡本東三　1979　「神子柴・長者久保文化について」『奈良国立文化財研究所研究論集』Ⅴ
岡本東三　1993　「縄紋文化移行期石器群の諸問題」『環日本海における土器出現期の様相』
岡本東三　1999　「神子柴文化をめぐる40年の軌跡」『先史考古学研究』7
小田静夫　1994　「黒潮圏の丸ノミ形石斧」『南九州縄文通信』8
織笠　昭　1991　「西海技法の研究」『東海大学紀要』54　東海大学文学部
鹿児島県歴史資料センター黎明館編　2000　『縄文のあけぼの－南九州に花開いた草創期文化』図録
加世田市教育委員会　1998　『栫ノ原遺跡　第1分冊（旧石器時代・縄文時代草創期）』　加世田市埋蔵文化財発掘調査報告書15
鎌木義昌・芹沢長介　1965　「長崎県福井岩陰」『考古学集刊』3－1
鎌木義昌・芹沢長介　1967　「長崎県福井洞穴」『日本の洞穴遺跡』　平凡社
鎌田洋昭　2000　「狩猟具の変遷－細石刃から石鏃－」『九州の細石器文化Ⅲ』　九州旧石器文化研究会
川道　寛編　1998　『茶園遺跡』　岐宿町文化財調査報告書3
木下　修　1976　「門田遺跡」『日本の旧石器文化』第3巻　雄山閣
九州旧石器文化研究会編　1997　『九州の細石器文化Ⅰ』　第22回九州旧石器文化研究会
九州旧石器文化研究会編　1998　『九州の細石器文化Ⅱ』　第23回九州旧石器文化研究会
九州旧石器文化研究会編　2001　『九州の細石器文化Ⅲ』　第25回九州旧石器文化研究会

栗島義明　1988　「神子柴文化をめぐる諸問題」『(財)埼玉県埋蔵文化財調査事業団研究紀要』4
栗島義明　1993　「福井4層－その草創期研究に与えた影響について－」『利根川』14
栗島義明　2000　「神子柴文化の拡散と展開」『九州の細石器文化Ⅲ』　九州旧石器文化研究会
栗田勝弘　1988　「市ノ久保遺跡」『大分県犬飼地区遺跡群発掘調査概報』1
佐藤達夫　1971　「縄紋式土器研究の課題－特に草創期前半の編年について－」『日本歴史』277
下川達彌　1997　「細石刃石器群の出現・展開と泉福寺洞穴」『人間・遺跡・遺物』3
白石浩之　1989　『旧石器時代の石槍』　UP考古学選書7
白石浩之　1993　「細石器石器群の終末と神子柴・長者久保系石器群の関連性」『細石刃文化の新たなる展開』2
杉崎彰一　1985　「柿原遺跡」『肥後考古』5
杉原荘介・戸沢充則　1971　「佐賀県原遺跡における細石器文化の様相」『考古学集刊』4－4
杉原荘介・戸沢充則・安蒜政雄　1983　『佐賀県多久三年山における石器時代の遺跡』　明治大学文学部研究報告　考古学9
杉原敏之　1997　「九州の「尖頭器石群」(二)」『九州歴史資料館研究論集』第22集
杉原敏之　2000a　「九州における「神子柴文化」」『九州の細石器文化』Ⅲ　九州旧石器文化研究会
杉原敏之　2000b　「縄文時代草創期の槍先形尖頭器」『九州旧石器』4
鈴木重治　1967　「宮崎県見立出羽洞穴」『日本の洞穴遺跡』　平凡社
高橋信武　1990　「南の有舌尖頭器」『考古学ジャーナル』324
高橋信武　1993　『宇佐別府道路・日出ジャンクション関係埋蔵文化財調査報告書－大分県宇佐郡安心院町・速見郡山香町・日出町所在遺跡の調査－』
田島龍太　1984　『後川内遺跡群(Ⅱ)』　唐津市教育委員会
田島龍太　1992　『中尾2ッ枝遺跡(2)』　唐津市教育委員会
橘　昌信　1979　「東九州の細石核－船野型細石核－」『考古学ジャーナル』167
出口　浩編　1992　『県道玉取迫～鹿児島港線建設に伴う緊急発掘調査報告書(下)－掃除山遺跡－』　鹿児島市埋蔵文化財発掘調査報告書12
徳永貞紹　1997　「武雄市小路遺跡採集の細石刃石核」『佐賀考古』4
永野達郎編　2000　『帖地遺跡(旧石器編)』　喜入町埋蔵文化財発掘調査報告書6　喜入町教育委員会
永野達朗編　2001　『東郷坂B遺跡』　鹿児島県喜入町教育委員会
西村隆司　1979　『茶園原遺跡』　多久市文化財調査報告書4
西村隆司　1980　『茶園原遺跡』　多久市文化財調査報告書5
新田栄治　1995　「「椿ノ原型石斧」は東南アジアから伝わったのか」『南九州縄文通信』No.9
萩原博文　1986　「西日本の細石器文化」『考古学ジャーナル』306
春成秀爾　1998　「鹿児島県の丸ノミ形石斧2例」『南九州縄文通信』12
宮崎県立博物館　1967　『図説宮崎の歴史』
宮田栄二　1996　「南九州における細石刃文化終末期の様相」『考古学の諸相』
宮田栄二　1998　「縄文時代草創期の石器群－隆起線文土器段階の地域性とその評価－」『南九州縄文通信』12
村崎孝宏　2000　「九州における細石刃文化期の研究(1)」『九州旧石器』4
横田義章　1981　「いわゆる『神子柴型石斧』の資料」『九州歴史資料館研究論集』7
横田義章　1987　「宮崎県東臼杵郡北郷村発見の大型槍先形石器」『九州歴史資料館研究論集』12

第Ⅰ部　細石器文化と神子柴文化

横田義章　1989　「いわゆる『神子柴型石斧』の資料 (2)」『九州歴史資料館研究論集』15
横田義章　1991　「いわゆる『神子柴型石斧』の資料 (3)」『九州歴史資料館研究論集』17
綿貫俊一　1987　「大野郡犬飼町市ノ久保遺跡の調査」『大分考古学会々報』3
綿貫俊一　1992　「長者久保・神子柴文化並行期の九州」『古文化談叢』27
綿貫俊一　1999　「細石刃が欠落した長者久保・神子柴文化の提唱」『おおいた考古』12
綿貫俊一　2000　「細石刃文化と細石刃文化の間に位置する長者久保・神子柴文化並行期」『九州の細石器文化Ⅲ』　九州旧石器文化研究会

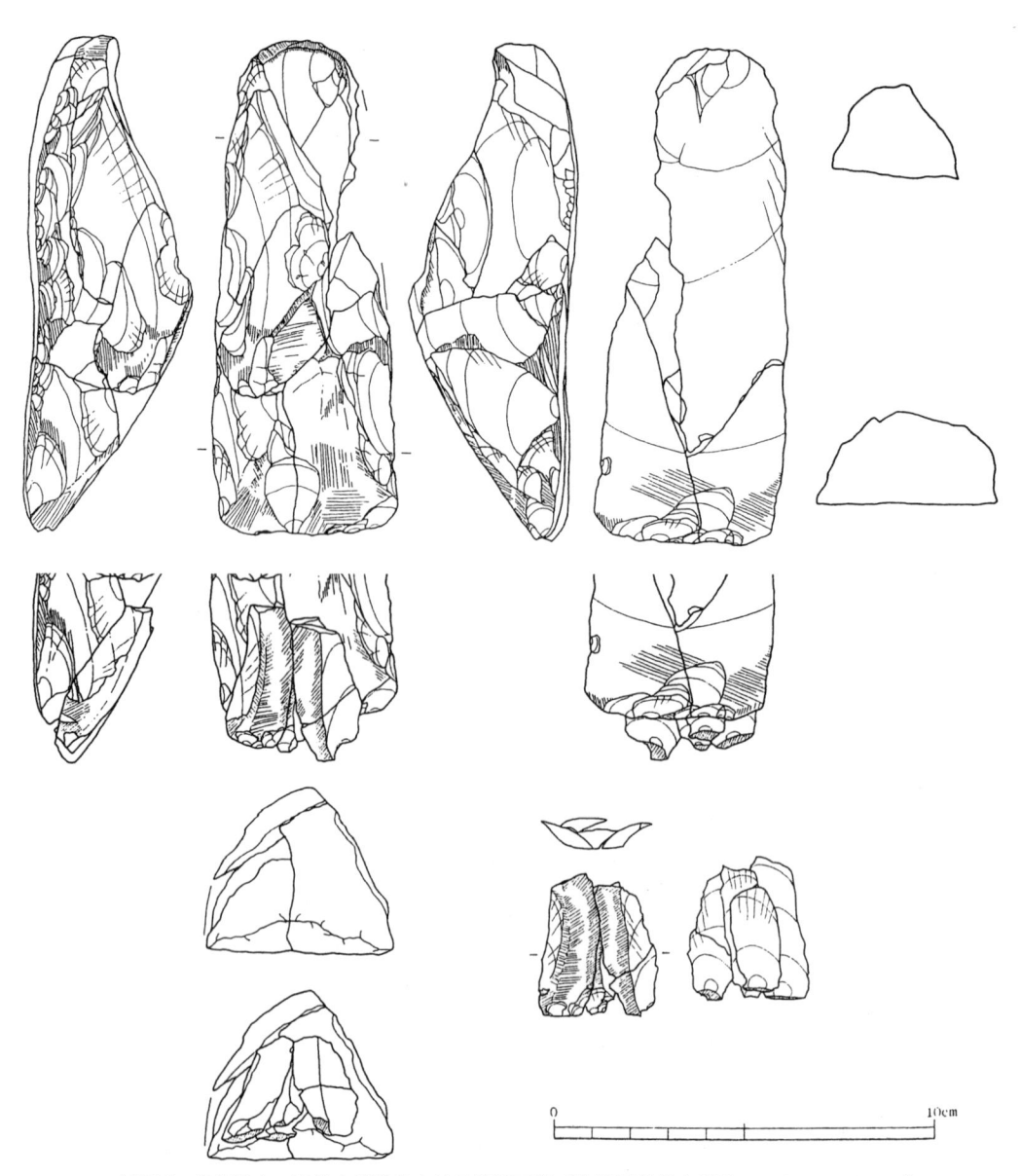

付図2　宮崎県白ヶ野第2遺跡出土神子柴型石斧〔宮崎県埋蔵文化財センター 2002a・b〕

付編　1. 福井県鳴鹿山鹿遺跡出土の局部磨製石斧

1. 誤植からでた石斧

「幻の石器」として人々の間から長らく忘れさられていた鳴鹿山鹿遺跡出土の石器群が、沼弘・増田進治によって再発見されたのは1967（昭和47）年の秋のことであった〔沼・増田1968〕。それを遡ることちょうど70年前、1897（明治30）年にこの一括遺物を最初に紹介した大野延太郎が感じたであろう驚きと石器群のもつ異様さを包んだまま、再び私たちの前にその姿を現してくれたのである。しかし、野沢久治宅の祠に御神体として祭られていたこれらの石器群のもつ神秘性は、今回の再発見によってすべてが解決したわけではない。まだ、いくつかの謎が隠されている。こうした問題を探る過程で発見したのが、ここに紹介する同遺跡出土の局部磨製石斧である。まず、石斧発見の経緯と密接に関連をもつ大野延太郎の報文を掲げる。

　　　　　　　　　○大ナル石鋒ト精巧ナル石鏃　　　大野延太郎

本年七月夏季休暇二際シ學術的旅行ノ爲メ美濃國可兒郡横穴及ビ石器時代遺跡ヲ實見セリ夫ヨリ余ガ郷土二歸省スルノ便ヲ得タレバ其ノ附近ノ遺跡ヨリ發見セル實物ノ一二ニ就テ記セントス尚横穴ノ遺跡二關シテハ聊カ考フルトコロアレバ他日ヲ待ツテ報導スルコトアルベシ

越前國坂井郡鳴鹿村野澤寛治氏庭内二於テ左ノ圖二示セル如ク大ナル石鋒（第一圖）及ビ石鏃（第二圖二示スガ如キ）三十余ヲ石祠二奉崇セルヲ發見セリソノ中三箇ハ大學人類學敎室二獻納ヲ勸メタリ此遺物タルヤ今ヨリ三十年以前同村字山鹿トテ同所ヲ離レ數丁餘九頭龍川ノ中流二沿ヒタル河岸ニシテ少シ小高キ洪積層ノ位置二在ル用水土工事業ノ際二發掘セルモノナレバ其場所ヲ實見シタリ今其ノ掘出セシ時ノ有樣ヲ聞クニ燧石ノ原料タリシ石片二箇ノ上二大ナル石斧ヲ横タヘソノ下ヨリ三十餘ノ石鏃モ出テタリト云フ現今ハコノ遺物ヲ悉ク同氏ノ宅二移シ祀レルモノニシテ何レモ疑フ可カラザル石器時代遺物ナラントハ實二珍ラシキ事ト云フベキナリ余ハ未ダ本邦石器時代遺物中ニコノ例ヲ見スコレ嘗ニ同種ノ遺

− 165 −

第Ⅰ部　細石器文化と神子柴文化

　　　物製作上ノ差異ノミナラズ今一歩進ンテ考フルトキハ同人民ノ數種族本邦中ニ棲
　　　息スルモノトセバ或ハ別種族ノ遺物ナランカトノ疑念ヲ生セリ余ハ判斷ニ苦ムト
　　　コロナリ大ニ研究スベキ價値アルモノトス亦タ石鏃等ニ至ッテハ普通本邦諸地方
　　　ヨリ發見セル石鏃トハ其ノ形狀ノ點細長異形ノモノニシテ實ニ金屬ノ鋭利モ及バ
　　　サル精巧完全ナル石鏃ナリト云フベシ然レモコレヲ石鎗ト云ヒ鉇ト云フ人ナキニ
　　　シモアラズ余ガ觀察スルトコロニテハ石鏃ノ異形ト見做シテ大ナル誤ナカラン聊
　　　カ愚見ヲ述ベテ高敎ヲ仰カントス
　　　　　　　　　　　　　　　〔1897.11 東京人類学会雑誌第 140 号 ,p.51 ～ 53〕

　以上の報文と挿図として、3 点の有舌尖頭器と「大石鋒」とよんだ大形尖頭状石器を示した。この大野報文で確認しておかなければならない重要な事柄は次の 3 点である。
1. 石器群が発見されたのは、「今ヨリ三十年以前」すなわち 1867（明治元）年以前に用水工事中に偶然にみつかった[1]。
2. 石器群のうち 3 点を人類学教室に献納することを勧めた[2]。
3. 出土状態は「燧石ノ原料」（石核か）の 2 点の上に"大ナル石斧"を横たえ、その下に 30 余点の有舌尖頭器を埋納していた。

1・2 の点についてはしばらく置くとして、石斧の発見と係わる 3 の問題について取り上げる。報文中には確かに"大ナル石斧"が出土したことになっている。しかし、沼・増田報文による現存石器は、有舌尖頭器 22 点・石核 2 点・大形尖頭状石器 1 点のみである。また、1920（大正 9）年、上田三平「若狭及び越前に於ける古代遺跡」の図版写真に掲載された石器は、有舌尖頭器 19 点と石核 3 点で、その中にも"大ナル石斧"はない。なお、上田報文中の石核 1 点と有舌尖頭器 1 点が現在失われている。発見時に 30 余点出土した有舌尖頭器は 22 点しか現存していないのである。

　大野報文の"大ナル石斧"は単に「大ナル石鋒」の誤植かもしれないと思いつつも、失われた 10 点近くの石器と同じ運命を辿ったのではないかという一抹の疑問が残った。そこで、筆者の 1 人である土肥を通して福井市在住の木下哲夫氏に石斧の行方を尋ねることにした。ところがである。一括遺物を所蔵する野沢久治氏の隣宅野沢徳松氏が石斧を持っているという話が返ってきた。驚いた。早速、1978（昭和 53）年 1 月 27・28 日に福井へ出かけたのである。しかし、後述する石斧出土の由来から、先の一括遺物とともに出土したものではなく、近接した地点から、その後に発見されたものであることが判明した。やはり、大野報文の"大ナル石斧"は「大ナル石鋒」の誤植であったが、結果的にはこの誤植から、ほんものの石斧がでたのである。資料紹介にあたり、所蔵者野沢徳松氏をはじめ、中司照世・木下哲夫両氏にお世話になった。謝意を申し述べる次第である。

付編　1．福井県鳴鹿山鹿遺跡出土の局部磨製石斧

2．石斧出土の由来

　福井県坂井郡永平寺町に所在する鳴鹿山鹿遺跡は、北に冠岳（838m）、南に大仏寺山（808m）が迫る谷合を西流する九頭竜川が福井平野に向けて大きく開ける扇状地扇頂部に位置する。九頭竜川が谷口で大きく右に蛇行して流路をかえるその右岸の河岸段丘の1段目に立地している。先土器時代終末期の遺跡が、しばしば、こうした比較的低位な立地条件をもつことは、その背景を考えるうえで注目すべきことと思われる[3]。

　野沢徳松氏によれば、この局部磨製石斧は1921（大正10）年頃、有舌尖頭器を含む一括遺物の出土地点から西に約20m離れた同じ段丘上の改田作業中に、地下1.5mの岩盤直上から出土したものである。他にも共伴遺物が出たようであるが、この特異な形態をもつ石斧のみが現存する。こうした事情から、先の一括遺物とは発見時や出土状況が明らかに異なっている。しかし、石斧の形状や技法からみて、弥生時代や縄紋時代の産物とは考えにくく、先土器時代終末期に特徴的にみられる石斧の一形態であり、一括遺物として出土した有舌尖頭器の一群と同一時期と考えてよいであろう［図Ⅰ-68］。

3．局部磨製石斧

　長さ34.0cm・幅5.2cm・厚さ1.7cm・重さ385g・黒色粘板岩製［図Ⅰ-69・70］。両側はほぼ並行し、中央部でやや彎曲した狭長な短冊形を呈する。頭部は鈍角に尖り、刃部は弧状となる。素材が板状に剥れる性質のため、横断面は厚味がなく凸レンズ状である。表面は両側からの粗い剥離によって中央に低い稜が通り、裏面は右側から数回の剥離を施しているものの第1次剥離面をそのまま残している。そのため、素材が刃部方向から剥離されたことが判明する。刃部は表裏両面ともに丁寧に磨かれ光沢をもち、鋭利な両刃を構成する。また、全体に粗い研磨がみられ、縦走あるいは斜走する擦痕が観察できる。先土器

図Ⅰ-68　鳴鹿山鹿遺跡遠景（A 一括遺物出土地点　B 石斧出土地点）

- 167 -

第Ⅰ部　細石器文化と神子柴文化

時代終末期の局部磨製石斧に応々にしてみられる縁辺研磨が施されている。研磨の方向がいくつかの単位で認められることから、長野県神子柴遺跡・唐沢B地点で出土したような棒状の砂岩製の手持ち砥石で磨いたと考えられる〔林1964、森嶋1968b〕。

若干のまとめ

今回発見した局部磨製石斧は、先土器時代終末期のいわゆる「神子柴型石斧」と総称される石斧の仲間であろう。これらの石斧は打製も含めて全国で150例ほどあり、両刃・片刃・円鑿の3形態に大別でき、さらに各形態を4種に細分できる[4][図Ⅰ-71]。本資料は両刃石斧に属するが、同系とみられる青森県長者久保〔山内・佐藤1967〕・大平山元Ⅰ遺跡〔三宅ほか1976〕・埼玉県皆野遺跡〔佐藤・小林1962〕・三重県石神遺跡〔早川・奥1965〕の例とは異なり、長大で特異な形状をもつ。両刃石斧は片刃・円鑿に比べて数は少ないが、石斧を伴う終末期の文化を解明するうえで、欠くことのできない一群と考えられる。

つぎに、石斧と有舌尖頭器の関係について述べたい。この石斧が有舌尖頭器を含む一括遺物と共伴したも

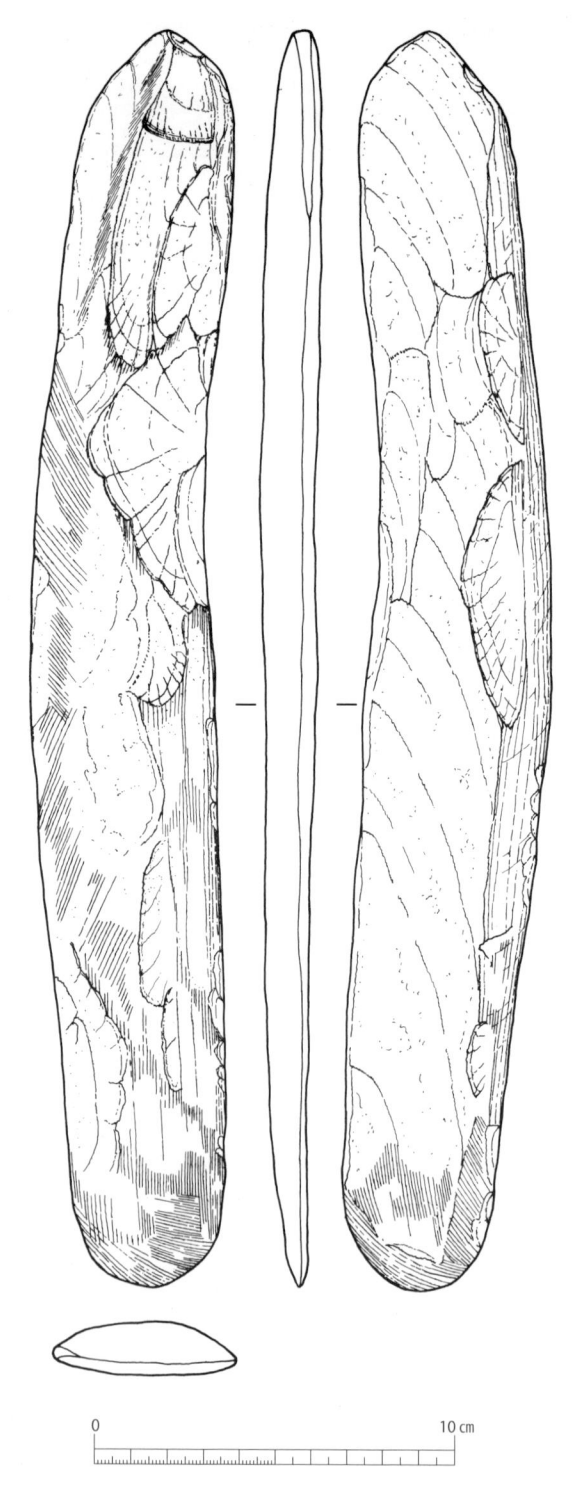

図Ⅰ-69　鳴鹿山鹿遺跡出土の局部磨製石斧（実測図）

付編　1．福井県鳴鹿山鹿遺跡出土の局部磨製石斧

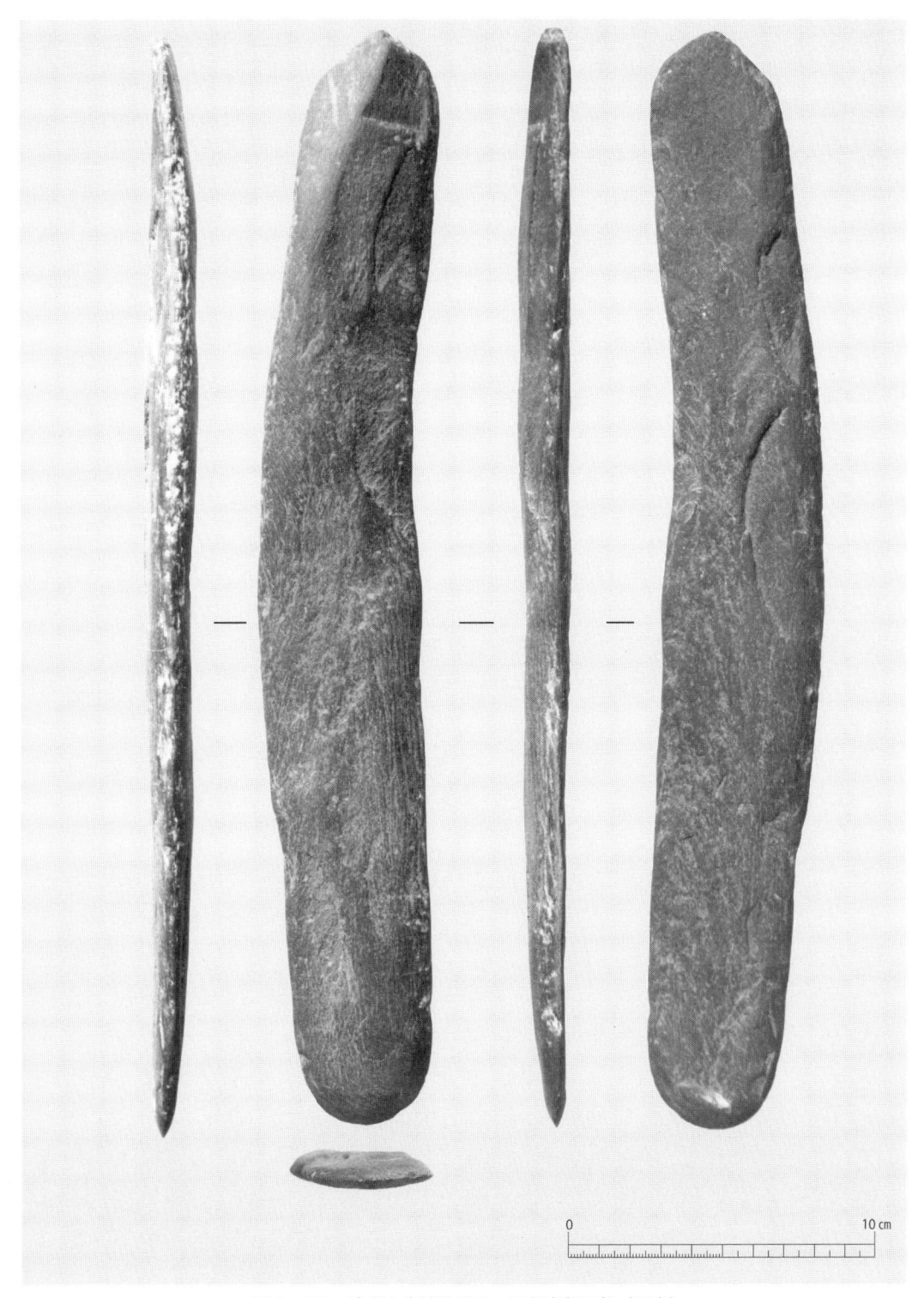

図Ⅰ-70　鳴鹿山鹿遺跡出土の局部磨製石斧（写真）

第Ⅰ部　細石器文化と神子柴文化

のでないことは前述のとおりであるが、局部磨製石斧と有舌尖頭器の編年上の位置づけ、すなわち同時代性から共存関係をみいだすことができよう。有舌尖頭器の一群が特殊な埋納状態で出土したため、単一な組成となっているが、元来石斧はこれらの石器群の一員とみて差支えない。一括埋納遺物はかつて山内清男が指摘した如くおそらくデポであろう〔山内1969〕。このデポに近接して、石斧を伴うもう一つのデポが存在したか、あるいは生活跡があったのかは今となっては判らない。有舌尖頭器は大小各種のバラエティーがあり、あたかも商品見本のような観をあたえる。一例には縁辺に横走する擦痕を残すものがある［付図3（5）］。有舌尖頭器は先土器時代終末期から縄紋時代草創期を繋ぐ代表的な石器である。本資料はその中でも最も古い段階に位置づけることができる。共伴した円盤形石核が前段階の神子柴・長者久保文化の伝統を強く残していることからも妥当であろう。また、一括埋納遺物を出土した鳴鹿山鹿遺跡が交易に関係した埋納遺跡とするならば、先土器時代終末期の社会的背景を探る重要な手掛りとなろう。戦前に発見された秋田県綴子遺跡〔八幡1938〕をはじめ、岩手県持川遺跡〔鈴木1968〕・長野県神子柴遺跡〔藤沢・林1961〕・横倉遺跡〔神田・永峰1958〕・宮ノ入遺跡〔森嶋1968a〕は、いずれも同様の性格をもつ終末期の埋納遺跡である。一括埋納遺物が社会的余剰の産物としての交易品であれば、これは明らかに新石器時代の社会現象として把握しなければならない。

　一般的に先土器時代終末期は旧石器時代晩期あるいは中石器時代とされるが、決してそのような古い段階に対比することはできない。山内・佐藤説の如く、無土器新石器時代の一断面を反映していると考えられる。　　　　　　　　　　　　　　　　　（土肥孝と共著）

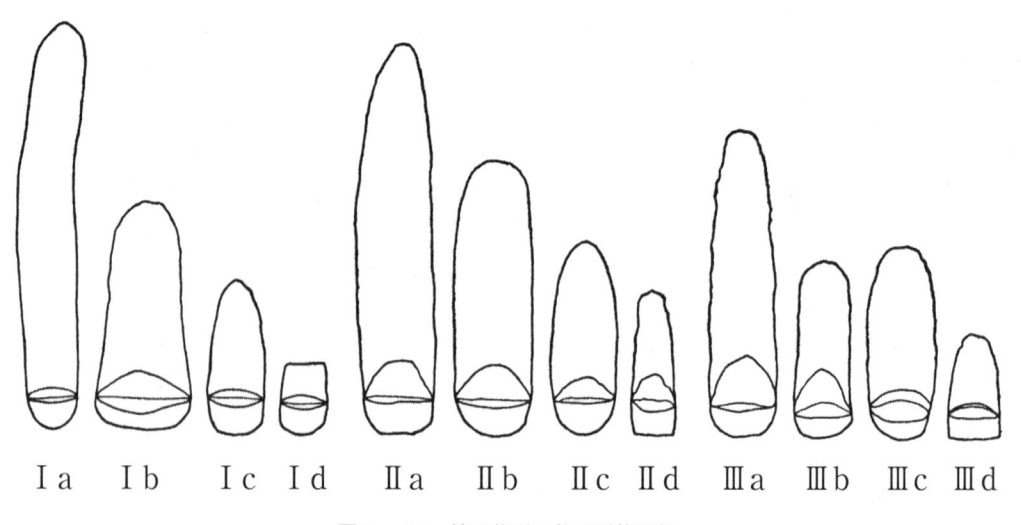

図Ⅰ-71　神子柴型石斧の形態分類

註

（1） 沼・増田報文〔1968〕では、発見の日時を明治30年11月としているが、それは大野報文（1897年）が公表された日時であり、原典にあたらなかった誤りであろう。

（2） この3点の石器が東京大学人類学教室に寄贈された事実は『先史考古図譜』〔大野1904〕第十一図版・二九、p.12に人類学教室蔵として図示されていることからも明らかである。他の失われた石器の所在を究明した時点で併せて紹介できればと考える。

（3） 北海道モサンル遺跡〔岩本1972〕・青森県長者久保遺跡・大平山元Ⅰ遺跡・茨城県後野遺跡〔川崎ほか1976〕等、いずれも川谷に突出した低丘陵上に位置し、また草創期の遺跡も同じ立地が認められる。こうした立地条件の解釈は、縄紋文化への胎動を解く重要な鍵といえよう。

（4） 基本的には超大型・大型・中型・小型の4種であるが、これに刃部および形状が加味される。終末期の石斧については別稿〔岡本1979〕を参照されたい。

引用・参考文献

岩本圭輔　1972　「北海道モサンル遺跡の石器」『歴史』42
上田三平　1920　「若狭及び越前に於ける古代遺跡」『福井県史蹟勝地調査報告』第1集
大野延太郎　1897　「大ナル石鋒ト精巧ナル石鏃」『東京人類学雑誌』140
大野延太郎　1904　『先史考古図譜』　嵩山房
岡本東三　1979　「神子柴・長者久保文化について」『奈良国立文化財研究所研究論集』Ⅴ
川崎純徳ほか　1976　『後野遺跡』　勝田市教育委員会
神田五六・永峯光一　1958　「奥信濃・横倉遺跡」『石器時代』5
佐藤達夫　1974　「黎明期の日本」『図説日本の歴史』1　集英社
佐藤達夫・小林　茂　1962　「秩父皆野出土の石器」『Museum』134　東京国立博物館
鈴木孝志　1968　「北上川中流域の無土器文化」『北上市史』第1巻
沼　弘・増田進治　1968　「福井県鳴鹿遺跡出土の旧石器」『考古福井』1
早川正一・奥　義次　1965　「三重県石神遺跡出土の石器群」『考古学雑誌』50－3
林　茂樹　1964　「長野県上伊那郡神子柴遺跡（第2次調査）」『日本考古学年報』12
藤沢宗平・林　茂樹　1961　「神子柴遺跡－第1次発掘調査概報－」『古代学』9－3
三宅徹也・井上　久・天間勝也　1976　「大平山元Ⅰ遺跡調査概要」『青森県立郷土館調査研究年報』1
森嶋　稔　1968a　「長野県小県郡真田町菅平B遺跡の調査」『日本考古学協会43年大会要旨』
森嶋　稔　1968b　「神子柴型石斧をめぐる試論」『信濃』20－4
山内清男　1969　「縄紋草創期の諸問題」『Museum』224　東京国立博物館
山内清男・佐藤達夫　1967　「下北の無土器文化－青森県下北郡東北町長者久保遺跡発掘報告－」『下北－自然・社会・文化』
八幡一郎　1938　「縄紋式文化」『新修日本文化史大系』第1巻

第Ⅰ部　細石器文化と神子柴文化

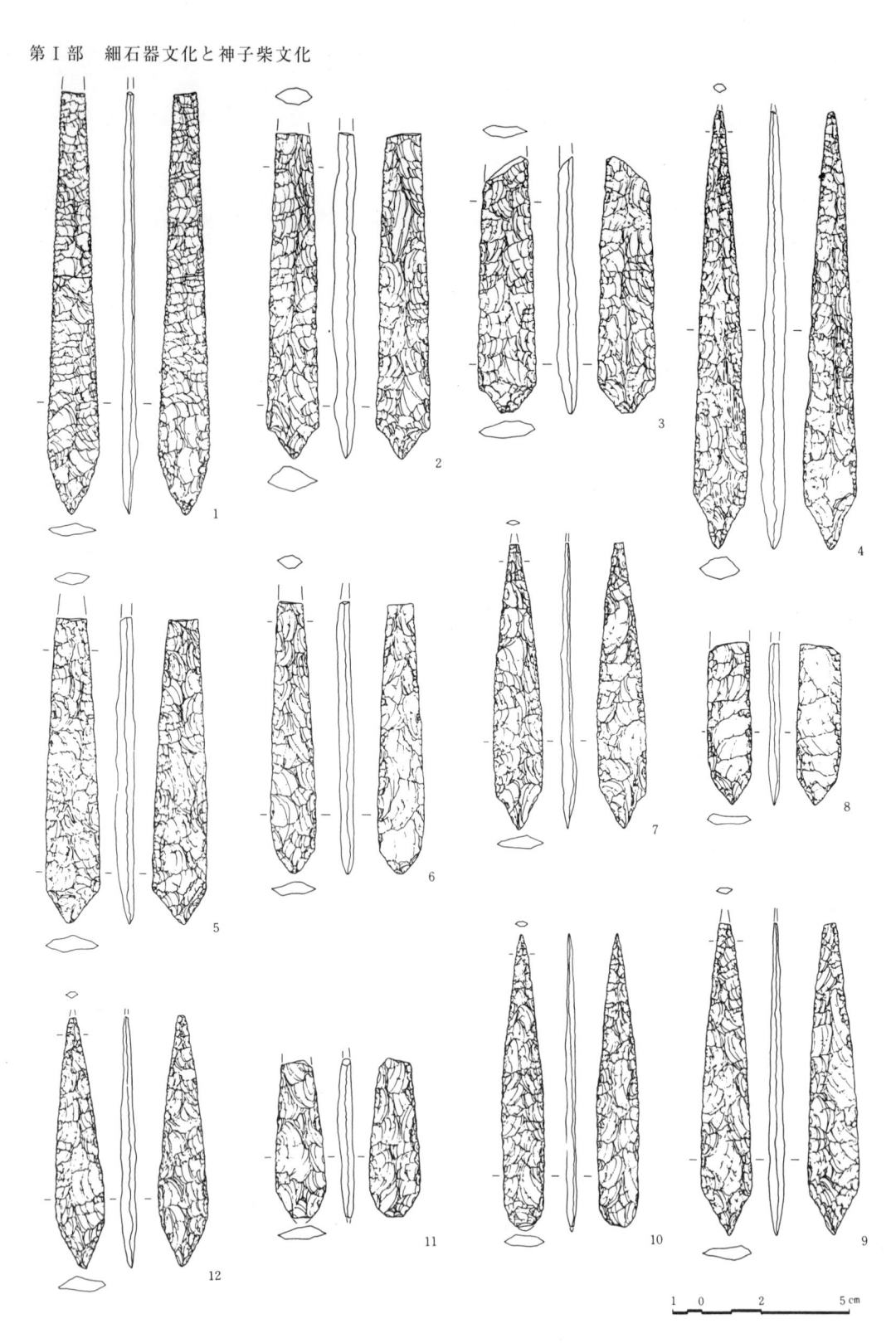

付図3　鳴鹿山鹿遺跡出土の石器（1）〔福井県史 1986〕

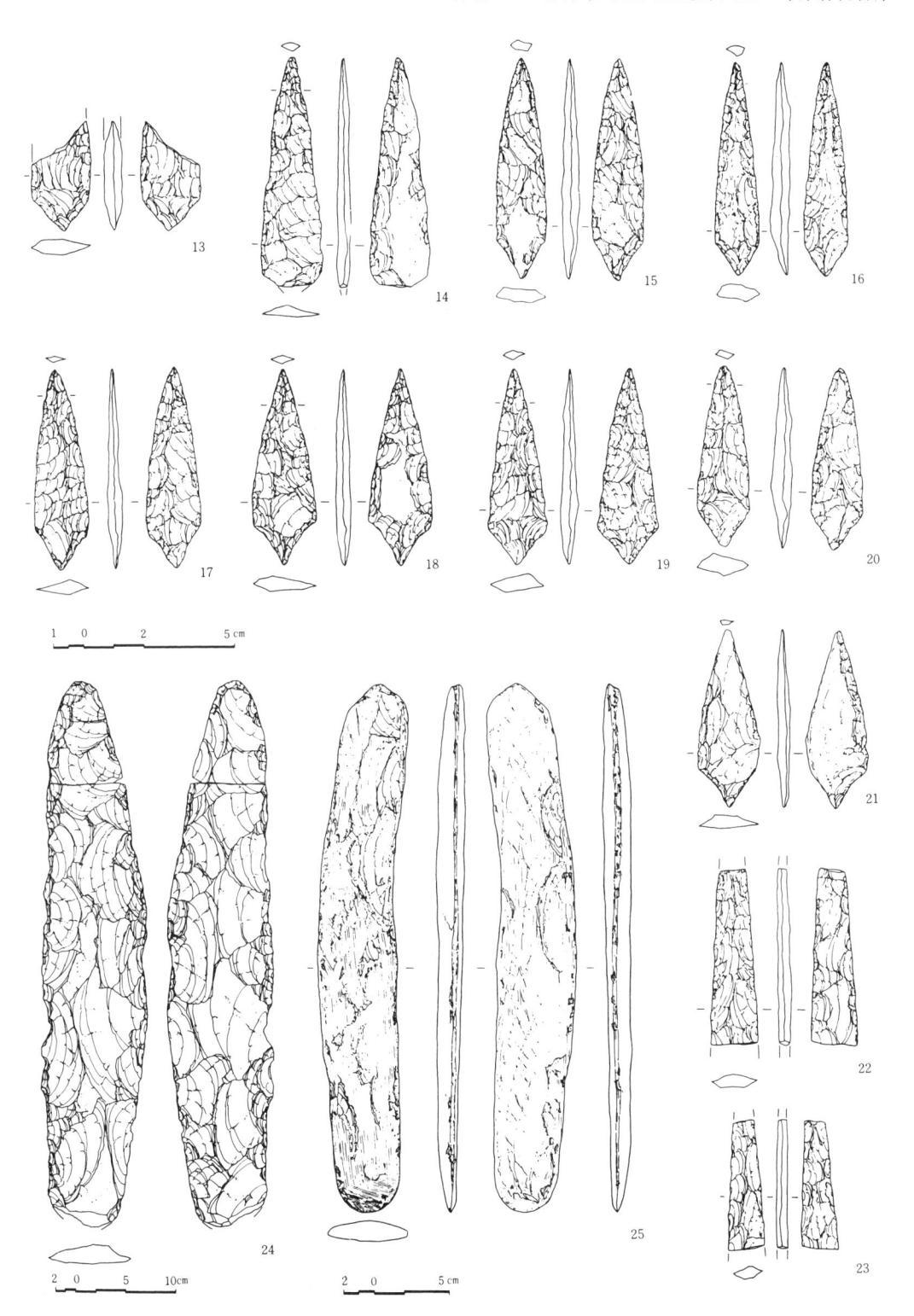

付編　1．福井県鳴鹿山鹿遺跡出土の局部磨製石斧

付図4　鳴鹿山鹿遺跡出土の石器（2）〔福井県史 1986〕

− 173 −

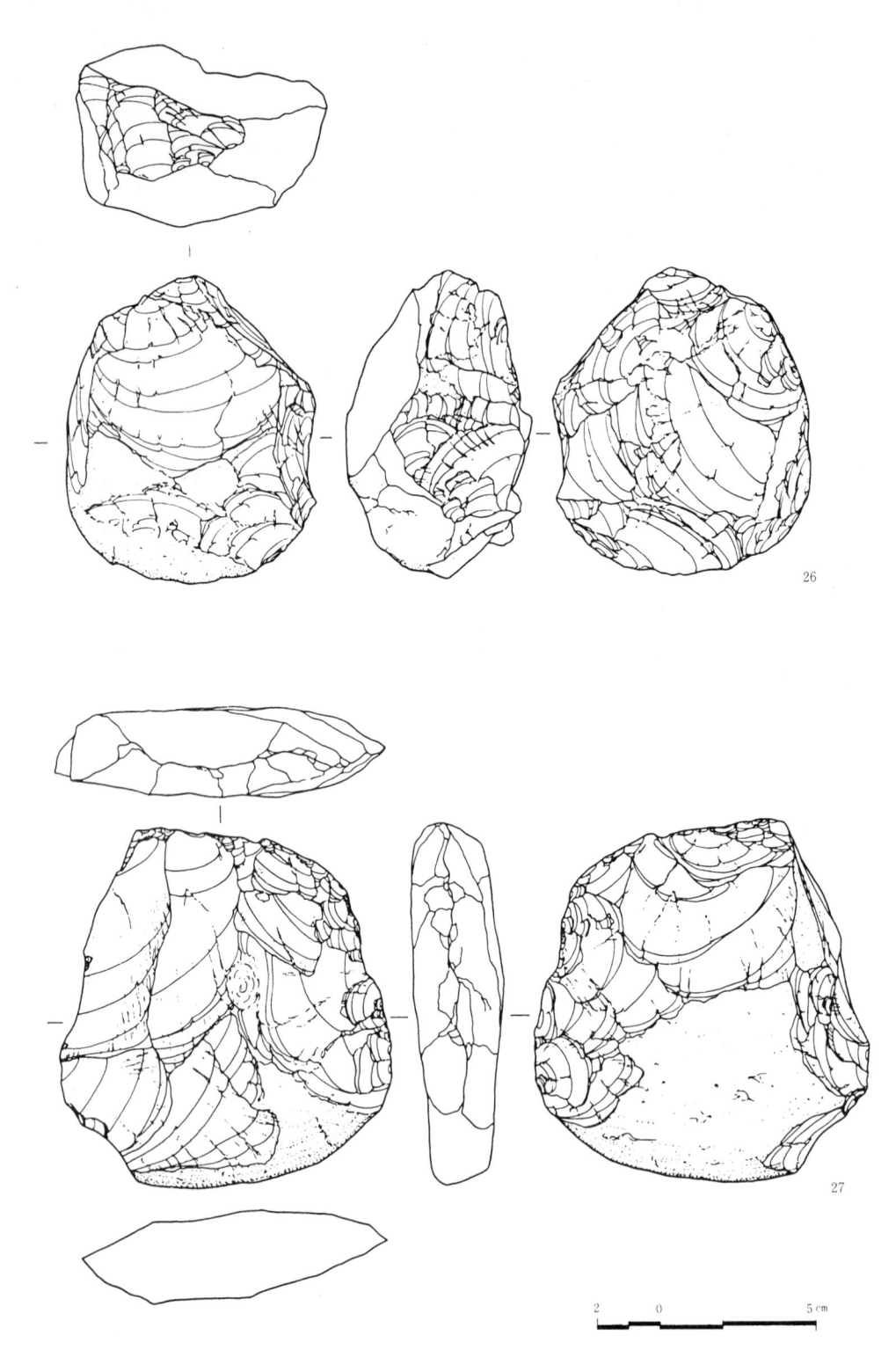

第Ⅰ部　細石器文化と神子柴文化

付図 5　鳴鹿山鹿遺跡出土の石器 (3) 〔福井県史 1986〕

付編　2. 青森県長者久保遺跡

1. 遺跡の調査と遺物

遺跡の位置と遺物の出土層位　　長者久保遺跡は、先土器時代の系統と年代および縄紋文化の起源を考察するうえで、もっとも重要な先土器時代終末期の遺跡の一つである。本遺跡は青森県上北郡東北町長者久保にあり、東北本線野辺地駅から東南約五キロの丘陵上に位置する。遺跡は西北西から南南東に流れる谷筋の左岸に突出した小丘陵の先端部に立地している［図Ⅰ-72］。付近の海抜は約120mで、丘陵の裾を流れる小河川からの比高はわずか2mほどである。

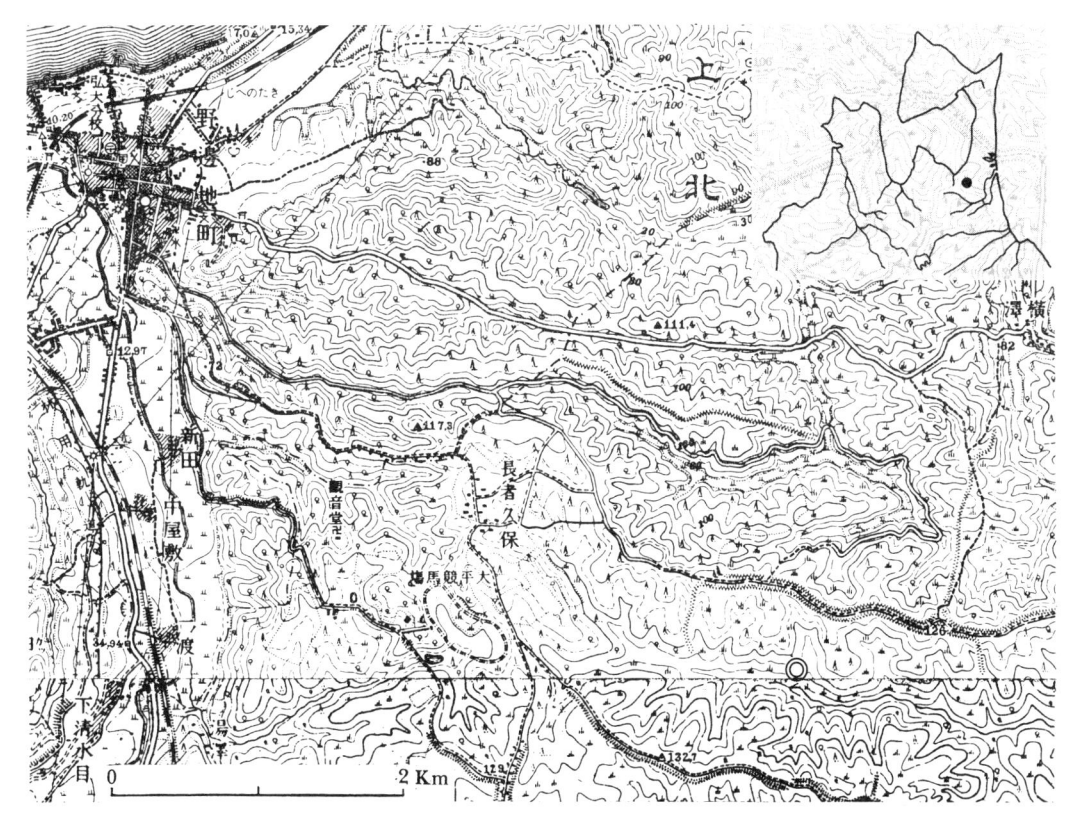

図Ⅰ-72　青森県長者久保遺跡の位置（野辺地・乙伴）〔山内・佐藤1967〕

第Ⅰ部　細石器文化と神子柴文化

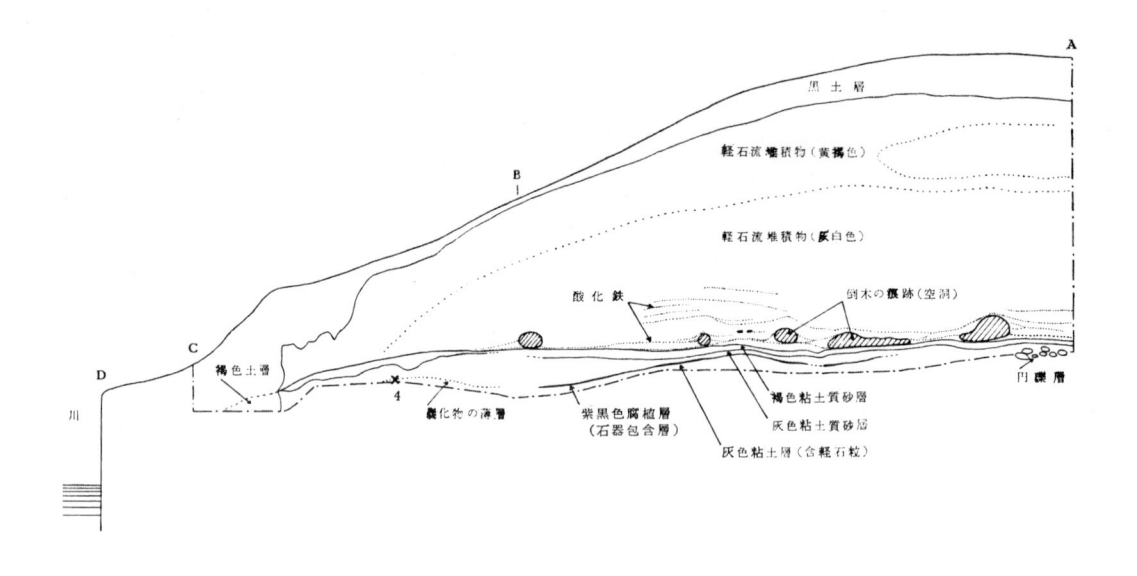

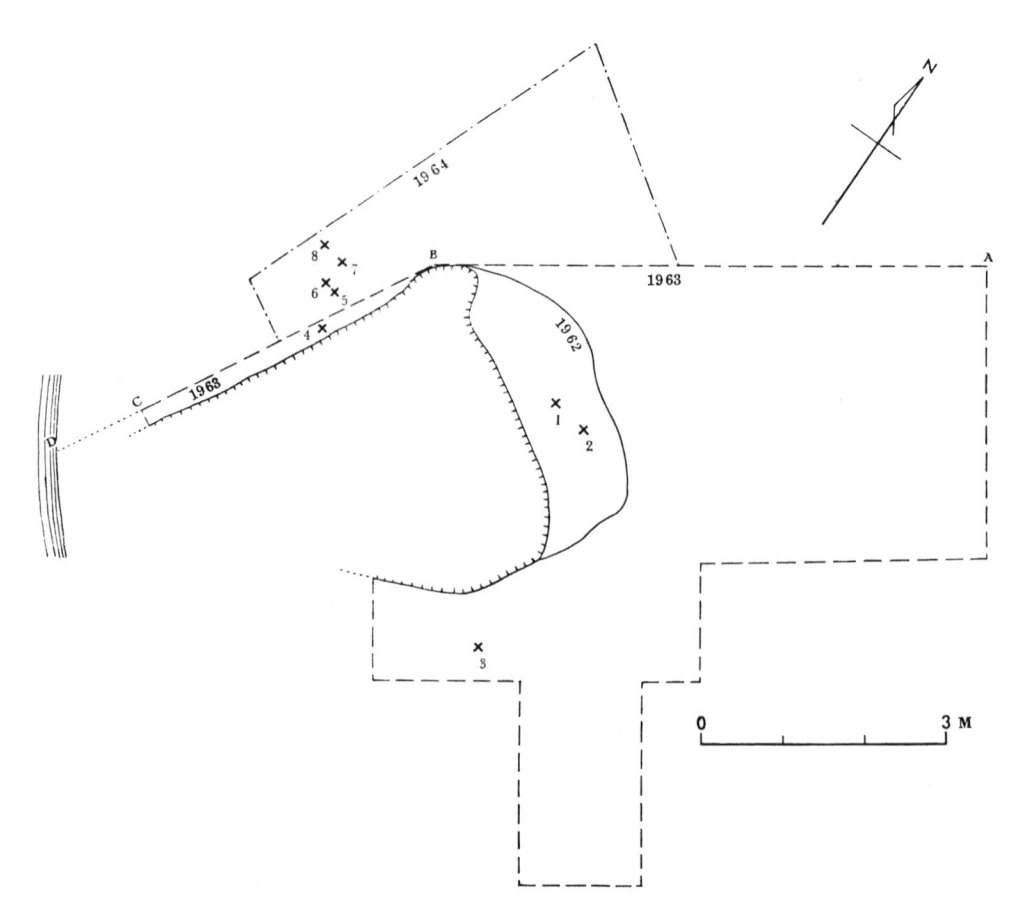

図Ⅰ-73　長者久保遺跡の層位と石器分布〔山内・佐藤 1967〕

付編　2．青森県長者久保遺跡

　長者久保遺跡の発見は、多くの重要な考古学的発見がそうであるように、まず地元の人びとによって注目された。1959（昭和34）年、この地帯に出水被害があり、その修復工事の土取り作業中に石器が発見された。その後、当時中学生であった平尾勲君らによって数度の採集がおこなわれ、翌1960（昭和35）年の春、この事実が野辺地在住の研究者角鹿扇三氏の知るところとなった。同氏により、層位の見取図と石器の図を添えて東京の佐藤達夫氏のもとへ第一報が届けられた。以降、佐藤氏を中心とした本格的な調査が三回にわたって実施されたのである。1962（昭和37）年の第一次調査では、円鑿形石斧が出土し、遺跡の性格を決定づける重要な発見があった。この調査結果を重視した山内清男博士の尽力により、1963・1964（昭和38・39）両年、九学会連合下北半島総合調査の一環として、日本人類学会による調査が二次にわたって実施された［図Ⅰ-73］。

　遺跡の層位はつぎの通りである。①黒色土層（表土層）約50cm、②軽石流堆積層約2.5～3m、③褐色粘土質砂層約10cm、④灰色粘土質砂層約20cm、⑤紫黒色腐植層（石器包含層）約5cm。⑥灰色粘土層約30cm、⑦円礫層が基盤となる。第五層が石器包含層であり、石器のほかに唐檜の根材、ゴミムシやゴモクムシの翅鞘が多く発見され、当時、湿地状の地表面であったことが判明する。遺物は直径約5mの範囲内に集中して発見されており、原位置はさほど移動していないと考えられる。なお、遺物包含層を厚く覆っている軽石流堆積物は地質調査を担当された鎮西清高・守屋以智雄両氏によって、十和田湖の外輪カルデラの噴出物と認定されている。

長者久保石器群　　第五層紫黒色腐植層から発見された石器は総計50点である。これらの石器はすべて同時期のものであり、先土器時代終末期の単一組成と考えられる。器種は比較的多く、その種別および数量はつぎの通りである。局部磨製の円鑿形石斧1、打製石斧2、石槍（槍先形尖頭器）2、

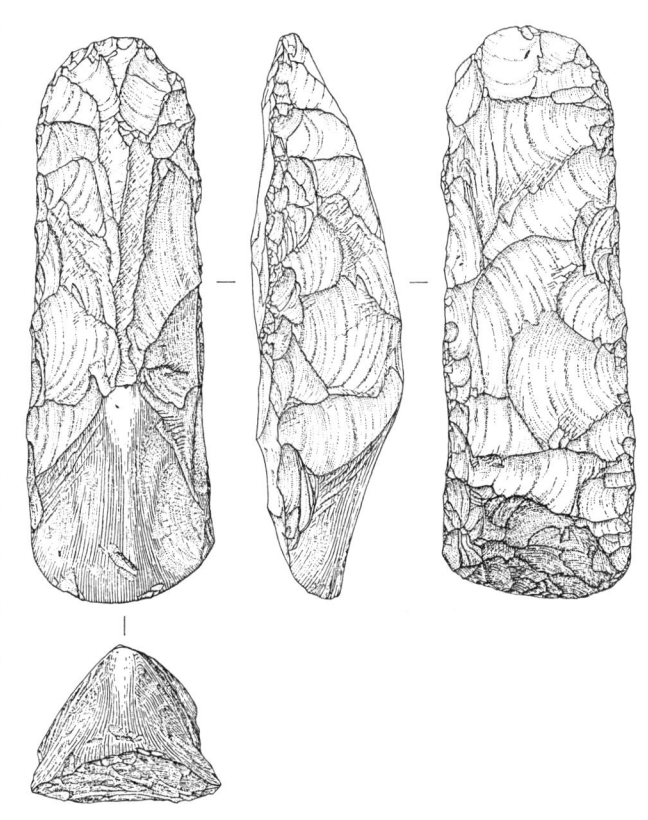

図Ⅰ-74　長者久保遺跡出土の円鑿形石斧

- 177 -

第Ⅰ部　細石器文化と神子柴文化

彫器5、彫掻器（一端を彫器、他端を掻器とするもの）3、削器10、錐（揉錐器）1、剝片23、礫1である。狩猟具をはじめ、日常生活一般の道具が一通り揃っている。

円鑿形石斧　長さ14.9cm、幅5.0cm、厚さ3.8cm、重量328g。両側辺がほぼ平行し、基部と刃部が弧状を呈する。表面は中央に稜をもち、裏面は平坦に剝離され、断面はほぼ正三角形となる。刃線はアヒルの嘴状に彎曲し、表面刃部のみ磨かれている。剝離によって生じた凹部も硬磨されていることから、棒状の砥石を手に持って磨いたとみられる［図Ⅰ－74、76（1）］。

打製石斧　大形のものと小形のものがある。大形のものは長さ15.3cm、幅5.8cm、厚さ2.6cm、重さ23g。基部は尖り、刃部が弧状となる片刃石斧。表面は中央や右寄りに稜が通り、裏面は平坦に剝離される。断面は三角形を呈する。刃部は先端方向からの剝離によって作り出されている。小形のものは長さ7.4cm、幅3.2cm、厚さ1.0cm、重量17g。基部が尖り、刃部が弧状となる両刃石斧。両面とも細かな剝離によって扁平に仕上げられ、石槍に類似するが、刃部を意識した剝離がなされ、この部分が使用されたのであろう［図Ⅰ－76（2）・（4）］。

石　槍　大形のものと小形のものがある。大形の石槍（現存長13.5cm）は尖端と基部が欠損しているが、やや細身で最大幅は基部に近い。小形のもの（現存長5.6cm）は基部を欠いているが、おそらく木葉形を呈するとみられる［図Ⅰ－76（3）］。

彫　器　刃部の作り方によって二種類に分類される。一つは両面方向から交叉する剝離によって刃部を作り出すもの。もう一つは、裏面からの調整剝離を打撃面として一側方向に剝離するものである［図Ⅰ－76（11）］。

彫掻器　剝片の一端を彫器、他端を先刃掻器とする石器である。彫器の部分は両側方向から剝離するものと一側方向から剝離するものがある［図Ⅰ－75、76（12）・（13）］。

掻　器　先刃掻器・円形掻器・側掻器と三種がある［図Ⅰ－76（6）～（10）］。

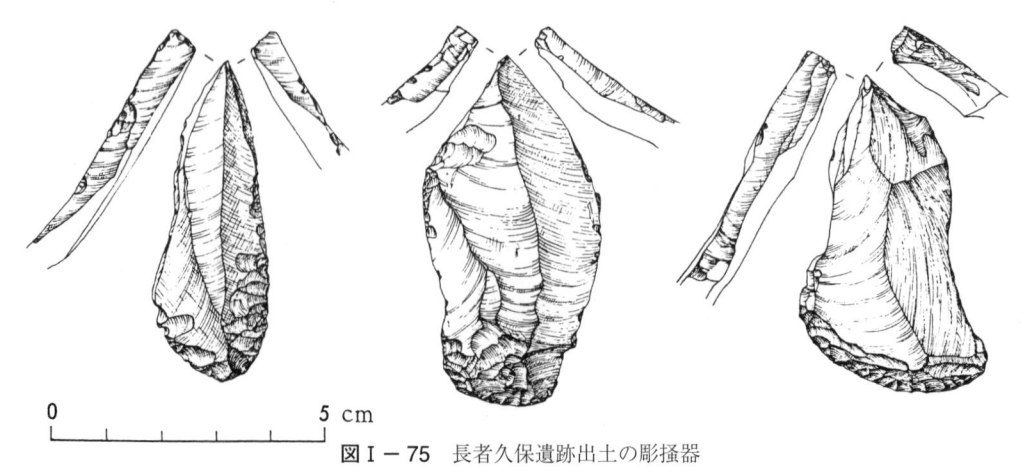

図Ⅰ－75　長者久保遺跡出土の彫掻器

付編　2．青森県長者久保遺跡

図Ⅰ-76　長者久保遺跡出土の石器〔横浜歴史博物館1996〕

第Ⅰ部　細石器文化と神子柴文化

錐　剥片の先端部に簡単な剥離を施したもので、穿孔具というより彫刻器として使用されたのであろう［図Ⅰ－76（5）］。

　なお、このほか剥片の多くには細かな使用痕やあるいは使用による磨滅がみとめられ、刃器として利用されたものと考えられる。また石核は出土していないが、この剥片の分析からは整った多面体石核や円盤状石核の存在が推定される。

　長者久保遺跡の石器群は、同県下の大平山元Ⅰ遺跡、茨城県後野遺跡、長野県神子柴遺跡、唐沢B遺跡などの石器群と共通する。これら石器群を総称して神子柴・長者久保文化と呼ぶことができる。

2．神子柴・長者久保文化

先土器時代終末期の様相　先土器時代は大きく四期に大別される。第Ⅰ期は岩宿Ⅰ・権現山Ⅲ文化、第Ⅱ期はナイフ形石器、小型尖頭器文化、第Ⅲ期が細石器文化、第Ⅳ期が神子柴・長者久保文化の順に変遷する。すなわち、長者久保石器群や神子柴石器群に代表される局部磨製石斧をともなう大型尖頭器文化は、先土器時代終末期と縄紋文化の起源を画する過渡的な時期に属する重要な石器文化といえる。斉一的で安定した細石器文化が衰退すると、終末期の石器文化はやや複雑な様相を呈する。この時期に属する遺跡は、北海道樽岸・モサンル・置戸安住遺跡、青森県長者久保・大平山元Ⅰ遺跡、茨城県後野遺跡、長野県神子柴・唐沢B遺跡などがあり、東日本に密な分布を示す。しかし、九州方面では、長崎県福井洞穴や泉福寺洞穴の発掘成果にみられるように「土器出現期」まで細石器文化が存続していたと考えられる。神子柴・長者久保文化はなお数段階に細分されるが、大型尖頭器はしだいに小型化し、基部に茎をもつ有舌（有茎）尖頭器文化に変化する。この石器文化も片刃石斧をともなっており、神子柴・長者久保文化を継承する石器組成をもつ、有舌尖頭器文化には隆起線紋土器や爪形紋土器が出現し、縄紋時代を迎えるのである。なお、土器の出現については、青森県大平山元Ⅰ遺跡や後野遺跡で土器が共伴しており、一部、神子柴・長者久保文化にまで遡る可能性をもっている。

　また、神子柴・長者久保文化を通して先土器時代終末期の社会背景を考察するうえで重要なのは、遺跡の立地である。長者久保遺跡やモサンル遺跡、大平山元Ⅰ遺跡は、いずれも河川の本流と支流または沢との合流地点の比較的低位な段丘や舌状小丘陵に立地している。こうした立地条件は、狩猟や採集に加えて、河川漁撈への生産活動がはじまったことを示しているかのようである。なお、この時期にはデポと考えられる埋納遺跡が多く見つかっている。デポは一般的に社会的余剰の現象、すなわち、埋納遺物が余剰生産物として交易

の対象となるという社会的情況を示している。このことは、終末期の生産活動が活発であったことを示すとともに、新しく縄紋文化を生みだす原動力となりえたことを物語っている。

神子柴型石斧　　長者久保遺跡の円鑿形石斧をはじめとする先土器時代終末期から縄紋時代「草創期」の石斧は、断面三角形を呈し重量感をもっている。局部磨製や打製石斧を含めて約100遺跡170点が出土しているが、多くは表採や単独出土のものである。北は北海道から南は九州の一部まで広く分布し、北方系統の文化の流入にふさわしく東北日本に密度が高い分布を示す。

　石斧の形態は、片刃石斧が主流であるが、両刃のものも認められる。片刃石斧は刃が直線となる平鑿形と彎曲する円鑿形に細分できる。石斧の形態・大きさ・重量は多種多様であり、これらの石斧がたとえば伐採から加工にいたる各工程によって使い分けられていたことを示している。石器時代を通してもっとも石斧の発達した時期といえよう。この時期の石斧について佐原真氏が指摘したように横斧が優勢であることは、形態や使用痕からみても明らかである。

　つぎに石斧の製作技法について述べてみよう。これらの石斧の表材の多くは長大な楕円形の河原石を用い、長軸方向に分割して断面D字状の素材を得る。丸味をもつ河原石を分割するために、ハンマーを用いる直接打法や楔を用いる間接打法では、打点が定まらず、うまく分割できない。原材を手にもち大きな河原石を台石としてたたきつけて二分割したのであろう。うまくいけば一つの原材から二つの素材がとれる。神子柴遺跡には、同一原材から作られた石斧がある。断面D字状の素材は、石斧の裏面になる主要剥離面を打面として表面を剥離調整し、裏面を両側から平坦剥離したのち、最後に刃部調整を行い完成する。神子柴・唐沢B遺跡でみられる棒状の手持ち砥石で刃部を研磨すれば、局部磨製石斧となる。打製石斧と局部磨製石斧の差異は、機能の差異というより、対象物との間に生じる衝撃度を軽減するためのものと考えられる。

「無土器新石器時代」説　　磨製石斧は汎世界的にみて新石器時代の産物といわれている。日本の先土器時代には二つの段階に局部磨製石斧が出現する。その一つは第Ⅰ期の岩宿Ⅰ、第Ⅱ期のナイフ形石器文化にともなうものであり、もう一つが第Ⅳ期の神子柴・長者久保文化にともなう円鑿形石斧や片刃石斧の一群である。山内清男・佐藤達夫両氏は、前者の石斧を東南アジアのトアラ・ホアビニアン文化に、後者をシベリアのイサコヴォ文化に対比し、先土器時代の系統観を明らかにするとともに、その年代を西暦前5000年から西暦前2500年に位置づけた。また、磨製技術をもつことから、先土器時代の文化を土器をもたない新石器時代の文化と推定したのである。これが「無土器新石器時代」説である。先土器時代初頭の年代観はトアラ・ホアビニアン文化の年代に、終末期の年代観は、長者久

第Ⅰ部　細石器文化と神子柴文化

保遺跡の円鑿形石斧とシベリアのアンガラ川流域のチャドベック遺跡の円鑿形石斧とが共通することから、バイカル地方の新石器時代イサコヴォ期の年代を根拠としたのである。こうした見解に対し、長者久保遺跡の軽石流堆積物を八戸パミスに対比し、その ^{14}C 年代（B.P.12700 ± 270 年）から、長者久保遺跡の年代を B.C.11000 年とする芹沢長介説や、シベリアにおける片刃石斧の年代をアンガラ川流域のウスチ・ベラヤ遺跡に求め、西暦前7000 年とする加藤晋平説が提示されている。先土器時代を旧石器時代とし、^{14}C 年代測定法によってその年代を西暦前一万年以前とするこうした見解は、現在のところ学界の大勢を占めている。しかし、山内・佐藤両氏が提示した無土器新石器時代説は、日本先史考古学の中で培われてきた緻密な比較年代決定法によって再構成された年代観であり、系統論である。これは考古学独自の方法と方針にもとづいた結論なのである。また近年、青森県大平山元Ⅰ遺跡や茨城県後野遺跡では、神子柴・長者久保文化に石鏃や土器が共伴しており、山内・佐藤両氏の年代観や系統論の正しさが証明されつつある。将来、長者久保遺跡の発見の意義が再度問われる日がくるであろう。

引用・参考文献

加藤晋平　1968　「片刃石斧の出現時期」『物質文化』11
芹沢長介　1967　「日本の旧石器（6）」『考古学ジャーナル』13
山内清男・佐藤達夫　1962　「縄紋土器の古さ」『科学読売』14－2
山内清男・佐藤達夫　1967　「下北の無土器文化－青森県下北郡東北町長者久保遺跡発掘報告－」『下北－自
　　　　　　　　　　　　然・社会・文化』

第Ⅱ部　先土器時代から縄紋時代

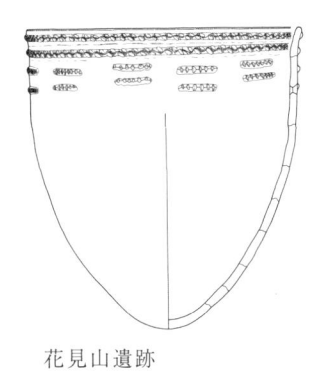

花見山遺跡

第1章　移行期の時期区分について
第2章　「縄紋土器起源論」のゆくえ
第3章　縄紋土器起源の系譜とその変遷
第4章　沖ノ島海底遺跡の意味するもの
付編　1．山内説と比較年代法

第1章　移行期の時期区分について

はじめに

　時代区分は本来歴史の認識主体となる我々がかかる時代の特質と法則を見いだし、その変遷を視座してゆくことにほかならない。時代区分に係わる問題については三つの側面が考えられる。第一は現在使用している先土器時代・縄紋時代・弥生時代・古墳時代という変遷の中での現実的な線引きの問題。第二は時代区分をどう行っていくのか。どうあるべきかという理論的な問題。第三は時代区分における名称すなわちその時代をどのように呼ぶのかという呼称法上の問題。以上の三つの観点より、先土器時代から縄紋時代への変遷過程における時代区分の問題を考えてみたい。

1．時期区分に関する諸説

　先土器時代から縄紋時代への時代区分がどのようになされてきたか、諸説を紹介し、その問題点を探ってみたい［図Ⅱ－1］。

イ．芹沢説　　先土器時代を旧石器時代と呼び、その大別を前期・後期・晩期あるいは中石器時代とする。縄紋時代は撚糸紋土器以降とし早期〜晩期の山内旧五大別の区分法を用いる。

　まず問題となるべき点は、縄紋時代以降の日本独自の時代名称を、先土器時代のみを汎世界的な旧石器時代という名称に置き換えることである。その逆に汎世界的な名称を用いながらも、その大別は ^{14}C 年代によって三万年前を境に前期と後期とする変則的な区分にも問題がある。また、土器の出現を晩期旧石器あるいは中石器時代とするが、世界史的にみれば新石器時代の産物である。北欧の中石器時代の終末期に伴う土器は進んだ地域の新石器時代の影響によって出現することを認識すべきであろう。

ロ．小林説　　芹沢説同様、先土器時代を旧石器時代と呼ぶが、その大別における前期旧石器については懐疑的な態度をとる。晩期あるいは中石器時代と呼ばれた部分すなわち土器の出現期を縄紋時代草創期とし、山内新六大別法を用いる。しかし、撚糸紋土器を早期

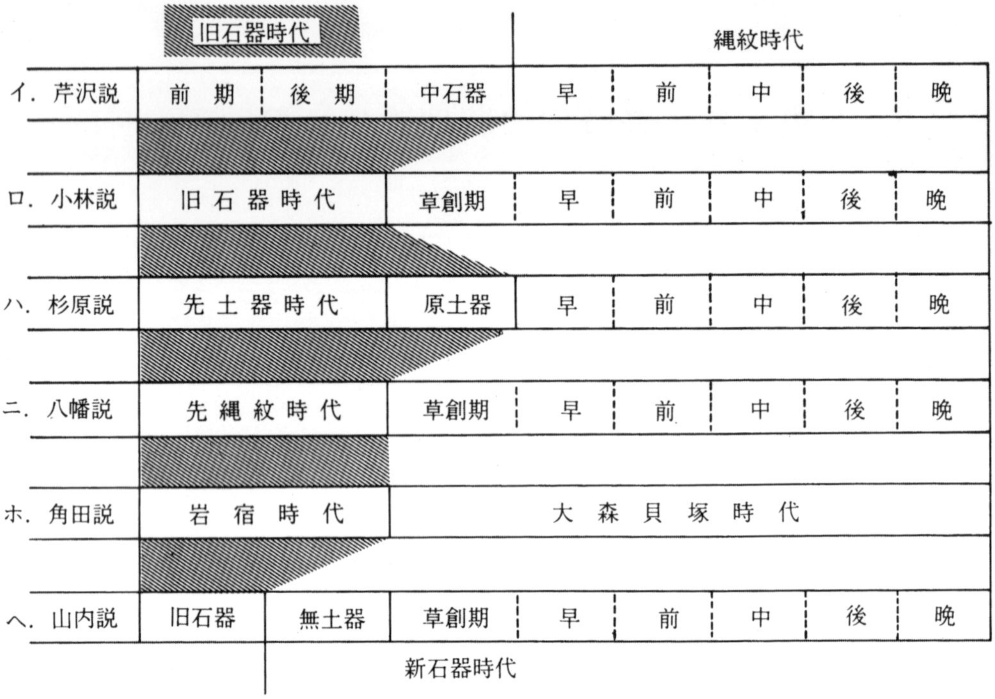

第Ⅱ部　先土器時代から縄紋時代

	旧石器時代			縄紋時代				
イ．芹沢説	前期	後期	中石器	早	前	中	後	晩
ロ．小林説	旧石器時代		草創期	早	前	中	後	晩
ハ．杉原説	先土器時代		原土器	早	前	中	後	晩
ニ．八幡説	先縄紋時代		草創期	早	前	中	後	晩
ホ．角田説	岩宿時代		大森貝塚時代					
ヘ．山内説	旧石器	無土器	草創期	早	前	中	後	晩

新石器時代

図Ⅱ－1　時代区分の諸説

とする点で創始者山内の草創期の概念とは異なる。

　戦前・戦後を通して撚糸紋土器が最古の縄紋土器として君臨していた時代に育った研究者や、草創期という時代区分を認めない研究者にも心情的には比較的受け入れ易い時期区分であろう。しかし、戦前の山内旧五大別法から戦後の新六大別法への学史的な足跡を振返ってみれば、こうした草創期の用い方は正しくないように考えられる。

ハ．杉原説　　旧石器時代あるいは中石器時代とする時代区分は混乱を招くという理由から、一貫して先土器時代という名称を使用する。また、土器の出現期を時期区分ではなく時代区分に昇格させて原土器時代を設定している点に特徴がある。土器が共伴する舟底形細石核の一群と有茎尖頭器の一群をこの時期にあてる。縄紋時代は撚糸紋土器以降とし貝塚を形成する時代と規定している。

　先土器時代から縄紋時代への複雑な様相の変遷過程を一時代として設定することが果して可能であろうか。こうした考えは杉原が戦前縄紋土器と弥生土器の中間的要素を抽出して接触土器を設定した手法と共通している。その評価も同様の運命を辿ると考えられる。

ニ．八幡説　　先土器時代を先縄紋時代とする。この名称は先土器時代研究の初期に用いられた無土器時代、プレ縄紋時代などの用語の一つである。現在この名称を用いる研究者はほとんどいない。また、戦前縄紋時代三大別法（前・中・後期）に固執していた八幡も

－ 186 －

近年では山内新六大別法に準拠して記述されている。

　土器の出現期がより複雑な様相を呈している現在、改めてこの名称を考えてみると、"先土器時代に土器がある"という表現は奇異であるが、"先縄紋時代に土器がある"という表現には違和感がないように考えられる。言葉の遊びでは済ますことのできない一面をもっている。また、出現期の土器を縄紋土器の圏外におく必要はないという指摘も重要であろう。

ホ．角田説　　先土器時代を岩宿時代、縄紋時代を大森時代と呼ぶべきであると主張する。独自の時代区分論を展開し、旧石器時代や縄紋時代といった名称は認めない。こうした名称はヨーロッパ考古学における最初に発見された画期となるべき遺跡名を名祖（eponym）として尊重すべきとする考えに基づいている。

　この説は時代区分論というよりむしろ時代名称すなわち命名法を問題にしている点に特徴がある。土器に基づく時代名は廃止すべきとする意見は傾聴すべき点もあろうが、日本考古学における時代名称や大別名称にはそれぞれに学史的背景があり、直ちにヨーロッパ流の命名法に変更する必要はない。なぜならば名称を整えることが現在、課題としている時代区分論の本質の解決にはならないからである。

ヘ．山内説　　前記五説が名称はともあれ、先土器時代を旧石器文化の段階に対比するのに反し、岩宿Ⅰ文化以降の先土器時代を無土器新石器時代に位置づける。それ以前の丹生・不二山・権現山段階を旧石器文化の段階としてとらえる。縄紋時代は旧五大別法による早期・三戸式土器以前に位置する撚糸紋土器や出現期の土器を加えて草創期を設定し、新六大別法を確立する。

　こうした独自の時代区分論の背景には、その年代論や方法論上の本質的な問題が内在しているのである。すなわち先史時代の世界史における発展法則に日本の先史文化をどのように位置づけ再構成するのかという重要な問題に係わっているのである。これは単に ^{14}C 年代による対比では解決しえないことを忘れてはならない。

　以上六説を紹介する中で、先土器時代から縄紋時代への時代区分についての問題点を整理したが、特に画期となる土器の出現期の様相は複雑でまだ未解決な部分を残している。蛇足であるが、中・高校における日本歴史の教科書には旧石器時代とするものと先土器時代とする割合はほぼ同数であり、両方を併記する場合もある。また、埋蔵文化財行政においては旧石器時代を使用する約束となっている。

　一般的には約一万年前に先土器時代・旧石器時代が日本に存在したとする意見が大半であるが、時代区分における日本先史社会の特質と法則を究明するためには山内説の提起した問題が再び問われる時期が来るであろう。

第Ⅱ部　先土器時代から縄紋時代

2．時代区分の手続き

　日本考古学における時代区分は土器の変化を基準に行なわれてきたといっても過言ではない。それは普遍的な日常生活用具であり、その出現や文様の変化がその時代をある程度反映するものであると認識されてきたからにほかならない。その意味において、現在使用している時代区分は一定の有効性をもっている。

区分の単位　縄紋時代における時代区分の認識原理の最小の単位は土器型式であり相対的な年代の基準となっている。時期区分の単位は大別すなわち六期（草創期〜晩期）が設定されている。縄紋時代は大別と細別によって秩序だてられている訳であるが、型式の細分が進めば小林達雄が縄紋時代に様式の概念を導入したような中別ともいうべき中間的区分が、将来必要になってくるであろう。縄紋時代の特質と法則を確立するためには、その前提となる実証的研究すなわち編年的研究を今後とも押し進めることが必要である。同一時代における型式は同質の概念であるが、先土器時代における石器の型式や弥生時代における様式はその概念基準が異なっており、サクセションを論じる場合には多少の齟齬が生じると考えられる。また、流れゆく時代の胎動や画期を如何に捉えるかは、その認識主体の観点によっても異なってくる。

区分の線引き　時代区分をどのように線引きするかという問題について考えてみたい。時期幅をもって斜めに線引きする傾斜区分、変遷を段階的に線引きする段階区分、横一直線に線引きする水平区分の三通りが考えられる。

　時代区分の前提には、北海道のＡ式と九州のＢ式の同時性を証明する必要があろう。そのためには同時性の確認作業すなわち編年研究の中での横の系統関係の確立が必須である。この編年網の整備をぬきにして時代区分を論じたとしても、その議論は空転してしまう。また、時代の開始と終末のみが傾斜区分や段階区分であることは区分原理からみておかしいように考えられる。なぜなら型式間の併行関係はすくなくとも水平区分であるからである。先土器時代から縄紋時代への複雑な変遷や未解決部分を含んでいる現状で、あえてここでは横一直線に区分する水平区分を採用することとする。

3．画期と時代区分

　各時代における特質と法則が何であるかと問われた時、縄紋時代と弥生時代または弥生時代と古墳時代の特質の差異については、経済段階や社会的構造上の問題として、ある程度具体的に語ることができる。しかし、同一の狩猟採集社会における先土器時代と縄紋時

代の差異については、遺物の羅列や土器の有無といった即物的な概念でしか説明しえない側面をもっている。

　では先土器時代と縄紋時代の画期の要件は何であろうか。その要因たる第一は土器の出現、第二に弓矢の出現、第三が磨製石斧の発達をあげることができよう。これら三つの道具が遺物から捉えうる現象面での大きな要因であることは、多くの人々の認めるところであろう。しかし、これらの遺物が縄紋時代を規定するか否かは別の検討が必要と考えられる。

土器の出現　その出現の背景についてはここでふれないが、土器は食料となる対象物を煮炊きすることによって人間生活で最も基本となる食生活を安定させ変革させていった。

　では、日本で出現する最古の土器が縄紋土器と呼べるであろうか。かつて鎌木義昌が縄紋土器を草創期の土器の中でも縄紋を施紋した押圧縄紋の土器に限定すべきとした見解や先にみた杉原説・芹沢説のように縄紋時代とは別な時代を設定して出現期の土器を規定しようとする動向もある。しかし、隆起線紋土器段階にも縄紋を押圧するものがあることや、その後の連続した土器の変遷の中でも、文様としての縄の定着を追うことができる。出現期の土器を縄紋時代と切り離して別な規定を行う必要はことさらないと考えられる。

弓矢の発生　狩猟社会における飛び道具の出現は、対象物を遠距離から迅速かつ的確に捕えることばかりではなく、鳥類などの新たな対象物の拡大に繋がった。弓矢の出現は単に狩猟法の変革にとどまらず、より安定した労働や生活を保障していったのである。

　弓矢の出現と石鏃の出現は一致するであろうか。事実、先土器時代前半に位置づけられる台形石器や小型のナイフ形石器が石鏃の機能を有するのだという指摘もなされている。もし、この時点での弓矢の出現を想定したとき、その後の石器組成の中にその効用が現われるはずである。しかし、細石器文化の石器組成は比較的単純であり、また、終末期の槍の著しい発達をみるとき、それ以前に弓矢の出現があったとは考えられない。やはり、有舌尖頭器文化の段階に出現すると考えるのが妥当であろう。日本においては、石鏃の出現と弓矢の出現はほぼ一致するといえよう。

磨製石斧の発達　石斧の機能を木材の伐採や加工に限定することは危険であろうが、木材を得ることによって、より安定した家屋を建設することができ、定住的生活の基礎となったと考えられる。また、丸木舟の出現も漁撈活動の拡大につながったのである。

　石斧は先土器時代前半期から出現し、その多くは刃部を研磨している。これとは別に後半期の神子柴・長者久保文化には、多量の局部磨製石斧が出現し、かつ形態が多様になる。この時期の石斧が縄紋時代の磨製石斧の祖源となっている。また、先土器時代に普遍的にみられる局部磨製石斧を日本旧石器時代の特質と考えるものもあるが、世界先史時代の法

第Ⅱ部　先土器時代から縄紋時代

則に基づくならば新石器時代の所産であることを忘れないでほしい。先土器時代の特質はもっと別なところにあると考えられる。

　これら画期となるべき道具の出現および発達は人々の生活および環境に大きな影響をあたえ、それが生産活動の革新に繋がったことは単に、先史領域の社会に限った事柄ではない。人間にとって基本となるべき食・住の変革は、先土器時代の移動的な居住形態から定住へと安定した生活の場や労働の場を保障した。生産活動の拡大は、それに伴い余剰をうみだし、その再配分といった経済段階での発展をうながしていった。また、余剰物の交易や流通の中で集団領域の有機的関係を生みだした。そうした集団間あるいは集団内において、社会構成上の約束や規律が確立していったと考えられる。すなわち、ムラとマツリとハカの規律が縄紋時代の社会の秩序をたもっていたと考えられる。

　ここでは、道具の出現・発達の中から大まかな社会構成上の段階までの変化についてみたわけであるが、経済あるいは社会上の革新は、また道具の中に反映されるのである。その時代の特質と法則を認識するためには、遺物の中から何を引きだすのかという点に帰着するのである。

4．どこで区分するのか

　先土器時代と縄紋時代をどこで区分するのかを議論する前に先土器時代終末の石器群の様相にふれておきたい［図Ⅱ-2］。

終末期の様相　　先土器時代は細石器文化前を前半期、それ以降を後半期に二分される。後半期から土器出現期の石器文化の推移は、細石器文化→神子柴・長者久保文化→有舌尖頭器文化という変遷が考えられる。こうした大筋の変遷過程についてはそれほど異論のないところであろうが、先土器時代を店じまいするにあたって、細石器も小型ナイフ形石器も石槍も残存するのだとする研究者もいないわけではない。しかし、夜明け前の揺籃期とはいっても、それなりに秩序ある変遷であったと考えるのが妥当であろう。

　細石器文化はほぼ四段階に細分され、群馬県桝形遺跡の舟底形石器の一群を介して神子柴・長者久保文化に変遷する。この石器文化には、大型の石槍・断面三角形の石斧など多様な石器組成を示している。細石器文化の貧困な石器組成からみても、大きさ・質・量的にも異様というべき石器群である。なお、重要なことは先土器時代の伝統ともいうべき高度な石刃技法を有している点である。次の有舌尖頭器文化は神子柴・長者久保文化の石器群を基本的に継承しながらも、有舌尖頭器をはじめ石鏃・三角形の鑽・植刃・矢柄研磨器などの器種が新たに加わる。この石器群に伴って、最古の土器といわれる隆起線紋土器が

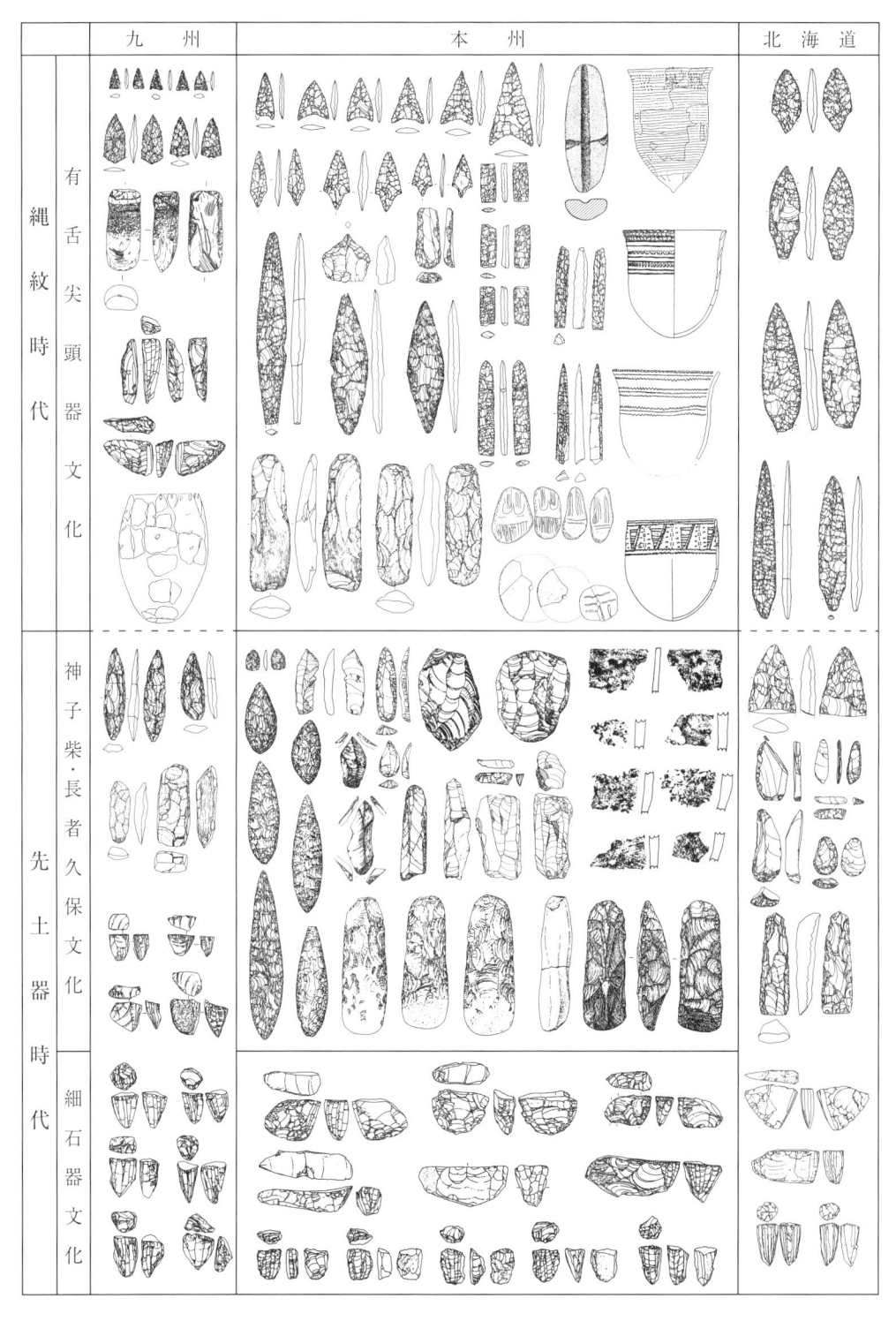

第 1 章 移行期の時期区分について

図Ⅱ-2 先土器時代から縄紋時代への道具の変遷

第Ⅱ部　先土器時代から縄紋時代

出現するのである。
　以上が先土器時代終末から出現期にかけての概略であるが、この変遷の中で先土器時代と縄紋時代の区分をどこに求め、なにを基準とするかを考えてみたい。

具体的区分　　この時代区分は、先土器時代の下限と縄紋時代の上限の両側面から慎重に検証する必要がある。その基準の一つは先土器時代における石刃技法の消長であり、もう一点は土器の出現時期であろう。土器の出現は、新石器革命といわれる如く、先史世界での変遷の中では大きな要因を与えた事象であることは前述のとおりである。
　では、土器の出現期をどの段階に求めることができるのであろうか。現在、確認される最古の土器は隆起線紋土器であり、本州では、有舌尖頭器文化の段階、九州では神子柴・長者久保文化や有舌尖頭器文化を受容しないまま、細石器文化が存続した"続細石器文化"の段階に出現する。本州と九州の異なる石器文化の同時性は隆起線紋土器の共通性によって証明される。近年最古といわれる隆起線紋土器より古い可能性をもつ未命名の土器がいくつか知られるようになった。この土器が隆起線紋土器の仲間なのか、別系統の土器なのかはいずれも小破片でなお無紋であるため、その実態はよくわからない。
　これらの土器は神子柴・長者久保文化の段階に伴うものであり、青森県大平山元遺跡・茨城県後野遺跡で出土している。これとは別に神奈川県上野遺跡では、隆起線紋土器出土層位下約30cmから無紋土器が小型ナイフ形石器・細石刃核などと共に出土する。この無紋土器が上層で出土した隆起線紋土器より古いことは確かであるが、神子柴・長者久保文化の大平山元遺跡や後野遺跡の土器と同質であるかは問題のあるところであろう。また伴出石器にも問題があろう。いずれにしても「第三の土器」が存在することだけは確かなようである。しかし、今すぐこれらの土器をもって神子柴・長者久保文化までを縄紋時代に組み入れることは危険であろう。土器の評価が定まるまで、しばらくの間保留しておきたい。
　また石器の面からも先土器時代の伝統を負う石刃技法が廃れる時期は次の有舌尖頭器文化の段階である。縄紋的石器の萌芽も認められる有舌尖頭器文化をもって縄紋時代としたい。
　一方、北海道では立川ポイント・遠軽ポイントとよばれる有舌尖頭器文化には土器が出現していない。九州では石器文化が異なっているにも係わらず共通する土器が分布するのに、同質の有舌尖頭器文化に土器がないのは不思議なことである。先にのべた水平区分を用いるならば、"縄紋時代に入っても北海道では先土器文化が続く"という表現を用いざるを得ない。
　以上の観点より、先土器時代から縄紋時代への区分について考えてきた。未解決の部分の多い移行期の複雑な様相を解明するためには、区分論の前提となるべき、文物の同時性を確認する編年的研究の確立を改めて痛感した。

第2章 「縄紋土器起源論」のゆくえ

1．縄紋土器の起源を求めて

　縄紋土器の起源を探る研究が日本先史考古学の命題といわれる由縁は、とりもなおさず、日本列島の基層文化を形成した縄紋文化の成り立ちを解明する出発点になるからにほかならない。縄紋土器の起源のみならず、事物の根源を解明しようとする試みは、それが解決されるまで、いつの時代においても新鮮な話題と語られることが多い。

方法論としての起源論　縄紋土器の起源に関する科学的究明は、1929（昭和4）年からはじまる山内清男の縄紋文化の枠組みを制定する一連の研究によって着手された。その起源を繊維土器、終末を亀ヶ岡式土器の追究によって明らかにされた日本先史時代の大綱は、着手から3年後の春、『日本遠古之文化』として結実した。提示された日本先史時代観は層位学的・型式学的方法によって導き出された強固な筋金入りの枠組みであったが、人種論的解釈の延長線上にある常識的な先史時代観をもつ多くの研究者に理解されることなく、「異端」な学説として位置づけられるのである。

　この戦前の学界における「異端」性は、そのまま戦後も継承され、そして今日に至る。一貫して『日本遠古之文化』の世界観と対峙した相剋の学史が形成されてきたといっても過言ではない。ミネルヴァ論争、撚糸紋土器発見の事情、本ノ木論争、^{14}C年代論争、草創期区分論、晩期問題しかりである。今日においても、この『日本遠古之文化』の世界観からの脱却が、新しいパラダイムの構築であるかのように叫ばれている。しかし、その世界観からの脱却とは、「異端」の名のもとに捨象することはない。単に餅を焼く網のように山内の編年表を借用するのではなく、その世界観のもつ方法論や提示された型式の吟味、すなわち「先史考古学の秩序」を正当に評価することであろう。二一世紀の考古学への展望を切り開くためには、まずは"隗より始めよ"といったら、「異端」の叫びとしか聞えないであろうか。

起源論の二つの視点　縄紋土器の起源論の出発点は、山内が提示した住吉町式－槻木1式－三戸式－押型紋土器という上限資料のガイドラインの設定にはじまる。「縄紋式の底が見えたとは云ひ切れない」という山内の予言どおり、新たな発見とともに縄紋土器の最

第Ⅱ部　先土器時代から縄紋時代

古の座は次々と塗り替えられていく。1930年代の起源論の出発点において、起源に対する相異なる基本的見通しが提示されることになる。それは山内清男の視点と八幡一郎の視点である。この認識の相違が、その後の起源論を大きく規定していくことになるのである。

　山内の視点は「万一旧石器時代人がこの列島に居たとしても、其他の新石器時代の特徴とすべき技術は恐らく輸入されたであろう。」というものである。すなわち、先土器時代の存在が明らかになった今日的状況にあっても、土器の起源は大陸の新石器文化との関連で捉えるべきとする立場である。一方、八幡の視点は「縄紋式文化に先行する文化が日本列島に発見せられざるかぎり、その起源は当然列島の外に求めねばならない。」とするものである。これは、先土器時代の存在によって内在的な発展の中から土器が出現する可能性を保留した発言とも受け取れる。八幡自身も山内の視点を意識してか、「その起源を大陸に求むる態度」（山内の姿勢）と「大陸からの影響を求むる態度」（八幡の姿勢）があり、相互は似ているが、一応区別すべきものとその立場の違いを鮮明にしている。のちに戸沢充則が「微妙な表現の違いだけではすまされない問題を含んでいる」と指摘したように、八幡の石器研究に基づく縄紋時代初期の中石器的様相の視点は、岩宿遺跡発見以降の先土器時代・縄紋起源論のパイオニアとして活躍する芹沢長介の研究姿勢に継承されていく。縄紋土器自生説、先土器時代＝旧石器時代説は、いずれも八幡の視点の延長線上にあることを認識しなければならない。

　起源論をめぐる2つの視点は、今日でも、土器が出現した背景を列島内の社会的要因に求め、土器をもつ社会がその後どのように変化をもたらすのかに重点をおく内因論と、土器の出現の由来や系統を大陸の先史文化との比較から究明しようとする外因論の2者となって表われている。この2つの立場は背反するものではないが、いずれにしても「最古の縄紋土器を決定しなければならない」とする山内の予見は、今もなお私たちの前に重くのしかかっている。今日に至っても最古の土器が何か、解明できていないばかりか、その変遷をめぐっても混迷は深まるばかりである。まずは、研究史における最古の座を占めた土器群の変遷をとおして、今日の問題点を整理することからはじめたい。

2．撚糸紋土器　−最古をめぐる情勢−

　起源論の出発点を築いた山内清男・八幡一郎をその創始者とし、撚糸紋土器を最古の土器として起源論を展開した白崎高保・芹沢長介・江坂輝彌・鎌木義昌・吉田格・岡本勇などの研究者を起源論の第1世代として位置づけることにしよう。

撚糸紋土器の発見　　山内が提示した住吉町式−槻木1式−三戸式−押型紋土器の上限ガ

第2章 「縄紋土器起源論」のゆくえ

イドラインの設定から2年後の1937（昭和12）年、順天堂中学の学生であった白崎高保によって、稲荷台遺跡で撚糸紋土器が発見される。この見慣れぬ土器の正体を知るため、白崎は山内を訪ねる。そのときの様子を白崎は、「非常に興味をもたれ、慎重に調査するやうにとの御注意があつた。」と語っている。一方、江坂は発見当時を回顧して、多くの研究者は加曽利E式胴部の撚糸紋とみていたこと、白崎の所見に「山内氏も著者同様まったく耳を貸さなかった」と証言する。果たして本当であろうか。実は、山内は稲荷台遺跡発見の前年、子母口貝塚の貝層下からこの種の撚糸紋土器を発掘していたのである。当然、子母口式との関係において関心をはらっていたに違いないのである。だから持ち込まれた稲荷台遺跡の資料をまえに、白崎に語った先の発言につながるのである。この山内の忠告に従った白崎は、幾多の踏査を重ねて、当時最古の土器の一つであった山形押型紋をついに発見する。さあ、発掘である。1939（昭和14）年、山内の指導のもとに白崎をはじめ、戦後の第1世代となる江坂・芹沢・吉田らが参加した発掘が実施されたのである。その結果、山形押型紋土器との共伴、ローム層中に食い込んで検出されることから、最古の縄紋土器の座を獲得するのである。以降、戦後の第1世代となる研究者達は、埼玉県大原遺跡、東京都新井遺跡、井草遺跡などの調査を通して、撚糸紋土器の様相を明らかにしていく。

　しかし、これらの成果を集約し、若手の研究者達を主導していくのは不思議なことに山内ではなく、日本古代文化学会を主宰した後藤守一である。その機関誌『古代文化』に撚糸紋土器の編年観や回転押捺紋と沈線紋の二系統起源論が展開されるのである。江坂によってプロパガンダされた南北二系論は、縄紋文化を一系とする山内の『日本遠古之文化』の上限の世界観と激しく対立するものであった。同様に、下限の世界観と対立したのが「ミネルヴァ論争」である。撚糸紋土器をめぐる戦前の動向は『日本遠古之文化』の世界観に対する反動形成の一環として展開するのである。すなわち、「異端」に対する「正統」な世界観を再構成する戦略であった。しかし、敗戦によって「異端」のもつ科学性のまえに、「正統」性を保証する歴史観は脆くも崩れ去るのである。しかし、敗戦を境にして「異端」と「正統」の立場が入れ替わるかといえば、決してそうではない。戦後、天皇制がのこったと同様、この関係は戦前のまま、「正統」は「正統」として、「異端」は「異端」として維持されるのである。戦後50年を迎えようとする今日、「考古学にとって戦後とは何か」を改めて根底から問い直さねばならない問題であろう。

戦後の撚糸紋土器研究　　混乱した撚糸紋土器研究は戦後いち早く芹沢によって修正され、『日本遠古之文化』の世界観の回帰への舵がとられることになる。これは第1世代の旗手が江坂から芹沢へと交替したことを意味していた。芹沢は神奈川県平坂貝塚、夏島貝塚・大丸遺跡の発掘を通して、層位的序列に基づく撚糸紋土器の編年を確立し、最古の縄

第Ⅱ部 先土器時代から縄紋時代

紋土器に井草式・大丸式を位置づけるのである。しかし、この時期の最も大きな出来事は、1950（昭和25）年の岩宿遺跡の発見であろう。撚糸紋土器を求めて遺跡を踏査していた相沢忠洋は、縄紋文化の起源を超越して未知の石器時代と遭遇したのである。この大発見によって、列島の最古の文化が縄紋文化の起源であるという図式が崩壊し、先土器時代から縄紋時代への移行期における土器の起源論へと転換していくのである。すなわち先土器時代の下限と縄紋時代の上限との両側面からの究明を可能にしたのである。

こうした状況の中で、芹沢は先土器時代の変遷観と縄紋文化の発生に関する予察をおこない、その移行期の石器として細石器文化を想定するが、なおその間にはヒアタスがあった。芹沢の想定は、「予察」草稿の出来上がる1953（昭和28）年12月の暮れも押し詰まった26日、自らの手で矢出川遺跡の細石器文化を発見し、現実のものにする。しかし、この発見をめぐって佐藤達夫との確執があったことを知る人は少ない。戦後から1950年代前半の芹沢を中心とした方向性は、撚糸紋土器の編年においては『日本遠古之文化』の世界観の回帰、岩宿遺跡や細石器文化の発見については八幡の中石器的様相の視点を基調として展開する。しかし、1960年代に起こる本ノ木論争や丹生論争をめぐる山内と芹沢の対立をみると、戦後の『日本遠古之文化』の世界観の回帰は、戦後の「仮の憲法」であり、擬制的回帰であったといえよう。

3．隆起線紋土器をめぐる情勢

撚糸紋土器から隆起線紋土器に最古の座をゆずるのは1960（昭和35）年、長崎県福井洞穴の層位的発掘によって確定する。以降、隆起線紋土器を最古とする起源論はおもに第2世代の研究者によって展開されていく。小林達雄・林謙作・鈴木公雄・佐々木洋二・渡辺誠などの世代の研究者である。第2世代の学的環境の中で育った私たちの世代、戸田哲也・白石浩之・鈴木道之助・鈴木保彦もこの世代の末席に位置しよう。

本ノ木論争の意味　1960（昭和35）年、隆起線紋土器が最古の座として認知されるに至るまで、二つの大きな出来事がある。その一つが1956・1957（昭和31・32）年、新潟県本ノ木遺跡の発掘であり、もう一つが1958（昭和33）年、長野県神子柴遺跡の発掘である。本ノ木遺跡に土器が共伴するか否かを発端とした山内と芹沢の対立「本ノ木論争」は起源論を越えた、『日本遠古之文化』の世界観の対立となって展開するのである。この意味において戦後の「ミネルヴァ論争」といってもよい。芹沢は「予察」のごとく、本ノ木の石槍をポイントの段階に捉えていたから、理論的・現実的にも土器は共伴することはなかったのである。一方、山内はどうであったのか。芹沢が持ち帰った本ノ木式土器をみ

て、山内は縄紋土器の始原的姿を看取する。それはなぜか。当時最古の土器と位置づけられた撚糸紋土器は「この状態で大陸から伝来した形跡」は認められず、「さらに年代的に遡って追究されねばならない。」と考えていたからである。1955（昭和30）年、山形県日向洞穴の資料を観察した山内は、縄紋を回転せず縄紋を附着した土器に、その始原性を見い出していた。また、発掘の前年に津南方面の予察の際、卯の木遺跡で押型紋土器とともに採集された撚糸圧痕紋土器にも着目し、秘かに撚糸紋土器より古い可能性を直観していたのである。1957（昭和32）年の再調査で石槍と共伴の事実を確認する。この見通しは1958（昭和33）年の日向洞穴調査、同年に行われた新潟県小瀬ガ沢洞穴の調査で、多量の石槍とともに「押圧縄紋」土器が出土したことによって、より現実のものとなっていく。この時点で、小瀬ガ沢下層・曾根・西鹿田・日向・本ノ木・椛の湖・北海道の東釧路式・浦幌式の各地の押圧縄紋の一群を「縄紋文化の始まる頃」の土器として位置づける。それは1960（昭和35）年、室谷洞穴の調査によって井草式の下層から、この種の「押圧縄紋」一群の土器が出土し、撚糸紋土器より古いことが確定する。しかし、第1世代の研究者は室谷洞穴の「田舎の撚糸紋土器」を、真正な井草式として評価することはなかった。この時期、すでに隆起線紋土器も発見されていたのであるが、撚糸紋土器が加曽利E式と誤認されたように、山内も芹沢も槻木1式とみていたという。この隆起線紋土器が、同じ1960（昭和35）年の福井洞穴における細石器との共伴により最古の座に躍りでるのである。

最古の隆起線紋土器　1960年代は起源論にとって大きな分岐点を迎える。芹沢は縄紋文化の母胎を細石器文化に求め、縄紋土器の起源の年代観を^{14}C年代に準拠してB.C.10000年に、列島の無土器文化が旧石器時代であることを宣言して世界史の仲間入りを果たす。一方、山内は矢出川遺跡発見以降、疎遠となっていた佐藤達夫とともに、縄紋時代の起源を大陸の文物に求め、神子柴・長者久保文化を媒介として、その年代観をB.C.2500年とする。また、磨製石斧をもつ先土器時代を無土器新石器時代と位置づける。こうして分岐点を迎えた列車は悲しい汽笛を鳴らし、左右に分かれていく。

　日向洞穴・小瀬ガ沢洞穴・室谷洞穴・福井洞穴・橋立洞穴の発掘成果による縄紋土器の起源に関する新資料の重要な提示は、多くの研究者の関心を呼び1962（昭和37）年から3年間、日本考古学協会に洞穴遺跡調査特別委員会を結成して、全国の洞穴遺跡の調査を展開することになる。これらの成果を総合して、小林達雄は最古の土器群の変遷観を明らかにする。隆起線紋土器→爪形紋土器→押圧縄紋土器→回転縄紋土器→撚糸紋土器という編年を提示し、さらに隆起線紋土器を隆起線紋→細隆起線紋→微隆起線紋の3段階に細分する。この小林編年は第1・第2世代の研究者の賛同を得て、1960年代の編年観の骨子となって定着する。山内も大谷寺洞穴の層位例をあげつつ、この変遷観を容認し「縄紋最古

第Ⅱ部　先土器時代から縄紋時代

と定まった」と宣言する。しかし、最古の土器群の大別として、山内が設定した「草創期」は、第1世代の研究者には受け入れられず、最古の土器が最古の縄紋土器とは必ずしも一致しないとする鎌木の見解、芹沢の「晩期旧石器時代」、杉原の「原土器時代」の設定となってあらわれる。第2世代の小林は、第1世代の考えを考慮しつつ、創始者の「草創期」から撚糸紋土器を切り離し、その呼称だけを採用する。「異端」性が取り除かれた小林の「草創期」は第1世代にも容認できる提案として、起源論の「正統」性を第2世代が引き継ぐことになる。今日においても、わざわざ山内の、小林の「草創期」と断わりを入れなければならない状況は、戦前からの「正統」と「異端」の構造が引き継がれているからに他ならない。

4．窩紋土器・豆粒紋土器をめぐる情勢

　山内に「縄紋最古が定まった」といわせしめた1960年代の草創期の編年観に、驚くべき異論を唱えたのが佐藤達夫である。佐藤編年は第1・第2世代の研究からは、名実ともに「異端」として無視されることになる。一方、1970年から10年間、麻生優によって実施された長崎県泉福寺洞穴の発掘は、福井洞穴以降の起源論に新知見をあたえた。すなわち豆粒紋土器の登場である。しかし、その評価をめぐっては、発見当時から第1世代によって、今日でも第3世代の研究者によって批判されることになる。

窩紋土器最古説　1960年代の編年観を一般論として容認していた佐藤は、1969（昭和54）年東京国立博物館で開催された「日本の考古展」および、それに併せて発表された山内の「縄紋草創期の諸問題」を機に、本格的に草創期の土器群の型式学的検討を始める。その背景は山内が永年追い求めてなかば挫折しつつあった土器から、その系統観をさらに補強し『日本遠古之文化』の世界観を再構成する目的であったと考えられる。

　佐藤編年の出発点は本ノ木式土器の分析にあろう。本ノ木式を構成する「縄の側面圧痕紋ある土器」・「縄の側面圧痕紋と爪形紋とを併用する土器」・「ハの字形爪形紋土器」・「無紋土器・沈線紋土器」の型式学的・形態学的特徴から、隆起線紋土器の伝統を直接、受け継ぐ型式として位置づける。とくに帯状をなす口縁部形態が微隆起線紋土器の口縁部の変化から辿れることを検証し、直行口縁をもつ爪形紋土器がその間に介在する余地がないとの型式学的見通しをたてる。一方、本ノ木式以降は、施紋原体としての縄の定着や帯状口縁の特徴から室谷下層式土器をあてる。弾き出された爪形紋土器は、型式学的に隆起線紋土器の前に位置づけられることになる。さらに型式学的な検討を加え、他のどの遺跡からも発見されていない特別な土器として、小瀬ガ沢洞穴最下層から出土した窩紋土器・刺突

紋土器・箆紋土器を抽出し、縄紋最古に位置づけたのである。こうして小瀬ガ沢式（窩紋・刺突紋・箆紋）土器→爪形紋土器→隆起線紋土器→本ノ木式土器→室谷下層式の佐藤編年の骨子が確立する。そして小瀬ガ沢土器の系統を海を隔てた沿海州南部・咸鏡北道方面の諸遺跡と対比し、その流入経路が直接、日本海ルートからもたらされたことを指摘した。その後も系統観については無視され続けるが、日本海ルートは、大陸文化の第三の流入経路として注目を集める。

　佐藤編年を論じる時、いつも問題になるのは福井洞穴についての佐藤の評価である。福井2層と3層の層序が混在とする根拠は、石器の型式学に負っているのである。芹沢とは別な観点で、古くから東アジアの細石器文化を追究してきた佐藤は、福井の細石核が東アジアの細石核の型式学的変遷からみて土器が伴う型式とは異なると考えたからである。すなわち「石器は石器から」福井の層位を否定した後、混在した隆起線紋と爪形紋の関係を、今度は「土器は土器から」隆起線紋→爪形紋としたのである。決して層位が逆転していると判断したのでもなく、層位を認めたのではなく、混在とみたのである。この福井の爪形紋の相位は、先に隆起線紋以前に位置づけた小瀬ガ沢・曾根・石小屋の爪形紋とは異なり、「微隆起線紋及びそれ以降、本ノ木式に及ぶ時期」の爪形紋として位置づける。この二つの爪形紋の相位が、佐藤編年の理解を複雑にしている点である。しかし、福井・泉福寺の層位例を基準に、その後の各地の爪形紋や「ハの字形爪形紋」を見渡してみても、その相位はおそらく一つであろう。

豆粒紋土器の登場　　泉福寺洞穴の調査を始めて4年目を迎えた1973（昭和48）年の夏、発掘者達は、隆起線紋土器の層下から豆つぶを貼り付けたまだ見慣れぬ一群の土器を検出した。豆粒紋土器と名付けられる。「最古の」というレッテルはジャーナリズムの常套句であるが、福井洞穴の発掘から13年を経た快挙として、隆起線紋土器に替わる最古の豆粒紋土器は、センセイショナルに紹介されていくのである。

　豆粒紋土器の最古性については、発見の当初から第1世代の芹沢や江坂によって、豆粒紋土器の型式としての独自性と層位的検証に疑問が投げかけられている。第2世代の小林・鈴木（道）・鈴木（保）も隆起線紋の一型式という立場をとる。発掘者の麻生は豆粒紋をあくまでも別型式と考え、その後の調査の層位的検証に全力を尽くすことになる。しかし、時として隆起線紋とともに、またある時は豆粒紋が単独に、隆起線紋土器の下位から出土する傾向はあっても、隆起線紋と豆粒紋を完全に分離できる「事実」は得られなかったのである。この事実は、発掘の「速報」や『本報告』を素直に読めばお判りのことと思う。元来、同一面を何度となく利用する貝塚や洞穴の多重層の遺跡は、層位的事例のお手本のように言われるが、完全なる層位的検証は皆無に近い。多くは遺物の検討から層位的傾向

を読み取っているのである。豆粒紋を別型式と認定する発掘者が、経験的に泉福寺10層を本来の豆粒紋の文化層と想定しても何ら不思議なことではない。10層における隆起線紋と豆粒紋の関係を、調査者は混在と見、同一型式とする論者は共伴と見ただけのことである。

　白石浩之は層位的見解に加え、文様が縦位で豆粒紋のみで構成されること、共伴する細石核に差異のあることをあげ、型式としての独自性を補強した。また、隆起線紋にはみられない特殊な器形もその特徴の一つに加えるべきであろう。こうした特徴には型式学的に留意する点もあるが、著者は豆粒紋別型式説はとらない。豆粒紋を含めた古式の隆起線紋を「泉福寺10層式」と認識する点、その最古性を保証する細石器との共伴事実も「続細石器」の提示により、その限りではないことを以前から述べている。大事なことは別型式か同一型式かという水掛論ではなく、どちらの視点が今後の起源論に展望がもてるかという点で評価すべきであろう。10年にわたる泉福寺洞穴の最も重要な成果は、福井洞穴の層位例を証明し、泉福寺10層式→7～9層式・福井3層式（隆起線紋）→6層式・福井2層式（爪形紋）→5層式（押引紋）→4層式（条痕紋）→3層式（押型紋）とする九州における草創期の骨子を確立したことである。最後に、大塚の泉福寺批判にふれておこう。九州最古説を否定するため展開された執拗な批判は常軌を逸脱した行為であり、研究戦略以前の作法の問題を含んでいる。泉福寺の豆粒紋の層位に、あれだけ手厳しい批判を繰り返すのに対し、小瀬ガ沢の窩紋の層位には余りにも寛大である。この落差は何か。大塚は「瞥見」後、麻生の許可のもとに泉福寺の資料を実見し、「速報」・『本報告』を徹底的に文献批判する。以降、発掘者の言動の矛盾と擬慢性を逐一批判する遺口は、一種の暴露本を読まされているように感じるのは私だけではあるまい。個々の批判は大塚のノートに留めて、その筋道だけ記せばよいのである。諺にも「三分の理」というではないか。すべてを開陳するのも個人の自由であるが、「猛々しい」のである。それでも飽き足らず代弁者たる白石に鉾先を向けるのであるが、向かうは発掘者たる麻生自身にであろう。しかし、そのようなことはどうでもよい。こうした記録類に拘泥することなく、大塚が真に立ち向かったのは遺物そのものとの対峙であった。遺物は常に正直であるからこそ、泉福寺資料の分析を通して、第1・第2世代が提示した隆起線紋同一型式説を乗り越え、第3世代の起源論を展望し得たではないか。

5．「第三の土器」を求めて

　1980年代以降の起源論の動向は、不思議なことに無視され続けたはずの佐藤編年の型式学的視点を軸に展開し今日に至っている。現在、実質的に起源論を担っている大塚達朗・

土肥孝・鈴木正博・谷口康浩・栗島義明などに、佐藤編年の当否は別としても影響を与えている。これらの研究者を第3世代と呼ぼう。第3世代の使命は、1970年代に提起された隆起線紋土器以前の「第三の土器」の探索である。神子柴・長者久保文化や細石器文化に伴うとされる土器など、その事例は増えつつある。これらの土器をどう位置づけるか、第3世代の真価が問われよう。

爪形紋土器の行方　1960年代に設定された草創期編年は、佐藤編年を契機として第3世代の研究者によって、変更が加えられることになる。土肥孝は爪形紋は隆起線紋より新しいとは断言できるとはいえないとしながらも、隆起線紋土器の全国的波及後の変遷を近畿を境に西日本では隆起線紋→爪形紋土器、東日本では隆起線紋→押圧縄紋とする二系論を展開し、東日本の押圧縄紋の時期に西から爪形紋が伝播するという想定をたて、爪形紋・押圧縄紋併行説を提示した。大塚は1970年代までに明らかになった新資料を含めて隆起線紋を瞥見し、新しい分類システムの導入による細分を試みる。そして第1期の隆起線紋や小瀬ガ沢や曾根の爪形紋にもハの字形爪形紋が伴うことを指摘した。このことは、佐藤が爪形紋を分析した座標軸の1つ、すなわちハの字形爪形紋は「微隆起線紋及びそれ以降、本ノ木式に及ぶ時期」とする視点の変更を意味していた。大塚はハの字形爪形紋が隆起線紋の施紋技法に由来するという観点から、爪形紋を隆起線紋以降に位置づけていく。これより大塚は第3世代の旗手として、1980年代以降の起源論の功罪を一手に背負うことになる。栗島は隆起線紋と爪形紋の関係を検討し、第Ⅳ期の隆起線紋（石小屋・橋立）の施紋技法と施紋具の変化から爪形紋への転化へという図式を組み立て、爪形紋と押圧縄紋の対峙を関東に求めた。いずれにしても、爪形紋と押圧縄紋が併行するという第3世代の新思潮は、1984（昭和59）年の埼玉県宮林遺跡の爪形紋と押圧・回転縄紋の共伴例によって、一気に高揚する。この発掘を契機として、1986（昭和61）年に第3世代を中心とした「爪形文土器と多縄文土器をめぐる諸問題」と題するシンポジウムが開催される。隆起線紋土器以降の泉福寺6層・福井2層－宮林4号住－大新町・日向のガイドラインが決定されるのである。しかし、こうした爪形紋の位置づけも、佐藤が提示した2つの相位のうち新しい方の位置づけに収斂したに留まり、その型式学的観点が克服されたわけではない。また、爪形紋の型式としての独自性を認める第2世代の白石・鈴木はこの考えに承伏しない。著者もその一人である【補記】。

偽窩紋土器の正体　1980年代から今日にいたる起源論の動向は、第3世代の旗手として踊り出た大塚一人の研究過程を振り返れば、一目瞭然である。彼がどのような研究戦略に基づいて、その「独自性」を構築していったのであろうか。大方、次のように整理できよう。

　1. 佐藤編年の整備→空白であった関東編年の整備。

第Ⅱ部　先土器時代から縄紋時代

　　1982 -「隆起線紋土器瞥見」-
　2. 佐藤の「西高東低」論の否定→豆粒紋批判と隆起線紋北上説の否定
　　1989 -「豆粒紋土器序説」-
　3. 佐藤の窩紋土器とⅦ大別の提唱→「窩紋土器」の復活と遡源期の提唱
　　1991・1992 -「窩紋土器研究序説」（前篇・後篇）-

以上、大塚の研究過程は佐藤が提示した草創期の「課題」に沿って、その戦略がたてられているのである。にもかかわらず、不思議なことに大塚の佐藤への評価はあくまでも客体的である。「つまんでひねる」・「土器扱い」などの技法論、優秀な資料情報能力と広報力、執拗ともいうべき論敵への批判、第3世代の旗手としての自負といった武装によって「方法論としての佐藤」の方針を隠蔽しつつ、その「独自性」を主張する。佐藤の窩紋土器とは異なる偽窩紋土器を持ち出し、多摩ニュータウンNo.796（格子目紋）→相模野第149（窩紋〈古〉）→寺尾・武者ヶ谷・白岩尾掛・小瀬ガ沢（窩紋〈新〉）→小瀬ガ沢（窩紋〈新々〉）という編年を提示する。危ない綱渡りである。だからこそ、「層位」にも「石器」にも「人」にも保険をかけつつ、「土器は土器から」と主張するのである。「学問の世界における卑小な奇形現象」を起源論に持ち込んだのは大塚自身ではないか。大塚の研究戦略への批判は、新たに起源論に参入してきた「一介の郷土史家」と嘯ぶく鈴木正博に委せ、しばらく静観することにしよう。机のまん中に佐藤の「課題」を、右に大塚、左に鈴木の仕事をおき、それぞれの辟易するほどの毒性に耐えて読み較べながら、「モグラ叩き」のように混迷した起源論のゆくえを見定めようではないか。1960年代、第1世代から第2世代への「正統」の継承が「草創期」の改変によってなされたように、「窩紋土器」の改竄をめぐってその継承が第2世代から第3世代へとなされようとしている。大塚の研究戦略の最も重要な点は、「異端」が異端として差し留められる第3の装置が隠されていることである。

　付　記　　世代論に基づき、「正統」起源論の継承過程を振り返ってみた。草創期の変遷については、雄山閣出版の『考古学による日本史』第3巻「土器の出現と縄紋土器の地域性」で述べる予定である。
　この予定論考が、第Ⅱ部第3章「縄紋土器起源の系譜とその変遷」と題したものである。その間の事情については、第3章付記で述べている（追記2011.10）。

引用・参考文献

麻生　優編　1985　『泉福寺洞穴の発掘記録』　築地書館
江坂輝彌　1941　「稲荷台式文化発見まで」『民族文化』2 - 11
江坂輝彌　1944　「回転押捺紋土器の研究」『人類学雑誌』59 - 3
大塚達朗　1982　「隆起線文土器瞥見」『東京大学文学部考古学研究室研究紀要』1
大塚達朗　1989　「豆粒文土器研究序説」『東京大学文学部考古学研究室研究紀要』7
大塚達朗　1990　「窩紋土器研究序説（前篇・後篇）」『東京大学文学部考古学研究室研究紀要』10
小林達雄　1962　「無土器文化から縄文文化の確立まで」『創立80周年若木祭展示目録』
埼玉考古学会編　1986　「縄文草創期－爪形文土器と多縄文土器をめぐる諸問題」資料集・記録集　『埼玉考古』24
佐藤達夫　1971　「縄文式土器研究の課題」『日本歴史』277
白崎高保　1941　「東京稲荷台先史遺跡」『古代文化』12 - 8
鈴木正博　1991a　「古文様帯論」『古代探叢』Ⅲ
鈴木正博　1991b　「『寺尾式土器』の再吟味（前篇）」『古代』92
芹沢長介　1947　「南関東に於ける早期縄文式文化研究の展開」『あんとろぽす』2 - 4
芹沢長介　1954　「関東及び中部地方における無土器文化の終末と縄文文化の発生とに関する予察」『駿台史学』4
芹沢長介　1962　「旧石器時代の諸問題」『岩波講座日本歴史』1　岩波書店
日本考古学協会編　1967　『日本の洞穴遺跡』
山内清男　1929　「関東北に於ける繊維土器」『史前学雑誌』1 - 2
山内清男　1932　「日本遠古之文化」『ドルメン』1 - 1～2 - 2
山内清男　1935　「古式縄紋土器研究最近の情勢」『ドルメン』4 - 1
山内清男　1960　「縄紋式土器文化のはじまる頃」『上代文化』30
山内清男　1969　「縄紋草創期の諸問題」『Mueseum』224
山内清男・佐藤達夫　1962　「縄紋土器の古さ」『科学読売』14 - 2
八幡一郎　1935　「日本石器時代文化」『日本民族』
八幡一郎　1936　「日本先史文化と大陸との関係」　上代文化14
八幡一郎　1937　「日本における中石器文化的様相」　考古学雑誌27 - 6

第Ⅱ部　先土器時代から縄紋時代

【補　記】　　シンポジウム「爪形文土器と多縄文土器をめぐる諸問題」に思う

自己を顧みながら　　1960年前後をめぐる縄紋土器起源論は、全国で繰り広げられた洞穴遺跡の発掘により新しい段階を迎えた。すなわち撚糸紋土器以前に位置づけられる隆起線紋土器をはじめとする草創期の土器群の発見が契機となったのである。また、年代論やその起源をめぐる山内清男と芹沢長介の対立にみられるような活発な論争の時代であった。^{14}C 年代は味も素気もなかったが、山内の年代観には内容もあり方法論もあった。それが山内先史学に傾倒していく一つの要因でもあった。こうした草創期研究の草創の時代に提示されたその編年観は隆起線紋→爪形紋→押圧縄紋→回転縄紋という施紋された文様による変遷であった。また、隆起線紋土器は隆帯紋が古く、微隆起線紋が新しいと教えられた。こうした中で私たちは育っていったのである。今からいえばひと昔になろうが、現在でもこうした文様別の変遷観は大筋では間違いではないと考えている。当時は資料が少なかった。ひと夏全国を走り廻れば、主な草創期の資料は実見することができた。國學院大学の若木祭のパンフレットと今回のシンポジウムの大厚なパンフレットを比べてみればわかるであろう。

　その後、オープンサイトでも草創期の遺跡が次々と発見され、資料も増加していった。1970年代の動向の口火を切ったのが佐藤達夫である。佐藤は文様による大別をさらに型式学的観点あるいは口縁部の形態学的な変遷から、草創期の細分編年案を提示したのである。爪形紋と隆起線紋を逆転させるという系統観は多くの人々によって黙殺される結果となったが、そこに示された編年案には多くの学ぶべき点があるように思われる。また、1980年代にみられる大塚達朗の文様帯論を導入した隆起線紋土器の細分案は佐藤編年をふまえた上での新しい試みであったといえよう。今回のシンポジウムは1980年代後半から90年代にかけての動向を占う新たな方向性の模索の場として設定されたものであろう。

シンポジウムに思う　　当然のことながら、今回のシンポジウムでは従来の文様別編年観の枠組を打ち壊し、新しい型式レベルでの編年の方向性が示されると期待された。報告者の顔ぶれを見ても次代を担う若い研究者である。しかし、結論からいえば、その試みはかならずしも成功したとはいいがたい。時間も十分ではなかった。基調報告では宮林遺跡の分析を通して、爪形紋土器を一時期として設定できるか否かという形で議論が進められた。従来の編年観の一角が崩されたのである。爪形紋土器の位置づけの否定は当然文様別変遷の否定につながるはずであったし、草創期の土器を型式として如何にとらえるかという問題に発展したはずである。いや、そうすべきであった。しかし、残念ながら、その否定の意味合いは、単に"爪形紋土器は単独の時期がなかった"という消極的議論に終わったのである。これでは従来の編年観の枠組みと同じ土俵で勝負したようなものである。報告者の一人白石浩之が指摘しているように爪形紋単独の遺跡を抹殺することはできない。隆起線紋にも縄紋が伴うからといって"隆起線紋土器はなかった"または"縄紋がないから縄紋土器ではない"といったレベルの議論ではないはずである。こうした中で大塚達朗が示した、日向・大新町・宮林4号住・福井2層・

第2章 「縄紋土器起源論」のゆくえ

泉福寺6層の同時性を型式学的視点でとらえようとした試みは重要であると思われる。今回のシンポジウムの意義はまさに"型式としていかにとらえるか"がテーマであったのであろうから、この点の議論がより必要ではなかったかと思われる。しかし、大塚の独り相撲に終わった感が強い。

　現代の考古学はシンポジウムばやりである。聞いて分かればそれに越したことはない。話がうまければ真実にきこえるであろう。シンポジウムは一過性のものである。自己の主張は誌上ですればよい。今回のシンポジウムは準備が行きとどいており、立派な資料集もつくられた。予備シンポジウムも開かれたという。しかし、なに事においても行き過ぎはよくない。幕が開く前に修羅場を演じてはなにもならない。修羅場は聴衆の前で行ってこそ意味があるのである。

泉福寺洞穴・栃原岩陰のこと　　泉福寺洞穴の成果で常に問題になるのは、豆粒紋土器と隆起線紋土器の関係である。10層からは確かに隆起線紋も出るし上層からも豆粒紋が出る。そのことは包み隠さず報告書に掲載されている。また豆粒紋と隆起線紋を併用する土器もある。こうした併用例は、異系統の文様が併用される場合と同系統の文様が併用される場合とがある。前者の併用は確かに同時性を示す証拠となろうが、後者の同系統の場合は前後関係を示すこともあり、型式学上の原則に照らして見ても決して無理な解釈とはいえないであろう。また、豆粒紋土器と隆起線紋土器の前後関係を認めることと、豆粒紋土器を「日本最古の土器」とすることは、別の次元の問題である。いま必要なことは両者の前後関係を論じることより、両者が泉福寺10層式として設定しうるかという視点である。大塚達朗の泉福寺洞穴の層位や土器に関する執着は、その発掘者たちの情熱を越えるばかりの勢いである。しかし、いささか手網を締め過ぎてはいまいか。大塚の批判が自説を有利に導くかのような印象を与えるのであれば、それはそうしない方がよいように考えられる。なぜならば大塚の提起している問題は泉福寺洞穴の成果にかかわらず議論すべき重要な点を含んでいるからである。

　栃原岩陰は中部地方の草創期あるいは早期を解明する上で重要資料を提供した。このことは多くの人々も認めるところである。報告者の宮下健司は、地元でこれらの資料に最もよく接した一人である。その視覚に訴える変遷図も彼が作ったものである。しかし、その図表はしばしば独り歩きをしはじめる。自説に都合のいい場合にはその図表を用い、そうでない場合には"層位的でない"と言う。まさに魔法の図表である。また、押型紋土器の層位例としてもしばしば登場するのである。たとえこの図表を認めたとしても、重要なのは会場でも確認されたように押型紋土器の下層から撚糸紋土器の稲荷台式が出土することである。このことについてはあまり触れられたことがない。不思議なことである。一日もはやく栃原岩陰の全貌が明らかにされることを期待してやまない。もう一点は矢柄研磨器のことである。栃原例はたぶんそれに該当しないものもあろうが、矢柄研磨器という名称を抹殺してしまうのは如何なものであろうか。山内清男は有溝砥石一般例の中から草創期の特徴的な砥石を矢柄研磨器として抽出したのである。その後、北海道の縄紋時代全般にわたって出土することが判明している。断面がD字状を呈する特徴的なこの砥石を再び一般名称として、有溝砥石の中に埋没させてしまうの

― 205 ―

第Ⅱ部　先土器時代から縄紋時代

は研究の逆行とはいえないであろうか。矢柄研磨器という用語と山内学説を結びつけて考える必要はないはずである。その上で用語と矢柄を磨くという機能論は改めて検討すればよい。矢柄研磨器の機能論については東釧路貝塚の事例を観察した三門準によって、いくつかの重要な指摘がなされている。

　以上、思いつくままに記してきたが、いつものように一言多すぎたのではないかと反省している。この点は小林達雄からもしばしば忠告をうけるところでもある。自分では素直に述べたつもりでも偏屈に写ることもあるらしい。世の中はむずかしいものである。いつもながら敬称は略させていただいた。

第3章　縄紋土器起源の系譜とその変遷

はじめに

　二一世紀を迎えようとしている我々の日常的な食器は、未だにその大半が陶製のものである。どの家庭の食器棚をみても、多様な陶製食器の脇にわずかに汁を入れる木製の椀、洋食器とともに定着したグラス類が、添えもののように列んでいる。ましてや金属製の食器は、あったとしても棚の奥に納められいる例が多いことであろう。すなわち調理した食料を「盛る」食器は、土器の発明や出現以降、幾たびかの技術変革はあったものの、その素材は変わることなく土製の容器が主役を占め、長い伝統のもとに今日にまで生き続けている。それにひきかえ台所に目を転じて調理する側の容器をみてみよう。「煮る」容器の大半は、鉄・銅・アルミニウム・ステンレス製などの金属製容器に変わり、わずかに新聞紙でくるまれて台所の片隅にしまわれた土鍋が、「なべの季節」である冬の到来を待っているに過ぎない。

　こうした現象を人類史的にみると、「盛る」容器が新石器時代的な発展段階に留まっているのに対し、「煮る」容器はその素材を変えながら鉄器時代から現代に至る進化論的な発展を遂げているともいえよう。道具の発達からみると前者が保守的であり、後者が革新的ともいえる。すなわち容器のもつ「煮る」・「焼く」という用途が土器本来の機能であり、その調理具としての役割が土器を生み出す要因であったことが判る。あわせて人類の食に対する本来的な欲求は、調理を多様にするため、あるいは効率を高めるために改善がなされてきたのである。一方「盛る」あるいは「貯める」機能は副次的・後出的な要素であったため、容器の形態的変化を生み出したものの、素材は変革にまでは至らなかったのであろう。

　今日、「煮る」容器としての土器の役目は終わったかのようである。しかし、火から電子の熱エネルギーに転換する二一世紀には、再び先祖返りしてニューセラミクスの時代を迎えることになるかも知れない。一方、調理のためのエネルギー源は旧石器時代の火の使用にはじまり、焼石・木材→炭→石炭・石油→ガス・電気→原子力へと効率の良い熱エネルギーを開発してきた。ところが効率性のみを追い求めた人類は調理用に留まることなく、すべての生産力のエネルギー源として「火」を大量に消費してきたのである。その結果、

第Ⅱ部　先土器時代から縄紋時代

森林破壊や二酸化炭素による環境破壊・公害問題を引き起こし、大地のみならず人類自身をも蝕み始めている。「道具の進歩とは何か」という問題は、こうした身近な日常的な容器の歴史からも考えることができるのである。

1．「第三の土器」の検証

　戦前・戦後を通して、塗替えられてきた最古の縄紋土器の学史的変遷については、別稿で述べた〔岡本1994〕。ここでは今日的な起源論と最古の土器群の系譜や変遷を考えてみたい。1960年代に最古の縄紋土器とされた隆起線紋土器は、1970年代の佐藤達夫の窩紋土器最古説提唱〔佐藤1971〕以降、最古の土器と先土器時代終末期の石器群との共伴関係、その文化層の層準対比の検討から、新たな最古の縄紋土器の存在が議論し始められている。これらの土器を「第三の土器」と呼び、その最古性を検討してみたい。この問題に接近しうる方法は、終末期からの石器の変遷論、土器の型式論、出土層準論、あるいは「^{14}C 年代」論と多角的な提示がなされている。最終的に「土器は土器から」その最古性を決定しなければならないが、「石器は石器から」、「層位は層位から」の検討であっても、その接近法が正しければ、同じ結論が導き出されるはずである。

石器からみた「第三の土器」　　もう忘れ去られた出来事であるが、東京都溜淵遺跡からナイフ形石器に伴って焼成前の土器が発見され、一時話題になったことがある〔榎本1960〕。それはさておき、近年、先土器時代終末期の細石器文化や神子柴・長者久保文化の遺跡から土器が発見されている。しかし発見された土器が、直ちに該期の石器群に共伴したことにはならない。共伴に関する問題点については、「ミネルヴァ論争」以降「本ノ木論争」に至る長い経緯を未だに引きずっているのである。こうした学史を踏まえながら、「第三の土器」の可能性を先土器時代終末期の様相の中に求めてみたい。

　近年、その終末期の遺跡で土器が発見された事例は次の諸遺跡である。細石器文化第二期に編年される群馬県芳見沢遺跡、大形の石槍を伴う新潟県大刈野遺跡、長野県下茂内遺跡、青森県大平山元Ⅰ遺跡、茨城県後野遺跡、石槍と細石器をもつ神奈川県上野第一地点・勝坂遺跡などである。いずれも細石器文化から神子柴・長者久保文化にかけての遺跡である。最古の土器とされる隆起線紋土器が、有舌尖頭器文化あるいは続細石器文化にホライゾンがあるとすれば、これらの土器は隆起線紋土器以前に位置する可能性をもっている。しかし、これはあくまでも一定の石器の編年観に基づく見解であり、移行期の複雑な石器群をこのように直線的に捉えない研究者もいるかもしれない。また、出土した土器はわずか二・三片、多くても手の平にのるぐらいの分量であり、ほとんどが無紋である。隆起線

紋の無紋部か、他の文様の無紋部か、単なる無紋土器なのか依然として不明である。

　にもかかわらず、下限から縄紋土器の起源を究明すべき先土器時代の研究者は、土器が伴ったという「事実」に戸惑い、細石器文化、神子柴・長者久保文化を先土器時代と切り放し、縄紋時代草創期に編入させる事態に立ち至っている。トカゲの尻尾切りで済めば結構なことであるが、もし本体（ナイフ形石器）に及ぶとしたらどうなることか。そんな無原則な旧石器論とは付き合うことは出来ない。先土器時代の研究者が成すべきことは、時代の画期を土器に求めるのではなく、石器そのものの変遷の中に求めるべきであろう[1]。「石器は石器から」、その時代の画期や土器の起源を求めればよい。先土器時代の石器編年観や時代区分論を捨象し、縄紋時代の上限だけを拡大することには反対である。同じように、芹沢長介説「晩期旧石器」、杉原荘介説「原土器時代」、鎌木義昌説「縄紋以前の土器」といった、折衷的時代区分論も先土器時代から縄紋時代への連続性をみた場合、おそらく成り立たないであろう。現に、これらの時代区分論を継承すべき立場の研究者の中でも、こうした呼称法は死語になりつつある。かつて「先土器時代」の土器と称した著者の観点は今も変わっていない〔岡本1976〕。用語のもつ矛盾に批判はあるが、「岩宿時代」の土器といったら解消できるかといえば、その本質は何ら変わらないであろう。ここは、じっくりと「第三の土器」の実態を見極めた上で、再び時代区分論を展開すればよい。

　また、隆起線紋・豆粒紋土器の九州最古説・北上説の根拠も、煎じ詰めれば細石器が伴うという一点である。しかし、「土器は土器から」の型式学的観点に立つ佐藤が指摘するように、その保証はない。むしろ九州では細石器文化が残存すると考えた方がよい。そのためには福井洞穴4層と3層、泉福寺洞穴の11・10層と9－7層の細石器の相違点を明らかにしなければならない[2]。石器からみた「第三の土器」は、隆起線紋土器より遡る可能性を暗示している。しかし、隆起線紋土器との比較によって、その最古性を争うほどの型式学的材料は整っていないのである。

土器からみた「第三の土器」　　土器の型式学的視点から「第三の土器」をはじめて提示したのは佐藤達夫である〔佐藤1971〕。定説となりつつあった隆起線紋→爪形紋という変遷を逆転し、かつ爪形紋につながる小瀬ガ沢最下層の窩紋・刺突紋・箆紋の土器群を小瀬ガ沢式として最古に位置づけた。そして小瀬ガ沢式→爪形紋→隆起線紋→本ノ木式→室谷下層式とする草創期編年を提唱したのである。当時の風潮の中であまりにも異端な学説であったため、佐藤の編年観や系統観は机上の空論として無視あるいは黙殺される。では、佐藤が小瀬ガ沢式を最古とした論拠は何か。次の三つである。

1. 他のどの遺跡からも発見されない特別な土器であること。
2. 爪形紋以降の変遷にその編年的位置を求めることができないこと。

第Ⅱ部　先土器時代から縄紋時代

　3. 洞穴の最下層からまとまって発見されること。
最古の土器がもつ始源性あるいは限定性、型式学的視点、層位学的視点の三本立てからなっている。特別な土器であるからこそ、その系統を大陸に求めたのである。
　こうした佐藤学説ついては発表当初から直接教えを受け、その系統観や型式学的視点に多くを学ぶことができた。しかし、佐藤編年を矮小化させる一因が著者にあるといわれようとも、窩紋土器最古説には承伏しかねたのである。その疑問点については、次のように整理される。第一点は、小瀬ガ沢式土器のもつ始源性や限定性は一見、最古を保証しているようにもみられるが、列島における出現期の土器の波及を固定することにもなりかねない。むしろ最古であるからこそ、技法的にも文様的にも共通性をもつ広がりが認められるのではないか。第二点は、浮紋系すなわち隆起線紋土器が最古とする立場から、沈紋系の小瀬ガ沢式土器は、浮紋系に続く沈紋系の仲間と位置づけた。この点については後述する。第三点は、当時の発掘を考えると、小瀬ガ沢式土器を最古とする層位「事実」は、豆粒紋土器を最古とする泉福寺洞穴の層位的「事実」と同様、その根拠は盤石なものとはいえない。しかし、佐藤の提示した系統観までをも否定した訳ではない。列島における土器出現の契機をもたらした大陸文化の波及は、偶発的な一回性のものではなく、草創期のある一定期間継続したと考えられる。小瀬ガ沢式土器は、その過程で出現した特殊な土器と考えたのである。こうした観点は今も変わっていないし、今日問題になっている「第三の土器」の存在についても懐疑的である。
　今日の起源論は、不思議なことに否定されたはずの佐藤編年を座標軸に展開しているのである。今日の起源論をリードする大塚達朗は、隆起線紋土器に遡る「第三の土器」として窩紋土器を復活させる〔大塚1990，1991〕。ただし大塚の提唱する窩紋土器の仲間は佐藤の窩紋土器を逸脱したものであり、異質な「偽窩紋土器」ともいうべきものである。この「偽窩紋土器」の仲間として、小瀬ガ沢洞穴例のほか、相模野第149遺跡例、寺尾遺跡例、武者ヶ谷遺跡例、白岩尾掛遺跡例をあげる。さらに、こうした「偽窩紋土器」の前段階に、肥厚口縁をもつ多摩ニュータウンNo.796遺跡の格子目紋土器を位置づけるのである。多摩ニュータウンNo.796（格子目紋）→相模野第149（窩紋〈古〉）→寺尾・武者ヶ谷・小瀬ガ沢（窩紋〈新〉）→小瀬ガ沢（窩紋〈新々〉）という変遷を提示し、これらの土器群を遡源期として大別した。果して、こうした編年は大塚が主張する「土器は土器から」結論が導き出されたのであろうか。きわめて恣意的な机上の操作に基づいているようにみられる。その型式学的な問題点を検証してみよう。
　なぜ、格子目紋土器を最も古く位置づけるのであろうか。その理由は窩紋土器と相同な幅狭い文様帯も持ち、「既存の型式に対比できない」という大塚の型式論に帰着するであ

- 210 -

ろう。この型式論には二つの誤りがある。一つは佐藤が提唱した窩紋土器は全面施紋の土器であり、相同なのは大塚が追加した相模野第149・寺尾・武者ヶ谷遺跡例の「偽窩紋土器」である。肥厚口縁と非肥厚口縁、口縁部文様のものと全面施紋のものを窩紋土器という一つのカテゴリーでくくることには無理があろう。大塚は「小瀬ガ沢式」として窩紋土器を否定するのであるから、ことさら窩紋土器を復活する必要性はないのである。その上でさらに相模野第149・寺尾・武者ヶ谷遺跡例の肥厚口縁の文様のものと小瀬ガ沢洞穴例の全面施紋の窩紋土器を弁別すべきであろう。もう一つは「既存の型式に対比できない」という型式論である。単純明快であるが、縄紋土器全般を通じて既存の型式に対比できない資料は山ほどある。こうした理由で最古性を追究するならば、次から次へと塗り替えていかねばならないであろう。正に自転車操業である。「偽窩紋土器」も最初は「既存の型式」ではなかったのである。数片の資料をつなぎながら、「既存の型式」の当否のみを基準として時系列へ置き換える行為は、危険な綱渡りであり、型式論以前の問題である。この時期の土器は、「既存の型式」が設定できるだけの材料が揃っているとはいえない。大見栄を切って「土器は土器から」といえる状況ではないことを自ら認識すべきである。

層準からみた「第三の土器」　　多摩ニュータウンNo.796出土の格子目紋土器の最古性を指摘する調査者の根拠は、隆起線紋土器の包含層より下位の赤色スコリアを含むローム層から出土すること、隆起線紋土器や有舌尖頭器がなく、木葉形の石槍や神子柴型石斧が共伴することにある。すなわち、「層準は層準から」と「石器は石器から」の追究により、その可能性を指摘したのである。大塚の型式論より、よほど説得力があるように思える。ある一定の地域を継続的に調査すれば、出土層位に関する各時期の層準データは蓄積される。その知見から、隆起線紋土器の下位の層準から出土したことであれば一つの目安となろう。また浅間起源のAs-YP火山灰（浅間－草津軽石層）を鍵層にした、降下前か後かの層準対比の検討も一定の基準となろう。しかし、降下前とされる長野県下茂内遺跡の土器と、降下後とされる新潟県大刈野遺跡の土器の新旧関係を、こうした層位的知見に求めることには些か無理があろう。それは層準対比・同定に関する地質学自体の問題と、考古学における型式の変遷を追認できるほどの決定的な層位的所見とはなっていないからである。

では、同一遺跡から層位的に出土した例をあげてみよう。神奈川県上野第一地点では隆起線紋土器がFB層、その下位のL1S層から無紋土器が層位的に出土した。この隆起線紋は隆起線紋土器の変遷でも中程の段階のものである。下層の無紋土器がより古い隆起線紋の無紋部とすれば隆起線紋以前とはいえない。また、寺尾遺跡や相模野第149遺跡の肥厚口縁の胴部片としても、この層位例からだけでは最古の隆起線紋土器と前後関係は論じら

第Ⅱ部　先土器時代から縄紋時代

れないはずである。泉福寺洞穴9層は隆起線紋土器、10層は豆粒紋土器とする層位的「事実」は、10層からも出土する隆起線紋土器を混在と見なすことによって初めて成り立つ。しかし、共伴とみるならば豆粒紋は隆起線紋土器の仲間であり、必ずしも層位的検証は充分に得られたとは言い難いであろう。この決着は層位ではなく、土器の型式論で解決しなければならない。豆粒紋土器が「既存の型式では対比できない」という点に立てば古くなるが、豆粒紋土器は孤立する。豆粒紋土器と隆起線紋土器が共存すると考えるならば、大塚が指摘しているように広域編年の展望が拓けるであろう。

　草創期の世界では、層準をめぐって一つの珍事が起きている。それは福岡県門田遺跡の爪形紋土器である。九州を代表する爪形紋土器として概説書にも草創期の土器論でも常に登場した土器である。また、型式学的な類似性から後述する「南島型」爪形紋土器を草創期に位置づける指標となっていた。ところがこの「南島型」爪形紋土器の層準が奄美大島の喜子川遺跡の層位的事例によりアカホヤ火山灰の降下後とされるや否や、抹殺されたかのように誰も触れなくなる。「南島型」爪形紋土器の層準が正しいとするならば、門田遺跡の爪形紋土器との型式学的相違を究明すべき必要があろう。層位学の原則である地層同定の法則は、層準から出土する同型式の化石によって、層位の年代が決定されるのである。つまり、考古学おける層位も、出土する遺物の型式によって確定されるのである。決して「層位は型式に優先」するのではない。この原則を忘れて、層位的事例を振り回しても何の役にも立たない。^{14}C年代に基づく編年についても同様であろう。

2．最古の縄紋土器の系譜

　「第三の土器」について各方面から検討してきたが、状況証拠はあるものの、隆起線紋土器よりも古いという確証は得られていない。ここはひとまず、隆起線紋土器を最古とする1960年代の見解に立ち返り、その後に発見された「第三の土器」も含めて検討していきたい。

浮紋と沈紋　隆起線紋土器は、その名が示すとおり浮紋の系譜である。列島における先史土器の器面を飾る装飾技法は、浮紋の系譜と沈紋の系譜に分かれる。彩色もその一つの系譜であるが、余り振るわない〔山内1964〕。

　浮紋の系譜は隆起線紋をのぞき、早期の田戸上層式以降、各時期に断続的にみられ中期に著しく発達する。一方、沈紋の系譜は爪形紋以降、草創期の点列手法から発展し、回転縄紋あるいは沈線紋として自在な描出手法を生み、縄紋時代を通して装飾技法の主流となっている。山内が指摘するように、これらの装飾の手法や組合せは年代と地方によって

色々な変化があるが、最古の縄紋土器がどちらの装飾技法に由来するのか、縄紋土器起源の系譜を考察する上で欠かすことのできない重要な視点であろう。列島に出現した土器が、大陸の新石器文化からの影響とするならば、製作技法とともに装飾技法も伝授されていたと考えるのが順当であろう。

　浮紋の系譜をもつ隆起線紋土器の装飾技法は、爪形紋土器以降、連綿と継承される沈紋の系譜からみても異質な存在である。隆起線紋土器の発見時、早期「槻木１式」と誤認されたように、その当初から異質であった。まず、この隆起線紋という浮紋の系譜の中に、その最古性を見い出したいと考える。仮に窩紋や爪形紋が隆起線紋より古いとするならば、沈紋→浮紋→沈紋の変遷となり、その型式学的系統を追うことは難しい。同様、施紋法からも全面施紋→口縁部施紋→全面施紋の変遷も成立し難いと考えられる。ゆえに、浮紋→沈紋、口縁部施紋→全面施紋の文様変遷の原点にひとまず隆起線紋土器を置いてみたい。

文様意匠　山内清男は「文様帯系統論」の中で、早期から始まるⅠ文様帯の系統とは別に、草創期の隆起線紋・爪形紋・「押圧縄紋」土器に古文様帯を設定した〔山内1964〕。しかし、その内容に触れることはなかった。草創期の変遷に、文様帯の視点を導入したのが大塚達朗である〔大塚1982〕。こうした視点が、草創期の広域編年の視座を可能ならしめた。また、鈴木正博も古文様帯論に基づく分析から草創期の型式学的な理解を深めつつある〔鈴木1991〕。

　両氏が説くように、隆起線紋土器には一定の装飾の「型」すなわち文様意匠や文様構成をもっている。だからこそ広域編年が可能になり、製作技法とともに装飾技法も広がったと見なすことができるのである。隆起線紋土器の文様意匠の基本は、器面をめぐる廻線と垂線から成っている。廻線だけで構成されるものはあるが、垂線のみのものはない。垂線は廻線に付随して派生したものであろう。垂線は時として廻線間をつなぐ結線となる。こうした浮紋意匠の構造は古文様帯を生み出し、やがて施紋域が拡大するものの爪形紋以降の点列沈紋の意匠にも継承される。では、具体的事例をあげつつ草創期土器群の文様変遷を説明していこう［図Ⅱ　3］。

　文様意匠Ⅰ（1〜12）は、すでに鈴木の古文様帯論の分析で完了している〔鈴木1992, 1993〕。泉福寺洞穴の豆粒紋土器（1）は口縁部に豆粒紋を巡らし、垂下させている。廻線＋垂線の文様意匠の原型が認められる。同じく豆粒紋と隆起線紋を併用する土器（2）は廻線を隆起線紋、垂線を豆粒紋で構成している。上黒岩洞穴例（3）では廻線を分断するように垂線を施して文様帯を構成している。福井3層では廻線間をつなぐ結線構成の隆起線紋土器も見られる。つづいて上下の廻線間をV状に結線する花見山遺跡例（4）・柄沢遺跡や上野第一地点例（5）のように格子状となる細隆起線紋土器の段階で、「古文様帯」が

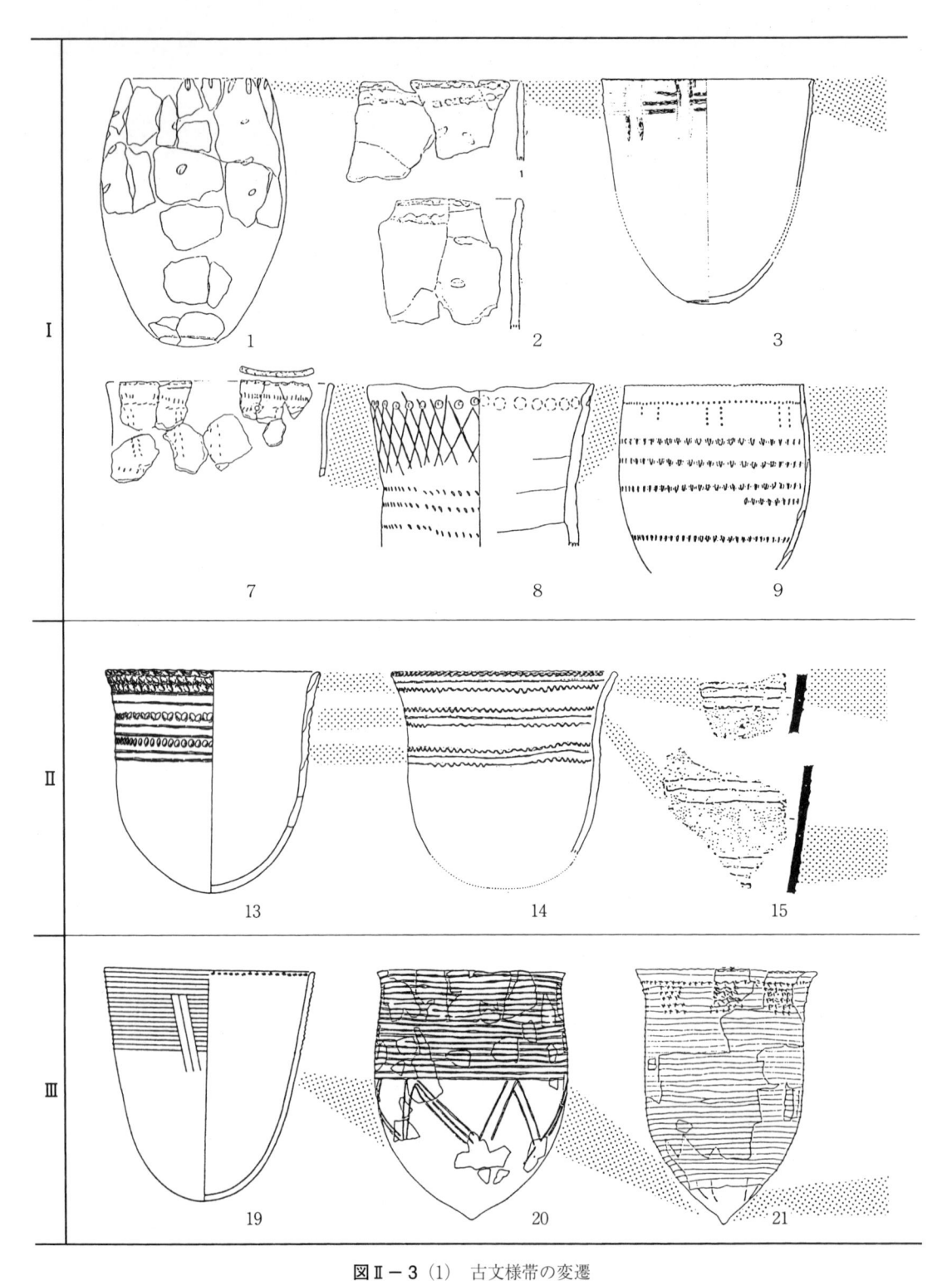

第Ⅱ部　先土器時代から縄紋時代

図Ⅱ-3 (1)　古文様帯の変遷
1・2 泉福寺洞穴　3 上黒岩洞穴　4・13 花見山遺跡　5 上野第一地点　6 日向洞穴
14 なすな原遺跡　15 大谷寺洞穴　16 深見諏訪山遺跡　17 大新町遺跡　18 馬場野遺跡

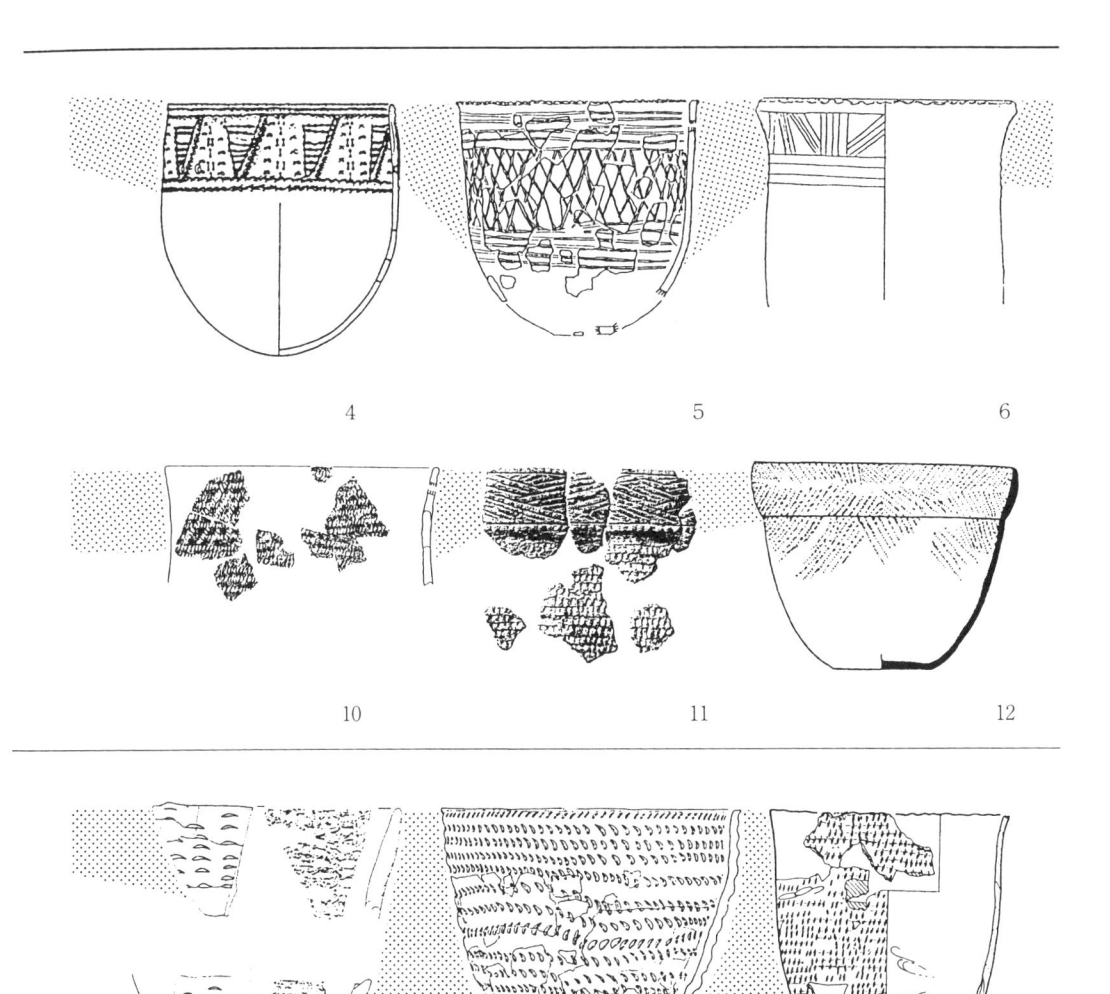

第3章 縄紋土器起源の系譜とその変遷

図Ⅱ-3 (2) 古文様帯の変遷
7 向ノ原遺跡　8 鳥浜貝塚　9 壬遺跡　10 中見代第Ⅰ遺跡　11 一ノ沢洞穴　12 室谷洞穴
19 宮ノ前遺跡　20 千満遺跡　21 表館1遺跡　22 下宿遺跡　23 本ノ木遺跡　24 卯ノ木南遺跡

第Ⅱ部　先土器時代から縄紋時代

確立する。微隆起線紋土器の荷取洞穴例・日向洞穴例（6）、次の沈紋すなわち爪形紋土器の意匠にも引き継がれる。向ノ原遺跡例（7）の爪形紋土器、鳥浜貝塚例（8）の沈紋構成の土器、壬遺跡例（9）の円孔紋土器へとその文様構成を辿ることができる。そして「押圧縄紋」の中見代第Ⅰ遺跡例（10）・一ノ沢洞穴例（11）、室谷洞穴例（12）の「回転縄紋」の意匠にまで継承されるのである。

　文様意匠Ⅱ（13～18）は、廻線を多帯化する系譜である。花見山遺跡例の細隆起線紋には「ハの字」爪形紋と組み合う二段あるいは三段構成されたもの（13）がある。「ハの字」爪形紋と組み合う段構成の廻線はやがて、なすな原遺跡例（14）や大谷寺洞穴例（15）のように間隔をおいての多帯化し、装飾域が垂下していく。深見諏訪山遺跡例（16）の無紋帯をもつ爪形紋土器もこれを受け継いだ文様構成をとる。そして無紋帯をおかず全面的に多条化する大新町遺跡例（17）の爪形紋土器、馬場野遺跡例（18）の絡条体圧痕紋へとその変遷が辿れる。

　文様意匠Ⅲ（19～24）は、多条廻線で構成された口縁部の装飾域がやがて底部近くまで達し、全面施紋に移行するものである。廻線を切るように施された斜行垂線をもつ宮ノ前遺跡例（19）や廻線下のV状の垂線を有する干満遺跡例（20）は、やがて全面に隆起線紋の装飾域が広がるとともに、底部に痕跡的に留めるにすぎない。隆起線紋のもっとも新しい段階の表館1遺跡例（21）は下宿遺跡例（22）の爪形紋土器へ、そして本ノ木式（23・24）へと引き継がれる。

　これらのこうした文様施紋の変化は文様帯の変遷というより、廻線と垂線・結線の文様意匠・構成の変容といえよう。文様意匠Ⅰ～Ⅲの事例でみたように、浮紋の系譜をもつ隆起線紋土器が爪形紋土器以降、「押圧縄紋」・「回転縄紋」の沈紋の系譜に継承されていくのが判る。また、浮紋から沈紋への画期は、浮紋で構成された口縁部の装飾域が沈紋の爪形紋の出現によって次第に器面全体に変化することを窺うことができる。そして草創期後半の撚糸紋土器の段階で古文様帯は消失する。そして、器形も深鉢尖底（丸底）に統一される。こうした型式学的観点に立てば、浮紋構成の隆起線紋土器が古く、沈紋構成の爪形紋以降、「押圧縄紋」・「回転縄紋」土器が新しいといえよう。その逆の型式的理解は無理があろう。

3．九州の草創期土器群の変遷

　福井洞穴・泉福寺洞穴の隆起線紋あるいは豆粒紋土器が細石器に共伴することから、縄紋土器の起源が九州から広がると想定された時期があった。しかし、「土器は土器自体の

比較に基づいてその古さを考えるべきであろう。」という佐藤達夫の1970年代の警告以来、隆起線紋の型式学的検討がなされ、ほぼ本州と共通した特徴を有することが判明した。前述したように、九州の一部においては土器を受け入れながらも細石器文化が存続した。おそらく当時の環境や従来の狩猟形態に係わる現象と考えられる。

　また南九州の加治屋園遺跡の発掘以降、鹿児島県や宮崎県で良好な草創期の資料が住居跡や炉跡などの遺構を伴って発掘されている。縄紋文化の定住化戦略が南九州からはじまるといった論調が目につく。こうした論調に合わせて、後氷期の照葉樹林帯の北上とともに縄紋文化が広がったとする環境論も提起されている〔雨宮1993〕。しかし、文化の方向性を定めて資料を解釈したために生じた誤謬は、学史を繙けば数限りがない。まずは自戒しながら九州の草創期の変遷と問題点を探ってみよう［図Ⅱ-4］。

隆起線紋土器　まずは、隆起線紋土器が最古の土器と認定された福井洞穴の隆起線紋をみてみよう。いまだ正式な報告書はないが、今日的視点でみると、大きく三分されよう。一つは泉福寺10層式に併行するものであり、もう一つが愛媛県上黒岩9層式に併行するもの、さらに隆起線の両側を縦位の「ハの字」形爪形紋で押さえるものである。これらをそれぞれ福井1式（泉福寺10層式）、福井2式、福井3式と呼ぶ。福井1式と福井2式の違いは、同じ隆帯紋であっても、文様の下限域を示す廻線の有無にある。福井洞穴例と泉福寺洞穴例における隆起線紋の様相の違いとなってあらわれている。口縁部に廻線のみをめぐらすものでは判らないが、泉福寺10層式の垂線をもつものはそれを区切る廻線はない。それに対して福井2式は垂線をもつものが多く、弧線・斜位・縦位に展開し、それを区画する廻線としての隆帯や隆起線がめぐらされている。表現は悪いが、泉福寺10層式は垂線は垂れ流しであるのに対し、福井2式はそれを受けるタガがはめられ、文様帯の下限が設定されている。下限区画の廻線には豆粒紋を副次的に配するものがあり、上黒岩9層式にもある。本州東部では「ハの字」形爪形紋がその役割を果たす。これは、泉福寺10層式の廻線方向と垂線方向で構成されている豆粒紋とは異なる意匠手法である。すなわち二時期にわたって豆粒紋が併用されていることが判る。福井3式については微隆起線紋に近い一群のものであるが、本州のように多条の構成はとらない。泉福寺洞穴例をみても、その型式内容はよく判らないが、本州や南九州の隆起線紋の位置づけを制定する上で重要な一型式と考えられる。以上の点から北九州では福井1式→福井2式→福井3式の三時期に変遷すると考えられる。

　では、南九州の様相はどうであろうか。福井洞穴例や泉福寺洞穴例の隆起線紋が本州と共通する隆起線紋とするならば、南九州の隆起線紋を一見すると、何とも表現のしがたい異様な隆起線紋である。最近発掘された掃除山遺跡や栫ノ原遺跡の隆起線紋土器は、隆起

第Ⅱ部　先土器時代から縄紋時代

　線そのものの形態やT字状になる口縁部や器形においても、単に隆起線紋というだけで比較することを躊躇したくなるほどの違いがある。しかし、出土する層準はいずれも薩摩火山灰層下と安定している。とするならば、こうした個性は南九州の伝統的な地域性に由来すると考えなければならない。南九州の隆起線紋はこうした変容度を取り除けば、大きく鹿児島県の掃除山式と宮崎県の堂地西式に二分することができる。

　掃除山式は隆帯状の隆起線紋を口縁部に密に数条めぐらせ、さらに無紋部を設け、胴下半屈曲部にも数条の隆起線紋を施す。廻線のみで構成するものが主体であるが、廻線と垂線で構成するものもある。T字状口縁を呈するのも特徴の一つである。口唇部内端にも施紋する。隆帯を指の先端で押圧するもの、爪形で押さえるもの、隆帯の両端を爪で押さえつけるもの、無紋のものなどがある。種子島の奥ノ仁田遺跡では、隆帯を貝殻頂や腹縁で押圧する。こうした貝殻紋の技法は南九州早期に隆盛する貝殻紋土器に繋がる地域的要素とみられる。おそらくこの段階のものは福井1式・2式に相当するものであり、さらに細分される可能性をもっている。伴う石器の様相も複雑で、細石器を伴う一群と縄紋的あるいは「南島的」円鑿を有する一群に分かれる。

　堂地西式は口縁部に数条の隆起線紋をめぐらし、その上を「ハの字」形爪形紋で連続的に押圧するため、隆起線の断面が三角形となる。堂地西遺跡からはこれらの隆起線紋とともに、同様の爪形紋が出土する。これらの爪形紋土器を堂地西式に含める見解もあるが、どうであろうか。宮崎県瀬戸口遺跡や鹿児島県鎌石橋遺跡では堂地西式の隆起線紋に、この種の爪形紋は共伴していない。また熊本県白鳥平遺跡からは、この種に類似した爪形紋が単独に出土している。おそらく、こうした爪形紋土器は堂地西式の隆起線紋から派生した後続の一型式であろう。この「南九州型」爪形紋を仮に白鳥平式とよぶ。かくして、南九州においても隆起線紋土器の三段階を経て、爪形紋土器に変化する。

爪形紋土器　　爪形紋土器の位置づけを考える上で、解決しなければならない課題が三つある。第一が福井洞穴の爪形紋すなわち「本州型」爪形紋との関連、第二が「南島型」爪形紋と門田遺跡の爪形紋の位置づけ、第三が「南九州型」爪形紋と上場遺跡の「本州型」爪形紋や「南島型」爪形紋の関係である。九州における隆起線紋と爪形紋の関係は、福井洞穴や泉福寺洞穴の発掘によって層位的にも型式学的にも、前者から後者への変遷が妥当なものと考えられている。逆転編年を唱える佐藤達夫も、この点は認めるところである。では、何が問題なのであろうか。

　佐藤は福井洞穴の爪形紋の多くに「ハの字」形爪形紋の特徴がみられることから、微隆起線紋及びそれ以降、本ノ木式に及ぶ時期に属するものとしたのである。すなわち佐藤は隆起線紋より古かるべき爪形紋と新しかるべき爪形紋の2つの位相を提示し、福井の爪形

第3章　縄紋土器起源の系譜とその変遷

紋を後者に位置づけたのである。この佐藤編年は表層的には否定されているものの今日的課題に最も影響を与えている。新しかるべき位相に爪形紋総体を収斂させ、「押圧縄紋」と併存させる見解もその一つの表れである。果たして、爪形紋には二つの位相が成立するのであろうか。福井・泉福寺洞穴の爪形紋は列島に普遍化された爪形紋ではないのであろうか。まずこの点から検証してみよう。佐藤が新しかるべき爪形紋の基準とした「ハの字」形爪形紋は、大塚達朗が早くから指摘しているとおり、その後の発掘成果からも、隆起線紋の古い段階に存在することが判明した。また、佐藤自身も指摘しているように長野県石小屋洞穴例との類似性や新潟県小瀬ガ沢洞穴例・埼玉県宥勝寺北遺跡例、愛知県酒呑ジュリンナ遺跡例、成井遺跡例などの本州の普遍的な爪形紋とも共通する技法が認められる。すなわち、福井Ⅱ層・泉福寺6層式は福井3式に直接つづく一型式として位置づけることができる。他型式をまじえない爪形紋土器としての単独な一時期が設定できよう。これは単に九州だけではなく、福井県鳥浜貝塚から青森県鴨平遺跡・岩手県大新町遺跡にいたる一型式としての爪形紋土器が普遍的に存在すると考えられる。こうした爪形紋土器の位相

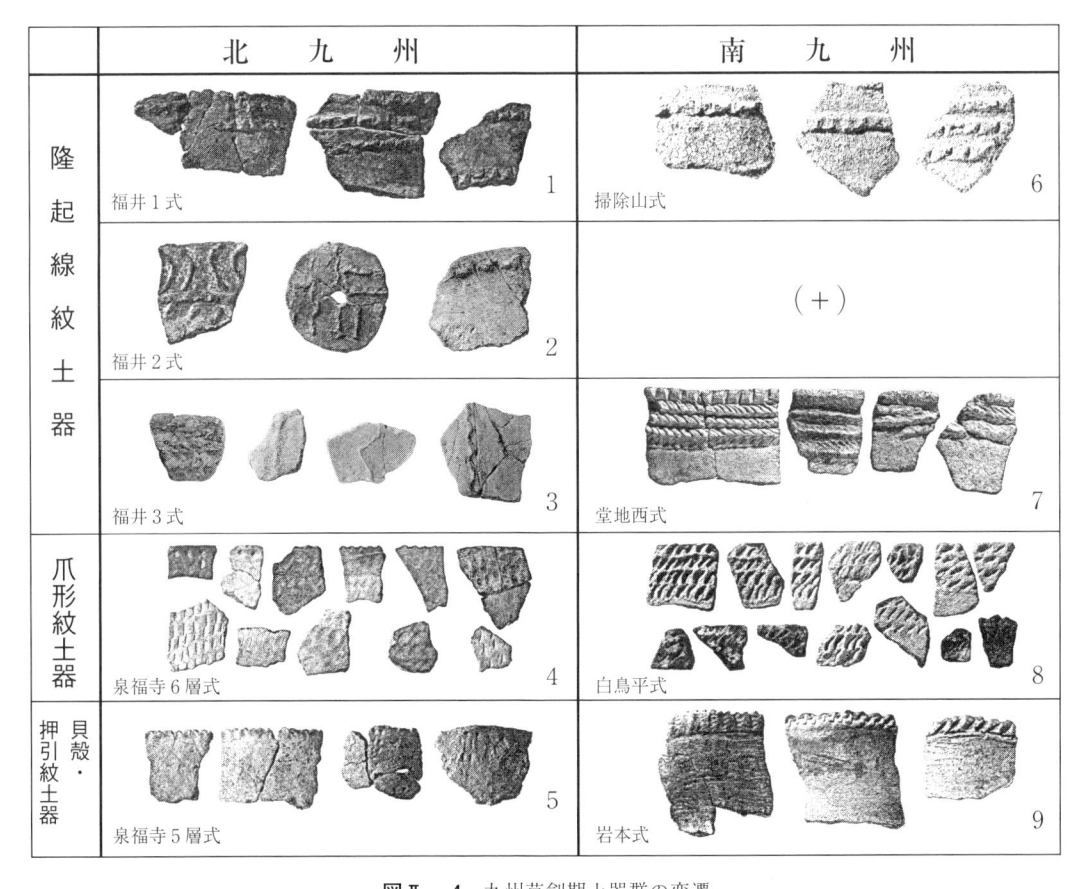

図Ⅱ-4　九州草創期土器群の変遷
1・5 泉福寺洞穴　2・3・4 福井洞穴　6 掃除山遺跡　7 堂地西遺跡　8 白鳥平遺跡　9 岩本遺跡

第Ⅱ部　先土器時代から縄紋時代

を複雑にしているのは、装飾としての爪形紋の存在である。「ハの字」形爪形紋も含めて装飾としての爪形紋は、隆起線紋から本ノ木式にいたる諸型式に副次的あるいは主体的に用いられる。宮林遺跡のように「押圧縄紋」とともに出土する事例においては、型式としての爪形紋土器と装飾としての爪形紋を弁別することは不可能に近い。「押圧縄紋」との併存説を主張するのであれば、隆起線紋や本ノ木式との併存説も成り立つことになり、型式としての爪形紋土器は存在しないことになる。

　福井洞穴の爪形紋土器を汎列島的な爪形紋とみるならば、福岡県門田遺跡の爪形紋は器形的にも施紋技法においても異なっており、発掘当初から異色の存在であった。比較資料のないまま爪形紋の代表例として紹介されたが、1980年代になり、そのパートナーとして沖縄県渡具知東原遺跡・野国遺跡、奄美大島ヤーヤー洞穴・沖永良部島中甫洞穴などの「南島型」爪形紋の類似性が指摘されるようになった。器面全体を爪というより指頭押圧で連続的に施紋する点、薄手で口縁部がやや外反する点、門田遺跡の二点の復元土器以外の櫛目状とされた土器はヤブチ式の凹紋に類似するなど、型式学的には共通点が多い。当初からこの比較には議論はあったが、近年、奄美大島の喜子川遺跡の発掘でアカホヤ火山灰の上層から「南島型」爪形紋が検出された〔喜子川遺跡調査団1989, 1995〕。この出土層準が正しいとするならば、門田遺跡の爪形紋と共通する「南島型」爪形紋の編年的位置は、押型紋土器以降、曽畑式の間に求めなければならないであろう。こうした「南島型」爪形紋を草創期の爪形紋から除外することはたやすい。しかし、南九州の隆起線紋や爪形紋の地域的変異やそれ以降早期までの様相が不明確であることを考え合わせると、その空白を埋める資料として、なお保留しておく必要があろう。いずれにしても、「南島型」爪形紋のさらなる層位的事例を待たなければならない。

　次の問題は、「南九州型」爪形紋と上場遺跡の「本州型」爪形紋の関係である。「南九州型」爪形紋の白鳥平式は、列島的あるいは「南島型」爪形紋の全面施紋の爪形紋とも大きく異なっている。密接した爪形紋を口縁部近くに数条めぐらす。施紋部位・器形ともに隆起線紋の堂地西式からの継承である。すなわち、南九州の独自の内在的変化として捉えることができる。こうした南九州独自の地方型爪形紋の分布域のなかで、点のように存在するのが上場遺跡の「本州型」爪形紋の存在である。疎らな施紋ではあるが、おそらく全面施紋の爪形紋であろう。類例は鳥浜貝塚にあり、列島的爪形紋の一種と考えてよい。上場遺跡にみられるような「本州型」爪形紋が契機となって、浮紋から沈紋への転機となり、堂地西式から白鳥平式への在地的変容が生まれたのであろう。

爪形紋土器以降　　爪形紋土器から押型紋土器に至る土器の変遷は、泉福寺洞穴の層位例が唯一のものである。爪形紋以降、押引紋→条痕紋→押型紋の変遷がみられる。九州の押

第 3 章　縄紋土器起源の系譜とその変遷

型紋の出現が、列島に広域に分布する押型紋土器総体のどの段階に位置するか定かではない。押引紋土器・条痕紋土器や押型紋土器に関連する中尾岳洞穴・柏原 F 地点の貝殻圧痕紋土器は、九州における押型紋土器以前の草創期土器群の仲間として捉えておきたい。また、南九州に分布する円筒貝殻紋土器の分析も必要になろう。重要な点は九州において、縄紋技法が見られないことである。押引紋土器は白石弘之が指摘するように壬遺跡の円孔紋土器に関連をもつであろう〔麻生・白石 1986〕。また、条痕紋土器は岩下洞穴でも押型紋の下層から出土し、底部を張り出す特殊な器形を呈している。本州中央部の遺跡や寿能遺跡の条痕紋とも関連する成形技法かも知れない。いずれにしても爪形紋以降の変遷については、資料の増加を待って検討すべき点が多い。

　なお、九州における草創期の問題を考えるとき、福井・泉福寺洞穴の事例の如く、細石器文化が残存する一方、南九州では隆起線紋土器出現とともに石鏃が用いられる。弓矢の出現の背景や系譜を解明することも、残された大きな課題である。

4．本州における草創期土器群の変遷

　待望の神奈川県花見山遺跡の報告書が刊行され、1990 年代後半の草創期研究の新たな出発点が提示された〔坂本 1995〕。花見山遺跡の分析を通して提示された編年骨子は、1970 年代の佐藤編年を発端として 80 年代後半からの埼玉考古学会による草創期シンポジウムおよび大塚編年による草創期編年の混乱を、今日的視点から 60 年代の隆起線紋土器を最古とする視点に回帰させたことであろう。ここでいう「第三の土器」の一部を隆起線紋の仲間として捉え、抹殺された爪形紋土器を復権させたのである。花見山 1・2・3 式（隆起線紋）→下宿式（爪形紋）→宮林式（「押圧縄紋」）の型式レベルの変遷が示された。花見山式の細分には問題を含んでいるが、以後「花見山編年」を軸にして議論の進展が図られるであろう。

　ほぼ本州全域に草創期の土器群が分布するが、特に本州西部の爪形紋土器以降の状況については、資料不足もあって不明な点が多い。地域性に由来するのかどうかも判らない。ここでは本州西部と東部のそれぞれの草創期の土器群を概観しながら、その変遷を考えてみた[3][図Ⅱ-5]。

隆起線紋土器　本州西部の隆起線紋土器を出土する遺跡は十指にも満たない。帝釈峡遺跡群の組織的発掘にも係わらず、中国地方では未だに類例を見ていない。まず、問題にすべきは京都府武者ヶ谷遺跡例であろう。発掘者の渡辺誠は「押圧縄紋」、大塚達朗は窩紋、鈴木正博は隆起線紋の仲間にそれぞれ措定し未だ評価の定まらない土器である。古墳の封

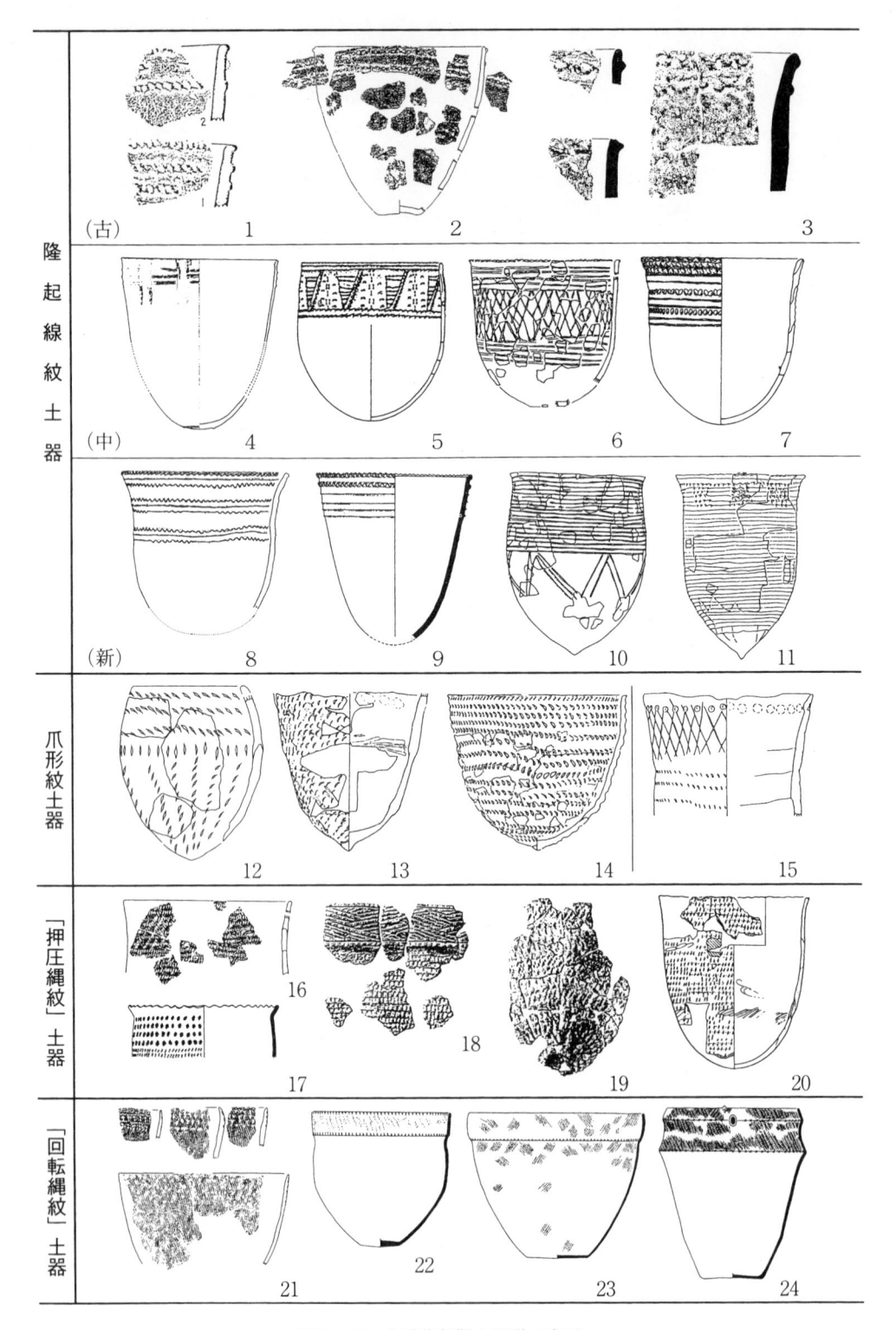

図Ⅱ-5 本州草創期土器群の変遷
1 九合洞穴　2 葛原沢遺跡　3 南原遺跡　4 上黒岩洞穴　5・7 花見山遺跡　6 上野第一地点　8 なすな原遺跡
9・17 石小屋遺跡　10 干満遺跡　11 表館1遺跡　12 登谷遺跡　13 下宿遺跡　14 大新町遺跡　15 鳥浜貝塚
16 中見代第Ⅰ遺跡　18 一ノ沢洞穴　19 本ノ木遺跡　20 馬々野遺跡　21 鳥浜貝塚　22～24 室谷洞穴

第3章　縄紋土器起源の系譜とその変遷

土下から石鏃を伴って出土した一個体のみの特異な土器を、自説にあった基準資料として取り扱う風潮には慎重でありたい。判らないものは分からないのである。

　九州の隆起線紋の三段階は、本州西部にも共通して存在するようにみえる。福井1式に対応する資料は、多くの研究者が古くから指摘するように岐阜県九合洞穴例（1）であろう。続く福井2式には愛媛県上黒岩洞穴例（4）が位置し、下限区画廻線下に豆粒紋を配する共通性を有している。豆粒紋をもつ例は高知県駄場先遺跡例にもある。福井県鳥浜貝塚や愛媛県穴神洞穴例の隆起線紋もこの時期のものであろうが、やや下るかも知れない。福井3式は愛知県酒呑ジュリンナ遺跡例・奈良県桐山和田遺跡例が相当しよう。

　なお、鳥浜貝塚から隆起線紋とともに出土した上限区画を円形刺突紋、下限を三条の爪形紋で区画し、その中を斜格子紋で充填した土器（15）がある。この土器を素直に隆起線紋の仲間とみるか、それ以降に位置づけるかは意見の分かれるところであろう。斜格子紋は確かに隆起線紋から本ノ木式に至る装飾紋であるが、爪形紋には隆起線紋がない。円形刺突紋は円孔紋土器に共通する。すなわち隆起線紋土器・爪形紋土器・円孔紋土器の要素を兼ね備えている。おそらく鈴木正博が分析した系譜〔鈴木1992〕とは異なり、上野第一地点の斜格子隆起線紋よりも、さらに爪形紋よりも後出の円孔紋土器の仲間であろう。

　本州東部の隆起線紋の変遷は、九州・本州西部同様、ほぼ三段階に分けることができる。花見山式についても三細分されるが、提示された花見山1式は、その最古性を、型式学的に保証するほどの材料は揃っていない。復元された1式の標識資料が2式の隆起線紋と異なる点は、短隆起線紋を貼付している点だけである。おそらく花見山1・2式はほぼ本州東部の第2段階で、福井2式・上黒岩9層式に併行しよう。本州東部を見渡した場合、福井1式の隆帯紋に技法的にも共通する土器が、静岡県葛原沢遺跡例（2）・尾上イラウネ遺跡例である。二条型である点では花見山1式に共通するが、より最古性を示しているようにもみえる。また、指押波状の隆起線紋が本州東部の地域性とみれば、ほぼ同段階とみても差し支えない。共通する点は口端部に加飾せず、その直下から隆起線紋を貼付する点である。花見山編年で2式とした千葉県南原遺跡例（3）・国際空港No.12遺跡例、東京都多摩ニュータウンNo.426遺跡例などは第一段階に含めるべきであろう。このほか本州東部のこの時期のものを北から列挙するならば、山形県日向洞穴例、新潟県田沢遺跡例、千葉県地国穴台遺跡例、神奈川県なすな原遺跡・黒川東遺跡・広福寺遺跡例などが位置しよう。第二段階は花見山1・2式が相当し、その特徴は古文様帯の確立と「ハの字」形爪形紋の隆盛があげられよう。隆起線紋の文様帯化は福井2式にも共通した現象である。古文様帯をもつものは神奈川県上野第一地点例（6）・柄沢遺跡例、千葉県前三舟台遺跡例も同類かもしれない。ほかに長野県狐久保遺跡例、千葉県林跡遺跡例、神奈川県上野第二地点例が

- 223 -

第Ⅱ部　先土器時代から縄紋時代

この段階に属するであろう。第三段階は微隆起線紋と施紋域が胴部下半あるいは底部近くまで及ぶ。花見山3式をはじめ類例は増加し、本州東部に普遍的にみられる。北から青森県表館1遺跡例（11）、山形県日向洞穴例、新潟県小瀬ガ沢洞穴例・壬遺跡例、長野県石小屋洞穴例（9）・荷取洞穴例、群馬県乾田Ⅱ遺跡例、埼玉県橋立洞穴例、東京都向ノ原遺跡例、神奈川県栗木Ⅳ遺跡例・月出松遺跡例などである。

　隆起線紋はさらに細分の可能性を含んでいるが、資料的制約もあり、全国的にみて三細分が現段階において妥当なところであろう。

爪形紋土器　　本州西部の爪形紋は、鳥浜貝塚・富山県白岩尾掛・九合洞穴・岐阜県椛の湖・酒呑ジュリンナの各遺跡で少量出土しているに過ぎない。中国・四国地方には欠落するが、前述のように酒呑ジュリンナ遺跡例は泉福寺洞穴例に、疎らに施紋した鳥浜貝塚例は福井洞穴例や、上場遺跡例に対比でき、西日本全体の共通の要素を読み取ることができる。また「ハの字」形爪形紋を横向きに施紋する九合洞穴例は神奈川県南鍛冶山遺跡出土の隆起線紋土器の胴部装飾にみられる。

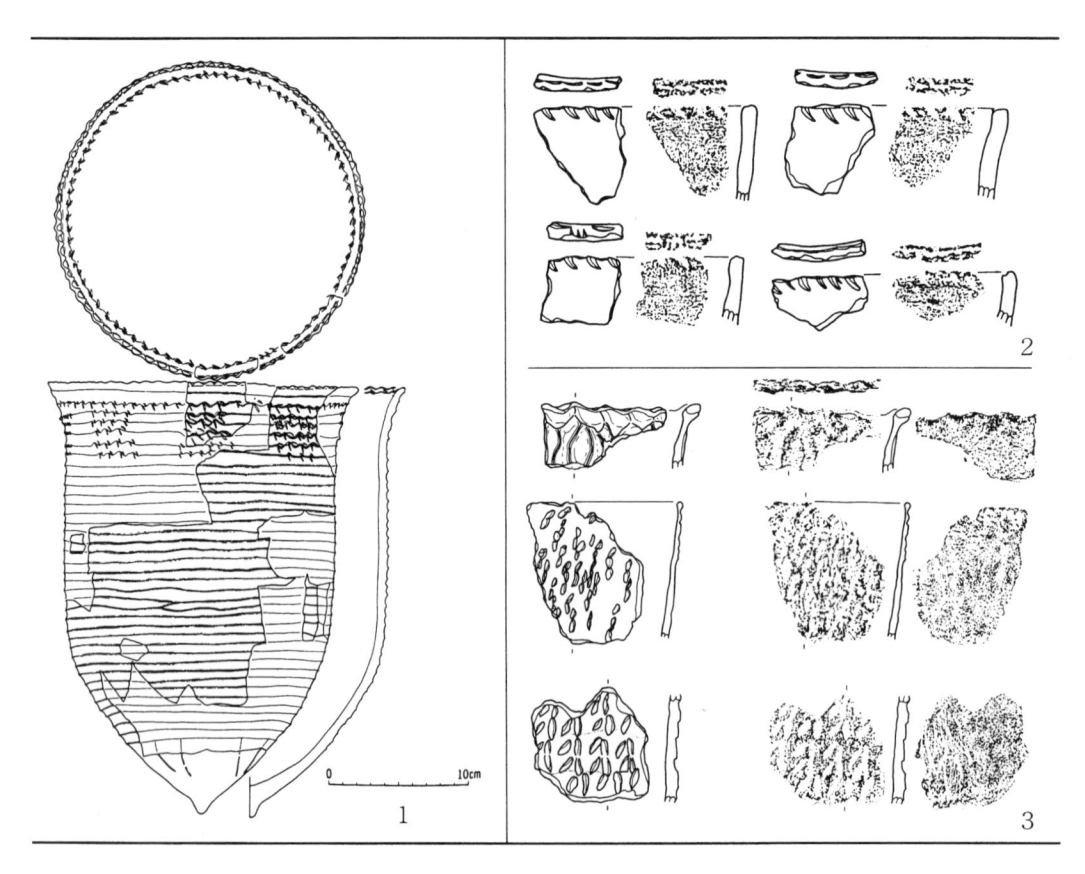

図Ⅱ－6　隆起線紋土器から爪形紋土器へ（1 表館1遺跡　2 ハケ上遺跡　3 岩瀬遺跡）

第3章　縄紋土器起源の系譜とその変遷

　1980年代後半の爪形紋が抹殺される背景には、本州東部において「ハの字」形爪形紋が隆起線紋以降、「押圧縄紋」にも併用され装飾紋として存続していることにある。しかし、群馬県下宿遺跡例（13）・長野県仲町遺跡例・岩手県大新町遺跡例（14）をみても、草創期土器群として揺るぎのない一つの指標となるべき土器群であることがわかる。また、微隆起線紋の表館1遺跡例から秋田県岩瀬遺跡例の爪形紋への移行は型式学的変化として捉えることができる［図Ⅱ-6］。ほかに北から青森県鴨平遺跡例、新潟県小瀬ガ沢洞穴例・壬遺跡例、長野県曽根遺跡例・神奈川県川島谷遺跡例がこの段階のものである。

　浮紋から沈紋へ、帯状施紋から全面施紋への大きな転機は、爪形紋の存在を除いては語れない。隆起線紋段階で生成した古文様帯は、いったん消滅する。爪形紋土器の出自が隆起線紋に伴う「ハの字」形爪形紋からの内在的な発展として捉えうるのか、外因的な要素として捉えるかという問題は草創期の在り方を考える上で重要な視点となろう。この時期の施紋技法の転換の背景には、新たな大陸文化の波及を想定することがより妥当であろう。小瀬ガ沢洞穴の窩紋・箆紋、壬遺跡の円孔紋などの沈紋系土器は、大陸の刺突紋との関連性が考えられる。これらの土器は爪形紋以降の沈紋及び全面施紋の系譜であり、爪形紋から「押圧縄紋」に至る変遷のなかで位置づけられるのである。

「押圧縄紋」土器　「押圧縄紋」は縄の先端ないし側面を短く押すものと絡条体を線状に押しつけるものがある。前者を「短縄紋圧痕」、後者を「絡条体圧痕」と呼ぶ。

　西部の「押圧縄紋」は鳥浜貝塚例、九合洞穴例、白岩尾掛例と僅かであるが、前者のものが多い。全面施紋とみられるが、文様帯を構成するものはないようである。口縁部の残る鳥浜貝塚例・九合洞穴例には、口縁部の肥厚するものや外反するものがある。こうした口縁部形態は後代に続く、新しい要素である。「押圧縄紋」は鳥浜貝塚例を西限として中国・四国及び九州方面には、現在発見されていない。西の爪形紋と東の「押圧縄紋」併行説〔土肥1982〕が提唱されたが、おそらく「押圧縄紋」段階が欠落しているのであろう。仮に「押圧縄紋」が東の地域性とするならば、上黒岩洞穴6層・広島県馬渡岩陰3層の無紋土器など別な土器を想定する必要があろう。

　新潟県本ノ木遺跡から出土した本ノ木式と呼ばれた「押圧縄紋」の発見が、草創期研究の一つの契機となった。しかし、本ノ木式の実態については必ずしも周知されたわけでもないし、今日「押圧縄紋」全体についても、その位置や細分が充分に明らかになっているわけではない。隆起線紋と「押圧縄紋」の間に爪形紋を介在させると、佐藤が提示した室谷下層式の帯状口縁に至る口縁部形態の型式変化は追うことができず、別な観点を準備する必要があろう。

　東部の「押圧縄紋」は撚糸圧痕紋・短縄紋と自縄自巻を含めた絡条体圧痕紋を主体とす

第Ⅱ部　先土器時代から縄紋時代

る二群からなり、複雑な様相を呈する。静岡県中見代第Ⅰ遺跡例・葛原沢遺跡例、埼玉県西谷遺跡例、長野県お宮の森遺跡例・石小屋洞穴例、新潟県壬遺跡例・日向洞穴例などの直行口縁をもち、口端にも施紋する絡条体圧痕紋を主体とする一群がある。これらは爪形紋の連続手法を絡条体圧痕紋に置換した効果をもち、爪形紋からの推移した第一段階の姿と考えられる。

　次に短縄紋・撚糸圧痕を主体とした「押圧縄紋」で、口縁部が直行するかやや帯状のように膨らむ宮林式・本ノ木式の段階のもので、山形県一ノ沢洞穴例、宮城県野川遺跡例の第二段階に位置するであろう。そして口縁部が「くの字」状に湾曲する「押圧縄紋」が水久保遺跡例、石小屋洞穴例、小瀬ガ沢洞穴例、日向洞穴例が第三段階に位置し、帯状口縁をもつ室谷下層式につながるものと考えられる。

「回転縄紋」土器　　回転手法の縄紋は「押圧縄紋」の段階ですでに萌芽しているが、定着するのは室谷下層式、あるいは椛の湖式と呼ばれる表裏縄紋土器が出現してからである。室谷下層式には帯状口縁の古文様帯の構成要素として押圧手法も残り、椛の湖式には古文様帯が消失し、押圧手法も衰退する。前者が古く後者が新しいとみられるが、撚糸紋土器に至る室谷下層式と椛の湖式の関係は層位的に解明されていない。

　室谷下層式は層位的（第6層〜第13層）にみて細分の可能性を含んでいるが、ここでは一括する。この段階のものは鳥浜貝塚例、静岡県仲町A遺跡例、一ノ沢洞穴例がある。器形も深鉢から変化し、平底方形鉢や注口土器も現れる。正反の合の縄や裏面に縄紋を施す例もみられる。こうした特徴は表裏縄紋の大谷寺3式にも認められる。

　表裏縄紋の細分には多くの議論がなされ、その下限をめぐっても戸田の主張する撚糸紋以前とする説〔戸田1988, 1994〕、撚糸紋前半併行説〔宮崎・金子1989, 1995、中島1991、山形1991〕に大きく二分される。この下限をめぐる論点は、押型紋土器の出自とも係わる重要な問題を提起している。ここでは大まかに口縁部形態により、その変遷を提示しておく。

　大谷寺3式に類似する静岡県三の原遺跡例、椛の湖遺跡例（直行口縁）が古く、長野県増子川小石遺跡例・栃原岩陰例・お宮の森裏遺跡例、群馬県石畑岩陰上層例（屈曲口縁）と続き、次いで長野県小佐原遺跡例・三枚原遺跡例（外反口縁）の三段階の変遷が考えられる。また、中部の押型紋土器の出現は共伴する縄紋土器からみて、おそらく表裏縄紋土器を母体として生成されたと推察される。表裏縄紋の終末は押型紋直前と考えられる一方、押型紋の出自は遡ったとしても撚糸紋後半期である。とするならば、表裏縄紋は撚糸紋土器前半期まで存続していた可能性が高い。草創期後半の土器の枠組みを如何に措定するか、克服しなければならない課題の一つである。

第 3 章　縄紋土器起源の系譜とその変遷

おわりに

　日本列島の土器の出現は、先土器時代の地域性を乗り越え、共通した文様・技法をもって広がりをみせている。その先駆性を隆起線紋土器に見出し、その後の草創期の土器群の変遷を論じてきた。しかし、細別型式レベルでの編年の確立にはまだ程遠い。資料の制約もさることながら、型式識別を可能にする個々の土器群の文様や製作技法の特性が、時期性や地域性を反映するまでには至っていないことに起因する。言い換えるならば、出現期の土器が斉一的あるいは貫入的な様相をもち、個体から得られる情報量が少ないともいえよう。今はそれぞれの個体別の特性を強調するよりも、草創期の土器群の普遍性を究明していくことが肝要であろう。

　なお、列島における土器出現の契機、「第三の土器」の追及、北海道における草創期の実態など、解決すべき重要な課題が数多く残されている。対岸の大陸側の新石器事情を含めた資料の増加を待って、さらに土器出現のメカニズムを解明してゆかねばならない。こうした草創期における縄紋文化の胎動が列島の基層文化として漸く定着し、縄紋的世界観が形成されるのは次の早期を迎えてからのことである。東北の日計式押型紋土器、関東の沈線紋土器、西日本の押型紋土器の示す地域性が、それ以降の列島の文化を規定していくのである。

付　記　　本論は、『考古学による日本史』第 3 巻掲載予定の「土器の出現と縄紋土器の地域性」と題した過去の論考である。『季刊考古学』50 号「「縄紋土器起源論」のゆくえ」（1994）の付記で予告したまま、すでに十数年を経てしまった。雄山閣・編集諸氏の諸事情により、塩漬けになったまま今日を迎えてしまった。何を今更という思いもあったが、「縄紋土器起源の系譜とその変遷」と改題のうえ掲載することとした。改題しても中身が新しくなる訳ではないが、自分史の一齣として 90 年代の論考をそのまま提示した。お読みいただけるだけで幸いである。しかし、新しい資料は増加するものの、ここで取り上げた問題は、二一世紀を迎えても未解決のまま混沌とした状況にある。

　なお、『講座』ものの性格上、註・参考文献は考察に関するものに限り、関連遺跡に関する多くの文献・報告書は省かせていただいた。ご容赦願いたい。

第Ⅱ部　先土器時代から縄紋時代

註

（1）　この点については、再三再四「旧石器研究者」に問いただしているが、正面から答えてくれるものはいない。不思議なことである。
（2）　福井4層の細石器は当初「野岳型」として捉えられたが、栗島義昭・綿貫俊一によって「船野型」とされている。果たしてそうであろうか。福井洞穴3層の細石器は削片系の「福井技法」によるもので、泉福寺洞穴9-7層に対応する。泉福寺洞穴11・10層の細石器も削片系であるが、上層（9-7層）のものとはやや形態が異なり、両端から剥離するものがある。
（3）　図Ⅱ-5は今回、一部改変した。図Ⅱ-5（2）の葛原沢遺跡例は写真から拓本復元図へ、図Ⅱ-5（12）は元版では向ノ原B遺跡例を用いたが、その後に出土した栃木県登谷遺跡例に入れ替えた。

引用・参考文献

麻生　優・白石浩之　1986　『縄文土器の知識1－草創・早・前期－』　東京美術
雨宮瑞生　1993　「温暖化の初期定住－縄文時代初頭の南九州を取り上げて－」『古文化談叢』30
榎本金之亟　1960　「東京都溜淵遺跡」『人類学雑誌』68-1
大塚達朗　1982　「隆起線文土器瞥見－関東地方出土当該土器群の型式学的位置－」『東京大学文学部考古学研究室研究紀要』1
大塚達朗　1990　「窩紋土器研究序説（前編）－肥厚系口縁部土器とその変化－」『東京大学文学部考古学研究室研究紀要』9
大塚達朗　1991　「窩紋土器研究序説（後編）－肥厚系口縁部土器とその変化－」『東京大学文学部考古学研究室研究紀要』10
岡本東三　1976　「神子柴・長者久保文化について」　奈良国立文化財研究所Ⅴ
岡本東三　1994　「「縄紋土器起源論」のゆくえ」『季刊考古学』50
喜子川遺跡調査団編　1995　『喜子川遺跡－第3次・第4次発掘調査報告－』　笠利町教育委員会
坂本　彰　1995　『花見山遺跡』　港北ニュータウン地域内埋蔵文化財調査報告ⅩⅥ　横浜市教育委員会
佐藤達夫　1971　「縄紋式土器研究の課題－特に草創期前半の編年－」『日本歴史』277
鈴木正博　1991　「古文様帯論」『古代探叢』Ⅲ
鈴木正博　1992　「「武者ヶ谷式土器」の意義」『古代』94
鈴木正博　1993　「「向ノ原B式土器」の再吟味」『古代』96
土肥　孝　1982　「縄文文化起源論」『縄文文化の研究3－縄文土器Ⅰ－』　雄山閣
戸田哲也　1988　「表裏縄文土器論」『大和市文化財調査報告書』32　大和市教育委員会
戸田哲也　1994　『表裏縄文土器研究の現状と課題』
中島　宏　1991　「表裏縄文系土器群の研究」『埼玉考古学論集－設立10周年論文集－』
宮崎朝雄・金子直行　1989　「井草式土器及び周辺の土器群について」『研究紀要』5　埼玉県埋蔵文化財調査事業団
宮崎朝雄・金子直行　1995　「井草式土器及び周辺の土器群についてⅡ」『縄文時代』6
山形真理子　1991　「多縄紋土器編年に関する一考察－「室谷下層式直後、井草式以前」を中心として－」『東京大学文学部考古学研究室紀要』10
山内清男　1964　「縄紋式土器・総論」『日本原始美術』1

第4章　沖ノ島海底遺跡の意味するもの

－縄紋海進と隆起現象のはざまで－

はじめに

　千葉大学における考古学研究の足跡を振り返るとき、二人の先学によってその基礎が築かれたといっても過言ではない。その一人が神尾明正であり、もう一人が麻生優である。

　神尾明正は、戦後の新制大学の千葉大学文理学部（1950年）において、千葉県内の出野尾洞穴（館山市）、園生貝塚・鳥込東貝塚・犢橋貝塚（千葉市）、松ヶ鼻貝塚（天津小湊町）、藤崎貝塚（習志野市）、岩井貝塚（沼南町）などの貝塚、沼つとるば遺跡・東長田遺跡（館山市）、東畑遺跡（丸山町）の祭祀遺跡など、在地のフィールドを活かした調査・研究を精力的に手がけられてきた先史地理学者である。戦後、千葉県下における考古学調査の指導者の一人であった。その伝統は、歴史地理学的な視点から式内社の研究に精力的に取り組んだ森谷ひろみに引き継がれることになる。しかし、研究なかばにして夭折されたことはまこと残念なことであった。

　麻生優は、文学部発足（1981年）と同時に考古学研究室を立ち上げ、今日の千葉大学における考古学研究の基礎や研究環境を築かれた創設者である。大学人となってからも学閥にとらわれることなく、多くの他大学学生とともに「発掘者談話会」を組織し、「フィールドから学べ」という精神のもとに多くの後進の指導にあたられた。その研究活動と実践は千葉県内に留まることなく、全国的視野から長崎県岩下洞穴・下本山岩陰・泉福寺洞穴など多くの洞穴遺跡の発掘調査を手がけられた。その発掘成果をもとにライフワークである洞穴遺跡研究、縄紋文化起源論に大きな足跡を残した。また実践の場における発掘調査の方法論「原位置論」を提唱された意義も大きい。こうした発掘調査の実践の場をとおして、多くの研究者を育てられた。著者もその末席を汚す一人である。

　こうした二人の先学の「在地研究」と「洞穴遺跡」に導かれ、千葉大学文学部考古学研究室では1992年から安房地域の考古学的調査に着手する。館山市大寺山洞穴遺跡（1992～98年）、勝浦市本寿寺洞穴遺跡・長兵衛岩陰遺跡（1999～2000年）・こうもり穴洞穴遺跡（2001・2002年）、再び館山市に戻り沖ノ島遺跡（2003～2005年）・栄ノ浦海底遺跡（2006年）・安房神社洞穴遺跡・佐野洞穴遺跡（2008・2009年）・出野尾洞穴遺跡（2011年）と房

第Ⅱ部　先土器時代から縄紋時代

総の海食洞穴遺跡と関連遺跡の実態を解明するための継続的な発掘調査を実践してきた。
　これらの発掘調査は千葉大学の在地性を活かしたケース・スタディであるが、地域の歴史と独自性を解明しただけでなく、先史時代から古代に係わる日本列島の基層文化の普遍性をも明らかにすることができたと自負している。すなわち、大寺山洞穴遺跡の舟棺墓は古墳時代の海上他界に係わる舟葬習俗の究明、こうもり穴洞穴遺跡出土の卜骨と占場は弥生時代以降の卜骨風習の解明、安房神社洞穴遺跡の実態および多数の抜歯風習の検証などに繋がり、日本列島の基層文化を解明する多くの手がかりを得ることができた。また安房神社洞穴遺跡や佐野洞穴遺跡の出土人骨は、日本人の起源を探る貴重な標本資料である。これらの出土人骨の年代的見直しは、日本人の形成過程を再検証する契機ともなっている。
　些か手前味噌な長い前置きとなったが、千葉大学文学部考古学研究室の研究活動も漸く30年の節目を迎えようとしている。パーティーにおける乾杯前のノスタルジックな挨拶と同様、これも歳をとった証拠であり、自戒しなければならない。
　それでは本題に入っていこう。安房の考古学的調査の成果をもとに、海食洞穴や海底遺跡の形成過程を「縄紋海進[1]」や地震による地殻変動と関連付けながら考察していきたい。

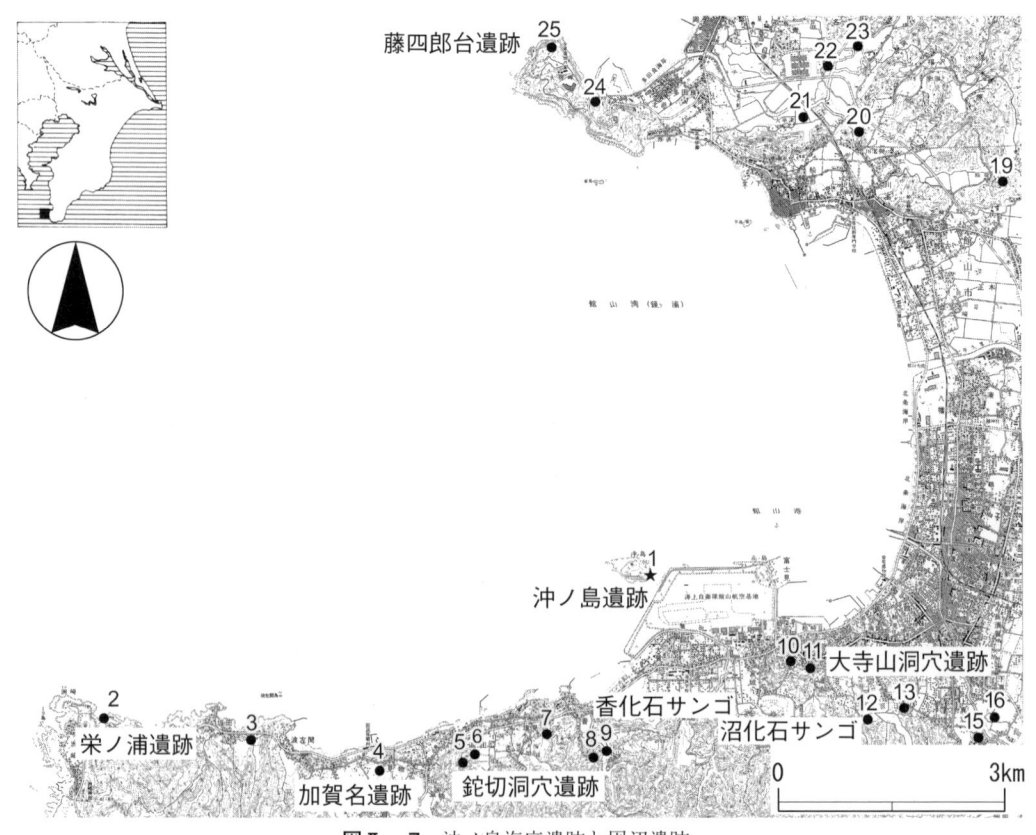

図Ⅱ－7　沖ノ島海底遺跡と周辺遺跡

第4章　沖ノ島海底遺跡の意味するもの

1．館山市沖ノ島海底遺跡

　沖ノ島遺跡を「海底遺跡[(2)]」と呼ぶのは、単に現在汀線下、海抜－1mに所在するからではない。後氷期における完新世の房総半島先端は、激しい海の変動（海進・海退）と陸の変動（隆起・沈降）に見舞われた特殊事情がある。こうしたダイナミックな自然の変革によって、沖ノ島遺跡は縄紋海進時に深く海底に沈み、その後の隆起現象で上昇し、汀線上に再び打ち上げられた希有な遺跡である。他の地域では現海水面下に沈んでいる海底遺跡であり、水中発掘によらなければ目にすることも発見することもできない遺跡である。沖ノ島遺跡を「海底遺跡」と呼ぶ理由はここにある。沖ノ島海底遺跡の形成とその後の変遷については順を追って説明していくが、まずは房総半島先端の館山湾に浮かぶ沖ノ島にご案内しよう［図Ⅱ－7］。

沖ノ島の景観　　千葉県館山市に所在する沖ノ島は鷹ノ島とともに、もともと房総半島先端部の館山湾（鏡ヶ浦）左岸近くに浮かぶ小さな島であった［図Ⅱ－8］。関東大震災（1923年）で隆起し、干潮時には鷹ノ島まで砂浜となり陸続きとなった。次いで二島の間を館山海軍航空隊の基地建設（1930年）により埋め立てられた結果、現在の景観に至っている。現在は沖ノ島の目の前まで車で行くことができ、砂州でつながった沖ノ島にそのまま渡る

図Ⅱ－8　安房国鏡ヶ浦八景図〔房陽奇聞 1889〕を改図）

第Ⅱ部　先土器時代から縄紋時代

ことができる。春は釣り・磯遊び、夏には海水浴、秋や冬にはビーチ・ウォーキングで人々が行き交う。館山湾や三浦半島を一望することができ、ときには遠く富士山や大島を望む景勝地であり、その景観は南房総国定公園として保護されている。しかし島の周囲の海底に現世のサンゴが生息していることを知る人は少ない。この現生サンゴは世界でも北限を示すサンゴであり、沼化石サンゴの後裔として縄紋時代から生き続けているのである。

　沖ノ島は周囲1kmほどで、半時間ほどの散策で一周できる小さな平坦な島である。平坦な島頂上部は標高が約13mを測り、沼Ⅲ面の段丘面に相当する。磯の岩礁を形成している基盤は、第三紀中新世の三浦層群鏡ヶ浦層である。遺物は島の周囲全体から採集されるが、海底遺跡が存在するのは東側の入り江状になった浜辺である。普段は海中に沈んでいるが、春と秋の大潮の時期には包含層が砂浜に現れる［図Ⅱ－9］。

遺跡発見の経緯　　遺跡を発見したのは館山市で生まれ、沖ノ島をはじめ鏡ヶ浦湾を遊び場として育った三瓶雅延である。彼は、縄紋時代から現在の東京湾に生息する沼サンゴを守り、ウミホタルなど安房の海の環境保護活動のリーダーとして活躍している。まさに「安房の海守」である。こうした環境保護活動の一環として、三瓶は、1987（昭和62）年8月に沖ノ島のビーチ・ウォーキングを企画し、沖ノ島東側の砂浜に打ち上げられた美しい貝や、イルカの耳骨・カンダイの咽頭骨など「海からの贈り物」を拾い集めるイベントを実施した時のことである。それらに混じって元来、海にはない黒曜石の石器や土器などの「先史からの贈り物」を採集したことに始まる。周囲を見渡すと浜砂の下からは暗褐色の包含層が顔を覗かせ、焼土や焼けたイルカの骨、葉っぱなどが広がっていたのである。このとき三瓶はこの浜辺に遺跡が存在するのを確信したという。

　しかし不思議なことに、この大発見にも関わらず沖ノ島海底遺跡は長らく研究者に注目されることはなかった。その理由は著者自身もそうであったが、採集資料をみると黒曜石が波によるローリング作用で摩耗し、土器片にはカルシウム分が白く付着しており、確かに海の中にあったことは理解できた。しかし最初に遺跡をみたとき、海水面に覆われ包含層の状況も確認できなかったこともあり、対岸にあった遺跡が洪水などで流出し、土砂とともに沖ノ島の浜辺に流れ着いた二次堆積の遺跡と安易に考えてしまった。「汀線下に遺跡があろうはずはない」という先入観にとらわれていたのである。実見した多くの研究者もそう考えたに違いない。恥ずかしいことに「アマチュアの戯言」と軽く考えてしまったのである。しかし懺悔しなければならないのは著者の方であった。発見から十数年を経た2002年春の大潮、沖ノ島東側の海水の引いた浜辺を改めて目にした瞬間、そこには炭化物混じりの包含層が一面に広がっていたのである。まさに先入観をもたないアマチュアの勝利であり、考古学は「発見の科学」であることを強く実感した出来事であった。

第4章　沖ノ島海底遺跡の意味するもの

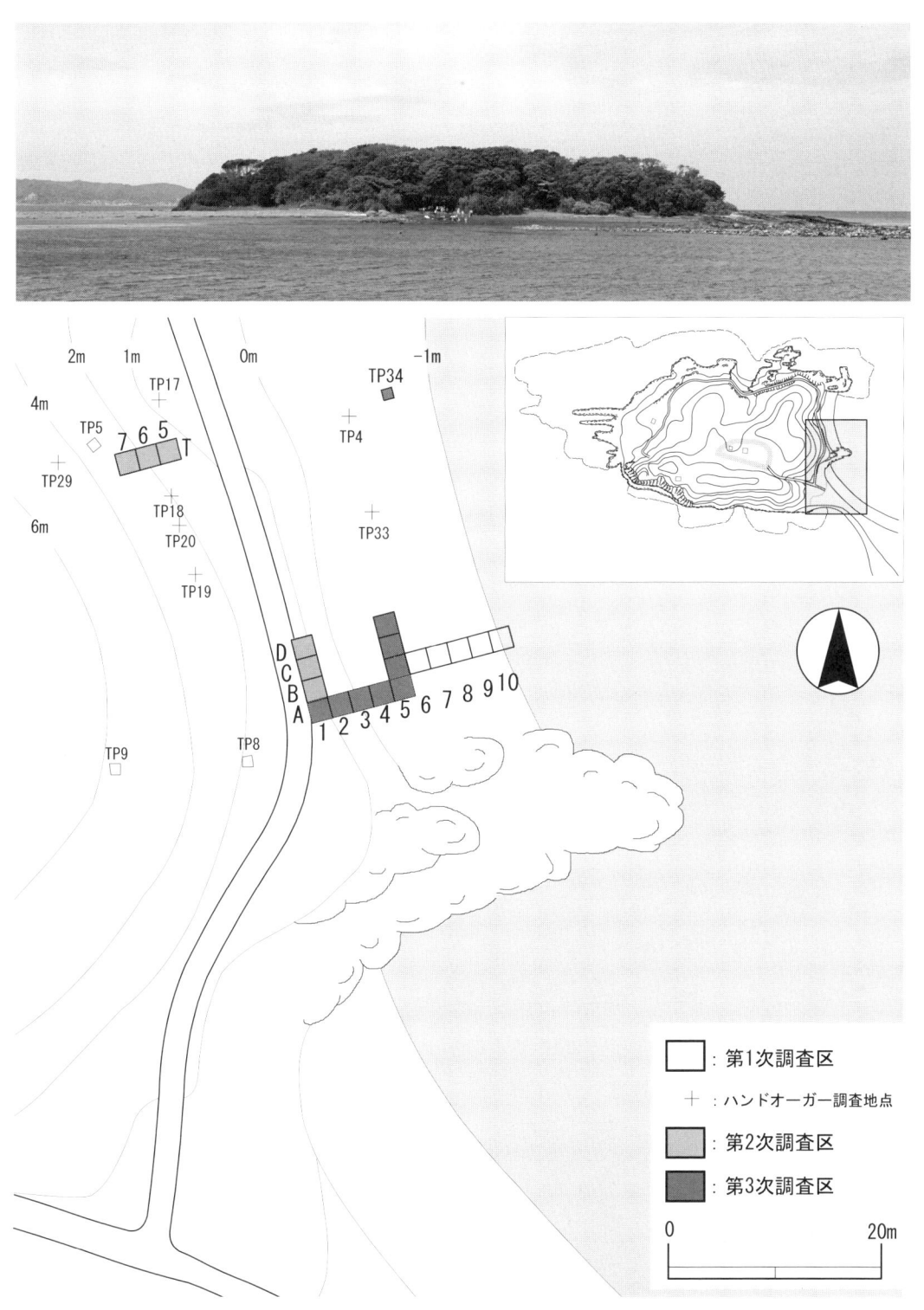

図Ⅱ-9　沖ノ島海底遺跡の発掘区〔千葉大学文学部考古学研究室 2006〕

- 233 -

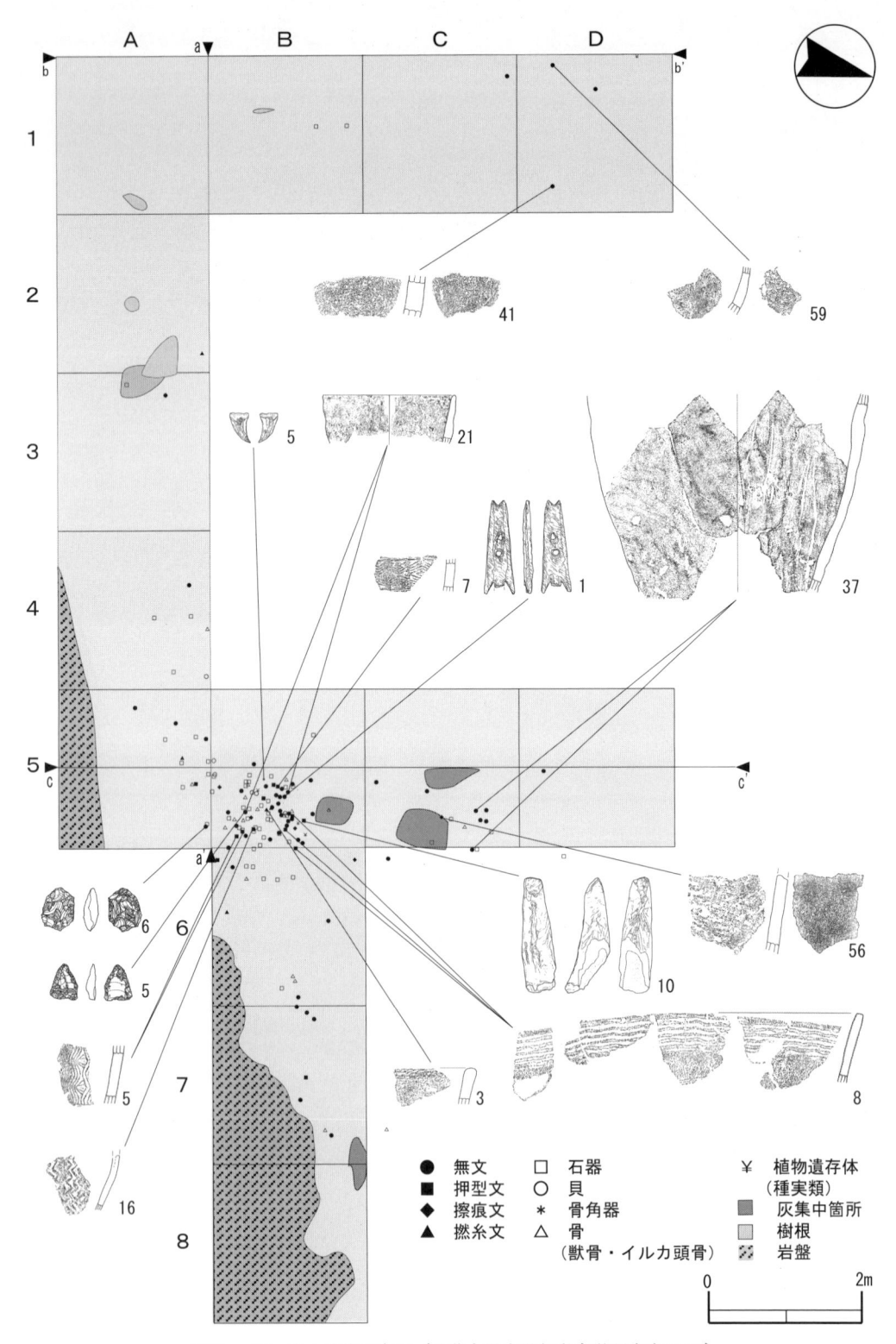

第Ⅱ部　先土器時代から縄紋時代

図Ⅱ－10　出土遺物分布図〔千葉大学文学部考古学研究室 2006〕

第 4 章　沖ノ島海底遺跡の意味するもの

海底遺跡の発掘　　発掘調査は、沖ノ島・栄ノ浦海底遺跡の三瓶採集資料が千葉県立安房博物館（当時）に寄託される計画を契機として、安房博物館との共同調査として2002年から実施した。その春、試掘調査と地形測量の予備調査を行い、包含層の広がりを確認した。2003年春（5月）・翌2004年秋（11月）、そして2005年春（5月）の大潮の時期、合わせて三次にわたる発掘調査を行った〔千葉大学文学部考古学研究室2004, 2006〕。

　発掘調査は包含層の中心部とみられる東側浜辺の南半に、浜辺に直行するトレンチ（A・B）、並行するトレンチ（1・5）をコの字形に設けて発掘を行った。また入り江状の浜辺の中央奥部にトレンチ（T）、浜辺全体にテストピット、頂上部や斜面部、東南部の砂浜にもテストピットを設け、計約30ヶ所で島全体の土層堆積状況の確認調査を実施した。その結果、縄紋時代草創期末から早期初頭の遺跡が形成されていたのは、島東側の入り江状の浜辺を中心に径50mほどの範囲に広がっていることが確認できた［図Ⅱ-10］。

　大潮で包含層は露出しているものの、通常の発掘調査とは異なり、浸透してくる海水との戦いである。ポンプで排水しても発掘区の下からも横からも上からも海水が噴き出てくる。一日の発掘が終わると発掘区は水没し、流れ込んだ砂が堆積する。毎日の発掘作業の大半が海水の掻き出しに追われ、発掘できるのは昼休みを挟んだ前後二時間ほどの効率の悪い発掘であった。発掘区の周囲に土囊を積み防波堤を築いて抵抗したものの、所詮自然の力には勝てなかった。発掘も潮干狩り状態で、出土した遺物の写真撮影もマゴマゴしているとすぐに水没してしまう。悪戦苦闘の原因はそれだけではない。包含層は固く引き締まった粘土質層で、移植ゴテで少しずつ剥がすようにしか掘り進めない。ちょうど赤土のハードロームを掘っている感触である。その理由は包含層が長らく海底にあったため、水圧によって包含層がプレスされ、固く引き締まったからだ。

　堆積土は大きく二分される［図Ⅱ-11］。すなわち浜辺を構成する互層状に堆積した海性砂層（1〜7層）と陸成とみられる暗褐色を基調とするシルト質土層（9〜16層）である。包含層は9層にあり、その上層には二枚のラミナ状の木葉層（9層①・③）が薄く堆積し

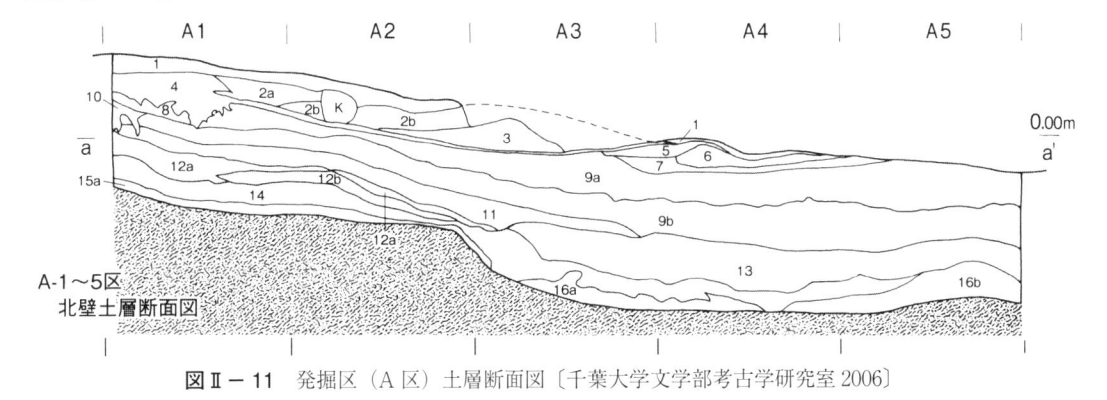

図Ⅱ-11　発掘区（A区）土層断面図〔千葉大学文学部考古学研究室2006〕

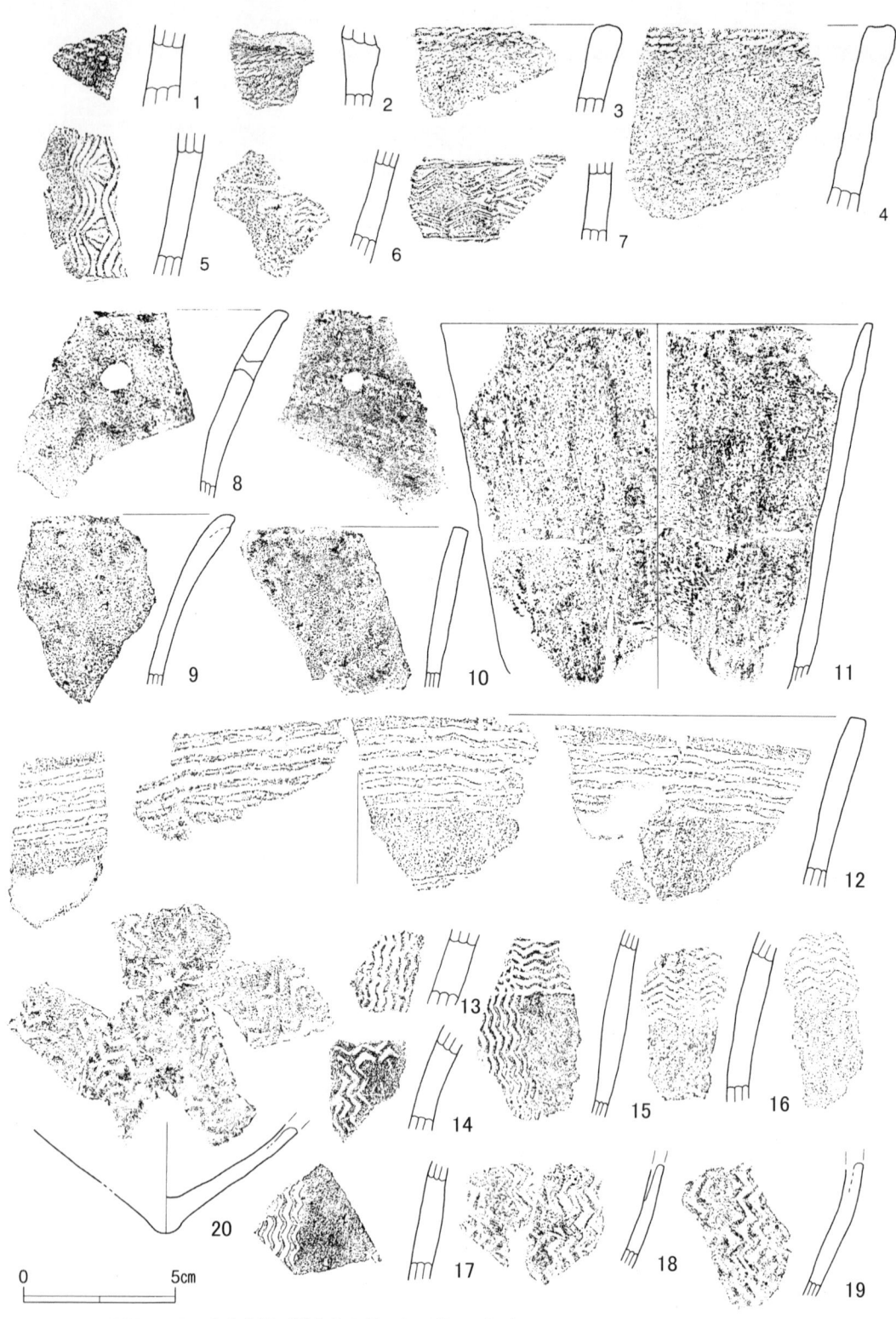

第Ⅱ部　先土器時代から縄紋時代

図Ⅱ-12　出土土器（撚糸紋土器・押型紋土器）〔千葉大学文学部考古学研究室 2006〕

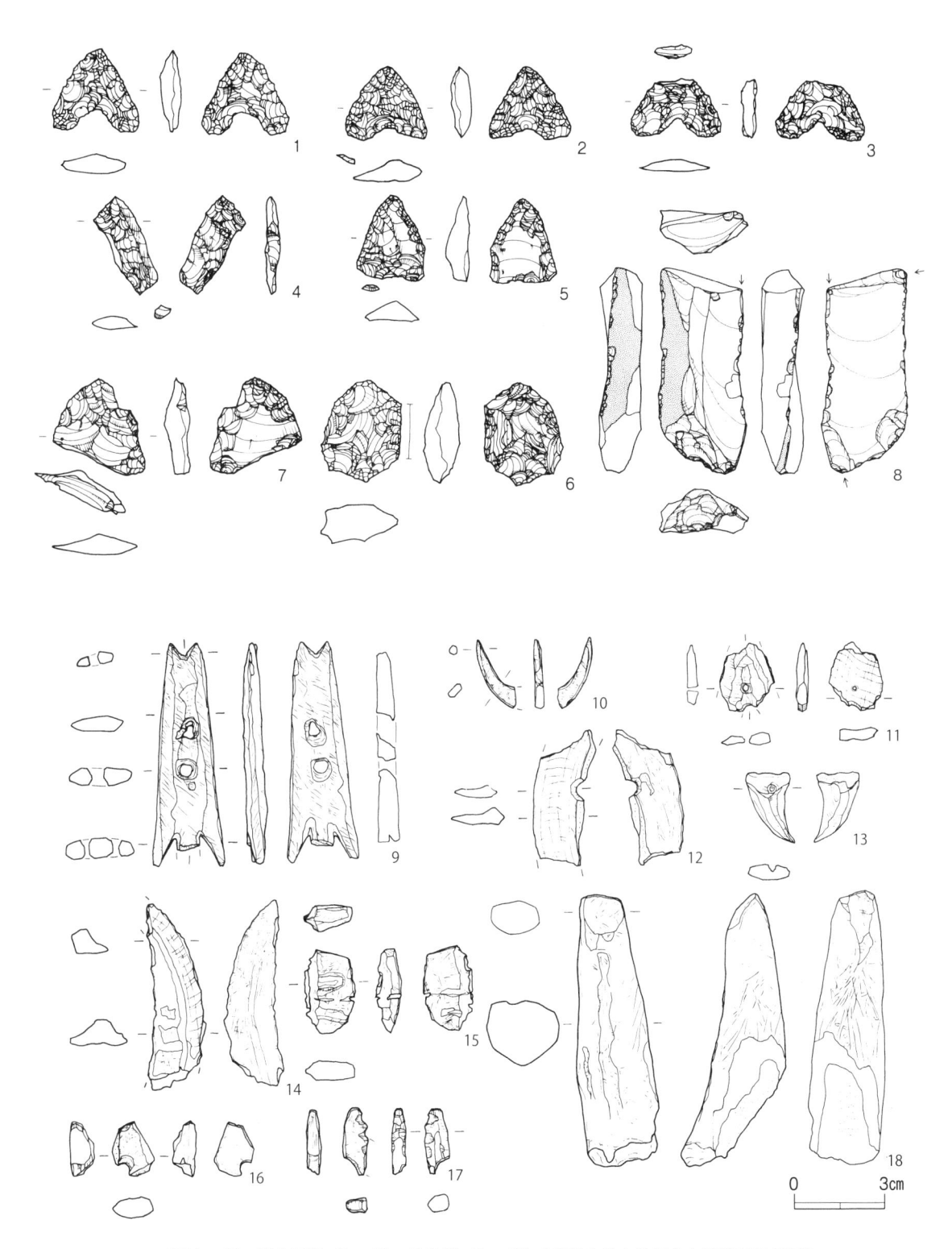

第4章　沖ノ島海底遺跡の意味するもの

図Ⅱ－13　出土石器（1～8）・骨角器（9～18）〔千葉大学文学部考古学研究室 2006〕

第Ⅱ部　先土器時代から縄紋時代

ている。包含層の9a層は炭化物粒を含む黒色シルト質砂層で、土器や石器をはじめ骨角器、動・植物遺存体、当時の植生を知ることができる木根を検出した。9a層の下層の一部には灰層（9層ab－1）が検出され、被熱を受けた骨や黒曜石片がみられた。以下、固く引き締まったシルト質砂層の無遺物層が続き、基盤を構成する三浦層群鏡ヶ浦層となる。包含層は浜側から海に向かって傾斜するとともに、入り江中央に向かって傾斜している。

出土遺物　　出土した土器は草創期の撚糸紋終末期の大浦山式・平坂式土器、早期の沈線紋初頭の三戸式土器である。また帯状施紋の山形押型紋や変則的な刻目をもつ押型紋土器が伴う［図Ⅱ－12］。撚糸紋が横走する大浦山式Ⅰ式は口縁が屈曲するa類、直行するb類ともにみられるが、大浦山式特有の胎土をもつ無紋土器のⅡ式は確認できない。無紋土器の大半は擦痕をもつ平坂式であるが、胎土に石英粒を含み内面を磨く天矢場式の無紋土器もみられる。浜辺の発掘区（A・Bトレンチ、1・5トレンチ）からは一点も沈線紋土器は出土しない。このことから、出土した押型紋土器は平坂式土器に共伴したとみられる。浜辺の中央奥部のTトレンチでは包含層9a層に相当する17層の上層（15層）から太沈線紋の三戸式土器が一点出土している。表採資料にも多数三戸式土器があることから、この一画に早期初頭の包含層があったに違いない。いずれにしても沖ノ島海底遺跡は撚糸紋終末期から早期初頭、わずか三型式ほどの短期間に形成された遺跡であったことが判明する。

　出土した石器は、すべて黒曜石製で、気泡状の不純物を含む神津島産のものである。石鏃・スクレイパー・加工痕・摩耗痕のある剝片・石核などがある。なお、東側浜辺から珪質頁岩製の有樋石刃が表採されている。もしナイフ形石器文化の所産とすれば、沖ノ島近くの海底には先土器時代の遺跡が眠っている可能性も考えられる［図Ⅱ－13 上］。

　骨角器で注目されるのは、二つの索孔をもつ銛頭である。鹿角の緻密質の部位を用いた扁平なもので、先端がなぜかV字状の二叉となり、基部には茎を作出しその両端は逆刺の形状を呈する。表・裏面とも斜位方向に研磨している。撚糸紋終末期に位置づける確実な初出例であり、縄紋時代の銛頭の系譜を考える上での、貴重な標本資料となろう。このほか鹿角製の釣針アワビおこし、鹿四肢骨製のヤス状刺突、猪牙製の牙鏃・垂飾・加工品、アオザメ歯製の垂飾未製品など、量こそ少ないがその器種は豊富である［図Ⅱ－13 下］。

動・植物遺存体　　包含層から出土した動物遺存体は少ないが、大半はイルカ類である。椎骨が400点以上出土し、被熱を受けたものや切創痕をもつものがみられる。このことから当時、海辺近くに立地した沖ノ島海底遺跡は、浜辺のイルカ捕獲・解体の場としてのキャンプサイトであった可能性が高い。ほか貝類はカキ・サザエ・ヒメイトマキボラ・マルスダレガイが検出された。いずれも潮間帯から岩礁にかけてみられる貝類である。魚類はマダイ・クロダイ・イシダイ・スズキ・トビエイなど内湾でとれる魚類である。陸棲哺乳類は、

第 4 章　沖ノ島海底遺跡の意味するもの

イノシシ・シカ・イヌ科の歯が検出されている。

　植物遺存体は包含層にパックされた状態で検出され、当時の環境を復元できる豊富な資料を得ることができた。包含層を覆う木葉層は明らかに当時の地表面に張り付いた状態で検出され、包含層はほぼ原位置を留めているとみられる。

　出土した果実・種子・葉・花の分析によると、針葉樹 1 分類群、常緑性高木樹種 4 分類群、落葉性高木樹種 12 分類群、低木性樹種 8 分類群、藤本 2 分類群、草本 19 分類群が検出された。タブノキ、ヤブツバキ、モチノキ、グミ属といった常緑広葉樹種が目立つが、キハダ、アサダ、マタタビといった温帯性落葉樹種がみられる。草本類ではカナムグラ、アカザ科など、明るい場所に植生するもののほか、イガホウズキのように森林性のものもある。立地と関係するものとして、オニハス、ヒルムシロ属、ウキヤガラ、サンカクイといった水湿地の草本も多く含まれる［図Ⅱ－14］。

　花粉分析によると、アカガシ亜属（常緑樹）の花粉が 34％と最も多く、ニレ属－ケヤキ属（落葉樹）14.5％、ツバキ属－ナツツバキ属（常緑樹）12.8％、クマシデ属－アサダ属（落葉樹）7.3％、ニワトコ属（落葉樹）3.8％の順になっている。本来、虫・鳥媒花であるツバキ属－ナツツバキ属の植生率が異常に高いのは立地・環境に関係するのであろう。また栽培種とされるアサの果実が検出され、現在のところ最古の出土例として注目されている。アサは元来、繊維として布や織物に利用され、「総国」の建国・地名伝承にもなった特産物である。安房の地で最古のアサが検出されたことは、これも何かの因縁であろうか。

　また、こうした植生に集まった昆虫化石も 10 種近くが見つかっている。特に森林から林帯に生息するアオオサムシ、ガマ属やミクリ属を食べる水性甲虫ホソネクイムシが見つかっている。ミズギワゴミムシ亜科、オオキンナガゴミムシ、センチコガネ属、キンカメムシ科の昆虫も検出されている。

　なお著者自身は ^{14}C 年代については懐疑的な立場をとるが、包含層から出土した葉や木材から B.P.8705 ± 45 年（9③層）、B.P.8735 ± 45 年（9b層）の年代が提示されている。

その立地と環境　こうした発掘成果を受けて、まずは沖ノ島海底遺跡の立地について考えてみたい。本来、撚糸紋期の生活の舞台は、標高 40～50m の丘陵上に営まれるのが通常である。安房地域にはこの時期の遺跡は少ないが、館山湾の西岸を形成する大房岬先端部の東京湾を見渡すことができる位置に、撚糸紋終末大浦山式期の藤四郎台遺跡（40m）がある。白浜町の稲荷台式期の泉遺跡（35m）も同様の標高である。上総台地でも、撚糸紋文化の拠点的な遺跡が点在する下総台地でも同様の丘陵状に位置している。貝塚を形成する西之城貝塚（30m）・鵜ヶ崎貝塚（30m）・城ノ台貝塚（40m）も同様な標高の台地上に立地する。対岸の三浦半島における撚糸紋文化を代表する夏島貝塚（45m）・平坂貝塚（45m）

第Ⅱ部　先土器時代から縄紋時代

分類群		部位	D1-A	D1-B	D1-C	D1-D	B5	C5	D5
科名	種名	部位							
マツ科	モミ属	枝		1					
		葉				2			
	針葉(分類群不明)	葉		2		2			
カバノキ科	イヌシデ	種子		3					
	アサダ	種子			1				
ニレ科	ケヤキ	種子		1					
クワ科	ヤマグワ	種子	1	1	2	5	10	3	4
ミカン科	カラスザンショウ	種子	3	9	5	1	4		2
	キハダ	種子		1					
トウダイグサ科	アカメガシワ	種子	2	8	1	4	1	1	9
アワブキ科	アワブキ	種子							
ミズキ科	ミズキ	核		3					
クスノキ科	タブノキ	雌花		31	6	12			
		雄花		274	46	144		2	2
		花(雌雄不明)	1	738	73	245		1	
		雌花、萼				8			
		葉柄		1		7	18		
ツバキ科	ヤブツバキ	種子		2	1	4			
		果実					1		
モチノキ科	モチノキ	種子	2	22	5	9	11	4	4
グミ科	グミ(常緑性)	種子					1		
クワ科	コウゾ／ヒメコウゾ	核		3		3	4	2	2
イラクサ科	コアカソ	種子	5	3	3	33	21	18	95
バラ科	キイチゴ属	核					2		1
ニシキギ科	ツルウメモドキ	核	1	3		1			
ブドウ科	サンカクヅル／エビヅル	種子			1				
キブシ科	キブシ	種子					1		
スイカズラ科	ニワトコ	核	242	154	45	65	169	54	24
マタタビ科	マタタビ	核	1		2	5	5	2	2
	サルナシ	核		1		1			
	木の芽(分類群不明)			8	3	4	2		

表中の数字は 500 ml あたりの個数を表す。　　　　　　　　　　(木本)

分類群			A5	B5	C5	B5	C5	D5	現地採取
オサムシ科	アオオサムシ		1		1	4			1
	ミズギワゴミムシ亜科								
	オオキンナガゴミムシ？			1		1			1
ハネカクシ科	属種未定								
コガネムシ科	センチコガネ属				1				
	食葉群			9	9		1	4	
コメツキムシ科	属種未定							2	
ハムシ科	ホソネクイハムシ				1				
	属種未定		1						
ゾウムシ科	属種未定				25		2		
科不明甲虫			11	24	35	4	4		
キンカメムシ科	属種未定			7		7		3	
科不明カメムシ類					20				
科不明アリ類					3				

(昆虫)

分類群	個数	百分率
イチイ科・イヌガヤ科・ヒノキ科	9	2.1
モミ属	8	1.9
ツガ属	1	0.2
マツ属	2	0.5
スギ属	3	0.7
ヤマモモ属	4	0.9
サワグルミ属・オニグルミ属	5	1.2
ヤナギ属	3	0.7
クマシデ属・アサダ属	31	7.3
カバノキ属	1	0.2
ハンノキ属	2	0.5
イヌブナ	2	0.5
マテバシイ属・シイ属・クリ属	3	0.7
コナラ属アカガシ亜属	143	33.9
コナラ属コナラ亜属	23	5.5
ニレ属・ケヤキ属	61	14.5
エノキ属・ムクノキ属	10	2.4
ツバキ属・ナツツバキ属	54	12.8
フジ属	11	2.6
アカメガシワ属	3	0.7
サンショウ属	1	0.2
イヌザンショウ属	5	1.2
ミカン科	2	0.5
モチノキ属	5	1.2
ミツバウツギ科	1	0.2
ミズキ属	5	1.2
エゴノキ属	2	0.5
ニワトコ属	16	3.8
ガマズミ属	5	1.2
スイカズラ属	1	0.2
木本計	422	100.0
イネ科	8	1.9
カアツリグサ科	5	1.2
クワ科	1	0.2
タデ属サナエタデ節・ウナギツカミ節	1	0.2
アカザ科・ヒユ科	3	0.7
アブラナ科	1	0.2
マメ科	2	0.5
ヨモギ属	13	3.1
草本計	34	8.1
一条溝胞子	27	6.4
三条溝胞子	12	2.8
シダ類胞子計	39	9.2
木本・草本・シダ類計	495	
不明	120	28.4
総合計	615	

(花粉)

図Ⅱ-14(1)　動・植物遺存体〔千葉大学文学部考古学研究室2006〕

第4章　沖ノ島海底遺跡の意味するもの

出土区		A-4	C-5	B-5c	C-5	B-5	B-5 ベルト	B-5 ベルト	B-5a	B-5b	B-5c	BCD-5
出土層位		9a層	9-①層	9-③層	9-③層	9a層	9a層	9a層下位	9a層	9a層	9a層	9ab-2層
オニグルミ	核								2			1
ホオノキ	種子								1			
ヤブツバキ	種子	4			2	1	5		1	6	1	
	種子（ネズミ食害）				1							
	種子破片	1	2	2	2	9	2			15		
	果実					1				1		
カラスザンショウ	種子							5				
アカメガシワ	種子							5			1	
エゴノキ	種子				1				1			
クサギ	核				1							
ニワトコ	核							2				
アサ	種子							4				
カナムグラ	種子				1		1				3	
キカラスウリ－モミジカラスウリ	種子	1				2			1	10	1	
子のう菌類								1				

(草本)

	分類群	部位	D1-A	D1-B	D1-C	D1-D	B5	C5	D5
クワ科	カナムグラ	種子					1		
イラクサ科	メヤブマオ近似種	種子	2		1				
	ミズ属	種子					2		
タデ科	タデ属	種子						2	
	ギシギシ近似種	種子							7
アカザ科	アカザ科	種子					1	3	6
ツヅラフジ科	アオツヅラフジ	種子	2	1	1		1		
スイレン科	オニバス	種子		1					
ケシ科	ムラサキケマン	種子			1		1	2	1
ウリ科	キカラスウリ－モミジカラスウリ	種子			1				
セリ科	セリ	種子			1				
ナス科	ナス科	種子				2			
	イガホオズキ	種子	1	20			3	1	
	ナス属	種子					1		
ヒルムシロ科	ヒルムシロ属	種子					2	1	10
カヤツリグサ科	ウキヤガラ	種子						1	2
	サンカクイ	種子						1	
	スゲ属A	種子							2
	スゲ属B	種子							2

表中の数字は500mlあたりの個数を表す。　　　　　　　　　　　　　　　　　　　　(種実類)

図Ⅱ－14（2）　植物遺存体〔千葉大学文学部考古学研究室 2006〕

第Ⅱ部　先土器時代から縄紋時代

　大浦山遺跡（30m）・猿島遺跡（40m）は、みな海を望む丘陵上に位置している。海に面した遺跡でも、日常の生活の舞台はこうした丘陵地の高台に立地している。
　こうしてみると沖ノ島海底遺跡は現海水面下に位置する特異な立地をもっている。すなわち通常の生活圏の丘陵部から降りてきて、季節的あるいは一時的に浜辺に営まれた特殊な遺跡であることがわかる。イルカ骨が多く出土することから、イルカ猟に係わって季節的に設けられた漁場のキャンプサイトの遺跡であることは容易に判断がつく。「縄紋海進」後の前期の遺跡であるが、能登の真脇遺跡はイルカ猟のキャンプサイトとしてよく知られている。イルカが湾内に入ってくる時期は、藤の花の咲く初夏である。沖ノ島海底遺跡は、縄紋時代草創期末の時期に丘陵地から浜辺に降りてきて漁撈活動を行った遺跡である。包含層は確認できなかったが、栄ノ浦海底遺跡も、同一時期の浜辺の遺跡である。ここでは、低湿地性貝塚を「ハマ貝塚」と呼ぶのと同様、貝塚を伴わない浜辺の遺跡を「ハマ遺跡」と呼び、丘陵上の高台の遺跡を「オカ遺跡・オカ貝塚」と呼び分ける。
　では、当時の浜辺の景観はどのようなものであったのであろうか。房総半島南端部は後氷期の温暖化現象と暖かい黒潮の影響によって早くから常緑広葉樹林に変わっていたといわれているが、それを裏付けるようにタブノキやヤブツバキが繁茂する常緑樹の森が広がっていた。照葉樹化の速度は香のサンゴ層の花粉分析の結果（早期）より古く、草創期撚糸紋文化期まで遡る可能性が高い。また、湿地性のオニハスやヒルムシロ属の草本が多く検出できることは、浜辺の砂堤帯の後背湿地近くに遺跡が立地していたことを窺わせる。沖ノ島海底遺跡は汀線から10数m離れた、波浪の影響を受けない砂堤帯の背後に立地していたと考えられる。
　遺跡とその当時の海水面の比高差はどのぐらいであったのであろう。真脇遺跡は標高約5m、海進後安定した海水面がほぼ現海面と同じとすれば、当時の海水面との比高差も約－5mと推定できる。真脇遺跡同様、浜辺の遺跡の立地から推定しても、当時の海水面は現海水面より約5m下にあったと想定することができる。ここでは現海水面下－5mに沖ノ島海底遺跡形成時の海水面があったと仮定しておきたい。これを仮に「撚糸紋期海水面」と呼んでおこう。
　また、量は少量であるがマガキが検出されており、「撚糸紋期海水面」の時期にカキ礁が形成されていたと推定される。夏島貝塚では第1貝層の最下層にヤマトシジミが、その上にマガキ・ハイガイを主体として堆積している。沖ノ島海底遺跡と同時期の平坂貝塚ではマガキの純貝層が厚く堆積する。これら撚糸紋人に採集されたマガキは、「撚糸紋期海水面」のカキ礁の所産であろう。「縄紋海進」を考える上で、このカキ礁の形成年代が大きな問題となろう。

2．沖ノ島海底遺跡と海水面および地殻変動について

　房総半島は、地殻的に説明するとユーラシアプレート（岩盤）の上に乗っており、更にその下に太平洋プレートとフィリピン海プレートが衝突して沈み込んでいる。そのため太平洋沖合には日本海溝や相模トラフと呼ばれる深い海溝が連なっている。こうした競合したプレートに変動や擦れが生じると、巨大地震が起こるというメカニズムである。特に房総半島先端では大地震が起きるたびに地殻の隆起や沈降の変動が起こり、海岸段丘の形成とも関連がみられる。元禄大地震（1703年）では約5m、関東大震災（1923年）では約2m隆起し、海岸段丘（沼Ⅳ面）と大正ベンチと呼ばれる隆起性岩礁を形成する［図Ⅱ-15］。

　今から約300年間の歴史をみても激しい隆起現象が起こっているのであるから、完新世すなわち1万年以降の隆起・沈降を復元するのは容易なことではない。ましてや氷河期の極寒期には海抜-100mまで下がっていた東京湾の海水面は、「七号地海進」とその後の完新世の温暖化により「縄紋海進」を引き起こし、海水面は上昇する。その後も海進と海退を繰り返しながら今日の海水面に至るのである。すなわち海水面変動と地殻変動の相対的関係の中で各時代の海岸線は変動しており、その復元作業は至難の業といわざるを得ない。

　とはいっても草創期終末期から早期初頭に形成された沖ノ島海底遺跡の海水面すなわち「撚糸紋期海水面」の位置を検証・推定することは、発掘者の責務であろう。

「縄紋海進」の理解　イギリスの地質学者J.ミルンが来日したのは1856（明治9）年のことである〔Milne1880〕。翌年のE.S.モースによる大森貝塚の発掘を受けて、貝塚形成時の海岸線と現海岸線を対比し、縄紋時代を科学的に3000年前と推定した。江見水蔭の考古小説『三千年前』にみられるように、この年代観が明治から大正時代に通説となった。海水面の変化を貝塚の位置から探るという研究は、古くJ.ミルンから始まるといっても過

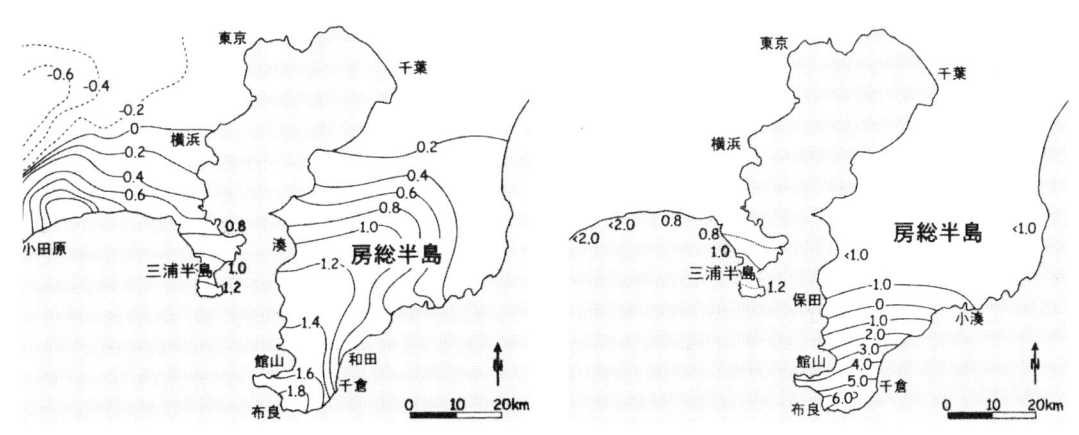

図Ⅱ-15　元禄地震（右）と関東大地震（左）の地盤変動〔宮内ほか2008〕

- 243 -

第Ⅱ部　先土器時代から縄紋時代

言ではない。陸平貝塚を発掘した八木奘三郎・下村三四吉が後期の椎塚貝塚（ハマグリ）が古く、中期の陸平貝塚（シジミ）が新しいとした逆転編年も、海水域から汽水域に変化するという根拠に基づいたものであった〔八木・下村 1895〕。こうした考えは昭和に入ってからも甲野勇などの史前学研究所の貝塚研究にも応用された。この方針は貝塚の位置や貝塚の推移を淡水産・鹹水産に求め、土器編年の基準にしようとする試みにも用いられた〔甲野 1935〕。こうした検証は、海岸線の変化を前後（横）の関係、すなわち海岸線が後退するほど新しいする見解であった。

　これに対し、地理学者の東木龍七は関東全域の貝塚の分布を調べ、当時の海岸線は約10m高かったとする見解を提示した〔東木 1926〕。海岸線の変化を上下（縦）の関係、すなわち海進現象として捉えたのである。ここに「縄紋海進」研究の出発点をみることができる。江坂輝彌は考古学的立場からこの問題に取り組み、今では海に面していない奥東京湾の湾奥にあたる栃木県篠山貝塚（関山式期）、群馬県板倉貝塚（関山式期）・裏山貝塚（早期末）の存在から、この「縄紋海進」を汎世界的なアトランテック期の海進に想定した〔江坂 1943〕。戦後、江坂は有楽町層の化石貝層の標高から、海進最上昇期海水準を＋5mと推定した〔江坂 1954〕。その後、沖積層の珪藻分析などの自然科学的手法が取り入れられ、現在ではその最上昇面は＋2～3mとするのが通説となっている[3]。以下、ここでは便宜的に最上昇面を＋3mとして記述する〔和島 1968、遠藤ほか 1988〕。

　これまでの縄紋海進の研究は、その最盛期の海水面が現海水面からどれだけ高かったのか、貝塚の立地・貝の構成（淡・鹹）や時期からの分析が中心であった。現海水面から上位すなわち陸地にみられる遺跡・貝塚との関係で、その議論が進められてきたのである。しかし愛知県先刈海底貝塚の発見（1978年）以降、現海水面下に存在する海底遺跡の存在が確認され、縄紋海進の上昇過程を論ずることが可能になった。いままで見ることもできなかった海底遺跡の年代から縄紋海進のダイナミズムを復元できる物的証拠が得られたのである。沖ノ島海底遺跡もその一つである。

　また近年の第四紀研究では、縄紋海進よって運ばれた有楽町層の下には七号地層が堆積しており、縄紋海進の前に七号地海進があったと考えられている。七号地海進の年代は通説によるとヴィルム氷河期終末（10000～20000年前）とされ、後氷期の海水面は完新世基底部礫層（HBG）の位置から現海水面下−40mと推定されている。しかし更新世とされる七号地海進と「寒の戻り」とされるヤンガードリアス期の海退現象との関係や、七号地層と有楽町層基底の不整合面が生じる要因については検証されたとは言い難い[4]。七号地層の堆積が完新世初頭に位置づけられる可能性はないのか、今後、検討を要しよう。

　また縄紋海進については、後氷期の一万年間の完新世の世界的海進現象として位置づけ

− 244 −

第4章　沖ノ島海底遺跡の意味するもの

るのが通説となっている。これに対し短編年に基づく縄紋年代観を主張する山内清男は、北欧のリトリナ海進と縄紋海進を対比し、自説の補強をおこなった。縄紋海進をリトリナⅣの海進年代と結びつけ、縄紋開始年代をB.C.2500年と改定した〔山内1967b〕。

東京湾カキ礁　東京湾における縄紋海進の推移を検証する上で、重要になるのはカキ礁の存在である。マガキはハイガイ・オキシジミなどとともに、湾奥部に砂泥質干潟の汀線近くに生息することから、当時の海岸線を推定する有力な証拠となる。

東京下町の沖積地の工事現場からはしばしばハイガイやマガキの自然貝層が発見される。かつて江坂輝彌が縄紋海進を論じた神田の有楽町貝層（標高5m）も干潟群集（ハイガイ主体）である。沖積地に広がる干潟の自然貝層が現海水面より上に存在することから、縄紋海進最上昇時（＋3m）に形成された貝層とみられる。

近年のボーリング調査では、相模川河口の茅ヶ崎柳島から約－30mにカキ礁が、多摩川河口の羽田空港沖合の約－40mで大規模なカキ礁が発見されている〔松島1987、遠藤ほか1984〕。これが縄紋海進開始時に形成された最古のカキ礁である。また侍従川や六浦の約－15mで厚く堆積（3m）したカキ礁が見つかっている〔松島1999〕。こうした海面下のカキ礁の存在は、縄紋海進が上昇の一途を辿ったのではなく、少なくとも縄紋海進の開始期（－40m）、中間期（－15m）、最上昇期（＋3m）の各時期に干潟を形成する安定した海水面、すなわち縄紋海進が休止した時期があったことを物語っている。第四紀研究者は標高の異なる四つのカキ礁のうち、縄紋海進期のカキ礁をⅠ・Ⅱ・Ⅲ期とし、また海進後の中期以降のカキ礁をⅣ期として四段階の変遷として捉えている［図Ⅱ－16］。

沼サンゴ礁　沼サンゴ礁について早くは明治時代末、地質学者横山又次郎によって注目されて以来〔M.Yokoyama1911〕、地質学・古生物学・第四紀学の立場から沼サンゴの所産年代など種々の議論が重ねられてきた。完新世の温暖期すなわち縄紋海進時の所産と考えられるようになったのは、1960年代のことである。これも^{14}C年代に基づいている。こうした年代的理解に対しても、山内清男は短編年の立場から沼サンゴの年代に疑義を呈し、縄紋時代以前の無土器新石器時代の可能性を示唆している〔山内1967b〕。

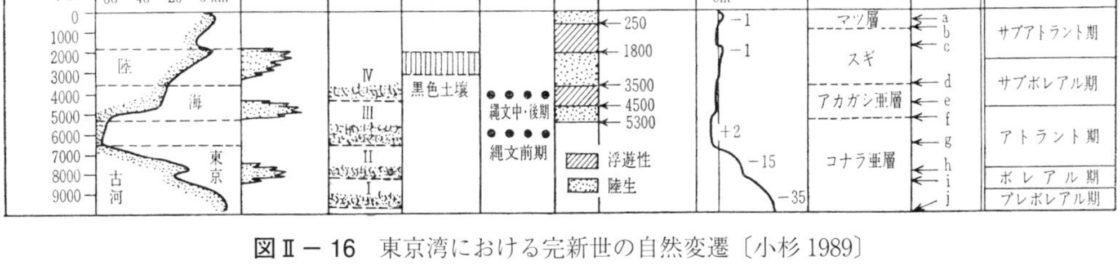

図Ⅱ－16　東京湾における完新世の自然変遷〔小杉1989〕

第Ⅱ部　先土器時代から縄紋時代

　現在、沼サンゴ礁は標高15〜20mに位置している。なお下位の館山沖積地を流れる平久里川の河床（＋約3.5m）からも沼サンゴ（カキツバタ礁）が発見されている。沼サンゴは80種にも及び、アオバナイボヤ・キクメイシ・マルキクメイシなどを主体とする造礁性サンゴである。このうち20種ほどが現生の沼サンゴに引き継がれている。沼サンゴは列島南部の鹿児島から奄美大島にみられる現生サンゴに匹敵する豊富で多様性をもっており、その生息域は海水面下－数m〜20mであるといわれる。香の沼サンゴを調査した松島義章は、その生息域を海水面下－10m前後と考えている。サンゴ礁は、カキ礁ほど海水面に近くはないが、当時の海水面を推定する有力な材料といえよう。また香の沼サンゴ礁の調査では、標高約19m、24m、27mのそれぞれの地点で穿孔貝の巣穴が確認されており、ある時期の海水面の高さを示している〔松島2006〕。

　現在、確認できる沼サンゴ礁はいずれも「撚糸紋期海水面（標高－5m）」の上位（標高約15〜20m）に位置しており、縄紋海進時に形成されたものであることは動かしがたい。

沼段丘の形成　　沼サンゴ礁の研究とともに房総半島南端の完新世に形成された海岸段丘は、完新世の地殻変動を解明する重要な地域であり、多くの研究成果が提示されている。

　この海成段丘は沼段丘と呼ばれ、四つの段丘面を形成している。高位のものから、沼Ⅰ面・沼Ⅱ面・沼Ⅲ面・沼Ⅳ面と細分されている［図Ⅱ－17］。いずれの段丘面も地震性の隆起現象に起因し、^{14}C年代や沼Ⅰ面に形成された海食洞穴の標高値から、縄紋海進以降の隆起変動として位置づけられている[5]。いま完新世を大別すると、縄紋海進最盛時（前期初頭）を境にして、その前半期には「海が動き」、後半期には「陸が動く」というメカニズムで語られている。しかし、更新世にも縄紋海進時にも地震性地殻変動や海進による水圧の海底沈降（ハイドロアイソスタシー）も想定でき、必ずしも通説どおりにはいかない解き難い課題を含んでいる。

　いま、通説に従って沼段丘の形成過程をみると、その年代値や標高値については若干の差異がみられるが、沼Ⅰ面が標高26〜23m、沼Ⅱ面が標高21〜16m、沼Ⅲ面が14〜

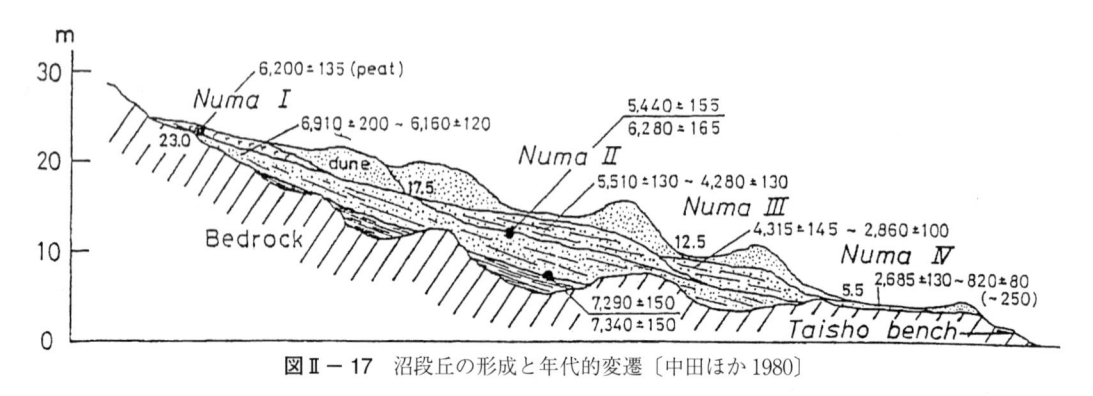

図Ⅱ－17　沼段丘の形成と年代的変遷〔中田ほか1980〕

第4章　沖ノ島海底遺跡の意味するもの

9m、沼Ⅳ面が6～5mと推定されている［図Ⅱ-18］。沼Ⅳ面は元禄大地震（1703年）で隆起したもので、その下の岩礁地帯が大正ベンチと呼ばれる関東大震災（1923年）で隆起した岩礁帯が形成される。^{14}C年代とその時期区分に照らしてみると、沼Ⅰ面は約6000年前とされ、この段丘面には大寺山洞穴・鉈切洞穴・安房神社洞穴といった海食洞穴遺跡が位置している。縄紋時代前期末以降に遺跡としての利用が開始されている。沼Ⅱ面は約4300年前とされ、縄紋時代後期に形成された段丘面である。縄紋時代の遺跡は確認されていないが、標高約18mに位置する小滝涼源寺遺跡は弥生時代後期から古墳時代前期の遺跡である。沼Ⅲ面は約2850年前となり、縄紋晩期～弥生時代にあたる。加賀名遺跡・青木松山遺跡・沢辺遺跡など弥生時代後期・古墳時代前期以降の集落が営まれている。

　加賀名遺跡からは沼Ⅲ面の岩礁性海岸が見つかっており、縄紋早期の三戸式・子母口式、中期の加曽利E式が出土する〔総南文化財センター1999〕。これら縄紋時代の遺物は、上方の丘陵（標高50m）に所在する縄紋遺跡（峰山遺跡など）から海岸に流れ着いた二次堆積物とも解釈できる。また早期の遺物は縄紋海進上昇中の時期であり、中期の遺物は海進後の時期である。早期の遺物が原位置に近いと想定すれば、子母口式の存在は早期中葉の海水面の時期を示すものかもしれない。中期の遺物は背後の段丘に立地する加賀名貝塚から流れ込んだとも考えられる。いずれも一つの解釈に過ぎないが、沼Ⅲ面の海岸から出てきた早期の縄紋土器は、縄紋海進の上昇過程を知る重要な資料といえよう。

　また沼Ⅲ面は、沖ノ島頂上の平坦面（標高13～8m）に一致する[6]。この平坦部の発掘（T.P.7・10・14）では多量の軽石が出土している。対岸の三浦半島の歌舞島B洞穴遺跡では縄紋晩期包含層の上位から多量の軽石が検出されている〔歌舞島B海蝕洞穴調査団1998〕。その^{14}C年代はA.D.110年とされ、弥生時代の津波や高潮に起因するものと考えられている。東京湾を挟んで多量の軽石が流入する共通した現象として捉えることができれば、なお興味深い。また、沼Ⅲ面の形成が弥生時代の地震に起因しているとすれば、安房の海食洞穴に弥生時代の遺物が少ない理由はこの影響によるものであろう。

沼海岸段丘	年代	地盤隆起量	海面低下	相対的隆起量
Ⅰ　最上位面の形成	6,000～4,000年前	7 m	3 m	10 m
Ⅱ　上位面の形成	4,000～3,000年前	3 m	2 m	5 m
Ⅲ　中位面の形成	3,000～1,500年前	5 m	0 m	5 m
Ⅳ　下位面の形成	1,500～700年前	3 m	0 m	3 m
Ⅴ　最下位面の形成	700～50年前	2 m	0 m	2 m

図Ⅱ-18　沼段丘における地殻変動と海水面変動関係（〔田崎1972〕より再作成）

第Ⅱ部　先土器時代から縄紋時代

3．沖ノ島海底遺跡と海食洞穴遺跡の絶対比高

　戦前から三浦半島の海食洞穴の調査を精力的に続けてこられた赤星直忠は、房総半島のの海食洞穴との違いや特徴を次のように述べている〔三浦市教委1997〕。「三浦半島内において発見された海蝕洞穴からは、縄文時代に使用された例のものはない。それに対し対岸の房総半島に所在する洞穴からは、縄文時代の遺物を出土する例が多い。これらの洞穴はいずれも三浦半島の洞穴に比較し、標高が高いことが特徴となっている。」

　三浦半島の海食洞穴遺跡は40例ほど確認されているが、多くは標高4～6mの海辺に位置している。それに比して房総半島では50例ほどの海食洞穴遺跡が発見され、とくに安房の沼Ⅰ面に所在する海食洞穴遺跡は標高25mを超える段丘に位置している。あたかも海を見下ろすかのように立地しているのである。赤星が指摘したように、いまだに三浦半島の海食洞穴遺跡は弥生時代以降が多く、房総半島では縄紋時代の海食洞穴が多く、弥生時代の遺物は少ないのである。まずは安房の海食洞穴の実態をみていきたい。

安房の海食洞穴　海食洞穴とはその名が示すように海の波食作用によって形成された洞穴であるから、元来は海辺に所在していた。標高25m以上の段丘崖に海食洞穴が存在する理由は、前述した地殻変動によって隆起した沼段丘の形成と関連する[7]。

　それを裏付けるように、沼Ⅰ面（標高23～26m）には、館山市安房神社洞穴・出野尾洞穴・大寺山洞穴・鉈切洞穴・佐野洞穴遺跡などの海食洞穴が立地する。沼Ⅱ面（標高16～21m）の海食洞穴は、館山市布良洞穴、千倉町惣戸洞穴・平舘洞穴・白間津洞穴、富山町岩井高崎洞穴があるが、現在のところ遺物は発見されていない。また沼Ⅲ面（標高9～14m）に対比できる海食洞穴は確認されていない。波食台や波食の形成期間と係わるのであろうか。沼Ⅳ面（標高5～6m）の海食洞穴は北下台洞穴・大黒山洞穴・浜田洞穴・波佐間Ｂ洞穴などがあり、北下台洞穴・大黒山洞穴では古墳時代の洞穴墓に利用される。沼Ⅳ面は元禄地震によって隆起した段丘面とされているが、これら海食洞穴はすでに古墳時代には離水していたことになる。今後の検討課題ともいえよう。

　富津市明鐘崎洞穴では三つの海食洞穴遺跡が調査されている。第三洞が標高約20m、第一洞が約17m、第二洞が7mに立地している。この比高差が当時の海水面に対応するならば、第三洞は沼Ⅰ面、第一洞が沼Ⅱ面、第二洞が沼Ⅳ面に相当すると考えられる。中位の第一洞からは、重要文化財に指定されている「久ヶ原式」壺形土器が出土し、房総半島では珍しい弥生時代の海食洞穴である［図Ⅱ-19］。また弥生時代の海食洞穴が見つからない一因には沼Ⅲ面の海食洞穴の発達がみられなかったことに関連するのであろうか。

　また、大寺山洞穴では縄紋時代後期の包含層と古墳時代の舟葬墓との間には、厚い落盤

第4章　沖ノ島海底遺跡の意味するもの

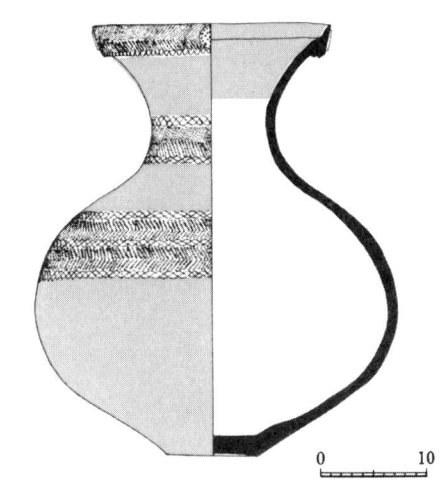

層が堆積しており、沼Ⅱ・Ⅲ面の形成となった地震に起因していると推定される。海食洞穴が弥生時代に利用されなかった理由は、大地震による洞穴の落盤や崩壊にも関係すると考えられる。こうした天変地異によって、生活の舞台は沼Ⅱ面に移るのであろう。沼Ⅱ面に対比できるか判らないが、激しい隆起運動がみられない東京湾側の富津市城山洞穴遺跡や外房の勝浦市本寿寺洞穴・こうもり穴洞穴遺跡は標高約7～8mに立地し、縄紋後期後半から利用されはじめている。本寿寺洞穴・こうもり穴洞穴からは弥生時代終末から古墳時代前

図Ⅱ－19　明鐘崎洞穴出土の「久ヶ原式」土器

期の土器とともに卜骨が出土する。天津小湊の海食崖に形成された松ヶ崎貝塚も縄紋時代後期後半期で、標高7mの地点にある。後期後半には、安定した海が形成されたことも推定できる。

　ここで問題になるのは、沼Ⅰ面の海食洞穴の形成時期である。山内清男が指摘したように沼サンゴ礁を無土器新石器時代の所産とするならば、沼Ⅰ面の海食洞穴も当然、縄紋時代以前に求めなければならない〔山内1967〕。また隆起現象も縄紋時代以前ということになろう。

　しかし、海食洞穴の利用時期は、安房神社洞穴では興津式、鉈切洞穴では十三菩提式、出野尾洞穴でも十三菩提式の時期からである。その利用開始の時期はいずれも縄紋時代前期末であり、縄紋海進最盛時以降の離水（海退）によって生活できる立地環境が整ったことを示しているようにみえる。沼サンゴ礁の形成時期もほぼ同じ時期の所産であり、縄紋海進最盛期の海水面によって、沼Ⅰ面の海食洞穴が形成されたことは動かしがたい。

「撚糸紋期」と「前期初頭」の海水面　では沼Ⅰ面の海食洞穴形成時の縄紋海進最盛期の海水面は、どのように復元されるのであろう。縄紋海進最盛時の最上昇海水面を「前期初頭海水面」と呼ぶことにする。これは、この縄紋海進最盛時に形成された海食洞穴の標高から推定できる。館山沖積地の最奥の丘陵裾部に位置する出野尾洞穴の標高は約26m、安房神社洞穴は約22m、鉈切洞穴は約23m、大寺山洞穴（第1～3洞）は約26～30mに位置している。これは現状の標高であるが、当時の海水面は海食洞穴の近くにあったはずである。

　更に精査すると、安房神社洞穴では洞穴北側壁の標高約25mの位置に、波浪による摩耗痕や海面近くに生息する穿孔貝の生痕化石が検出されている。このことから洞穴形成時の海水面は約25mに達していたことが判明する。大寺山洞穴の谷奥の丘陵部には沼サンゴ礁（標高約20m）が位置している。サンゴの生息域が水深10m前後とするならば、当時の海

－ 249 －

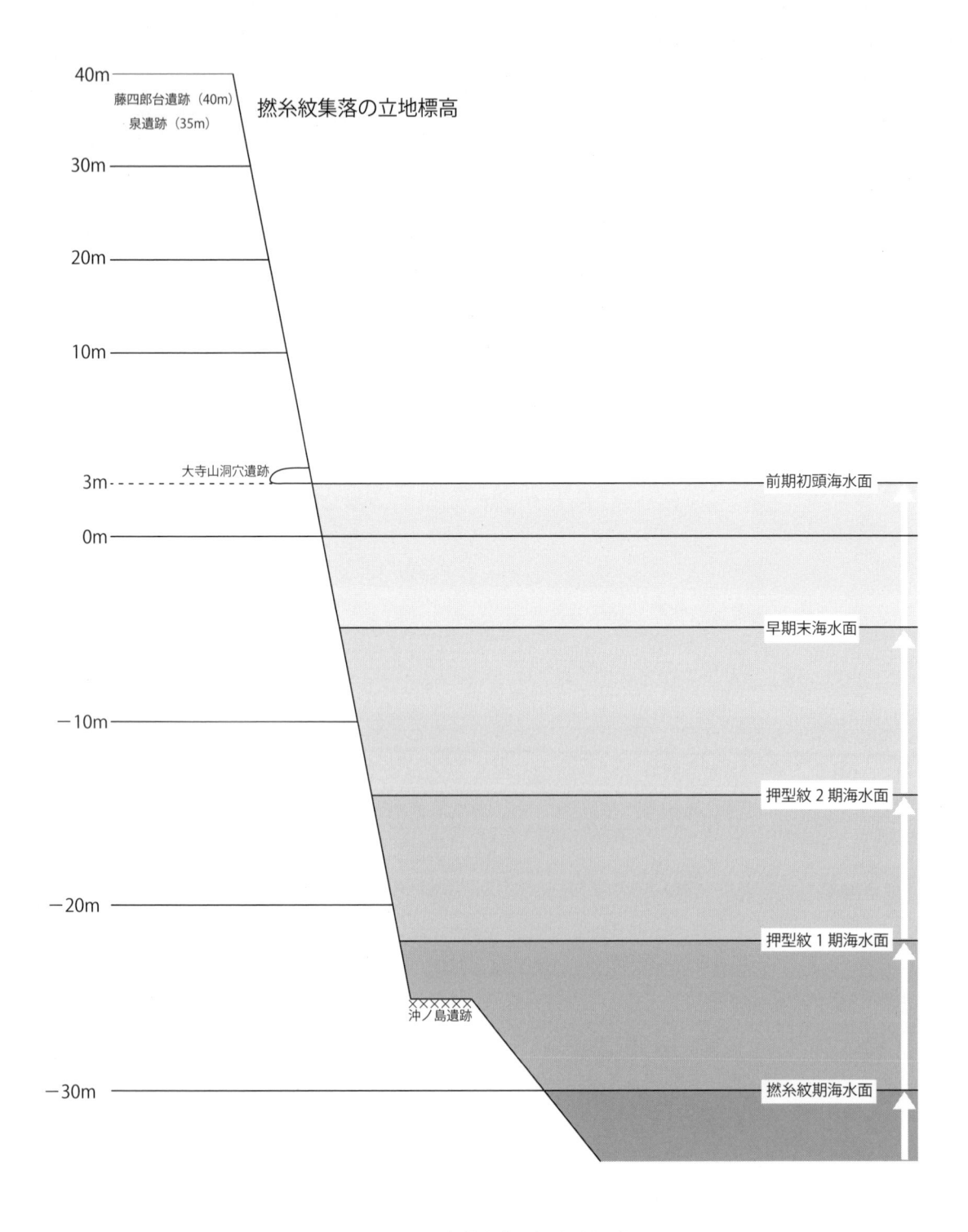

第Ⅱ部　先土器時代から縄紋時代

図Ⅱ-20　縄紋海進の海面上昇過程

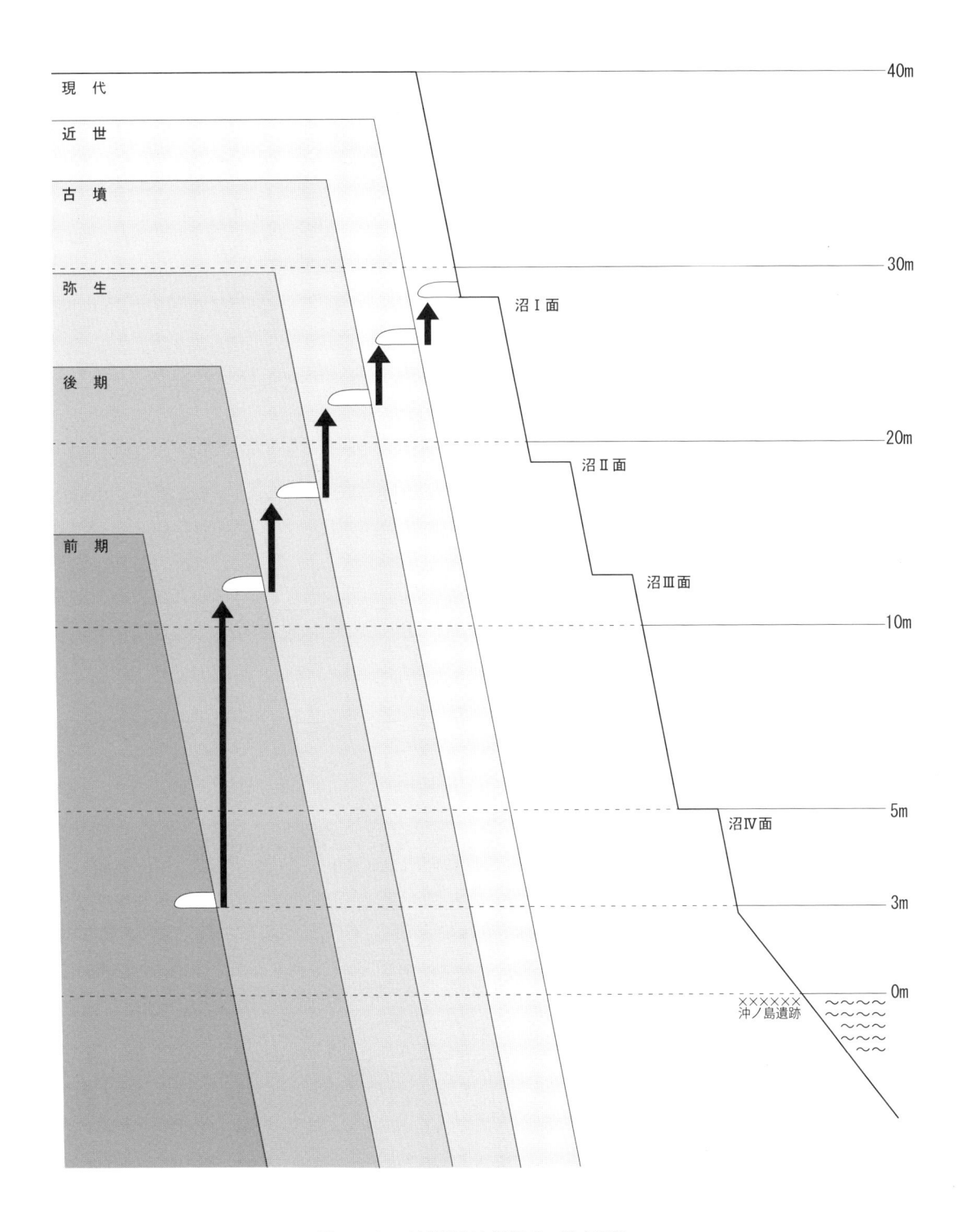

第 4 章　沖ノ島海底遺跡の意味するもの

図Ⅱ-21　地殻隆起と沼段丘の形成過程

第Ⅱ部　先土器時代から縄紋時代

水面は 30m 近くになる。また、香における沼サンゴ礁の調査では、サンゴの最高位のものは 15 〜 16m に、海水面を示す穿孔貝の巣穴が約 27m であったと報告されている〔松島 2006〕。これからもサンゴ礁の生息域が水深 10m 前後であったと類推できる。その後、香の沼サンゴ礁の谷奥に所在する海食洞穴（自然洞）を調査した石田大輔は洞奥から当時の汀線を示す二つの海食ノッチを発見している。上位が 26.6m、下位が 25.3m であった。これらの事実から当時の海水面は約 25 〜 30m の間に限定できる［図Ⅱ - 20］。

　最上昇期から海退期を迎える時期までの間に洞穴は形成されるのであるから、一時期の海水面を想定することは難しい。ここでは議論を判り易くするために、「前期初頭海水面」を標高 28m としておこう。これは決して 28m まで海水面が上昇したのではなく、陸地が上昇した結果なのである。現在の海食洞穴の立地や推定海水面は縄紋海進後の隆起現象に拠る標高を示しているのである［図Ⅱ - 21］。

　では隆起以前の縄紋海進時の洞穴の立地を復元してみよう。海食洞穴形成時の海水面の標高 28 − 3m（現海水面との差）＝ 25m が現海水面の標高となる。大寺山洞穴の標高を約 30m とした場合、その比高差 5m（30 − 25m）であるから、現海水面からみると、約 5m 上位に海食洞穴が立地していたことになる。しかしながら、話はそれだけでは終わらないのである。

　「撚糸紋期海水面」（− 5m）からみると、「前期初頭海水面」（標高 28m）との海水面差は − 33m（28 ＋ 5m）となる。言い換えるならば、沖ノ島海底遺跡と沼Ⅰ面の大寺山洞穴の比高差ともいえるのである。つまり大寺山洞穴形成時の縄紋海進によって、沖ノ島海底遺跡は海水面下 − 33m の海底に沈んだことになる。現海水面（33 − 3m）からみると、− 30m の海底下にあったと推定される。

　大寺山洞穴と沖ノ島海底遺跡の間に大きな断層があり、陸地側の大寺山洞穴だけが隆起したと考えない限り、この比高差は絶対的なものだ。同じ三浦層群鏡ヶ浦層の基盤の上に立地する大寺山洞穴と沖ノ島海底遺跡の地殻変動は一体のものと考えるのが自然であろう。大寺山洞穴との比高差をみると、沖ノ島海底遺跡は現海水面から標高 − 30m の海底に水没していた。すなわち縄紋海進は現海水面からわずかに上昇（＋ 3m）したに過ぎないが、縄紋草創期終末（撚糸紋期）から前期初頭の縄紋海進は 30m 以上にも及ぶ大海進であったと考えられる。こうした復元が誤りでないとすれば、縄紋海進は日本列島全体に及ぼすユースタティクな世界的海進現象として捉えなければならない。

　沖ノ島海底遺跡が形成された撚糸紋終末期以前にも完新世の温暖化が始まっており、縄紋海進は撚糸紋初期の夏島貝塚や城ノ台貝塚の形成とも深く関わっていると考えられる。縄紋海進は、貝塚の形成・漁撈活動の開始と一致するともいえる。

4．各地の海底遺跡と縄紋海進の海水面

　縄紋海進に関する考古学的関心は、遺跡や貝塚の立地をもとに「その時期はいつか」、「現海水面より、どれだけ高かったか」といった視点で検討されてきた。可視することのできる陸上の考古学的な物的証拠から議論が組み立てられてきた。早くから江坂輝彌によって指摘された瀬戸内海に浮かぶ早期の貝塚や九州の唐津海底遺跡など汀線下の海底遺跡についても「陸上遺跡からのまなざし」の延長で議論されてきたのである。

　ところが、1978（昭和53）年の知多半島における先刈海底貝塚の発見によって、縄紋海進を「海底遺跡からのまなざし」で語る具体的証拠が提示されるに至った。いままで見ることのできなかった海底遺跡の実態を知ることができるようになったのである。この事実を踏まえ、今村啓爾は「世界的な大発見」と評価し、短編年からの決別を高らかに宣言した〔今村1982〕。同年、著者は先刈海底貝塚の位置や立地が必ずしも明確ではない点、同じ日本海側の鳥浜貝塚の立地にはそうした大海進の兆候は認められないことから、慎重な立場を堅持した〔岡本東1982〕【補記】。近年、鈴木正博は早期貝塚の崩壊現象の検討から、先刈海底貝塚を「海中に沈んだ二次堆積」の貝塚と位置づけている〔鈴木2007〕。先刈海底貝塚の発見以降、長崎県鷹島海底遺跡、佐賀県東名海底貝塚など、早期の海底遺跡が知られるようになった。沖ノ島海底遺跡の事実を踏まえ「海からのまなざし」で、これらの海底遺跡ついて再検討してみたい。

鷹島海底遺跡　　入り組んだ伊万里湾に浮かぶ鷹島沿岸は、「弘安の役」（1281年）における暴風雨によって元の軍船が沈没した地域として知られている。水中考古学の重要なフィールドの一つであり、その調査では船の部材やパンパス文字の銅印・碇石・砲弾・陶磁器類などが見つかっている。こうした元寇関係の鷹島海底遺跡の調査の一環として、鷹島南岸床波地区の防波堤建設に伴う大規模な海底調査が実施された。標高約－25mの海底から見つかったのが、縄紋時代早期の押型紋期の遺跡である［図Ⅱ－22］。海底下に厚く堆積したシルト層（Ⅰ層）下の暗褐色粘質土層（Ⅱ層）が早期の包含層である。以下、砂岩や玄武岩の礫層（Ⅲ層）が基盤を形成する。

　Ⅱ層の遺物は押型紋土器が主体で[8]、共伴する黒曜石製・安山岩製の石器類が出土する。土器・石器とも摩滅されていない。自然遺物は、シカ・イノシシのほか、解体痕がみられるイルカなどの獣骨、スガイ・イシダタミガイ・ケガキ（岩礁性）・カニモリガイ・ハナムシ・ウミニナ・ハナムシロガイなどのほか、カワニナ・ヤマタニシの陸産群集も含まれる。同一種でも成貝から幼貝まで含まれること、食用にならない小型種が多いことから、これらの貝類は貝塚ではなく自然堆積と考えられている。

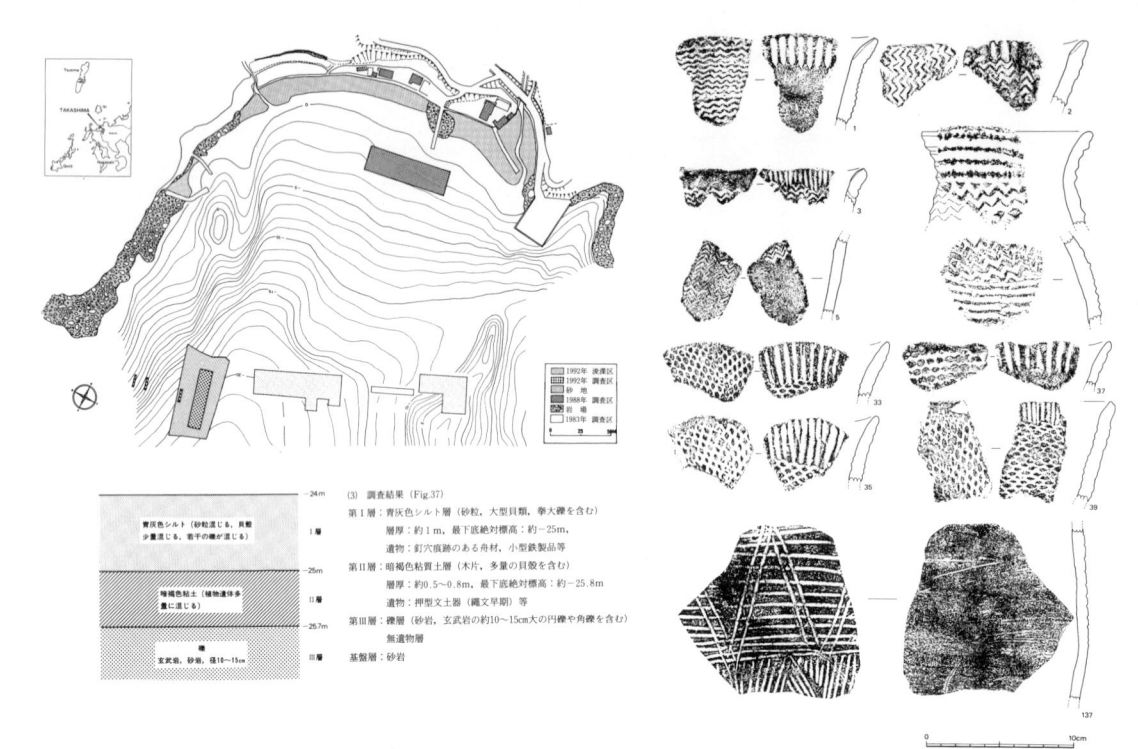

第Ⅱ部　先土器時代から縄紋時代

図Ⅱ-22　鷹島海底遺跡と出土土器（押型紋土器・前期曽畑式土器）

　出土した押型紋土器は山形紋・楕円紋・格子目紋であり、裏面に太沈線をもつものが多い。また、九州島特有の壺形押型紋土器もみられる。これらに撚糸紋・無紋土器が伴う。時期を断定することは難しいが、広域編年に照らすと押型紋土器後半期の黄島式に位置づけることができる。沖ノ島海底遺跡より確実に新しい時期で、大まかに関東編年でいえば沈線紋土器の田戸下層式後半に対比する時期であろう。包含層から出土した貝から^{14}C年代が測定され、B.P.8630±105年（スガイ）、B.P.8410±105年（イシダタミガイ）の二つの年代が提示されている。

　注目されるのは鷹島浦下沖のボーリング調査では、標高－35mの海底からマガキ（B.P.10570±350年）が検出されている。これが事実とすれば、東京湾第Ⅰカキ礁（－40m）に対比できるかもしれない。また、鷹島海底遺跡の立地（－25m）も浜辺と考えると、当時の海水面は－30m前後と想定できよう。とすれば、鷹島海底遺跡の海水面は、沖ノ島海底遺跡の「撚糸紋期海水面」とさほど変化はないようにみえる。しかし、沖ノ島海底遺跡が隆起地帯であるのに対し、鷹島海底遺跡が沈降地帯であることを考慮するならば、鷹島海底遺跡が形成される早期前半の海水面は、「撚糸紋期海水面」より上昇していたのは確実であろう。この海水面を「押型紋1期海水面」と呼んでおこう。しかし、現在のところ、その海水準を知る術はない。－30m（撚糸紋期海水面）から－13m（押型紋2期海

- 254 -

第4章 沖ノ島海底遺跡の意味するもの

水面）の間に位置づけられるのは確かである。

先刈海底貝塚　　この海底貝塚は知多半島の先端、南知多町内海の沖積低地から発見された［図Ⅱ-23］。ボーリング調査の結果、標高-9.5～11mの波食台に形成された貝塚であることが判明した。これまでにも汀線下の遺跡は知られていたものの、-10m近くの海深に立地した「海底遺跡」の初めての事例であるとして注目された。この発見は第四紀研究・考古学研究においても大きな衝撃を与え、「海底から」縄紋海進の実態を探ることが可能になったのである。

内海の沖積層は下部泥層（LC）、上部泥層（UC）、上部砂層（US）から成り、海底貝塚は上部泥層中の波食台に形成されている。包含層の上位からはアカホヤ火山灰も検出されている。下部泥層からはヒメカニモリ・ハイガイ・ウネナシトマヤガイなどの干潟群集、中部泥層からはシズクガイ・エシトリガイ・マメウラシマなどの内湾停滞域群集、上部泥層からはイボキサゴ・ハマグリ・シオフキなどの内湾砂底群集が検出され、内海の変化や推移の手掛かりを得ることができる。また、海成層の上面は標高＋約2.8～2mであり、縄紋最盛時の海水面は3mを超えることはなかったと推定されている。

押型紋土器は古いネガティヴ押型紋（神宮寺式）も採集されているが[9]、貝塚を形成する時期は高山寺式期の単純遺跡と考えてほぼ間違いはない。石器は少ないが、石鏃・磨石・石核・剝片など、ほかにシカ製の骨角器が1点出土する。貝塚を構成する貝類は、マ

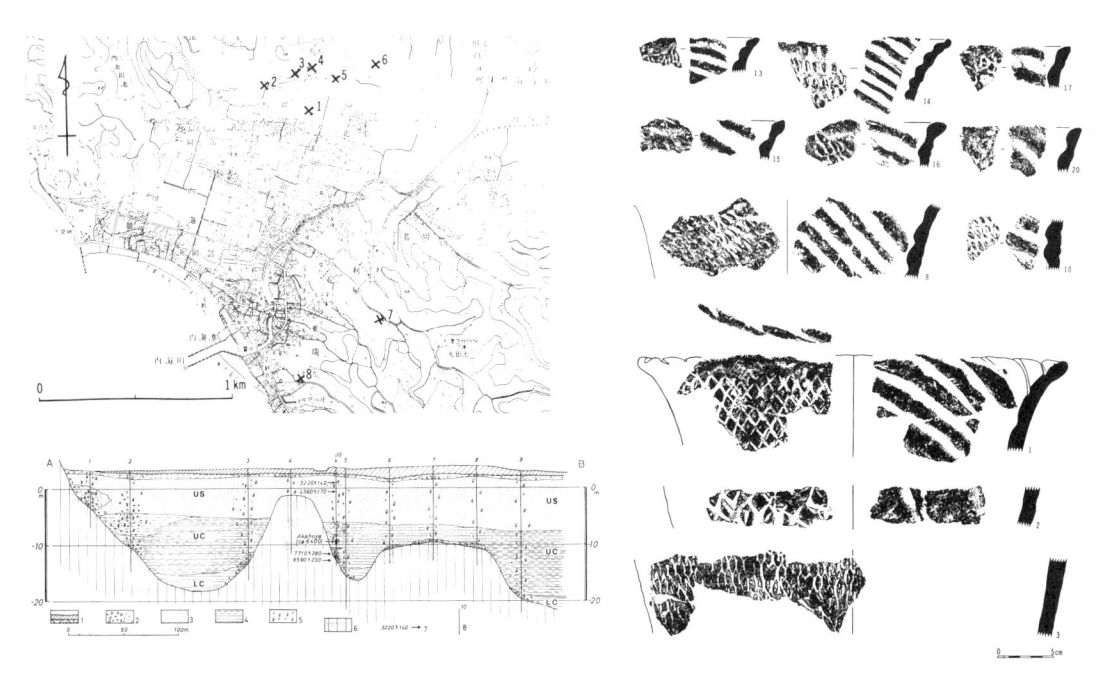

図Ⅱ-23　先刈海底貝塚と出土土器（押型紋高山寺式土器）

- 255 -

第Ⅱ部　先土器時代から縄紋時代

　ガキ・ハイガイ・アサリ・サルボウなどの湾奥潮間帯砂泥底に生息する貝が主体で、汽水産のヤマトシジミや淡水産のカワニナなども含まれる。動物遺存体はクロダイ・スズキ・マアジなどの魚類、イノシシ・シカ・イヌなどの獣骨、人骨が採集されている。植物遺存体はアサダ・アカシデ・カエデ・キハダ・ハクウンボクなど、やや温帯性山地樹木が主体であるが、アカメガシワ・ムクノキ・アカガシなど暖地性のものもあり、「今より涼しかった」と推定されている。貝塚の ^{14}C 年代は B.P.8330 ± 260 年（ハイガイ）を示す。

　貝塚形成時の海水面はハイガイやヒメカニモリの層準から －12〜13m と考えられている。貝塚の立地は －9.5〜11m であることから、沖ノ島海底遺跡・鷹島海底遺跡同様、浜辺に位置していた「ハマ貝塚」である。和歌山県高山寺遺跡は田辺湾を見下ろす丘陵先端（標高 32m）に位置しており、これが通常の高山寺式期の「オカ貝塚」の立地と考えられる。先刈貝塚ではイルカ猟を行った痕跡は見当たらないが、季節的な海辺のキャンプサイトであった可能性は高い。

　この約 －13m の海水面を「押型紋2期海水面」と呼ぼう。とすると海水面は早期前半まで －30m で安定していた「撚糸紋期海水面」は早期前半の「押型紋1期海水面」を経て、早期中葉までに ＋17m 上昇し、「押型紋2期海水面」を形成したことになる。こうした推定は可能であろうか。ともかく縄紋海進は急激に進み「押型紋2期海水面」で、一端、安定した海水面を形成したことになる。海進の停滞は、植生にみられるように気候の低下が要因であろう。マガキを採っていることからみて、「押型紋2期海水面」は東京湾第Ⅱカキ礁（ －15m）に対比できることが想定される。

東名海底貝塚　　一端休止していた「押型紋2期海水面」は、再び上昇し始める。その時期を示す遺跡が東名海底貝塚（佐賀市）である［図Ⅱ－24］。佐賀平野の沖積低地に標高 －1m から発掘された「海底貝塚」で、六ヶ所の地点貝塚が確認されている。標高 3m の微高地からは早期特有の炉跡とみられる集積遺構（167基）や埋葬人骨（7体以上）が検出され、当時の生活域と考えられている。一段低い貝塚の周辺からは貯蔵穴（80基以上）が検出され、中には多くの網カゴやその素材となるツル・草本類、木製品とその板材、骨角器の素材となる鹿角が出土している。こうした貯蔵穴はドングリ類の貯蔵・アク抜きだけではなく、生活用具の加工・保管用にも用いられた。また「湿地性貝塚」とも呼ばれているように、通常の遺跡では残らない縄紋早期の植物性製品・木製品・骨角器などが多数出土した。縄紋時代早期の豊かな生活の実態や展開に驚かされる。

　第2貝塚の所見に拠れば、構成する貝はヤマトシジミ・ハイガイ・アゲマキ・カキ（スミノガキ・マガキ）の四種が多く、その主体はヤマトシジミである。カキ類は厚く堆積した貝層（1.4m）の最上部に集中する傾向が認められる。獣骨はイノシシ・シカが主体で、

第4章 沖ノ島海底遺跡の意味するもの

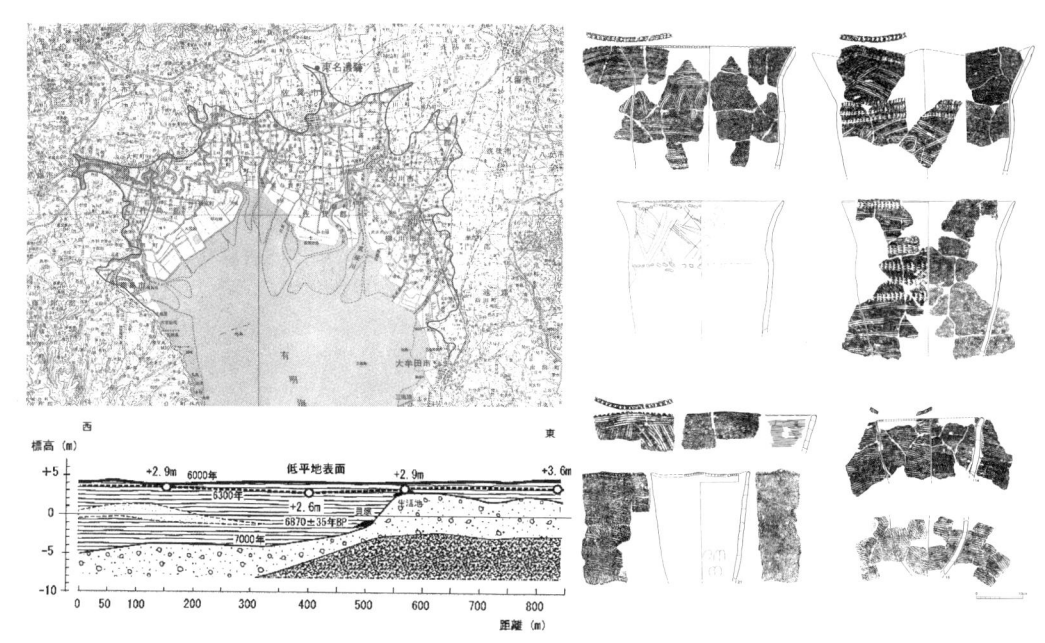

図Ⅱ-24 東名海底貝塚と出土土器（上：塞ノ神B式土器 下：轟A式土器）

魚類はスズキ・ボラ・クロダイなどである。花粉分析によると貝層上半はコナラ属アカガシ亜属・シイ属マテバシイ属が優占し、イチイガシの常緑樹の森となっていた。しかし貝塚下半ではコナラ属コナラ亜属のクヌギ・ナラガシワなどの落葉樹が多く、貝塚形成期はちょうど植生の交替期にあたっていたと考えられている。

　出土する土器は、早期終末期の塞ノ神B式と轟A式である。轟A式は最上部のカキ層から出土する。押型紋土器も若干出土しているが、貝塚形成期は早期末の二・三型式の比較的短期間の遺跡である。それは最後の海面上昇の動きと係わるのであろう。また微高地の生活面を覆う層からアカホヤ火山灰が検出していることから、降下以前に貝塚は形成されたことが判明する。土質調査（安定硫黄含量分析）から、貝塚の立地する環境は淡水から汽水へ、そして海水に変化する様子が確認される。こうした変化は、当初ヤマトシジミを主体とする河口部域の環境から海水が次第に浸入し、カキを主体とした海辺の干潮域に変遷した貝塚形成期の様子とも一致している。東名海底遺跡の^{14}C年代は多数（38例）提示されているが、土器の年代はB.P.6651±32年（轟A式）、B.P.7087±28年（塞ノ神B式）である。

　この海底貝塚の最下部や貯蔵穴・遺物はおおよそ標高−3m前後まで広がっていて、当時の海水面は約−5mに想定できよう。これを「早期終末期海水面」と呼ぼう。海底貝塚早期中葉の「押型紋2期海水面」（−13m）から約8mほど上昇したことになる。また、この時期が東京湾第Ⅲカキ礁に対応するのであろうか。これ以降、さらに縄紋海進は最盛期に向かって、海水面は上昇していくのである。

第Ⅱ部　先土器時代から縄紋時代

5．前期初頭遺跡と縄紋海進のクライマックス

　通説では縄紋海進の海水面は標高約＋3mとされるが、各地域の遺跡の実態からみると5〜6mに及ぶ場合もある。これは隆起現象とも関わり、一地域における遺跡の立地や貝塚の時期や貝の構成（淡・鹹産）を詳細に検討し、その地域の特質を明らかにしていく必要があろう。また最盛期の海水面が土器型式に照らして「いつか」という重要な問題も、実は解決していない。漠然と「早期末〜前期初頭」と理解されているに過ぎない。こうした通説に対し、鈴木正博は福島県小名浜湾沿岸・茨城県古鬼怒湾・埼玉県古入間湾の貝塚における貝構成や砂堤列変遷から、早期末「打越式海退説[10]」を提唱している〔鈴木2010〕。すなわち縄紋海進は早期に終焉したとする見解である。いずれにしても緻密なケース・スタディを通して、究明しなければならない重要な課題である。

　縄紋海進最盛期の遺跡や貝塚の多くは、標高＋3m以上の陸地に立地しているのは確かである［図Ⅱ－25］。ここでは前期前半の貝塚の立地や構成（淡・鹹産）の分析から、その実態や時期を概観してきたい。その接近法の一つは現汀線からの距離、もう一つは現海水面から標高である。

低湿地性貝塚　「低湿地性貝塚」と呼ばれる標高0m付近に立地する貝塚が注目されるようになったのは、1960年代に行われた鳥浜貝塚の発掘以降のことである。貝塚ではないがイルカの解体遺跡として知られる能登の真脇遺跡も、こうした立地をもつ遺跡の一つである。最近では前述した東名貝塚や富山県小竹貝塚が注目されている。小

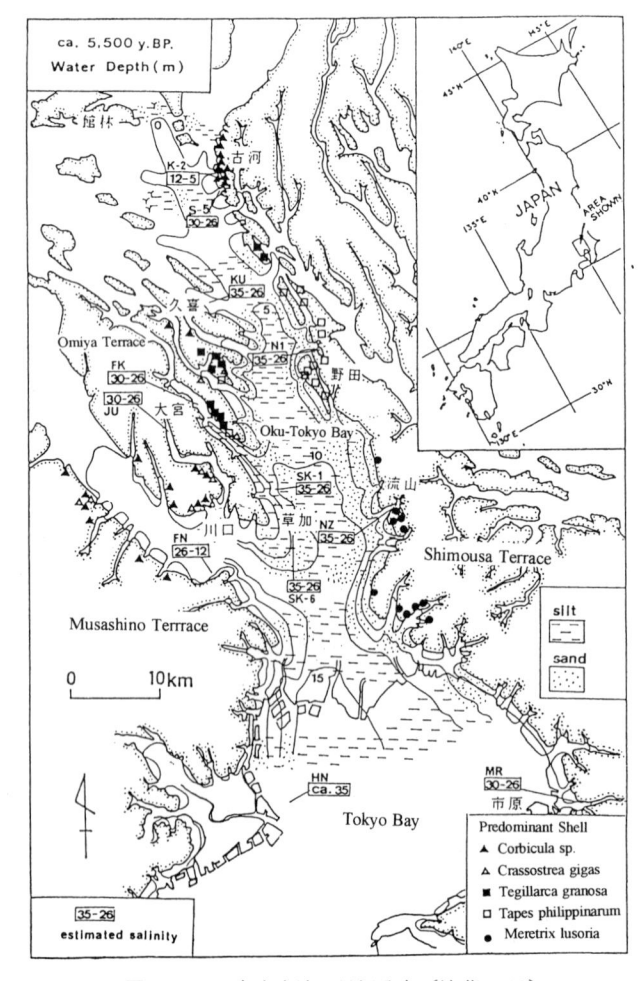

図Ⅱ－25　奥東京湾の貝塚分布〔遠藤1999〕

－ 258 －

第4章 沖ノ島海底遺跡の意味するもの

竹貝塚は標高3m前後の微高地から住居跡が見つかり、その下の標高1.8mにヤマトシジミの純貝層が検出されている。時期は前期初頭（布目式）から末葉（福浦上層式）に及ぶ前期の貝塚である。また70体近くの埋葬人骨も発見され、大規模な集落遺跡であることも判ってきた。

ここでは縄紋海進最盛時の低湿地性貝塚をみてみよう。神門遺跡（千葉市）は村田川右岸河口の沖積低地、標高約6mに立地する[11]。汀線近くの砂堆の後背湿地に形成された低湿地貝塚である。

貝塚の基底部の標高は3.3mである。最盛期の海水面を3mとすれば、汀線間近に立地していた「ハマ貝塚」である。ボーリング調査の結果、貝塚の規模は径30mを超えると推定されている。貝層の厚さは最大で0.9m、堆積は12層に分かれる。貝層最下層（12層）は早期末、中層（5～11層）が花積下層式～黒浜式、上層（1～4層）が諸磯式・浮島式と早期後半にはじまり、前期全般に亘って貝塚が形成されている。貝層の周囲から50基近くの集石跡がみられ、うち半数近くが花積下層式期のもの（22基）である。貝層はいずれの時期もハマグリを主体とし、ハイガイやオキシジミを伴う。また、イルカの解体跡（11層）や魚骨の集中地点（7層）が検出されている。分析ではクロダイが大半を占め、マダイ・コチ類のほかサメ・エイ・ボラ類、淡水のコイ科も出土している。対岸の村田川左岸の沖積低地にも実信貝塚（市原市）が立地しており、早期末から晩期の長期に亘る低湿地貝塚が形成されている。

同じ千葉市の都川河口域の沖積地にも宝導寺台貝塚が立地している。最下層は海成砂層で、標高約4mの低湿地性貝塚である。貝層の厚さは2mに及び、灰層・焼貝層・破砕貝層などの間層を多く含み、採集した貝の作業場や加工場としての「ハマ貝塚」の様相を呈している。時期は前期前半の関山式期・黒浜式期、後半の諸磯式期・浮島式期、上層からは中期初頭の下小野式期であるが、主体は前期後半と考えられている。いずれもハマグリ・マガキが主体で、ハイガイ・サルボウ・カガミガイ・アカニシが多い。また酸化鉄が付着し茶褐色に変色した貝が層状堆積しており、浸水や低湿地特有の現象がみられる。石器類は磨石・敲石・凹石、石皿などの加工具が目立ち、石鏃などの狩猟具はない。

こうした前期前半から形成される低湿地性貝塚は、海底遺跡である沖ノ島遺跡・先刈貝塚・東名貝塚同様、通常の遺跡立地とは異なる浜辺に形成された特殊な遺跡である。それは浜辺につくられた「番屋」、すなわち漁場における作業場・加工場・解体場などの性格をもっている。「ハマ貝塚」と呼ばれる由縁でもある。陸上の沖積地にみられる低湿地性貝塚の形成期は、前期初頭の花積下層式期から始まっている。

次に目を転じて、外房の大原町の新田野貝塚をみてみよう。現海岸線から約10.5km離れ

第Ⅱ部　先土器時代から縄紋時代

た新田野川左岸の標高15mの低位丘陵に位置している。低湿地性貝塚とはいえないが、付近（約500m南）の新田野川床（標高約9m）からカキ礁が発見されている。隆起のためか標高は高くなっているが、貝塚と当時の海水面の比高差はわずか6mほどである。このカキ礁は縄紋海進の最盛期に形成された東京湾第Ⅲカキ礁であろう。

　新田野貝塚は上層が中期の五領ヶ台式期、下層が花積下層式期である。下層貝層はオキシジミ・ヤマトシジミが主体で、それにマガキが続き、アサリ・ハイガイなどが若干出土している。貝塚が形成される花積下層式期には入り江の奥深くまで、最盛期の海面が浸透してきたと推定される。ところが上層の五領ヶ台式期はヤマトシジミが主体となり、汽水域に変化している。縄紋海進後の海面低下や「中期の小海退」と呼ばれる海退現象と関連するものであろう。

　この前期初頭の低湿地性貝塚や新田野貝塚の立地からみると、花積下層式期には縄紋海進の「最盛期の海」が浜辺に迫っていたと考えられる。

東京湾最奥の貝塚　　東京湾から約50km離れた栃木県篠岡貝塚（藤岡町）は縄紋海進最盛期を示す貝塚として戦前から注目された著名な遺跡である。利根川とその支流が合流した低地帯にはかつて潟湖の名残りともいわれ、現在は渡良瀬川遊水地となっている。その低位な台地西岸は篠岡貝塚をはじめ北貝塚・一峰神社境内貝塚・小橋貝塚が、東岸には御髪内貝塚・新田貝塚・野渡貝塚など小規模な住居内貝塚や地点貝塚が分布している。その標高は20m前後の低位な台地に位置している。いずれも貝塚形成期は縄紋前期の関山式・黒浜式期の集落遺跡であり、マシジミ・ヤマトシジミを主体とし、ハマグリ・マガキ・サルボウなど鹹水産の貝類も若干出土している。これらの貝塚は利根川とその支流が合流する河口部に位置し、古東京湾奥近くまで海水が達していた様子がよくわかる。

　また奥東京湾西岸域に大きな入り江が形成された古入間湾でも同じような傾向が認められ、いずれの貝塚もヤマトシジミ（汽水産）が主体となる。湾奥に位置する小仙波貝塚をはじめ、南岸の上福岡貝塚（ふじみ野市）、水子貝塚・打越遺跡（富士見市）、北岸の箕輪Ⅱ貝塚・側ヶ谷戸貝塚（さいたま市）など、前期初頭の貝塚が増加する。早期末から形成された打越遺跡は花積下層式～関山式期の拠点的な集落であるが、黒浜式期にはその拠点を水子貝塚に移している。いずれの貝塚もヤマトシジミが主体であり、古入間湾は荒川とその支流が合流する汽水域の様相を呈していることが判明する。

　一方、奥東京湾西岸の埼玉県側では関山貝塚・花積貝塚、東岸の千葉県側では幸田貝塚・二木向台貝塚などが立地する沿岸域では、マガキ・ハイガイ（鹹水産）主体で内湾の状況を示している。大規模な貝塚が花積下層式期から関山式期にかけて形成され、これら拠点的貝塚の沿岸域には黒浜貝塚・米島貝塚・飯塚貝塚・槙の内貝塚など後続する黒浜式期の

貝塚も数多く点在する。黒浜式期では貝塚の規模がやや縮小するものや拠点を移す傾向が認められる。いずれにしても現東京湾沿岸部に立地する貝塚と同様、この地域が海水域の生業を営んでいたことがわかる。マガキ・ハイガイ・オキシジミ（泥質干潟）、ハマグリ・アサリ・シオフキ（砂質内湾）の貝で構成された最盛期の海の状況を反映している。

他方、相模湾西側の羽根尾貝塚は標高約27mの大磯丘陵先端部に立地している。関山式期から諸磯式期の貝塚で、土器・石器とともに豊富な木製品や骨角器が出土したことでも知られている。ヤマトシジミを主体に、ダンペイキサゴ・ベンケイガイ・チョウセンハマグリが若干出土し、汽水域であったことを示す。ボーリング調査によるとアカホヤ火山灰層の下からサルボウ・シオヤガイ・アサリ・マガキの内湾性の貝類が検出され、羽根尾貝塚形成期には内湾（早期）から潟湖に変わっていたことが推定される。海進最盛期に逆行しているように見えるが、大磯型地震による隆起現象のためと説かれている。また相模湾の入り江であった相模川の低地部を望む左岸には西方貝塚、右岸には万田貝殻坂貝塚が立地している。その形成期はいずれも前期黒浜式期である。しかし、万田貝殻坂貝塚はマガキ・ハマグリなどの内湾性であるのに対し、やや奥にある西方貝塚はヤマトシジミが主体である。両貝塚の違いは黒浜式期における海退の兆候を示すものかもしれない。

前期初頭の貝塚は、奥東京湾・古相模湾でも最盛期海水面を望む低位な台地（10～20m）に急増する。「ハマ貝塚」とは異なり、これらの貝塚が通常の集落立地であり、生活圏である。多くは花積下層式期から関山式期にかけて継続的に営まれ、時には打越遺跡や幸田貝塚のように拠点的な大集落や大貝塚を形成する場合もみられる。こうした貝塚の実態や分布をみても、縄紋海進最盛期の安定した奥東京湾の姿を反映したものと考えられる。ところが黒浜式期になると、継続的な集落を移動・分散する傾向がみられる。その分布は後退する海岸線の推移に伴って、集落や場所を移動したことに起因すると考えられている〔金山・倉田1994〕。

ここでは縄紋海進最盛期の大きな画期を関山式期と黒浜式期との間に求め、関山式期をもって縄紋時代最大のイベントであった縄紋海進は終焉を迎え、黒浜式期以降に次第に海退と向かっていくと考えておきたい。

「縄紋海進」後　縄紋海進最盛期の浸食によって形成された沼Ⅰ面の海食洞穴が、海退による離水によって生活・居住空間として利用され始めた時期は、前述のように前期終末期からである。この事実は黒浜式期に始まった海退現象がひとまずおさまり、前期終末期に安定した海水面を取り戻したことを意味している。その海水面は標高1mであると推定され、その安定した状況は後期前半まで続くといわれている〔遠藤ほか1989〕。東京湾の「ゼロ・メートル地帯」と呼ばれる沖積低地は、まだ海に覆われていたことになる。この時期

第Ⅱ部　先土器時代から縄紋時代

のカキ礁が鶴見川低地や中川低地から発見され、これが縄紋海進後の東京湾第Ⅳのカキ礁にあたる。

　海退現象とともに一時停滞していた貝塚の形成も、中期後半になると東京湾東岸域では多くの貝塚がつくられ、活発な漁撈活動が展開する。こうした貝塚地帯では加曽利貝塚・有吉北貝塚など拠点的な大貝塚が出現する。一方、西岸域の多摩川・鶴見川流域の貝塚はさほど振るわない。また海退後、東京都の本郷台東崖線下標高3mの波食台に中里貝塚が立地しており、中期から後期前半の低湿地性貝塚が形成されている。ハマグリ・マガキが4.5mほど厚く堆積し、「ハマ貝塚」の様相を呈している。

　つづく後期前半期には、地域的偏りはなく東京湾岸域全体に一大貝塚地帯を形成する。こうした動きに呼応するように、安房の海食洞穴における漁撈活動も後期から本格化する。また相模川の入り江の潟湖に立地していた前期の西方貝塚はヤマトシジミが主体であった。後期前半になると、その奥の溺れ谷に展開する堤貝塚・遠藤貝塚・行谷貝塚はダンベイキシャゴ主体となっている。かつて岡本勇が疑問を呈したように海進・海退の逆転現象が起きている〔岡本勇 1974〕。「後期の小海進」によるものか、海岸部まで遠出したためか、その実態はよくわからない。

　後期後半以降、「弥生の小海退」に至ると海面はさらに低下し、現海水面を下回ったといわれている。その標高は−2mと推定され、この時期の海退現象で海水面は約3m低下したことになる。こうした急激な海面低下は急速な寒冷化に起因している。海退現象による環境変化が漁撈活動の低下を招き、貝塚の形成にも大きな影響を与えたのは事実であろう。しかし中期前半や後期後半から晩期の貝塚減少期を、海辺の人口減少と関連づけて論ずるのは如何なものであろうか。ましてや漁夫が猟師に変身したり、漁村が山村に移住するような現象は認められない。加曽利貝塚には中期を出すE地点もあれば、後期後半を出すB地点もあり、晩期を出す地点もある。継続的な大貝塚に埋もれて、その実態が見え難くなっているだけであろう。事実、晩期の荒海貝塚は台地に立地し、付近の沖積低地には荒海川表貝塚など多くの低湿地性貝塚が点在している。規模の大小こそあれ、貝塚の在り方は晩期まで変わらないのである。海辺の縄紋人は最後まで漁夫として暮らし、貝塚文化は「ヤマトシジミに始まり、ヤマトシジミで終わる」のである。

　更に歴史時代に入っても海水面変動はつづく。ハイガイが東京湾から居なくなり、日本列島が現在のような海岸線になるのは何時のことであろうか。沖ノ島海底遺跡の発掘調査から5・6年にも係わらず、温暖化による海面上昇により、遺跡は再び海中に沈みつつある。今でも海は動き続けている。実のところ、縄紋海進以降の今日に至る海退現象の実態や海岸線の変遷についても充分に解明できるまでには至っていないのが現状であろう。

第4章　沖ノ島海底遺跡の意味するもの

おわりに　−海進と隆起のはざまで−

　沖ノ島海底遺跡の発掘成果をもとに、縄紋海進とその後の隆起現象について素描してきた。その結果、沖ノ島海底遺跡は縄紋海進によって一旦、現海水面下−30mに沈み、その後の房総半島先端の激しい地殻隆起によって現海水面に再び現れた遺跡であるという理解に至った。すなわち撚糸紋終末期の沖ノ島海底遺跡は「ハマ遺跡」であり、日本列島の他の地域では通常は目にすることができない、海水面下−30mに沈んでいる海底遺跡なのだ。

　こうした理解が正しいのか、今でも自問自答がつづく。その大きな理由は完新世の大きな地質学的イベントを、その前半期を縄紋海進という海水面変動で語り、後半期を隆起現象という地殻変動で語ることが、果たして妥当なのかという問題に関わってくる。縄紋海進後の後半の状況は、海退現象と隆起現象の相対的な関係から約25mほど隆起したと推定される。このことは沼段丘や海食洞穴の立地から検証が可能である。

　一方、縄紋海進時については、ハイドロアイソスタシーによる海底沈降が「何m」ほどであったのか。また縄紋海進時における古相模湾岸の「大磯型地震隆起」同様、房総半島先端でも当然のこととして、激しい隆起現象を想定できるはずである。撚糸紋海水面が現海水面下−30mであるとすれば、隆起の痕跡は陸上に認められるはずである。しかし、確認できる隆起現象は、すべては縄紋海進後の出来事として処理されている。こうした公式的見解は、^{14}C年代に支えられているに過ぎない。

　山内清男が沼Ⅰ面の海食洞穴や沼サンゴが縄紋海進以前（無土器新石器時代）の所産とした疑義に対し、反論できる確固たる地質学的根拠はあるのか。大寺山洞穴形成時期を無土器新石器時代の隆起現象と考えると、沼Ⅳ面の海食洞穴が縄紋海進時に当たる。三浦半島の海食洞穴の標高とはさほど変わらないことになる。いずれにしても縄紋海進時の海水面変動も地殻変動との相関関係で議論されるべきである。その議論は現在のところ充分とはいえない。とするならば沖ノ島海底遺跡が現海水面下−30mとする理解も、沼Ⅰ面の大寺山洞穴形成時を縄紋海進最盛期と対比する見解も絶対的なものとはいえない。

　沖ノ島海底遺跡の立地を理解する上で、もう一つの大きな疑義は、同じ撚糸紋終末平坂式期に形成された伊豆大島の下高洞遺跡との関係である。下高洞遺跡は汀線から約4m離れた標高1mの浜辺の遺跡である［図Ⅱ−26］。両遺跡の立地は汀線下か上の違いはあるものの、ほぼ同じ浜辺に位置している。下高洞遺跡で発掘された住居跡は現海水面の波浪によって一部が壊されている。しかし住居跡を覆う海蝕崖の土層は火山灰土が厚く堆積し、海底深く沈んだ痕跡は認められない。同じ海食崖の中程（13m）には中・後期の包含層があり、海蝕崖の頂上部（25m）には古墳時代の包含層が確認されている。すなわち沖ノ島

第Ⅱ部　先土器時代から縄紋時代

海底遺跡と同じ海水面変動を想定すると海食崖上部まで縄紋海進は上昇しなければならない。だが、その痕跡はどこにもみられない。上方には「海は動いていない」のである。

　とするならば、現在、同じ立地条件にある下高洞遺跡は、もともとは浜辺にあった「ハマ遺跡」ではなく、丘陵上に立地（標高40～50m）した「オカ遺跡」とみなされなければ理解できないのである。すなわち下高洞遺跡の形成時には、海水面は－30m以下にあったのである。伊豆大島は三原山を頂く火山島である。激しい地殻変動に起因して、現在の浜辺に辿り着いたと想定する他はない。同じ「撚糸紋期海水面」でありながら、一方の沖ノ島海底遺跡を浜辺の「ハマ遺跡」、他方の下高洞遺跡を丘陵上の「オカ遺跡」とすることに矛盾はないのか。海を隔てた両遺跡の縄紋海進と隆起現象のメカニズムに誤りはないのか、何とも悩ましい事象である。現在同じ立地条件をもつ沖ノ島海底遺跡と下高洞遺跡の間には、解決すべき重要な鍵が隠されているように考えられる。

　こうした通説では理解できない数々の課題は、日本列島の沿岸部における地域研究を推進し、詳細な考古学的証拠と地質学的成果をもとに地域ごとに実証していかなければならない。そのケース・スタディの一つとして房総半島先端の地質学的成果と沖ノ島海底遺跡

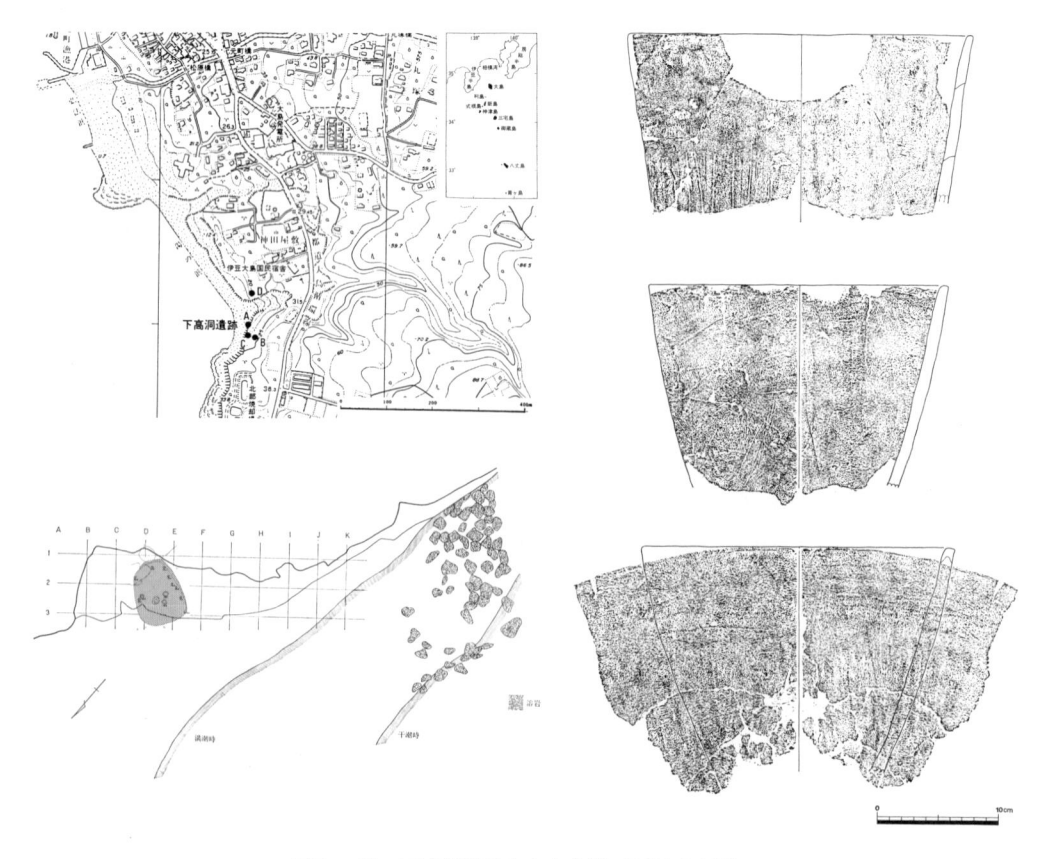

図Ⅱ－26　下高洞遺跡と出土土器（平坂式土器）

第4章　沖ノ島海底遺跡の意味するもの

と大寺山洞穴・安房神社洞穴遺跡の発掘成果をもとに縄紋海進の復元を試みた。最後に改めてその成果を要約し、まとめにかえたい［図Ⅱ－20・21］。

1. 沖ノ島海底遺跡は現汀線下にあり、現海水面下－5mに「撚糸紋期海水面」があった。確認できる縄紋海進の最初の海水面である。「縄紋海進Ⅰ期」と呼ぶ。

　　しかし、縄紋海進最盛期の海水面は現海水面から＋3mと想定されるからといって、最盛期までに8m（5＋3m）上昇したということにはならないのである。問題となるのは、海進後の隆起によって判明した沖ノ島海底遺跡と大寺山洞穴との比高差が約30mに及ぶという事実である。では海水面はどのくらい上昇したのか。

2. 沼Ⅰ面に立地する大寺山洞穴は、縄紋海進最盛期の海水面によって形成された海食洞穴である。洞穴の標高や沼サンゴの位置からみて、最盛期の海水面は約＋28mと想定できる。これを「前期初頭海水面」と呼び、「縄紋海進Ⅴ期」とする。

　　「前期初頭海水面」から想定できる現海水面は＋25m（28－3）の位置にあった。つまり「撚糸紋期海水面」から30m[12]（25＋5m）上昇したことになる。激しい隆起現象に見舞われたといっても、同じ基盤上（三浦層群鏡ヶ浦層）に立地する沖ノ島海底遺跡と大寺山洞穴遺跡の比高差が伸縮することはない。この比高差は絶対的なものである。

3. こうした事実からみて縄紋海進は30m以上におよぶ大海進であり、ユースタティクな世界的な海進現象として捉えなければならない。日本列島の沿岸の海水面にも大きな影響を与えた。現海水面下に水没している長崎県鷹島海底遺跡、愛知県先刈海底貝塚、佐賀市東名海底貝塚の存在は、縄紋海進の上昇過程を証明している。

4. 早期前葉の鷹島海底遺跡は約－25mに立地しているが、沈降地帯であることを考慮するならば、「撚糸紋期海水面」から更に上昇していたとみることができる。これを「押型紋1期海水面」と呼び、「縄紋海進Ⅱ期」とする。その海水面は撚糸紋海水面（－30m）と押型紋2期海水面（－13m）の中間に位置しよう。

　　つづく早期中葉の先刈海底貝塚は約－10mに立地し、当時の海水面は－13mに推定されている。これを「押型紋2期海水面」と呼び、「縄紋海進Ⅲ期」とする。「Ⅰ期」から「Ⅲ期」に至る海進で、海水面が17m上昇したことになる。

5. 早期末葉の東名海底貝塚は－1mに立地する。当時の海水面は－3m前後と推定できる。これを「早期終末期海水面」と呼び、「縄紋海進Ⅳ期」とする。「Ⅲ期」から「Ⅳ期」に至る海進で、海水面が10m上昇したことになる。貝層の堆積から汽水域（ヤマトシジミ）から鹹水域（マガキ）に変化しており、海が陸に迫ってくる状況を知ることができる。

6. 前期初頭の遺跡・貝塚は沖積地や低い丘陵上に立地する。この時期が縄紋海進最盛期

第Ⅱ部　先土器時代から縄紋時代

にあたり、+3mまで海水面が上昇し、奥東京湾を形成した時期である。これを「前期初頭海水面」と呼び、「縄紋海進Ⅴ期」とする。「Ⅳ期」から「Ⅴ期」に至る海進で、海水面が6m上昇したことになる。また遺跡の移動や規模の変化から、前期黒浜式期を境にして海退現象が始まると考えたい。

7. 縄紋海進は一気に上昇したのではなく、「Ⅰ期～Ⅴ期」の五段階に分かれて進行した。おそらく気温低下による海進停滞期に由来する。海水面が安定した証拠は、ハマ貝塚やハマ遺跡が形成され、「Ⅰ期～Ⅴ期」の各遺跡から干潟に生息するマガキが採集されていることからも確認できる。東京湾では「Ⅰ～Ⅳ期」のカキ礁が確認されており、その水深も縄紋海進「Ⅰ期～Ⅴ期」の海水面にほぼ対応する。

以上の七項目にわたって縄紋海進の上昇過程を検討してみたが、これも一つの仮説に過ぎない。こうした考察は従来の通説や[14]C年代による第四紀研究・考古学研究成果の呪縛から何一つ脱していない。唯一、今明らかにできる事実は大寺山洞穴と沖ノ島海底遺跡の比高差は絶対的だという点である。かつ大寺山洞穴の形成が縄紋海進最盛期つまり「前期初頭海水面」に起因するという前提に立つならば、この時点で沖ノ島海底遺跡は海水面下−30mに沈んでいたことになる。縄紋海進は現海水面から3m上昇しただけの「小海進」ではなく、「撚糸紋終末期海水面」からみると、約30mにも及ぶ「大海進」であったという理解に達する。そして縄紋海進は少なくとも五回の上昇期（Ⅰ～Ⅴ期）とその間の安定期を経ながら段階的に上昇したと考えられるのである。

−縄紋海進と隆起現象のはざまで−とした副題も、揺れ動くのは海や陸だけではない、著者の心も揺れ動く。−短編年と長編年のはざまで−と題した方が、今の心情を適切に表しているのかもしれない。

註

（1）「縄紋海進」とは何か。古くして新しい課題である。地質学的には「有楽町海進」とよばれ、東京下町を構成する有楽町層を堆積させた海進に由来し、その堆積は浦賀水道−100m付近まで認められる。このことから更新世氷河期の海水面から100m以上の海面上昇をもたらした。「縄紋海進」は、現在の東京湾や日本列島の海岸線を形成した汎世界的な氷河性海面変動と考えられ、その最盛期は関東平野の貝塚の分布から、縄紋時代前期前半とされている〔成瀬1970『地学事典』〕。

縄紋海進については、東木龍七の+10m説以来、戦後、「実際に何m」上昇したかいう点を中心に検討が重ねられてきた。その時期（下限）についても、漠然と「早期末～前期前半」と述べられるに過ぎない。また、考古学的に「縄紋海進」と呼ぶ場合、奥東京湾に貝塚が形成された最盛期を中心に議論がなされてきた。これは「縄紋海進」の下限に過ぎない。縄紋海進が何時から始まり、その進行過程はどのようなものであったのかという重要な課題は、先刈貝塚発見以降の、いくつかの海底遺跡の事例から考古学的立証が可能になりつつある。その議論の手始めが、本論の主旨である。

第 4 章　沖ノ島海底遺跡の意味するもの

（2）　本論で述べる「海底遺跡」とは、縄紋海進により海に沈んだ遺跡に限定する。時期は縄紋時代前期以前、先土器時代、旧石器時代の遺跡である。その後、地震による沈降や沈没船の遺跡は含まない。「海底遺跡」がその後の隆起現象によって、地上に現れる場合もある。沖ノ島海底遺跡はこれに近い。

（3）　最盛期の海水面は、地域によって異なっている。一例をあげれば、知多半島内海の先刈貝塚の付近では 4m とされる。これは地域の特定の地殻変動とも係わる現象である。

（4）　七号地層と有楽町層の境とされる HBG 層（基底礫層）あるいは「中間砂層」の年代については、新ドリアス期（B.P.11000～10000 年）の海面低下を示すデルタの前置層とされてきた。しかし、最新の研究によれば、「中間砂層」は海進砂であり、その年代も B.P.8800 年以降の堆積層とする見解が提示されている〔田辺ほか 2006〕。その根拠は、いずれも ^{14}C 年代だけである。

（5）　縄紋海進以降、完新世後半になって房総半島は激しい地殻変動（地震性隆起）に見舞われ、沼段丘が形成されたとするのが、一般的見解である。しかし、縄紋海進時にも当然、地殻隆起は起り、海進による段丘形成も推定される。その証拠は隆起した沼段丘面にも遺されているはずであるが、その点に論究するものはいない。

（6）　沖ノ島頂上の平坦面を第 1 次調査概報〔千葉大学考古学研究室 2004〕まとめで「沼Ⅳ面」と記述したが、この平坦面は「沼Ⅲ面」に対比される。訂正しておく。

（7）　沼の四つの段丘には、それぞれの段丘崖に海食洞穴が形成され、上位のものが古く、下位のものが新しい。しかし、沼段丘の形成と同じ疑問が浮かぶ。海食洞穴は縄紋海進以降の産物ではない。海進時の波蝕によっても生じるはずである。隆起した安房の海食洞穴には、縄紋前期以前、草創期、先土器時代の海食洞穴もあったはずである。しかし、その痕跡は確認できない。

（8）　早期押型紋土器の包含層である暗褐色粘土層包含層（Ⅱ層）の上層の青灰色シルト上層（Ⅲ層）からは、なぜか、前期の曽畑式や晩期の貝殻条痕紋粗製土器が出土している。この時期、遺跡は海に沈んでいるはずである。よく判らない。

（9）　鈴木は古い時期のネガティヴ押型紋の存在から、特殊な「ハマ貝塚」ではなく、生活跡を伴う「オカ貝塚」とみる。しかし、海に近い高山寺貝塚をみても生活の場は丘陵上にある。

（10）　縄紋海進最盛時の時期については、通説に従って単に「前期前半」とする論述が多い。鈴木正博は当初「前期初頭（花積下層式）」としていた海退時期を、打越遺跡の珪藻のデータをもとに早期末に終わり、打越式期には海退に転じたと主張する。こうした実証研究は重要な試みであるが、ヤマトシジミをもって海退と見なすことができるのであろうか。早期末の東名貝塚ではヤマトシジミ（塞ノ神式）からカキ層（轟Ａ式）に移っている。鈴木が提起した「打越式海退説」を含めて、最盛期と海退期を縄紋編年（型式名）に照らして、その時期を決定することは急務な課題といえよう。

（11）　房総半島の基部に当たるこの地域は、先端部とは逆に沈降地帯である。遺跡形成時の標高は、波浪の影響がない標高＋ 3～5m の場所に立地していたと考えられる。

（12）　通説による ^{14}C 年代によれば、縄紋海進 30 m /1500 年間（B.P.9000～7500 年）で年平均上昇は約 2cm /年とされている。また、山内説に従うと縄紋海進 30 m /300 年間（B.C.2100～1800 年）で年平均上昇は約 10cm /年である。現在でもカナダのファンディ湾では干満差が 15 m に達するところもある。今日の温暖化に伴い南太平洋サンゴ礁島（2 m）は水没の危機にある。近年の上昇は 0.5cm /年というデータもある。沖ノ島海底遺跡もこの数年で完全に水没してしまった。これらの上昇率を検証する客観的材料は充分に整っているとはいえない。

第Ⅱ部　先土器時代から縄紋時代

引用・参考文献

阿部芳郎編　2009　『東京湾巨大貝塚の時代と社会』　雄山閣

石田大輔　2000　「離水浸食海岸地形から見た房総半島南端に見られる沼段丘の再検討」　日本大学発表要旨

今村啓爾　1982　「先刈貝塚（南知多町文化財調査報告書第4集）」『考古学雑誌』67 − 3

江坂輝彌　1943　「南関東新石器時代貝塚より観たる沖積世における海進、海退」『古代文化』14 − 4

江坂輝彌　1954　「海岸線の進退からみた日本の新石器時代」『科学朝日』14 − 3　朝日新聞社

江坂輝彌　1965　「生活の舞台」『日本の考古学』Ⅱ　河出書房新社

江坂輝彌　1967　「日本先史地理学序説−縄文土器文化の時代の地形変化−」『史學』40 − 2・3

江坂輝彌　1977　「縄文時代の自然環境」『地理』22 − 2　古今書院

江坂輝彌　1982　『縄紋土器文化研究序説』　六興出版

遠藤邦彦　1999　「更新世末期−完新世の陸域の環境変遷とそのリンケージ」『国立歴史民俗博物館研究報告』81

遠藤邦彦ほか　1983　「関東平野の沖積層」『アーバンクボタ』21

遠藤邦彦ほか　1984　「関東平野の軟弱地盤」『月刊地球』6

遠藤邦彦ほか　1988　「関東平野の沖積層とその基底地形」『日本大学文理学部自然科学研究所研究紀要』23

遠藤邦彦ほか　1989　「千葉県古流山湾周辺域における完新世の環境変遷史とその意義」『第四紀研究』28 − 2

大島町下高洞遺跡調査団編　1985　『東京都大島町下高洞遺跡』　大島町教育委員会

太田陽子ほか　1982　「日本における完新世海面変化に関する研究の現状と問題− Atlas of Holocene Sea-level Record in Japan を資料として−」『第四紀研究』21 − 3

太田陽子ほか　1990　「日本における完新世相対的海面変化とそれに関する問題− 1980 〜 1988 における研究の展望−」『第四紀研究』29 − 1

大塚彌之助　1931　『第四紀』

岡本　勇　1974　「西方貝塚の謎」『神奈川県史研究』23

岡本　勇・塚田　光　1962　「藤岡貝塚の調査」『考古学集刊』4

岡本東三　1982　『縄文時代Ⅰ−早期・前期−』　日本の美術189　至文堂

岡本東三　2011　『房総半島の先端から列島史を考える−安房の原始・古代を掘り起こす−』　千葉学ブックレット房総の歴史と文化4　千葉日報社

打越式シンポジウム実行委員会編　2010　『縄文海進の考古学』　六一書房

小野田雅樹・本吉正博　1982　「千葉県大原町新田野の自然貝層 ^{14}C 年代」『古代文化』34 − 3

神奈川県県民部県史編集室編　1979　『神奈川県史』資料編20　考古資料

金山喜昭・倉田恵津子　1994　「縄文時代の人間活動」『縄文時代以降の松戸の海と森の復元』　松戸市立博物館

歌舞島B海蝕洞穴調査団　1998　『歌舞島B洞穴遺跡』

工藤雄一郎ほか　2009　「千葉県沖ノ島遺跡から出土した縄文時代早期のアサ果実の ^{14}C 年代」『植生史研究』17 − 1

群馬県史編さん委員会編　1988　『群馬県史』資料編1　原始古代1　旧石器・縄文

甲野　勇　1935　「関東地方に於ける縄紋式石器時代文化の変遷」『史前学雑誌』7 − 3

古河市史編さん委員会編　1986　『古河市史』資料　原始・古代編

小杉正人　1989　「「完新世」における東京湾の海岸線の変遷」『地理学評論』62 − 5　古今書院

小杉正人　1992　「関東平野における最終氷期以降の環境変動と沖積層の形成史」『土と基礎』40 − 3

小杉正人ほか　1989　「古東京湾周辺における縄文時代黒浜期の貝塚形成と古環境」『考古学と自然科学』21

第 4 章　沖ノ島海底遺跡の意味するもの

小林真生子　2008　「千葉県沖ノ島遺跡から出土した縄文時代早期のアサ果実」『植生史研究』16 - 1
埼玉県編　1980　『新編埼玉県史』　資料編 1　原始（旧石器・縄文）
埼玉県立博物館　1990　『大針貝塚・浮谷貝塚発掘調査報告』
佐賀市教育委員会　2008　『有明の海と縄文人』
佐賀市教育委員会文化財課編　2006　『東名遺跡』　東名遺跡群発掘調査概要報告書 1
佐賀市教育委員会文化財課編　2008　『東名遺跡』　東名遺跡群発掘調査概要報告書 2
酒詰仲男　1942　「南関東石器時代貝塚と土器形式との関係について」『人類学雑誌』57 - 6
庄司　克　1970　「宝導寺台貝塚発掘調査概報」『貝塚博物館紀要』3
鈴木正博　2007　「先刈貝塚のヤマトシジミとカワニナ」『異貌』25
鈴木正博　2009a　「貝塚文化の展開と地域社会の変容」『茨城県史研究』93
鈴木正博　2009b　「那珂川下流域における縄紋式前期の低地性貝塚と「前期初頭海退説」」『常総台地』16
鈴木正博　2010　「弘源寺貝塚研究序説」『福島考古』51
総南文化財センター編　1999　『加賀名遺跡』（財）総南文化財センター調査報告 40
鷹島町教育委員会　1993　『鷹島海底遺跡Ⅱ』　鷹島文化財調査報告書 1
田崎　稔　1972　「館山湾沿岸沖積平野について」『房総地学』23
館山市教育委員会　2009　『鉈切洞窟』
館山市浜田船越鉈切洞窟調査団編　1958　『館山鉈切洞窟』　千葉県教育委員会
館山市立博物館　2002　『鏡ヶ浦をめぐる歴史』
館山市立博物館　2010　『館山湾の洞窟遺跡』
田辺市教育委員会　1983　『田辺市高山寺貝塚発掘調査概要』
田辺　晋ほか　2006　「東京低地中央部における沖積層の中間砂層の形成機構」『地質学論集』59
玉川文化財研究所編　2003　『羽根尾貝塚』
玉川文化財研究所編　2007　『万田貝殻坂貝塚（万田遺跡第 9 地点）発掘調査報告書』
千葉県史料研究財団編　2000　『千葉県の歴史』資料編　考古 1
千葉県史料研究財団編　2004　『千葉県の歴史』資料編　考古 4
千葉県史料研究財団編　2007　『千葉県の歴史』通史編　原始・古代 1
千葉県文化財センター　1988　『千葉市浜野川遺跡群』
千葉県文化財センター　1989　『千葉市浜野川神門遺跡』　千葉県文化財センター調査報告 159
千葉県文化財センター　1999　『市原市市原条理制遺跡』　千葉県文化財センター調査報告 354
千葉県文化財センター編　1985　『縄文時代』(1)　房総考古学ライブラリー 2
千葉県文化財センター編　2003　『千葉県所在洞穴遺跡・横穴墓詳細分布調査報告書』　千葉県教育委員会
千葉県立安房博物館　2003　『地震と津波』
千葉市教育委員会　1983　『千葉県の貝塚』
千葉市教育委員会・千葉市文化財調査協会編　1991　『千葉市神門遺跡』　千葉市教育委員会
千葉大学文学部考古学研究室　1993　『千葉県館山市大寺山洞穴測量調査概報』
千葉大学文学部考古学研究室　1994　『千葉県館山市大寺山洞穴第 1 次発掘調査概報』
千葉大学文学部考古学研究室　1995　『千葉県館山市大寺山洞穴第 2 次発掘調査概報』
千葉大学文学部考古学研究室　1996　『千葉県館山市大寺山洞穴第 3・4 次発掘調査概報』

第Ⅱ部　先土器時代から縄紋時代

千葉大学文学部考古学研究室　1997　『千葉県館山市大寺山洞穴第5次発掘調査概報』
千葉大学文学部考古学研究室　1998　『千葉県館山市大寺山洞穴第6次発掘調査概報』
千葉大学文学部考古学研究室　1999　『千葉県館山市大寺山洞穴第7次発掘調査概報』
千葉大学文学部考古学研究室　2000　『千葉県勝浦市本寿寺洞穴・長兵衛岩陰第1次発掘調査概報』
千葉大学文学部考古学研究室　2001　『千葉県勝浦市本寿寺洞穴・長兵衛岩陰第2次発掘調査概報』
千葉大学文学部考古学研究室　2002　『千葉県勝浦市こうもり穴洞穴第1次発掘調査概報』
千葉大学文学部考古学研究室　2003　『千葉県勝浦市こうもり穴洞穴第2次発掘調査概報』
千葉大学文学部考古学研究室　2004　『千葉県館山市沖ノ島遺跡第1次発掘調査概報』
千葉大学文学部考古学研究室　2006　『千葉県館山市沖ノ島遺跡第2・3次発掘調査概報』
千葉大学文学部考古学研究室　2009　『千葉県館山市千葉県指定史跡安房神社洞窟遺跡第1次発掘調査概報』
千葉大学文学部考古学研究室　2010a　『千葉県館山市千葉県指定史跡安房神社洞窟遺跡第2次発掘調査概報』
千葉大学文学部考古学研究室　2010b　『千葉県館山市栄ノ浦遺跡試掘調査概報』
千葉大学文学部考古学研究室　2011　『千葉県館山市出野尾洞穴遺跡発掘調査概報』
対馬郁夫　1956　「明金崎の海蝕洞窟」『海』創刊号
樋泉岳二　1999　「東京湾地域における完新世の海洋環境変遷と縄文貝塚形成史」『国立歴史民俗博物館研究報告』81
東木龍七　1926　「地形と貝塚分布より見たる關東低地の舊海岸線（一）～（三）」『地理学評論』2-7～9
遠部　慎ほか編　2009　『犬島貝塚』　六一書房
東北新幹線赤羽地区遺跡調査会調査団　1992　『袋低地遺跡　考古編』　東北新幹線赤羽地区遺跡調査会
栃木県教育委員会文化課博物館建設準備班編　1981　『篠山貝塚発掘調査報告書』　栃木県教育委員会
栃木県史編さん委員会編　1976　『栃木県史』資料編　考古1
中里遺跡調査団編　1984　『中里遺跡　発掘調査概要Ⅰ』　東北新幹線中里遺跡調査会
中里遺跡調査団編　1987・1988　『中里遺跡　東北新幹線建設に伴う発掘調査1・2』　遺跡と古環境1・2　東北新幹線中里遺跡調査会
中田　高ほか　1980　「房総半島南部の完新世海成段丘と地殻変動」『地理学評論』53-1
西田　巌　2006　「縄文時代早期の植物素材容器」『考古学ジャーナル』542
西田　巌ほか　2006　「佐賀県佐賀市東名遺跡」『考古学研究』53-1
西野雅人・植月　学　2003　「動物遺体による縄文前期前葉の生業・居住様式の復元」『松戸市立博物館紀要』10
野内秀明・蟹江康光　1997　「三浦市松輪、間口東洞穴遺跡で発見された完新統の年代と洞穴の形成」『横須賀市博物館研究報告（自然科学）』45
昼間昭ほか　1993　「房総半島南部にみられる海食洞について」『埼玉大学紀要　自然科学篇』29
藤井陽一郎　1968　「房総半島における地殻変動（1）」『測地学会誌』13-3・4
藤井陽一郎　1979　「房総半島における地殻変動（2）－異常地殻隆起および移動性地殻変動の一解釈－」『測地学会誌』25-1
富士見市教育委員会編　1995　『水子貝塚』　富士見市文化財報告46
松島義章　1987　「多摩川・鶴見川低地における完新世の相対的海面」『川崎市内沖積層の総合研究』
松島義章　1990　「沼サンゴ層形成時の海面をみつけるまで－海抜27mの海面－」『地学研究』39-1
松島義章　1996　「完新世における日本列島沿岸域の海況変化」『変化する日本の海岸』

第4章　沖ノ島海底遺跡の意味するもの

松島義章　1999　「縄文時代の海面変化」『NEWTON アーキオ』10

松島義章　2006　『貝が語る縄文海進』　有隣新堂 64

松島義章　2007　「縄文時代早期の低地遺跡から推定される旧汀線の位置」『徳永重元博士献呈論集』

松島義章　2009　「縄文海進と海底に没した縄文時代早期の貝塚」『犬島貝塚』

松島義章・吉村光敏　1979　「館山市西郷の平久里川における沼層の14C 年代」『神奈川県立博物館研究報告（自然科学）』11

松戸市立博物館編　1994　『縄文時代以降の松戸の海と森の復元』　松戸市立博物館調査報告 2

三浦市教育委員会　1997　『大浦山遺跡』　三浦埋蔵文化財調査報告書 4

三浦市教育委員会　2002　『海蝕洞穴遺跡の世界』

南知多町教育委員会編　1980　『先刈貝塚』　南知多町文化財調査報告書 4

宮内崇裕編　2008　『房総の地学散歩』第一巻　千葉学ブックレット　房総の自然 1

宮内崇裕編　2009　『房総の地学散歩』第二巻　千葉学ブックレット　房総の自然 2

本吉正博　1982　「千葉県大原町新田野自然貝層における ^{14}C 年代」『房総の郷土史』10

八木奘三郎・下村三四吉　1895　「下総国香取郡阿玉台貝塚探窓報告」『東京人類学雑誌』10 - 97

山内清男　1967a　「洞窟遺跡の年代」『日本の洞穴遺跡』　平凡社

山内清男　1967b　「縄紋土器の改定年代と海進の時期について」『古代』48

横須賀市史編　2010　『新横須賀市史』別篇　考古

横田佳世子　1978　「房総半島南東岸の完新世海岸段丘について」『地理学評論』51 - 5

立教大学考古学研究会　1971　『新田野貝塚』

早稲田大学考古学研究室編　1954　『安房勝山田子台遺跡』

和田誠一　1968　「関東平野における縄文海進の最高海水準について」『資源科学研究所彙報』70

J.Milne 1880 "Notes on implements from Otaru and hakodate, with a Few Remarks on the Prehistoric Remains in Japan" *Transactions of Asiatic Society of Japan Vol.8.*

M.Yokoyama 1911 "Climatic Changes in Japan since the Pliocene Epoch" *Jour.Coll.Sci.TokyXXX* Ⅱ.

【補　記】　　縄紋海進の謎

　縄紋時代早期後半から前期にかける自然環境や、それに伴う人々の生活を大きくかえる事件が起こった。それが"縄紋海進"と呼ばれる海水面変動現象である。私たちは潮の干満や地震による津波などから海が動いていることを知っているが、ここでいう海進現象は、更新世から完新世すなわち世界中が氷河におおわれていた寒冷な気候から、温暖な後氷期の気候に伴う氷解現象によって引き起こされるのである。つまり、地上を覆っていた氷雪や現在の南極大極やグリーンランドに広がる氷床の三倍をこえる氷が解けはじめ、海水面を上昇させたのである。こうした海進現象は一時的に海水面が上昇したのではなく、ちょうど潮の干満と同じように後世期の長い歳月の中で、徐々に海進、海退を繰り返しながら現在の海水面に至ったと考えられる。

　日本でもこうした海水面の変化を、貝塚の立地から探るという研究が古くから行われてきた。

　明治時代に来日したイギリスの地質学者 J・ミルンは、当時発見された大森貝塚と江戸時代の海岸

第Ⅱ部　先土器時代から縄紋時代

とを対比し、縄紋年代を3000年前と推定した。大正一五年には、地質学者東木龍七が関東平野の貝塚の分布から縄紋時代の海岸線を推定し、当時の海水面が現在より10mほど高かったことを発表した。また同じ頃史前学研究所では、貝塚の位置やその貝が淡水産かあるいは鹹水産かによって、土器編年の基準にしようとする試みも行われた。戦後、江坂輝彌は、現東京湾から約50kmの奥地、利根川流域の栃木県藤岡の近辺にまで早期末から前期の貝塚が形成された事実から、この縄紋海進を汎世界的なアトランテック期の海進に想定した。この考えとは別に近年、山内清男は北欧におけるリトリナ海進と縄紋海進を対比し、その年代をリトリナⅣの海進と結びつけ、縄紋年代をB.C.2500年に位置づけている。しかし、縄紋海進をユースタチック（汎世界的）な海進現象の中で理解し、その年代観や自然環境を復原するためにはいくつかの問題が残されている。その第一の理由は、旧海岸線が海進現象によるものか、火山活動などによる地盤隆起現象によって引き起こされるものか決定しえないからである。考古学の側面からこの縄紋海進の実体を探るためには、個々の貝塚における土器型式の変化や貝層の淡鹹の変化を緻密に検討し、その事実を蓄積する必要があると考えられる。

　ここでは縄紋海進に関して二つの遺跡を紹介しておこう。

　愛知県先刈貝塚は、知多半島の伊勢湾側の南知多町内海に位置している。内海は現在でも遠浅の海岸が弧状に広がり、中京地帯の海水浴場としてよく知られている。この貝塚は海岸から約1キロメートルはいった、名古屋鉄道内海駅の新設に伴う高架橋脚の掘削工事中に発見された。貝塚は、早期の押型紋土器末期の高山寺式の単純遺跡で、ハイガイ、マガキ、アサリ、サルボウなどの海生貝類が主体となっている。その後のボーリング調査の結果、先刈貝塚の位置は明確にならなかったが、貝塚は海抜10～12m下に形成されたと推定された。これが事実だとすれば、当時の海岸線は数キロメートル先になり、高山寺式以降早期末から前期にかけて海水面が十数m上昇する縄紋海進が想定できよう。しかし、貝塚の位置が明確でない現在、アトランテック期のフランドル海進と対比することは、早計のようであろう。なぜならば、ほぼ同じ時期とみられる日本海側の福島県鳥浜貝塚では、こうした海進の兆候がみられないのである。太平洋沿岸では、現海水面をこえる数十mの海進が認められるのに対し、日本海側では認められないとは不可解なことである。鳥浜貝塚は三方湖に注ぐ鰯川と高瀬川の合流地点にあり、遺跡は現海水面より約2m下の位置にある。前期初頭から形成された貝塚の下には早期の押型紋が、下層には草創期の回転縄紋土器が蓄積する。人々は草創期から前期にかけて連綿と同じ場所で生活しているのである。この事実は、当時の海水面が当然、遺跡より下位にあることは言えても、現海水面をこえる大海進があった事実は証明出来ないのである。

　太平洋側に位置する先刈貝塚と日本海側に位置する鳥浜貝塚にみられる現象の違いは、縄紋海進の実体を軽々には解釈しえないことを語っているように思われる。

付編　1. 山内説と比較年代法

　縄紋土器が「どのように生まれてきたのか」というテーマは、縄紋文化起源論の本質ともいえる命題である。学史を繙いてみると、戦前から対立した議論が展開されてきた。一つは自生説とでもいうべきもので、日本列島内で縄紋土器が生成されたとする内因論的見解である。もう一つは伝播説ともいうべきもので、大陸の新石器文化の影響を受け縄紋文化が成立したとする外因論的見解である。言い換えるならば ^{14}C 年代による長編年説と比較年法による短編年説の対立と言い換えることができる［図Ⅱ－27］。

　^{14}C 年代による「トキが歴史をつくる」という考えはとらない。共時性は、遺物による比較年代法によってのみ、先史時代の歴史を再構成できると考えている。言い換えるならば「ヒトが歴史をつくる」という方法論である。実年代については、そうした相対的な歴史関係が確立したのちに、検討すればよい。後述するように、大陸との比較によって推定された年代観と ^{14}C 年代との間に大きな開きがある現状においては、^{14}C 年代に頼らず、まずは遺物の対比から相対年代を確立することが第一義である。

　隣接諸科学の研究者の方々がお集りの ^{14}C 年代に関するシンポジウムに参加したのも、考古学による比較年代法を知っていただければと考えたからである。芹沢長介先生から発表がありましたように、^{14}C 年代ですと、日本の縄紋土器の起源は B.P.12000 年前後であり、世界最古の土器になってしまう。しかし、日本の先史文化は、それ以降の文化もそうですけれど、常に大陸との交渉史の中で発展してきたのですから、

図Ⅱ－27　日本・シベリアの先史時代年代比較

第Ⅱ部　先土器時代から縄紋時代

この歴史的事実をぬきにして、日本の土器出現の背景を説明する訳にはいかない。
　その年代観を ^{14}C 年代に求める芹沢先生ですら、「日本を含めた東アジアの地域」で土器が発生したと述べているわけで、日本での自生説については、慎重な態度をとっておられる。それは日本列島における土器出現の歴史性を説明できないからに他ならない。現在のところ、縄紋時代の ^{14}C 年代を越える大陸側の資料はないわけですから、^{14}C 年代による年代では土器出現の背景は説明できない。だから、^{14}C 年代が正しいか、信用できるかという問題は、考古学的方法によってじっくりと検討する必要があるわけです。
　では、考古学的方法すなわち遺物の型式比較による年代決定方法について紹介します。先史学の世界というのは、文字のない時代の歴史学ですから、遺物の一つ一つの関係から再構成してゆかねばなりません。なんらかの歴史的な関係が認められれば、相手方にもそ

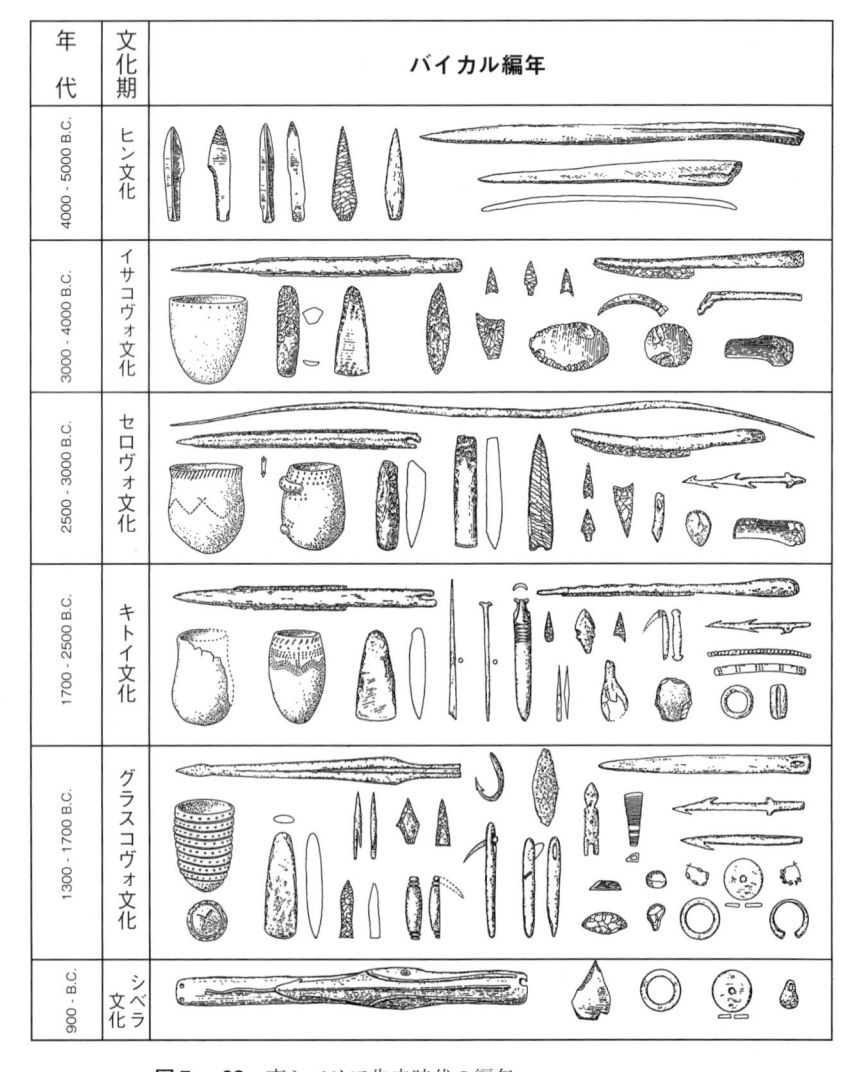

年代	文化期	バイカル編年
4000 - 5000 B.C.	ヒン文化	
3000 - 4000 B.C.	イサコヴォ文化	
2500 - 3000 B.C.	セロヴォ文化	
1700 - 2500 B.C.	キトイ文化	
1300 - 1700 B.C.	グラスコヴォ文化	
900 - B.C.	シベラ文化	

図Ⅱ-28　東シベリア先史時代の編年

付編　1. 山内説と比較年代法

れを証す遺物がのこり、こちら側にも遺物が残る。そうした要素を総合的に判断していくことで、考古学的方法による同時代性が立証できるわけです。山内清男先生は、大陸との比較年代決定法によって縄紋土器の出現年代を B.C.2500 年とされております。短編年説です。^{14}C 年代との差は実に 6000〜7000 年の開きが生じています。山内説は文物と文物の比較年代ですから、実年代と多少の誤差があったとしても、その相互の関係は否定できない。また、年代に 6000〜7000 年という大きな差が生じるとは考えられません。

ここでは、縄紋土器の出現期を B.C.2500 年とする山内説の背景や、遺物の対比による比較年代決定法の原現的な問題について述べてみたいと考えます。山内先生の年代観の対比関係で問題にされたのは、A.P. オクラドニコフのバイカル編年です［図Ⅱ-28］。シベリアの新石器時代の年代観は、古い方からヒン期（B.C.4000 年代）、イサコヴォ期（B.C.3000 年代）、

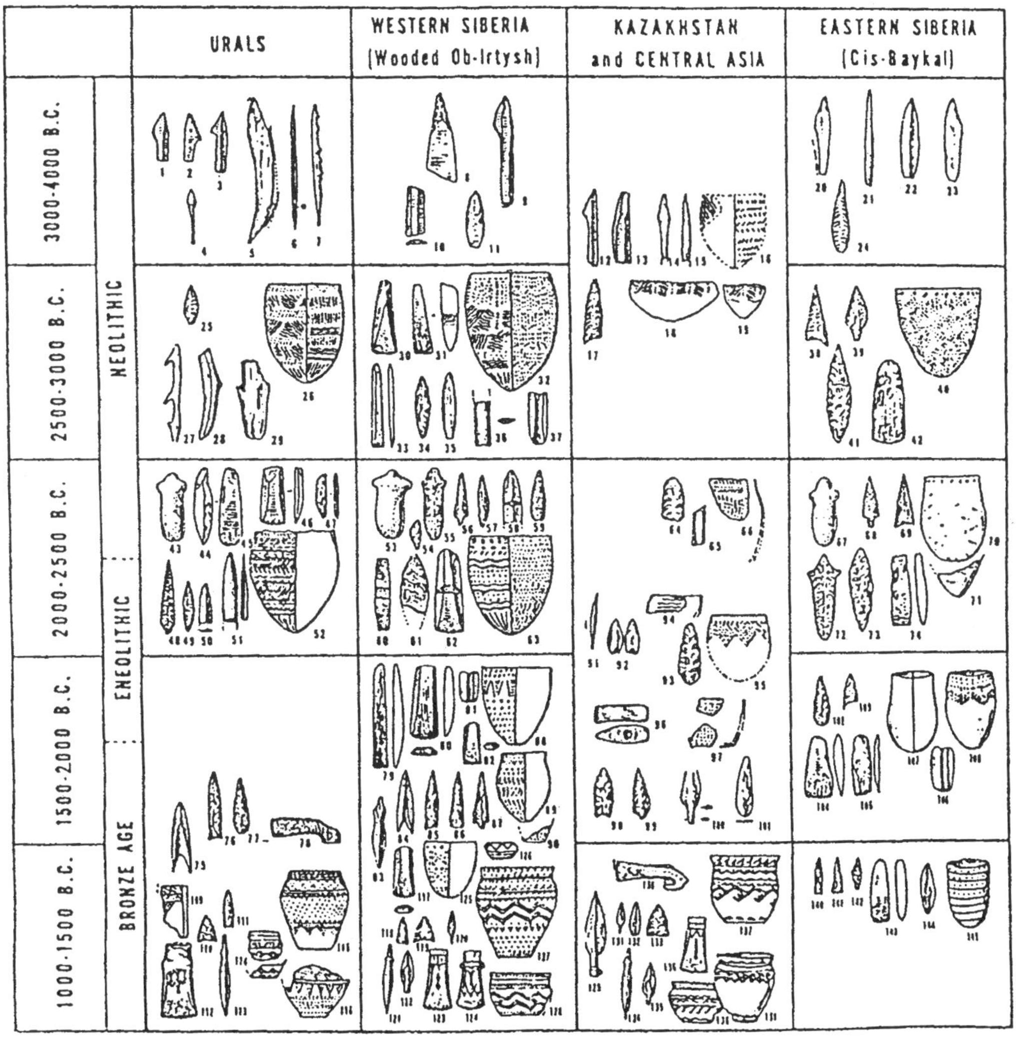

図Ⅱ-29　西シベリア先史時代の編年

第Ⅱ部　先土器時代から縄紋時代

　セロヴォ期（B.C.3000～2500年）、キトイ期（B.C.2500～1700年）、グラズコーヴォ期（B.C.1700～1300年）、シヴェラ期（B.C.1300～900年）となります。前の四期が新石器時代、後の二期が青銅器時代です。新石器時代初頭のヒン期にはまだ土器は伴いません。二番目のイサコヴォ期から土器が出現してきます。この時期には特徴的な形態をもった円鑿形をした局部磨製石斧・植刃などがみられます。また、キトイ期には、矢柄を磨く矢柄研磨器とよばれる砥石があります。こうした特徴的な遺物は日本の先土器時代終末期から縄紋時代草創期にかけて出現しており、シベリア方面の新石器時代との系統関係が認められます。山内説のB.C.2500年の年代的背景の1つはこのシベリアの新石器時代の編年によっているのです。

　ではこのバイカル編年の年代観はどうかといいますと、V.N.チェルネッフの編年によって、東シベリアとウラル山脈以東、すなわち中央アジア、西シベリア方面との交差対比が確立しています〔図Ⅱ-29〕。B.C.3000～4000年期をみていただきますと判りますように、石刃を加工して作った石鏃、これを石刃鏃と呼んでおりますが、中央アジアのケルチェミナール文化に代表される基部の片方をえぐって加工した石刃鏃が、西はウラルから東はシ

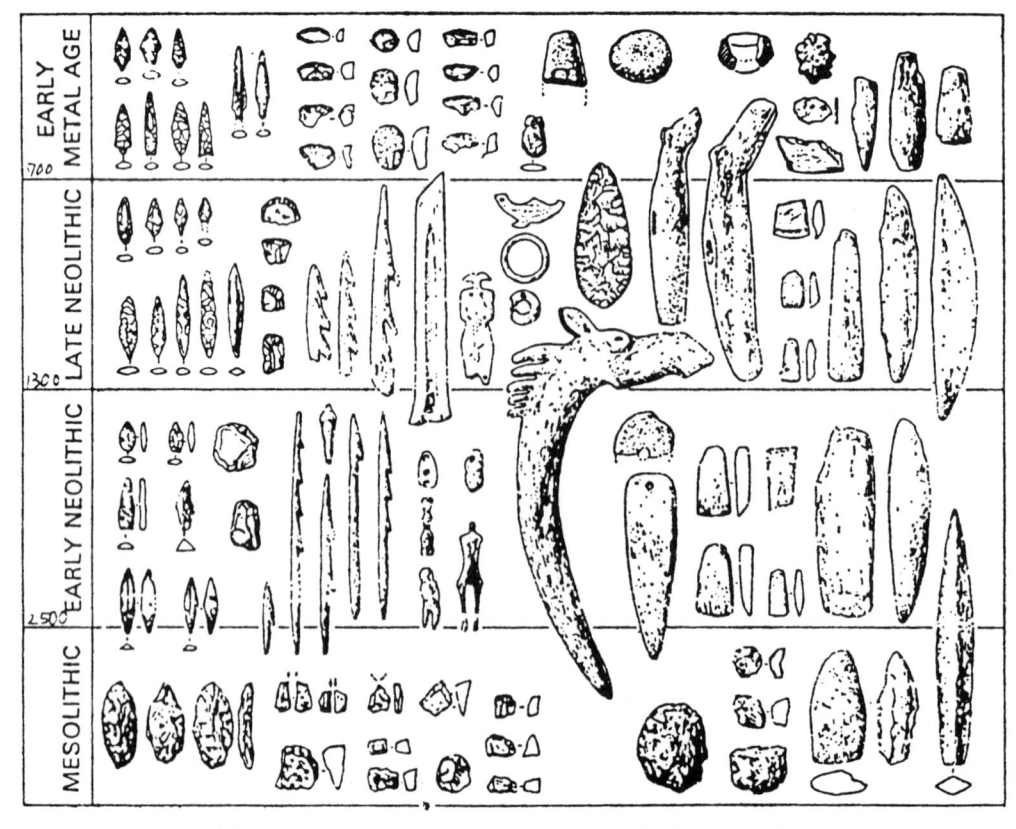

図Ⅱ-30　カレリア・レーニングラードの編年〔N.N.Gurina〕

- 276 -

付編 1. 山内説と比較年代法

ベリアのヒン期にまで広く分布しています［図Ⅱ-31（9）～（15）］。B.C.2500～2000年期では、ウラルでいいますとゴルドノヴォ文化の第2期にあたりますが、その中には、有耳石斧（トラニオン・アッズ）とよばれる特異な石斧［図Ⅱ-31（4）・（5）］が、ウラルから東シベリアまで共通して拡がっています。この時期には、断面が台形状を呈する石斧がウラル、西シベリアにみられ、これらはヨーロッパ・ロシアにみられる新石器時代のカレリア型と呼ばれる石斧に類似しています［図Ⅱ-31（1）～（3）］。また、青銅器時代に入り、中央アジアのアンドロノヴォ期（B.C.1500～1000年）の青銅製の斧［図Ⅱ-29］には綾杉状の文様が施されています。西シベリア、ウラルにもあり、ウラルを越えたヨーロッパにも分布しています。こうした特徴的な遺物をとってみても、シベリアからウラルまでの新石器時代の編年の骨子が組み立てられている。

それでは、ウラルを越えてヨーロッパ側の対比関係をみてみたいと思います［図Ⅱ-30］。スカンジナビヤ半島から西北ロシアにかけての新石器時代は、停滞的な森林文化といわれる狩猟民の世界です。フィンランドではシベリア産のソリが発見されており、ウラル以

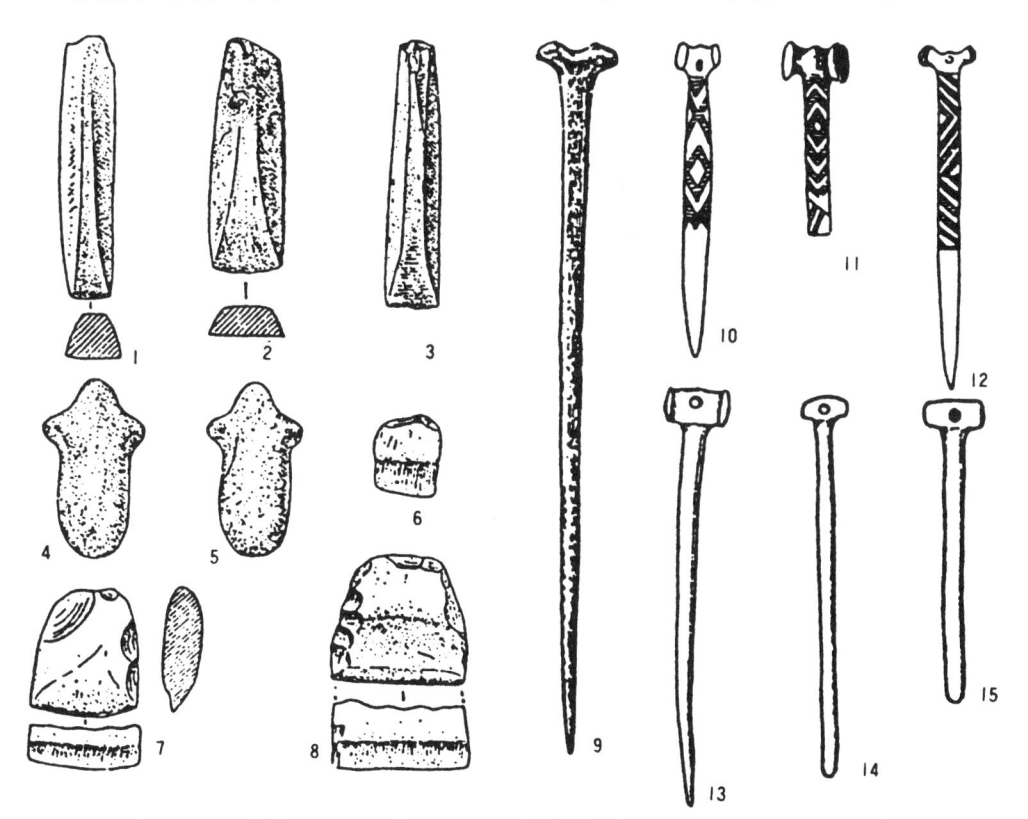

図Ⅱ-31 北部ヨーロッパとシベリアの遺物対比〔M.Gimbutas, A.P.Okladnikov〕
カレリア型石斧（1.カレリア，2.西北ロシア，3.シベリア）有耳石斧（4.シベリア，5.カレリア）
スクレイパー状石器（6.フィンランド，7.西北ロシア，8.シベリア）
ハンマー型ピン（9.東シベリア，10～12.ヴェステルビエル，13～15.東プロシャ，デンマーク）

- 277 -

第Ⅱ部　先土器時代から縄紋時代

東の文化との交渉を実際に示している。［図Ⅱ-30］はカレリア、レーニングラードの編年表です。新石器時代はB.C.2500年以降に位置づけられ、ヨーロッパの中心の農耕をもつ新石器文化より新しく編年されています。それ以前は中石器時代ですが、すでに土器が存在しています。先程も述べたように、この地方の新石器時代にはカレリア型石斧といわれる特有の石器があり、西北ロシア、シベリアから出土しています。またウラル以東に広く分布している有耳石斧はヨーロッパ側のカレリア地方でも出土しています。同様、フィンランド、西北ロシアにみられるスレート製のスクレイパー状石斧［図Ⅱ-31（4）〜（6）］も、シベリアに分布しています。また、A.P.オクラドニコフが指摘していますが、シベリアのキトイ期から出土するピンはハンマー型ピンとよばれる一種で、同様のものがコーカサスやヨーロッパでも出土しています。北コーカサス地方では、青銅器時代のハットグレイブス・カタコンブとよばれる地下式墓から出土しています。また、東プロシヤ、デンマークでは、パッセイジグレイブスという日本でいえば横穴式石室のような墳墓から出土しています。以上、ウラルの東と西すなわちヨーロッパ側とアジア側でも遺物と遺物の対比関係が可能です。ここにあげました例は一つの要素であり、土器文様の系統などとともにこれらを総合的に組み立てていかなければなりません。

　こうした比較年代法によって、大陸における先史時代のヒトとヒトによる交流・文物の動きを背景として、日本の先史時代の位置づけをする必要があります。最初に戻りまして、山内先生が縄紋年代をB.C.2500年と推定された根拠の一つである矢柄研磨器についても、その対比関係が、単に似ているからというだけでなく、その背景となる大陸各地での先史世界をふまえた上で位置づけたのです。矢柄研磨器の出現するキトイ期には、擦切技法という原石に何本かの溝を入れて、石斧の素材をとるテクニックがみられます。この技法はすでに縄紋時代草創期・早期や石刃鏃文化の中にその系統を認めることができます。シベリアと日本との対比をみても、縄紋時代は決して古いものではないと考えます。

　最近、筑波大学の加藤晋平先生は矢柄研磨器について論文を発表され、B.C.8000〜10000年ぐらいの段階にも存在することを指摘されています。確かに、その年代の時期にもあるでしょうが、1万年前のヨーロッパの矢柄研磨器と日本のものを対比し、その系統関係をみいだすことはむずかしいでしょう。やはり、新しい時代のものと比較した方がよいと考えます。

　以上のことから、考古学的方法すなわち遺物の相互の関係、その系統観によって提示された山内先生のB.C.2500年説が正統な方法であり、比較年代法によって導かれた年代観を検討していくことが大切だと考えるわけです。^{14}C年代にしても、山内年代にしても、結局は、考古学を学ぶ人間が、日本列島における先史時代の歴史を相対として再構成できるかにかかっているのです。－トキが歴史をつくるのか、ヒトが歴史をつくるのか－

第Ⅲ部　押型紋土器の編年とその技法

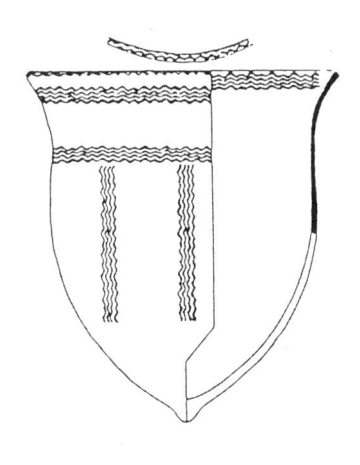

沢遺跡

第1章　押型紋土器の地域性
第2章　神宮寺・大川式押型紋土器について
第3章　立野式土器の出自とその系統
第4章　トロトロ石器考

第1章　押型紋土器の地域性

はじめに

　円棒に彫刻を施した原体を回転して施紋する押型紋土器は、縄紋土器の長い変遷の中において特異な技法上の位置を有している。早期初頭を相前後する時期において、北は青森県から南は鹿児島県まで、北海道を除くほぼ日本全土に広範囲な分布を示し、革新的ともいえる施紋法として一時期を凌駕するのである。こうした技法あるいは、原体レベルにおける押型紋土器の斉一性は、草創期と早期を画する時期区分上の問題としても重要な意味をもつと考えられる。同一技法における斉一的な分布や比較的短期間に消滅したことを考え合わせるならば、押型紋土器が各地域で個別に出現したのではなく、系統あるいは秩序をもった構造的な広がりとして把握することができるであろう。

　押型紋土器は、戦前から縄紋土器の起源を探る鍵として、また東北地方の貝殻・沈線紋土器と対峙した関係で論じられてきた。しかし、戦後の撚糸紋土器の変遷や1960年代における隆起線紋土器をはじめとする草創期前半の土器群の出現によって、ややもすると押型紋土器は客体的存在として、型式学的な検討や細分が十分に論議されないまま今日を迎えているのである。

　また、東北地方にも押型紋土器の存在が知られるようになった。技法上の斉一的な広がりの中にも、施紋された文様段階での地域性が明確になってきた。たとえば、東北地方の日計式、関東地方の撚糸紋と併用する押型紋、中部地方の帯状施紋の押型紋、いわゆるネガティヴ押型紋といわれる近畿地方の神宮寺式・大川式といった特徴的な文様を施紋する押型紋が、各地域で分布している。これらの地域性を論じるためには、型式学的検討によってその同時性を証明する必要があろうが、おそらく押型紋土器出現の前段階の様相を反映していると考えられる。

　しかし、この前段階すなわち草創期の崩壊過程から革新的な技法の押型紋土器の出現までの間、いかなる土器が位置づけられるか、それが大問題なのである。関東地方の撚糸紋土器を除いて、他の地域では草創期終末期の土器が空白なのである。これが、単に編年表上の空白なのか、未命名あるいは未知の土器が介在するのか、はたまた、草創期前半の土

第Ⅲ部　押型紋土器の編年とその技法

器が下るのか、押型紋土器が遡るのか未解決の問題を多く含んでいる。このブラックホールの究明こそ、押型紋研究の重要な課題の一つである。押型紋土器の出自を探ろうとする時、この暗黒の陥穴に入り込み、多くの研究者を悩ます結果となっているのである。こうしたジレンマを、草創期前半の土器と直結させて解消しようとするのは、いささか短絡的な思考法ではないだろうか。たしかに、押型紋土器の普遍性からみれば、撚糸紋土器のあり方は異質であり、異常である。しかし一方、撚糸紋土器から押型紋土器への変化も客体的ではあるが普遍性をもっているのである。互いにその接点を見いだせないまま、押型紋土器の出自や地域性の議論は研究者自身の地域性を色濃く反映しているのが現状であろう。

　こうした現状を打開するためには、押型紋土器の型式学的検討を通して、その上限と下限を定め、細分型式の議論を深化させる必要がある。また、この手続きを抜きにしては地域性を論じることはできないし、その背景としての縄紋時代の人々の動態を究明することにもならないであろう。まず、押型紋土器解明の手掛りを探る旅として、東北から出発してみようと思う。

1. 東北地方の押型紋土器

　この地域は長らく押型紋土器に対峙する貝殻・沈線紋土器の文化圏として位置づけられてきた。しかし、この地域にもやや異質な日計式と総称される押型紋土器の存在が知られるようになったのは1950年代のことである。この時期、注目すべき二つの発掘が青森県下で行なわれた。一つは1955年に佐藤達夫らによる唐貝地貝塚の発掘であり、もう一つはその2年後1957年に江坂輝彌らによる日計遺跡の発掘である。佐藤は少量であったが、層位的事実と日計式に共伴する縄紋土器の型式学的な特徴から花輪台1式と関連づけ、これらの一群を編年上やや降り、花輪台2式以降に位置づけた〔佐藤・渡辺1958〕。一方、江坂は北海道の押型紋土器との関連を求め、日計式を早期終末のムシリⅡ・Ⅲ式に位置づけたのである〔笹津1960〕。こうした相反する評価からしばらく不安定な位置におかれた日計式も、1964年岩手県蛇王洞洞穴の発掘の結果〔芹沢・

図Ⅲ-1　日計式土器の文様（1・2前半期　3・4後半期）

第1章　押型紋土器の地域性

林1965]、佐藤の編年的位置づけの正しさが再認識されたのである。

　日計式とよばれる押型紋土器は青森県から新潟県・千葉県にまで分布し、貝殻・沈線紋土器に先行する地域性をもっている。施紋原体は重層山形紋と重層菱形紋が基本形［図Ⅲ－1（1）・（2）］でありその変化形とみられる数種のバリエーション［図Ⅲ－1（3）・（4）］もみられる。原体は直径・長さともに大きく、両端は加工しない。遺跡数は100遺跡近く知られているが、量的には少なく細別型式が設定できるまでには到っていない。相原淳一の三段階区分〔相原1982〕や、武田良夫の日計式から大新町式へという変遷〔武田1982〕は大筋では正しいように考えられる。ここでは貝殻・沈線紋土器以前の日計式を前半期、貝殻・沈線紋土器を伴う日計式を後半期に大別して考えてみたい。

　前半期は、重層山形紋と重層菱形紋の日計式と縄紋を施紋した土器が共伴、あるいは併用される。いずれも口縁部には数条の沈線紋をめぐらす。また宮城県松田遺跡〔宮城県教育委員会編1982〕では、第Ⅰ群と第Ⅱ群に細別されることから、前半期はさらに二分される可能性を含んでいる。岩手県馬場Ⅱ遺跡例、青森県唐貝地貝塚例、新納屋（2）遺跡例が古く、山形・菱形紋がややくずれ、口縁部の沈線が密接して集合あるいは平行押型紋によって施される青森県日計遺跡例、宮城県下川原子A遺跡例、竹之内遺跡例が新しい傾向にある。

　後半期の日計式は、山形・菱形の基本形がくずれ、V字形・X字形の単位を平行線あるいは鋸歯状に充填し、原体はより大きく長くなる。口縁部の沈線は密接し、帯状を呈する。この沈線を平行線紋押型紋で施紋する例も多くみられる。これらが貝殻・沈線紋土器と共伴することは、岩手県大新町遺跡例〔盛岡市教育委員会1983〕［図Ⅲ－2］を見れば明らかであろう。口縁部から横区画の平行沈線紋・格子目沈線紋に続き、日計式押型紋を施している。大新町遺跡の沈線紋土器には口縁部が内ソギとなり器壁が厚く、胎土に繊維を含まない三戸・大平式段階のものと、それ以前と考えられる口縁部が丸みをもち、器壁も薄く胎土に繊維を含むものがある。この沈線紋に対応するように後半期の日計式もさらに二分されよう。この時期の押型紋は、青森県幸畑遺跡例、秋田県岩井洞穴例、福島県観音谷地遺跡例があげられる。日計式押型紋土器は、2大別4細分が可能なように考えられる。

　今、仮に下限を三戸・大平式段階に求めることが可能であれば、その上限は遡ったとしても佐藤が指摘した花輪台1式前後が妥当な

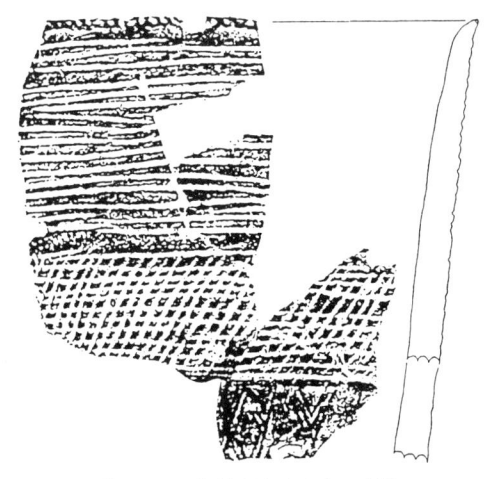

図Ⅲ－2　大新町遺跡出土の土器

－ 283 －

第Ⅲ部　押型紋土器の編年とその技法

位置づけであろう。では、福島県竹之内遺跡〔馬目順一ほか1982〕から出土した撚糸紋土器、普門寺式押型紋、日計式押型紋は、どのような関係にあるのであろうか。出土した普門寺式は、おそらく稲荷台式土器に後続する段階のものであろう。また、同遺跡の日計式は前半期のものであり、竹之内式と呼ばれる沈線紋土器との共伴により、時期的には普門寺式に近い関係にあると考えられる。

　日計式前半期の分布が東北地方に留まっていたのに対し、後半期には、撚糸紋土器の終焉とともに南関東に広がりをみせるようになる。神奈川県三戸遺跡で出土した綾杉状押型紋〔領塚1985〕は日計式の影響と考えられる。また塞ノ神式にみられる信州から西日本にまで広がる鋸歯状山形紋も日計式の終末と関連があろう。

2．関東地方の押型紋土器

　この地域の押型紋土器は、常に客体的なあり方を示している。しかし、押型紋土器に先行する土器群は、現在のところ撚糸紋土器しかないのであるから、押型紋土器出現のメカニズムは撚糸紋土器の変遷の中にその手掛りを求めなければならないであろう。撚糸紋土器との関係は古くして新しい問題である。撚糸紋土器との伴出関係は、1939年稲荷台遺跡の発掘からはじまっている。この事実をもとに江坂輝彌は、南北二系論を提唱したが、戦後の神奈川県大丸遺跡・平坂遺跡・夏島貝塚の発掘より、江坂の想定は破綻し、押型紋土器との共伴関係も精算される結果となった。変わって、撚糸紋土器終末期の無紋土器すなわち、平坂式段階に、押型紋土器が共伴するということが定説化したのである。

　しかし、近年東京都多摩ニュータウンNo.269遺跡をはじめとして、撚糸紋土器との伴出例は増加している。再び撚糸紋土器との共伴説が活発化してきた。しかし、層位的な事例はなく、いずれも状況証拠でしかない。撚糸紋土器のどの段階に共伴するかは、慎重に検討しなければならないが、平坂遺跡の層位的な関係は再考を要しよう。重要なことは、これらに伴出する押型紋がいずれも山形紋を主体とした帯状施紋か密接施紋の土器ということである。客体的な中にあっても、押型紋土器の本来的な姿が内在しているように考えられる。

　こうした情況証拠とは別に、その共伴関係を示す二つの事例がある。一つは東京都二宮森腰遺跡例〔秋川市教育委員会編1974〕と、もう一つは千葉県東寺山石神遺跡例〔千葉県文化財センター1977〕にみられる特徴的な押型紋土器の存在である［図Ⅲ－3］。二宮森腰遺跡例は、口縁部が肥厚した一条の沈線の直下から山形紋を縦方向に施紋したものである。この器形は共伴した稲荷原式と同じものであり、この段階に押型紋が存在することは動かし得ないものであろう。東寺山石神遺跡例は、撚糸紋と押型紋を併用して施紋するも

第1章 押型紋土器の地域性

のである。押型紋は、矢羽状や変形した山形紋・三角紋を施した幅のせまい特殊な原体を用いている。類例は、ニッ木貝塚ほか千葉県下で数例しか知られていない。地域色の強い押型紋土器である。これらの土器はいずれも口縁部片がなく、時期の決め手に欠く。しかし、おそらく伴出した第5類（花輪台1式）に伴うものと考えられる。

以上の例から、押型紋土器が稲荷原式以降の撚糸紋土器終末期に共伴することは明らかであろう。しかし、これらの土器はいずれも土着化した手法であり、本来的な押型紋土器の施紋技法を示していない。少なくとも山形紋の帯状・密接施紋の土器群は、これらの前段階に位置づけなければならないであろう。撚糸紋土器の変遷をみるとき、稲荷台式以降の終末期の中にこそ、押型紋土器出現の背景が隠されているのではあるまいか。撚糸紋土器の終末期には、多数の型式が設定されている。これは研究者の型式設定の理解にも問題があろうが、撚糸紋土器の崩壊過程の複雑な様相を反映しているともいえそうである。この崩壊過程の中に、新しく胎動しはじめる流れの一つとして、押型紋土器の出現背景を読み取ることができるのではないだろうか。

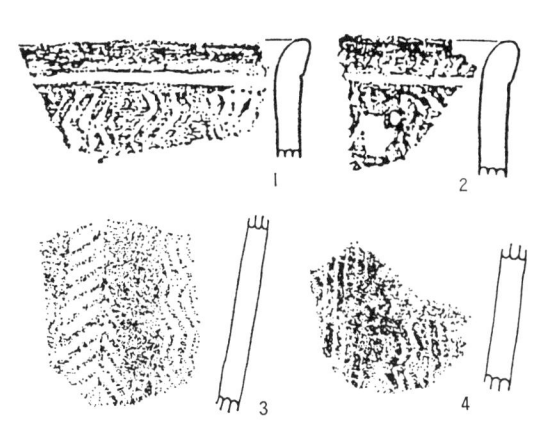

図Ⅲ-3　二宮森腰遺跡・東寺山石神遺跡出土土器
（1・2 二宮森腰遺跡　3・4 東寺山石神遺跡）

しかし、撚糸紋土器の変遷過程の中には押型紋土器を出自する基盤は認められない。おそらく稲荷台式直後の段階に、中部地方からの影響を受けた押型紋土器が流入したのであろう。次の段階で、二宮森腰遺跡例や東寺山石神遺跡例のような在地化した押型紋土器があらわれるという訳である。

関東ではおそらく、中部地方における沢式、それに続く樋沢式が撚糸紋土器終末期と併行する。続いて三戸式・田戸下層式の沈線紋土器段階では、楕円紋を加えた水平施紋の押型紋土器の一群が伴うものと考えられる。関東の押型紋土器の下限は、現在のところ田戸下層式段階と推定される。

3．中部地方の押型紋土器

信州をはじめ飛騨を中心とした山岳地帯には、濃密に押型紋土器が分布している。その存在は古くから知られ、研究の関心も高いところである。その研究史上、二つの問題がある。その一つは、押型紋土器の位置づけを常に関東の撚糸紋土器の変遷を視座において捉えよ

第Ⅲ部　押型紋土器の編年とその技法

うとした点である。草創期前半の土器群が発見された現在でも根強い潜在的意識が働いているようである。もう一点は、立野式と樋沢式の関係である。立野式を古くするものと樋沢式を古くするものと二者に分かれる。立野式を古く位置づける人々は、栃原岩陰をはじめとした層位的な事例をその根拠にする。果たしてそうであろうか。立野式を最古とするならば、その起源は当然、近畿地方の押型紋土器に求めなければならない。神武東征説である。かつて、佐藤達夫が神宮寺式・大川式を別系統として位置づけたように〔佐藤・大野1967〕、ひとまず立野式を中部地方の押型紋土器の変遷の圏外におくことがより妥当であろう。立野式を理解する上で重要な資料が、奈良県大川遺跡から出土している［図Ⅲ－4］。この土器はネガティヴ押型紋の中に、山形紋の帯状施紋が加えられたものである。帯状施紋の手法が大川式に嵌込まれた異系統同一個体の土器である。すなわち、型式学的には大川式が帯状施紋をもつ中部地方の土器と関連していることを示している。

　では、この帯状施紋土器は中部地方のどの段階に対比できるのであろうか。帯状施紋をもつものには二時期ある。帯状施紋だけの沢式段階、帯状施紋から密接施紋の過渡期的な樋沢式の段階である。長野県における沢式段階のものは、向陽台遺跡のものが対比されよう。編年的には沢式から樋沢式へ変遷する。樋沢式の中には、帯状施紋の楕円紋が存在することが注目される〔樋沢遺跡発掘調査団編1987〕［図Ⅲ－5］。問題はこの土器の口縁部のキザミである。かつて可児通宏が指摘〔可児1969〕したように、立野式や神宮寺式・大川式にもあり、それ以降の水平施紋の押型紋土器にもみられる。また、樋沢式に後続する細久保式の外反する口縁部、頸部の刺突紋は大川式に共通する。これらの諸点を考え合わせるならば、大川式は樋沢式に対比しうるであろう。立野式は樋沢式から細久保式への変遷の過程で、関西の大川式が流入してくる分派型式であろう。楕円紋の出現はこの時期のネガティヴ紋の反転現象かもしれない。また、大川式の口縁部横方向・胴部縦方向という施紋手法が、立野式では逆転していることも留意する必要があろう。

　中部地方における押型紋土器の前半期を沢式・樋沢式・立野式が占め、後半期には細久

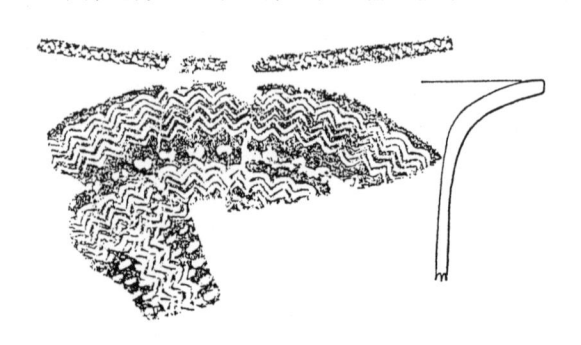

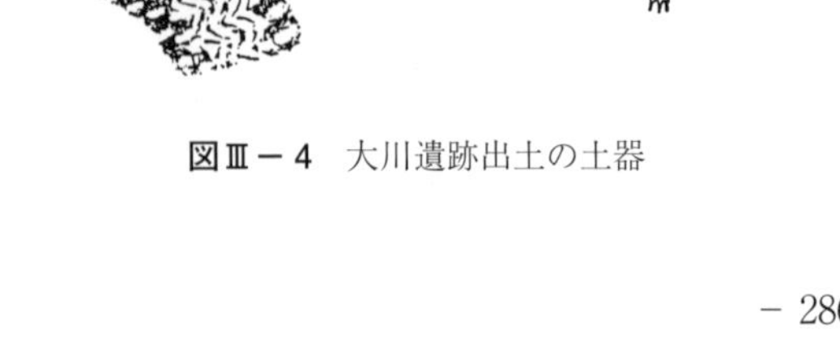

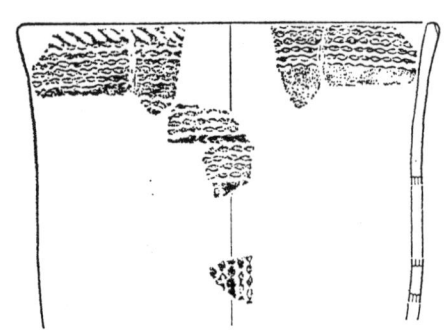

図Ⅲ－4　大川遺跡出土の土器 　　　　図Ⅲ－5　樋沢遺跡出土の楕円押型紋土器

第1章　押型紋土器の地域性

保式・ひじ山式・塞ノ神式・高山寺式・相木式の諸型式が位置するであろう。後半期の細久保式と総称されるものは、なお細分が必要であろうし、その変遷については検討課題を残している。

　また、前述したように塞ノ神式の鋸歯状押型紋は、時期的に日計式の新しいものと関連しよう。ひじ山式より新しいとみられる楕円紋を主体とする一群は、岐阜県星の宮遺跡の例などから、田戸下層式に併行するものと考えられる。高山寺式と相木式の前後関係は明確ではないが、高山寺式は長野県下ではあまりみられず、東海から九州にかけて広く分布している。相木式は近畿地方の兵庫県神鍋遺跡にもあり、終末期の地域性をもった土器群といえよう。中部地方の押型紋土器の終末は、田戸上層式段階におさえておくことが妥当と考えられる。

4. 近畿以西の押型紋土器

　近畿地方には、神宮寺式・大川式とよばれるネガティヴ押型紋土器が分布している。原体の彫刻法が反転しているため、通常の押型紋とは異質な感じを与えている。原体の両端は加工せず、直径は太く幅は長くつくられる。その原体の大きさは日計式のそれに似る。これらが回転紋であることは明らかであるが、なお信じようとしない人々もいる。神宮寺式［図Ⅲ－6（1）］と大川式［図Ⅲ－6（2）］とは型式学的にも異なった別個の型式と考えられるが、その前後関係を示す層位的な事例はない。また、型式学的にも十分な吟味がなされているわけでもない。

　最近、大川式を古く、神宮寺式を新しく見る見解もある。大川遺跡には神宮寺式の要素がみられるが、神宮寺遺跡には大川式の要素はない。口縁部に横方向、胴部を縦方向に施す帯状施紋の規範は大川式により強く認められる。神宮寺式はこの規範がややくずれ、縦

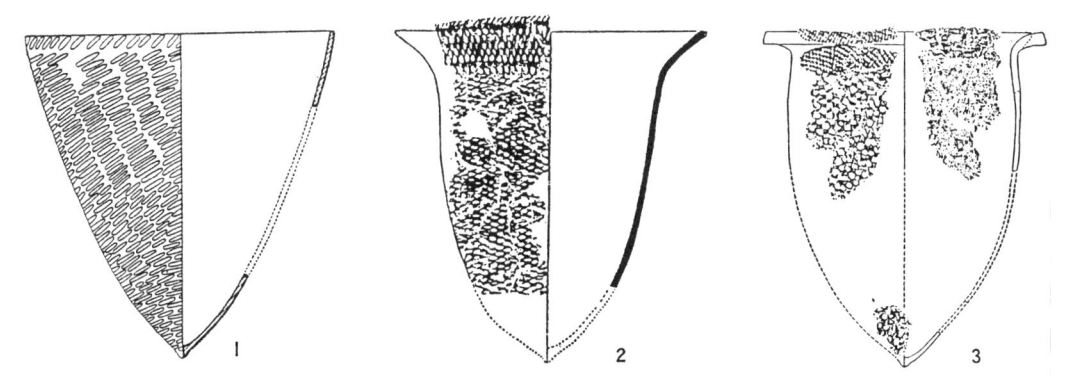

図Ⅲ－6　近畿地方の押型紋土器（1 大阪府神宮寺遺跡　2 奈良県大川遺跡　3 三重県大鼻遺跡）

- 287 -

第Ⅲ部　押型紋土器の編年とその技法

方向のみの施紋もみられる。また横方向の施紋が口縁部近くに集約され、文様帯は短い。大川式が口唇部に回転紋を施紋する例が多いのに対し、神宮寺式の多くは口縁上端にキザミをもつ。このキザミは後出の要素とみることもできる。

　ここでは、以上の型式学的な相異点を指摘するに留め、その前後関係について保留しておこう。重要なのは、神宮寺式が近畿以西、鳥取県久古遺跡、立縫遺跡、広島県馬取貝塚、高知県飼古屋岩陰など中国・四国地方に分布するのに対し、大川式は長野県立野式にみられる如く、東海・中部地方に分布することである。

　最近、三重県大鼻遺跡〔三重県教育委員会1986〕の縄紋を多用する大鼻式と称されるネガティヴ押型紋は、大川式の一地方色とみるべきであろう［図Ⅲ-6(3)］。出土した表裏縄紋をもって草創期前半期と関連づけようとするのは、慎重に願いたい。また、有舌尖頭器の伴出を根拠とすることも同様である。前述したように大川式は樋沢式段階であり、神宮寺式・大鼻式も近畿地方の押型紋土器前半期として位置づけられよう。

　後半期は水平施紋の尾上式や、楕円紋を主体とし、口縁裏面にも文様を施す黄島式が近畿以西に広く分布している。黄島式が九州で著しく発達した口縁内面施紋の押型紋土器と関連することは、多くの認めるところであろう。終末期の高山寺式もこの黄島式の分布を踏襲した広がりをもっている。また、高山寺式を主体とした鳥取県上福万遺跡〔鳥取県教育文化財団編1985〕では、九州の平栫式併行の土器が出土しており、九州地方の早期編年の時期的な指標となると考えられる。なお、近畿地方の穂谷式はおそらく中部地方の相木式の仲間であろう。

　九州地方は押型紋土器が独自の発展をとげた地域であり、平底のものや器形も多様である。大まかに川原田式→早水台式→田村式→ヤトコロ式→手向山式という変遷〔山崎・平州1986〕が考えられている。早水台式が黄島式に対比され、田村式が高山寺式に対比されるという。古いとされる川原田式は横方向の帯状施紋であり口縁内面にも施紋がみられ、本州における後半期のものに対比されよう。

　前半期の押型紋土器が欠落しているか、また別系統の土器が位置づけられるのか、九州における押型紋土器出現のあり方を示している。その反面、本州にはみられない平底の押型紋が高山寺式以後、存続するらしい。しかし、いずれにしても本州の押型紋土器の消長と大きく異なるわけではなく、九州の押型紋土器も早期後半にはその終末を迎えるのであろう。また激動する九州の早期編年の中で、押型紋土器の変遷や地域性については、他の早期諸型式との関連や位置づけが整備された段階で、改めて検討しなければならない重要な課題の一つである。

第1章　押型紋土器の地域性

前半

日計式
沢式・樋沢式
神宮寺式
大川式
普門寺式

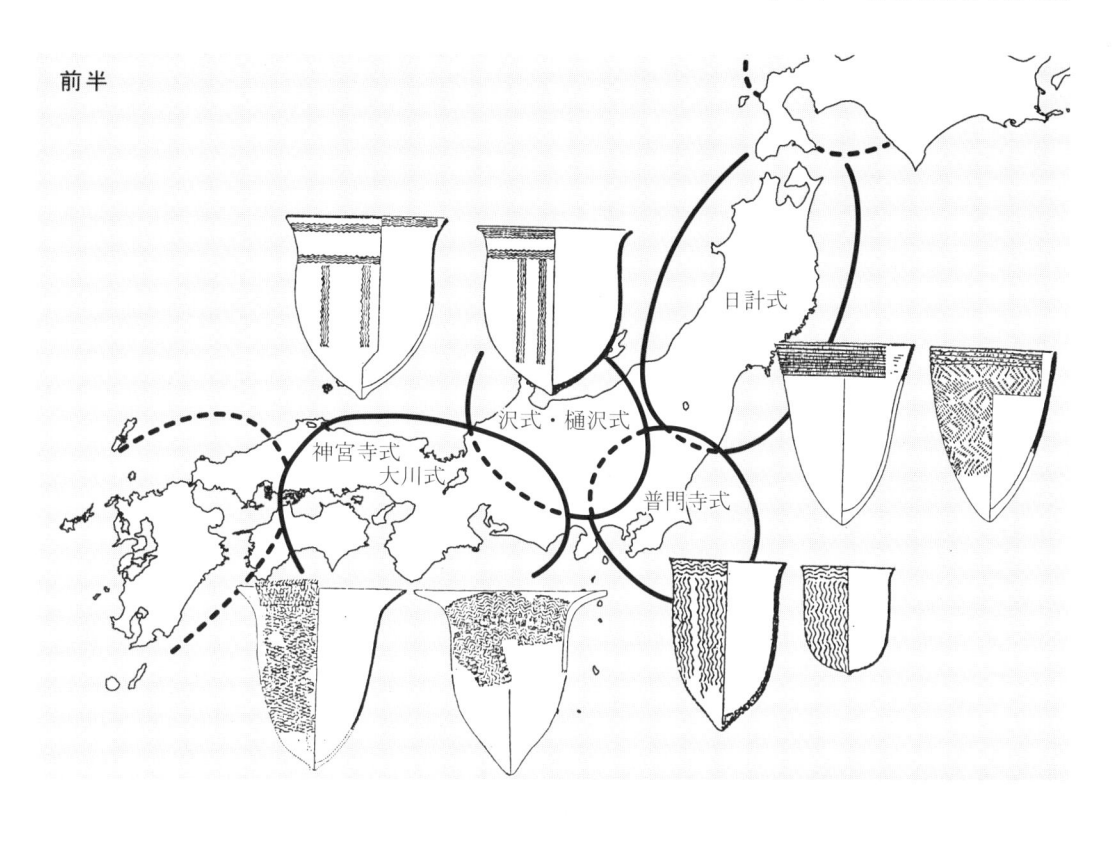

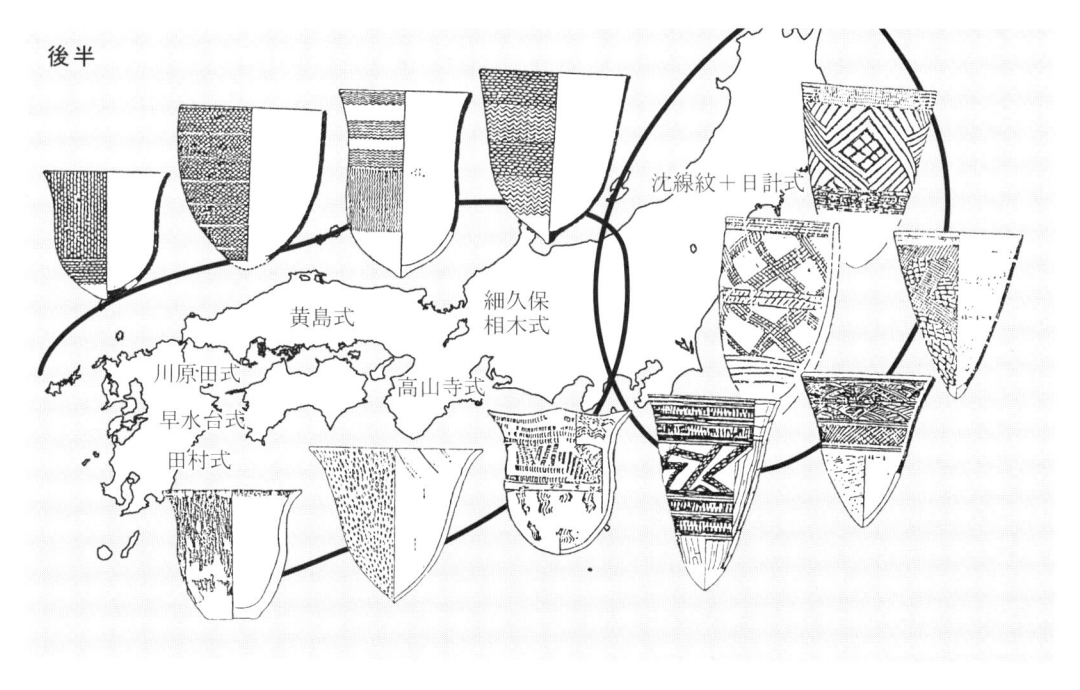

後半

沈線紋＋日計式
黄島式
細久保相木式
川原田式
早水台式
高山寺式
田村式

図Ⅲ-7　押型紋土器の分布

第Ⅲ部　押型紋土器の編年とその技法

おわりに　－その地域性について－

　各地域の押型紋土器について概観してきたが、現在のところ、細分型式での相互関連や地域性を論じるに十分な編年が確立しているとはいいがたい。今その地域性を前半期と後半期に分けてみるならば、［図Ⅲ－7］のような分布圏を示すことになろう。前半期には東北地方を中心とした日計式、関東地方の撚糸紋土器終末期、中部地方の沢式・樋沢式、近畿地方の神宮寺式・大川式の四つの地域に分けることができる。これは縄紋晩期前半の東北地方の亀ヶ岡式、関東地方の安行式、中部北陸地方の佐野式、八日市新保式、近畿地方の滋賀里式といった地域性と類似している。また、これらの地域がなんらかの形で亀ヶ岡文化圏の影響を受けていることは、押型紋土器の地域性を考える上でも、重要な視点と考えられる。

　後半期は、東北地方の日計式と共伴する貝殻・沈線紋土器の分布圏が関東にまで及ぶのに対し、中部地方以西は山形紋、楕円紋の押型紋土器が九州にまで広がり二大分布圏を形成するのである。これもまた、縄紋晩期終末の亀ヶ岡式と遠賀川式の分布圏に対比され興味深い。

　最後に押型紋土器出現の様相についてふれておきたい。東北から九州まで広域的かつ斉一性をもって出現する背景には、その前段階として山内清男が指摘したように、麺棒の如く回転して土器の表面を調整する技法が発達していたのではないだろうか。彫刻のない円棒の調整具の存在が、急速に広がる押型紋土器の流行の要因とも考えられる。押型紋土器の施紋法の地域差は、この調整技法と関連づけて推定することもできる。しかし、先にあげた四つの地域の中で、どの地域で押型紋土器が最初に出現するのかという問には、即答できる段階にはない。中部地方の立野式を最古に位置づけるのであれば、その起源は近畿地方の神宮寺式や大川式に求めなければならない。しかし広域に拡散する押型紋土器のエネルギーが果たして近畿地方の早期縄紋社会にあるのであろうか。否、そうとは思えない。やはり、現段階では中部地方の押型紋土器を視座の中心におき、その起源を究明することが最も妥当であろう。後半期に広がる山形紋や楕円紋を主体とした彫刻法の斉一性は、沢式や樋沢式の伝統の中に求められよう。

　また、全国的に斉一的分布をもつ押型紋土器の出現は、草創期と早期を区分しうる画期といえよう。この提案は、今後十分に検討する必要があろうが草創期を撚糸紋土器までとした創始者山内清男の大別法ともそれほど矛盾しないように考えられる。撚糸紋土器をもって早期とする小林達雄は、「古き嚢に新しい酒を」と自説をキャンペーンするが、大事なのは、実は古き嚢であって酒ではない。美酒を飲み過ぎて悪酔いしたら、百年の大計を見逃すであろう。

引用・参考文献

相原淳一　1982　「日計式土器の成立と解体」『赤い本』1

秋川市教育委員会社会教育課編　1974　『秋川市二宮神社境内の遺跡』　秋川市埋蔵文化財調査報告書1

可児通宏　1969　「押型文土器の変遷過程－施文原体の分析を中心とした考察－」『考古学雑誌』55－2

笹津備洋　1960　「青森県八戸市日計遺跡」『史學』33－1

佐藤達夫・大野政雄　1967　「岐阜県沢遺跡調査予報」『考古学雑誌』53－2

佐藤達夫・渡辺兼庸　1958　「青森県上北郡出土の早期縄紋土器」『考古学雑誌』43－3

芹沢長介・林　謙作　1965　「岩手県蛇王洞洞穴」『石器時代』7

武田良夫　1982　「岩手県における押型文土器文化の様相」『赤い本』1

千葉県文化財センター編　1977　『東寺山石神遺跡』

鳥取県教育文化財団編　1985　『上福万遺跡・日下遺跡・石州府第1遺跡・石州府古墳群－』『鳥取県教育文化財団調査報告書』

樋沢遺跡発掘調査団編　1987　『樋沢押型文遺跡調査研究報告書』　岡谷市教育委員会

馬目順一ほか　1982　『竹之内遺跡』　いわき市教育委員会

三重県教育委員会　1986　「大鼻遺跡の縄文時代早期特集号」『国一バイパスだより』

宮城県教育委員会編　1982　『仙南・仙塩・広域水道関係遺跡調査報告書Ⅱ　植田前遺跡・松田遺跡・青木遺跡』　宮城県文化財調査報告書88

盛岡市教育委員会　1983　『大新町遺跡－昭和57年度発掘調査概報』

山崎純男・平州祐介　1986　「九州の押型文土器」『考古学ジャーナル』267

領塚正浩　1985　「三戸式土器の検討」『唐津考古』5

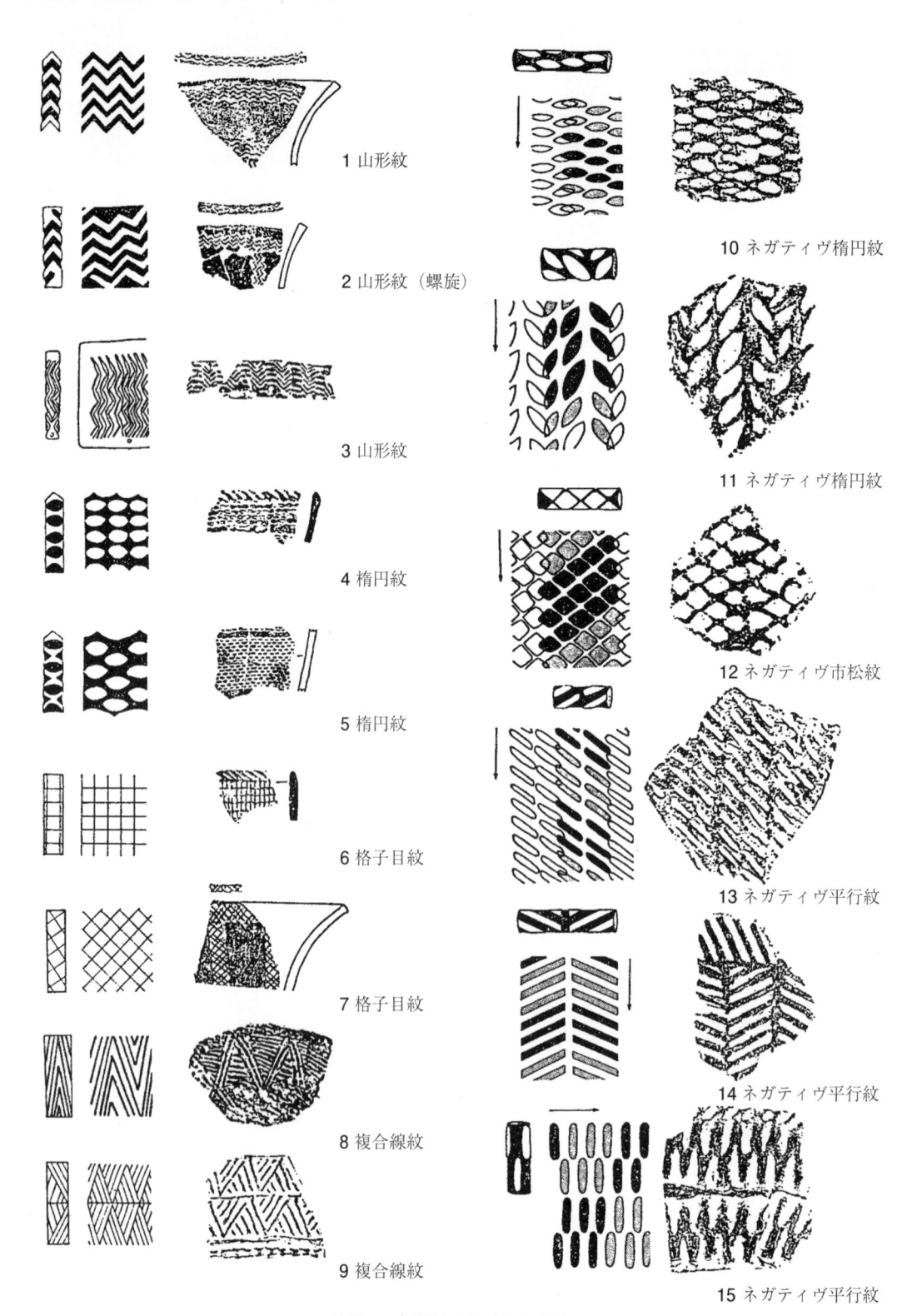

第Ⅲ部　押型紋土器の編年とその技法

1 山形紋

2 山形紋（螺旋）

3 山形紋

4 楕円紋

5 楕円紋

6 格子目紋

7 格子目紋

8 複合線紋

9 複合線紋

10 ネガティヴ楕円紋

11 ネガティヴ楕円紋

12 ネガティヴ市松紋

13 ネガティヴ平行紋

14 ネガティヴ平行紋

15 ネガティヴ平行紋

付図1　各種押型紋原体と文様

第2章　神宮寺・大川式押型紋土器について

― その回転施紋具を中心に ―

はじめに

　山内先史考古学の型式学的方法の上に蓄積された縄紋土器の研究は、ほぼ編年的序列の大綱もできあがり、その基礎的作業が完成されつつあるといえよう。しかし、なお一層、整備した編年にするためには地域を異にする諸型式間の関係すなわち、編年上の横の位置づけを確立することが重要な課題であろう。また、現在提示されている縄紋時代の編年観が個々の研究者の中で、正しく認識され再構成されているかという点にも多くの問題を含んでいる。研究者の認識の齟齬が、大きな障害となって、編年上のいくつかの矛盾や研究上の停滞の要因となっている側面も見逃せない。

　"いつまで編年をやるのか"という批判は、裏がえしていえば、"いつまでたっても編年ができない"という悲愴な響きをもっている。編年上の諸々の問題を解決するためには、動揺することなく型式の細分や分析をより強力に進めることが急務であろう。型式学的研究の基礎的作業によって作りあげられた編年網が細ければ細いほど、その網を濾過して組み立てられた思考が縄紋時代の社会的諸現象の解明をより確かにするであろうということを忘れてはならない。

　今回取り上げた押型紋土器に関する問題は、縄紋土器研究史上の命題を負うテーマの一つであり、多くの先学によって議論がくりかえされている。とりわけ、押型紋土器の位置づけや、押型紋土器の諸型式の変遷についての基本的な問題は早急に解決しなければならない。特に、撚糸紋土器に後続する押型紋土器の位置づけが、近年再び検討されつつあり、また、押型紋土器の変遷についても相異なる見解が提出されている。これは、日本経済の円の不安定さに似て、将来に深刻な影を投げかけている。

　こうした基本的な問題の解決として、神宮寺・大川式[1]押型紋土器の検討を行いたい。神宮寺・大川式は一般的にネガティヴ押型紋と呼ばれ、回転施文によらない、特殊な押型紋と考えられてきた。その施紋が回転施紋具による縦刻原体であることを証明し、そこから派生する施紋方法と押型紋土器の変遷を明らかにしようとする試みが、小論の骨子である。

第Ⅲ部　押型紋土器の編年とその技法

1. 神宮寺・大川式土器をめぐって

　押型紋土器の研究史については、立野式土器の解明に情熱をそそぐ神村透による詳細かつすぐれた業績〔神村1968, 1969〕があり、多くを語る必要はあるまい。ここではその研究の諸段階を四期に大別し、神宮寺・大川式押型紋土器に関する動向を中心に述べたい。

第Ⅰ期　押型紋土器の発見〔中山1918〕から初期の認識をめぐる前史的動向をふまえ、山内清男は押型紋土器を、三戸式土器に共伴する事実から古式縄紋土器として位置づけた〔山内1930〕。つづいて、山内はその施紋原体を復原し、回転施紋であることを解明した〔山内1934, 1935〕。その後、"縄紋文化の底が見えたとはいえない"という山内の予言どおり、1939（昭和14）年白崎高保は東京都稲荷台遺跡で撚糸紋土器を発見した。この縄紋時代最古の撚糸紋土器に押型紋土器が共伴するという新たな「事実」が生じたのである。この共伴関係を重視した江坂輝彌は、北の貝殻・沈線紋土器と南の押型紋土器の融合によって撚糸紋土器が出現するという南北二系論を展開した〔江坂1942, 1944〕。この見解は撚糸紋土器と押型紋土器を対置的にとらえ、回転施紋の祖源を押型紋土器に求めようとするものであった。こうした戦前の動向の中で、押型紋土器が三戸式土器と撚糸紋土器の両者に共伴するという二つの「事実」が明らかになり、押型紋土器の位置づけをめぐるその後の論議に重大な影響を与えていく。

第Ⅱ期　戦後、明治大学は平坂貝塚・夏島貝塚・大丸遺跡と一連の縄紋時代早期の遺跡の発掘を実施した。その結果、撚糸紋土器の変遷が確立されるとともに、押型紋土器が撚糸紋土器に後続する土器であることが明らかになった。すなわち、撚糸紋土器の最終段階としての無紋土器の平坂式・花輪台Ⅱ式以降に出現するという考えが定説化し、三戸式に共伴するという事実を裏付ける結果となる。撚糸紋土器との併存説は否定され、江坂の提示した南北二系論はもろくも崩される。しかし、こうした考え方が潜在化し、根強く今日まで引きつがれていることに注目する必要があろう。一方、押型紋土器の発掘も中部地方を中心に活発に行なわれる。栃木県普門寺遺跡、長野県下り林遺跡・立野遺跡・樋沢遺跡、新潟県卯ノ木遺跡が発掘され、押型紋土器の実態も多様であることが判明した。縄紋時代早期解明の一連の動向を締括る形で、芹沢長介は、先土器時代の体系と縄紋時代発生期の様相を明らかにした〔芹沢1954〕。その中で押型紋土器の編年にふれ、普門寺→下り林・樋沢下層→（立野）？→細久保・ひじ山・樋沢上層→大根山という変遷を提示した。これは山形紋→格子目紋→楕円紋という文様変遷観が下敷となっている。

第Ⅲ期　昭和30年代に入ると、発掘された押型紋土器の諸遺跡の報告と成果が相ついで発表される。いずれも、芹沢が提示した編年に立脚するものであった。ただ、中部地方

第2章　神宮寺・大川式押型紋土器について

の編年の中で芹沢がペンデングとした立野式が、不安定な位置におかれていた。しかし、大阪府神宮寺遺跡・奈良県大川遺跡が発見されるに至り、孤立していた立野式は神宮寺・大川式の一群として捕えることができた。同時に今度は特殊な押型紋といわれる神宮寺・大川式の位置づけが問題となる。江坂はいちはやく神宮寺・大川式を刺突紋とみなし、押型紋土器の最古の段階に位置づけ、爪形紋土器との関連を指摘する〔江坂1964〕。江坂の見解は昭和30年代に相ついで発見された撚糸紋以前の隆起線紋・爪形紋・押圧縄紋などの草創期前半の土器との関連を強く意識したものであり、南北二系論の改訂版ともいうべき考え方であった。こうした動きとは別に、佐藤達夫は岐阜県沢遺跡の報告を行ない、押型紋土器の変遷を体系的に明らかにした〔佐藤・大野1967〕。その中で、山形紋を主体とした帯状施紋をもつ沢式や樋沢下層式と神宮寺・大川式土器を対比し、地域を異にする二者として最古の段階に位置づけた。この佐藤の見解は後述するように最も整備された押型紋土器の編年観であったといえよう。

第Ⅳ期　佐藤の提起した編年をめぐって、文様や文様構成による系統論を中心としたいくつかの議論が展開される〔可児1969、橋本1974、会田1971、上野1967〕。神宮寺・大川式の位置づけについては、江坂の考え方の延長線上に立脚した片岡肇が、草創期前半にまで遡りうる可能性を強く主張している〔片岡1972〕。立野式を追究する神村は片岡と同一歩調をとる見解を示している〔神村1968，1969〕。また、戸沢充則も従来の編年観を改め立野式を最古にしている〔戸沢1978〕。一方、関東地方では近年の発掘諸事例から、再び撚糸紋土器との共伴説が取り沙汰されている。押型紋土器が撚糸紋土器に後続するという定説は再検討される時期にきたといえよう。押型紋土器の変遷については一定の成果が得られたものの、その位置づけについては第Ⅰ期の振出しに戻ろうとしている。一旦、否定されたはずの撚糸紋土器との共伴説が息を吹き返した背景としては、草創期の土器群がほぼ出揃ってきた情況下で、撚糸紋土器に対比すべき土器が依然として発見されず、編年上の空白になっていることが大きな原因である。確かに、撚糸紋土器発見から約40年を経過し発掘が盛んに行われる今日、対比すべき土器が見つからないのも妙な話である。押型紋土器が撚糸紋土器に対比しうるという考えは、古くして新しい編年上の課題といえよう。押型紋土器の位置を確立するためには、各型式の緻密な分析を通して、その変遷を再度検討することからはじめなければならないであろう。

　以上述べてきた研究史をふまえ、神宮寺・大川式土器を手掛りとして問題解決への糸口を探ってみたいと考える。その前に特殊な押型紋といわれる神宮寺・大川式土器の施紋方法に関する議論をもう一度整理しておきたい。

刺突紋か回転施紋か　神宮寺遺跡を発掘した片山長三は山形紋をのぞく神宮寺式が貝殻

第Ⅲ部　押型紋土器の編年とその技法

や木による刺突紋であるという見解をとった〔片山1957，1959〕。

　つづいて、江坂は神宮寺式がヘラ状工具による刺突紋であることを追認するとともに、大川式についても刺突紋であることを主張する〔江坂1964〕。一方、大川遺跡の報告者である酒詰仲男・岡田茂弘は、大川式が口辺部を横方向に、胴部を縦方向に回転施紋する押型紋であることを明らかにし、その原体が"軸において三つの異なった方向を有する沈線を交叉させて刻む原体である"という指摘を行う〔酒詰・岡田1958〕。岡田は江坂の刺突紋説を批判して、大川式の中に回転の起点と終点を示す重複がみられることから回転施紋であることを強調した〔岡田1965〕。当時、大川式土器を観察した佐原真も回転施紋であることを確認している。山内清男は大川式土器についてふれ、特殊な原体であることを述べた〔山内1964〕。また、佐藤は神宮寺・大川式が沢式の山形紋原体より長い原体を使用していることを指摘し、帯状施紋の山形紋とは異なる系統の押型紋としたことは前述のとおりである。こうした縄紋土器の原体研究に精通した研究者の回転説にもかかわらず"原体に対する詳細な検討もなしに安易に回転によるものと信じてきた"として、その原体を復原し、押圧・半回転・回転による施紋であることを主張したのが片岡肇である〔片岡1972〕。果たして、神村の"細かな観察と実験が必要である"という指摘を本当に実証したのであろうか。否！しかし、現在、片岡説は巷に流布し、押型紋土器の編年観に大きな悪影響をあたえているといっても過言ではない。こうした背景には、回転説を主張する先学が、その原体の復原にまで論及しなかった点にも一因があろう。そこで江坂をはじめとし片岡に至る刺突紋説が誤りであり、回転施紋による押型紋であることを、その原体の復原によって証明したい。

2．回転施紋具について

　神宮寺・大川式押型紋土器は、ネガティブな楕円紋・特殊菱形紋・斜格子目紋などと呼ばれ、特殊な文様をもつ押型紋として理解されている。しかし、回転施紋による文様は、元来原体の陽の文様を回転することによって、器面に陰の文様を作り出すのが原則である。むしろ、器面に陽の文様を施紋する山形紋・楕円紋の方が、特殊な回転文様といわなければならない。草創期・早期の土器は豆粒紋や隆起線紋土器をのぞいて、沈線紋・押圧紋・刺突紋などによる陰の文様で構成されるのが一般的である。神宮寺・大川式の文様の特殊性が強調されるあまり、その原体の解明を遅らせ、迷路にはまり込んでしまったといえよう。また山形紋・楕円紋が"一般的な押型紋"とする考えや、押型紋の原体は棒軸に対して直角すなわち軸の円周に沿って彫刻するものという先入観から離れることができなかっ

第2章　神宮寺・大川式押型紋土器について

たことも、その原体の解明に大きな障害となっていた。しかし、たまには横のものを縦にしてみることも必要であろう。神宮寺・大川式の原体は、棒軸に対して縦あるいは斜に彫刻したものである。山内清男が押型紋原体の解明の中で"棒と直角に加えられていることが多く、斜に加えられていることは稀らしい"とのべた、その稀らしい例が神宮寺・大川式の回転原体である。すなわち、押型紋の原体には文様を棒軸に直角に刻む系統のものと斜あるいは縦に刻む系統の二者があり、前者をかりに横刻原体、後者を縦刻原体と呼ぶことにしよう[2]。神宮寺・大川式が縦刻原体を用いて施紋する一群という理解にたてば、その原体は簡単に復原できるのである。なぜなら、器面に現れた回転の軌跡がひとりでに語ってくれるからである。しかし、神宮寺・大川式はいずれも小破片であり、回転による同一部分の反復を判定することは難しい。また、原体文様が突出しているために、施紋の力の強弱や、器面の彎曲によっても、反復された文様の同一部分が同じ形であらわれない場合がある。ここでは代表例をとりあげ、回転施紋の原則をのべることにする。なお、拓本［図Ⅲ-8・9］にみられるa・b・c……は条を示し、ローマ数字は条に刻まれた文様の粒を示している。これは縄紋原体の条と節の関係に対応する。また、棒軸の一周分の文様を単位文様と呼ぶことにする。矢印は回転の方向を示す。

A文様　　いわゆる「舟形沈紋」と呼ばれるもので、幅のせまい舟形から円形に近いものまである。A_1は兵庫県神鍋遺跡第1地点の資料。頸部に二条二単位の山形紋を横方向に施紋し、口辺部には「舟形沈紋」の原体を横方向に（これは下端わずかしかみえない。）、胴部には縦方向に施紋している。おそらく同一原体であろう。縦刻原体であるから、横方向に回転すると「舟形沈紋」は、土器をふつうに置いてみた場合、縦長に、縦方向に回転すると横長になる。胴部文様が縦方向に回転している証拠は2・3とした二列の文様が中央部とその左右に縦帯状に現れており、この縦帯間の沈紋1・4が重複していることである。なお、縦方向の回転であることは、文様の同一部分がこの方向で上・下で反復してあらわれている（a・b・c）ことからも判明する。原体は斜位に刻んだ三条四単位の原体である。この土器は山形紋横刻原体と「舟形沈紋」縦刻原体を併用する文様構成である。山形紋横刻原体は、長さ14cm、直径0.7cm。「舟形沈紋」縦刻原体は長さ2.5cm、直径0.5cm。A_2は三重県東庄内A遺跡の資料。胴部破片で、左下り二つの「舟形沈紋」と右下り一つの「舟形沈紋」からなるへの字状を呈する条をもつ。縦方向に回転するため両端に重複1・3がみられる。重複の切り合い関係から、おそらく縦方向の施紋をくりかえしながら、左から右へおよんだのであろう。「舟形沈紋」原体は斜に刻んだ三条三単位の原体である。原体の長さ3.0cm、直径1.0cm。A_3は大阪府神宮寺遺跡の資料。口辺部に近い破片である。横方向に二段に施紋している。上段はほぼ中央で条の向きが異なっており、回転の起点と終

- 297 -

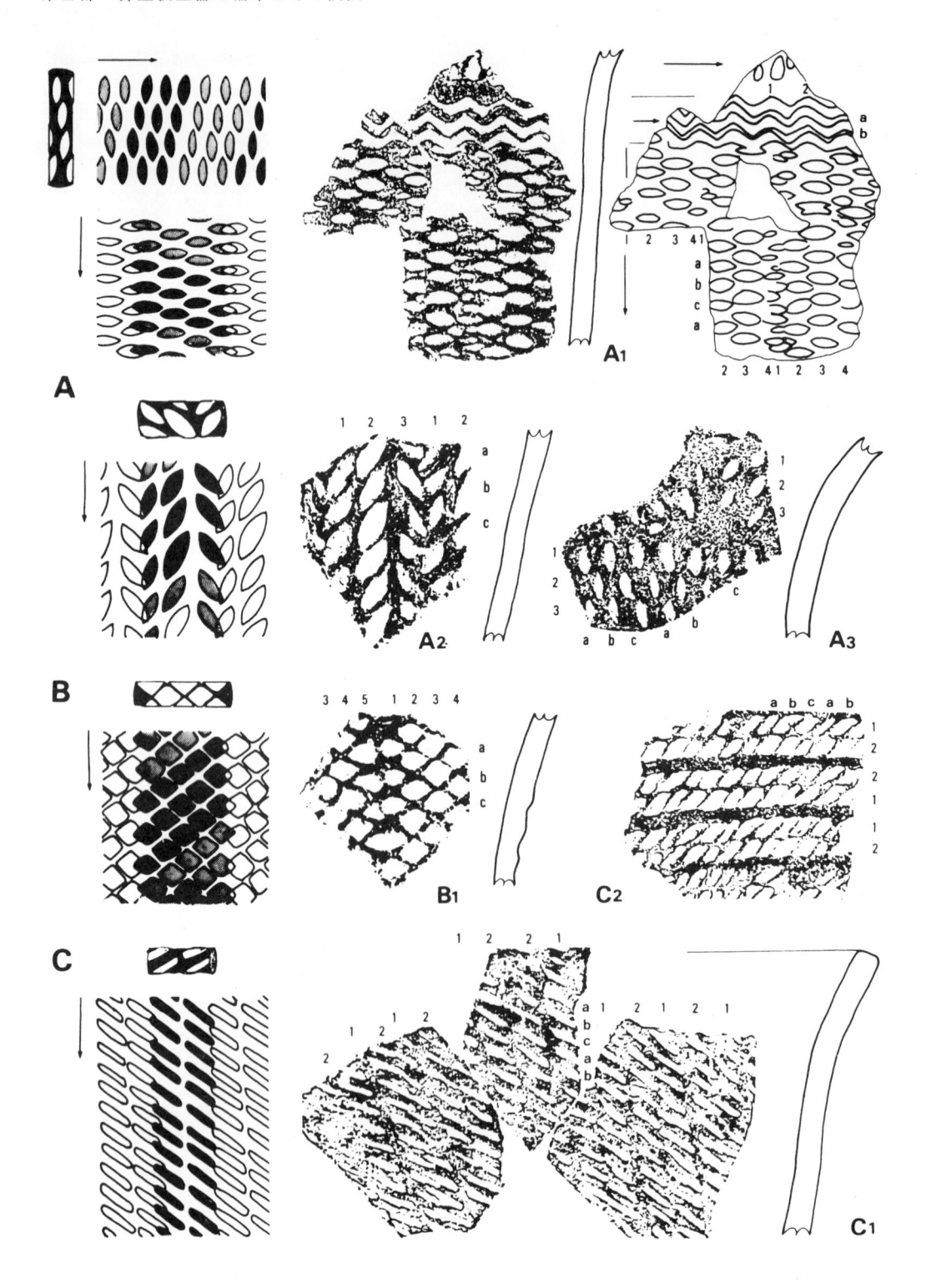

第Ⅲ部　押型紋土器の編年とその技法

図Ⅲ-8　神宮寺・大川式土器の文様とその原体模式図

- 298 -

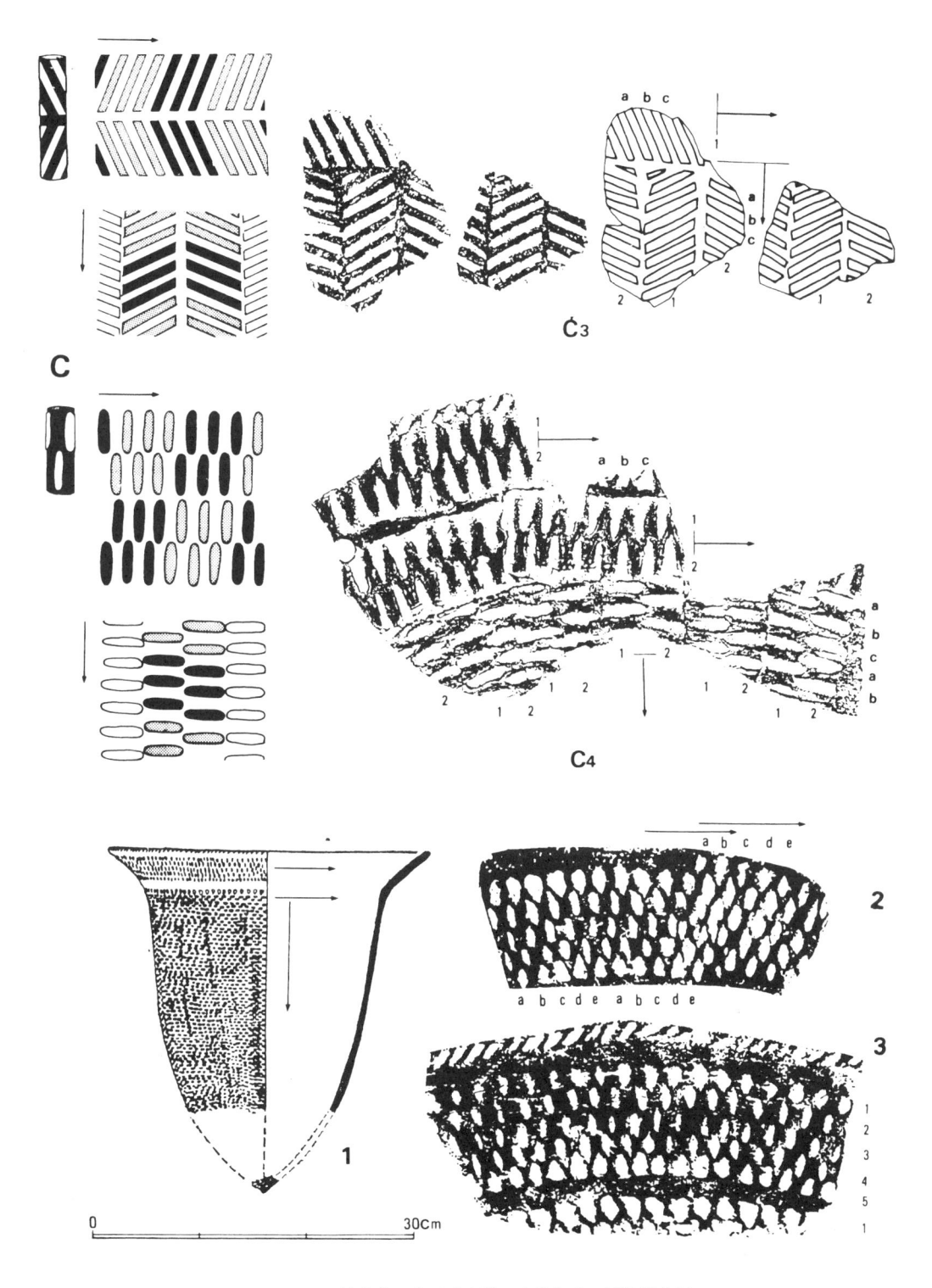

第 2 章 神宮寺・大川式押型紋土器について

図Ⅲ－9 神宮寺・大川式土器の文様とその原体模式図

- 299 -

第Ⅲ部　押型紋土器の編年とその技法

点部を示しているかもしれない。おそらく、上・下段とも三条三単位の原体であろう。原体の長さ2.3cm、直径0.7cm。

B文様　変形菱形紋、格子目紋とよばれるものである。B1は東庄内A遺跡の資料。胴部破片で、縦方向に施紋している。中央部に重複がみられる。単位文様はよくわからないが、三条五単位の原体と考えられる。原体の長さ3.3cm、直径1.0cm。

C文様　平行する沈紋をもつもので、同一方向に斜行するもの、垂直になるもの、矢羽根状となるものがある。C_1は同一方向に斜行するもので、岐阜県九合洞穴の資料。口縁部直下から縦方向に施紋している。片岡肇の観察が正しければ、三条二単位の原体で、一部に原体の左右をもちかえて施紋する2-1部分がある。同様に原体をもちかえる例は同じ九合洞穴のC_2の資料にみられる。三条二単位の原体を横方向に四段以上施紋しており、1-2・2-1・1-2と原体を上下にもちかえている。C_1原体の長さ2.0cm、直径0.5cm、C_2原体の長さ1.2cm、直径0.4cm。C_3は神鍋遺跡第1地点の資料。矢羽根状となるもので、破片の上部に横方向、下部に縦方向の施紋が認められる。三条二単位の原体である。長さ3.4cm、直径0.4cm。なお、矢羽根状の押型紋について、鈴木道之助は東寺山石神遺跡例から正しく縦刻原体に復原している〔鈴木道1977〕。C_4は神鍋遺跡第1地点の資料。沈紋を垂直に刻み、その先端が丸味をもつ。口辺部の上下二段に横方向、胴部を縦方向に施紋する。横方向に施紋した下段は、外反が始まる屈曲部分であるため文様の端が扇状を呈し、右から左へ回転していることが判明する。胴部には原体幅を示す隆起が一部みられる。その施紋は重複関係から左から右におよんでいることがわかる。原体は三条二単位である。長さ2.5cm、直径0.5cm。

以上の例から、神宮寺・大川式土器が縦刻原体をもちいた回転施紋による押型紋土器であることが証明されたと考える。

格子目紋起源　神宮寺・大川式の原体は、長さが2.0～3.5cm、直径が0.5～1.0cmであり、他の山形紋原体よりも大きい。また、こうした複雑な原体文様を規則的に彫刻するためには、棒軸の両端の木口に条数を割りつけ、対角線上に基線を結ぶ必要があり、その基本形は格子目紋であると考えられる。神宮寺・大川式の文様は格子目紋を基調としながら、そのバリエーションとして発達したと考えられる。なお、縦刻原体を用いる種類は、水平帯状施紋の押型紋土器にみられる複合鋸歯紋や、東北・北海道の押型紋にみられ、外国ではアフリカの民俗例に知られている［図Ⅲ－10］。また、山形紋や楕円紋にも縦刻原体があるかどうか検討の必要があろう[4]。つぎに大川遺跡出土の完形土器をとりあげ、その施紋構成にふれておきたい。

施紋構成　大川遺跡の完形土器は、口辺部が外反し、胴部が砲弾形をした尖底土器であ

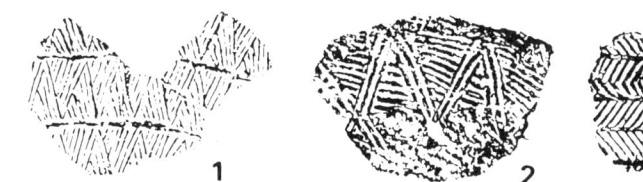

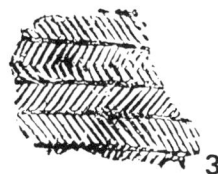

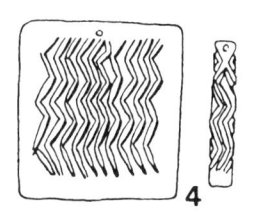

第2章 神宮寺・大川式押型紋土器について

図Ⅲ-10 線刻原体の類例
(1 徳島県加茂谷5号岩陰 2 岩手県小屋塚遺跡 3 北海道温根沼遺跡 4 アフリカの民族例)

る〔図Ⅲ-9(1)～(3)〕。口唇部に刻み目を入れ、口辺部と頸部直下の二段に横方向に施紋し、下段の横方向の施紋に重複して胴部を縦方向に施紋する。いずれも同一原体を用いている。口辺部の横方向施紋は、岡田茂弘が指摘したように起点と終点を示す重複がみられ、左から右方向へ施紋している。文様はA_1と同様のもので五条五単位の原体を用いている。原体の長さ3.4cm、直径1.0cmである。なお器形の大きさは高さ32.5cm、口径30.2cmである。この土器が示すように神宮寺・大川式の施紋構成は、原則として口辺部を横方向に、胴部を縦方向に全面施紋する土器である。ただし少数例口辺部を縦方向、胴部を横方向に施紋する例もみられる(長野県赤坂遺跡・御座岩遺跡)。

　最後に神宮寺式と大川式の区分について述べてみたい。神宮寺式は神宮寺出土例をそのままあてることができるが、大川式とした大川遺跡第一類土器には神宮寺式の要素が混じっているように思われる。ここでは、大川第一類の中からB類・F類とした土器をのぞいたものを大川式の特徴と考えておきたい。すなわち、神宮寺式は薄手で精選した胎土を用い硬質である。幅のせまい舟形沈紋を多様し、口辺部の横方向の施紋に接して胴部の縦方向の施紋を行う。口唇部はやや外削きか円味を呈しており、口唇の刻み目が口辺部にかかる。大川式はやや厚手で、神宮寺式に比べて焼成もやや悪い。変形格子目紋を多用し、口唇部は平縁となり回転施紋がみられる。口辺部の横方向施紋と胴部の縦方向施紋との間に、刺突紋や縄圧痕を施紋する例がみられる。

3. 押型紋土器の編年とその位置

　押型紋土器の編年については、沢報告で考察した佐藤編年が現在のところ最も妥当な見解といえよう〔佐藤・大野1967〕。また、施紋法、文様構成を中心に押型紋の再検討を行なった会田進の論攷も傾聴すべき点が多いように思われる〔会田1971〕。

　佐藤は押型紋の変遷を、帯状施紋をもつ沢・平坂式[5]が古く、全面施紋の傾向をもつ樋沢下層・普門寺式がつぎに、続いて水平帯状施紋を特徴とする細久保・卯ノ木式、そして菅平東組・樋沢上層式とする四段階に分けた。また、神宮寺・大川式を沢・平坂式とほぼ同一

- 301 -

第Ⅲ部　押型紋土器の編年とその技法

時期と考え、帯状施紋とは異なる系統の一群として位置づけた。しかし、この神宮寺・大川式の位置づけには若干の問題があるように考えられる。佐藤は樋沢下層式の全面施紋の傾向を大川式の影響によるものとしたが、むしろ逆で樋沢下層式の影響によって、口辺部を横方向に、胴部を縦方向に全面施紋する神宮寺・大川式が出現してくると考えられる。すなわち、神宮寺・大川式は第二段階の樋沢下層・普門寺式に併行するものであろう。その理由の一つは、神宮寺・大川式の文様が格子目紋縦刻原体の変化によって生じると考えられるからである。第一段階の沢・平坂式には、山形紋に伴って格子目紋があり、この格子目紋縦刻原体の存在をぬきにして神宮寺・大川式の原体は考えられない。帯状施紋の格子目紋が全面施紋の変形格子目紋に推移することは文様構成上からみても妥当であろう。沢・平坂式の山形紋横刻原体による帯状施紋が樋沢下層式で全面施紋にかわると同様に、それに伴う格子目紋縦刻原体による帯状施紋も、神宮寺・大川式で全面施紋に変化するわけである。どちらも、口辺部を横方向に、胴部を縦方向に施紋する文様構成であり、佐藤のいう二系統は、文様の差異でなく、原体の違いによって生じたと考えられる。沢式や樋沢下層式が横刻原体多用型に対し、神宮寺・大川式は縦刻原体多用型といえよう。もう一つの理由は、大川式の頸部に刺突紋や縄圧痕を施紋し、胴部と区画する特徴がみられることである。これは会田も指摘するように細久保式や菅平東組遺跡にみられる頸部の刺突紋・沈線紋に関連があろう。また細久保式の口辺が外反する器形は大川式に共通する。大川式は立野式に併行すると考えられるから、中部地方の編年は樋沢下層式→立野式→細久保式という見解が正しい。以上の理由から、神宮寺・大川式は押型紋の編年の第二段階に位置づけられる。なお、近畿地方における帯状施紋の第一段階の一群は、神鍋遺跡第10地点で認められる〔図Ⅲ-11〕。兵庫県神鍋遺跡は神鍋山の裾部に点在する大規模な押型紋土器の遺跡である。長年にわたり採集された和田長治コレクションは、押型紋土器研究に欠くことのできない貴重な資料である。また、藤井祐介による発掘で、第1地点と第5地点の実態が明らかにされている〔神鍋遺跡調査団1969〕。第10地点からは現在のところ、帯状施紋の山形紋のみが採集され、神宮寺・大川式を出土する第1地点より一段高いところに立地する。胎土は精選した粘土を用い、薄手の硬質の土器である。口辺部には横方向に二段の帯状山形紋を施紋し、内側にも同一原体による山形紋を施紋している〔図Ⅲ-11〕。胴部片はないが、おそらく縦方向の帯状施紋になろう。原体は五条二単位を用い、長さ1.9cm、直径0.5cm。この第10地点の土器が、沢・平坂式に対比できる一群である。近畿地方では神鍋第10地点式→神宮寺式→大川式の順に変遷する。以上、神宮寺・大川式に関連して押型紋前半の編年について述べてきた。しかし、西日本の押型紋土器との関連や水平帯状施紋以降の押型紋の変遷については、まだ、いくつかの検討事項が残されており、押型紋土器の系統的な変遷については別の機会に論じたい。

第2章　神宮寺・大川式押型紋土器について

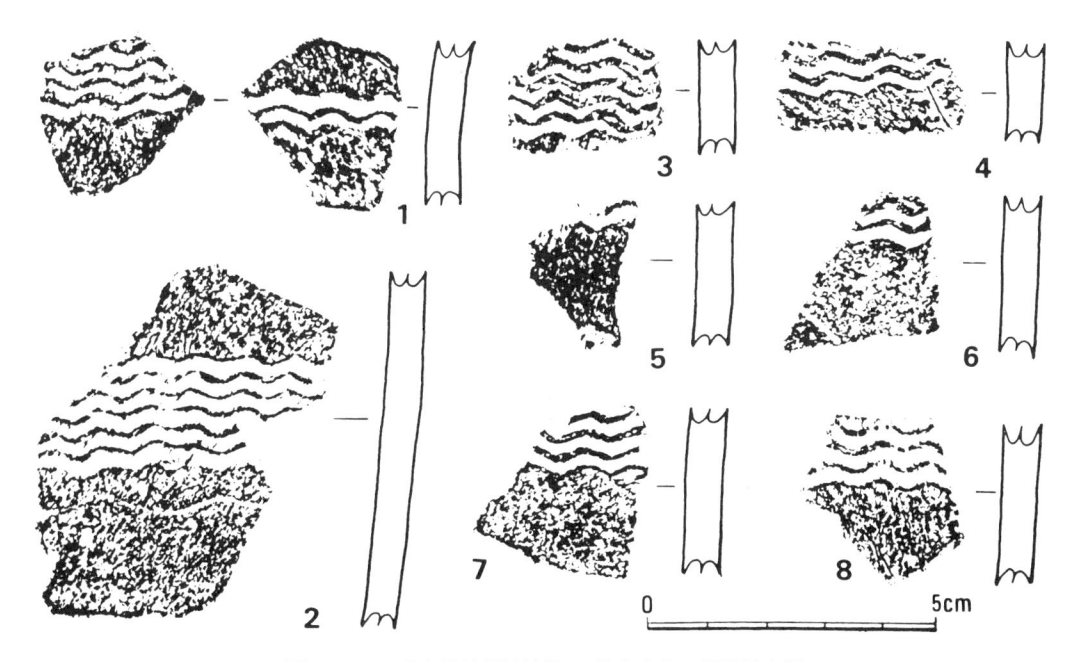

図Ⅲ-11　兵庫県神鍋遺跡第10地点出土の押型紋土器

　最後に押型紋土器と撚糸紋土器との関連について述べてみたい。撚糸紋土器に押型紋土器が共伴する最近の例は、東京都二宮神社遺跡・多摩ニュータウンNo.269遺跡、千葉県東寺山石神遺跡、埼玉県稲荷原遺跡、神奈川県東方遺跡などがある。いずれも山形紋が主体で、沢・平坂式および樋沢下層・普門寺式に対比されるものと考えられるが、なお細分が可能かもしれない。一方、神宮寺・大川式押型紋土器に撚糸紋土器が共伴する例は、大川遺跡や神鍋遺跡にみられる[6]。これら相互の共伴例は、撚糸紋土器との時間的な対比関係を反映していると考えられる。とするならば、平坂遺跡で共伴したとされる平坂Ⅱ式との関係は再検討されなければならない。では、撚糸紋土器の変遷の中で、どの型式に対比されるのであろうか。文様構成や発掘の所見から井草Ⅱ式段階に対比すべきであるという見解〔岡本1979、鈴木道1979〕もあるが、現在の押型紋土器の細分では対応しきれない側面があり、そこまで遡りえないと考える。ここでは、押型紋土器のうち、沢・平坂式とそれに続く樋沢下層・普門寺式が撚糸紋土器の後半の一群に伴うという莫然とした見解に留めておく[7]。今後の共伴例の増加をまって撚糸紋土器との対比関係を慎重に検討しなければならないと考える。では、押型紋土器と三戸式土器との共伴関係は否定されるのであろうか。この共伴関係も事実のように考えられる。三戸式に伴う押型紋はその変遷でいえば、水平帯状施紋すなわち第三段階の細久保式・卯ノ木式の時期である[8]。三戸式土器の横区画の文様構成は、押型紋の水平帯状施紋への変化と関連があると考える。水平帯状施紋以降の押型紋たとえば楕円紋を主体とするものや高山寺式・穂谷式などが、早期前半に対比されると考

- 303 -

第Ⅲ部　押型紋土器の編年とその技法

えられよう。なお、東北地方にみられる日計式をはじめとする押型紋は、水平帯状施紋の土器にみられる複合鋸歯紋の縦刻原体の影響であろう。東北地方の押型紋と共伴する縄紋土器が、関東地方の撚糸紋土器最終末とする見解ともそれほど矛盾しない。

　以上の点から、撚糸紋土器の後半期に沢・平坂式とそれに続く樋沢下層・普門寺式が対比し、水平帯状施紋の細久保・卯ノ木式以降、数型式の押型紋が、早期前半期に位置づけられよう。もしこうした見通しが正しければ、草創期と早期の時期区分の問題に発展することが考えられる。この問題については押型紋後半期の細分をまって改めて検討したい。

おわりに

　神宮寺・大川式押型紋の原体とその位置づけについて論述してきたが、最後にその主旨を要約しておわりにしたい。

1. 神宮寺・大川式は縦刻原体による回転押型紋土器である。原則として口辺部を横方向に胴部を縦方向に全面施紋する土器である。
2. その編年的位置づけは、帯状施紋の沢・平坂式につづく、第二段階であり、近畿地方では、神鍋第10地点式→神宮寺式→大川式の順に変遷する。
3. 押型紋原体は、その彫刻の方向によって横刻原体と縦刻原体の二系統がある。縦刻原体を用いる例は、格子目紋およびその変形型である神宮寺式・大川式・立野式のほか、いわゆる複合鋸歯紋、東北地方・北海道地方の押型紋にもある。いままで考えられていたよりも押型紋原体は多様であることが判明した。
4. 中部関東地方の沢・平坂式および樋沢下層・普門寺式、近畿地方の神鍋第10地点式および神宮寺・大川式は、撚糸紋後半期に併行すると考えられる。水平帯状施紋の細久保・卯ノ木式以降数型式の押型紋は早期前半期に位置づけられる。
5. 細久保・卯ノ木式の水平帯状施紋は、沈線紋系の三戸式・田戸下層式の横区画の文様構成と関連がある。また水平帯状施紋に用いられる複合鋸歯紋の縦刻原体が東北地方の押型紋土器に影響を与えたと考えられる。

付　記　　藤井祐介さんとの出会いは、1965（昭和40）年大分で開かれた考古学協会の秋季大会の時である。大学に入りたての一面識もない若僧を、何のためらいもなく豪華なホテルに同宿させて下さったのである。今でも記念にそのホテルのパンフレットを持っている。次は藤井さんの故郷でもある佐世保市の岩下洞穴の調査の時である。大きな体で饅頭をバクつき、昼休みには豪快ないびきをかいて寝ておられた。そうした風貌に似合わず、神経の行届いたやさしさで、よく後輩の面倒を見て下

第 2 章　神宮寺・大川式押型紋土器について

さった。また、兵庫県神鍋遺跡の発掘の折も、調査費の中から工面してわざわざ東京から呼んでいただいた。若い学徒のパトロン的存在でもあった。藤井さんの人柄と好意に甘えたまま15年の歳月を過したが、その絆もプッツリと切れてしまった。もう、恩恵に報いることはできない。そこで、藤井さんとの出会いで因縁の深い押型紋土器について、日頃の考えを草し、哀悼の意にかえた次第である。

　なお、本稿の作成にあたり、神鍋遺跡の資料を快く提示していただいた和田長治氏、大川遺跡の実見に御便宜をいただいた橿原考古学研究所の石野博信・松田真一・東潮の三氏をはじめ、松沢亜生・橋本正・会田進・中村友博・土肥孝の諸氏からは、助言と激励を賜った。また、佐原真氏からは押型紋土器の原体の表記法および記述全般にわたり、有益かつ適切な御意見をいただいた。合わせて謝意を申し述べたい。

註

（1）　神宮寺・大川式という表記は神宮寺式と大川式の両式という意味合いで用いている。他の用例も同様である。
（2）　山形紋のように一つの文様が連結している場合は、横刻か縦刻かの判断は安易である。楕円紋や格子目紋のように一つの文様が独立している場合は、それを横刻とするか、縦刻とするかは意見の分かれる所であろう。ここでは、格子目紋とその変形型は、原則として縦刻原体とみなし、楕円紋については、棒軸に対し横長に彫刻されている場合を横刻原体、縦長の場合を縦刻原体と考えておきたい。
（3）　原体の数値については、土器の器面からの復原値である。土器が乾燥および焼成によって収縮することを考慮すれば、実数値は約二割増になろう。
（4）　かつて、高山寺式を観察した佐原真氏は、その楕円紋に同一単位の反復が確認できないことに苦慮されたという。それは楕円紋が横刻原体であるという見方によったためで、再度、縦刻原体の観点からの検討も必要であるという指摘を受けた。
（5）　ここで、平坂式としたものは、平坂Ⅱ式と共伴した帯状施紋の押型紋土器をいう。沢式に対比させる関東地方の押型紋を平坂式としたのであるが、平坂Ⅱ式との関係から、平坂式と呼ぶことには若干の混乱が生じるであろう。同じ帯状施紋をもつ神奈川県東方第7遺跡例をとって、東方第7式と呼ぶ方がよいのかもしれない。なお、撚糸紋土器の最終末の花輪台Ⅱ・平坂Ⅱ式の無紋土器が一時期を設定しうるものかは、疑問のあるところであろう。
（6）　大川遺跡（1974年調査）からは、縦方向に施紋した撚糸紋土器が共伴する。神鍋第1地点からは、口辺部上端に無紋帯を設けた横方向の撚糸紋土器が伴う。なお、横方向に施紋された撚糸紋土器は、岡山県黄島貝塚にもある（佐原真氏教示）。
（7）　現在、明確な対比関係を提示できない理由は、第一に撚糸紋土器に伴う押型紋土器の出土量が少なく、その内容が充分でないこと、第二に撚糸紋土器後半の編年が確立するためには、稲荷原式・金掘式・花輪台Ⅱ・平坂Ⅱ式等の検討が必要と考えられるからである。今は、目安として稲荷台式以降に位置づけておくことが、妥当と思われる。
（8）　水平帯状施紋をもつ押型紋は、細久保・卯ノ木式のほかに複合鋸歯紋と山形紋・複合鋸歯紋と楕円紋の構成をもつ一群があり、数型式に細分されよう。草創期と早期との転換期にあるこれらの押型紋の分析は、重要な問題を含んでいる。

第Ⅲ部　押型紋土器の編年とその技法

引用・参考文献

会田　進　1971　「押型文土器編年の再検討－特に施文法・文様構成を中心として－」『信濃』23－3
上野佳也　1967　「押型文文化の諸問題－土器文様を中心としての研究」『考古学雑誌』52－2
江坂輝彌　1942　「稲荷台系文化の研究－東京市赤堤町新井遺跡調査報告－」『古代文化』13－8
江坂輝彌　1944　「廻転押捺文土器の研究」『人類学雑誌』59－8
江坂輝彌　1964　「早期の土器」『日本原始美術』1
岡田茂弘　1965　「縄文文化の発展と地域性－近畿－」『日本の考古学』Ⅱ
岡本孝之　1979　「縄文草創期と早期の間」『考古学ジャーナル』170
片岡　肇　1972　「神宮寺式土器の再検討－特にその施文原体を中心にして－」『考古学ジャーナル』72
片岡　肇　1978a　「押型文土器における特殊な施文方法について－岐阜県九谷洞穴出土例－」『古代文化』30－4
片岡　肇　1978b　「神宮寺式押型文土器の様相」『小林知生教授退職記念考古学論文集』
片山長三　1957　「神宮寺遺跡の発掘について」『石鏃』11
片山長三　1959　『神宮寺遺跡発掘報告』
可児通宏　1969　「押型文土器の変遷過程－施文原体の分析を中心とした考察」『考古学雑誌』55－2
神鍋遺跡調査団　1969　『神鍋遺跡』
神村　透　1968・1969　「立野式土器の編年的位置について（1）～（7）」『信濃』20－10・12、21－3～7
児玉作左衛門・大場利夫　1958　「根室国温根沼遺跡の発掘について」『北方文化研究報告』11
酒詰仲男・岡田茂弘　1958　「大川遺跡」　奈良県文化財調査報告埋蔵文化財編2
佐藤達夫・大野政雄　1967　「岐阜県沢遺跡調査予報」『考古学雑誌』53－2
遮那藤麿呂　1973　「上伊那赤坂遺跡における押型文土器とその遺構」『長野県考古学会誌』16
鈴木重治　1979　「複合鋸歯文とその施文原体についての実験的観察」『考古学ジャーナル』170
鈴木道之助　1977　「東寺山石神遺跡の撚糸文系土器について」『東寺山石神遺跡』
鈴木道之助　1979　「押型文土器と撚糸文土器」『考古学ジャーナル』170
澄田正一・大参義一　1956　『九谷洞窟遺跡』
澄田正一・安達厚三　1967　「岐阜県九谷洞穴」『日本の洞穴遺跡』　平凡社
芹沢長介　1954　「関東及中部地方に於ける無土器文化の終末と縄文文化の発生とに関する予察」『駿台史学』4
武田良夫　1969　「盛岡市上堤頭－小屋塚遺跡の押型文土器」『考古学ジャーナル』36
谷本鋭次　1970　「東庄内A遺跡」『三重県文化財調査報告』5
戸沢充則　1978　「押型文土器群の編年研究素描」『中部高地の考古学－長野県考古学会15周年記念論集』
中山平次郎　1918　「肥後国宇土郡花園村岩古層字曽畑貝塚の土器」『考古学雑誌』8－5
橋本　正　1969　「回転押型文土器の問題」『大境』4
橋本　正　1974　「回転押型文土器の基礎的研究」『大境』5
宮坂英弌・宮坂虎治　1966　「御座岩遺跡」『蓼科』
山内清男　1930　「関東北に於ける繊維土器・追加二」『史前学雑誌』2－1
山内清男　1934　「江名子ひぢ山の土器について」『飛騨考古学会々報』2－1
山内清男　1935　「古式縄紋土器研究の最近の情勢」『ドルメン』4－1
山内清男　1964　「縄紋式土器総論」『原始美術』Ⅰ

Dietrich Drost 1967 "Töpferei in Africa Technologie" *Akademie-Verlag*. Berlin

第3章　立野式土器の出自とその系統

はじめに

　白と黒だけで構成された『ルビンの壷』とよばれる有名な図形がある。ある人は白の部分に焦点を合わせて優勝カップのようだといい、また、ある人は黒の部分に焦点を合わせて二人の顔が向き合っているようだという。一つの図形から、まったく異なった見解が引き出されるのであるが、この場合の両者の主張はいずれもが正しいのである。一方的な物の見方が正しくないことをこの図形は端的に示している。

　しかし、一つの型式が他の型式より古いのか新しいのか、また同時期であるのかというそれぞれの主張はすべてが正しいという訳にはいかない。なぜならば、型式には時間的秩序があり、歴史的経過における事実は一つであるからである。また、人間は事実ではない構図も描くことができる。たとえば、だまし絵の天才といわれるM.C.エッシャーの『滝』という作品では、滝が低い所から高い所に向って流れている。確かに図像的には正しいのであろうが、事実ではありえない。人間は起きうることのない三次元の世界を絵という二次元の平面に表現することもできるのである。

　私たちが結論を導き出すときによく用いる"層位的事実"や"共伴の事実"という考古学における事実も、学史的には事実ではなかったという事例をいくつも知っている。縄紋時代の終末をめぐる著名な『ミネルヴァ論争』における事実は、「笑窪はあるべき位置に持つが、痘痕の所在には秩序が無い」という山内清男の名言とともに終止符が打たれたことを、まず銘記すべきであろう〔山内1936〕。今日の押型紋土器をめぐる議論はこの戦前の『ミネルヴァ論争』の時点に立ち戻って克服しなければならない根の深い問題点を内包している。とりわけ、押型紋土器の出自や変遷観は研究者に寄って立つ基盤が異なっており、議論のヒアタスをより大きなものとしている。しかし、この種の問題は多数決によって一方の意見をねじ伏せるといった性質ではないから、真摯な議論や論争を重ねながら解決の糸口を見出すことが肝要であろう。

　ここでは押型紋土器の中で、"台風の眼"ともいわれる立野式土器に座標軸を合わせながら、とくに押型紋土器の出自とその変遷について考えてみたい。

第Ⅲ部　押型紋土器の編年とその技法

1．押型紋土器の起源とその展開

　立野式土器の提唱者であり、戦後一貫して押型紋土器に取り組む神村透の情熱的な研究姿勢には、学ぶべき多くの点を有している。と同時にまた、押型紋土器の諸問題を内包しているともいえる。押型紋土器の起源とその変遷に関する神村の主張は次の三点に要約できよう〔神村1986a・b〕。

1. 押型紋土器の起源は中部地方と考えていたが、その出自はより古い型式とみられる大川・神宮寺系押型紋土器の分布する近畿地方に求めることができる。
2. 出現期の大川・神宮寺系押型紋土器[1]の後半に中部地方にまで波及したのが立野式土器である。
3. 中部地方では立野式土器が古く、樋沢式土器が新しい。樋沢式以降より東へ進出し関東地方にも広がった。

こうした見解は、中部地方あるいは近畿地方の研究者の多くの主張を代表しているといっても過言ではない。また、この見解には、古くから問題視されている押型紋土器を撚糸紋土器と併行関係に位置づけようとする考え方がその根底にある。それに関連して、もう一点は押型紋土器の発展段階を一系統として捉えようとする発想に基づいている。まず、この二点についての基本的な考え方を検討する中で、押型紋土器の起源論の問題点を探ってみよう。

撚糸紋と押型紋　　撚糸紋土器との併行関係については、古くして新しい課題でもある。しかし、両者の関係は戦後の撚糸紋土器研究の成果の中で、清算されたことを忘れてはならない。にもかかわらず、しばしば併行説が浮上してくる背景をどのように理解すればよいのであろうか。かならずしも合意された事項ではなかったとも言えそうである。この点を正しく分析しておく必要があろう。この問題を解決しないまま、今日的議論を展開するならば、戦前の南北二系論の二の舞になることは目にみえている。そうした意味において、両者の関係が撚糸紋土器研究と押型紋土器研究の両側面から、どのように位置づけられてきたかを学史的にふりかえってみたい。

　押型紋土器が神奈川県三戸遺跡で発見された貝殻・沈線紋土器に伴うことから、古式縄紋土器の仲間に位置づけられたのは1935（昭和10）年のことである〔山内1935〕。縄紋文化起源論を語るべき資料の一つとして押型紋土器が注目されたのである。その後、1939（昭和14）年東京都稲荷台遺跡で撚糸紋土器が発見され、縄紋土器の最古の座につくことになる〔白崎1941〕。この撚糸紋土器にも、また押型紋土器が共伴するという事実も明らかになった。しかし、撚糸紋土器、押型紋土器、貝殻・沈線紋土器の三者の関係はやや撚糸紋土器

が突出していたものの、巨視的にみれば白崎高保・江崎輝彌の南北二系論に代表されるように地域を異にする同時存在の諸型式として位置づけられていた。すなわち、三戸遺跡の共伴例も稲荷台遺跡における共伴例も、押型紋土器の変遷の範疇にあり、相反する事実とは受けとめられていない。戦後、逆転する撚糸紋土器の編年とともに提示された押型紋土器の変遷は、山形紋→山形・格子目紋→楕円紋という文様別変遷観であった〔白崎1941、江坂1942〕。南北二系論にみられる戦前の縄紋文化起源論も、戦後の神奈川平坂貝塚（1947年）をはじめとする夏島貝塚（1950年）・大丸遺跡（1951年）の一連の撚糸紋土器の調査によって新しい起源論を構築する層位的編年が確立されていく〔芹沢1954〕。これらの調査の指導的役割を果した芹沢長介は撚糸紋土器の細別編年［図Ⅲ－12］を示すとともに、押型紋土器については戦前の稲荷台遺跡の共伴例を清算して、平坂貝塚の層位的事例から撚糸紋土器に後続する土器群として位置づけたのである。これらの一連の調査成果が、今日まで踏襲されてきている撚糸紋土器や押型紋土器の変遷観を決定的にしたといっても過言ではない。

　しかし、こうした撚糸紋土器研究からの押型紋土器の位置づけに対し、押型紋土器研究を推進していた研究者はどのように受けとめていたのであろうか。そこが問題なのである。関東で撚糸紋土器研究が進む、ちょうど同じ頃、長野県立野遺跡（1950年）・樋沢遺跡（1952年）・細久保遺跡（1950年）の押型紋土器の調査がなされていた。これらの調査に携わった若い研究者達は、押型紋土器を手掛りとして縄紋文化の起源に迫ろうと意欲を燃やしていたのである。その矢先、関東地方の撚糸紋土器に縄紋最古の座をうばわれ、押型紋土器の位置づけまでも、わずか数片の共伴例から撚糸紋土器に後続した位置におかれてしまったのである。このことは押型紋土器に焦点を合わせて研究を進める人々にとって納得しえない事柄であったと思われる。若き研究者の一人であった戸沢充則は当時を回顧して次のように述べている〔戸沢1978〕。

「押型文土器のふるさとを故郷とするからだけでもないが、そうした意見になんとなく割りきれない気持ちをいだいて私が、最初に関東地方の押型文土器に発掘現場で対面したのは、かの夏島貝塚であった。それこそ層位的推積の見本のような夏島貝塚の、夏島式土器を出す貝層のかなり上の混土貝層から、多量の田戸下層式土器に伴って一片の楕円押型文土器が出土した。芹沢先輩にひやかされながら、金雲母のいっぱいはいった部厚なその土器を、しげしげと見たものだ。」

　夏島貝塚における芹沢と戸沢の情景が目に浮かぶような率直な描写である。また、同郷、同窓の神村はその研究史の中で、当時の雰囲気を見事に描きだしている。そして、困惑というより過激とも言うべき次のような批判を行っている〔神村1968〕。

第Ⅲ部　押型紋土器の編年とその技法

　「関東の僅かな数の小破片が押型文土器の時期と編年をきめる基準になりうるのであろうか。今後は視野を広げ〈中略〉地域性を重要視する必要がある。その上関東至上主義は考え直すことによって研究ができるのではないか。」「押型文土器は撚糸文系土器より新しいという概念〈中略〉の再検討と、概念こわしが必要であると思う。」こうした視点が神村の押型紋土器の原点であり、原動力となっているのである。

　しかし、こうした芹沢編年に対する困惑や批判は、押型紋土器の成果ともいうべき報告書の中では、公にされることなく隠蔽されている。不思議なことである。押型紋土器独自の位置づけや押型紋土器からみた併行説に積極的な見解を展開することなく、むしろ芹沢編年に追随する形でそれらの成果が発表されていったのである。押型紋土器研究にとってもっとも重大な疑問符が表面に出ることなく、伏流水となって、その後の研究に大きな影を落としてゆく。このようにみると撚糸紋土器と押型紋土器との関係については、少なくとも押型紋土器研究の側からは清算されることもなく今日に至っているのである。もっと突詰めていうならば、戦前の南北二系論をそのまま引き継いでいるのである。では、戦後の押型紋土器の位置づけを決めた平坂貝塚の層位的事例はいったい何であったのであろうか〔岡本勇 1953〕。関東至上主義といった議論で片づけられる問題ではない。この事実を認めるところから戦後の押型紋土器研究が出発しなければならなかったはずである。確かに、撚糸紋土器が位置する草創期後半期の関東以外の諸地域の空白は編年上の今日的課題[2]である。しかし、そのことと押型紋土器を撚糸紋土器の位置まで遡らせるという動向とは、ひとまず切り離すべきであろう。撚糸紋土器の変遷の中で押型紋土器が位置づけられるということは、その交渉が一方向であったとは考えられないから、押型紋土器の変遷からも撚糸紋土器を位置づけることができるはずである。まず、その解決が優先事項であろう。また、近年の撚糸紋土器研究では平坂貝塚の層位的事例を見直す新しい資料も提示されてきていることも事実である。しかし、撚糸紋土器終末期を大きく踏みはずす事態には至っていない。今回はそのことを確認するに留め、撚糸紋土器と押型紋土器の関係[3]については、別の機会に検討したい。

一系統か二系統か　　全国に広く分布する押型紋土器をどのような視点で捉え、また、その発展段階をどのように位置づけるかという問題は、押型紋文化を解明するうえで欠くことのできないテーマである。押型紋土器とよばれる斉一性をもった土器群の中にも、その施紋原体の特徴により大きく四つの地域性を見い出すことができる。それらの地域性を示す土器群は、東北地方の日計式土器、中部地方の樋沢・細久保式土器、近畿地方の大川・神宮寺式土器、九州の押型紋土器の諸型式である。こうした地域性は、おそらく各地で個別的に押型紋土器が発生したことに起因するものではないであろう。彫刻した棒を回転す

第3章 立野式土器の出自とその系統

るという施紋技法上の祖源は同一基盤から発したものであり、その結果、急速に全国に広がっていったと考えられる。とするならば、その地域性は前段階すなわち草創期終末期の地域性を反映したものとみなければならない。押型紋土器の祖源については一源論的に解釈する方が妥当であり、その点については異論はない。しかし、一源論であるからといって、その発展段階が一系統で変遷したとは限らない。神村が述べるように押型紋土器の起源を近畿地方に求め、それが中部地方に波及し、さらに関東へという一系統発展段階説は、層位的にも型式学的にも、さらに学史的にも十分に検討されたものではないのである。仮に、大川・神宮寺式→立野式→樋沢式→細久保式という変遷を認めたとしても大川・神宮寺式と立野式の関係を示す層位例は皆無といってもいい。大川式・神宮寺式・立野式の三者の型式的吟味もそれらの変遷を示す型式学的な見解も提示されているとはいえない。また、立野式と樋沢式の前後関係を示す層位例も後述するように不安定なものである。立野式を古くする研究者でも樋沢式との型式学的な断絶を認めざるをえないのである。なお、樋沢式以降の段階に押型紋土器が関東地方に波及するのであれば、その北側に分布する日計式土器の出現はさらに遅くなる。こうした一系論では東北地方の研究者は納得しないであろう。近畿以西についても同じであろう。一系論は砂上に構築された変遷なのである。こうした一系論の立場は実は撚糸紋土器併存説と軌を一にした考え方である。押型紋土器の発展段階においては一系統を主張しながら、押型紋土器と撚糸紋土器との関係については二系統併存説を主張するのである。なにか矛盾してはいまいか。一系統発展段階説が大勢を占めるなかで、二系統発展段階説ともいうべき、押型紋土器の変遷を提示したのが佐藤達夫である。岐阜県沢遺跡の押型紋土器の分析を通してその型式学的な変遷を明らかにした。佐藤は帯状施紋の系統を引く沢式土器を樋沢式土器と分離して、その最古に位置づけた。その上で沢式と大川・神宮寺式の前後関係に論及する〔佐藤・大野1967〕。

「沢を神宮寺式の発展形態とみるには、大川式に比べて他の神宮寺式的要素の欠如が問題になろう。その逆と見ることにも困難を伴なう。」という型式学的見地と両者に共通する山形紋の比較から「神宮寺・大川両式は、沢・樋沢下層のごとき帯状施紋を特徴とする山形押型紋とは元来別の系統に属し、ほぼ同時期に地域を異にして分布したものと思われる。」と結論を下したのである。これが二系統発展段階説である。しかし、こうした佐藤の見解にもかかわらず、その後、片岡肇の大川・神宮寺系押型紋の追究によって、一系統発展段階説は強化されていく。こうした動向に対し、私は神宮寺式の施紋を回転紋とする立場をとり、爪形紋土器からの出自を否定し、二系統発展段階説を支持[4]した〔岡本東1980〕。今日、資料の増加に伴い大川・神宮寺系押型紋の実態が明らかになり、二系統発展段階説を裏付ける資料もみつかっているように考えられる。また、大川・神宮寺系押型

- 311 -

第Ⅲ部　押型紋土器の編年とその技法

紋の型式的検討により、爪形紋土器にその系統を求めようとする主張は影をひそめるが、今度は表裏縄紋土器にその出自を求めようとする動向が顕在化している。いづれの立場を支持しようとも、押型紋土器の出自は重要な課題の一つであることには変わりはない。しかし、出自の問題はその系統観が解決してからでも、決して遅くはないであろう。

以上、述べてきたように撚糸紋土器との併行説、一系統発展段階説には基本的な手続きが論証されないまま今日を迎えている。この点が、押型紋土器研究を混迷させる大きな要因と考えるのである。

2．立野式土器のゆくえを追って

立野式土器は学史的にみれば、撚糸紋土器との併存説や一系統発展段階説を宿命的に担ってきた土器型式である。戦後まもなく発見されたこの立野式が"台風の眼"となってゆく、その過程の究明は、立野式の正しい理解に繋がっていくであろう［図Ⅲ－12・13］。

消えた立野式　　立野遺跡は同じ頃発掘された樋沢遺跡や細久保遺跡の押型紋土器と様相を異にしていたことから、注目をあつめた。地元の神村透だけではなく、麻生優・久永春男等の研究者によっても発掘が行われた。のちに立野式とよばれるこの押型紋土器の位置づけは、当初より比較すべき資料もないまま二転三転とする不安定な要素をもっていた。

	関東	中部	関西	中部	近畿・中国	中部	近畿・中国	近畿・中国
早期	大丸・井草 夏島 稲荷台 大浦山・花輪台Ⅰ 平坂・花輪台Ⅱ 三戸 田戸Ⅰ 田戸Ⅱ 子母口 茅山	？ 普門寺 下り林　樋沢　下層 （立野） 細久保・ひじ山・樋沢 上層 大根山 （+）	？ （+） （+） （+） （+） （+）	樋沢 細久保 （+） 粕畑 上ノ山	（+）？ 小蔦島 黄島 高山寺 石山	（栢の湖？） 下り林 細久保 （+） 柏畑 上ノ山	？ （+） 黄島 高山寺 石山	大川 黄島 高山寺 石山
	1			2		3		4

図Ⅲ－12　縄紋時代早期編年〔芹沢編年　1. 1954年　2. 1956年　3. 1958年　4. 1956年〕

第3章 立野式土器の出自とその系統

　立野式が初めて押型紋土器の編年に登場するのは、戦後の石器時代研究の指標となった芹沢長介の記念すべき論攷の中である〔芹沢1954〕。そこに提示された押型紋土器の編年は、普門寺→樋沢下層→（立野）→樋沢上層という変遷であった［図Ⅲ-12（1）］。同時に行われた撚糸紋土器が層位的編年であったのに対し、押型紋土器は型式学的変遷を基準としたものである。その型式学的根拠は山形紋→格子目・山形紋→格子目・山形・楕円紋→山形・楕円紋へ推移するという戦前の文様別変遷観に基づいている。芹沢の立野式の位置づけは、その特徴である市松紋を格子目紋から楕円紋への中間的な文様要素として位置づけたからにほかならない。芹沢自身も自信のある位置づけとは思わなかったのであろうか、括弧をつけ慎重を期している。しかし、この芹沢編年[5]がその後の押型紋土器研究を大きく規定してゆくのである。

　1957年の立野遺跡の報文も、芹沢編年の影響下におかれる。その中で神村は立野式を次のように位置づけたのである〔松島1957〕。「立野遺跡の捺型文土器は〈中略〉樋沢式土器と同等に位置するもの」であり「二式の様相の相違は分布中心を異にした発達段階として把握されるものと考える」と述べている。すなわち、立野式と樋沢式を分布域の異なる二者とする二系統発展段階説をとったのである。しかし、こうした立野式の位置づけが神村の本意ではなかったことはその後の論述からみても明らかである。

　立野遺跡報告のその年、意外な方面から、立野式のパートナーが発見されるのである。

	関東南部	中部地方東部	近畿
早期	大丸・井草	（室谷最下層）	
	夏島	小瀬ガ沢1	
	稲荷台	小瀬ガ沢2	
	花輪台Ⅰ・大浦山	曽根 小瀬ヶ沢3	大川（?）・神宮寺（?）
	花輪台Ⅱ・平坂	樋沢	
	三戸	細久保 卯ノ木	
	田戸下層1	立野	高山寺
	田戸下層2	（三戸上）芋坂1（+?）	
	田戸上層1	(+)	
	田戸上層2		
	子母口		石山Ⅰ
	野島		石山Ⅱ
	鵜ヶ島台	(+)	石山Ⅲ
	茅山下層 清水坂	(+)	石山Ⅳ
	茅山上層 菊名	木島1	石山Ⅴ

	関東	甲信	近畿
草創期		柳又	
	橋立Ⅰ	（石小屋）荷取	
		石小屋Ⅱ	
	橋立Ⅱ	曽根	
	（西谷）		
	井草（大丸）		
	夏島		
	稲荷台		
	花輪台Ⅰ（大浦山）		神宮寺
早期	花輪台Ⅱ（平坂）		大川
	三戸	樋沢下層	
	田戸下層	細久保	
	田戸上層		高山寺
	子母口		石山1
	野島		〃2
	鵜ヶ島台		〃3
	茅山下層		〃4
	茅山上層		〃5

	中部	近畿
		石小屋
	曽根	
	立野	神宮寺
	樋沢下層	大川
	細久保	高山寺
	(+)	石山1
	(+)	石山2
	(+)	石山3
	(+)	石山4
	(+)	石山5
	(+)	石山6
	(+)	石山7

　　　　　　　　　　　5　　　　　　　　　　　　　　　　6　　　　　　　7

図Ⅲ-13 縄紋時代早期編年〔5.『世界考古学大系』編年　6.『原始美術』編年　7.『世界考古学辞典』編年〕

第Ⅲ部　押型紋土器の編年とその技法

それは、奈良県大川遺跡と大阪府神宮寺遺跡より出土した押型紋土器である〔岡田・酒詰1958、片山1959a・b〕。大川遺跡を発掘した岡田茂弘は立野式との関連にふれ、「本式の土器文様は立野遺跡のそれに類似し、器形及び文様の帯状構成の点では細久保遺跡のそれに類似することから、中部地方における細久保式より古く、立野遺跡のものと平行するか、又はその直後の時期に並行する型式と考える。」と大川式を明確に位置づけたのである。この位置づけは芹沢編年を骨子としたものであったが、両者の型式的特徴を的確に把握した卓越した視点であったといえよう〔岡田・酒詰1958〕。また、芹沢編年を軸に展開される1950年代後半の押型紋土器研究の動向にあって、『日本考古学講座(3) －中部－』の中で示された立野式を新しくする見解、すなわち樋沢式→細久保式→立野式という編年[6]が提起されていたことも忘れてはならない〔藤森1956〕。その根拠は明確にされてはいないが、樋沢遺跡の層位と、関連の密な樋沢式と細久保式の間に立野式を介在させる型式学的な不連続性をよみとった見解として重要であったと考える。比較すべき資料がみつかったにも係わらず、依然として立野式は不安定なのである。1959年『世界考古学大系Ⅰ』の編年表〔図Ⅲ－13(5)〕をみると、中部地方の編年は『講座』案を採用し、近畿地方では立野式とは関係なく、樋沢式の前に疑問符つきながら大川式・神宮寺式を位置づけている。このように、大川式・神宮寺式が編年に登場するのと反対に、その後1964年の『原始美術』の編年表〔図Ⅲ－13(6)〕、『日本の考古学』の編年表からは立野式が消え去るのである。

大川・神宮寺式の位置　立野式土器が編年表から消えたことは、立野式の分析からその位置づけを行うことを放棄したことにほかならない。立野式が復活するのは、大川・神宮寺式の評価が定まる1970年代である。それも中部地方における最古の押型紋土器として再登場[7]するのである〔図Ⅲ－13(7)〕。大川・神宮寺系押型紋が樋沢・細久保系押型紋より一段と古く置かれる1960年代の動向は、当時発見されつつあった隆起線紋土器、爪形紋土器、椛の湖2式とよばれる表裏縄紋土器など、撚糸紋土器にとって変わる最古の土器群の存在と無関係ではない。神宮寺式を一種の刺突紋とみなし、爪形紋土器との関連性を認めようとする江坂輝彌の見解も、そうした動向の一つの表れであろう〔江坂1964〕。芹沢長介は長崎県福井洞穴の発掘成果をもとに爪形紋土器と押型紋土器との移行期として、大川・神宮寺式を位置づけた〔芹沢1962〕。その理由の一つとして、大川式に縄紋や縄線紋が共伴することをその根拠としている。この段階では、芹沢は最古の土器が隆起線紋土器か撚糸紋土器か決めかねていたが、その後間もなく ^{14}C 年代により隆起線紋土器を撚糸紋土器以前に位置づけることになる。その結果、草創期前半の土器群との関連で大川・神宮寺式の位置はさらに古くなる印象をあたえた。こうした動向に対し、型式学的観点から警鐘をならしたのが、佐藤達夫の二系統発展段階説であった〔佐藤・大野1967〕。しかし、

前述したように佐藤の指摘にもかかわらず、1970年代の動向は、大川・神宮寺系押型紋を追究する片岡肇の一連の研究によって、爪形紋土器を祖源とする一系統発展段階説が有力視されるようになる〔片岡1972，1974，1978a・b〕。このようにして草創期後半の撚糸紋土器と併行する編年的位置づけが整ってゆくのである。こうした動きに合わせたかのように、立野式を中部地方の最古の押型紋土器の座に位置づける見解が次々と提示されてゆく〔戸沢1978〕。立野式を古くする編年は、ややもすると大川・神宮寺式の時間的位置づけに左右され、それらの諸型式の型式学的裏付けが十分なされなかったことに問題があった。1980年代に入ると新たな動向があらわれる。神宮寺式の施紋法がそれまでいわれてきた刺突紋ではなく回転紋であることが指摘された点である〔岡本東1980〕。これは、刺突紋か回転紋かというレベルの議論ではなく、大川・神宮寺式と沢・樋沢式との文様構成上の型式学的比較が可能になった点で重要であったと考えられる。その結果、爪形紋土器を祖源とする押型紋起源論はもろくも崩れ去ってゆく。今日、大川遺跡の再調査、大阪府神並遺跡、三重県大鼻遺跡の発掘によって、大川・神宮寺系押型紋の資料も増加し、新たな議論が展開できる段階を迎えている。また、矢野健二の分析によって、大川式を古く、神宮寺式を新しく位置づける見解も提示されている〔矢野1984〕。従来の編年を逆転させるこの見解も、爪形紋土器にかわって、表裏縄紋土器に祖源を求めようとする新一系統発展段階説とでもいうべきもので、撚糸紋土器との併行説は崩していない。また、大川式か神宮寺式かという議論に係わりなく、立野式はそれらに後続するという位置づけに変化はない。今日までの立野式に係わる動向をみてみると、その前半期は関東編年を、その後半期は近畿編年を軸に展開し、中部地方独自の視座からその編年が構築されたことはないのである。また、立野式の位置づけをみても芹沢が提示した戦後の石器時代研究の軌道上を歩んできたことを看取することができる。今後、立野式の位置づけを確立するためには、最初に提示された樋沢→（立野）→細久保という芹沢編年の括弧付きの意味を改めて考えることと、佐藤の二系統発展段階説に提示された型式学的視点を検討することから出発しなければならないと考える。その意味では依然として立野式が"台風の眼"なのである。

3．立野式土器の型式学的吟味

　立野式土器は立野遺跡出土の資料を標式として設定されたものであるが、今では伊那谷沿いを中心に、長野県約20ヶ所の遺跡で発見されている。これらの遺跡の立野式を通して、その型式的特徴と立野式の内容について検討してみたい［図Ⅲ-14］。
　立野式とは立野式土器の提唱者である神村透の定義を借りるならば、その型式的特徴は

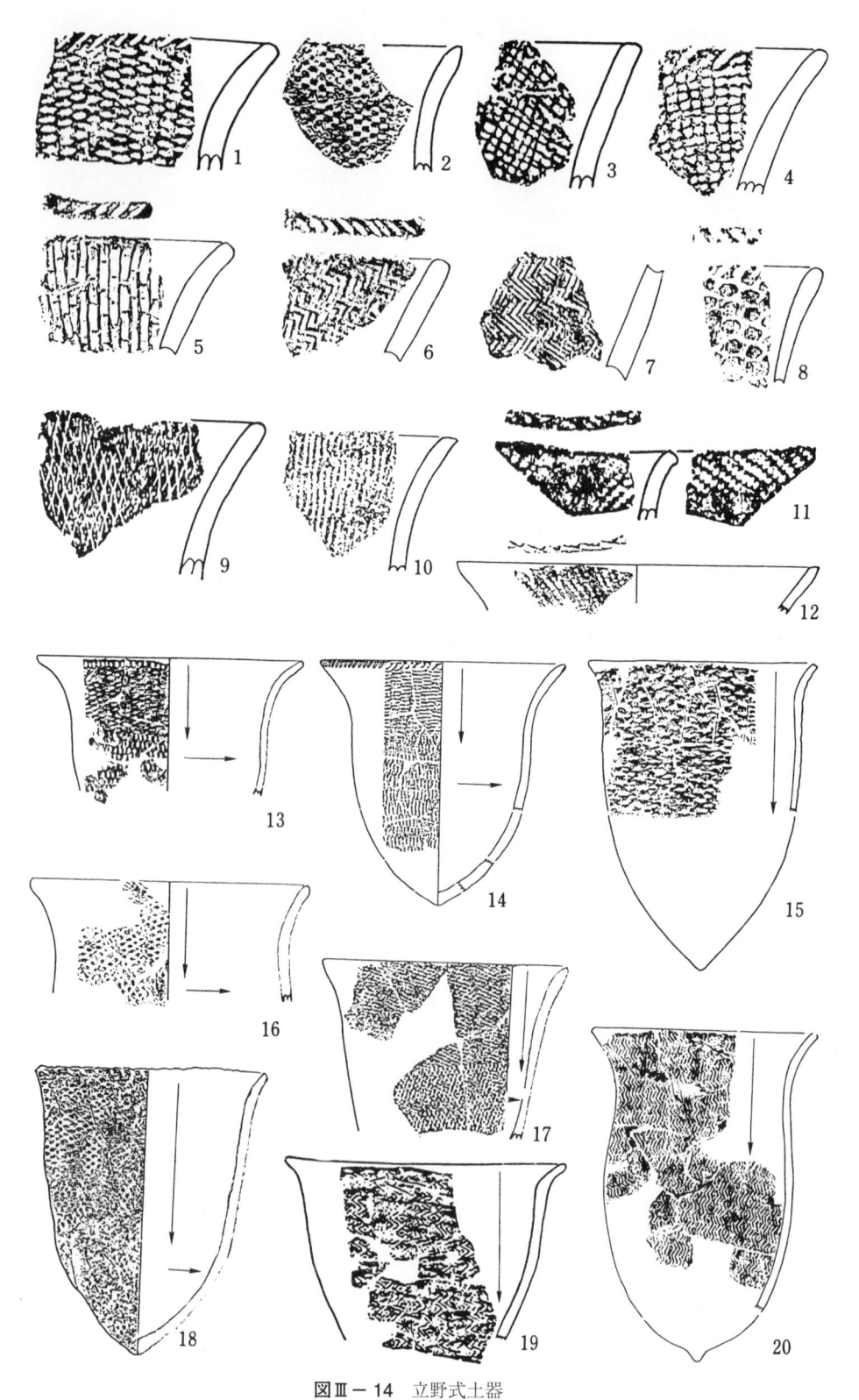

図Ⅲ-14 立野式土器
(1・9 二本木遺跡　2・10・17・18 三つ木遺跡　3・11 立野遺跡　4 林頭遺跡　5 棚畑遺跡　6 栃原岩陰
7・19 細ヶ谷B遺跡　8 稲荷沢遺跡　12・13・16 赤坂遺跡　14 北田遺跡　15・20 福沢遺跡)

- 316 -

第 3 章　立野式土器の出自とその系統

次のように整理することができる〔神村 1986a・b〕。

1. 文様種類…主要文様はネガティヴ紋（市松紋）・山形紋・格子目紋であり、それに楕円紋が伴う。これらの押型紋土器に縄紋・撚糸紋が共伴する。
2. 文様特徴…その第一は市松紋を含めたネガティヴ紋の存在。第二は山形紋の凸線部が細く、大きな山形を呈すること。第三は共伴する縄紋土器には表裏縄紋、細い網目状撚糸紋がみられること。
3. 胎土・器厚…胎土には金雲母・石英・長石等の細粒を含む。器壁は 7 〜 10mm と厚い。
4. 器形特徴…口縁部が大きく外反し、胴部はあまり張らない。底部は乳房状尖底となる。
5. 施紋構成…全面密接施紋を原則とする。山形紋は口縁部から縦方向に施紋する［図Ⅲ－14 (19)・(20)］。ネガティヴ紋は口頸部を縦方向に、胴部以下を横方向に施紋する［図Ⅲ－14 (13)・(14)・(17)］。

これらの立野式の型式学的特徴をさらに個々に検討し、中部地方における立野式を正しく位置づけていかなければならない。

ネガティヴ紋の系譜　　ネガティヴ紋の祖源が近畿地方の大川・神宮寺式にあり、それが

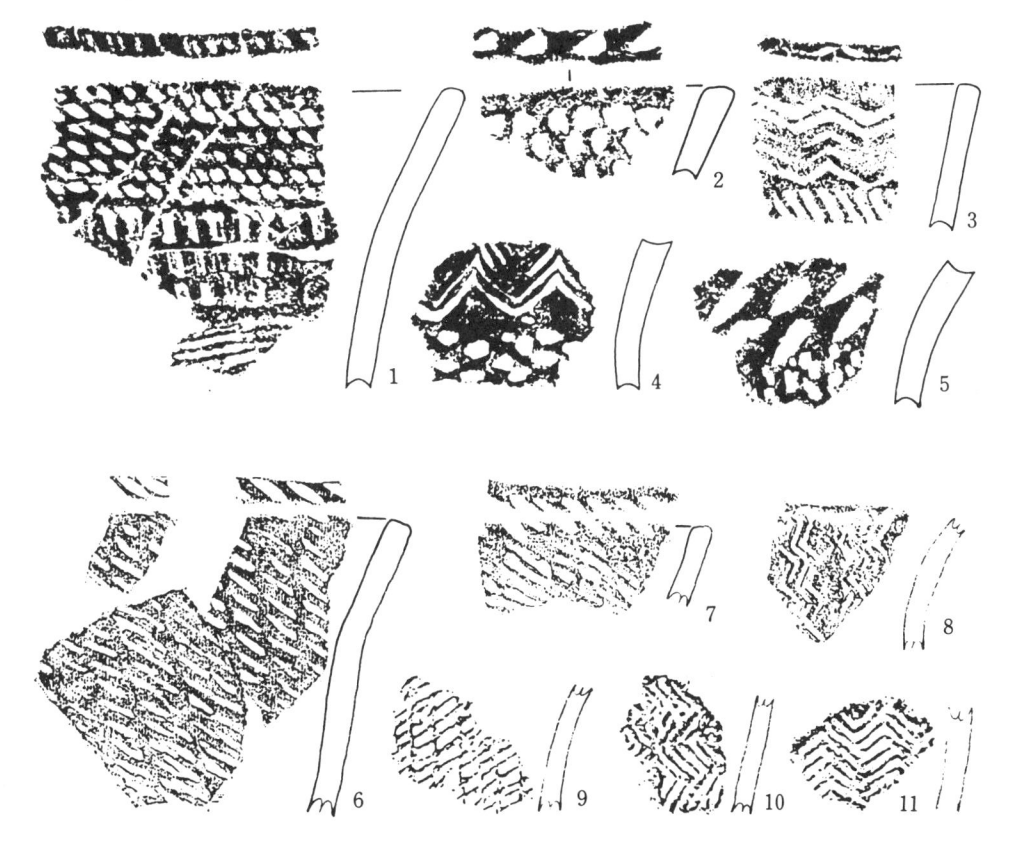

図Ⅲ－15　東海地方の大川式土器と神宮寺式土器（1 〜 5 馬場遺跡　6 〜 8 九合洞穴　9 〜 11 萩平 D 遺跡）

第Ⅲ部　押型紋土器の編年とその技法

中部地方に波及するのが立野式とする図式はなぜ成立するのであろうか。実はこの点についても十分に検討されてきた訳ではない。ネガティヴ紋の系譜を大川・神宮寺式に求めることのできる型式学的な理由は、大川・神宮寺式には、立野式に特有の山形紋がないこと、それに楕円紋を有しないことの二点につきるであろう。では、立野式のネガティヴ紋は大川式と神宮寺式のいずれに求めることができるのであろうか。多くの人々が指摘するように、確かに大川式により近い関係を見出すことができる。これは文様すなわち施紋原体の類似性であって、この点からすれば、大川式→立野式という変遷が成立するようにも考えられる。しかし、立野式のネガティヴ紋にみられる口頸部を縦方向に、胴部以下を横方向に施紋する原則は、大川式とも神宮寺式とも異なり、その施紋方向は逆転しているのである［図Ⅲ－14（13）・（14）］。この点からみると、大川式の影響を直接受けているとも言いがたい。施紋方向が逆転する事情は東海地方の動向と係わっているのかもしれない。また、文様構成の点からみると、大川式の施紋原則[8]とは異なり、むしろ神宮寺式に近い。大川式の文様構成は口頸部に二横帯、胴部に縦位密接施紋を原則とする。それに対し、神宮寺式は口頸部一横帯・胴部縦帯密接施紋と縦帯密接施紋のみの二タイプがある。立野式

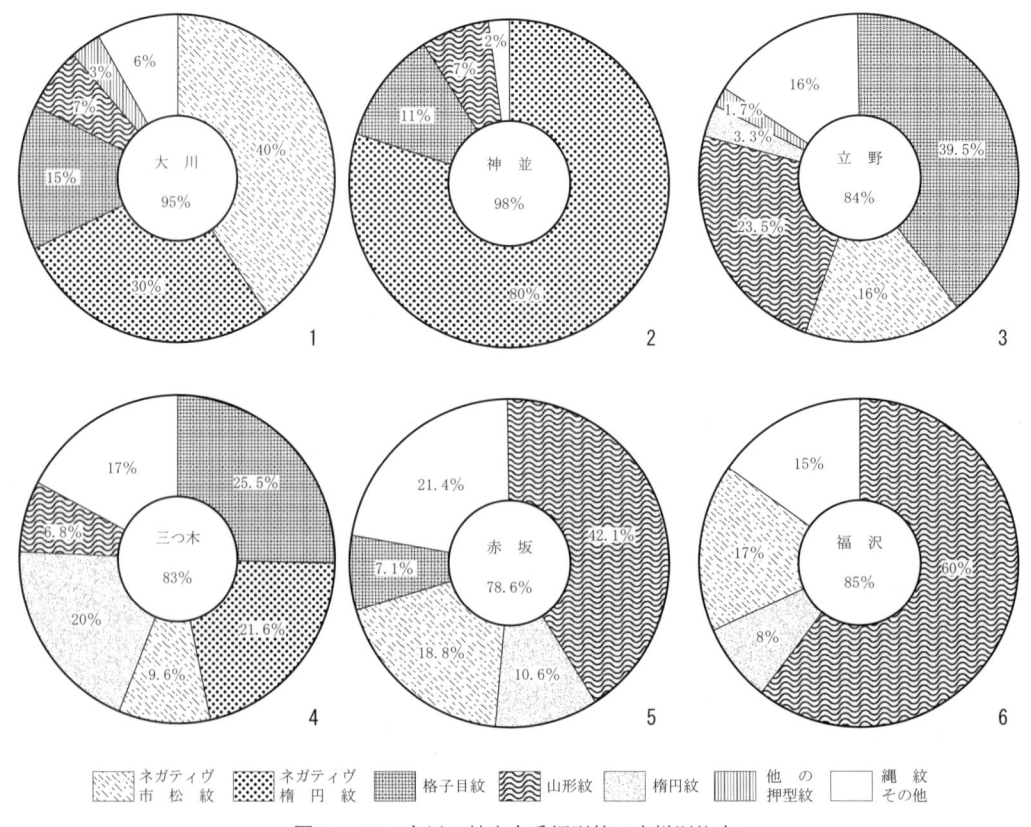

図Ⅲ－16　大川・神宮寺系押型紋の文様別比率

第 3 章　立野式土器の出自とその系統

の施紋構成や口縁部のキザミは神宮寺式に類縁を求めることもできる。立野式のネガティヴ紋の系譜には、文様からみると大川式に、施紋構成上からは神宮寺式と両型式の要素を認めることができる。このことは大川式と神宮寺式が同時存在の型式であるのか、立野式が細分されるかのどちらかであろう。東海地方には、佐藤達夫や片岡肇が指摘した縦位密接型〔佐藤・大野1967、片岡1978b〕の愛知県萩平Ｄ遺跡や岐阜県九合洞穴の神宮寺式類似の土器［図Ⅲ－15（6）～（11）］と、大川式に対比すべき愛知県馬場遺跡〔鈴木茂ほか1981〕の土器［図Ⅲ－15（1）～（5）］の二者がある。おそらく大川式と神宮寺式の差異は時間的順序を示すものであり、東海地方の二者[9]もその変遷にそったものと考えられる。とするならば立野式も二分される可能性が強い。その点について、もう少し検討を加えたい。

立野式の文様分析　前述のように総体としての立野式の中には、大川式と神宮寺式の要素があり、細分される可能性をもっている。しかし、個々の遺跡の立野式の資料は施紋構成を明らかにできる土器片が少なく、現段階では型式学的比較によって立野式を細分できるほどの内容は整っていない。そこで個々の遺跡における文様別比率を比較[10]することによって、細分の可能性を探ってみたい［図Ⅲ－16］。

まず、大川・神宮寺式の傾向から見ることにしよう。大川式はネガティヴ紋が70％とその大半を占める。ネガティヴ紋の形は多様であるとともに、そのうち市松紋を呈するものが40％にのぼる。次いで格子目紋（15％）、山形紋（7％）の順とする［図Ⅲ－16（1）］。神宮寺式の比率は明らかではないが、いま仮に神並遺跡の報告書掲載資料からその比率を求めてみよう。あくまでも参考資料[11]であるが、ネガティヴ紋は約80％を占め、その文様は舟形沈紋とその変化形と比較的単純な文様である［図Ⅲ－16（2）］。その中には市松紋が存在しないことも神宮寺式の特徴となっている。格子目紋と山形紋の比率は10％前後になろう。こうした大川式と神宮寺式の比率を念頭におき、立野式の各遺跡の傾向を比較してみたい。立野遺跡では格子目紋（39.5％）が半数近くを占め、次いで山形紋（23.5％）、ネガティヴ市松紋（16％）の順となる［図Ⅲ－16（3）］。同様の傾向は三つ木遺跡にも通じるものがある。格子目紋（25.5％）が主体を占め、ネガティヴ楕円紋（21.6％）・市松紋（9.1％）、次いで楕円紋（20％）となる［図Ⅲ－16（4）］。立野遺跡と比較して山形紋と楕円紋の比率が逆転していることは注目されよう。両遺跡とも格子目紋とネガティヴ紋を合せると50％を越える比率を示している。この点から立野遺跡、三つ木遺跡の立野式はネガティヴ紋優勢の格子目紋主体型とすることができる［図Ⅲ－16（3）・（4）］。これに対して、赤坂遺跡の立野式は山形紋が40％を超え、次いでネガティヴ市松紋（18.8％）、楕円紋（10.6％）の順となる［図Ⅲ－16（5）］。前者の遺跡に比して山形紋が主流となり、格

- 319 -

第Ⅲ部　押型紋土器の編年とその技法

子目紋が減り楕円紋が増加する傾向を示している。福沢遺跡第Ⅶ層[12]の立野式も山形紋優勢（60％）の比率を持つ［図Ⅲ－16（6）］。このように立野式の文様構成の比率からみると、格子目紋主体型と山形紋主体型の二者に分類できる。前者を大川式に対比することに異論がないが、後者の山形紋主体型を直ちに神宮寺式に対比することには若干の問題があろう。しかし東海地方の神宮寺式類似の土器に立野式の山形紋が共伴する例［図Ⅲ－15（8）・（10）・（11）］が認められることから、山形紋主体型を神宮寺式と対比する推定も、あながち間違いではないと思われる。こうした立野式における二者はあくまでも大まかな文様構成の比率をもとにした傾向であり、型式として認定できる段階ではないから、大川

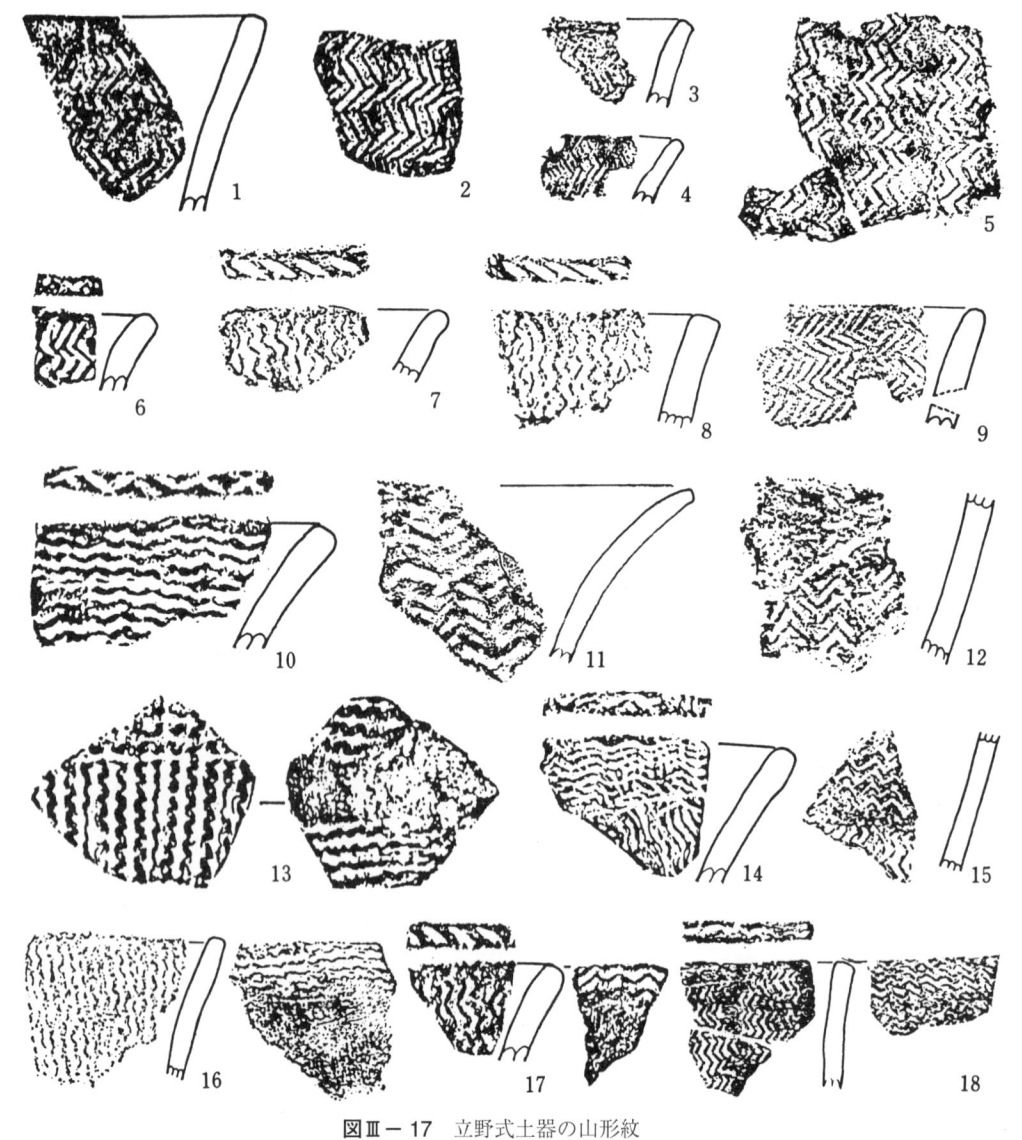

図Ⅲ－17　立野式土器の山形紋
（1・2・13 立野遺跡　3〜5 赤坂遺跡　6・10・14・17 稲荷沢遺跡　7・8・12・15・16 福沢遺跡　9 三つ木遺跡　11 石子原遺跡　18 樋沢遺跡）

第3章 立野式土器の出自とその系統

式を格子目紋主体型に、神宮寺式を山形紋主体型に対比すべき可能性を示唆するにとどめ、将来の型式学的細分にそなえたい。また、二者の前後関係については大川式と神宮寺式の編年に係わる問題であるから、別に後述する。

山形紋の出自 立野式土器を特徴づける一つに大きな山形紋がある。施紋は縦位密接型を原則とする［図Ⅲ−17（1）〜（9）］。破片のものが多く、原体を復原できるものは少ない。福沢遺跡例が唯一のものであり、その原体は7条2単位である。原体の大きさは長さ2.8cm、径0.8cmを測る［図Ⅲ−14（20）］。原体が大きいことや条数が多いことから、沢・樋沢式の山形紋とは異なる。原体の大きさは大川・神宮寺式のそれに類似する。山形の大きさは

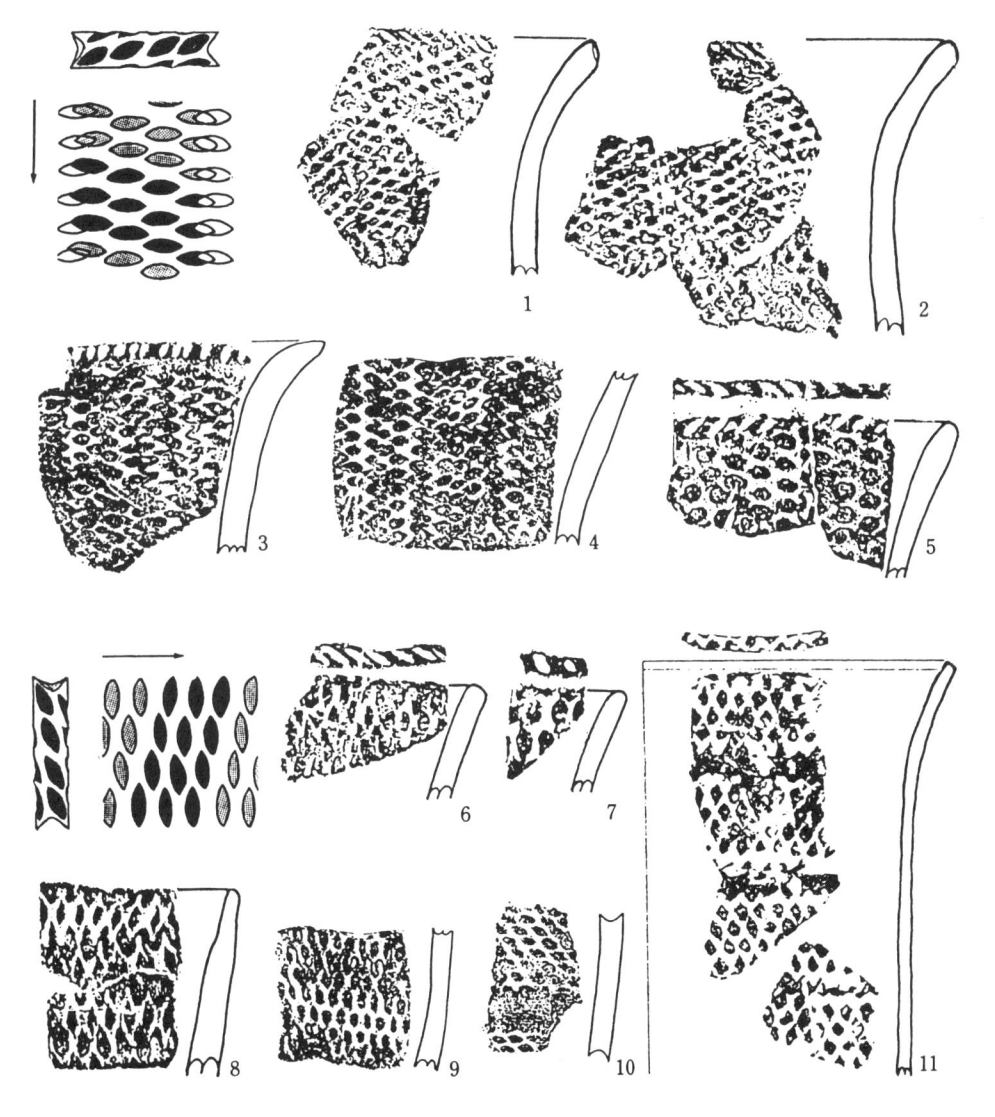

図Ⅲ−18 縦刻原体の楕円紋
（1・2 赤坂遺跡　3・4・9 三つ木遺跡　5・6 稲荷沢遺跡　7 二本木遺跡　8 立野遺跡　10 樋沢遺跡　11 細久保遺跡）

第Ⅲ部　押型紋土器の編年とその技法

神宮寺式の口縁部にめぐる山形紋に近いともいえるが、頂点の低い山の形態や条数の点で異なっている。おそらく、この山形紋は立野式固有のものであろう。また、縦位密接施紋も直接神宮寺式に求めるより、静岡県若宮遺跡第5類や西原遺跡の山形紋の関係を介して考える方がより妥当であろう〔馬飼野1983、水島ほか1985〕。これらの遺跡には立野式類似の山形紋も存在し、一方、立野式の長野県稲荷沢遺跡や福沢遺跡出土の、裏面に山形紋を有する土器はこの方面との関連を示すものであろう［図Ⅲ－17（16）・（17）］。同様のものは樋沢遺跡にもある［図Ⅲ－17（18）］。こうした山形紋とは別に、樋沢式の山形紋も共伴していることは注目される［図Ⅲ－17（13）～（15）］。混在でないとすれば、樋沢式との併行関係を示す資料になろう。

楕円紋の出自　楕円紋の存在は立野式の位置づけを決める有力な手掛りの一つである。一般的な押型紋土器の文様別変遷観に従えば、楕円紋は後出的要素を示すといえよう。事実、大川・神宮寺式、沢式などの古式の押型紋土器には共伴しない。ところが樋沢式には伴うのである。では、楕円紋の初源は立野式、樋沢式のいずれに求めることができるのであろうか。その前にまず立野式の楕円紋の特徴をみてみよう［図Ⅲ－18］。立野式の楕円紋には細長のもの、円形に近いもの、その中間的なものの三種がある。原体の判明するものは、赤坂遺跡例で長さ2.0cm、三つ木遺跡で長さ1.5cm、2～2.5cm、径0.7～0.8cmである。原体の大きさは神宮寺・大川式の原体に類似するが、原体の両端はV字形に加工している。文様構成のわかる赤坂遺跡例・三つ木遺跡例では、口頸部の縦方向、胴部以下を横方向に施紋する。この特徴はネガティヴ紋に倣ったものであり、器形も口縁部のキザミも同様であろう。

また、立野式の原体で最も重要な点は、林茂樹や片岡肇によって明らかにされたように楕円紋が縦刻原体[13]でつくられていることである〔林1984、片岡1978b〕。すなわち、楕円紋の長径を原体軸に斜めに刻んでいるのである。通常の楕円紋はその長径を円周に沿って刻む横刻原体を原則としている。この点からみても立野式の楕円紋は異質のもので

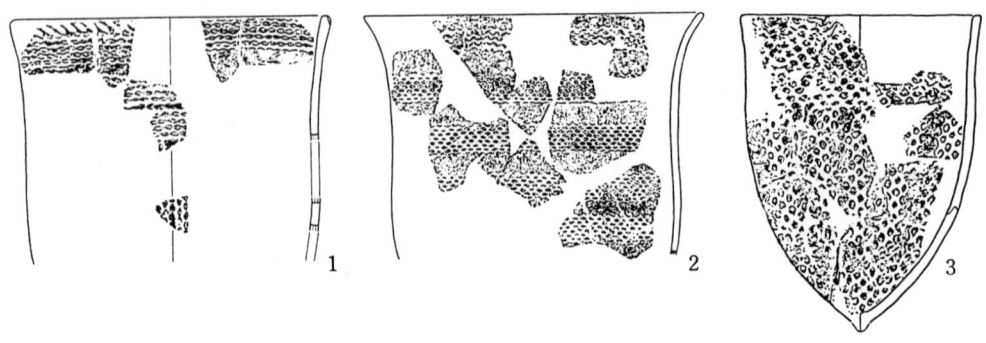

図Ⅲ－19　樋沢式土器の楕円紋（1～3樋沢遺跡）

あろう。この異質な存在の中にこそ、楕円紋の初源的な姿を認めることができるのではないだろうか。すなわち、大川・神宮寺式の影響をうけたネガティヴ紋の変化の中から、立野式の楕円紋が出自する[14]のではないか。原体の大きさ、彫刻法、文様構成からみても、そのことを裏付けているようにみえる。楕円紋がネガティヴ紋の反転現象として出自する過程を立野式の楕円紋に認めることができよう。

このように立野式に楕円紋の出自があるとすれば、樋沢式の楕円紋とは如何なる関係になるのであろうか。一見このことは、立野式からの変化として樋沢式を位置づける可能性も示しているかのようにみえる。しかし、狭義の樋沢式の前段階には、楕円紋を伴わない山形紋のみの沢式が位置する。楕円紋（有）立野式→楕円紋（無）沢式→楕円紋（有）樋沢式という変遷には無理がある。なぜならば立野式で出現した楕円紋が、一旦消滅し再び樋沢式の段階で出現する過程を説明しなければならないからである。立野式と樋沢式は楕円紋の存在を介して、同時期に位置づけなければならない。樋沢式の楕円紋は縦刻原体として出現した立野式の楕円紋を伝統的な横刻原体に変容させて使用したと推定される［図Ⅲ－19］。樋沢遺跡にはわずか1点であるが、縦刻と横刻の中間的な原体をもつものがある［図Ⅲ－18（10）］。文様構成は帯状施紋の系統を引く口頸部横帯、胴部縦方向施紋となる。口縁部にみられるキザミは立野式の影響であろう［図Ⅲ－19（1）］。立野式と樋沢式の関係について改めて後述しよう。

4．立野式土器とその周辺

立野式を正しく位置づけるためには、大川・神宮寺式との関係、沢・樋沢式との型式学的関係を整理しないかぎり、その前進は望めないであろう。前述した立野式の内容をふまえ、まず、近畿地方の大川・神宮寺式の関係からみてみよう。

大川式か神宮寺式か　立野式のネガティヴ紋の系譜には神宮寺式と大川式の両者の要素が認められ、その変遷をどうみるかによって立野式の位置づけにも大きな影響を与える。大川式、神宮寺式土器が発見された1950年代後半から1980年代前半の長きに亘って、神宮寺式を古、大川式を新とする編年が支配的な考えであった。これは、層位的あるいは型式学的な変遷ではなく、爪形紋土器が神宮寺式の刺突紋に関連するという系統観によって支えられてきたからにほかならない。その後、神宮寺式の施紋が回転紋とする指摘に伴い施紋構成上の視点からの型式学的検討が行われてゆく。こうした中で、大川・神宮寺式の編年を根底から考え直さなければならない提起がなされる〔矢野1984〕。矢野健一は大川・神宮寺式の型式学的分析を通して、大川式を古、神宮寺式を新とする逆転編年を提示[15]

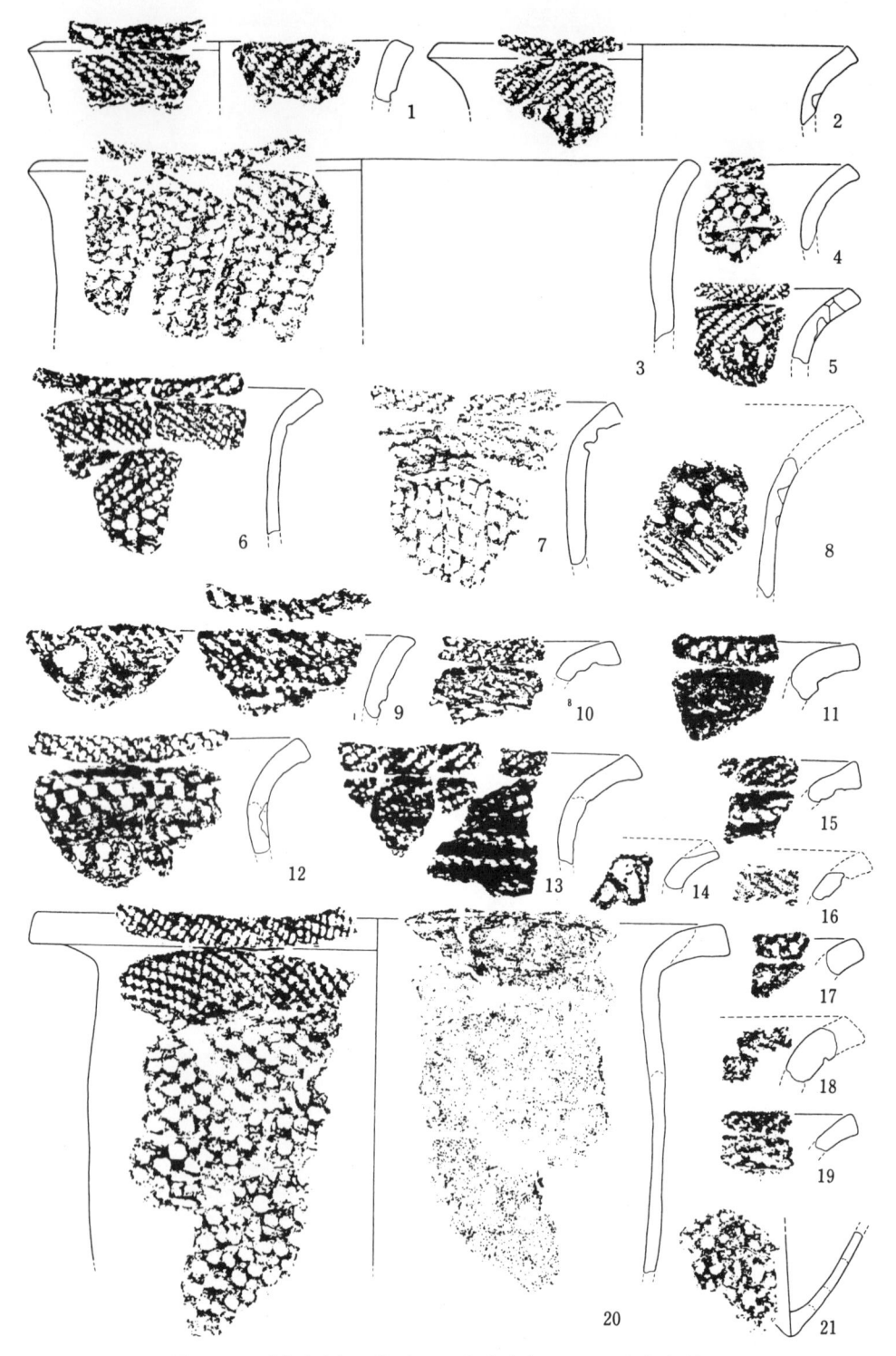

第Ⅲ部　押型紋土器の編年とその技法

図Ⅲ-20　「大鼻式」土器（1～8板倉遺跡　9～21大鼻遺跡）

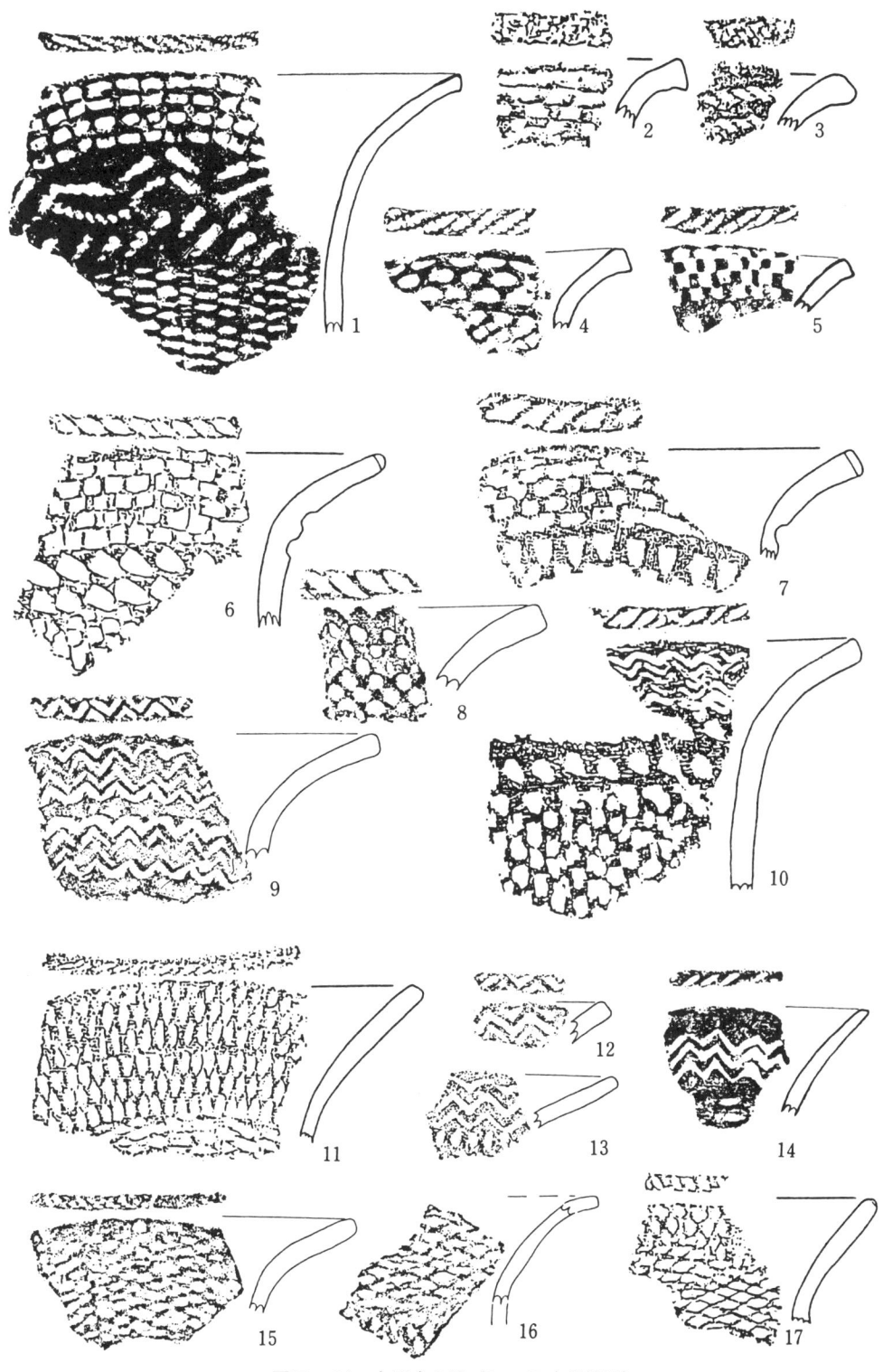

第3章　立野式土器の出自とその系統

図Ⅲ-21　大川式土器（1～17 大川遺跡）

- 325 -

第Ⅲ部　押型紋土器の編年とその技法

したのである。こうした矢野編年は矢野自身の論攷としての公式見解が発表[16]されないまま、一方的に事態は進んでいる。大川遺跡の再調査（1980・81年）、神並遺跡（1982年）の発掘により大川・神宮寺系押型紋の内容は豊富になり、三重県大鼻遺跡（1987年）の発掘によって新資料が提供され、それらの位置づけが活発な議論となっている〔山田・梅沢1987〕。山田猛が提示した型式学的な編年観はどこまで矢野のプライオリティなのか、山田のオリジナリティなのか、混沌として周りのものにはよくわからない〔山田1988〕。山田が示した「大鼻式[17]」→大川式→神宮寺式という変遷を検討するにあたり、矢野の基本的見解が欠如したまま展開せざるをえない不自然さはいなめないが、今この問題を保留[18]したまま避けて通る訳にはいかない。こうした大川式を古とする編年の背景にも、再々述べたように草創期の表裏縄紋土器にその祖源を求めようとする動向が関連している。しかし、それを検証するためには表裏縄紋土器の型式的吟味と位置づけを明確にすることが先決であろう。慎重を期さないと爪形紋土器に求めたのと同様の轍を踏むことになろう。

「大鼻式」は縄紋とネガティヴ紋を併用し、その構成は、口頸部横帯施紋、胴部以下縦密接施紋となる〔図Ⅲ−20〕。口頸部は二横帯型と一横帯型の二通りがある。ネガティヴ紋は大川式と同様で、原体は長さ2.2〜2.7cm、径0.6〜1.2cmを測る。大鼻式を最古に位置づけるその根拠は共伴する表裏縄紋の土器にあるという。とするならば、表裏縄紋の土器を伴う他の押型紋土器、たとえば立野式や静岡方面の土器などもすべて遡らせなければならなくなる。こうした山田の考えに対して、大川式の範疇でとらえようとする土肥孝・松田真一の見解もある〔土肥1988、松田1988a〕。私もかつて、大川式の一地方色とする意見を述べた〔岡本東1987〕。土肥は口頸部の文様帯の変遷から大川式→「大鼻式」→神宮寺式とするが大川式と神宮寺式の間に「大鼻式」を介在させることには無理があろう。

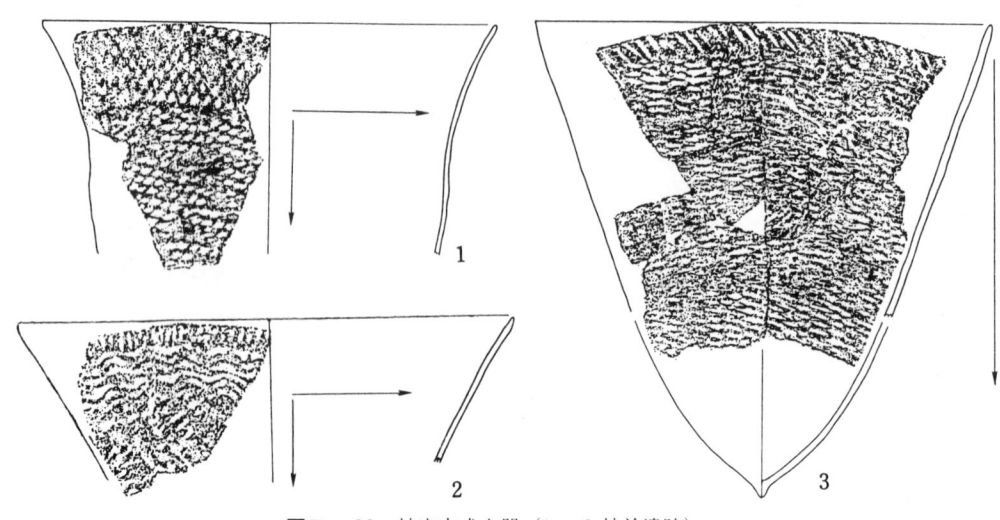

図Ⅲ−22　神宮寺式土器（1〜3 神並遺跡）

第3章 立野式土器の出自とその系統

　松田は大川式を細分する過程で、大川式の古い段階と併行関係に位置づけることを示唆している。松田の見解のように「大鼻式」は大川式のうち縄を併用する一群の土器と同時期に対比すべきものであろう。時間的意味合いにおいては大川式の範疇ともいえるが、大鼻遺跡の土器群は一つの型式として設定すべき内容をもっている。その理由は、表裏縄紋の土器の存在でもなく、口頸部の屈曲度でもなく、山形紋がないという点である。同型式とみられる三重県坂倉遺跡、鐘突遺跡の資料にも山形紋は共伴しないのである。そのことによって「大鼻式」は山形紋のある大川式の後にも、神宮寺式の後にも位置づけることはできないように考えられる。

　大川式については、再調査の資料を基に新たな知見が加えられている［図Ⅲ−21］。かつて、岡田が大川式とした第1類の中には神宮寺式が含まれていることが指摘されていた。正式な報告書はないが、調査者である松田真一によって、大川式の細分がなされている〔松田1988a・b〕。かつての第1類に新資料を加え、それをⅠ類とⅡ類に細分し、前者を大川式、後者を神宮寺式とした。大川式の内容が確定するとともに、大川式をさらに1式と2式に分け、1式が「大鼻式」に対比する可能性のあることは前述のとおりである。しかし、松田が2式とするものの中にはさらに二分され、大川式は三型式に細分できるように考えられる。その点については正式報告をまって改めて検討したい。

　松田は大川式と神宮寺式の関係にもふれ、重要な型式上の指摘を行っている。まず、原体の大きさに注目し、神宮寺式の原体長（3.6〜4.8cm）が大川式の原体長（1.6〜3.3cm）に比して、長大化する傾向を認める。次いで口縁部の形態変化、口頸部二横帯型から一横帯型への変化、同一個体の複数原体施紋から単一原体施紋へという型式的変化をとらえ、大川式を古、神宮寺式を新とする矢野編年を再確認している。

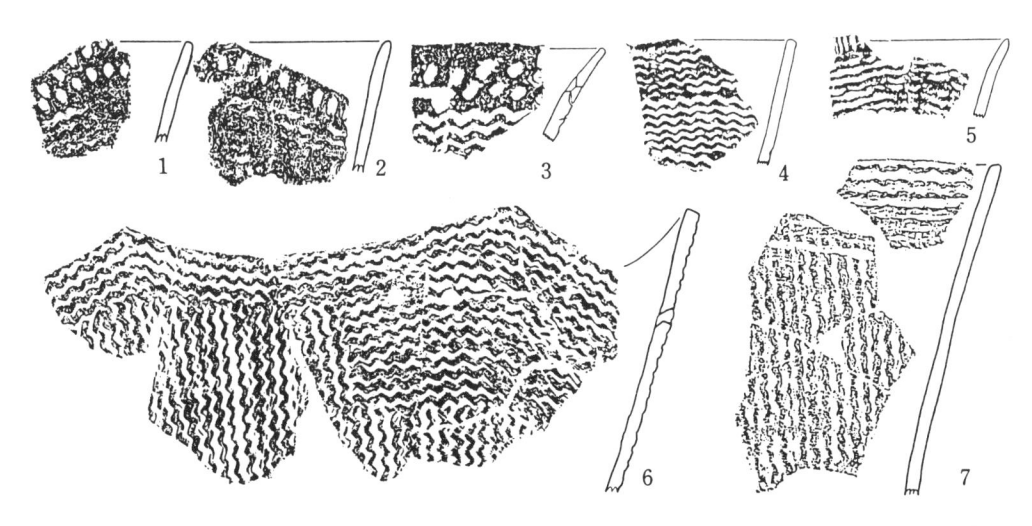

図Ⅲ−23　近畿地方の樋沢・細久保系山形紋（1・2・6 神並遺跡　3〜5 別宮家野遺跡　7 大川遺跡）

第Ⅲ部　押型紋土器の編年とその技法

　神宮寺式については神並遺跡の報告によって、その実態はより明確になった〔下村ほか1987〕。しかし、その文様構成は神宮寺遺跡で提示された内容を超えるものではない。ネガティヴ楕円紋とその変化形を基調とした比較的単純な文様構成であり、口縁部にキザミをもつ。また、いわゆる市松紋を有しないことも重要な型式学的特徴の一つであろう。縦方向密接施紋と、口頸部一横帯・胴部以下縦方向密接施紋の二タイプがあり、後者が優勢である［図Ⅲ－22］。しかし、層位的に分離された11層の山形紋が単独型式として認定できるかが問題であろう[19]。これらの山形紋は明らかに樋沢・細久保系の山形紋である［図Ⅲ－23］。兵庫県別宮家野遺跡〔高松ほか1971〕や福井県岩ノ鼻遺跡〔上野ほか1986, 1987〕の例をみても、分離することは不可能に思える。大川・神宮寺系押型紋に共伴する異系統の山形紋として位置づけた方が妥当と考えられる。大川遺跡における第Ⅲ類（山形紋）についても同様であろう。改めて、大川式と神宮寺式の新旧関係について考えてみたい。まず、第一に「大鼻式」が一型式として成立し、山形紋が伴わない型式である以上、その最古に位置づけられる。ネガティヴ紋の関連性から大川式が、次いで神宮寺式へという変遷は、矢野・山田・松田のそれぞれの型式学的検討からも、妥当といえよう。では、大川式になって山形紋が出現する背景は何であろうか。それは樋沢式との交渉の結果であると思われる。そのことは、大川遺跡の土器が端的に物語っていると考えられる［図Ⅲ－26 (1)］。とするならば、大川・神宮寺系における山形紋の萌芽は樋沢式との交渉によって出現し、大川・神宮寺式の特有な大きな山形紋は、径の太いネガティヴ紋の軸を使用したためともみることができる。そして、近畿地方と中部地方の交流を基盤として生み出されたのが、立野式であろう。こうした変遷に誤りがないとすれば、立野式は「大鼻式」→大川式→神宮寺式に後続する型式ではなく、大川式から神宮寺式への推移と併行する型式として把握することができる。

立野式の層位的事例　樋沢式が立野式に後続するという位置づけの客観的根拠は、樋沢式が上層、立野式が下層から出土するという層位的事実に基づいているといわれる。そのためには、まず根拠となった各遺跡の層位例を検証し、事実かどうか確かめなければならない［図Ⅲ－24］。各遺跡の層位例については中島宏によって検討が加えられている〔中島1987〕。多言を要しないと思われるが、樋沢遺跡の層位例からみてみよう。

1. 樋沢遺跡の層位…樋沢式と細久保式を区分する根拠となったのが、第二黒色土下層と上層の関係である。この層位例が樋沢式→細久保式の編年を確立する根拠となった〔戸沢1955〕。しかし、樋沢遺跡の層位には、もう一つの関係すなわち樋沢式と立野式の上・下関係が示されていたのである。わずかな資料であったために言及することはなかったが、第2類（上層）の特殊な山形紋［図Ⅲ－24 (1)］は立野式の特徴をもつも

第3章　立野式土器の出自とその系統

ので、下層の樋沢式とは層位的な関係にあったことになる。これが事実とすれば、樋沢式→立野式という層位例となる。当初、戸沢が樋沢式を立野式より古く位置づけた、その根拠でもあったはずである。しかし、第2次・第3次調査では第1次のこの事実にふれることなく、"立野的"な土器が下層から出土することが強調されている〔戸沢編1987〕。一方の事実が混在であれば、他の事実も混在となる。この相反する事実は、少くとも樋沢遺跡における立野式と樋沢式の関係が、層位的でないということを如実に物語っている。また、こうした様相は報告書で総括された立野式を最古とするIV期区分や、樋沢式の内容が、不確定な要素をもっていることを露呈させているのである。

2. 立野遺跡の層位…立野式が5・6層、樋沢式が4層から出土したという層位が、報告者神村の編年の原点となっている〔松島1957〕。しかし、4層の樋沢式は早期末の土器とともに出土しているのである。4層が混在であることは、考古学を学ぶ者なら誰が見ても明らかであり、報告者自身もわかっているはずであろう。一方が混在した層位の上・下の関係は層位的事実とはいえないだろう。また、5層から出土した密接施紋の山形紋（報告者は波形文という）は樋沢式である［図III－17（13）］。とすると、5層も混在となる。共伴とみれば、立野式と樋沢式の併行関係を示すことになる。戸沢は立野式を最古に変更するにあたり、この事実をもって「神村の一貫した考えの正しさを評価したい。」といわしめたものである〔戸沢1978〕。神村はどう答えるのであろうか。

3. 栃原岩陰の層位…"上層から出土するものが新しく、下層から出土するものが古い"という原理は層位学の初歩である。しかし、深い所から出土するものが古く、浅い所から出土するものが新しいという考えは層位学以前の問題である。栃原岩陰では樋沢式（300〜200cm）、押型紋土器の最下層（400cm）から立野式が出土するという〔小松1976, 1978〕。しかも、このレベルの違いが層位とどのように係わるのかは明らか

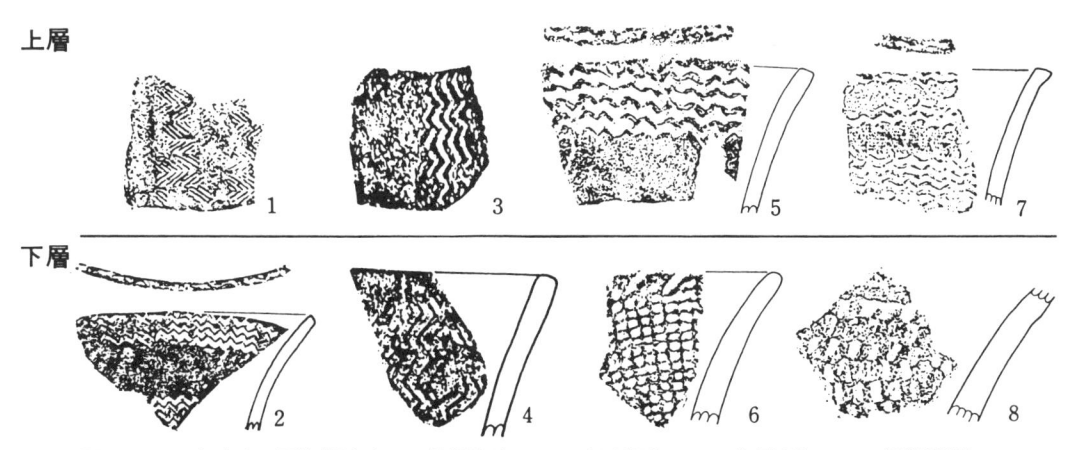

図III－24　各遺跡の層位事例（1・2樋沢遺跡　3・4立野遺跡　5・6林頭遺跡　7・8福沢遺跡）

第Ⅲ部　押型紋土器の編年とその技法

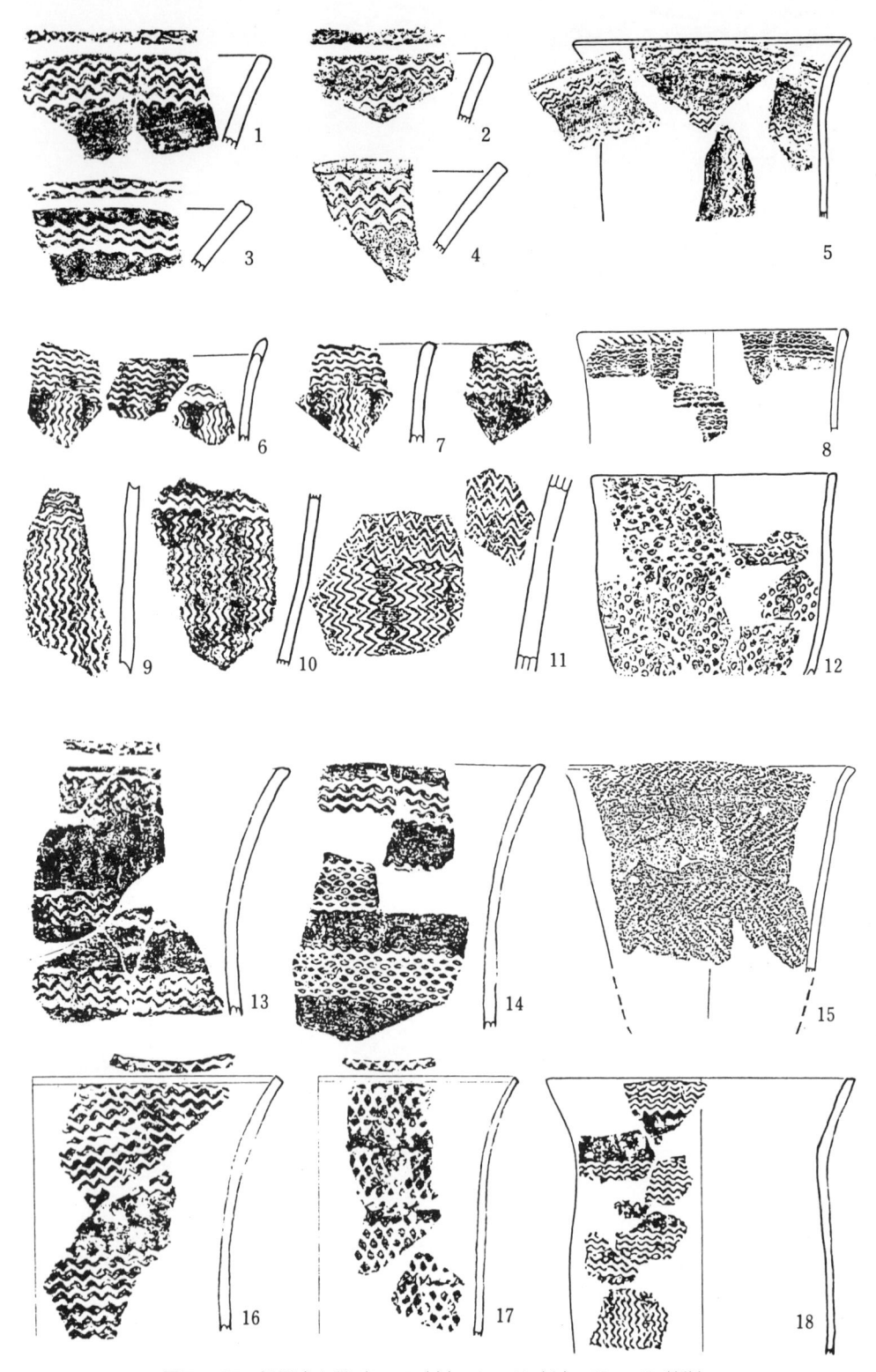

図Ⅲ-25　樋沢式土器（1〜5（古）　6〜12（中）　13〜18（新））

ではない。深ければ古いということをあたかも層位例の如く扱うことは問題が大きい。関野の発言を掲げ締め括っておきたい〔関野 1989〕。

「洞窟調査で深い所から出土すれば古いものであるという発言が妥当とするには、土層の推積状況、その土層内の包含されている土器・石器（特に土器が単位型式か異型式のものがあるか否か）などの状況証拠を提示しなければならない。開地遺跡でも同様の手続が必要であろう。」

4. 林頭遺跡の層位…上層からは細久保式に近い土器、下層からは立野式が出土した〔神村1983〕。下層は確かに立野式の単一層であろうが、上層には樋沢式や細久保式が混在している。また、この層位例は押型紋土器の住居跡の包含層と係わる層位関係であり、二次的な推積も考えられる。立野式→樋沢式の関係を論じる有効的な層位とは断じえない。また、報告者が上層を立野式と細久保式の中間的なものという認識に立ったならば、さほど問題のない層位例ということにもなろう。正式報告書を待つことにしよう。

5. 福沢遺跡の層位…塩尻市に所在する福沢遺跡の立野式は縦方向の施紋構成を特徴としている。調査者は樋沢遺跡にも携った小林康男であり、立野式と樋沢式の関係については細心の調査が行われたであろうことは、その報告書からも窺うことができる。図示された拓本の一つ一つにも層位が記され、出土状態を検証することができる。Ⅵ層上部から横方向の帯状施紋を特徴とする樋沢式が、Ⅵ層下部から立野式が出土する。また、礫群の存在から生活面はⅦ層上面にあるという。しかし、下部からも樋沢式が出土しているし、上部からもネガティヴ紋が出土している。また、下層から出土する胴部縦方向密接施紋が、口頸部横帯・胴部縦方向の樋沢式なのか、口縁部から縦方向の立野式の山形紋なのかも興味ある点である。また、上層の主体となる横方向帯状施紋が樋沢式のどの段階かも重要であろう。この層位例は調査区も狭く、傾斜をもった層位であることから、Ⅵ層内の上・下をどのように評価するかにかかっている。むしろ、樋沢式と立野式が共伴する資料ではないかとも考えられる。いずれにしても、層位的に検証できる最も客観的な資料といえよう。

以上の5遺跡の立野式と樋沢式に係わる層位的事例は、調査者のみが肌で感じることのできる所見であり、尊重しなければならない側面をもっている。しかし、検証してきたように、いずれも"層位的事実"と主張できるほどの事実ではないように考えられる。型式学的知見に基づくならば、これらの層位例は樋沢式と立野式の共伴関係を示しているとも見ることができる。層位が型式に優先するかどうか、今後とも注意深く見守っていきたい。立野式か樋沢式か立野式と樋沢式の関係を述べる前に、"樋沢式とは何か"という問題を解決しなければならないであろう。樋沢遺跡の報告者である戸沢充則は、出土した土器を第1

第Ⅲ部　押型紋土器の編年とその技法

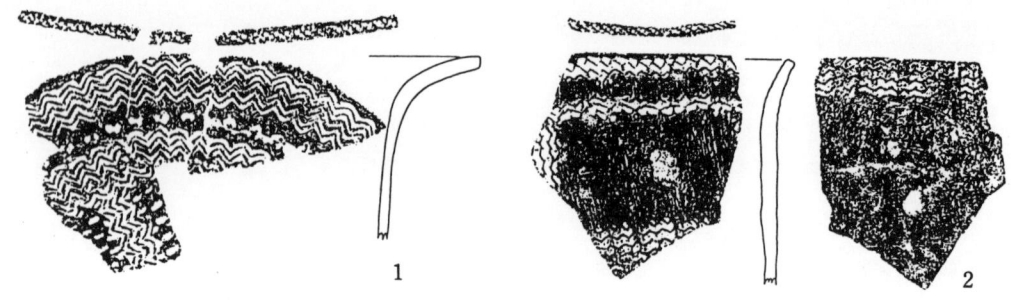

図Ⅲ－26　異系統施紋土器（1 大川遺跡　2 反目南遺跡）

類と第2類に分類した〔戸沢1955〕。第1類土器は「帯状施文という特徴でつらぬかれる、山形文・楕円文と斜縄文を有する土器、及び層位的にそれらと伴う格子目文土器が含まれる。」とし、樋沢式として認定する。第2類は層位的な裏付けをもつ一群の土器として細久保式とした。その後、復原された三個体の帯状施紋の土器のイメージが樋沢式を固定化していくのであるが、その実態はより多様なものであった。樋沢遺跡は数型式の押型紋土器を含む複合遺跡であり、それは大川遺跡の内容に似た側面をもっている。このような理解のもとに、まず、沢式と樋沢式を検討してみよう［図Ⅲ－25］。佐藤達夫は樋沢式には楕円紋が存在すること、全面に施紋するものがあることから、沢式に後続する型式として樋沢式を位置づけた。また、後続する要素として樋沢式が沢式に比べ口縁部内面に施紋するものが少なく、約半数は口端上面に施紋しないこと、原体は山形の条数が多く、長さも大きいという特徴をあげた。これに対して、片岡肇は樋沢式を再検討する中で、4つのタイプに分類した〔片岡1980〕。沢式を一型式（HAタイプ）として分離することには、賛意を示したものの、長野県下では沢式が単独出土することがないことから、時間差ではなく地方差として樋沢式の中に包括して位置づけた。その後、戸沢も沢式を樋沢式のバラエティーと受けとめている〔戸沢1978〕。こうした戸沢の見解は、第2次・第3次調査に引き継がれることになる。最近では樋沢式をⅠ式・Ⅱ式に細分する2段階案も提示されている〔中島1987〕。学史的に最初に設定された樋沢式を重んずるという主張には異論はないが、問題なのは樋沢式の型式内容であり、沢式と樋沢式は細分され、時間差として位置づけられるということである。佐藤の示した型式的差異を繰り返すまでもないが、極論すれば沢式には楕円紋がなく、樋沢式には楕円紋が共伴するということである。事実、かつて片岡が沢式は単独で出土したことはないとした長野県下、それも樋沢遺跡の所在する同じ塩尻市内の向陽台遺跡で、帯状施紋の山形紋の一群の土器が最近発掘されている〔小林康ほか1988〕。この土器群は向陽台式とでも言うべき長野県の沢式段階のものである。この事実は沢式と樋沢式が地域差ではなく時間差であることを物語っている。向陽台遺跡の報告者は、この土器群を樋沢1期（樋沢式最下層）として位置づけている。いささか牽強付

会ではなかろうか。樋沢遺跡の最下層から出土していれば、こうした混乱は起こらなかったはずである。これは決して沢式か樋沢式かという型式名称の混乱ではなく、時間的な型式差として認識し得なかったところにその混乱の原因があったのである。こうした認識に立って、さらに樋沢式について考えてゆきたい。

樋沢式の内容は果たして図示された三個体の帯状施紋の土器に包括できるのであろうか。おそらくそれらは同時期のものではないと考えられる。このことについては中島宏によってすでに指摘されているところでもある〔中島1987〕。三個体のうち、山形紋の帯状施紋の土器は沢式段階、横方向帯状施紋の土器と縄紋による帯状施紋の土器は、細久保式に近い段階のものであろう。すなわち、樋沢式は沢式に対比すべき段階（古）と、それに後続する段階に分かれるであろう。後者の段階のものが樋沢式の実態に近い内容を示すと考えられるが、なお複雑な様相を呈している。帯状施紋の原体が長くなり、密接施紋の傾向に従って、口頸部の横帯の幅が縮少する段階（中）のもの、それが再び口頸部の文様帯が長くなり、多帯化する段階（新）のものに二分されよう。こうした複雑な変化は、大川式や立野式の文様構成と係わっていると推定される。とするならば、樋沢式は（古）・（中）・（新）の三型式に細分できる可能性をもっている。樋沢式（新）を樋沢式の範疇に含めるのか、あるいは細久保式の範疇として位置づけるかは、細久保式の規定とも係わる重要な問題であり、議論を要しよう。狭義の樋沢式とは従来の内容から沢式と細久保式の要素を除いたものであり、樋沢式（中）の段階のものであろう。立野式の胎動は、樋沢式[20]から細久保式への変遷の中で捉えることができよう。

おわりに　－立野式土器の編年的位置－

立野式土器の学史的動向を振返りながら、その型式の実態や大川・神宮寺系押型紋、樋沢・細久保系押型紋との関連性について述べてきた。押型紋土器前半期のこうした見通しが大局的に誤りでないとすれば、立野式は近畿地方の大川式や神宮寺式に後続する型式でもなく、中部地方の沢式や樋沢式に先行する型式でもない。地域性をもった両系統の発展段階とその交渉過程の中で生成されたのが立野式といえよう。

両系統における相互の関係は、大川遺跡出土のネガティヴ紋土器に帯状施紋の山形紋を嵌め込んだ異系統施紋土器の存在が証明している［図Ⅲ－26（1）］。また、大川遺跡第Ⅲ類や神並遺跡第Ⅰ群の山形紋は樋沢・細久保系押型紋であり、近畿地方における異系統土器として捉えることができる。こうした資料は二系統間の交渉を物語るばかりでなく、両者の時間的併存関係を示しているともいえよう。これらは近畿地方における異系統の資料

第Ⅲ部　押型紋土器の編年とその技法

であるが、中部地方にもその関連を示す資料がある。その一つは、長野県向陽台遺跡の報告の中で紹介された長野県反目南遺跡出土の帯状施紋の山形紋土器[21]である［図Ⅲ－26(2)］。この山形紋は原体が長く条数も多く、樋沢式に対比すべき資料である。口縁上端には樋沢式にはみられない縄紋が施紋されており、それを報告者が指摘するように大川式の伝統とすれば、両者の関係を認めることができる。もう一点は樋沢遺跡出土の楕円紋の口縁部のキザミである［図Ⅲ－19(1)］。直接は立野式の影響であろうが、それを通して大川・神宮寺系押型紋との関連を読み取ることができる。こうした個々の資料もそうであるが、中部地方における立野式の存在そのものが、大川・神宮寺系押型紋との同時存在を証明しているといえば余りにも一方的な主張であろうか。二系統発展段階説にたつならば、立野式の編年的位置づけは、西の大川式→神宮寺式、東の樋沢式（中）→（新）への二型式の推移に対比できる。この変遷に従い、立野式も二型式の細分が可能であることは前述のとおりである。しかし、こうした主張も両系統の関係をクロとみる立場からのものであり、『ルビンの壺』の如くシロとみる一系統発展段階の主張も傾聴せねばならないであろう。その第一は大川・神宮寺系押型紋における山形紋の出自の問題である。最古とされる「大鼻式」には山形紋はなく、大川式の段階で初出する背景を如何に説明するかという点である。仮に大川式にその出自があるとすれば、大川式から沢式→樋沢式への推移は成り立つ。しかし、この場合は大川式と沢・樋沢式との間に立野式を介在する余地はない。もう一点は楕円紋の出自の問題であろう。立野式にその出自を求めることは前述したように異論のないところであろう。しかし、楕円紋のない沢式を介在させると立野式→樋沢式への推移は容易に説明できない。楕円紋の存在を通して、立野式と樋沢式の共存関係を認めることがより妥当と考える。こうした問いに対し、一系統発展段階説を主張する人々は、明快な型式学的解答を用意する必要があろう。いずれにしても、立野式が近畿地方の大川・神宮寺系押型紋の分派型式であることは明白である。重要なのは、なぜ、この時期に西からの影響を受け立野式が成立するのか、また伊那谷沿いを貫入するかのように長野県下に分布するのか、その歴史的背景を解明することである。また、こうした西からの動向が果たして関東地方の押型紋土器の出現と係わってくるのであろうか。関東地方には、神奈川県平坂貝塚例〔岡本勇1953〕・東方10地点例〔十菱1973〕や群馬県普門寺遺跡例〔増田1988〕などの樋沢・細久保系押型紋、千葉県東寺山石神遺跡例〔鈴木道1977〕、東京都二宮神社森腰遺跡〔土井ほか1974〕などの在地的な押型紋、千葉県今郡カチ内遺跡〔小宮1984〕、埼玉県稲荷原遺跡〔安岡1966〕などの東北地方の日計系押型紋の三者が認められる。現在、これらの関係は撚糸紋土器の消長と関連して、整合性のある理解を得るまでには至っていない。少なくとも、関東地方における押型紋土器の出現時期は立野式の成立よりも古く沢

第3章　立野式土器の出自とその系統

大阪・奈良	三　重	愛知・岐阜	長　野		関　東
大川（古）	大　鼻	沢	向陽台・〔樋沢（古）〕		〔平　坂〕
大川（新）	〔射原垣内〕	〔馬　場〕	立野（古）	樋沢（中）	普門寺
神宮寺	〔上　寺〕	〔萩　平〕	立野（新）	樋沢（新）	（＋）
大川・神宮寺系押型紋			樋沢・細久保系押型紋		

図Ⅲ－27　押型紋土器前半期の編年　〔　〕は遺跡名を示す

式から樋沢式への移行期に係わるものであろう。また、東北地方の日計式土器も、福島県竹之内遺跡出土の樋沢・細久保系押型紋との関係から、立野式の時期には成立していたと推定される〔馬目ほか1982〕。一方、独自の発展をとげる九州地方の押型紋土器の出自は、今のところ明確な手掛りが得られていない。押型紋土器の起源を解明するためには、その前段階にどのような土器群を位置づけるかという問題も残された大きな課題である。表裏縄紋土器群に関連を求めること自体には異論はないが、そのためには一定の手続きが必要であろう。まず、表裏縄紋土器の型式学的分析とその変遷を明らかにすること。次いで編年の確立している撚糸紋土器にどのように対比するのか、あるいはそれ以前に位置する[22]のかを決定しなければならないであろう。その上で、押型紋土器と共伴する表裏縄紋土器との関係を論ずるのであれば、押型紋土器の起源解明の有効的な手段といえよう。

以上、立野式をめぐって押型紋土器の出自とその前半期の発展段階に係わる系統について概観してきた。最後に、両系統における諸型式の関係を編年表[23]に提示し結びにかえたい［図Ⅲ－27］。

なお、本稿を執筆するにあたり神村透氏からは論旨の異なる見解にも係わらず、お願いして目を通していただき、立野式土器ならびに押型紋土器全般にわたり御教授と御指摘を賜った。また、下記の諸氏からも種々の御教示、御協力を頂いた。合わせて御配慮に対し感謝の意を表したい。会田進・安斎正人・大塚達朗・小林康男・河野典夫・関野哲夫・高橋龍三郎・戸田哲也・土肥孝・西川博孝・柳澤清一（敬称略）

註

（1）大川式・神宮寺式・立野式などいわゆるネガティヴ紋を特徴とする押型紋土器を総称して大川・神宮寺系押型紋と呼ぶ。また、その特徴的な文様をここではネガティヴ紋と称するが、あまり適切な用語とはいえない。神村は凹文と呼ぶ〔神村1986a〕。大川・神宮寺系に対応して、沢式・樋沢式・細久保式を樋沢・細久保系押型紋と総称する。

（2）この点については、すでに1950年代後半に芹沢長介によって指摘されている〔芹沢1957〕。「奇異に感じられるのは、関東地方の撚糸文土器群に対比される最古の部分が、東北以北でも中部以西でもなお空白

第Ⅲ部　押型紋土器の編年とその技法

の状態にあることである。関東を除く他の地域については、はたしてどう理解したらよいのであろうか。」今日、撚糸紋土器以前の草創期前半期の土器群が発見され、芹沢の指摘からもう30年を過ぎているのである。にも係わらず、その空白を埋めることができない。

（3）両者の関係を正しく理解するためには、押型紋土器の編年を確立することが第一義であるが、その時には従来の撚糸紋土器の編年も再検討する必要があろう。

（4）最古の沢式に対応して神鍋10地点式を、樋沢・細久保式に大川・神宮寺式を対比させた。神鍋10地点の資料を古く位置づけたのは沢式同様の帯状施紋を想定したからに他ならない。この点については中島宏、松田真一の批判がある〔中島1987、松田1988b〕。しかし、西日本には広島県豊松堂面洞窟から出土した異方向帯状施紋の山形紋の例（関野の教示による）もあり、もう少し様子をみたい。

（5）12年後の1956年芹沢編年では、はやくも立野式が消えている。樋沢式の前と細久保式の後に（+）が挿入されている。どのような型式を想定したのであろうか。また、1958年編年以降、樋沢式の名称も消え、下り林式に変わっている。この点も興味深い。

（6）江坂編年〔江坂1957〕にも樋沢式→細久保式→立野式という変遷が提示されている。『講座』案に拠ったものか、独自の見解か不明である。

（7）このほか、1979年『世界陶磁全集1』編年表（小林・泉）、1979年『日本の原始美術』編年表などにも立野式が樋沢式の前段階に位置づけられている。しかし、他の概説書の編年表には立野式の位置づけがないものが多い。

（8）大川式の中にも口頸部縦方向、胴部横方向のもの〔松田1980・第4図9・10〕縦位施紋のもの〔松田1981・第4図5〕もみられる。

（9）岐阜県落合五郎遺跡から大川・神宮寺系押型紋の良好な資料が出土している〔河野ほか1988〕。この時期の東海地方の編年を考える上でも重要である。また、遺跡の所在する中津川市は信州への玄関口であり、立野式との関連を探る手掛りともなろう。

（10）報告書によっては押型紋土器のみの百分率が示されているが、ここではその他縄紋土器などを含めた全体の文様別比率に換算した。図Ⅲ−16の円グラフ中央部に示した比率は、全体における押型紋土器の割合である。

（11）神宮寺遺跡、岩ノ鼻遺跡の文様別比率も公表されていないが、図示されている資料からみても、おおよその傾向を読み取ることができよう。

（12）同遺跡の比率は報告書〔小林康ほか1985〕の第7表の第Ⅶ、最上の資料をもとに作成した。

（13）長野県八窪遺跡の報文中でも近藤尚義によって楕円紋の縦刻原体が復原されている〔近藤ほか1988〕。

（14）このほかに楕円紋の出自は格子目の変化あるいは山形紋の変化によることも想定できるが、樋沢・細久保系押型紋にその出自を示す積極的な要因はないように思える。

（15）こうした逆転編年案は矢野のプライオリティだと思っていた。ところが同じ頃、土肥孝も神宮寺式を新しくする発言の記録がある〔帝塚山考古学研究所1978〕。このような問題は学問の世界では常に起こり得る事柄である。その判定はどちらがプライオリティを大切にし尊重しているか、その内容がどのような根拠によって組み立てられているかに係わっている。言ったとか言わなかったとかという低次元の問題ではないはずである。

（16）矢野が整理した奈良県布留遺跡の大川・神宮寺系押型紋土器の報文中で、逆転編年の骨子についてふれている〔矢野ほか1988〕。型式学的展開を踏まえた論攷が待たれるところである。

（17）大鼻式を括弧とした理由は、矢野編年の型式学的根拠がそれ以前に発掘された坂倉遺跡の資料に基づいているからである。その意味からすれば、坂倉式と称すべきと思われる。しかし、大鼻遺跡の概報で紹

第 3 章　立野式土器の出自とその系統

　　　介されるまでは、坂倉遺跡の資料は未発表であった。その点については矢野自身も苦慮したのであろう。
　　　型式名称については、矢野の公式見解をまって決定すべき性質のものと考えられる。
(18)　かつて両者の関係について保留したことがある〔岡本東1987〕。その時点では矢野論攷も神並遺跡や大川
　　　遺跡の正式報告書も公表されておらず、慎重を期したつもりである。今もあまり事態は変っていないが、
　　　とりあえず明らかにされた資料をもとにその推移を提示しておく。矢野論文、大川遺跡の正式報告書の
　　　一日もはやい公表を望んでやまない。
(19)　神並遺跡第Ⅰ群、大川遺跡第Ⅲ類を大川・神宮寺系押型紋に後続する別型式とするならば、これらの山
　　　形紋は樋沢・細久保系押型紋のどの段階に対比すべきかを明確にしなければならないであろう。
(20)　樋沢式（中）段階は、岐阜県中道遺跡における沢式対比資料を除いたものが、ほぼ近い内容であろう。
(21)　報告者は「樋沢式土器と立野式土器の特徴が混在している好例である。加えて口唇部の縄文は大川式と
　　　の関連を想像させるのである。」と述べている。とするならば、三者の同時性を示す資料とはいえまいか。
　　　大川→立野→樋沢という変遷の時間差をもつ諸型式の特徴が一つの土器に現われるということはないよ
　　　うに思われる。
　　　　また校正中、反目南遺跡の報告書が刊行されたことを知った〔気賀沢ほか1988〕。押型紋土器に伴っ
　　　て帯状構成の縄紋土器が出土している［図Ⅲ-28 (1)・(2)］。この縄紋土器の口縁上端にも縄紋があり、
　　　押型紋の口縁上端の縄紋もこの影響かとも考えられる。こうした帯状構成の縄紋土器は横山遺跡・八窪
　　　遺跡［図Ⅲ-28 (3)～(5)］にもみられ、押型紋土器の編年を組み立てる上で重要な鍵となろう。
(22)　表裏縄紋土器については、その変遷を撚糸紋土器以前に位置づける見解〔戸田1988〕とその下限を撚糸
　　　紋土器に併行させ押型紋土器に繋げる見解〔宮下1988〕がある。その実態はより複雑であり、中部・東
　　　海地方の資料増加を待って改めて検討したい。
(23)　この編年は、なお暫定的なものであり、大川遺跡の全貌や樋沢式・細久保式の細分が確定した時点では、
　　　さらに細分される可能性を含んでいる。

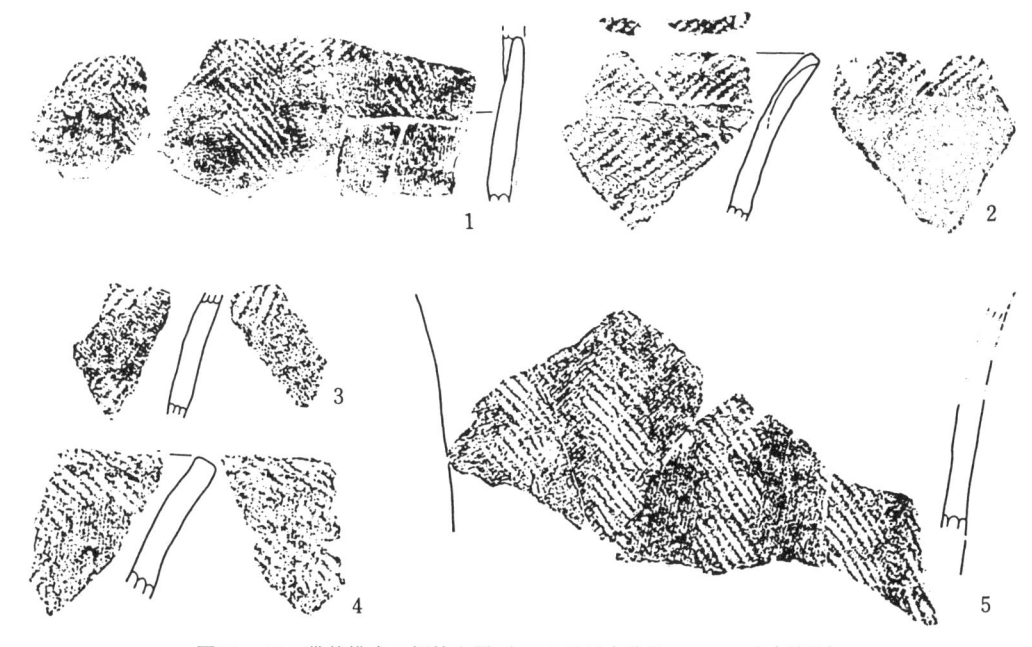

図Ⅲ-28　帯状構成の縄紋土器（1・2 反目南遺跡　3～5 八窪遺跡）

第Ⅲ部　押型紋土器の編年とその技法

引用・参考文献

会田　進　1971　「押型文土器編年の再検討－特に施文法・文様構成を中心として－」『信濃』23－3

安達厚三ほか　1967　「萩平遺跡D地点」『川路萩平遺跡・竹広馬場遺跡発掘報告書』　新城市教育委員会

井上光夫　1970　『三重県埋蔵文化財調査報告』5『日本道路公団東名阪道路埋蔵文化財調査報告』　三重県教育委員会

上野　晃ほか　1985・1980　『岩の鼻遺跡』1・2　福井県立若狭歴史民俗資料館

江坂輝彌　1942　「稲荷台文化の研究－東京市赤堤町新井遺跡調査報告－」『古代文化』13－8

江坂輝彌　1944　「廻転押捺文土器の研究」『人類学雑誌』59－8

江坂輝彌　1957　「縄文文化」『考古学ノート』2　日本評論新社

江坂輝彌　1964　「早期の土器」『日本原始美術』1　講談社

大参義一ほか　1965　「北替地遺跡発掘調査報告」『いちのみや考古』6

大参義一・安達厚三　1972　「縄文時代」『岐阜県史』通史編原始

岡田茂弘　1964　「縄文文化の発展と地域性－近畿－」『日本の考古学』Ⅱ

岡田茂弘・酒詰仲男　1958　「大川遺跡」『奈良県文化財調査報告』2

岡本　勇　1953　「相模・平坂貝塚」『駿台史学』3

岡本東三　1980　「神宮寺・大川式押型紋土器について－その回転施紋具を中心に－」『藤井祐介君追悼記念考古学論叢』

岡本東三　1987　「押型紋土器」『季刊考古学』21

奥　義次ほか　1981a　『上寺遺跡発掘調査報告書』　松阪市教育委員会

奥　義次ほか　1981b　『鐘突遺跡発掘調査報告書』　松阪市教育委員会

片岡　肇　1972　「神宮寺式土器の再検討－特にその施文原体を中心にして－」『考古学ジャーナル』72

片岡　肇　1974　「近畿地方における押型紋土器文化について」『平安博物館研究紀要』

片岡　肇　1978a　「押型文土器における特殊な施文方法について－岐阜県九合洞穴出土例－」『古代文化』30－4

片岡　肇　1978b　「神宮寺式押型文土器の様相」『小林知生教授退職記念考古学論文集』

片岡　肇　1979　「押型文土器の起源について」『日本古代学論集』

片岡　肇　1980　「樋沢式土器の再検討－長野・岐阜両県を中心として－」『信濃』32－4

片岡　肇　1982　「押型文土器」『縄文文化の研究』3　雄山閣

片山長三　1959a　『神宮寺遺跡発掘報告』　交野市教育委員会

片山長三　1959b　「神宮寺遺跡の発掘について」『石鏃』11

神村　透　1968・1969　「立野式土器の編年的位置について（1）～（7）」『信濃』20－10・12、21－3～7・9

神村　透　1983a　「林頭遺跡」『長野県史』　考古資料編3

神村　透　1983b　「立野遺跡」『長野県史』　考古資料編3

神村　透　1983c　「二本木遺跡・稲荷沢遺跡」『長野県史』考古資料編3

神村　透　1986a　「押型文土器－長野県の遺跡から」『考古学ジャーナル』267

神村　透　1986b　『開田高原大原遺跡』　開田村教育委員会

神村　透・岡村道雄　1983　「石子原遺跡・石小原古墳」『長野県史』考古資料編3

気賀沢進ほか　1988　『反目南遺跡』　駒ケ根市教育委員会

北田遺跡発掘調査団編　1986　『北田遺跡見学会資料』　飯田市教育委員会

河野典夫ほか　1988　『落合五郎遺跡発掘調査報告書』　中津川市教育委員会
小林達雄編　1979　『日本の原始美術』1　講談社
小林康男ほか　1985　『塩尻東地区県営圃場整備事業発掘調査報告書』　塩尻市教育委員会
小林康男ほか　1988　『一般国道20号（塩尻バイパス）改築工事埋蔵文化財包蔵地発掘調査報告書』　塩尻市教育委員会
小松　虔　1976　「栃原岩陰遺跡の押型文土器」『長野県考古学会誌』27
小松　虔　1978　「栃原岩陰の押型文土器の出現時期」『中部高地の考古学』
小宮　猛　1984　『東総用水』　千葉県文化財センター
近藤尚義ほか　1988　『中央自動車道長野線埋蔵文化財発掘調査報告書2』　長野県埋蔵文化財センター発掘調査報告書2
坂本敬司ほか　1984　「久古第3遺跡」『久古第3遺跡・貝田原遺跡・林ケ原遺跡発掘調査報告書』
佐藤達夫・大野政雄　1967　「岐阜県沢遺跡調査予報」『考古学雑誌』53-2
佐藤達夫　1974　「土器型式の実態－五領ケ台式と勝坂式の間－」『日本考古学の現状と課題』　吉川弘文館
真田広幸ほか　1985　「立逢遺跡群」『倉吉市内遺跡群分布調査報告書』Ⅱ
下村晴文　1985　「神並遺跡出土の押型文土器」『紀要』Ⅰ東大阪市文化財協会
下村晴文ほか　1987　『神並遺跡Ⅱ』　東大阪市教育委員会
遮那藤麻呂　1973　「上伊那郡赤坂遺跡における押型文土器と遺跡」『長野県考古学会誌』16号
遮那藤麻呂　1973　「石子原遺跡」『長野県中央道埋蔵文化財包蔵地発掘調査報告書』
十菱駿武　1973　「東方第7遺跡」『港北ニュータウン地域内文化財調査報告』Ⅲ
白崎高保　1941　「東京稲荷台先史遺跡」『古代文化』12-8
鈴木茂夫ほか　1981　『馬場遺跡概報』　足助町教育委員会
鈴木道之助　1977　「東寺山石神遺跡の撚糸文土器について」『東寺山石神遺跡』
鈴木道之助　1979　「押型文土器と撚糸文土器」『考古学ジャーナル』170
澄田正一・安達厚三　1967　「岐阜県九合洞穴」『日本の洞穴遺跡』　平凡社
関野哲夫　1989　「東海地方における押型紋段階の様相」『縄文早期を考える－押型文文化の諸問題－』　帝塚山考古学研究所
芹沢長介　1948　「日本における無土器文化の起源と終末についての覚え書」『私たちの考古学』　八重山書店
芹沢長介　1954　「関東及中部地方に於ける無土器文化の終末と縄文文化の発生とに関する予察」『駿台史学』4
芹沢長介　1956　「縄文文化」『日本考古学講座』3　河出書房
芹沢長介　1958　「縄文土器」『世界陶器全集』1　河出書房新社
芹沢長介　1960　「縄文文化」『図説日本歴史』1　中央公論社
芹沢長介　1962　「日本の旧石器文化と縄文文化」『古代史講座』2　学生社
高松龍暉ほか　1971　『別宮家野遺跡発掘調査報告書』　関宮町教育委員会
谷本鋭次　1970　「東庄内A遺跡」『三重県文化財調査報告』5
坪井清足編　1979　『世界陶磁器全集』1　日本原始　小学館
帝塚山考古学研究所編　1978　『高山寺式土器をめぐって－縄文早期の諸問題－』
土肥　孝　1988　「近畿押型紋土器素描」『縄文早期の諸問題』

第Ⅲ部　押型紋土器の編年とその技法

土井義夫ほか　1974　『秋川市二宮神社境内の遺跡』　秋川市埋蔵文化財調査報告書第1集　秋川市教育委員会
　　　　　　社会教育課
戸田哲也　1988　「表裏縄紋土器論」『大和市文化財調査報告書第32集』　大和市教育委員会
戸沢充則　1955　「樋沢押型文遺跡」『石器時代』2
戸沢充則　1978　「押型文土器群編年研究素描」『中部高地の考古学』
戸沢充則編　1987　『樋沢押型文遺跡調査研究報告書』　岡谷市教育委員会
鳥取県教育文化財団編　1985　『上福万遺跡・日下遺跡・石州府第1遺跡・石州府古墳群−』　鳥取県教育文化
　　　　　　財団調査報告書
中島　宏　1987　「中部地方における押型文土器編年の再検討」『埼玉の考古学』
中島　宏　1986　「普門寺遺跡の押型文土器について」『利根川』
中島　宏　1988　「関東地方における押型文土器の様相」『縄文早期を考える−押型文文化の諸問題−』
西沢寿晃　1982　「栃原岩陰遺跡」『長野県史』考古資料編2
野崎正美・久保穣二郎　1986　『長山第1遺跡発掘調査報告書』　溝口町教育委員会
林　茂樹　1962　「横山遺跡の斜縄紋土器と押型文土器」『信濃』14−3
林　茂樹　1983　「三つ木遺跡」『長野県史』考古資料編3
林　茂樹　1984　「三つ木遺跡の押型文土器と撚糸文土器」『中部高地の考古学』Ⅲ
藤森栄一　1956　「各地域の縄文式土器−中部−」『日本考古学講座3』　河出書房
馬飼野行雄　1983　『若宮遺跡』　富士宮市文化財調査報告書6　日本道路公団名古屋建設局
増田　修　1988　「普門寺遺跡とその周辺」「縄文早期の諸問題」
松沢亜生　1957　「細久保遺跡の押型文土器」『石器時代』4
松沢亜生　1983　「細久保遺跡」『長野県史』考古資料編3
松島　透　1957　「長野県立野遺跡の捺型文土器」『石器時代』4
松田真一　1980・1981　『大川遺跡』昭和55年度・昭和56年度
松田真一　1988a　「大川式土器と神宮寺式土器」『縄文早期を考える−押型文文化の諸問題−』
松田真一　1988b　「奈良県出土の押型文土器の様相」『橿原考古学研究所論集』8
馬目順一ほか　1982　『竹之内遺跡』　いわき市教育委員会
水島和弘ほか　1985　『三沢西原遺跡発掘調査報告書』　菊川町埋蔵文化財報告書4
宮下健二　1988　「縄文草創期の土器・縄文早期の土器」『長野県史』考古資料編4
森田尚宏ほか　1983　『飼古屋岩陰遺跡調査報告書』　日本道路公団
安岡路洋　1966　『稲荷原』　大宮市教育委員会
矢野健一　1984　「近畿地方における押型文土器前半期の編年案」『縄文文化研究会広島大会資料』
矢野健一ほか　1988　『奈良県天理市布留遺跡縄文時代早期の調査』　埋蔵文化財天理教調査団
山田　猛・梅沢　裕　1987　『一般国道一号亀山バイパス埋蔵文化財発掘調査概要』Ⅲ　三重県教育委員会
山田　猛　1988　「三重県から見た前半期の押型文土器」『縄文早期を考える−押型文文化の諸問題−』
山田　猛　1988　「押型文土器群の型式学的再検討」『三重県史研究』4
山内清男　1935　「古式縄紋土器研究の最近の情勢」『ドルメン』4−1
山内清男　1936　「考古学の正道」『ミネルヴァ』1−6・7

第4章　トロトロ石器考

はじめに

　我家の部屋の片隅にイカリ型をしたプラスチック製の部品が落ちていた［図Ⅲ-29］。子供のオモチャの部品ではないか、電気製品の部品ではないかと家中大騒ぎをして探したが、とうとう分からずじまいで本棚の上に放置しておいた。この部品が何であるかは、これを作った人か、組み立てた人か、売っている人にしか即答できない。このように日常必要な道具から外れたり、とれたりした用途不明の部分品は、私たちの身のまわりに数多く存在している。現在使われているものでもこの有様であるから、数百年、数千年の間、地下に埋れた遺物がなんの目的で、どのように使われていたかを推定することは、なかなか容易なことではない。

　後日、探し求めていたプラスチック製の部品は、電気ゴタツのコードをやぐらの天井に固定する部品であることが判明したが、この部品がすでに埋れてしまった遺物であるとするならば、その用途を明らかにするためには、どのような方法が考えられるのであろうか。遺物の用途を類推する方法はつぎの三つが考えられる。

1. 民俗例・土俗例からの類推
2. 遺物の出土状態やその組合せからの類推
3. 使用痕跡からの類推

しかし、こうした方法によって推定したとしても、石鏃の尖った方を先端にしたのか、直箭鏃のように平坦な一辺を先端にしたのかは、矢柄に着装した状態で出土しないかぎりわからないのである。考古学研究における遺物の用途論あるいは機能論は、古くから提唱されてきた命題ともいえる重要な問題であり、課題でもある。こうした問題を解決するための第一歩は、まずその遺物の時期や地域を限定し、遺物組成を明らかにする中で、厳密に分析しなければならないことは多言を要しないであろう。

　ここにとりあげる"トロトロ石器"も多くの先学が究明しているにもかかわらず、どのような機能・用途を有して

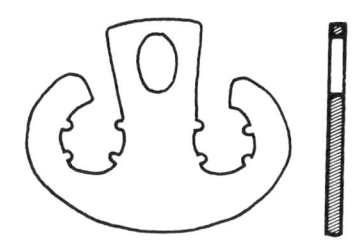

図Ⅲ-29　プラスチック製部品

第Ⅲ部　押型紋土器の編年とその技法

いるのか未だによくわからない。すでに全国でも数十例が発見され、ある時期に限定でき、一つの文化を特徴づける重要な石器である。ここに紹介するとともに、その用途究明のための公開調書としておきたい。なお、トロトロ石器という名称は、"異形局部磨製石器""異形部分磨製石器"とよばれる石器名の俗称または愛称である。学術用語としてはあまりふさわしくないが、あえて愛称を用いたのは、石器のもつ特性をもっともよく表していること、また「磨製」という用語には磨かれたものという意味合いがあり、トロトロ石器が磨製か否かを判定するためには、なお手続が必要と考えたからである。

1. 研究史

トロトロ石器が本格的に注目されはじめたのはここ十数年のことである。しかし、この石器を最初に紹介したのは八木奘三郎である。八木は1893（明治26）年東京人類学会雑誌に「本邦発見石鏃形状の分類」と題して、石鏃の分類を行った中で、その一形態としてトロトロ石器を図示している〔八木1893〕。出土地は宮崎県西諸県郡須木村であり、これがトロトロ石器第1号である。つづく発見例は、昭和に入ってからのことである。1928（昭和3）年、島田貞彦は『有史以前の近江』に滋賀県蒲生郡比都佐村出土の1例を紹介した〔島田1928〕。この2例をのぞいて、その後発見例がないまま、あるいは認識されないまま戦後をむかえる。

鎌木義昌は戦後まもなく行った岡山県黄島貝塚の発掘報告書の中でトロトロ石器についてつぎのように記した〔鎌木1949〕。

「頂部が半円形で、頂部断面は扁平をなし、両耳の上が少しくり込まれている。〈中略〉全部チャート製であり、背部を局部磨製している痕跡をとどめている。石器といえばサヌカイトと考えられる黄島に於て、此形式の石鏃が殆んどチャートであるのは奇異な感があると共に将来研究の必要がある。」

鎌木のこの記述は、トロトロ石器の形態・石質・特徴を簡潔かつ適切に表現したものであった。鎌木は石鏃の一形態として分類している。一方、1948（昭和23）年に京都大学で行った平戸学術報告では、長崎県志々伎村字岡出土例を石槍頭として報告している〔京都大学1951〕。

「打製の美麗な石槍頭である。下端両側に小突起を有する。表面は著しく風化して鮮鋭さを失なっているが、刃部は猶鋭利である。原材は頁岩である。」

風化して鮮鋭さを失うという記載は、おそらく磨滅してトロトロになっていることを表しているのであろう。また、江坂輝彌はトロトロ石器を一種のスクレイパーとしている。

第 4 章　トロトロ石器考

1951（昭和 26）年に調査した茨城県刈又坂遺跡の出土例をつぎのように紹介している〔江坂 1955〕。

「本遺跡からは〈中略〉長さ 10.3 cm の石鏃に似たき形をしたチャート製の一種のスクレイパーが出土した。尖端は自然面が残り、厚くなっており、両側を刃として使用したものと思われる。この形の小形なものは、瀬戸内の黄島貝塚からも出土しており、黄島貝塚から発見したものは形が小形で、大きさが石鏃と一致していたため、石鏃と考えたが、あるいはこの石器と同一用途のものとも思われる。」

江坂が大型の刈又坂出土例と小型の黄島貝塚出土例を関連づけ同一の石器であると推定したことは正しい見解であった。つづいて、大型品から小型品へという変遷を明らかにするが、これは共伴する押型紋土器の編年観に基づくものらしい〔江坂 1963〕。

昭和 30 年代にはいると、長野県上槻ノ木出土例、東海地方出土例、和歌山県雨山出土例、滋賀県石山貝塚例などが知られるようになり、トロトロ石器が押型紋文化に伴う石器であるという認識が定着する。また、東海地方の出土例を紹介した紅村弘は、この種の石器にはじめて異形局部磨製という名称を与えた〔紅村 1963〕。押型紋文化を追求する研究者の多くはこのトロトロ石器に関心をはらうようになったが、なかでも安達厚三の見解はトロトロ石器の研究の現段階を示すものとして評価されよう。それを要約するとつぎのとおりである〔大参ほか 1965、安達 1966〕。なお、安達は異形部分磨製石器とよんでいる。

1. 形態は通常先端が丸味を帯び、基部に抉を入れて石鏃状の脚部をつくりだす。
2. 全体にずんぐりしたものと石槍のごとく細身のものがあり、大きさは石鏃大から 10 cm 近くのものまである。
3. 剝片の周辺は丹念に調整するが、中央部は第 1 次剝離面または節理面とみられる平坦部を残し、断面は概して厚手のものが多い。
4. 基部の抉入部の調整は一般的に粗雑で、石匙のつまみ部のような脚部は、両側縁との接点で少しくびれるのが普通である。
5. 部分磨製は一応先端部を中心に磨滅しているが、先端部だけのもの、先端から脚部の中央にかけてのもの、上半分全体に磨滅するもの、両側縁が特に著しいものなどがあり研磨は一様でない。
6. 通常の磨製石器のようにきれいに磨きあげられるのではなく、表面を軽く研磨するだけで、全体に手ずれかローリングによって磨滅したようにつるつるしている。
7. サヌカイトを多く用いる地方でも、本石器はほとんどチャートを素材としている。用途・機能については研磨法が特殊であり、先端も丸くなっていることから鏃や槍としての機能をもつとは考えられない。

第Ⅲ部　押型紋土器の編年とその技法

8. トロトロ石器の所属時期は押型紋土器の終末期に位置づけられ、大小の時期差は認められない。

以上の諸点は、その後、橋本正や副島邦弘によって各地の事例を紹介する中で論及されたところでもある〔橋本1968、福岡県教育委員会1977〕。

近年、岐阜県下の諸例を精力的に集成した吉田英敏は、安達が指摘した特殊な研磨法を実験的に復原している〔吉田1976, 1979〕。それは比較的軟質で粘りのある砥石で砥いだ後、「打ち粉」をふりかけ、なめし皮の上で強くこすりつけ約20分ほど磨くと、トロトロした表面ができあがったという。これは貴重な実験であると考えるが、吉田はその用途・機能についても積極的に発言し、つぎのような結論を提示した。尖端をまるくすることから、「石鏃」のもつ殺生効力を「皆無」とした偶物であり、なめし皮によって仕上げる研磨法と捕獲動物とにその有機的要因を推定されるものであり、各共同体の狩猟活動規制に関連する特殊な石器であるとした。こうした用途論は論理的飛躍がみられ、単絡的で安易な結論といわざるを得ない。用途を究明するために今、必要なことは、トロトロ石器についての基礎的なデータの蓄積であろう。

2. トロトロ石器の概観

近年、三重県神滝遺跡から一括して16点が出土した報告例をはじめ、全国的にその類例が増加しつつある。ここに、管見にふれることのできた諸例を集成し、分析・検討の素材としたい。しかし、資料が各地に点在しているため、すべてのものを観察した訳ではないので、詳細の判明するものは報告書によった。

名称　学史的には"異形局部磨製石器""異形部分磨製石器"という用語を尊重しなければならないが、はじめに述べた理由から、ここではトロトロ石器とよぶことにする。しかし、これはあくまでも仮の名称であり、将来正式の石器名を与える必要があろう。部分名称については体部と脚部とよび、体部側辺から外方に脚が開く屈曲点を境にして、両者を大まかに区別することができる［図Ⅲ-30］。脚部の付け根は深い半円形の抉りをもつ。なお、主要剥離面を裏面、その反対を表面とよぶ。

素材・技法　素材のほとんどはチャート製であるが、まれにメノウ、石英、水晶などを用いている。また、そのチャートの中でも良質の部分を精選している。このように素材を限定してい

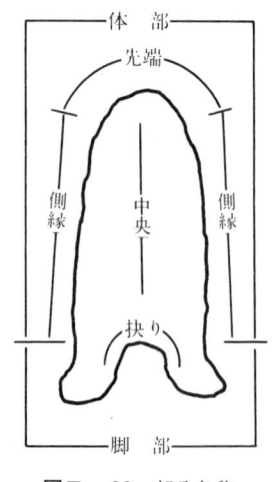

図Ⅲ-30　部分名称

ることは、素材か製品として遺跡に搬入したものと考えられる。ほかの石鏃や石匙などの日常用具とは異なる素材の選び方は、トロトロ石器を解明する上で重要な点であろう。製作技法は石鏃と同様、押圧剝離により丁寧に仕上げられている。脚部の抉りは外形の調整がおおかた出来上がったあと、半円状に調整され、その剝離角は急である。また、素材となるべき剝片が分厚いためか、体部の調整が中央までおよばず、第1次剝離面をそのまま残している例もみられる。このことからも、トロトロ石器が"かたち"と縁辺加工に重点を置いた調整であることが判明する。

形態・分類　異形石器と称されるトロトロ石器の形態的属性の第一点は、"耳""小突起"ともいわれる脚部の形態である。脚部は体部から屈曲して外方に開き、その先端は尖らず、丸味をもつか、角ばっており、両脚は多くの場合、非対称形となっている。また脚付け根の半円形の抉り込み成形も特徴の一つである。第二点は体部先端の形態である。多くのものは、丸味をもつが、平らなものや尖った形態も存在する。第三点は外形状の属性であるが、多くのものは、体部縁辺、表裏面に磨痕がみられ、トロトロとした肌ざわりとややにぶい光沢をもっている。

つぎに先端部の形態によって4型式に分類した［図Ⅲ－31］。

　第Ⅰ類　側辺がほぼ並行し、先端が大きく半円形を呈するもの。
　第Ⅱ類　側辺は脚部に向って開くが、先端は尖らず丸味をもつもの。
　第Ⅲ類　先端が尖るもの。
　第Ⅳ類　先端が平らになるもの。

また、これらの形態は大きさによって3種に分類できる。図Ⅲ－32に示した計測値からみて、大（7cm前後）、中（5cm前後）、小（3cm前後）のものに分かれ、大きい順にa、b、cとする。すなわち、4型式12種となる。

　以下、この形態分類を基準として、各地の出土例を概観してみよう［図Ⅲ－35・36］。

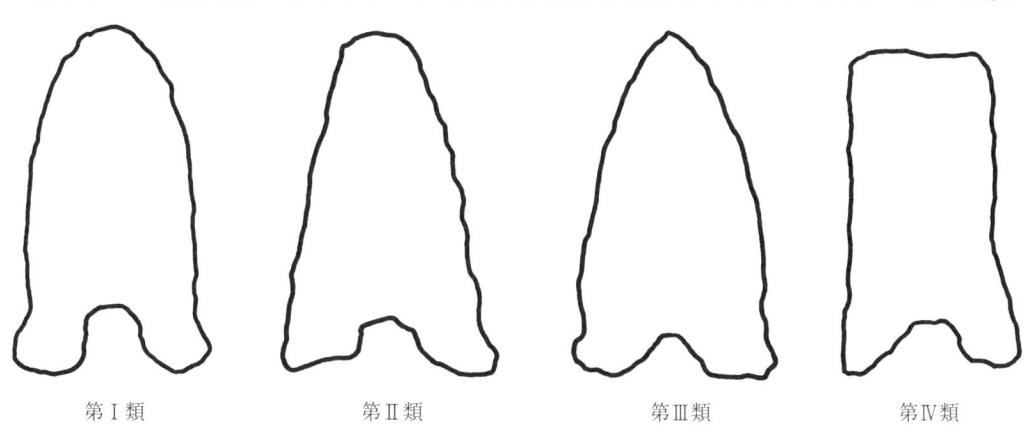

　　第Ⅰ類　　　　第Ⅱ類　　　　第Ⅲ類　　　　第Ⅳ類

図Ⅲ－31　トロトロ石器の形態分類

第Ⅲ部　押型紋土器の編年とその技法

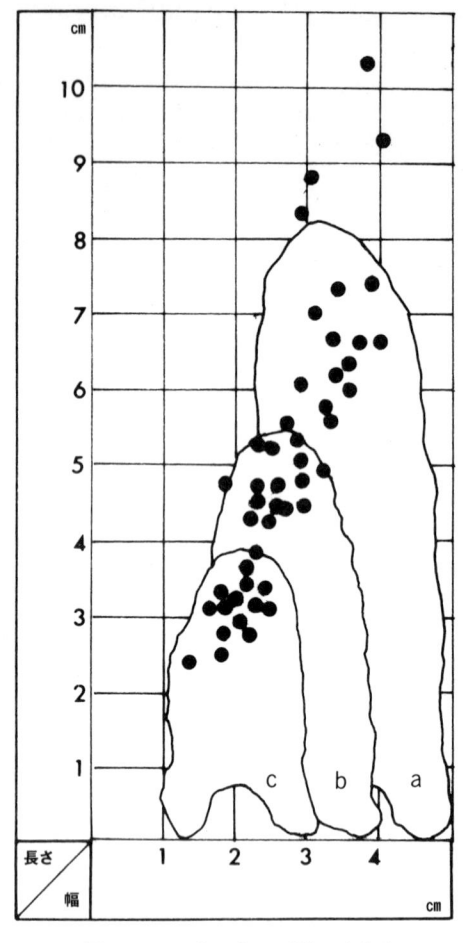

図Ⅲ－32　トロトロ石器の大きさ

九州地方［図Ⅲ－37・38］　この地方では鹿児島県・宮崎県・大分県・熊本県・長崎県・佐賀県・福岡県下でその出土例が知られている。

鹿児島県では中尾田遺跡1例が出土しており、トロトロ石器の南限資料になっている。中尾田例（1）は長さ3.1cm、幅1.6cm、厚さ0.4cm、石英製のⅡc型、先端に磨痕がみられる。発掘品であるが表土層から出土する。おそらく下層の押型紋土器に伴うと推実される。なお、県下でほかに3例ほどの採集品があると聞く。

宮崎県では、八木奘三郎が紹介した須木村出土1例（2）である。大きさや石質は不明である。体部が円形状を呈するが、Ⅰc型に属するものであろう。

大分県では、早水台遺跡1例、ヤトコロ遺跡1例、久住町オドリ畑出土1例、計3遺跡3点が出土する。早水台例は、報告書に掲載されていないが出土例があるといわれている。大きさ、石質ともに不明である。なお、報告書〔八幡・賀川編1955〕にＣ式石鏃とした第83図82例はチャート製でもあり、トロトロ石器の範疇に属するかもしれない。ヤトコロ例（4）は長さ6.0cm、幅3.5cm、厚さ1.0cm、Ⅰb型であるが、石質は不明。同遺跡はヤトコロ式といわれる押型紋土器の標準遺跡でもある。オドリ畑例（5）は上半部が欠損しているが、脚部の発達したⅠc型と考えられる。

熊本県では、舞ノ原遺跡1例、中後迫遺跡1例、柿迫遺跡1例、旭志村湯舟遺跡出土1例、山口遺跡2例、計5遺跡6例が知られる。舞ノ原例（6）は、長さ4.4cm、幅2.8cm、厚さ1.0cm、チャート製のⅠb型で、磨痕は認められない。一部に使用による小さな破損がある。脚部の抉りは半円状にはならず浅い。同遺跡からは山形押型紋土器も採集される。中後迫例（7）は長さ約2.3cm、幅1.4cm、厚さ約0.3cm、チャート製のⅠc型で、発掘品であり、押型紋土器と共伴する。柿迫例（8）は、長さ約3.1cm、幅1.9cm、厚さ約0.6cm、Ⅱc型で、記載はないがおそらくチャート製であろう。山口例（9a・b）はいずれも青と白の縞紋様のチャート製である。（9a）は長さ6.2cm、幅2.1cm、厚さ0.7cm、Ⅱb型で、右脚先端が欠損するが、

- 346 -

細かな剥離によって仕上げられている。磨痕は顕著でないが、全体に磨耗した感を与える。(9b)は長さ3.2cm、幅2.1cm、厚さ0.4cm、先端の尖るⅢc形で、鍬形鏃に近い。体部と脚部の接点が屈曲しており、トロトロ石器に属するものであろう。磨痕は不明。湯舟例（10）は川上コレクションの採集品で、Ⅱ型に属するものらしい。大きさは不明である。

長崎県では泉福寺洞穴1例と平戸志々伎村出土1例の計2遺跡2点が出土している。泉福寺例（11）は第6次調査4トレンチ5層から出土したもので、押型紋土器に伴う。Ⅰc型で長さ4.2cm、幅2.6cm、厚さ0.7cm、灰白色をした良質のチャート製である。調整剥離は全体的に細く丁寧に仕上げている。磨痕は両面にはみられないが、先端と胴部側縁、右脚先端には著しい磨痕が認められる。先端の一部には、使用によるとみられる剥離痕がある。志々伎村例（12）は大鳥居厳コレクションの表採品である。長さ8.8cm、体部幅3.0cm、厚さ0.9cmで、石質は頁岩といわれている。Ⅰa型で、調整剥離は丁寧で並行する剥離が施される。表面には磨痕が認められる。

佐賀県では、唐津城内に展示される1例があり、出土地はよくわからないがおそらく上場台地の出土品であろう。

福岡県では深原遺跡2例、柏原遺跡4例、大道端遺跡1例、法華原遺跡1例、蒲田遺跡1例、計5遺跡9点が出土している。深原例（14a・b）はいずれも押型紋土器の文化層から出土した発掘品で、(14a)は長さ4.6cm、幅2.5cm、厚さ0.7cm、チャート製で比較的丁寧に剥離調整がなされている。細身のⅡb型で、磨痕は顕著でない。(14b)は体部上半と右脚が欠損する。残存長4.0cm、幅3.5cm、厚さ1.2cm、チャート製で調整はやや粗いが、両面脚部と胴部中央に磨痕がみられる。このほか、異形というより石鏃の形態をもつものと報告者が尖頭石器とした1例にはトロトロ石器と同様の磨痕がみられる。後者はトロトロ石器の両脚が欠損したものかもしれない。いずれもチャート製である。大道端例（15）は、発掘品であるが共伴遺物は明確でない。長さ3.8cm、幅2.2cm、厚さ0.8cm、チャート製で、体部中央には顕著な磨痕が残り先端と脚部も磨滅する。その擦痕は斜上方から斜下方へ走る。Ⅰc型に属する。蒲田例（16）もやはり発掘品である。長さ4.6cm、幅1.8cm、厚さ0.7cm、チャート製で、Ⅱb型で細身につくられている。磨痕は顕著でない。柏原例（17a・b）も発掘品で、押型紋土器に共伴し出土した。(17a)は長さ6.1cm、幅3.4cm、厚さ0.9cmで、チャート製である。Ⅰa型の優品で、並行する押圧剥離で丁寧に仕上げている。磨痕は認められない。(17b)は体部上半が欠損するが、おそらく大型のⅠa型に属するものであろう。残存長5.5cm、幅4.1cm、厚さ1.0cm、チャート製で、磨痕は裏面の剥離面の稜線に一部認められるが、顕著ではない。脚部の抉りはやや浅い半円状を呈する。このほか、石鏃よりやや大きいが、チャート製で先端の尖るⅢc型が二例（17c・d）ある。法華原例（18）は

第Ⅲ部　押型紋土器の編年とその技法

田中幸夫コレクション中の採集資料である。Ⅰc型に属するものであるが、大きさは不明、チャート製である。同遺跡は1950（昭和25）年に金関丈夫によって発掘され、押型紋土器が多数出土したといわれている。

中国地方　[図Ⅲ-39]　現在のところ岡山県の2遺跡の出土例が知られるのみである。

岡山県黄島貝塚からは3cm前後の小型品が3例ほど出土している（19a～c）。略図からの判断ではあるが、（19a・b）がⅡc型、（19c）はⅠc型に属するものと思われる。（19b・c）がチャート製で、（19a）は不明であるがきめの細い硬質の石を用いている。このほか、鎌木義昌によれば仁尾中学所蔵品中にも1例があるといわれている。勝田郡勝田町例（20）はチャート製の中型であるが、詳細は不明である（平井勝教示）。

近畿地方　[図Ⅲ-39]　奈良県・和歌山県・兵庫県・大阪府・京都府・滋賀県の2府4県から出土する。

奈良県では、岡山県邑久考古館の長瀬コレクション中に例があり、ラベルには大和国とある（21）。出土地および大きさの詳細は不明であるが、チャート製、Ⅱb型で体部上半に磨痕がある。

和歌山県では、有田川町長谷川出土2例と紀美野町雨山出土1例がある。長谷川例（23a・b）は、いずれもチャート製で、幅広で大型のⅠa型である。（23a）は長さ7.9cm、幅3.7cmで、最大幅は体部中央にある。（23b）は長さ6.5cm、幅4.0cm、いずれもやや調整が大まかであり、磨痕は先端および体部上半にみられる。雨山例は『古代学研究』18号に石匙として紹介された完成品である。チャート製のⅠa型であるが大きさは不明である。

兵庫県は神鍋遺跡から3例が出土する（24a～c）。（24a）は長さ8.2cm、幅2.9cm、厚さ0.8cm、大型のⅠa型でチャート製である。調整剥離は丁寧に行われている。磨痕は先端および体部上半の側縁にみられる。（24b）は長さ4.9cm、幅3.1cm、厚さ0.7cm、チャート製で、Ⅱb型である。体部中央および上半側縁、先端に磨痕がある。いずれも和田長治コレクションの採集品であるが、押型紋土器に伴うことはほぼ間違いない。

大阪府では穂谷遺跡1例、栄の池遺跡1例が出土する。穂谷例（25）は長さ2.9cm、幅2.0cm、小型のⅠc型で、石質は半透明のメノウである。先端と両側・体部中央部に磨痕がみられる。なお、同一素材の剥片が出土することから、報告者は同遺跡でつくられたものと推定している。また、同遺跡は押型紋土器の終末期に位置づけられる穂谷式の標準遺跡である。栄の池例（26）は長さ4.6cm、幅2.2cm、厚さ0.7cm、重さ6.8g、チャート製で、Ⅱb型であるが、脚部は体部から屈曲して開かず、直線的になる。体部中央に磨痕がみられる。

京都府では長岡京跡（7ANTMK地区）から1例が出土している（27）。（27）は左脚先端が欠損しているが、ほぼ完成品である。長さ5.0cm、現存幅2.7cm、厚さ1.1cm、チャー

第4章　トロトロ石器考

ト製のⅠb型で、ほぼ全面に磨痕がみられるが、特に先端、体部中央に磨痕が著しい。単独出土であり、共伴する遺物はない。ほかに網野高等学校所蔵の宮の下遺跡出土の1例は小型のⅡc型に属するものかもしれない。石質は不明である。

滋賀県では石山貝塚1例、比都佐村出土1例がある。石山例（28）は長さ6.6cm、体部幅3.6cm、チャート製でⅠa型であるが、右脚部が欠損しているため報告書では石匙として分類している。黒色土上層の押型紋土器包含層から出土している。比都佐村例（29）は長さ5.5cm、幅2.5cm、チャート製のⅡb型である。表面に磨痕が認められる。採集品。

東海地方［図Ⅲ－40～42］　　三重県・愛知県・静岡県から出土する。

三重県では、神滝遺跡16例、下久具遺跡1例、仁柿百合遺跡1例、勢和村出土2例、嬉野町出土1例がある。神滝例（30a～p）は1944（昭和19）年に地元の人によって掘り出されたもので、16例が一括して出土することはめずらしい。埋納遺跡であろうか。大きさも大型のものから小型のものまで揃っており、いずれもチャート製である。Ⅰ型に属するものは5例（30a・b・d・e・f）、Ⅱ型に属するもの5例（30c・g・j・l・o）、Ⅲ型に5例（30h・i・k・m・n）がある。ほかの1例は図示されておらず不明である。最大のものは（30a）で長さ9.2cm、幅4.0cm、厚さ1.7cmで、最小のものは長さ2.9cmと、ほぼ石鏃と同様の大きさである。（30b）と（30d）は先端および中央に著しい磨痕が認められる。同遺跡からは現在のところ押型紋土器は発見されていない。下久具例（32）は、長さ2.5cm、幅2cm、厚さ0.3cmの小型品であるが、形態は不明。勢和村例、仁柿百合例、嬉野町例はいずれも詳細は不明である（奥義次教示）。

愛知県では、総濠遺跡2例、福釜町1例がある。総濠例はいずれもチャート製である（35a・b）。（35a）は長さ5.6cm、幅3.2cm、厚さ1.2cm、先端が平らになるⅣb型で、磨痕は先端と体部中央にみられる。（35b）は体部上半が欠損している。現存長3.6cm、幅3.6cm、厚さ1.0cmで、挟りの上部に磨痕がみられる。福釜例（36）は、長さ3.1cm、幅1.9cm、厚さ0.6cm、石英製、小型のⅡc型で、先端と体部上半に磨痕が残る。

静岡県では、長井崎遺跡から1例出土する。報告書では写真のみ掲載されているため詳細は不明であるが、小型のⅠc型に属するものであろう。石質はおそらくチャートであろう。

中部地方［図Ⅲ－42～44］　　岐阜県・長野県から出土する。

岐阜県では車塚遺跡2例、恵日山遺跡2例、日吉神社遺跡2例、坊池遺跡1例、赤土坂遺跡2例、土田町河合出土2例、坂下町下原出土1例、星の宮遺跡1例、向中野遺跡6例、港町岩陰1例、安毛遺跡6例、高賀遺跡1例、糖塚遺跡1例［図Ⅲ－33］、計13遺跡28点が出土している。車塚例の（38a）は長さ5.1cm、体部幅2.4cm、厚さ1.1cm、緑白色縞紋様のチャート製、Ⅱb型で入念な調整剥離が施される。磨痕は認められない。（38b）は長

第Ⅲ部　押型紋土器の編年とその技法

さ3.4cm、幅2.5cm、厚さ0.6cm、チャート製のⅠc型で、左脚が欠損する。磨痕は両側縁の一部にみられるが、表裏面にはまったく認められない。恵日山例の（39a）は長さ4.2cm、幅2.4cm、厚さ1.0cm、チャート製、Ⅰb型で、磨痕は尖端両側とし、表裏の体部中央にみられる。（39b）は現存長3.7cm、幅2.1cm、厚さ0.7cm、チャート製で、脚部は欠損するがⅠb型である。両側縁、体部中央に磨痕がのこる。日吉神社例の（40a）は、長さ3.1cm、幅2.0cm、厚さ0.8cm、青白色チャート製で左脚を欠くが、Ⅱc型である。脚部をのぞく全面に磨痕がのこる。（40b）は長さ2.3cm、幅2.0cm、厚さ0.9cm、チャート製で、一部に表皮面を残しており、剥離も粗く、磨痕は認められない。未製品か。坊池例（41）は長さ5.0cm、幅2.7cm、厚さ1.2cm、チャート製、Ⅰb型で入念に仕上げている。磨痕は右側縁と両面の体部中央にみられる。赤土坂例の（42a）は現存長4.4cm、幅4.5cm、厚さ1.5cm、チャート製で、体部上半と左脚の一部が欠損するがおそらくⅠ型であろう。両面の体部中央と側縁に磨痕がのこる。（42b）は脚のみの破片であるが稜の部分に磨痕が認められる。チャート製。河合例の（43a）は長さ6.3cm、幅3.4cm、厚さ1.0cm、チャート製、Ⅱa型で、先端と体部中央に磨痕が認められる。（43b）は長さ2.6cm、幅1.9cm、厚さ0.5cm、チャート製、小型のⅠc型で、全面に磨痕がみられる。下原例（44）は長さ2.6cm、幅2.2cm、長さ0.7cm、チャート製で、ずんぐりとした小型のⅡc型である。星の宮例（45）は長さ4.3cm、幅2.6cm、厚さ0.9cm、チャート製のⅡb型で、先端および体部中央に磨痕がみられる。発掘品で、押型紋終末期の高山寺式に伴う。向中野例は10例ほどが紹介されているが、そのうち確実なもの6例を抽出した（46a～f）。いずれもチャート製の小型品で、Ⅰc型に属するもの（46a・c・d・f）とⅡc型に属するもの（46b・e）に分かれる。（46d）をのぞいていずれも表裏面・側縁に磨痕がみられる。港町例（47）は発掘品であり、高山寺式や細久保式押型紋土器と伴出する。長さ2.6cm、幅1.7cm、厚さ0.4cm、良質なチャートを用いたⅡc型で、表面は丁寧に調整するが、裏面は周辺部のみを加工し、主剥離面を残す。磨痕は裏面の先端および側縁にみられる。安毛例についても6点を抽出した（48a～f）。（48c）は長さ1.5cm、幅1.4cm、厚さ0.4cmで、超小型のⅠc型であり、両面に磨痕がみられる。ほかはいずれも欠損品で、（48f）をのぞいて2cm前後の小型品である。高賀例（49）は長さ4.1cm、幅2.3cm、厚さ1.0cmで、良質なチャート製のⅠb型である。剥離、調整と

図Ⅲ-33　糠塚遺跡出土石器

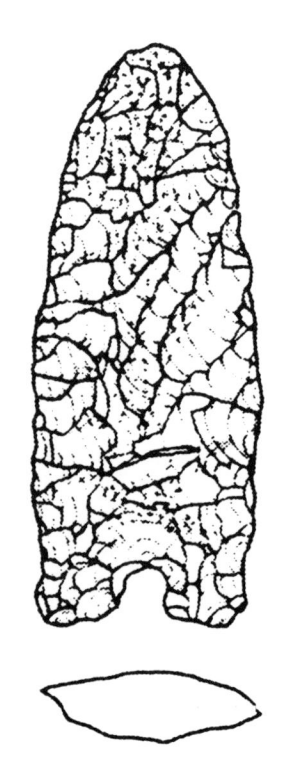

第4章　トロトロ石器考

も丁寧に仕上げる。磨痕は両面の先端および中央部にみられる。糖塚遺跡例は、発掘品であり、比較的古い押型紋土器も出土している［図Ⅲ-33］。長さ7.6cm、幅3.1cm、厚さ0.9cm、重さ26.3g、灰白色に青灰色の縞紋様をもつチャート製で、やや先端が尖りぎみになるがⅠa型に属するものである。押圧剥離によって丁寧に仕上げている。左脚部裏面をのぞいて、全体に磨痕がのこり、とくに体部上半は剥離面がトロけるほど磨滅する。

　長野県では、三日城遺跡1例、上槻ノ木出土1例、大柳出土1例がある。三日城例（50）は、長さ5.2cm、幅2.2cm、厚さ0.7cm、青色チャート製、Ⅰb型で、押圧技法による並行剥離で丁寧に仕上げている。また、右脚の一部が欠損しており、磨痕は先端と体部上半に顕著に認められる。上槻ノ木例（51）は長さ8.0cmほどのⅠa型の完成品である。チャート製で細い剥離で仕上げている。大柳例（52）は脚部の発達した大型のⅡa型で、チャート製であるが、大きさ、磨痕の詳細は不明である（宮下健司教示）。

北陸地方〔図Ⅲ-35（3）〕　　富山県と新潟県から出土する。

　富山県では桜峠遺跡1例が知られるが、その詳細は不明である。図から判断するとⅠc型とみられる。同遺跡は押型紋文化期の遺跡である。

　新潟県では朝日遺跡で3例が採集されている。いずれもチャート製で、大きさは大・中・小の3種といわれている（小林達雄教示）。

関東地方〔図Ⅲ-45〕　　神奈川県・千葉県・茨城県から出土する。

　神奈川県では横浜市中区の平台貝塚が立地する丘陵上で、戦前採集された1例があるといわれている。チャート製である（石井寛教示）。

　千葉県では飛ノ台貝塚から1例出土している（56）。長さ6.6cm、幅3.0cm、チャート製、Ⅱa型で、全面に磨痕がのこるが、とくに体部上半は剥離面が磨滅するほどである。早期後半の土器が出土している。

　茨城県では刈又坂遺跡から（57）が出土している。（57）は長さ10.3cm、幅3.8cm、チャート製である。現在知られるものの中では、最大級であり、Ⅱa型で、脚部の抉りは浅い。両面と先端に磨痕がのこる。田戸下層式に伴うものである。本例が北限資料であるが、江坂輝彌によれば福島県双葉郡にも出土例があり、福島県にまで分布が広がると推定される。

　また、山形県日向洞穴にも類例が出土しており、小型のⅢc型に分類できる〔図Ⅲ-34〕。同遺跡からは日計式押型紋も出土しており、共伴関係が注目されるところである。

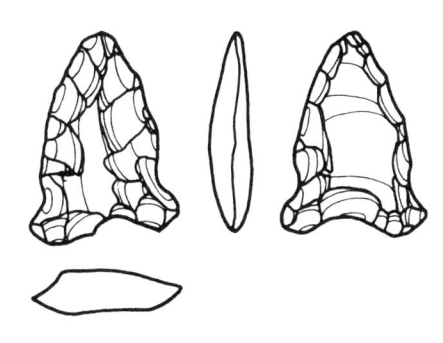

図Ⅲ-34　山形県日向洞穴出土石器

- 351 -

第Ⅲ部　押型紋土器の編年とその技法

おわりに　−磨製か、摩耗か−

　前節では各地の出土例を紹介してきたが、その観察結果を集約しておきたい。

分布・時期　トロトロ石器の出土例は現在のところ57遺跡101例におよんでいる。南は鹿児島県から北は茨城県にまで広がり、なお、その北限は福島県にまで延びる可能性をもっている［図Ⅲ－36］。分布の密度は、九州・近畿・東海地方にやや集まりをみせるが、ここは調査の進展度に関わるものであり、それ自体には意味はないであろう。中国地方の類例が増加するにしたがって、東海地方以西と九州を結ぶ分布は均一的な様相を示すと考えられる。現在のところトロトロ石器の分布は、西日本を主体とした地域が中心であり、関東地方は客体的な出土状況を示しているのである。こうした分布は押型紋土器の分布圏と一致しており、従来から先学が指摘した通り、押型紋土器に伴出する石器であることは間違いない事実である。押型紋土器に伴う石器は剥片石器を主体としたものであり、撚糸紋土器に伴う礫器を主体とした石器群とは異なり、先土器時代終末期の石器文化の伝統をより強く継承している。その組成は槍、石鏃、横型石匙、石斧などの日常用具のほか、局部磨製石鏃、環状石斧、抉入状石器などこの文化独自の石器を有しており、その一員としてここにとりあげたトロトロ石器も位置づけることができる。押型紋土器に伴う石器は多彩であり、石器作りの発達した文化といえよう。

　一口にトロトロ石器が押型紋土器に伴うといっても、押型紋土器の存続期間は長期間であり、より限定した位置づけが必要であろう。押型紋土器の変遷は大まかに4期に大別することが可能である。各期はさらに細別する必要があると考えられるが、その存続期間は、第Ⅰ期が撚糸紋文化後半期に、第Ⅱ～第Ⅳ期が早期に位置づけられる。こうした押型紋土器の変遷の中でトロトロ石器の伴出例をみてみよう。九州では、中後追例・泉福寺例・深原例・柏原例はいずれも第Ⅲ期の押型紋土器に、近畿では石山貝塚例、東海では長井崎例が第Ⅲ期に、中部では星の宮例・港町岩陰例が第Ⅲ期あるいは第Ⅳ期の押型紋に伴っている。このような発掘例からみて、押型紋文化後半に共伴する例が多い。この点は多くの人々の指摘するところである。しかし、その確実な共伴例は少なく、押型紋土器の出現とともに伴出する可能性も捨てさるわけにはいかない。現在のところ、押型紋土器後半期に顕在化するという指摘にとどめておきたい。また、福島県や山形県にもトロトロ石器の類例がみられることは、今後、東北地方の日計式押型紋土器との共伴関係やこれらの押型紋土器の成立や系統を考える上で重要な問題を提起しているといえよう。

磨製か磨耗か　研磨、磨製という言葉の中には、意識的に磨くという意味合いをもつが、磨耗といった場合は、人の意識とはかかわらず、使用の結果あるいは自然の営力によって

第4章 トロトロ石器考

生じたという意味をもつ。前節で用いた磨痕という言葉は両者の意味をもっているが、トロトロ石器が磨製であるか磨耗であるかという問題はその機能、用途を考察する上で重要な点である。結論からいうならば、トロトロ石器の磨痕は使用痕、すなわち磨耗によって生じた属性と考えたいのである。

その理由はつぎの3点である。

1. 磨痕の場所は大まかに先端および側縁、体部中央であるが、その磨痕の状態が一定した規則性がないこと。
2. まったく磨痕の認められないものもあること。
3. ほかの磨製石器にみられる磨製痕とは異なり、ローリングをうけたようなトロトロとした磨痕であること。

こうした点に加えて、この石器の重要な機能を果たすと考えられる先端、側縁に対し、はじめから効力を低下させる磨製の刃潰しは不可解であり、刃部として使用した結果の現象と理解することがより自然である。

使用痕という観点に立ったとき、この石器の役割は、先端および側縁を刃部とした使用法が考えられ、表・裏面の磨痕は刃部の運動による副次的な磨耗とみることができる。それは、ちょうどノコギリのように対象物を切り込んでいく際、両面が対象物に接して摩擦するときに生じた磨痕のようである。また、この石器の機能を知る上で重要な点は、脚部の半円形をした抉りである。この部分には、磨痕がまったく認められず、鋭い刃部を形成している。ちょうどノッチ状のスクレイパーのようである。トロトロ石器には側縁を利用した擦切る機能と脚部の抉りを利用した二者の機能を備えているようである。こうした利器の機能は、単に木や骨を加工するというような石器時代に普遍性をもった日常的な道具とは考えられない。押型紋文化にみられる特殊な加工具であったことは、ほかの時期や文化に類例がないこと、独特の形態や素材を限定していることからも明らかな事実である。

しかし、トロトロ石器に関心をもち集成しはじめてから十数年の歳月がたっているが、未だに"トロトロ石器がなにか"という明確な答は得られない。密かに、押型紋土器の施紋原体を造る工具ではないかと考えているが、これを実証するためにはなお手続をふむ必要があろうし、まったくの思いつきに終わるかもしれない。今後、この石器の機能、用途の究明のためには、磨痕のミクロ的な分析を基礎にした研究を一層進めてゆかねばならないであろう。

第Ⅲ部　押型紋土器の編年とその技法

付　記　　本稿をまとめるにあたって、多くの方々より未発表資料の提供や資料調査、文献探索などにご便宜をいただくとともに貴重なご意見・ご教示を賜ることができた。なお、付図に掲げたトロトロ石器のトレースはすべて出居博君によるものである。ここに記して感謝を表したい。

麻生優、安達厚三、荒井幹夫、安斎正人、石井寛、岡田博、奥義次、小畑弘己、織笠昭、木下修、小林達雄、坂本彰、佐々木洋治、佐藤静江、白石浩之、実川順一、副島邦弘、巽三郎、平井勝、宮下健司、山崎純男、和田長治。

引用・参考文献

麻生　優　1975　「泉福寺洞穴の第5次調査」『考古学ジャーナル』103
安達厚三　1966　「異形部分磨製石器について－美濃・尾張地方発見例を中心として－」『いちのみや考古』9
江坂輝彌　1955　「茨城県多賀郡刈又坂遺跡」日本考古学年報3
江坂輝彌　1963　「1962年度の史学界－先史・原史－」『史学雑誌』72－5
大参義一・安達厚三・井口喜晴　1965　「織田井戸遺跡発掘調査報告－（付）総濠遺跡発見の異形部分磨製石器」『いちのみや考古』6
大参義一・安達厚三　1972　『岐阜県史』通史編・原始
小畑弘己　1981　「矢部町名連川の縄文時代遺物」『赤れんが』創刊号
鹿児島県教育委員会　1981　『九州縦貫自動車関係埋蔵文化財調査報告Ⅶ』　鹿児島県埋蔵文化財発掘調査報告書15
鎌木義昌　1949　「備前黄島貝塚の研究」『吉備考古』
川上　元　1967　「異形部分磨製石器の新資料」『信濃』19－4
岸和田遺跡調査会　1979　『栄の池遺跡』
九州歴史資料館編　1982　『田中幸夫寄贈品目録』　九州歴史資料館
京都大学平戸学術調査団編　1951　「平戸の先史文化」『平戸学術調査報告』　京都大学平戸学術調査団
京都府立丹後郷土資料館　1973　『特別陳列縄文文化出品目録』
熊本県教育委員会編　1979　『熊本県文化財報告』38　熊本県教育委員会
紅村　弘　1963　『東海の先史遺跡総括編』『東海叢書』13
坂下町教育委員会編　1975　『金屋・星の宮遺跡』　坂下町教育委員会
島田貞彦　1928　『有史以前の近江』『滋賀県史蹟調査報告』1
菅平研究会編　1970　『菅平の古代文化』『菅平研究会叢書』5
高畠町文化財史編集委員会・高畠町史編纂委員会編　1971　『高畠町史－別巻－』考古資料編
高山市教育委員会編　1982　『糖塚遺跡』『高山市埋蔵文化財調査報告書』5
竹田市教育委員会編　1977　「ヤトコロ遺跡」『菅生台地と周辺の遺跡』Ⅱ
巽　三郎・羯磨正信　1958　「和歌山県下の縄文式文化大観」『古代学研究』18
津田守一　1976　「神滝遺跡出土の異形局部磨製石器について」『歩跡』3
飛ノ台貝塚発掘調査団編　1978　『千葉県船橋市飛ノ台貝塚発掘調査概報』
豊崎晃一　1978　「熊本県舞原遺跡発見の異形石鏃」『九州考古学』53

長岡京跡発掘調査研究所編　1979　『長岡京跡発掘調査研究所調査報告書』1
中越迫遺跡調査団編　1979　『中後迫遺跡調査報告』　九州電力熊本支店
沼津市教育委員会社会教育課編　1980　『長井崎遺跡発掘調査報告書』『沼津市文化財調査報告』18　沼津市教
　　　　育委員会
橋本　正　1968　「回転押型文土器の問題－富山県の場合－」『大境』4
枚方市　1960　「枚方の遺跡と遺物」『枚方市史』
福岡県教育委員会編　1977　「大道端遺跡の石器について」『九州縦貫自動車道関係埋蔵文化財調査報告』XVI
　　　　福岡県教育委員会
福岡県教育委員会編　1978　「筑紫郡那珂川町大字中原所在深原遺跡の調査」『山陽新幹線関係埋蔵文化財調査
　　　　報告』8　福岡県教育委員会
福岡市教育委員会編　1975　『蒲田遺跡』『福岡市文化財調査報告書』33
平安学園編　1956　『石山貝塚』
美濃市教育委員会　1979　『港町岩陰』
八木奘三郎　1893　「本邦発見石鏃形状の分類」『東京人類学会雑誌』9－93
八木奘三郎　1902　『日本考古学』　嵩山房
八幡一郎・賀川光夫編　1955　『早水台』『大分県文化財調査報告第三輯』　大分県教育委員会
八幡一郎編　1959　『世界考古学大系』1　平凡社
吉田英敏　1976　「中濃地方における異形部分磨製石器」『岐阜県考古』5
吉田英敏　1979　「中濃地方における異形部分磨製石器PART II」『岐阜県考古』7
和歌山県編　1970　『和歌山県古代文化展目録』
和田長治　1979　「太田神鍋の土器と石器」『縄文時代の兵庫』　兵庫考古研究会

第Ⅲ部　押型紋土器の編年とその技法

番号	遺跡名	所在地	長	幅	厚	重	石質	分類	文献	所蔵
1	中尾田遺跡	鹿児島県鹿児島市横川町中野	3.1	1.6	0.4	2.1	石英	Ⅱc	鹿児島県 1981	鹿児島県教育委員会
2	須木村出土	宮崎県西諸縣郡須木村						Ⅰc	八木 1893	
3	早水台遺跡	大分県速見郡日出町							木下・山崎教示	
4	ヤトコロ遺跡	大分県竹田市大字池部	6.0	3.5	1.0			Ⅰb	竹田市 1977	
5	久住町出土	大分県直入郡久住町オドリ畑	(1.7)	2.0	0.4			Ⅰc	竹田市 1977	
6	舞ノ原遺跡	熊本県下益城郡城南町	4.4	2.8	1.0		チャート	Ⅰb	豊崎 1978	
7	中後迫遺跡	熊本県菊池郡大津町大字古城	2.3	1.4	0.3		チャート	Ⅰc	中後迫調査団 1978	
8	柿迫遺跡	熊本県阿蘇郡高森町	3.1	(1.9)	0.6		チャート	Ⅱc	熊本県 1979	熊本県教育委員会
9a	山口遺跡	熊本県上益城郡矢部町	6.2	(2.1)	0.7	13.4	チャート	Ⅱb	小畑 1981	
9b	山口遺跡	熊本県上益城郡矢部町	3.2	(2.1)	0.4	2.4	チャート	Ⅲc	小畑 1981	
10	湯舟出土	熊本県菊池郡旭志村							豊崎 1979	
11	泉福寺洞穴	長崎県佐世保市瀬越町	4.2	2.6	0.7		チャート	Ⅱc	麻生 1975	麻生優
12	志々伎村出土	長崎県平戸市志々枝村岡	8.8	3.0	0.9		頁岩	Ⅰa	京大 1950	京都大学
13	佐賀県出土	佐賀県							安達教示	唐津城
14a	深原遺跡	福岡県筑紫郡那珂川町	4.6	2.5	0.7		チャート	Ⅱb	福岡県 1978	福岡県教育委員会
14b	深原遺跡	福岡県筑紫郡那珂川町	(4.0)	(3.5)	1.2		チャート		福岡県 1978	福岡県教育委員会
15	大道端遺跡	福岡県山門郡瀬高町	3.8	2.2	0.8		チャート	Ⅰc	福岡県 1977	
16	蒲田遺跡	福岡県福岡市東区	4.6	1.8	0.7		チャート	Ⅱb	福岡市 1975	
17a	柏原遺跡	福岡県福岡市南区	6.1	3.4	0.9		チャート	Ⅰa	福岡市 1982	福岡市教育委員会
17b	柏原遺跡	福岡県福岡市南区	(5.5)	4.1	1.0		チャート	Ⅰa	福岡市 1982	福岡市教育委員会
17c	柏原遺跡	福岡県福岡市南区					チャート	Ⅲc	福岡市 1982	福岡市教育委員会
17d	柏原遺跡	福岡県福岡市南区					チャート	Ⅲc	福岡市 1982	福岡市教育委員会
18	法華原遺跡	福岡県浮羽郡吉井町					チャート	Ⅰc	九州歴史資料館 1982	九州歴史資料館
19a	黄島貝塚	岡山県邑久郡牛窓町	3.0	2.3	0.8			Ⅱc	鎌木 1949	
19b	黄島貝塚	岡山県邑久郡牛窓町	4.6	1.8	0.7		チャート	Ⅱc	鎌木 1949	
19c	黄島貝塚	岡山県邑久郡牛窓町	3.0	2.3	0.4		チャート	Ⅰc	鎌木 1949	
20	勝町出土	岡山県勝田郡勝田町					チャート	Ⅰb	平井教示	
21	奈良県出土	奈良県					チャート	Ⅱb		邑久考古館
22	雨山出土	和歌山県海草郡野上町					チャート	Ⅰa	巽・羯磨 1958	
23a	長谷川出土	和歌山県有田郡金屋町	7.9	3.7			チャート	Ⅰa		
23b	長谷川出土	和歌山県有田郡金屋町	6.5	4.0			チャート	Ⅰa		
24a	神鍋遺跡	兵庫県城崎郡日高町	8.2	2.9	0.8		チャート	Ⅰa	和田 1979	和田長治
24b	神鍋遺跡	兵庫県城崎郡日高町	4.9	3.1	0.7		チャート	Ⅱb	和田 1979	和田長治
24c	神鍋遺跡	兵庫県城崎郡日高町					チャート		和田 1979	和田長治
25	穂谷遺跡	大阪府枚方市穂谷町	2.9	2.0			メノウ	Ⅰc	枚方市 1960	
26	栄の池遺跡	大阪府岸和田市小松里町	4.6	2.2	0.7	6.8	チャート	Ⅱb	岸和田遺跡調査団 1979	

図Ⅲ-35（1）　トロトロ石器出土一覧

第4章 トロトロ石器考

番号	遺跡名	所在地	長	幅	厚	重	石質	分類	文献	所蔵
27	長岡京跡	京都府乙訓郡大山崎町	5.0	2.7	1.1		チャート	Ⅰb	長岡京跡発掘調査研究所1979	
28	石山貝塚	滋賀県大津市石山寺辺町	6.6	3.6			チャート	Ⅰa	平安学園1956	
29	比都佐村出土	滋賀県蒲生郡比都佐村	5.5	2.5			チャート	Ⅱb	島田1928	
30a	神滝遺跡	三重県多気郡宮川村	9.2	4.0	1.7		チャート	Ⅰa	津田1976	高橋亀造
30b	神滝遺跡	三重県多気郡宮川村	7.4	3.9	1.3	40.0	チャート	Ⅰa	津田1976	高橋亀造
30c	神滝遺跡	三重県多気郡宮川村	7.3	3.4	1.3		チャート	Ⅱa	津田1976	高橋亀造
30d	神滝遺跡	三重県多気郡宮川村	7.0	3.0	1.0	20.0	チャート	Ⅰa	津田1976	高橋亀造
30e	神滝遺跡	三重県多気郡宮川村	5.6	3.1	1.0	15.0	チャート	Ⅰb	津田1976	高橋亀造
30f	神滝遺跡	三重県多気郡宮川村	5.3	2.7	0.9	10.0	チャート	Ⅰb	津田1976	高橋亀造
30g	神滝遺跡	三重県多気郡宮川村	5.2	2.1	0.4		チャート	Ⅱb	津田1976	高橋亀造
30h	神滝遺跡	三重県多気郡宮川村	4.7	2.9	1.0	10.0	チャート	Ⅲb	津田1976	高橋亀造
30i	神滝遺跡	三重県多気郡宮川村	4.5	2.1	0.4	5.0	チャート	Ⅲb	津田1976	高橋亀造
30j	神滝遺跡	三重県多気郡宮川村	4.3	2.1	0.3	3.0	チャート	Ⅱb	津田1976	高橋亀造
30k	神滝遺跡	三重県多気郡宮川村	3.6	2.1	0.5	3.0	チャート	Ⅲb	津田1976	高橋亀造
30l	神滝遺跡	三重県多気郡宮川村	3.4	1.9	0.6	2.0	チャート	Ⅰc	津田1976	高橋亀造
30m	神滝遺跡	三重県多気郡宮川村	3.3	1.1	0.5		チャート	Ⅲb	津田1976	高橋亀造
30n	神滝遺跡	三重県多気郡宮川村	3.0	1.9	0.5		チャート	Ⅱc	津田1976	高橋亀造
30o	神滝遺跡	三重県多気郡宮川村	2.9				チャート	Ⅱc	津田1976	高橋亀造
30p	神滝遺跡	三重県多気郡宮川村					チャート		津田1976	高橋亀造
31a	勢和村出土	三重県多気郡勢和村片野							奥教示	
31b	勢和村出土	三重県多気郡勢和村上広							奥教示	
32	下久具遺跡	三重県度会郡下久具							奥教示	
33	仁柿百合遺跡	三重県飯南郡飯南町							奥教示	
34	嬉野町遺跡	三重県一志郡嬉野町							奥教示	
35a	総濠遺跡	愛知県小牧市小木	5.6	3.2	1.2		チャート	Ⅳb	安達ほか1965	
35b	総濠遺跡	愛知県小牧市小木	(3.6)	3.6	1.0		チャート		安達ほか1965	
36	福釜町出土	愛知県安城市福釜町	3.1	1.9	0.6		石英	Ⅱc	安達1966	
37	長井崎遺跡	静岡県沼津市内浦					チャート	Ⅰc	沼津市1980	沼津市教育委員会
38a	車塚遺跡	岐阜県加茂富加町滝田	5.1	(2.4)	1.1		チャート	Ⅱb	吉田1976	
38b	車塚遺跡	岐阜県加茂富加町滝田	3.4	(2.5)	0.6		チャート	Ⅰc	吉田1976	
39a	恵日山遺跡	岐阜県加茂富加町高畑	4.2	2.4	1.0		チャート	Ⅰb	吉田1976	
39b	恵日山遺跡	岐阜県加茂富加町高畑	(3.7)	2.1	0.7		石英	Ⅰb	吉田1976	
40a	日吉神社遺跡	岐阜県関市本郷町	3.1	2.1	0.8		チャート	Ⅱc	吉田1976	関高校
40b	日吉神社遺跡	岐阜県関市本郷町	2.3	2.0	0.9		チャート		吉田1976	関高校
41	坊池遺跡	岐阜県関市神野	5.0	2.7	1.2		チャート	Ⅰb	紅村1963	関高校

図Ⅲ-35（2） トロトロ石器出土一覧

第Ⅲ部　押型紋土器の編年とその技法

番号	遺跡名	所在地	長	幅	厚	重	石質	分類	文献	所蔵
42a	赤土坂遺跡	岐阜県関市巾町	(4.4)	4.5	1.5		チャート	Ⅰ	紅村1963	
42b	赤土坂遺跡	岐阜県関市巾町					チャート		紅村1963	
43a	土田町出土	岐阜県可児郡土田町	6.3	3.4	1.0		チャート	Ⅱa	安達1966	
43b	土田町出土	岐阜県可児郡土田町	2.6	1.9	0.5		チャート	Ⅰc	安達1966	
44	下原出土	岐阜県恵那郡坂下町	2.6	2.2	0.7		チャート	Ⅱc	大参・安達1972	
45	星の宮遺跡	岐阜県恵那郡坂下町	4.3	2.6	0.9		チャート	Ⅱb	紅村1975	
46a	向中野遺跡	岐阜県関市下有知字向中野	2.9	2.2	0.9		チャート	Ⅰc	吉田1979	永井正博・深井志郎ほか
46b	向中野遺跡	岐阜県関市下有知字向中野	2.8	1.9	0.6		チャート	Ⅱc	吉田1979	永井正博・深井志郎ほか
46c	向中野遺跡	岐阜県関市下有知字向中野	1.9	1.4	0.6		チャート	Ⅰc	吉田1979	永井正博・深井志郎ほか
46d	向中野遺跡	岐阜県関市下有知字向中野	1.7	1.6	0.7		チャート	Ⅰc	吉田1979	永井正博・深井志郎ほか
46e	向中野遺跡	岐阜県関市下有知字向中野	(2.4)	1.6	0.8		チャート	Ⅱc	吉田1979	永井正博・深井志郎ほか
46f	向中野遺跡	岐阜県関市下有知字向中野	3.3	2.2	0.8		チャート	Ⅰc	吉田1979	永井正博・深井志郎ほか
47	港町遺跡	岐阜県美濃市殿町1475番地	2.6	1.7	0.4		チャート	Ⅱc	美濃市教育委員会1979	美濃市教育委員会
48a	安毛遺跡	岐阜県美濃市安毛字神山	(2.3)	1.7	0.7		チャート	Ⅰc	吉田1979	
48b	安毛遺跡	岐阜県美濃市安毛字神山	2.7	1.8	0.6		チャート		吉田1979	
48c	安毛遺跡	岐阜県美濃市安毛字神山	1.5	1.4	0.4		チャート	Ⅰc	吉田1979	
48d	安毛遺跡	岐阜県美濃市安毛字神山	(2.4)	2.3	0.6		チャート		吉田1979	
48e	安毛遺跡	岐阜県美濃市安毛字神山	(2.7)	1.8	0.8		チャート		吉田1979	
48f	安毛遺跡	岐阜県美濃市安毛字神山	(2.8)	3.0	1.2		チャート		吉田1979	
49	高賀遺跡	岐阜県洞戸村奥洞戸	4.1	2.3	1.0		チャート	Ⅰb	吉田1979	
50	三日城遺跡	長野県小県郡真田町	5.2	2.2	0.7		チャート	Ⅰb	川上1967	
51	上槻ノ木出土	長野県茅野市泉野					チャート	Ⅰa	八幡編1959	尖石考古館
52	大柳出土	長野県長野市若穂綿内					チャート	Ⅱa		宮下健司
53	桜峠遺跡	富山県魚津市長引野					チャート	Ⅰc	橋本1968	
54a	朝日遺跡	新潟県三島郡越路町来迎寺					チャート		小林教示	小林達雄
54b	朝日遺跡	新潟県三島郡越路町来迎寺					チャート		小林教示	小林達雄
54c	朝日遺跡	新潟県三島郡越路町来迎寺					チャート		小林教示	小林達雄
55	横浜市出土	神奈川県横浜市中区					チャート	?	石井教示	石井寛
56	飛ノ台貝塚	千葉県船橋市海神町	6.6	3.0			チャート	Ⅱa	飛ノ台貝塚調査団1978	
57	刈又坂遺跡	茨城県高萩市赤浜	10.3	3.8			チャート	Ⅱa	江坂1955	

図Ⅲ－35（3）　トロトロ石器出土一覧

第4章 トロトロ石器考

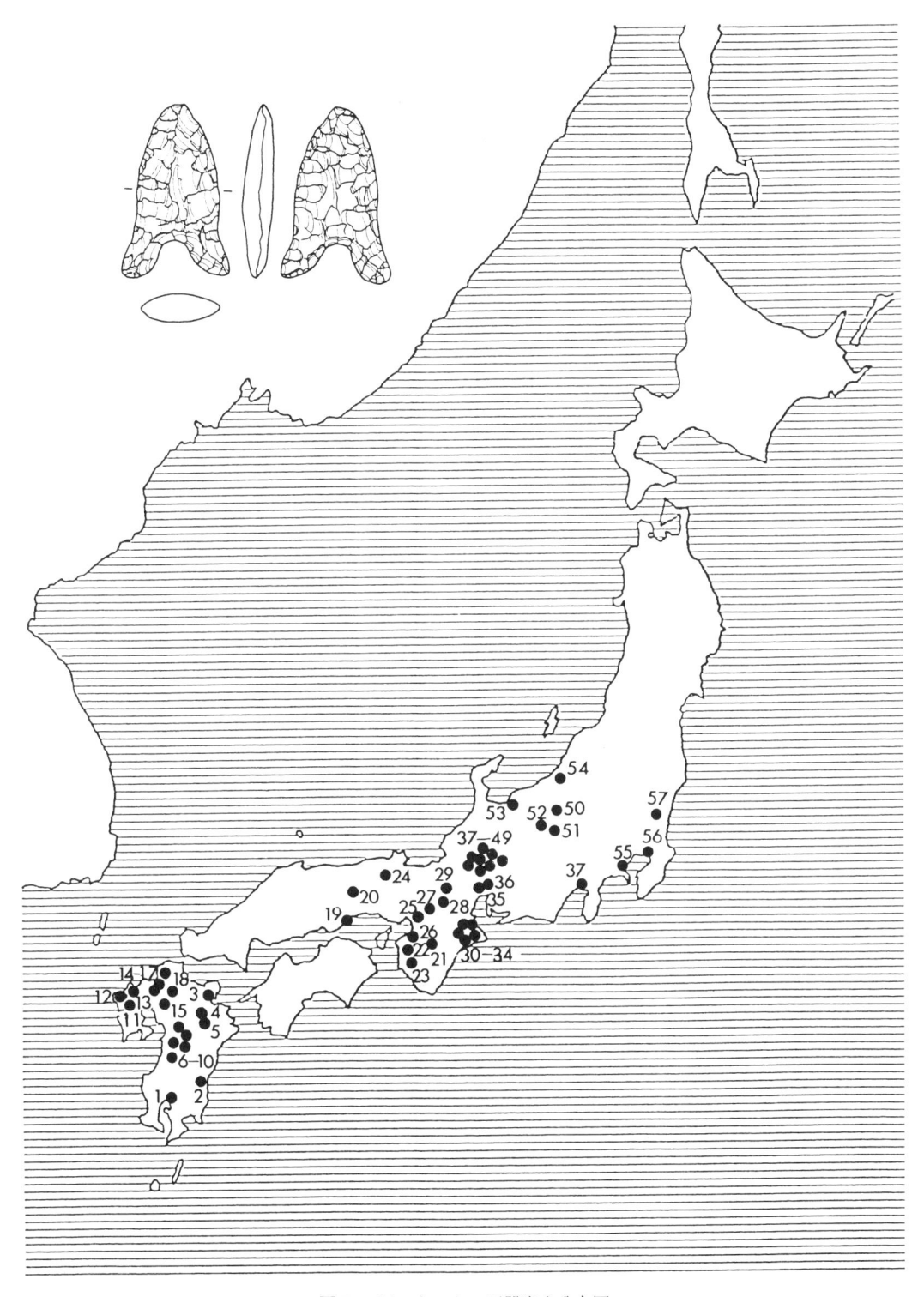

図Ⅲ-36 トロトロ石器出土分布図

第Ⅲ部　押型紋土器の編年とその技法

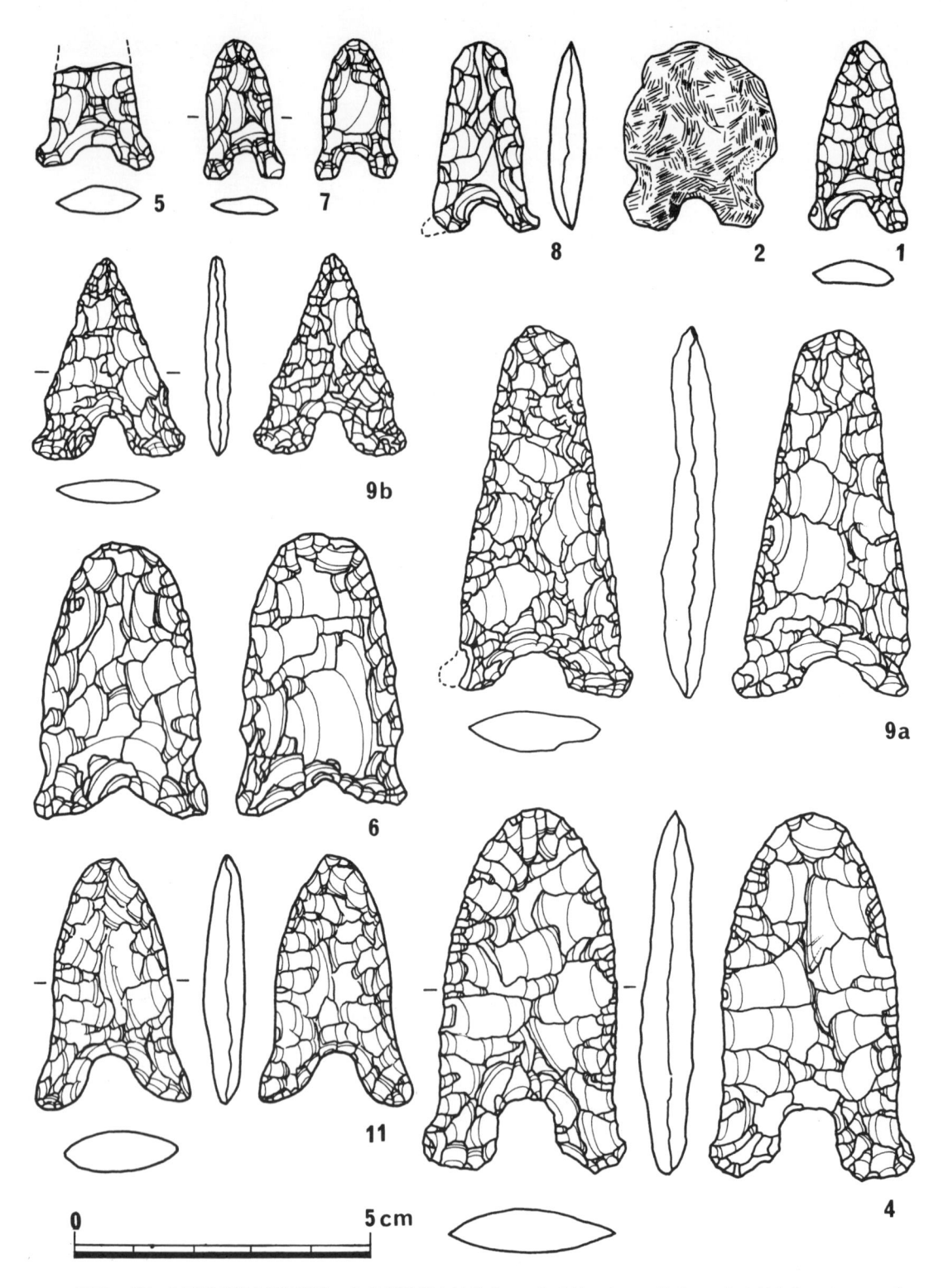

図Ⅲ-37　1 鹿児島県中尾田遺跡　2 宮崎県須木村出土　4 大分県ヤトコロ遺跡　5 大分県久住町出土　6 熊本県舞ノ原遺跡　7 熊本県中後迫遺跡　8 熊本県柿迫遺跡　9 熊本県山口遺跡　11 長崎県泉福寺洞穴

第4章 トロトロ石器考

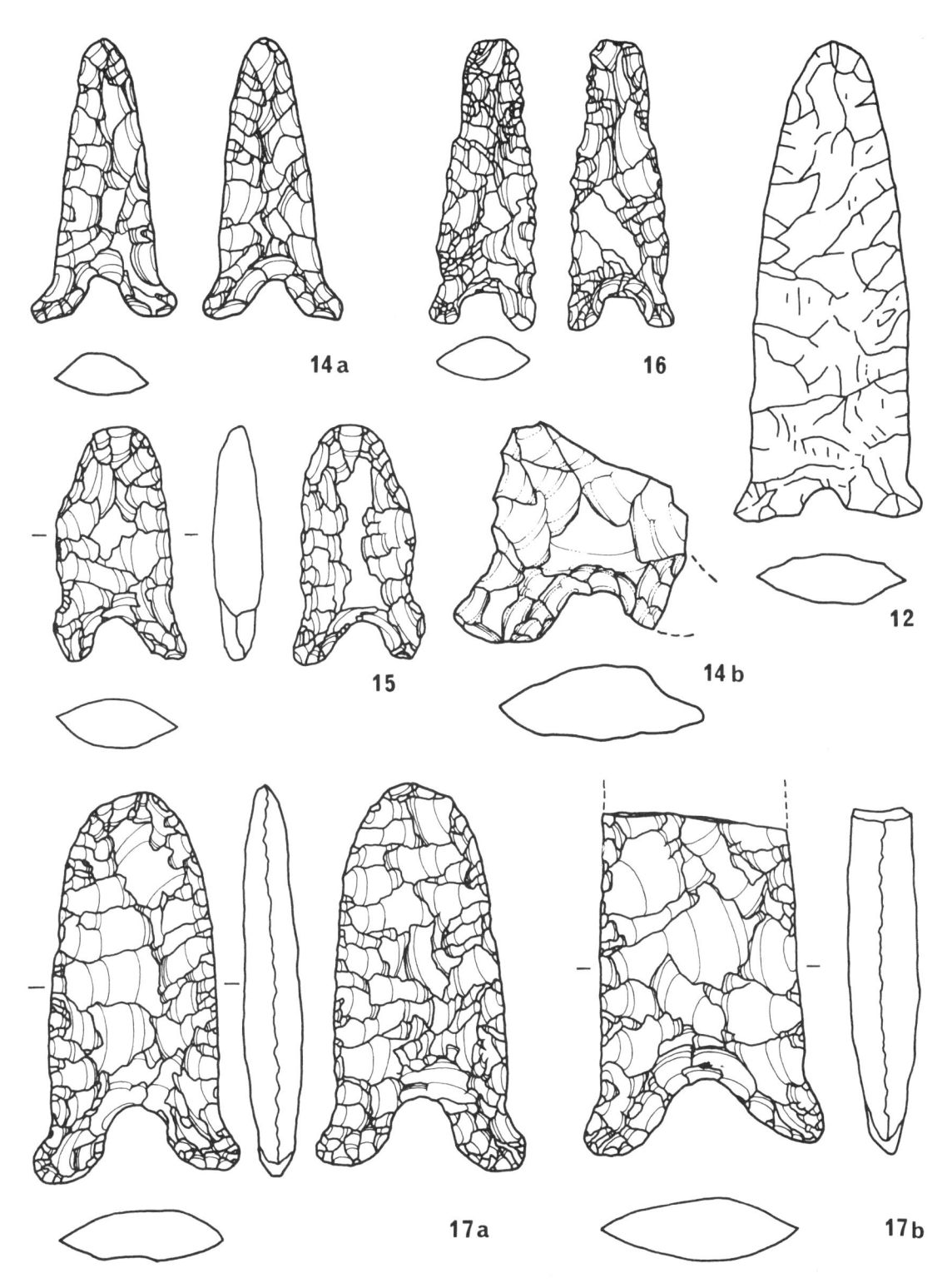

図Ⅲ-38　12 長崎県志々枝村出土　14 福岡県深原遺跡　15 福岡県大道端遺跡　16 福岡県蒲田遺跡　17 福岡県柏原遺跡

第Ⅲ部　押型紋土器の編年とその技法

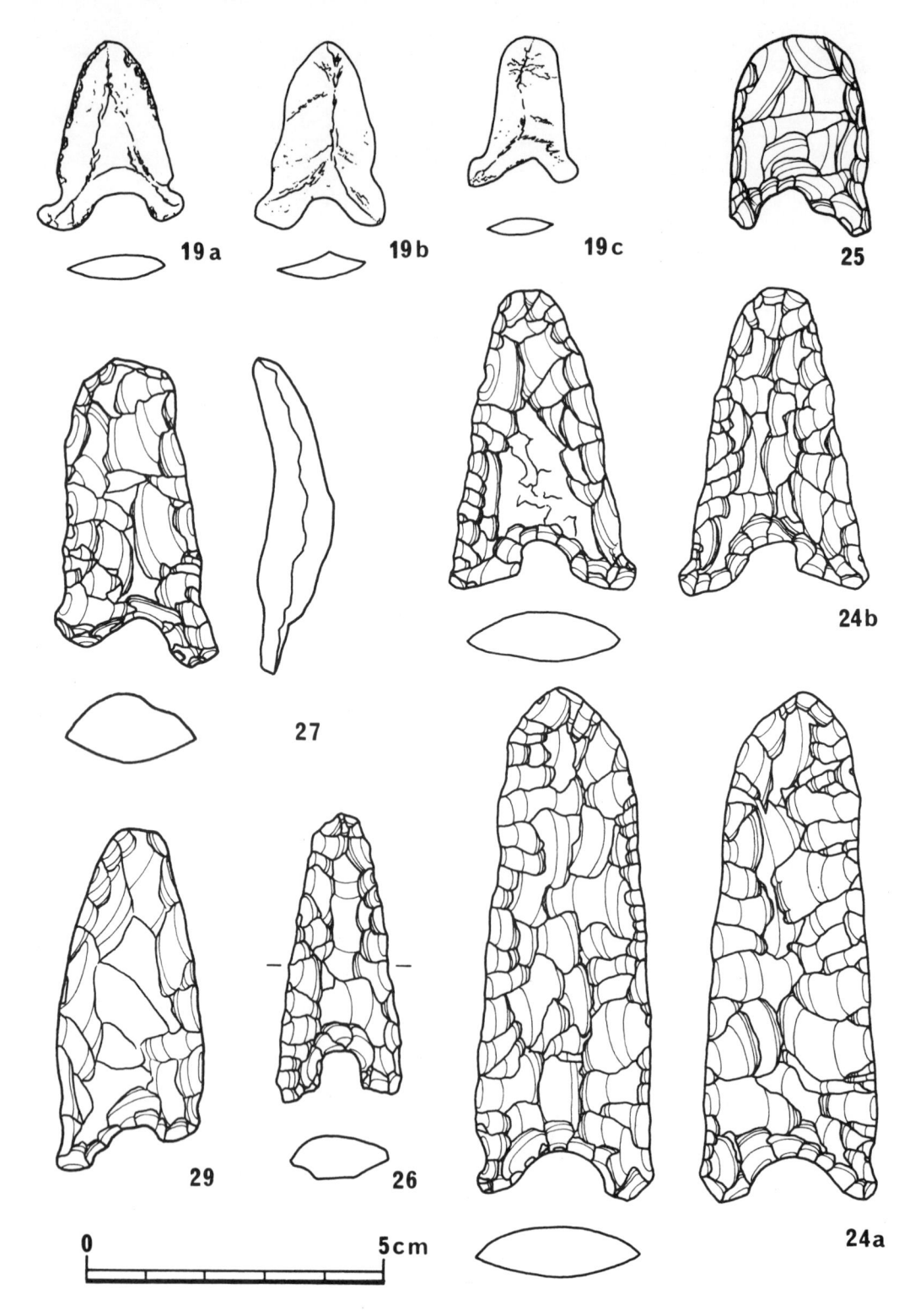

図Ⅲ-39　19 岡山県黄島貝塚　24 兵庫県神鍋遺跡　25 大阪府穂谷遺跡　26 大阪府栄の池遺跡　27 京都府長岡京跡　29 滋賀県比都佐村出土

- 362 -

第 4 章　トロトロ石器考

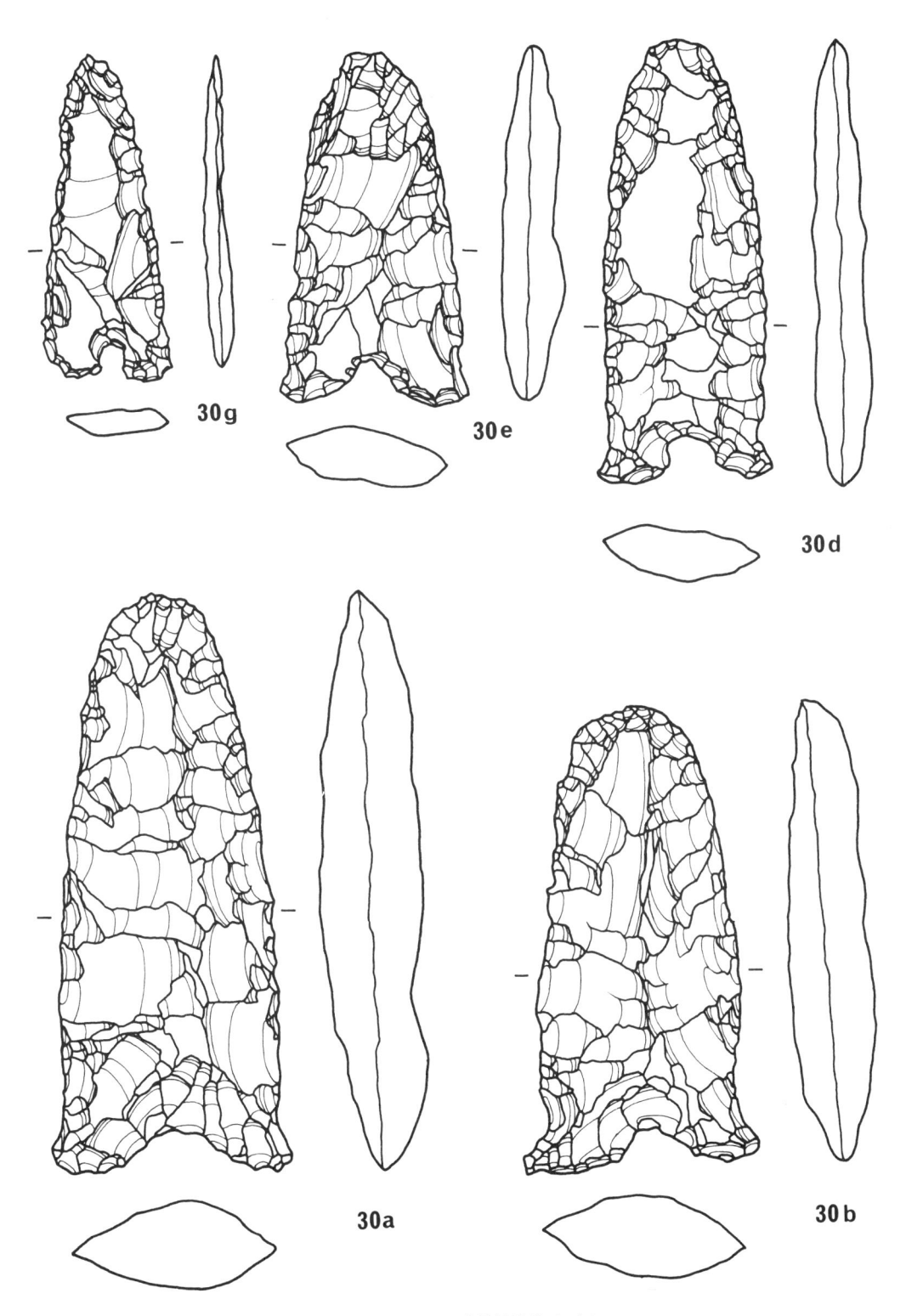

図Ⅲ-40　30 三重県神滝遺跡（1）

第Ⅲ部 押型紋土器の編年とその技法

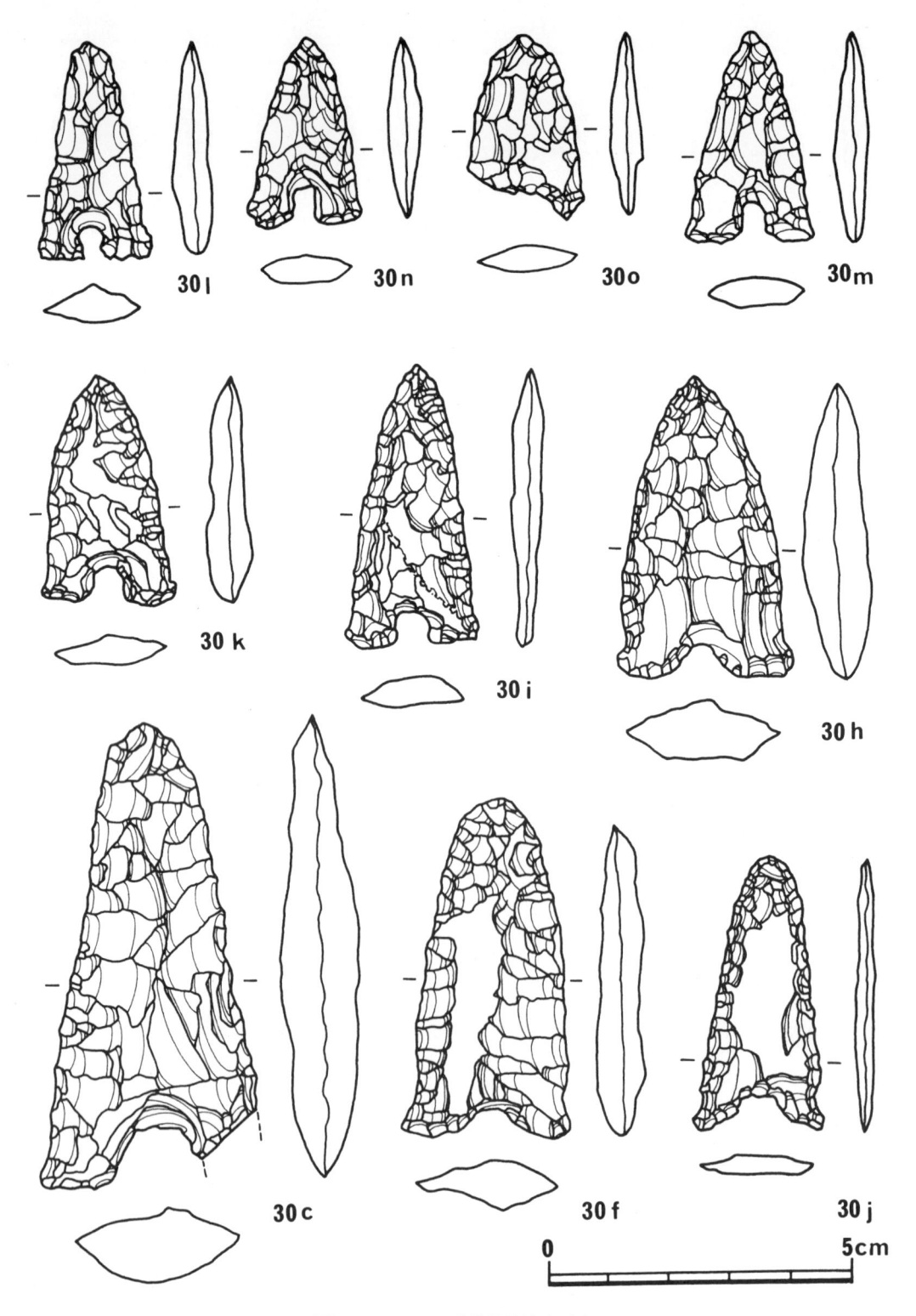

図Ⅲ-41 30 三重県神滝遺跡 (2)

第4章 トロトロ石器考

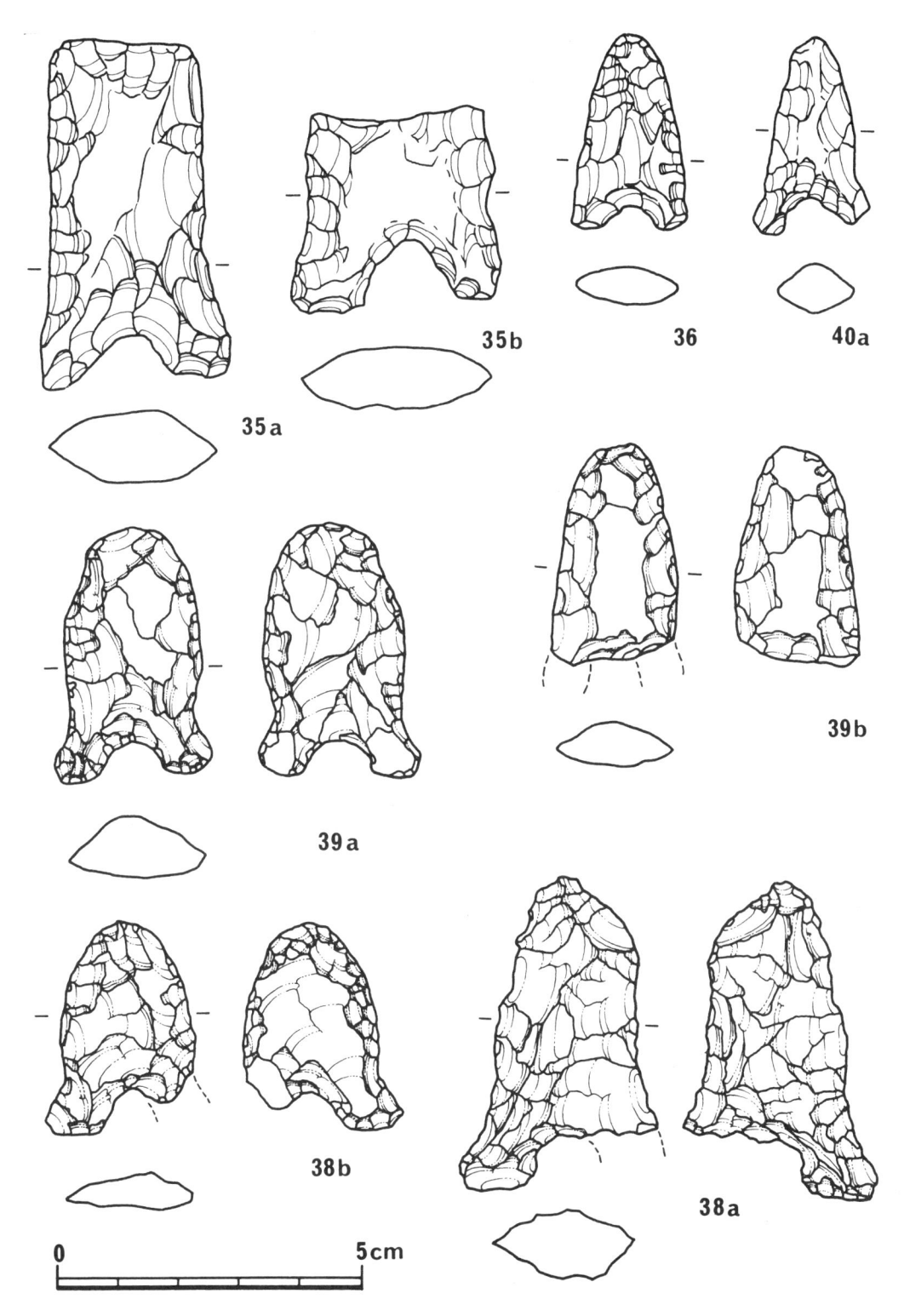

図Ⅲ-42　35 愛知県総濠遺跡　36 愛知県福釜町出土　38 岐阜県東塚遺跡　39 岐阜県恵日山遺跡　40 岐阜県日吉神社遺跡

第Ⅲ部　押型紋土器の編年とその技法

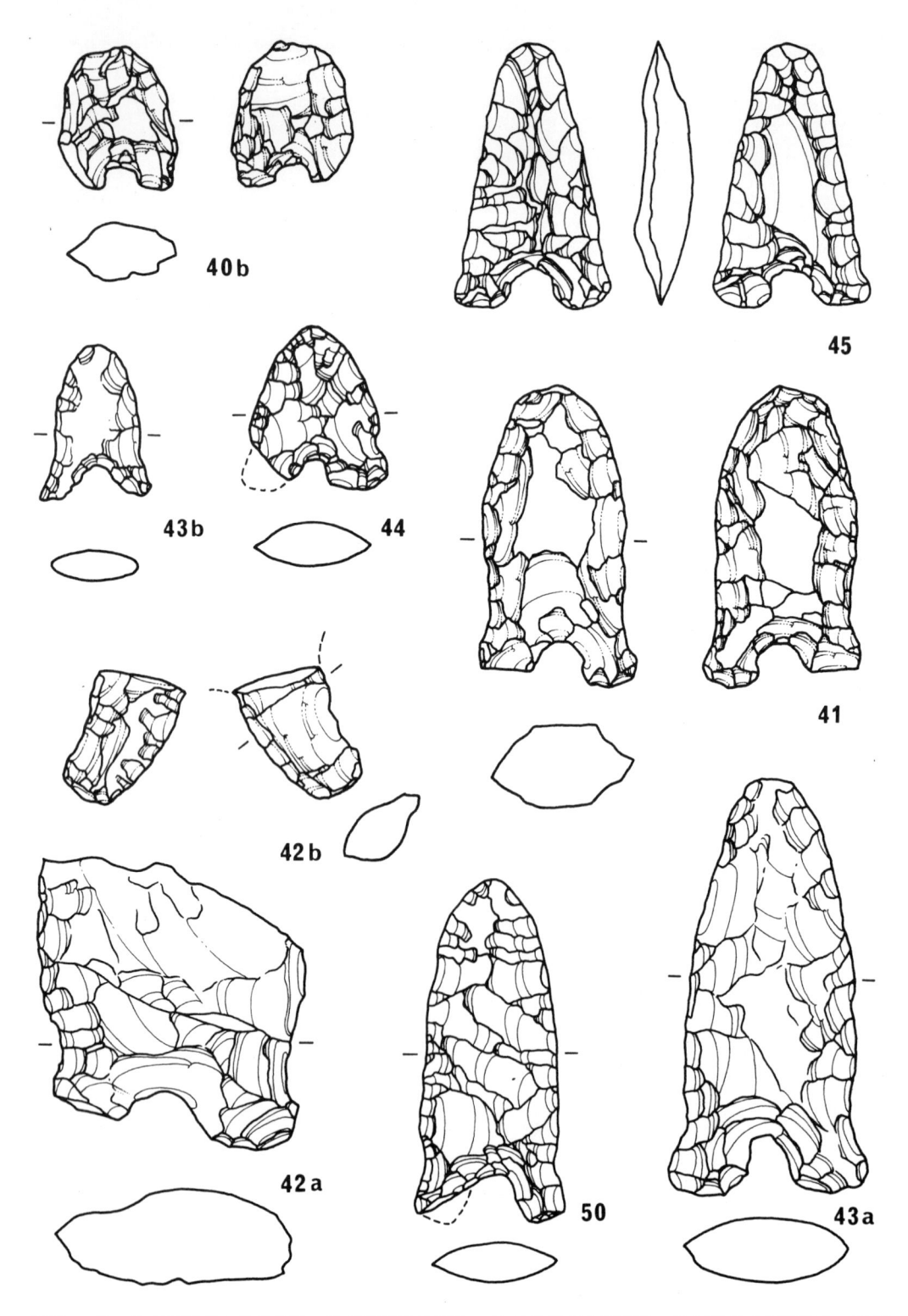

図Ⅲ-43　40 岐阜県日吉神社遺跡　41 岐阜県坊池遺跡　42 岐阜県赤土坂遺跡　43 岐阜県土田町出土　44 岐阜県下原出土　45 岐阜県星の宮遺跡　50 長野県三日城遺跡

- 366 -

第4章 トロトロ石器考

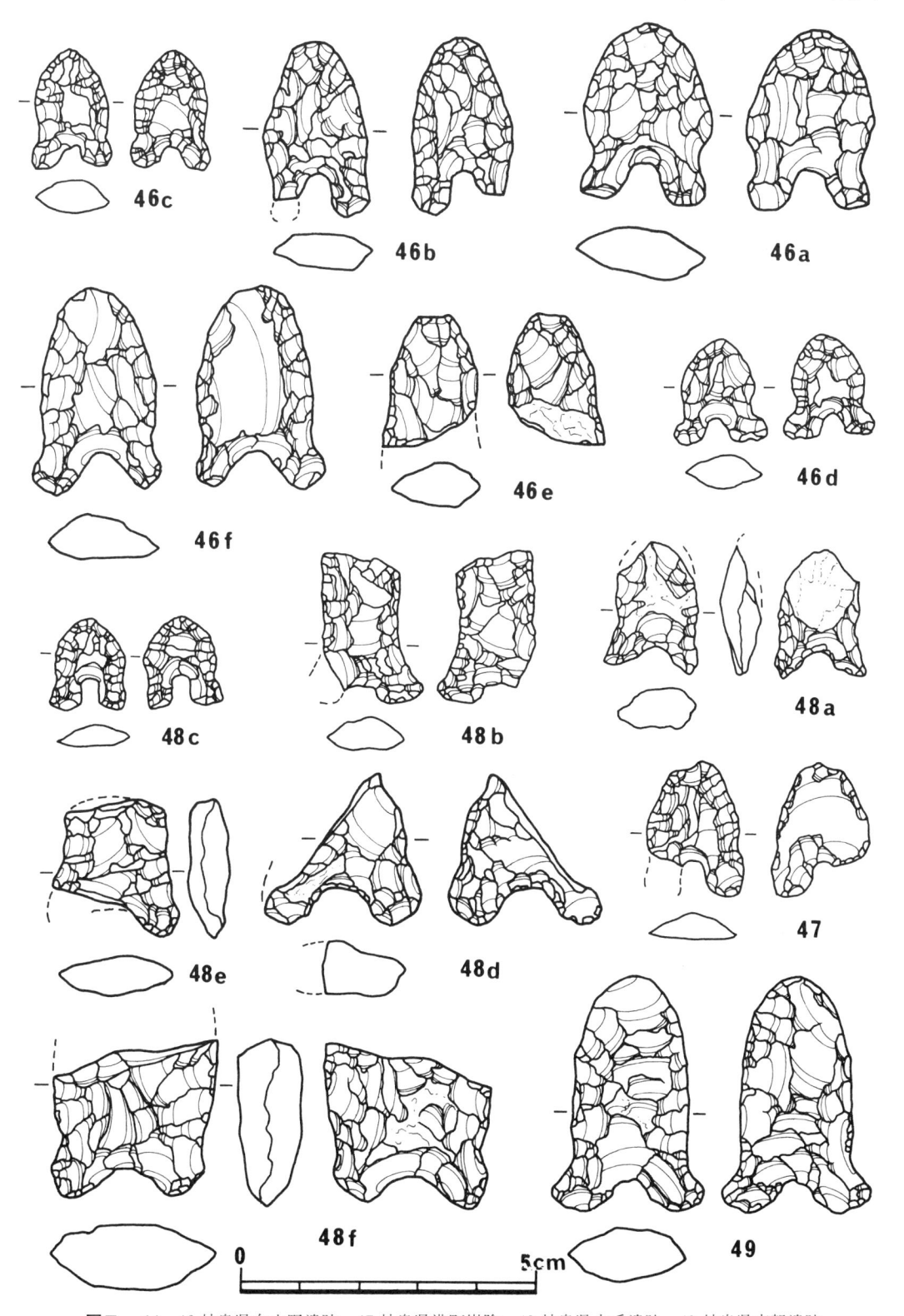

図Ⅲ-44　46 岐阜県向中野遺跡　47 岐阜県港町岩陰　48 岐阜県安毛遺跡　49 岐阜県高賀遺跡

- 367 -

第Ⅲ部　押型紋土器の編年とその技法

図Ⅲ-45　21 奈良県出土　23 三重県金屋町出土　28 滋賀県石山貝塚　29 滋賀県比都佐村出土　51 長野県上槻ノ木遺跡　56 千葉県飛ノ台貝塚　57 茨城県刈又坂遺跡

第Ⅳ部　押型紋土器と沈線紋土器の編年的関係

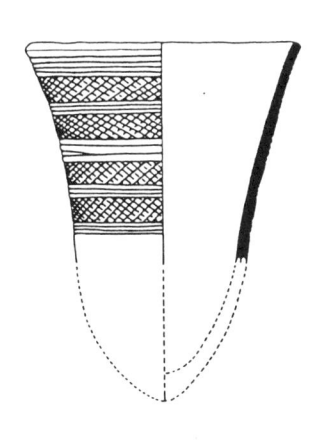

伏見遺跡

第1章　埼玉県大原遺跡第3類土器をめぐって
第2章　関東・北の沈線紋と関・東北の押型紋
第3章　関東・中の沈線紋と関・中部の押型紋
第4章　縄紋土器における曲線紋の成立
付編　1．城ノ台南貝塚出土の田戸下層式土器の細分

第1章　埼玉県大原遺跡第3類土器をめぐって

はじめに

　ここに取り上げて問題にする土器は縄紋時代早期のいわゆる貝殻・沈線紋土器と呼ばれる一群の仲間である。今かりに、この一群の土器を型式名を用いず、その初出資料に基づき大原遺跡第3類土器と呼ぶことにする（以下大原3類土器と記す）。

　大原3類土器[1]は、1940（昭和15）年に吉田格によって発掘された埼玉県大原遺跡から出土した沈線紋土器である。吉田はこの一群の土器を一括して第三類土器に分類し、これらを田戸式土器と認定した。戦後になってからも、大原3類土器は田戸下層式土器の代表例として説明・図示された時期もある。しかし、追加資料もないまま大原3類土器は戦後の早期編年の混乱と相俟って、しばらく忘却されてしまうのである。再び、類例が注目され始めるのは1960年代のことである。1964（昭和39）年同じ埼玉県下の稲荷原遺跡の発掘において、大原3類土器の類例が提示される。久方ぶりに登場したこれらの土器は一転して、三戸式土器として理解されることになる。

　その後、大原3類土器は三戸式土器の範疇の仲間として認識されるが、その一方、1980（昭和55）年の福島県竹之内遺跡の発掘を契機として、三戸式土器とは別種の土器として位置づけようとする動向もみられる。調査者は、これらの土器を竹之内式土器と命名するとともに、三戸式土器の前段階に位置づけた。なお、近年の発掘調査における三戸式や田戸下層式・上層式土器の資料の蓄積はめざましいものがある。同時に、貝殻・沈線紋土器に関する議論が、西川博孝・高橋誠・領塚正浩・石橋宏克等の諸氏によって活発になされつつある。

　大原遺跡の発掘以来50余年の歳月の中で、大原3類土器の属すべき型式は田戸式・田戸下層式・三戸式・竹之内式とその名を転々と変えた。そして、その編年的位置も不安定のまま今日を迎えたといっても過言ではない。しかし、撚糸紋土器文化崩壊後の新しい縄紋時代早期の枠組みを確立するためには、大原3類土器の型式的吟味とその位置づけを解明することが急務である。ややもすると撚糸紋土器や押型紋土器に注目が集まり、脇役的存在であった貝殻・沈線紋土器の理解のため、学史的に大原3類土器に焦点をあて、検討していきたい。

第Ⅳ部　押型紋土器と沈線紋土器の編年的関係

1．大原3類土器

　埼玉県大原遺跡[2]は1930年代後半、最古の縄紋土器として華々しく登場した撚糸紋土器を出土する遺跡として、東京都稲荷台遺跡とともに注目された遺跡の一つである。発掘調査は東京都稲荷台遺跡の発掘から一年半を経過した1940（昭和15）年10月のことであったが、その報告は撚糸紋文化期遺跡の初出報文として、日本古代文化学会の学会誌『古代文化』創刊号[3]を飾ることになる〔吉田1941〕。発掘には吉田格をはじめ、後の撚糸紋土器研究の指導的立場となる芹沢長介・白崎高保・江坂輝彌・桑山龍進などが参加している。

　その成果は、黒色土層から諸磯c式土器、下層の褐色土層から押型紋土器（第一類）・撚糸紋土器（第二類）・沈線紋土器（第三類）が出土した［図Ⅳ-1[4]］。ここで、第一類から第三類に分類された土器について簡単にふれておこう。

第一類土器（1～18）　押型紋土器。表採資料と発掘資料あわせて71片が出土。うち山形紋62片、格子目紋9片である。山形紋は口唇部や裏面にも施され、施紋は口縁部を横位に、胴部を縦位に構成する普門寺式押型紋である。胎土は雲母・石英等を含み、器壁は薄手である。色調は黄褐色を呈する。

第二類土器（19～24）　撚糸紋土器。表採・発掘あわせて91片が出土。口縁端より密接した撚糸紋を縦位に施紋する。吉田は稲荷台式と認定するが、参加者の白崎は稲荷台遺跡の報文中、大原遺跡の撚糸紋土器にふれ、その大半が石神井式に属するものであり、稲荷台式は最下層のローム層付近から数片（22・23）が出土したに過ぎないことを指摘している〔白崎1941〕。近年、吉田はこれらの撚糸紋土器を夏島式と訂正した〔吉田1990b〕。

第三類土器（25～35）　沈線紋土器。表採と発掘あわせて46片が出土。吉田は三戸式の特徴の一つである貝殻紋がない点を強調し、いずれも田戸式土器とされた。しかし、図示された10片の資料を見ると、ここで問題とする25・26・30の土器、27・28・31～34の三戸式段階のもの、29の田戸下層式の古段階の三型式が混在している。しかし、今日でも吉田はこれらを一括して田戸下層式としている〔吉田1990b〕。

　大原遺跡から出土した三者の関係は、当時最古の土器であった押型紋土器（第一類）に撚糸紋土器（第二類）が確実に共伴することを実証し、また、田戸式土器（第三類）の存在はその後に展開する南北二系統の起源論を組み立てる有力な素材を提供したのである。すなわち、撚糸紋土器を最古の縄紋土器と見なすお膳立ては整い、大原遺跡はその第一報にふさわしい格好の遺跡であったのである。しかし、今日的視点でみれば、押型紋土器のパートナーは撚糸紋土器ではなく、沈線紋土器との共伴関係が重要な意味を持っているのである。同様な出土例を示す群馬県普門寺遺跡の事例と合わせて、今後とも再検討する必要があろう。

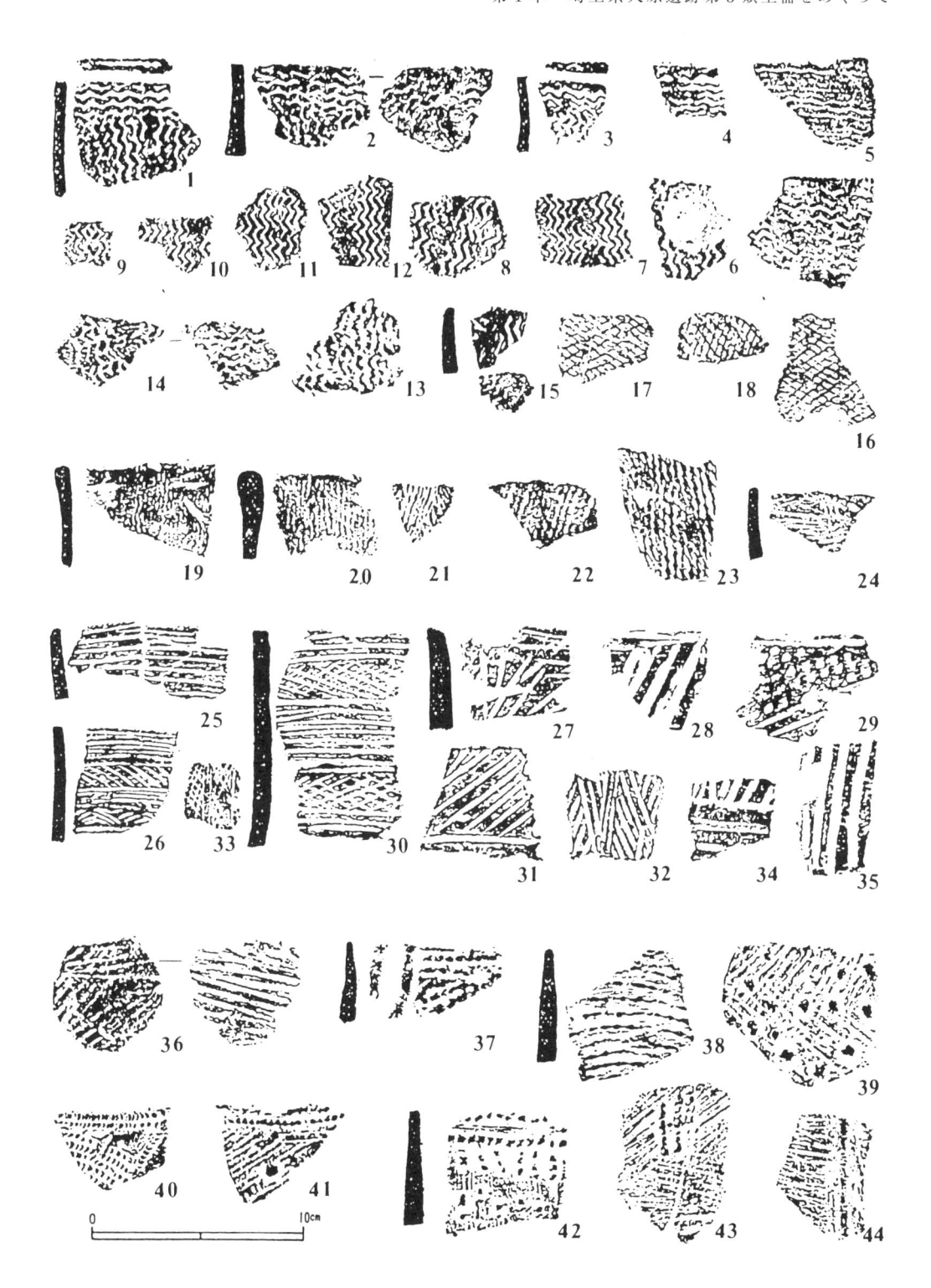

第1章 埼玉県大原遺跡第3類土器をめぐって

図Ⅳ-1 大原遺跡出土の土器

- 373 -

第Ⅳ部　押型紋土器と沈線紋土器の編年的関係

2．大原遺跡発掘前後の縄紋土器研究をめぐる情勢

　今日、真珠湾攻撃から50年目を迎えた。大原遺跡の発掘は、その日米開戦前年の1940（昭和15）年のことである。その年は、また皇紀二千六百年にあたり、盛大な祝奉会や記念行事が全国的に繰り広げられ、戦時下の総動員体制が強化されつつあった。これは経済・社会のみならず学問・科学、個々人の思想にまで不条理な統制が加えられ、急速に右旋回していく年でもあった。
　こうした激動の時代に日本古代文化の起源の解明の鍵をにぎる撚糸紋土器が白崎高保によって発見されるのである。まず、この発見が学史上どのような意味を持っていたのか、撚糸紋土器発見前後の研究動向を振り返ってみよう。

撚糸紋土器発見以前の情勢　　1929（昭和4）年から1930（昭和5）年にかけて、山内清男は縄紋土器文化の枠組みを制定すべく、その上限を繊維土器をもって、その下限を亀ヶ岡式土器をもって解明に乗り出していく。上限資料としての関東北に於ける繊維土器の追究は、さらに古い土器として繊維を含まない尖底土器の発見につながった〔山内1929a・b〕。すなわち、北海道の住吉式、陸前の槻木式、関東の三戸式が東日本における上限資料として位置づけられる。また、三戸式土器に共伴した押型紋土器が西日本の古式土器に位置する可能性を予見している。同時に山内は関東の早期編年に着手する。赤星直忠の三戸遺跡の報告に接した山内は異常な興奮を覚え、ただちに仙台から同氏宅に急行し、三浦半島の諸遺跡の資料を詳細に観察する。そして、三戸式→子母口式→茅山式という関東の早期編年の骨格を確立する。この時点で聖徳寺裏山出土の特殊な一型式とした、後の田戸式土器も認識されていた〔山内1930a・b〕。翌1931（昭和6）年山内は赤星とともに田戸遺跡を発掘するが、一型式とする赤星の見解と異にし、山内は層位的所見に基づき上層と下層の二型式に細分する〔山内1937b〕。しかし、二分された田戸下層と三戸式、上層式と子母口式の前後関係は慎重を期したためか、戦後になるまで明らかにしていない。
　こうした周到に準備された上限資料の究明とともに、下限の亀ヶ岡式土器の解明が同時になされる〔山内1930c・d〕。これによって大筋の縄紋土器の変遷過程が確立し、ここに、はじめて縄紋時代と弥生時代の科学的な位置づけがなされるに至った。続いて、山内は層位学的・型式学的方法に装備された、縄紋土器から土師器にいたる日本先史土器を基軸とする日本先史時代の大綱を初めて明らかにする〔山内1932a～f, 1933〕。それが『日本遠古之文化』である。こうした一連の日本先史文化の組織的解明は、他に追随を許さぬ早業であり、卓越した見解であった。おそらく、周りのものには山内が絡んだ糸をいとも簡単に解く手品師のように見えたに違いない。しかし、そこにあるのは種や仕掛ではなく、

第1章　埼玉県大原遺跡第3類土器をめぐって

山内の方法論に導き出された「実存する型式」の連鎖によって構築された先史社会像であったのである。そのことに周囲が気づかなかっただけのことである。にも係わらず、山内の業績に種や仕掛をつくり上げていったのは周りの研究者達であった。特に、森本六爾に連なる東京考古学会の人々は山内の度重なる警告にもかかわらず、特殊な縄紋と弥生の関係を保持し続ける。弥生時代が農耕社会であるとする山内の指摘も無視し、いつしか森本の業績に塗り替えてしまう[5]。こうした土壌のなかで山内編年に対する反動形成[6]が進行していくのである。まず、縄紋文化の下限をめぐって論争が仕掛けられた。これが、かの有名なミネルヴァ論争である。図式は喜田貞吉と山内の論争という形ではあったが、学界すべてと山内一人の戦いといっても過言ではなかった。今日、この論争は山内の視点と方法論の正しさが実証されたものとして学史的にも認知されているが、多くの人々は当時も戦後になってからも正常な縄紋と弥生の関係を直視し得なかった事実を忘れてはならない[7]。ミネルヴァ論争の根底を流れる弥生と縄紋の認識は、今なお克服しがたい問題を内包しているのである。それは列島の先史文化を一系統とみるか、また、西の文化と東の文化の二系統の構造として理解するのかという基本的な歴史観の相違に基づいているからにほかならない。

撚糸紋土器発見後の情勢　山内は東日本の住吉町式、三戸式・田戸下層式に併行する西日本の土器に押型紋土器を位置づけ、縄紋文化上限の広域編年を確立する〔山内1935〕。つづいて、縄紋文化を五期に大別した編年表を提示する〔山内1937a〕。こうした中で「縄紋土器の底が見えたとはいえない」という山内の予言は撚糸紋土器の発見によって見事に的中する。

1937（昭和12）年当時、順天堂中学に通う白崎高保はいつの時代の考古ボーイがするように胸をときめかしながら、上板橋方面に遺物表採に向かう。その途中、稲荷台遺跡で撚糸紋土器を発見するのである。白崎はこの見慣れぬ土器の正体を知るため、さっそく山内を訪ねる[8]。白崎はそのときの様子を「非常に興味をもたれ、慎重に調査するやうにとの御注意があった」と記している〔白崎1941〕。おそらく山内はその前年の子母口貝塚の発掘によって、貝層下土層から出土したこの種の土器[9]に関心をはらっていたと考えられる。山内の教えに従い、白崎は再三稲荷台遺跡を踏査し1939（昭和14）年2月、発掘の直接の契機となった山形押型紋土器をついに発見する。同年4月28日から5月1日の4日間、発掘調査が実施された。白崎をはじめ江坂・芹沢・吉田らが参加し、山内自らも出動した。以降、大原遺跡・新井遺跡〔江坂1942〕・井草遺跡〔矢島1942〕など撚糸紋文化期の遺跡が次々と明らかになる。撚糸紋土器が山形押型紋を共伴すること、ローム層中に食い込んで発見されることなどから最古の縄紋土器として位置づけられることになる。

撚糸紋土器の発見を契機として、今度は縄紋文化の上限をめぐって、山内編年に対す

る第二弾目の反動形成がなされるのである。すなわち、下限における縄紋と弥生の二系論を、こんどは回転押捺紋と沈線紋の関係に置き換えて二系統の起源論を展開していくのである。それは、山内が縄紋文化は一系統であるとする主張に根幹から対立した見解であった。しかし、白崎や江坂によって提唱された南北二系論は、山内とは別な視点からこの事実に注目していた後藤守一によって支持された。その支援の手が若き研究達に差し伸べられていく。1940（昭和15）年暮れ、中野駅前の明治屋で、後藤の司会のもとに撚糸紋土器に関する座談会が開かれた〔矢島1942〕。その席上、江坂・白崎によって稲荷台式→栗原式→石神井式→赤塚式とする撚糸紋土器の変遷観や二系統論の骨子が提示されたのであろう。翌年以降、撚糸紋土器に関する成果は3学会を合同した日本古代文化学会の機関誌『古代文化』に独占的に次々と発表されることになる。これらの発表には必ず会長後藤の編集言が付され、後藤の撚糸紋文化の究明に対する並々ならぬ思い入れを知ることができ

縄文文化の年代的組織

	渡島	奥羽北半	奥羽南半	関東	信濃	東海	畿内	吉備	四國	九州	
早期				稲荷台						〔+〕?	早期
	住吉町			〔+〕 栗原						〔+〕	
			槻木（槻木1）	? (石神井) 井草	〔曽根〕	ひじ山	高山寺	〔黒島〕	小蔦島	〔沈目〕（戦場ヶ谷）	
		〔+〕		(花島) 指扇 (梶山) 赤塚	〔+〕	柏畑 上ノ山				(田中白坂)	
前期	〔石川野〕	深郷田	素山（槻木2）	茅山 菊名 (花積下乙)	〔+〕				〔平城〕		前期
	〔+〕	円筒土器下層式 〔+〕	室浜 大木1	(蓮田式) 関山 (蓮田)	〔+〕					〔手向山〕	
	〔+〕	〔+〕	大木2^{a}_{b}	黒浜	〔+〕						
	〔−〕	〔−〕	大木{3 4 5 6	諸磯{	〔+〕{	鉾ノ木	国府（北白川1）大歳山	磯ノ森 里木1	（祝谷）南草木	曽畑 轟 日勝山	
中期	〔+〕	円筒土器上層式 〔+〕	大木7a	阿玉台	〔+〕	柏窪		太田		阿高	中期
	〔+〕	〔+〕	大木7b	勝坂	〔+〕	北屋敷		里木2			
		〔+〕	大木{8 9 10	姥山（加曽利E）	〔馬高〕					南福寺〔有喜〕	
後期	〔青柳町〕	〔+〕	〔+〕	堀之内				津雲〔津雲上層〕	宿毛	（綾村a）御手洗c〔市来〕	後期
		〔+〕	〔+〕	大森（加曽利B）	上ノ段	〔西尾〕	（北白河2）	洗谷 木之庄		西平	
晩期		〔+〕	〔+〕	岩井（安行1）						御領〔三萬田〕	晩期
		亀ヶ岡式	大洞b	（安行）（安行2）		〔吉胡〕	〔宮瀧〕	馬取〔津雲下層〕			
			亀ヶ岡式 大洞b–c	真福寺（安行3）	〔+〕	〔吉胡〕	〔日下 竹之内〕				
			大洞$^{c1}_{c2}$		〔+〕						
			大洞$^{a}_{a'}$		〔佐野〕	〔保美〕	〔宮瀧〕				

〔+〕印ハ相当スル式ガアルガ型式ノ名ガ付イテ居ナイモノ。
〔石川野〕ハ型式名デナク　他地方ノ特定ノ型式ト関連スル土器ヲ出シタ遺跡名。

図Ⅳ－2　古代文化編年表〔樋口1943〕
原図孔版

第1章 埼玉県大原遺跡第3類土器をめぐって

る。後藤をそこまで駆り立てる要因はなんだったのであろうか[10]。

そして、若手の研究者を結集した日本古代文化学会縄紋式文化調査部は、撚糸紋土器の成果をもとに山内編年のすべてを改ざんする［図Ⅳ－2］〔日本古代文化学会調査部 1942〕。それは、山内が構築した縄紋文化の大系［図Ⅳ－3］をも塗変えようとする驚くべき策動であった。軒先を貸して母屋まで取られそうになった山内の心境は如何ばかりであったであろう。晩年、名指しで右翼考古学者の団体と罵声を浴びせる要因もここにある〔山内 1969〕。1942（昭和 17）年縄紋式文化調査部の名において変更された型式名は、その翌年に刊行された同本部委員樋口清之の概説書に編年表[11]（古代文化編年と呼ぶ）として掲載された〔樋口 1943〕。また、後藤は古代文化編年を基に縄紋土器の変遷を論述した小国民と研究者向けの二冊の概説書を矢継ぎ早に上梓する〔後藤 1941, 1943〕。早期の型式名をとってみても、山内によって弁別された三戸式・田戸下層式・田戸上層式は包括し

図Ⅳ－3 山内編年表〔山内 1936〕原図孔版

－ 377 －

第Ⅳ部　押型紋土器と沈線紋土器の編年的関係

て田戸式とされている。岡本勇の「三戸式の名称は抹殺された」という発言はこの間の事情を指したのであろう〔岡本ほか1965〕。

　異常な戦時体制下でなされた山内編年への反動形成に対し、山内は三戸式、田戸下層式、田戸上層式、稲荷台式などの早期の土器を中心にした第二期の『日本先史土器図譜』の刊行計画を予告し、その準備に着手する〔山内1941〕。しかし、残念なことに戦時下の印刷所の事情や準備された乾板や用紙の焼失、そして山内の仙台への疎開によってついに出版するまでには至らなかった。これらの図譜が刊行されていたならば、古代文化編年による組織的企ては未然に防げたであろうし、戦後の早期編年の混乱も最小限に留めることができたと考えられる。

3．戦後の早期編年の混乱

　戦後、国定教科書が塗り変えられたように、考古学・古代史をはじめとした歴史書の書換えは夥しい数にのぼっている。民主主義の名のもとに皇国日本も文化国家に変貌する。その礎として実施された登呂遺跡の発掘は、考古学の役割を広く認知させた点では意義ある出来事であった。しかし、登呂の大発掘によって戦前からの考古学の体質が変わった訳ではない。ただ、鎧の上に衣を羽織っただけのことであった。大急ぎで塗ったペンキはすぐに下地がみえ隠れするものである。この戦後の考古学の評価を誤ると今日抱えている諸問題はおそらく解けないであろう。こうした問題については別な機会に譲り、まずは、戦後の縄紋早期の動向をみて行こう。

山内編年への擬制的回帰　　戦後も撚糸紋土器の発見は続く。しかし、江坂の提示した南北二系論は芹沢によっていち早く批判される〔芹沢1947〕。こうした批判は戦後の撚糸紋土器研究の指標となっていくが、その反面、山内編年への反動形成の一環として提示された古代文化編年を書換える役割を果たすのである。すなわち、芹沢の山内編年への回帰は、古代文化編年の反動性を隠ぺいする結果ともなった。芹沢は江坂編年と山内編年とを併記し［図Ⅳ-4］、全体の型式名の変更には触れず、江坂編年で変わったのはわざわざ早期の部分だけであることを強調し[12]、その波及を最小限にとどめている。早期の編年についても山内が提示した三戸式・田戸下層式→田戸上層式・子母口式の変遷の正当性を支持したのである。公表された江坂編年は古代文化編年そのものであることから、芹沢のこの批判は戦前の組織的改ざんを江坂個人に押し付ける結果となった。以降、江坂の編年表は凧の糸が切れたように迷走し続けるのである［図Ⅳ-5］。それは早期編年だけではない、柳澤清一が指摘した中期編年でも明らかなことである〔柳澤1986〕。一方、芹沢は神奈川県平坂貝塚、夏島貝塚、

- 378 -

第1章　埼玉県大原遺跡第3類土器をめぐって

大丸遺跡の発掘による層位的事例を基に撚糸紋土器の編年を確立し、戦後の縄紋研究の指導的立場を確立していくのである〔芹沢1954〕。また、芹沢は戦前の標準遺跡の改訂版ともいえる「古代土器標本」に係わり、縄紋土器（後・晩期）の解説をおこなう〔芹沢1950〕。合わせて、山内編年に加筆した編年表を付したが、これが再び戦後の山内編年の混乱をもたらしていくのである[13]。戦後のこうした山内編年への回帰は単に編年表の書換えであり、決して山内の方法論への回帰ではなかった。そのことは1960年代に起こる本ノ木論争めぐる山内と芹沢の対立が証明している。戦後の山内編年は鎧のうえの衣、すなわち、その回帰は擬制的なものであったといえよう。

晩期	安行3 安行2-3	晩期	真福寺 安行 岩井
後期	安行1,2 加曽利B 加曽利B 堀之内	後期	大森 堀之内
中期	加曽利E（新） 加曽利E 阿玉台,勝坂 御領台	中期	姥山 勝坂 阿玉台
前期	十三坊台 諸磯a,b 蓮田｜黒浜 式｜関山 ｜花積下層	前期	諸磯1,2,3,4 黒浜 関山 菊名
早期	茅山 子母口 田戸上層 三戸,田戸下層	早期	花輪台｜茅山 赤塚｜指扇 井草｜田戸 栗原 稲荷台

図Ⅳ-4　山内編年表・江坂編年表〔芹沢1947〕

江坂編年の混乱　こうした戦後の早期土器編年の動向のなかで、大原3類土器はどのように位置づけられていったのであろうか。まず、江坂編年の軌跡を通して、その動向を検討していきたい［図Ⅳ-5］。

　戦後、いち早く作成された江坂編年表は、前述の芹沢によって公表されたものである。この編年がいつ作成されたか不明であるが、花輪台式が位置づけられていることから花輪台遺跡が発掘された1946（昭和21）年10月から芹沢論文が発表された1947（昭和22）年12月以前の間に作成されたと見なすことができる（1947年江坂編年と呼ぶ）。この編年表は、戦前の古代文化編年に花輪台式が加わっただけのものであり、当然のこととして、三戸式は抹殺されたままである。同年、江坂によれば、山内もなんらかの機会に二系統論を批判し、稲荷台式→井草式→三戸式→田戸下層式→田戸上層式→子母口式→茅山式とする一系統編年を提示したという〔江坂1950b〕。江坂は1950年から53年にかけて歴史評論に「縄紋式文化について」と題した講座を連載する〔江坂1950a～1952b〕。この中で二系統論を保持しつつも、山内編年への擬制的回帰がみられるようになる。1949年編年では田戸式を下層式・上層式に細分し、続く1951年編年では田戸下層式をさらにⅠ・Ⅱに細分する。そして、子供が黙って借りた他人のオモチャをそっと元に返すかのように、三戸式を復活させるのである。

　本文中で田戸下層Ⅰ型式の代表例として、解説・図示されるのが大原3類土器である［図Ⅳ-6（1）］。その解説では「口縁付平縁の砲弾形深鉢で、尖底は非常に肉厚で円錐形に近

- 379 -

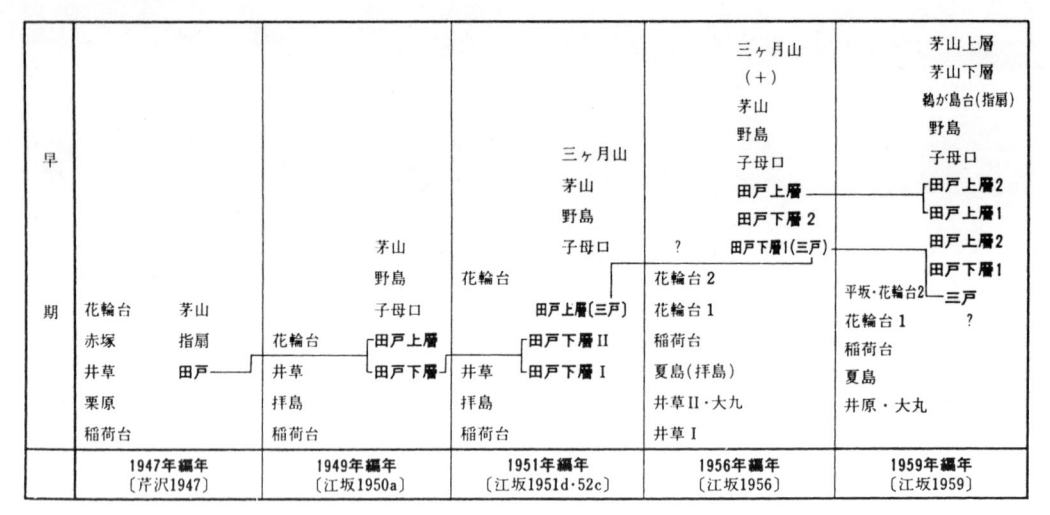

第Ⅳ部　押型紋土器と沈線紋土器の編年的関係

早 期	花輪台 赤塚 井草 栗原 稲荷台	茅山 指扇 田戸	茅山 野島 子母口 花輪台 井草 拝島 稲荷台	┌田戸上層 └田戸下層	三ヶ月山 茅山 野島 子母口 花輪台 井草 拝島 稲荷台	田戸上層(三戸) ┌田戸下層Ⅱ └田戸下層Ⅰ	三ヶ月山 (+) 茅山 野島 子母口 田戸上層 ?─┬田戸下層2 　└田戸下層1(三戸) 花輪台2 花輪台1 稲荷台 夏島(拝島) 井草Ⅱ・大丸 井草Ⅰ	茅山上層 茅山下層 鵜が島台(指扇) 野島 子母口 ┌田戸上層2 └田戸上層1 ┌田戸上層2 └田戸下層1 平坂・花輪台2─三戸 花輪台1　　　? 稲荷台 夏島 井原・大丸
	1947年編年 〔芹沢1947〕	1949年編年 〔江坂1950a〕	1951年編年 〔江坂1951d・52c〕	1956年編年 〔江坂1956〕	1959年編年 〔江坂1959〕

図Ⅳ－5　江坂編年表の変遷

い形をしているし文様は丸棒状の尖端あるいは割竹の尖端等にて描いた、径二粍内外の細い平行沈線文・格子目文等よりなり平行沈線文は通常口縁に平行して施文されたものが多い。」と述べている。大原遺跡や普門寺遺跡の出土例から、当時最古の撚糸文土器とされた稲荷台式・拝島式、押型紋土器は山形紋・格子目紋が共伴するとした。

田戸下層Ⅱ式は「山内清男氏が横須賀市公郷町田戸遺跡の下層より、発見された形式の土器であり、（中略）今日までに関東地方で発見されている田戸下層式の大部分はこの第二形式に属するものである。」と解説〔図Ⅳ－6（2）〕し、類例として千葉県城ノ台貝塚下部貝層・貝層下の土器をあげた。田戸下層Ⅱ式は井草式に関連し、押型紋土器は楕円・山形・格子目紋が伴うとした。

田戸上層式は田戸遺跡の上層、城ノ台貝塚の上部混土貝層の土器を代表例〔図Ⅳ－6（3）〕としてあげている。「沈線文、貝殻復線文等の外、隆起線文あり、又尖底乃至は円底であるが底部も田戸下層式の如く肉厚なものは無く器形も単純な砲弾形深鉢より屈曲の多い尖底深鉢に変化している。また田戸上層式土器は口頸部のみに文様があり胴部下半部は無文のものが多い」とその特徴を述べた。城ノ台貝塚の発掘例から、上層式が花輪台式に関連するとした。

この江坂の解説からすると、本来の田戸下層式はⅡ式であるから、Ⅰ式の大原3類土器はそれ以前に位置づけたことになる。今日の三戸式の位置にあたるが、依然として三戸式の解説はない。1951年編年で、はじめて括弧付きで三戸式が復活するのであるが、驚くことに三戸式は田戸上層式に併行させている。これが組版の誤りでないことは、1952年「日本始源文化の起源問題」の編年表でも同じ位置にあることからも明らかである〔江坂1952c〕。ところが、1956年編年では訂正して田戸下層Ⅰ式に併行させ、さらに1959年編年で田戸下層Ⅰ式の前

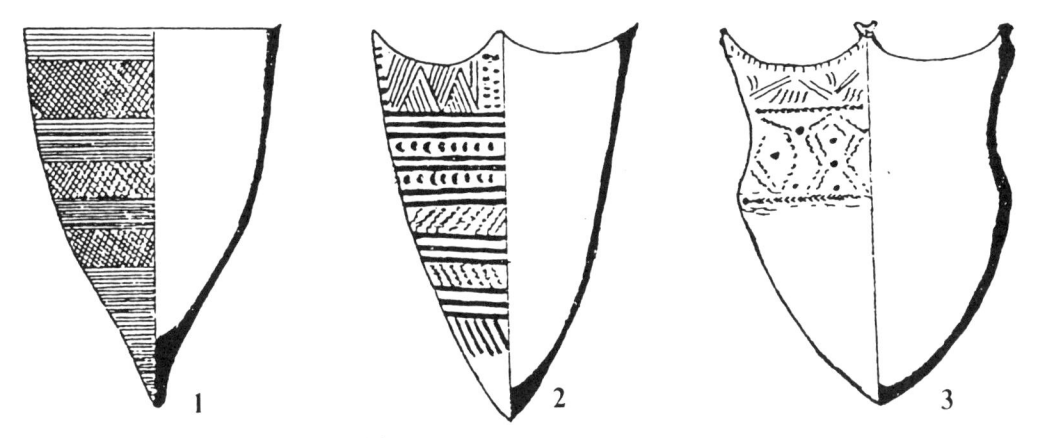

第1章　埼玉県大原遺跡第3類土器をめぐって

図Ⅳ-6　田戸下層Ⅰ式（1）　田戸下層Ⅱ式（2）　田戸下層Ⅲ式（3）〔江坂1950a〕

段階に位置づける。これと同時に、今度は田戸上層式をⅠ・Ⅱ式に細分するのである。三戸式の復活やそれに伴う田戸下層・上層の根拠のない細分はなにを物語るのであろうか。こうした江坂編年をみても、山内編年への戦後の回帰が擬制的なものであったことが判明しよう。

大原3類土器のゆくえ　戦後、江坂によって田戸下層Ⅰ式とされた大原3類土器について、他の研究者はどのように見ていたのであろうか。調査者の吉田は戦後まもなく設立された日本考古学研究所の研究員として、花輪台遺跡、三戸遺跡、城ノ台貝塚の発掘を精力的に行い、早期研究を推進する立場にあった。概説書などで三戸式や田戸下層式・上層式について解説しているが、大原3類土器についての言及はない〔吉田1956, 1957〕。城ノ台貝塚の発掘後、その報告書の中で田戸下層式の2分案を示唆したが、根拠は明らかにはされなかった〔吉田1955〕。江坂の細分案と関連するものか、また、大原3類土器との関係も不明である。しかし、吉田は近年の大原遺跡の解説でも大原3類土器を田戸下層式と述べていることから、一貫して田戸下層式の範疇として認識していたことが判明する。芹沢も前述の江坂の二系統論批判に関連して大原遺跡の土器にふれ、大原3類土器を田戸（下層）式としている〔芹沢1947〕。1947（昭和22）年、山内も参加した群馬県普門寺遺跡の発掘が行われた。山形押型紋に伴って撚糸紋土器や沈線紋土器が出土し、大原遺跡と類似した出土状態を示した。下層から出土した沈線紋土器には僅かではあるが大原3類土器も出土している。薗田芳雄は第1類cに分類し、三戸遺跡出土土器に類似することを指摘している〔薗田1949〕。また、東大報告でも出土土器は図示されていないが、沈線紋土器を三戸式と田戸下層式に分類して記述されている〔酒詰ほか1949〕。おそらく、こうした三戸式と田戸下層式の弁別や分類に際して、山内の助言があったものと考えられる。山内が普門寺遺跡出土の大原3類土器を三戸式と認識していたかどうか定かではないが、興味深い点である。その後、大原3類土器を三戸式として認定する人物が現れる。戦後、い

- 381 -

第Ⅳ部　押型紋土器と沈線紋土器の編年的関係

ち早く日本考古学研究所を千葉県市原市に開設し、早期研究に着手したジエラード・グロートである。彼は大原3類土器を数少ない三戸式の類例として取り上げている〔Groot. G.J1951〕。二系統論の立場から、これらの土器に撚糸紋土器の石神井式が伴うとした。彼は最古の縄紋土器を稲荷台式と田戸Ⅰ式としていることから、石神井式に伴う三戸式は田戸下層式に後続した型式とみていたとも推定できる。江坂が三戸式を復活し、田戸下層式の後に位置づけた1951年編年表とグロート見解は関連があるのであろうか。

　1950年代までの動向を見てみると、大原3類土器は田戸下層式とする見解が大勢を占めた。それらの見解の多くは三戸式土器抹殺の後遺症を引きずり、いかに撚糸紋土器の変遷と整合性が得られるかという議論の上に成り立っていた。一方、山内編年の回帰にともない、大原3類土器を三戸式の範疇で捉えようとする見解も現れるようになる。しかし、いずれにしても三戸式と田戸下層式の型式内容の検討を踏まえて、大原3類土器を位置づける議論には至っていない。

三戸式への傾斜　　戦後、復活した三戸式も類例がないまま、依然として孤高を保っていた。「三戸式土器の分布は三浦半島以外にはほとんどないようである。」〔吉田1956〕といわれた三戸式の類例が、ようやく発見されたのは1958（昭和33）年のことである。福島県大平遺跡の資料が竹島国基によって紹介され、三戸式土器は点から線への広がりを見せ始めた〔竹島1958〕。この時期、大原3類土器も断片的資料であったが、神奈川県馬の背山遺跡の三戸式土器の中には類似の土器を含んでいた〔岡本1959〕。大原3類土器が再び注目されるようになるのは、1964（昭和39）年、埼玉県稲荷原遺跡の発掘からである〔安岡ほか1966〕。三戸式土器の一群とともにまとまった大原3類土器が出土し、明確に三戸式土器の範疇に位置[14]づけられることになる。そして、三戸遺跡の三戸式土器に比して太沈線紋が多い点、内ソギの口唇部が鈍角あるいは平坦化している点、貝殻紋や条痕紋がない点などから、大原3類土器を含む三戸式は田戸下層式への過度期的特徴を示すものとして、より後出した位置づけがなされた。神奈川県大船山居遺跡の大原3類土器の位置づけも同様な見解であった〔原ほか1967〕。以降、大原3類土器は稲荷原型三戸式土器して認知されることになる〔岡本ほか1981〕。

　その後、十指にも満たなかった三戸式土器の類例も関東各地で出土するようになり、三戸式の型式内容を吟味できるだけの資料が蓄積されていく。こうした中で、1929（昭和4）年の三戸遺跡の報告以来はじめて、本格的な三戸式土器に関する考察が西川博孝によってなされる〔西川1980〕。千葉県舟塚原遺跡から出土した三戸式土器の分析を通して、西川はその文様構成から三戸類、舟塚原類、稲荷原類の3つに類型化する。そして、三戸類を古、舟塚原類と稲荷原類を新とする2段階編年を提示し、新段階の二者を地域を異にするものとして

併行関係と捉えた。また、東北の貝殻・沈線紋土器との関係にもふれ、その出自の系統を日計式押型紋土器に求めている。この西川論文を中心にして、それ以降の三戸式土器の議論が展開していく。また、西川論文が発表された1980（昭和55）年、福島県竹之内遺跡が発掘される〔馬目ほか1982〕。良好な大原3類土器の一括資料が普門寺式や日計式押型紋土器とともに出土し、注目を集めた。その結果、三戸式（大平式）が出土しないことや大原3類土器が三戸遺跡の三戸式と異なる点を理由に独自の型式と見なし、竹之内式土器と命名するのである。そして、その位置づけも三戸式の前段階の沈線紋土器として編年する。

　戦後の混乱からようやく抜け出し、稲荷原型三戸式土器（稲荷原類）として定着したかにみえた大原3類土器は、ここで三度変身することになる。大原3類土器が細別型式としての内容を備えている点には異論はないが、三戸式土器とは別種土器と見なすことには、学史的にも文様構成の上でも大いに問題があると考える。

4．大原3類土器の型式学的検討

　大原3類土器をめぐる型式名称問題、編年的位置づけについては後述することにし、まず大原3類土器の型式学的検討を行うこととしよう。多くの研究者は大原3類土器が一つの細別型式として存在する点では一致している。

大原3類土器の型式内容　　現在、大原3類土器を出土する遺跡は20箇所[15]を超え、その分布は関東一円、福島県、長野県に及んでいる。しかし、東北の沈線紋土器には類似の土器はない。この分布はおそらく撚糸紋土器の分布域を継承する広がりを示しているものと考えられる。こうした意味において、大原3類土器は関東の地域性の中で生まれた土器といえよう[16]。この点が重要であると考えられる。現在までに発見された多くの資料はその型式学的吟味に耐えうるものは少ないが、東京都はけうえ遺跡、神奈川県内原遺跡、千葉県辺田山谷遺跡、茨城県五平遺跡、福島県竹之内遺跡の諸例から、その内容を検討したい［図Ⅳ-8～11］。

文様　　口縁部から3cmから5cmの幅で数条の平行沈線で横帯区画を数段つくり、そのあいだを斜格子、鍵状、斜線、山形の集合沈線で充填する［図Ⅳ-7］。その横帯紋は胴部上半からやや下半にかけて、3帯から6帯の施紋がなされている。以下、無紋部となり箆状工具によって、荒削りに仕上げるため、擦痕状を呈する。それは今日使われている土鍋の下半部を素焼するのと同じ原理で、熱効率を高める知恵が働いていたと考えられる。こうした横帯区画の文様構成と種々の文様は高橋や領塚が具体的に指摘するように、東北の日計式押型紋の影響と考えられる〔高橋1987、領塚1987〕。大原3類土器と日計式土器が同時

第Ⅳ部　押型紋土器と沈線紋土器の編年的関係

期として位置づけられることを意味し、竹之内遺跡等の共伴例[17]がそのことを証明しているとも考えられる。このことは東北地方で回転による押型紋手法が存続していたのに対し、関東地方ではその文様を模倣し、描線でえがく沈線紋手法にいち早く転換した地域とみることができよう。沈線紋による文様の出現はⅠ文様帯の出現の契機となるが、まだ古文様帯の伝統を担っているといえよう。この土器は文様を横帯区画する意識が強く、斉一的な広がりをみせる。また、文様は細沈線で描き、太沈線紋や貝殻紋は用いない。

器形　砲弾状かやや口縁部が開く尖底深鉢土器。口唇断面は丸形か角形の平縁である。器壁は1cm前後でやや厚手である。

胎土　多量の石英・長石の粒子、スコリアを含む。内面や文様面は丁寧に整形しているため化粧土をかけているように見えるが、胴下半部はわざわざ箆削りしているため、粒子が移動し、擦痕状を呈する。なお焼成も良好である

共伴土器　内原遺跡・はけうえ遺跡・五平遺跡・竹之内遺跡の例を見ると、上記の有紋土器と同じ胎土を有する無紋の擦痕紋土器が出土している。これらは撚糸紋土器の終末に位置する平坂式の擦痕紋土器の系譜を引き、共伴する可能性が高い。また、大原3類土器には東北の日計式、普門寺式押型紋が共伴すると考えられる。

　大原3類土器の特徴について述べてきた。単独に出土する例もあるが、多くは三戸式や田戸下層式に混在して出土する。しかし、上記の諸点から大原3類土器は細別型式として設定しうる一群の沈線紋土器といえよう。では、この土器の名称をなんと呼ぶべきであろうか。

大原3類土器の型式名　学史的に見てきたように、大原3類土器が田戸下層式あるいは三戸式に編入されてきた経緯や、一型式としての内容を持つことから考えれば、別途、竹之内式を提唱することにも一理ある。しかし、東北南部の大平式に対して関東の三戸式があるように、竹之内式に対応する大原3類土器の型式名は必要であろう。もともと分布からみても大原3類土器は関東地方の土器である。と同時に、学史的にも三戸遺跡の三戸式土器を理解する上でも、大原3類土器に別種の型式名を与えることには問題があると考える。なぜならば、後述するように大原3類土器と三戸式の間には、系統的な連鎖性が認められるからである。ここでは、広義の三戸式に加え、三戸式の細分型式として大原3類土器を捉えておきたい。三戸式の細分案は後述するが、ひとまず三戸式を三戸類、大原3類と二分する。

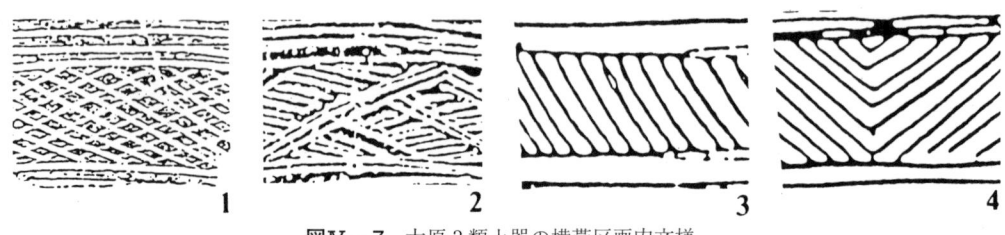

図Ⅳ-7　大原3類土器の横帯区画内文様

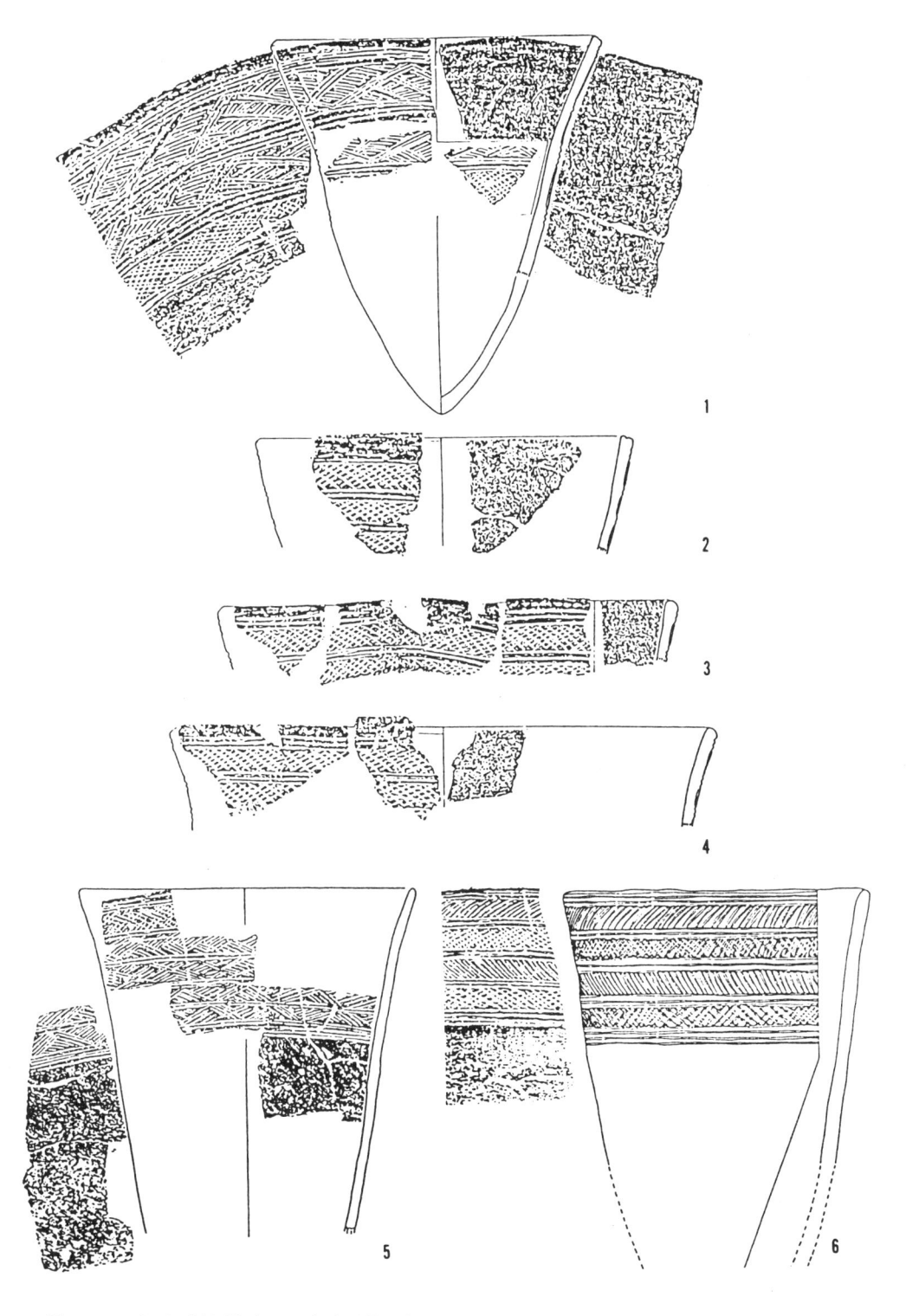

第1章　埼玉県大原遺跡第3類土器をめぐって

図Ⅳ-8　大原3類土器（1〜4 福島県竹之内遺跡　5 福島県南諏訪原遺跡　6 長野県浪人塚下遺跡）

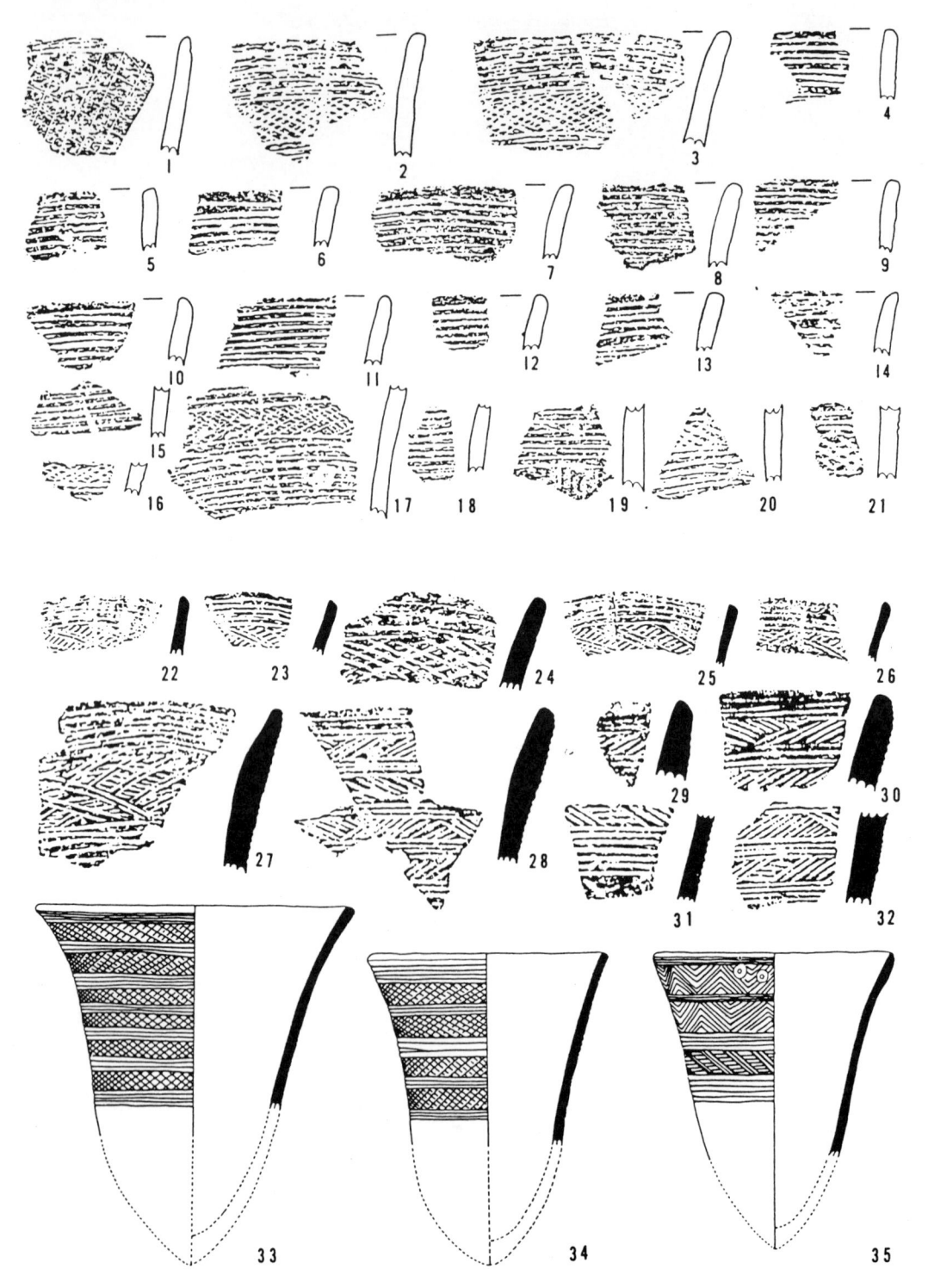

第Ⅳ部　押型紋土器と沈線紋土器の編年的関係

図Ⅳ-9　大原3類土器（1～21 茨城県五平遺跡　22～35 茨城県伏見遺跡）

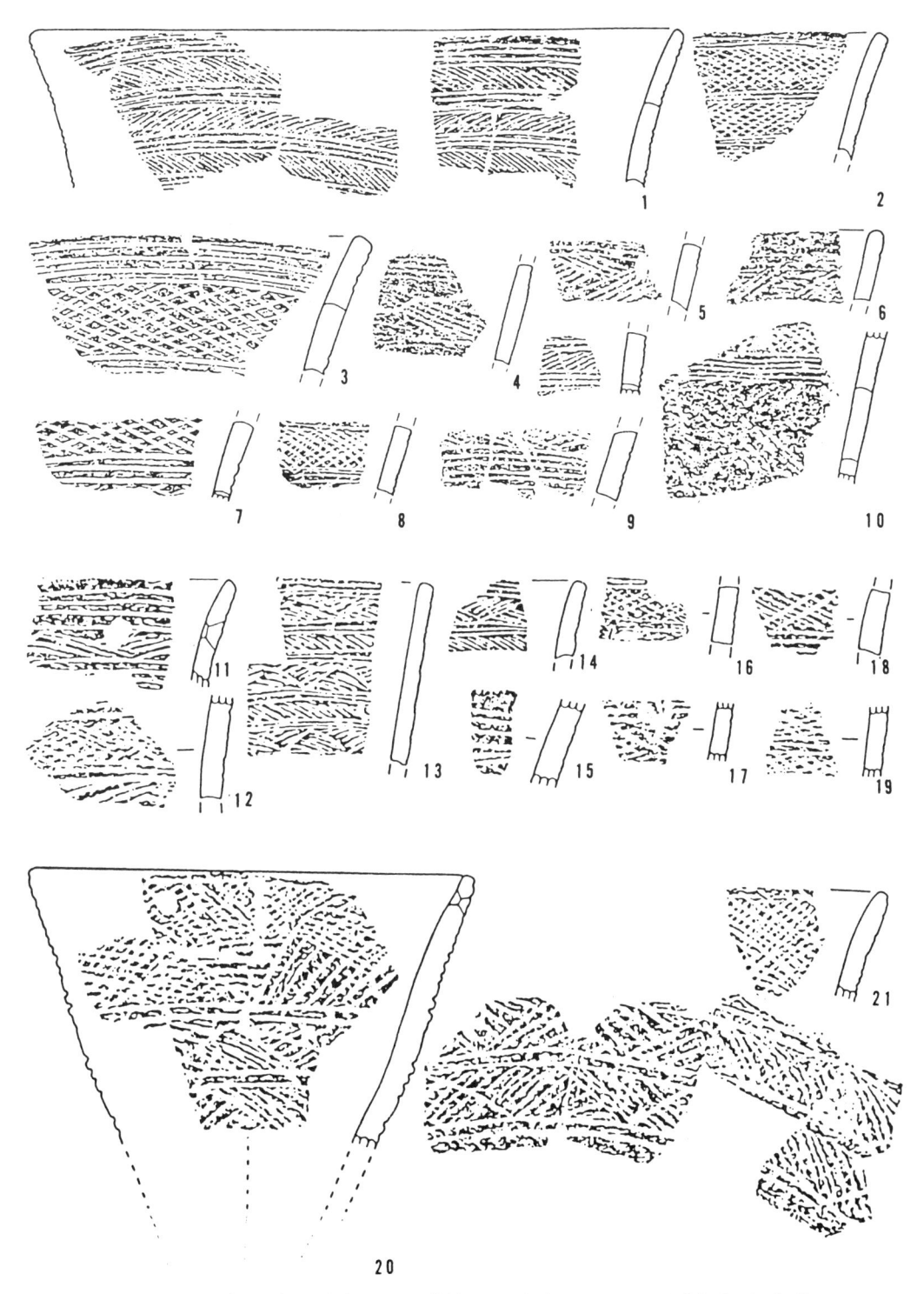

第1章 埼玉県大原遺跡第3類土器をめぐって

図Ⅳ-10 大原3類土器（1〜10 千葉県辺田山谷遺跡　11〜21 千葉県池上り遺跡）

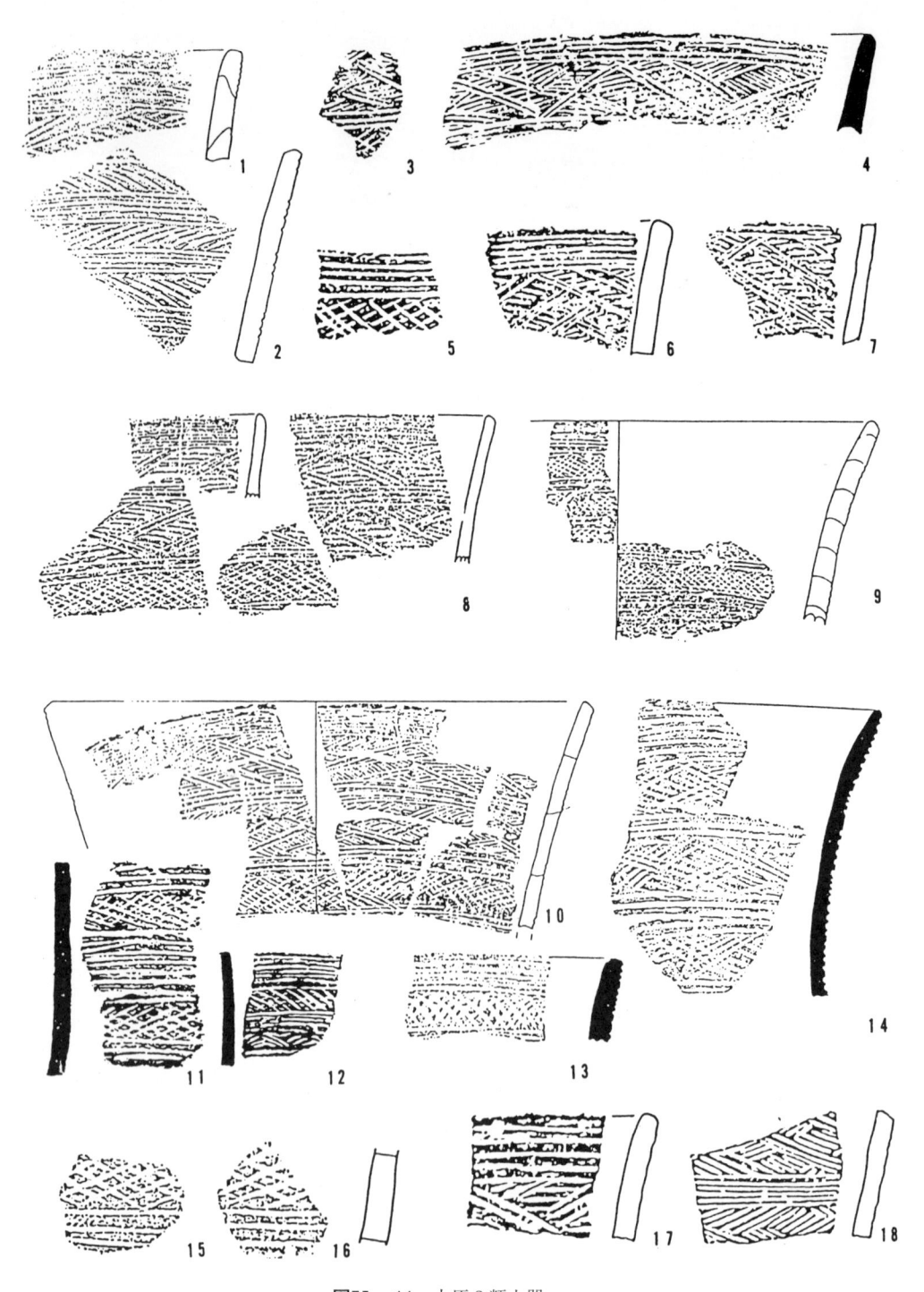

第Ⅳ部　押型紋土器と沈線紋土器の編年的関係

図Ⅳ-11　大原3類土器
(1・2 神奈川県内原遺跡　3・4 大船山居遺跡　5 馬の背山遺跡　6～7 鴨居上ノ台遺跡
8 東京都はけうえ遺跡　9 根ノ上遺跡　10 埼玉県西大宮バイパスNo.4遺跡　11・12 大原遺跡
13・14 稲荷原遺跡　15・16 群馬県普門寺遺跡　17・18 八木沢清水遺跡)

- 388 -

では、大原3類と三戸類にはどのような系統関係が認められるのであろうか。現在、大原3類を三戸類に後続させる見解と三戸類に先行させる見解が提示されている。しかし、両者の関係を明らかにする層位的事例はないから、型式学的な理解に頼るしかない。大原3類が三戸類に先行するという考えが優勢であるが、その型式学的理由が明確に提示された訳ではない。両者の前後関係や系統的関係を明らかにするために、三戸類の型式内容を検討してみたい。三戸類については赤星直忠をはじめ、岡本勇、領塚正浩によって整理され、ほぼその内容が明らかになってきた〔赤星1936、岡本1967、領塚1985〕。その内容は次のように要約できよう［図Ⅳ-12］。

文様　描線は太沈線、細沈線、刺突紋、貝殻紋を用いる。主文様はクランク状、鍵手状、幾何学状などと呼ばれる画一的な文様構成となる。文様帯は単帯が一般的であるが重畳して二帯に施文する例もある。これらをa種とする（1～21）。文様は胴部半ばまで施紋される。しかし、こうした文様構成は三戸類に限らず、東北南部の大平式、北部の大新町式に広く共通する文様構成である。三戸類独自の文様構成とはいえない。では三戸類の特徴は何か。それはおそらく大原3類の横帯区画紋系の土器であろう。これらをb種[18]とする（22～39）。三戸遺跡からは数条の平行沈線紋で横帯区画をつくり、その中を刺突紋や短沈線で充填し、その横帯区画に割り込むように幾何学状の主文様を配した土器がある。こうした構成の土器は東北になく、在地の大原3類の横帯区画紋の系統とみなければならない。このb種の土器を通して、大原3類から三戸類への在地的変遷を知ることができるのである。また、田戸下層式へと受け継がれる文様でもある。型式学的にみて、その逆は無理があろう。西川が舟塚原類と呼んだものや石橋宏克が庚塚類と呼んだものもこの仲間であろう［図Ⅳ-13］。また、大平式にもb種とみられるものが出土している。三戸類の中には、こうしたb種の土器をもたない千葉県山田水呑遺跡、笹子込山遺跡、清水谷遺跡の例もある。これらが地域差なのか時間差なのか現在のところよく解らない。こうした有紋土器のほか、三戸類には貝殻条痕紋や若干の縄紋・無紋土器が伴う。逆に東北では縄紋が顕著であり、貝殻条痕紋が少ない。広域型式の中にも地域性が認められる。文様構成はもちろんのことであるが、貝殻腹縁紋や貝殻条痕紋は田戸下層式への連続性を示す、大きな要素となっている。また、共伴する押型紋は楕円・山形・格子目紋が有り、細久保式の段階に位置づけられよう。

器形　口縁部は平縁で、口唇は内ソギを特徴とするが、丸形・角形のものもある。また、口端にキザミを施すものが多く、中でも右上がりのキザミが顕著である〔領塚1985〕。底部は乳房状や直線的な尖底となる。

胎土　微細な砂粒子を含むが、緻密な胎土である。焼成も良好で、やや赤味をおびた暗褐色。
　大原3類土器を広義の三戸式に加えるならば、三戸式は2段階に分かれる。そして、大原

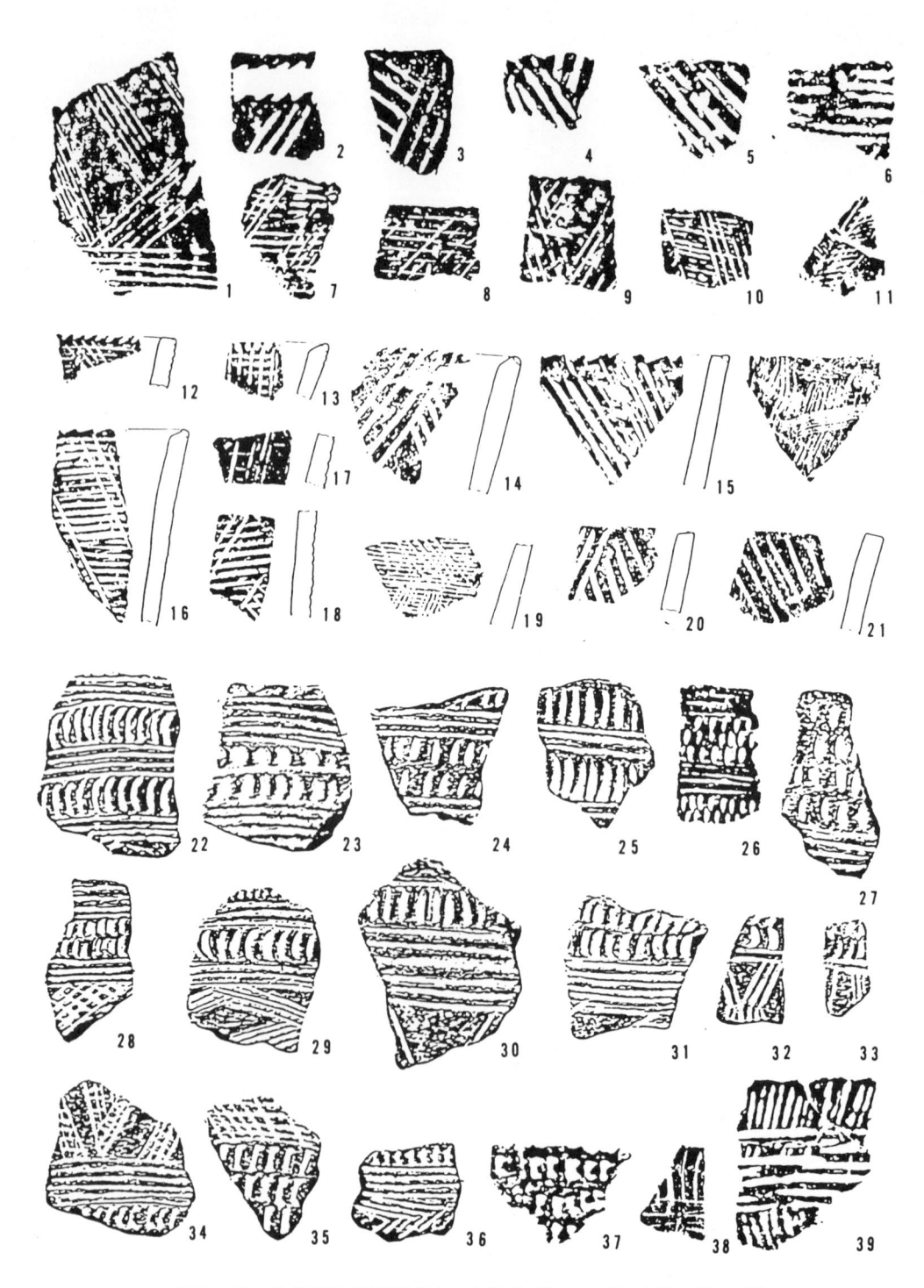

第Ⅳ部　押型紋土器と沈線紋土器の編年的関係

図Ⅳ-12　神奈川県三戸遺跡出土の土器（a種：1〜21　b種：22〜39）
22〜25・27〜36は写真より復元

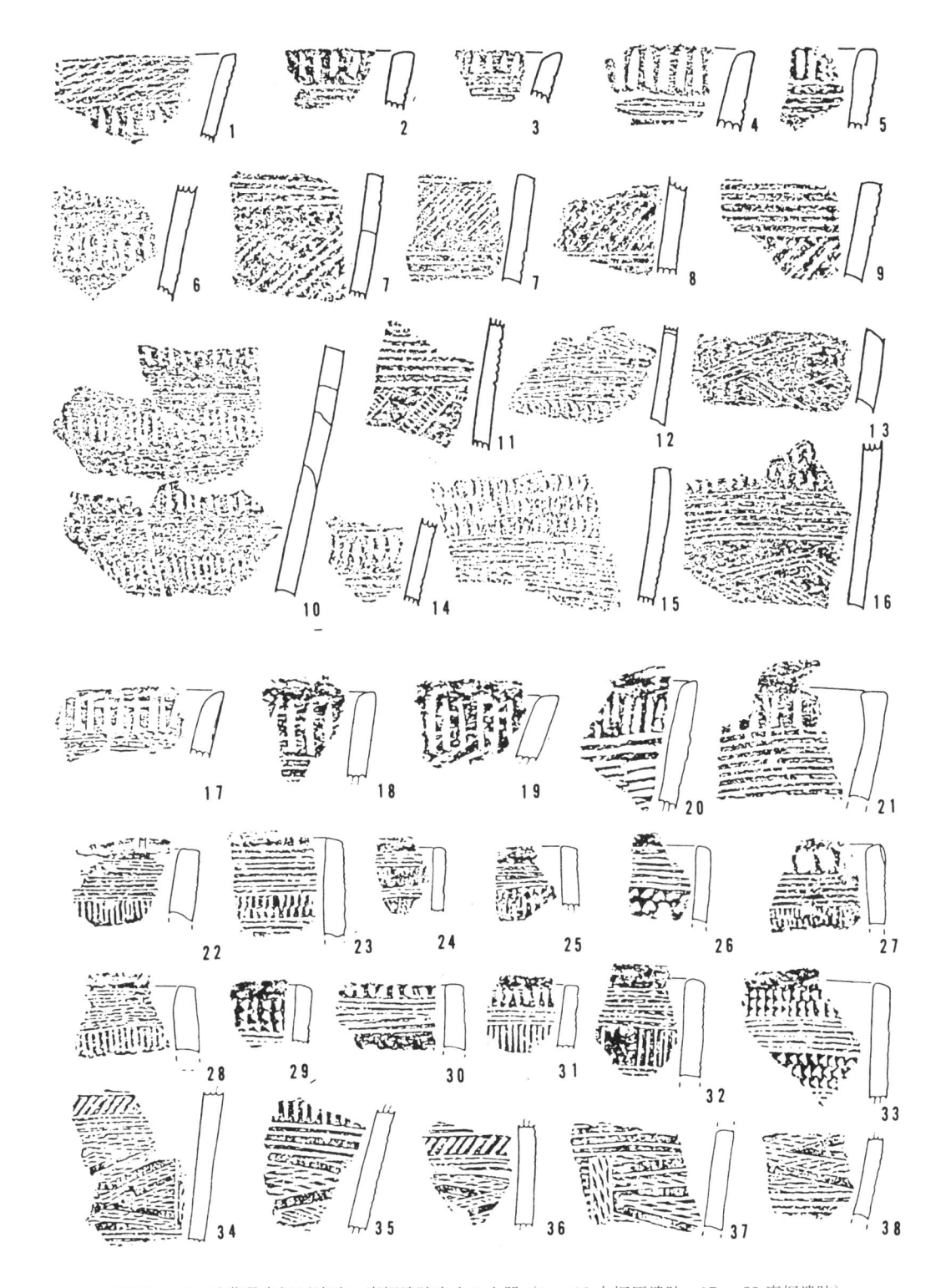

第1章 埼玉県大原遺跡第3類土器をめぐって

図Ⅳ-13 千葉県舟塚原遺跡・庚塚遺跡出土の土器（1～16 舟塚原遺跡　17～38 庚塚遺跡）

第Ⅳ部　押型紋土器と沈線紋土器の編年的関係

3類と三戸類の関係は横帯区画紋に主文様が出現すること、貝殻紋の有無、口縁部形態の変化、三戸類から田戸下層式の連続性、共伴する押型紋土器の相違から、前者から後者への系統的変遷は動かしがたい。

三戸式の細分　現在、大原3類から三戸類に到る細分案は、高橋の2段階編年（竹之内式→三戸式）、領塚の3段階編年（竹之内式→三戸Ⅰ式→三戸Ⅱ式）、石橋の3段階編年（竹之内→庚塚類・三戸類→舟塚原類）が提示されている〔高橋1987、領塚1987a、石橋1987〕。前述した大原3類と三戸類b種の間には、まだ型式的な間隙があるように考えられる。そのことを考慮すると、領塚の提示した3段階編年が最も妥当であろう。大原3類と三戸類を結ぶ中間式として、領塚が三戸Ⅰ式とした千葉県今郡カチ内遺跡の土器群を位置づけることができよう。この一群土器を今郡カチ内類と呼ぶ。その特徴は次のように要約できよう［図Ⅳ-14］。

文様　横帯区画の有紋部は大原3類土器より下位に広がり底部近くまで施紋される。横帯区画紋を分割する最初すなわち口縁部直下の平行沈線と文様帯を限る最後の平行沈線は幅広くつくられ、多帯化の中にも一帯化の方向性が認められる。横帯区画内には垂直の短沈線や刺突紋によって充填している。三戸類b種同様、横帯紋に割り込むように主文様ともいうべき変形格子目紋が体部中央に施紋される。変形格子目紋は円周沿って一巡りするのではなく、刺突紋などの縦区画の描線によって分割される例が多い。この文様が古文様帯から脱し、早期に発生したⅠ文様帯の初源的な姿であろう。この変形格子目紋の変化を系統的に究明することが三戸式・田戸下層式・田戸上層式へと続く貝殻・沈線紋土器の諸型式の理解をより深めることになろう。この段階にはまだ貝殻紋はないようである。また、今郡カチ内遺跡では日計式土器が共伴している。両者の共伴関係は、胎土や口縁部形態からほぼ疑いのないところであろう。とするならば、主文様としての変形格子目紋の出現はどこに求められるのであろうか。多くの人々は東北の沈線紋土器の系譜に求めるであろう。しかし、東北では日計式の段階であり、並行して沈線紋土器が出現していない限り、その系譜を求めることはむずかしい。ただ、この時期は東北でも回転紋から沈線紋への転換期である。岩手県大新町遺跡では押型紋と沈線紋が併用された土器があり、沈線紋土器が出現している可能性も一概に否定することもできない。その出自に関する問題は関東北の広域編年を考える上で重要であるが、現在のところ納得のいく資料はまだ出土していない。また、主文様の変形格子目紋が大原3類の横帯区画内の鍵手状紋［図Ⅳ-7(2)］から派生する可能性も捨て去るわけにもいかないように思われる。

器形　口縁部形態や器形も大原3類に類似する。口縁部が内ソギ状を呈するものみられるようになる。器形は大原3類より直線的に開く深鉢尖底が多い。まれに平底になるものもある。

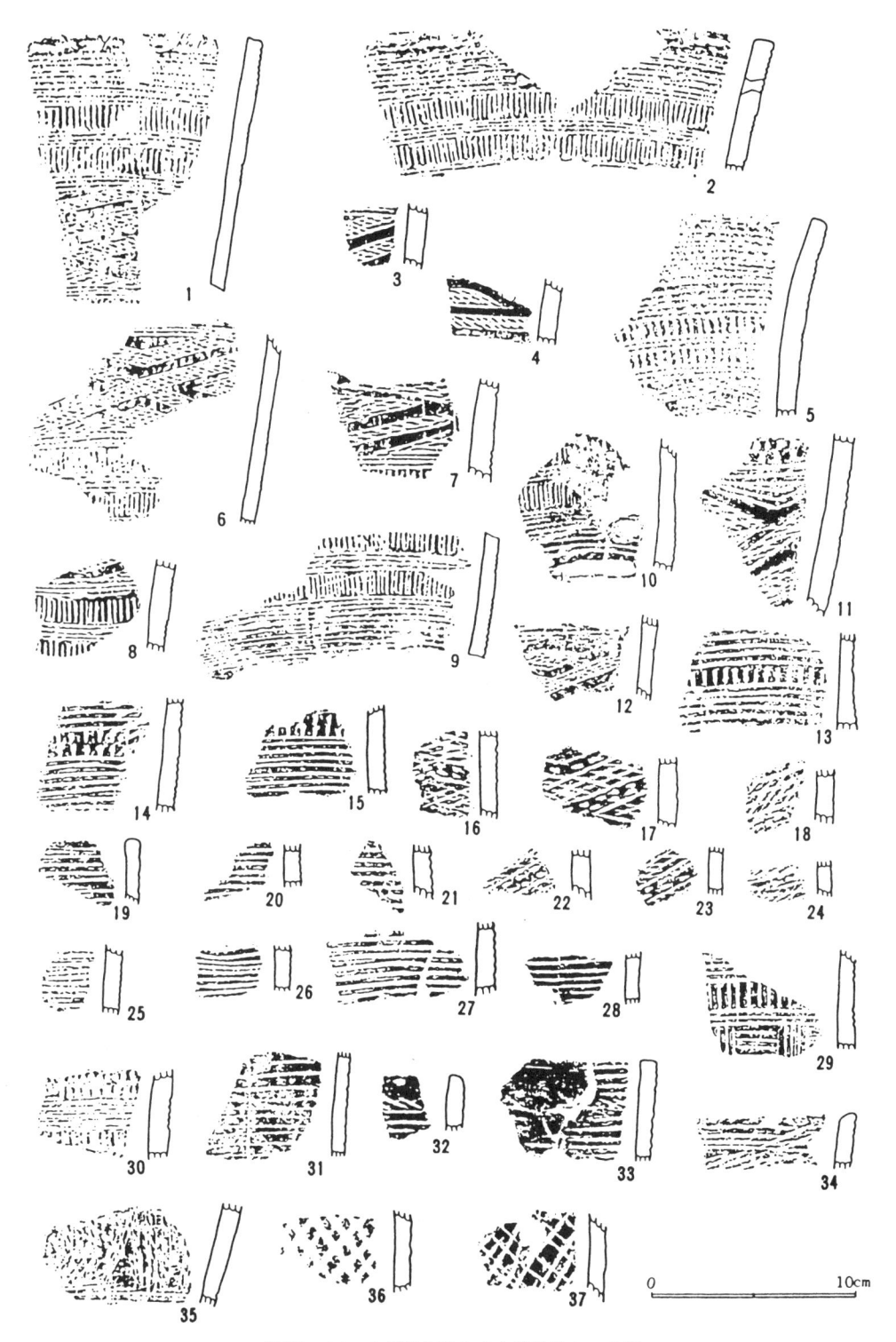

第1章 埼玉県大原遺跡第3類土器をめぐって

図Ⅳ-14 千葉県今郡カチ内遺跡出土の土器

第Ⅳ部　押型紋土器と沈線紋土器の編年的関係

胎土　胎土および技法的には大原3類に近い。石英・長石の白い粒子を多量に含む。これらの土器には伏見式[19]と称される平行太沈線紋や擦痕紋からの変化とみられる箆による凹線状の無紋土器が伴うと考えられる。

　なお、今郡カチ内類と三戸類b種を単体で比較した場合、その差異は余り顕著ではない[20]。しかし、三戸式に伴う成田空港 No.67 遺跡の例［図Ⅳ-15（3）］をみると、今郡カチ内類の文様構成は三戸類に継承される事が認められよう。

　以上の点から、三戸式は大原3類、今郡カチ内類、三戸類の3段階に変遷し、それぞれ1式、2式、3式に細別する型式学的内容を保持しているといえよう［図Ⅳ-15］。

おわりに

　初出資料である大原3類土器の学史的位置づけを通して、撚糸紋文化崩壊後の早期の貝殻・沈線紋土器文化の変遷に論究してきた。しかし、なお資料的な制約があり、その出自の系統や関東北に広く分布する貝殻・沈線紋土器の動態的構造の究明には今後に幾多の課題が残されている。それを巨視的にみると、次の3つの課題に集約されよう。

1. 関東は撚糸紋文化終末期に伴う"初期沈線紋"と呼ばれる千葉県木の根遺跡の土器と三戸式土器の関係を明確にすること。
2. 東北の日計式押型紋土器以降の貝殻・沈線紋土器の変遷過程を確定すること。
3. 西日本に分布する押型紋土器と貝殻・沈線紋土器、あるいは撚糸紋土器との共伴関係を確定すること。

こうした広域編年の整備が急務であり、その解決がないまま貝殻・沈線紋土器の起源や系統を論じても意味がない。前述してきたように大原3類すなわち三戸1式の分布は関東を中心とした地域性を示しており、これは撚糸紋土器を継承した分布領域となっている。大原3類土器は撚糸紋土器文化崩壊後の新しい縄紋早期の社会の窓を開く鍵といえよう。また、こうした系譜は強弱の差こそあれ、その後の田戸下層式から子母口式にいたる諸型式

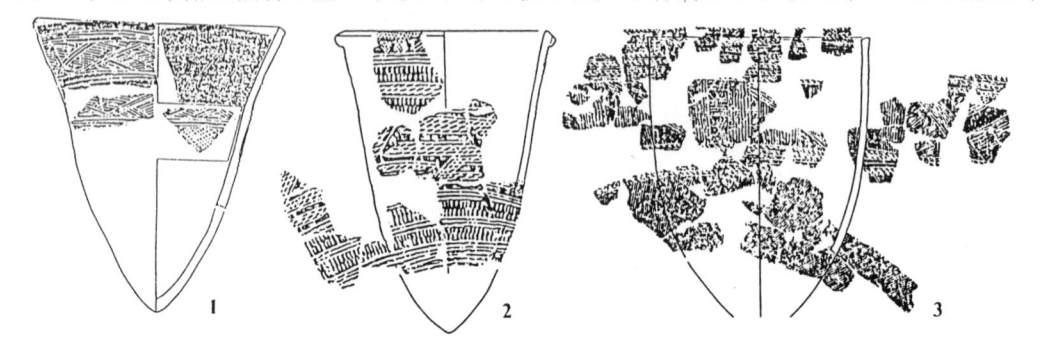

図Ⅳ-15　三戸1式（1 竹之内遺跡）　三戸2式（2 今郡カチ内遺跡）　三戸3式（3 成田空港 No.67 遺跡）

第1章　埼玉県大原遺跡第3類土器をめぐって

中部	三戸式	関				東							口縁部			東	北
信濃細分	相模	武蔵	上・下総	上野	下野	常陸	横帯紋	擦痕紋	太沈紋	貝殻紋	丸	角	内	南部	北部
樋沢2	三戸1	内原山居	大原・稲荷原 はけうえ・根ノ上	辺田山谷 池上りⅠ	八木沢 普門寺	大谷寺 坂田	伏見 五平	○	○			○	○		竹之内	日計(+)
樋沢3	三戸2		多摩ニュータ ウン No.207	今郡カチ内 タルカ作		飯岡		○	○	○	○	○	○			日計(+)
細久保	三戸3	三戸 荏田10	向原 北宿西	庚塚・舟塚原 笹子込山	(+)	(+)	奥山下根	○		○	○	○	○	○	大平	大新町

図Ⅳ-16　三戸式土器の編年

の変遷過程の中に、関東独自の在地の動静を探る手掛かりを与えてくれるのである。そうした中で、三戸3式や田戸上層式のような関東北にわたる広域型式が、どのような変容によって成立するのか、編年学研究の真価が問われる点であろう。

最後に、三戸式土器の細分編年案を提示し結論にかえたい［図Ⅳ-16］。

付　記　本稿を草するにあたり麻生優先生をはじめ、天野努・佐久間豊・高橋誠・中島宏・西川博孝・平野功・宮重行・柳澤清一・領塚正浩の諸氏から、有益な御教示と御協力を賜ることができた。御配慮に対し感謝の意を表したい。

註
（1）ここで取り上げる大原3類土器は、厳密にいえば吉田が第三類に分類した土器の一部である［図Ⅳ-1(28) ～(30)］。これらの土器を限定して表記するため、アラビア数字で第3類と記した。
（2）大原遺跡については、初出報文のほか川口市史、吉田コレクション考古資料に紹介されている〔川口市1986、吉田 1990b〕。
（3）創刊号とはいうものの、それは東京考古学会誌「考古学」を引き継ぐ形で12巻2号から「古代文化」として発刊される。これは単に「考古学」を改題したという性格のものではない。古代文化学会の結成の背景やその性格ついては、明らかにしなければならない学史上の重要な問題点がある。
（4）図Ⅳ-1は初出報文を改変して作成したが、土器番号より拓本の数が一つ多いため、その照合に混乱が生ずる結果となった。原図では左上に番号を付していることからすると、原図の上から2段目左端・第1図の上から2段目の拓本が無番号となる。そのため『川口市史』の改図の番号と異なる。
（5）『日本遠古之文化』の発表の翌1933（昭和8）年、森本六爾は「縄文式遺物遺跡（但し其の範囲に限って）はこの点を積極的且つ具体的に論述された好論文として甚だ重要であった。」と縄紋文化に関する部分のみを評価し、弥生時代以降の重要な指摘を切り捨てる。そして、これらの諸点を自らの見解に取り込んで発表していくのである。この間の森本及び東京考古学会の動静について、『補注付新版』で山内自身が厳しく論評している。
　　なお、縄紋式終末期については佐原論文・田村論文、土師器編年については大屋論文よって、それぞれの学史的評価がなされている〔佐原 1984、田村晃 1988、大屋 1990a・b〕。
（6）反動形成とは「ある人の思想、学説にぶつかってそれに対する反動を利用して自己の思想学説を形成していく方法」（山県三千雄 1974『日本人と思想』）をいう〔斉藤孝 1984 より再引〕。また、反動とは「歴史の流れに逆らって進歩を阻む保守的な潮流」のことであり、両者の意味合いを含めて、この用語を用いる。

- 395 -

第Ⅳ部　押型紋土器と沈線紋土器の編年的関係

(7) 戦後 1947（昭和 22）年から 1949（昭和 24）年にかけての晩期に関する口頭発表をみても、ミネルヴァ論争は終戦を迎えていないことが分かる。
　　1947 年 10 月「演題不明」（晩期凸帯紋土器に関するもの）日本人類学会例会〔山内 1952〕
　　1948 年　4 月「縄文式末期について」日本人類学会例会
　　　　　　　5 月「日本石器時代の稲作に就いて」諸学会連合大会
　　1949 年 10 月「縄文式文化の状勢」日本考古学協会第 4 回総会
　こうした点も含めて、柳澤清一は新たな視点から戦後の考古学の動向を分析・評価し直している〔柳澤 1989, 1990a 〜 c〕。

(8) 江坂によれば、撚糸紋土器が発見された当時、多くの研究者は加曽利 E 式の胴部文様と考えていたらしい。白崎の所見に「山内氏も著者同様まつたく耳を貸さなかった」と述べている〔江坂 1941〕。本当であろうか。白崎の発言と矛盾しているように思われる。

(9) 矢島の井草遺跡の報告に際し、山内が発掘した子母口貝塚の貝層下の撚糸紋土器を提供している〔矢島 1942〕。

(10) おそらく、後藤は皇国日本の文化の闡明にする使命感と喜びに満ちて、それを解き明かす絶好の資料として撚糸紋土器に注視していたのであろう。戦前から戦後にかけての後藤守一の学史的位置付けについては、柳澤清一によって詳しく論究されている〔柳澤 1990a 〜 c〕

(11) この編年表の出所は明確ではないが、おそらく調査部の改名に関連して作製されたものであろう。この編年表については、柳澤清一が 1989（平成元）年 6 月阿佐ヶ谷考古学研究会の発表に際し、それが持つ学史的意義の重要性を指摘した。その後、大塚達朗によって公表され、改変にともなう学史的意義に言及している〔大塚達 1990〕。柳澤にお願いして、本稿に使わせていただいた。
　この編年表は山内のミネルヴァ 1 巻 4 号の謄写版年年表に表題・枠組みともに酷似するが〔山内 1936〕、改変が関東のみならず全国に及んでいることが一目瞭であろう。また、編年表の下の註は、『先史考古学』1 巻 1 号の山内編年表の註と合わせて付したものであろう。

(12) 芹沢は「中期以降晩期までの型式に於いては前者に対し後者に付加し得たものは零である」と述べ、前者すなわち古代文化編年表の重大な型式名の改変に論及することを避けた。

(13) 芹沢編年に関するその後の混乱については、柳澤清一の加曽利 E 式の研究史〔柳澤 1986〕や大塚達朗の加曽利 B 式の研究史〔大塚達 1989〕をみても、その影響は大きいといわざるを得ない。また戦後世代の我々は、編年表とともに図解された後・晩期の土器を手本にその型式を覚えたものである。

(14) 従来の三戸式より新しいとする見解は、すでに岡本勇による馬の背山遺跡の報文中に示されている〔岡本 1959〕。後の西川の見解もこうした見方に規制されたものであろう。

(15) 管見にふれた大原 3 類土器の出土遺跡を羅列しておく。
　　福島県：竹之内遺跡、石橋遺跡、南諏訪原遺跡
　　群馬県：八木沢清水遺跡、普門寺遺跡
　　栃木県：大谷寺洞穴、坂田遺跡
　　茨城県：伏見遺跡、五平遺跡
　　千葉県：辺田山谷遺跡、池上り I 遺跡、宮内第 1 遺跡、日秀西遺跡
　　埼玉県：大原遺跡、西大宮バイパス No.4 遺跡、稲荷原遺跡
　　東京都：はけうえ遺跡、根上遺跡、馬の背山遺跡
　　神奈川県：内原遺跡、大船山居遺跡、鴨居上の台遺跡
　　長野県：浪人塚下遺跡

(16) 高橋誠は大原 3 類土器の出自を東北南部に求めている〔高橋 1987〕が、むしろ東北南部はその分布圏の

(17) 関東における日計式土器の出土例は次の通りである。茨城県十万原遺跡・西塙遺跡・ムジナⅡ遺跡、千葉県今郡カチ内遺跡・城ノ台北貝塚・布野台遺跡・木下廃寺、埼玉県稲荷原遺跡・北通第38・39地点などがある。いずれも1片か2片の出土例であり、今郡カチ内遺跡例を除いて、その共伴関係は必ずしも明確でない。しかし、これらの遺跡には大原3類が出土している例が多い。

(18) ここで三戸類b種とした土器は三戸式の型式表徴の一つとして発見当初から赤星によって認識されていていたものである。領塚正浩はこの種の存在から、西川が舟塚原類とした土器群は三戸式に包括されるものとして、同時期に位置づけている〔領塚1985〕。しかし、この領塚の指摘はその後の三戸式の細分において、独自の施紋部位の系譜を重視したため、三戸Ⅰ式からの変化を三戸a種の施紋部位への変化として図式化してしまった。型式的な変遷を追うのであれば、まず、Ⅰ式からb種への変化を求めなければならないと考えるが、如何なものであろうか。

(19) 領塚は伏見式を大原3類と共伴すると考えている〔領塚1987a〕が、茨城県大沼遺跡例や千葉県中山遺跡例には底部近くに変形格子目文を有しており、今郡カチ内類に伴う可能性が強い。

(20) 主文様を構成する変形格子目紋は三戸類b種になると平行沈線紋で描くなど簡略化の傾向が認められる。

引用・参考文献

赤星直忠　1929　「相模三戸遺跡」『考古学雑誌』19 - 11
赤星直忠　1935　「横須賀市田戸先史時代遺跡調査報告」『史前学雑誌』7 - 6
赤星直忠　1936　「古式土器の一形式としての三戸式土器に就いて」『考古学』7 - 9
赤星直忠・岡本　勇　1979　『神奈川県史　資料編20』考古資料
秋山道生ほか　1988　『根ノ上遺跡発掘調査報告』　東京都住宅局
池田大助　1984　「北総台地における沈線紋土器群の出現」『千葉県文化財センター紀要』8
池田大助ほか　1978　『佐原市神田台遺跡』　千葉県教育委員会
石川日出志ほか　1977　『山田水呑遺跡』　日本道路公団
石橋克宏　1987　「庚塚遺跡－三戸式土器について」『東関東自動車埋蔵文化財調査報告書』Ⅲ　日本道路公団東京第一建設局
石橋克宏　1988a　「中山遺跡出土の三戸式土器について」『東関東自動車埋蔵文化財調査報告書』Ⅳ
石橋宏克　1988b　「新東京国際空港No.67遺跡出土の三戸式土器」『研究連絡誌』22
石坂　茂　1997　『八木沢清水遺跡』　矢木沢清水遺跡調査会
伊藤玄三ほか　1972　「原始古代の遺跡」『田島町史』
茨城高校史学部　1972　「水戸市十万原遺跡発見の縄文早期沈線紋系土器」『常総台地』6
江坂輝彌　1941　「稲荷台式文化発見まで」『民族文化』2 - 11
江坂輝彌　1942　「稲荷台文化の研究研－東京市赤堤新井遺跡調査報告」『古代文化』13 - 8
江坂輝彌　1944　「廻転押捺紋土器の研究」『人類学雑誌』59 - 8
江坂輝彌　1950a　「縄文式文化について（その一）」『歴史評論』23
江坂輝彌　1950b　「縄文式文化について（その二）」『歴史評論』24
江坂輝彌　1950c　「縄文式文化について（その三）」『歴史評論』25
江坂輝彌　1950d　「縄文式文化について（その四）」『歴史評論』26
江坂輝彌　1951a　「縄文式文化について（その五）」『歴史評論』27

第Ⅳ部　押型紋土器と沈線紋土器の編年的関係

江坂輝彌　1951b　「縄文式文化について（その六）」『歴史評論』28
江坂輝彌　1951c　「縄文式文化について（その七）」『歴史評論』29
江坂輝彌　1951d　「縄文式文化について（その八）」『歴史評論』30
江坂輝彌　1951e　「縄文式文化について（その九）」『歴史評論』31
江坂輝彌　1951f　「縄文式文化について（その十）」『歴史評論』32
江坂輝彌　1951g　「縄文式文化について（その十一）」『歴史評論』33
江坂輝彌　1952a　「縄文式文化について（その十二）」『歴史評論』34
江坂輝彌　1952b　「縄文式文化について（その十三）」『歴史評論』35
江坂輝彌　1952c　「日本始原文化の起原問題」『史學』26－1・2
江坂輝彌　1956　「縄文文化の起源の研究」『史學』29－2
江坂輝彌　1957　「縄文文化」『考古学ノート』2　日本評論新社
江坂輝彌　1959　「縄文文化の発現　－縄文早期文化」『世界考古学大系』1　平凡社
大塚和男ほか　1986　『横須賀市文化財調査報告書』9　横須賀市教育委員会
大塚達朗　1989　「加曽利B式三細別に於ける齟齬の解消」『先史考古学研究』2
大塚達朗　1990　「失われた書物を求めて（1）」『利根川』11
大塚真弘ほか　1982　『長井町内原遺跡』　内原遺跡調査団
大屋道則　1990a　「中田以前の土師器研究」『埼玉県埋蔵文化財事業団研究紀要』1
大屋道則　1990b　「失われた土師器研究をもとめて（1）～（5）」『東京の遺跡』27～31
岡本　勇　1959　「三浦郡葉山町馬の背山遺跡」『横須賀市博物館研究報告』3
岡本　勇　1967　「三戸遺跡」『横須賀考古学会年報』12
岡本　勇　1971　「神奈川県三浦市三戸遺跡」『日本考古学年報』19
岡本　勇　1982　『縄文土器大成』Ⅰ　早・前期　講談社
岡本　勇・戸沢充則　1965　「縄文文化の発展と地域性－関東」『日本の考古学』Ⅱ　河出書房新社
岡本　勇・山田昌久　1981　『横須賀市文化財調査報告書』8　横須賀市教育委員会
小田静夫ほか　1980　『はけうえ』　はけうえ遺跡調査会
小野真一・秋本真澄　1980　『常陸伏見』　伏見遺跡調査会
川口市　1986　『川口市史－考古編－』
川崎純徳　1991　『那珂町の考古学』　那珂町誌編纂委員会
川田　均　1990　「鹿沼市千渡「飯岡遺跡」採集の遺物」『栃木県考古学会誌』12
後藤守一　1941　「先史時代の文化」『新講大日本史』1　雄山閣
後藤守一　1943　『先史時代の考古学』　續文堂
小林清隆　1985　「池上りⅠ遺跡」『主要地方道路成田安全線路改良工事(住宅関連)地内埋蔵文化財発掘調査報告書』
小宮　孟ほか　1984　『東総用水』　水資源開発公団東総用水建設所
斉藤　孝　1984　『昭和史学史ノート』　小学館
斉藤弘道　1991　『一般県道友部内原線道路改良工事地内埋蔵文化財調査報告書』　茨城県教育財団文化財調査
　　　　　　　　報告67　茨城県教育財団
坂上克弘ほか　1972　『港北ニュータウン地域内埋蔵文化財調査報告』Ⅲ
酒詰仲雄・渡辺　仁　1949　「栃木県普門寺観音山早期石器時代遺跡」『人類学雑誌』61－1

第1章　埼玉県大原遺跡第3類土器をめぐって

佐原　眞　1984　「山内清男論」『縄文文化の研究』10　雄山閣

篠原　正ほか　1985　『寺向・捕込附遺跡』　山武考古学研究所

白崎高保　1941　「東京稲荷台先史遺跡」『古代文化』12－8

重住豊ほか　1985　『向原遺跡』　国際基督教大学考古学研究センター

鈴木克彦ほか　1975　『神奈川県埋蔵文化財調査報告書』7　神奈川県教育委員会

芹沢長介　1947　「南関東に於ける早期縄紋式文化研究の展望」『あんとろぽす』2－4

芹沢長介　1950　『古代土器標本解説書』　ドルメン教材社

芹沢長介　1954　「関東及中部地方に於ける無土器文化の終末と縄文文化の発生とに関する予察」『駿台史学』4

芹沢長介　1956　「縄文文化」『日本考古学講座』3　河出書房

清藤一順ほか　1980　『千葉県我孫子市日秀西遺跡調査報告書』　千葉県教育委員会

薗田芳男　1949　「普門寺観音山包含地調査概報」『両毛文化』1

高橋　誠　1986　「型式学的方法－貝殻沈線紋系土器」『季刊考古学』17

高橋　誠　1987　「土器型式－貝殻沈線紋系土器」『季刊考古学』21

竹島国基　1958　「福島県二葉郡大平遺跡略報」『石器時代』5

田村　隆ほか　1985　『佐倉市タルカ作遺跡』　千葉県土地開発公社千葉県文化財センター

田村晃一　1988　「山内清男論」『弥生文化の研究』10

中山吉秀ほか　1975　『清水谷遺跡』　清水谷遺跡調査団

西川博孝　1980　「三戸式土器の研究」『古代探叢』Ⅰ

日本古代文化学会縄文文化調査部編　1942　「関東縄文式文化各期標準遺跡調査表」『古代文化』13－9

原　信之ほか　1967　『鎌倉市文化財資料』6　鎌倉市教育委員会

平坂廣人ほか　1991　『富士見市文化財報告』41　富士見市教育委員会

樋口清之　1943　『日本古代産業史』　四海書房

比田井克仁ほか　1983　『多摩ニュータウン遺跡昭和57年度』　東京都埋蔵文化財センター調査報告4

平野　功　1989　『小見川町内遺跡群発掘調査報告書』　小見川町文化財報告15　小見川町教育委員会

藤本彌城　1980　「ムジナⅡ遺跡」『那珂川流域の石器時代研究』Ⅱ

堀越正行ほか　1974　「木更津市笹子込山遺跡の研究」『史館』2

増田　修　1988　「普門寺遺跡の調査と下層及び最下層について」『縄文早期の諸問題第2回縄文セミナー』

馬目順一ほか　1982　『竹之内遺跡』　いわき市教育委員会

丸山泰徳　1991　「福島盆地周辺地域の草創期・早期土器について」『平成三年福島県考古学研究会発表要旨』

宮坂光昭　1975　「浪人塚下遺跡」『下諏訪の文化財』

宮　重行ほか　1986　『千葉市辺田山谷遺跡』　千葉県衛生部

森本六爾　1933　「考古学界動向回顧－昭和七年度－縄文式時代関係」『考古学報』2

矢島清作　1942　「東京市杉並区井草の石器時代遺跡」『古代文化』13－9

安岡路洋ほか　1966　『稲荷原』　大宮市教育委員会

柳澤清一　1986　「加曽利E式土器の細別と呼称（中篇）」『古代』82

柳澤清一　1989　「後藤守一著『祖先の生活とその周辺』」『ふみくら』20

柳澤清一　1990a　「『ミネルヴァ』論争と肇国の考古学－出版史から見た考古学史の一断面－」『先史考古学研究』3

柳澤清一　1990b　「後藤守一著『祖先の生活』（増補）」『先史考古学研究』3

第Ⅳ部　押型紋土器と沈線紋土器の編年的関係

柳澤清一　1990c　「杉原荘介と"登呂"肇国の考古学－森豊著『登呂遺跡』から－」『土曜考古学』15
山形洋一　1986　『西大宮バイパス No.4 遺跡』　大宮市遺跡調査会
山内清男　1929a　「関東北に於ける繊維土器」『史前学雑誌』1－2
山内清男　1929b　「繊維土器について－追加1」『史前学雑誌』1－3
山内清男　1930a　「繊維土器について－追加2」『史前学雑誌』2－1
山内清男　1930b　「繊維土器について－追加3」『史前学雑誌』2－3
山内清男　1930c　「所謂亀ヶ岡式土器の分布と縄紋土器の終末」『考古学』1－3
山内清男　1930d　「「所謂亀ヶ岡式土器の分布」云々に関する追加1」『考古学』1－4
山内清男　1932a　「日本遠古之文化」(1)『ドルメン』1－4
山内清男　1932b　「日本遠古之文化」(2)『ドルメン』1－5
山内清男　1932c　「日本遠古之文化」(3)『ドルメン』1－6
山内清男　1932d　「日本遠古之文化」(4)『ドルメン』1－7
山内清男　1932e　「日本遠古之文化」(5)『ドルメン』1－8
山内清男　1932f　「日本遠古之文化」(6)『ドルメン』1－9
山内清男　1933　「日本遠古之文化」(7)『ドルメン』2－2
山内清男　1935　「古式縄紋土器研究最近の情勢」『ドルメン』4－1
山内清男　1936　「日本考古学の秩序－付表－縄紋土器型式の年代的組織（仮製）」『ミネルヴァ』1－4
山内清男　1937a　「縄紋土器型式の細別と大別」『先史考古学』1
山内清男　1937b　「武蔵国殿袋出土の早期縄紋式土器」『先史考古学』1－2
山内清男　1939　『日本遠古之文化』－補注付新版　先史考古学会
山内清男　1941　「日本先史土器図譜」12〔茅山式・子母口式〕
山内清男　1952　「第二トレンチ」『吉胡見塚』　文化財保護委員会
山内清男　1964a　「日本先史時代概説」『日本原始美術』1　講談社
山内清男　1964b　「縄紋式土器・総論」『日本原始美術』1　講談社
山内清男　1969　「縄紋草創期の諸問題」『Museum』224
吉田　格　1941　「埼玉県大原遺跡調査報告」『古代文化』12－2
吉田　格　1952　「石器時代の文化」　さ・え・ら書房
吉田　格　1955a　「千葉県城ノ台貝塚」『石器時代』1
吉田　格　1955b　「神奈川県三浦郡三戸遺跡」『日本考古学年報』3
吉田　格　1956　「各地の縄文式土器－関東」『日本考古学講座』3　河出書房
吉田　格　1990a　「14・三戸遺跡」『考古資料図録』5
吉田　格　1990b　「23・大原遺跡」『考古資料図録』5
領塚正浩　1985　「三戸式土器の検討」『唐沢考古』5　横須賀市人文博物館
領塚正浩　1987a　「三戸式土器の再検討」『東京考古』5　横須賀市人文博物館
領塚正浩　1987b　「田戸下層式土器細分への覚書」『土曜考古』12
GerardJ.Groot 1951 *The prehistory of Japan,* Columbia. University press

第2章　関東・北の沈線紋と関・東北の押型紋

－三戸式土器と日計式土器の編年的研究－

はじめに

　山内清男は1929年「関東北の繊維土器」を著し、縄紋土器の起源解明への第一歩を踏み出した。陸奥の円筒下層式・陸前の大木式・関東の蓮田式に繊維の混入・技法・文様の共通した特徴を見い出し、既存の諸型式より下層から出土するこれら繊維土器の「古式」性を確信する。さらに、その追究の過程で層位的にも「繊維土器」以前の「繊維を含まない尖底土器」に遭遇し、渡島の住吉町式・陸前の槻木1式、関東の三戸式を関東北の上限資料として位置づける〔山内1929a・b，1930a・b〕。また、三戸遺跡の共伴例から押型紋土器を西日本の上限資料とし、瞬く間に列島の古式縄紋土器広域編年を制定したのである〔山内1935〕。

　しかし「縄紋土器の底はみえたとは云ひ切れない」という山内の予察どおり、1939年の東京都稲荷台遺跡の発掘によって、撚糸紋土器が縄紋土器最古の座を占める〔白崎1941〕。しかし、撚糸紋土器の究明に情熱を注ぐ若手の研究者は、層位に基づかない撚糸紋土器の変遷観と座標軸のない南北二系論に終始することになる〔江坂1944〕。そこには山内がめざした科学的視点はない。戦後、明治大学考古学研究室を中心とした一連の発掘（平坂貝塚・夏島貝塚・大丸遺跡）によって、撚糸紋土器の正しい変遷観が提示された〔芹沢1954〕。しかしその後も、撚糸紋土器に対比すべき他の上限資料は北も南も空白のままになっている。その状況は、隆起線紋土器をはじめとした草創期前半の土器が発見された現在でも変わらない。この編年上の空白を埋めるため、早期の土器を「無遠慮に古い方に延ば」したり、草創期前半の土器を新しい方に延ばし解決を図ろうとする傾向がみられる。確かに既存資料の中にも対比すべきものもあろうが、ただ空白を埋めるための「組み込み論」では南北二系論の二の舞になろう。最近では福島・山形にも僅かながら撚糸紋土器の存在が知られており、そのパートナーが判明する日は近いと考えられる[1]。三戸式土器が学界に紹介（1929年）されてから、その仲間が東北南部で見つかる（1958年）までに約30年の歳月を要している。もうしばらく静観しようではないか。

　しかし、ただ手を拱いている訳にはいかない。本稿では「関東北の繊維土器」の段階に立ち帰り、今日的視点で三戸式土器に対比すべき早期広域編年を再構成したい。山内の古

第Ⅳ部　押型紋土器と沈線紋土器の編年的関係

典も「カントウキタの繊維土器」と読まれる御時勢である。「何を今更」と思われるかも知れない。しかし「急がば廻れ」という諺もあるではないか。撚糸紋土器の問題を解決するためにも、まずは対比可能な沈線紋土器から取り組むことが肝要であろう。

1．三戸式土器の出自めぐって

　戦前の一時期、型式名も抹殺され長らく孤高を保っていた三戸式土器が、再び脚光を浴びるのは1958年のことである。竹島国基によって福島県大平遺跡出土の三戸式土器が紹介される〔竹島1958〕。三浦半島の地方型式とされた三戸式が東北南部にまで分布することが判明したのである。これを受けて『日本の考古学Ⅱ縄紋時代』の「東北」を担当した林謙作は、「おそらく、南関東の三戸式は太平洋岸をつたって東北から波及したものであろう。」と東北沈線紋土器起源説を提示する〔林1965〕。一方、「関東」を担当した岡本勇[2]は「大平遺跡の土器は、三戸式とのつながりをつよく感じさせるものであり、その分布が北に拡大する予想を秘めている。」と慎重を期しながらも三戸式の関東からの拡大を示唆した〔岡本勇・戸沢1965〕。すなわち林が三戸式を関・東北の土器とするのに対し、岡本は関東・北の土器と想定したことになる。こうした相反する視点は、今日の三戸式土器あるいは東北の沈線紋土器の理解に大きく影を落としているのである。しかし僅少な資料から文化の方向性を即断することは最も戒めなければならない事柄の一つである。このことは学史がよく教えてくれる。特に東北沈線紋土器起源説は、おそらく南北二系論の田戸・住吉町文化圏の呪縛に基づいた先入観であろう[3]。こうした視点に立つ限り、問題の解決には至らないと考える。この問題については後述することとし、まずは三戸式土器の構

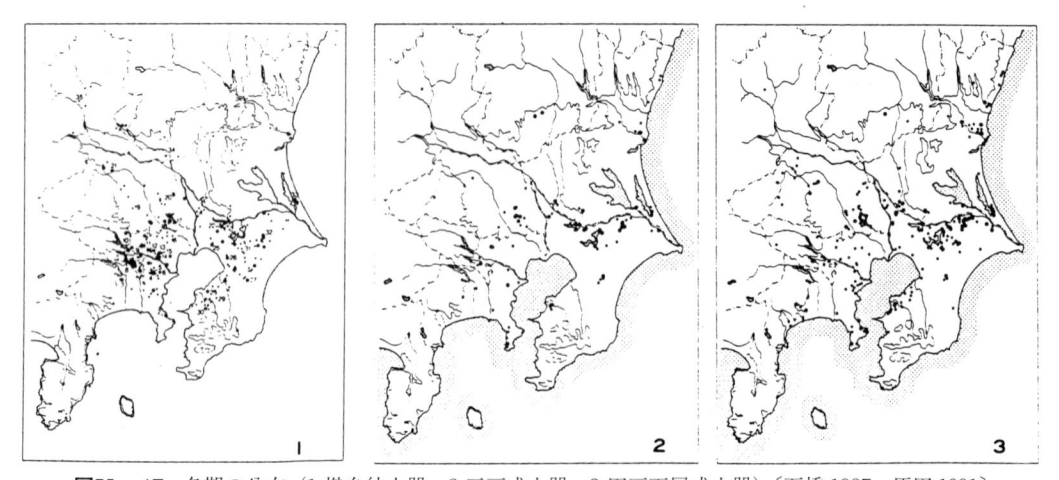

図Ⅳ-17　各期の分布（1 撚糸紋土器　2 三戸式土器　3 田戸下層式土器）〔石橋1987、原田1991〕

第 2 章　関東・北の沈線紋と関・東北の押型紋

造を検討することとする。

1) 三戸式土器の横構造について

　山内が提示した上限資料としての住吉式－槻木1式－三戸式－押型紋の広域編年は、中期の大木式と加曽利E式、晩期の大洞式と安行式のような細別型式の対比とは異なり、各地の繊維土器以前の尖底土器を抽出し、大別の枠内での同時代性を示したに過ぎないものであった。事実山内は、三戸式が「底が尖ること、縄紋のないことで陸前の槻木1式及び渡島の住吉と同様であるが、装飾は三型式とも異なって居る。」と述べている〔山内1930b〕。しかしその後一貫して、山内は早期広域編年や三戸式と田戸下層式の関係について沈黙を守ることになる。今日、三戸式は早期初頭に、住吉町式が田戸上層式あるいは子母口式併行、槻木1式が野島式併行の早期中葉に位置づけられる土器であり、三戸式と接点をもち得るのは押型紋だけである。細別型式としての早期広域編年の再構成はわれわれに残された責務であろう。

　三戸式土器の分布は現在、関東を中心として北は岩手県大新町遺跡にまで及び、約100遺跡[4]を数えるまでになっている。その分布域は、前代の撚糸紋土器終末期の分布、後代の田戸下層式の分布とほぼ重層しており、撚糸紋土器の分布を継承する関東の縦の連鎖構造をもつように見える〔図Ⅳ－17〕。関東以西に分布しない要因は、押型紋土器の分布域が広がっているためと考えられる。むしろ、関東の三戸式・田戸下層式の分布域に押型紋土器が共伴あるいは単独に広がっている場合が多い。しかし、押型紋土器の分布域に三戸式や田戸下層式も僅かながら認められ、その関係が一方的なものではないことが判明する[5]。三戸式の細分についてはしばらくおくとして、神奈川県から岩手県にいたる広義の三戸式の分布域の中から、三戸遺跡・大平遺跡・大新町遺跡の資料を軸に広域編年の妥当性を検討してみよう。まずは三戸式土器の型式内容をみてみよう。

　三戸式土器を提唱した赤星直忠は「色は赤褐色又は淡褐色で、類似條痕紋有する破片の

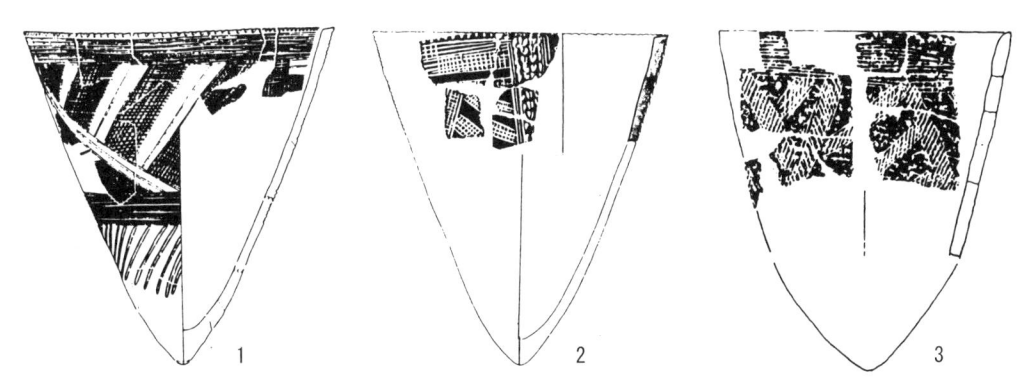

図Ⅳ－18　沈線紋土器の併行関係（1 大新町式　2 大平式　3 三戸3式）

- 403 -

第Ⅳ部　押型紋土器と沈線紋土器の編年的関係

他は〈中略〉比較的太い鈍い線と細く鋭い線との二種による平行線紋と斜格子紋又は平行線の交錯した紋様が大半をしめ別に押型紋がある。浮紋は全くない。縄紋もない。すべて浅い沈紋である。」とその特徴を述べている〔赤星1929〕。さらに同じ沈線紋土器の田戸式との比較において、刺突紋が少ない事、結節沈線紋（押引紋）のない事、貝殻紋の少ない事、疣状小突起のない事、白色微細物を含まぬ事、繊維混入のない事、朱塗のない事〔赤星1929〕、口縁部断面が内面へ傾斜するものがある点、口縁上端に刻線をつけたものが多い点〔赤星1936〕などの諸点を付け加えた。また三戸遺跡の資料を実見した山内は、「三戸式土器は厚手に傾き、頸部の急な内折は認められない。繊維の混入もない。底は平底のものもあるが、円錐形のものは特に注意を引く。渡島の住吉様式にある様な乳嘴状な尖底を持つものもある。器外面には少数ながら、条痕のある例がある。内面は稀らしい。文様は種々の手法があって、沈線の文様が最も多く、口頸部のみでなく、体部にも見られる。全く無紋の破片も多い。」として三戸式土器を弁別した〔山内1930b〕。両氏の提示した三戸式の表象は戦後の『講座』類にも踏襲され、三戸式を大局的に理解する上での諸条件は発見時にほぼ出揃っていたのである。

　近年の資料の増加にともなって復元個体が数多く提示され、三戸式の文様帯論も盛んに議論されるようになってきた。個々の研究者による独自の文様帯論に基づく沈線紋土器の系統観に示されるが、文様帯論については山内が提示したⅠ文様帯をどのように理解するかにかかっている。この点については別稿〔岡本東ほか1994〕にふれたので再論はしないが、広域編年にみられる三戸式にはⅠ文様帯が確立している点が重要であろう[6]。この文様帯を継承して関東の田戸下層式、東北の貝殻紋土器の文様構成が生成しているのである。

　［図Ⅳ−18］の三例は、いずれも口縁部と体部過半を数条の平行沈線によって区画し、その区画内を帯状の格子紋や平行線紋を斜位方向に展開しながら充填している。またⅠ文様帯以下を斜位の粗沈線で施すことや器形および口縁部形態・装飾が共通する。これらを基準資料として関東北の沈線紋土器の広域編年の同時代性を示す横の時間軸として設定しうるであろう。このことについては、すでに多くの研究者の指摘するところであるが、これらの資料を三戸式の細別型式としてどのように理解するかという点には、研究者に齟齬がみられる。

　これらの諸問題については随時述べてゆくが、ここでは関東を三戸式、東北南部を大平式、東北北部を大新町式[7]として弁別し、北へ行くにしたがって縄紋が顕在化する傾向にあることを指摘しておこう。まずは、これらの三型式が細別型式としての併行関係を示す一つの基準としたい。

2）三戸式土器の縦構造について

　三戸式の細分については、東北の大新町式・大平式に対比すべき三戸式の細別型式を

第2章 関東・北の沈線紋と関・東北の押型紋

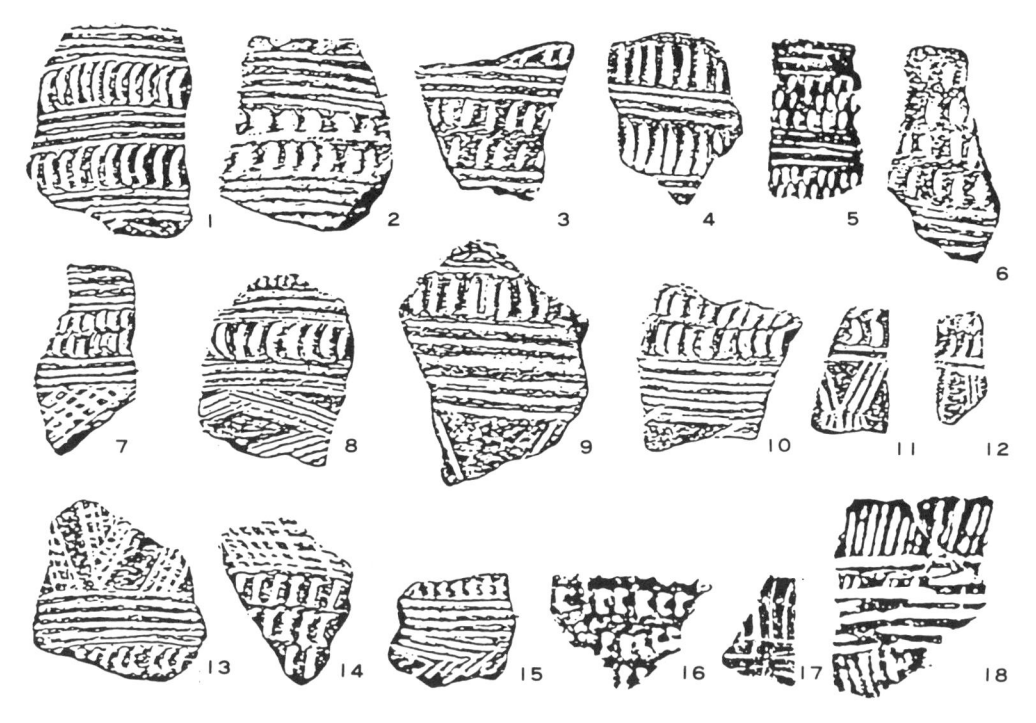

図Ⅳ-19 三戸2式土器（三戸類b種）

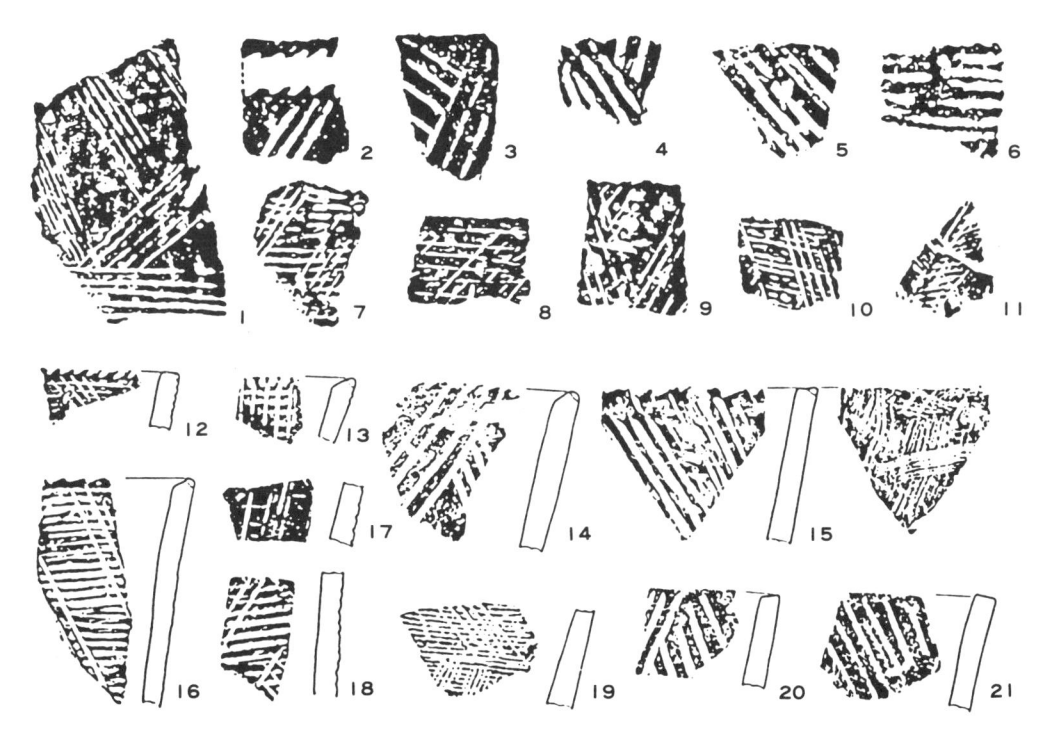

図Ⅳ-20 三戸3式土器（三戸類a種）

- 405 -

第Ⅳ部　押型紋土器と沈線紋土器の編年的関係

いかに理解するかという点にかかっている。現在、田戸下層式に至る沈線紋土器の変遷を2段階とする見解と3段階とする見解が提示されている〔西川1980、高橋1986、領塚1987a・b、石橋1987、恩田1991〕。

　2段階説の高橋編年（竹之内式→三戸式）と西川編年（三戸類→稲荷原類・舟塚原類）では逆転編年になっている。両説とも日計式押型紋土器が沈線紋土器の出自の前提と考えるが、文様構成の点からみると高橋編年の型式的理解がより妥当であろう。3段階説には1系列変遷観と2系列変遷観に大別でき、竹之内式を古く置く点では一致する。1系列変遷観の領塚編年は（竹之内式→三戸Ⅰ式→三戸Ⅱ式）とし、竹之内式以降の施紋帯の分析から内在的な1系列の変遷として捉えた。2系列変遷観の石橋編年は（竹之内式→庚塚類・三戸類→舟塚原類）とし、三戸類を大新式の影響下によって成立した系列とする。同じように恩田編年は領塚・石橋両編年を折衷したようなものであるが、文様構成をA・B系列に分け（竹之内→三戸古式→三戸新式）とし、三戸遺跡例をA系列すなわち大新町式の系統と見なしている。

　しかし何故に関東の沈線紋土器の成立を、東北の日計式あるいは大新町式に求めなければならないのであろうか。その明確な根拠が提示されたことはない。竹之内式が成立した時期は、後に述べるように東北北部では日計式の段階であり、沈線紋土器の出現は東北より関東の方が早いのである。竹之内式と日計式とに文様構成上の共通性が認められるという指摘は、その出自の系統を示しているのではなく、同時代性および交流を示しているのであろう。3段階2系列変遷観は、戦前の南北二系論・沈線紋土器東北起源説の延長線にある見解で、とても容認する訳にはいかない。撚糸紋土器から田戸下層式に至る分布域をみても、その範囲内に竹之内式や三戸式が広がっており、まずは関東の内在的な発展のなかで細別を考えるべきであろう。こうした点から大局的には領塚編年を支持するとともに、学史的な観点から竹之内式を三戸式の一員とみなし、三戸1式（竹之内）→三戸2式→三戸3式とする変遷を前稿で提示した〔岡本東ほか1994〕。

　当然のこととして、東北との広域編年に対比すべき細別型式は三戸3式である。なお、前稿において、三戸類として記述した三戸遺跡資料の細別を曖昧にした点〔岡本東ほか1994〕があるので、改めて見解を述べておきたい。三戸遺跡資料には、文様帯が単帯あるいは重畳して二帯をなすa種と横帯区画を主とするb種がある［図Ⅳ-19・20］。それを一括して三戸類と呼んだが、a種は大平式・大新式に共通する文様構成をもち、関東にもb種を伴わない山田水呑例・笹子込山例・清水谷例などから、a種のみで細別型式として設定し得ると考えるに至った。b種は平行沈線紋で横帯をつくり、その区画内に刺突紋・単沈線を充填し、その横帯区画に割り込むように幾何学状の主文様を配している。舟塚原

第 2 章　関東・北の沈線紋と関・東北の押型紋

類あるいは庚塚類もこの仲間であり、b 種は三戸 2 式に対比すべき資料である。すなわち、三戸類として一括した三戸遺跡資料は、三戸 2 式と三戸 3 式を包括していたことになる。ここに改めて a 種を三戸 3 式、b 種を三戸 2 式と弁別しておきたい。

3) 三戸式土器と押型紋土器の関係

　三戸遺跡における押型紋の共伴事実は、山内の関東北の上限資料に対比する関東以西の上限資料を押型紋土器に充てる大きな要因となっている。また、撚糸紋土器の最古性を保証する一因も押型紋土器との共伴関係である。戦後、いち早く三戸式と田戸下層式の新旧関係を指摘した芹沢長介は、格子目押型紋の共伴の有無を基準とした〔芹沢1954〕。学史的にも、また草創期・早期編年上にも押型紋土器との関係は重要な意味を持っている。しかし、押型紋土器の出自や系統観・共伴関係をめぐっては、一致した見解が示されないまま今日を迎えている[8]。ここでは三戸式との関係を中心にして検討してみたい。

　押型紋土器の編年については、樋沢遺跡の押型紋土器の分析を通して、樋沢（古・中・新）の 3 細分案を提示した〔岡本東1989〕。樋沢（古）は沢式・向陽台式、樋沢（中）は樋沢式としたが、樋沢（新）を樋沢式あるいは細久保式の細別型式とするかについては保留した。この点については中島宏から厳しい批判を受けることになる〔中島1990〕。その後、不用意にアラビア数字で樋沢1・2・3と表記したことがあるが、ここでは改めて、樋沢（新）段階を細久保 1 式と呼称する。その表象は口頸部の横帯紋が長くなり多帯化するもの、頸部の無紋帯に刺突紋を施すもの、すなわち『細久保遺跡報告書』の 1 類 a・b 群、2 類 a 群をこれに充てる〔松沢1957〕。さらに細久保 2 式として、横位密接施紋のもの（2 類 b 群）、異種原体を併用して横位密接施紋するもの（4 類）を充てる。かくして、中部地方の押型紋の編年を樋沢 1 式（沢式・向陽台式）→樋沢 2 式→細久保 1 式→細久保 2 式とし、これを基準に三戸式の細分型式との共伴関係を検証してゆきたい。

図Ⅳ－21　三戸遺跡出土の押型紋土器

― 407 ―

第Ⅳ部　押型紋土器と沈線紋土器の編年的関係

　三戸1式（竹之内式）と押型紋の関係を示唆する資料が、福島県竹之内遺跡と神奈川県内原遺跡から出土している。いずれも共伴関係を示す積極的な根拠は見い出せないが、出土する押型紋土器は樋沢2式（普門寺式）に対比できる。竹之内遺跡では先行型式として稲荷台式が、内原遺跡では撚糸紋土器終末の無紋土器がある。これら時期の異なる先行型式に伴ったと考えるより、両遺跡に共通する三戸1式（竹之内式）と共伴関係を求める方がより妥当であろう。また、三戸1式の前段階の平坂Ⅱ式に伴う押型紋土器が沢式に対比するという佐藤達夫の指摘とも整合する〔佐藤・大野1967〕。関東の押型紋土器は、撚糸紋土器から沈線紋土器への転換期に関連して広がりをみせ、群馬県普門寺遺跡や埼玉県向山遺跡のように押型紋土器を主とした遺跡も形成される。なお、竹之内遺跡では三戸1式（竹之内式）に東北の日計式押型紋土器も共伴すると考えられるが、日計式との関係については次章で述べる。

　三戸2式・3式に押型紋土器と共伴関係を示す良好な例は見当たらないが、三戸遺跡の押型紋土器をみてみよう［図Ⅳ−21］。押型紋には格子目・山形・楕円のほか、複合線紋の特殊な原体がある。文様構成は横位密接施紋の細久保2式が主体であるが、無紋帯に爪形をもつ細久保1式も存在する。僅少な資料から即断することは慎まなければならないが、三戸2式に細久保1式、三戸3式に細久保2式がそれぞれ対応する可能性が高い。注目すべきは複合線紋と山形紋の異種原体の横位密接施紋の土器である。長野県塞ノ神遺跡に類例があり、おそらく細久保2式の段階のものであろう。領塚正浩は日計式押型紋土器との関連を見出そうとしているが、これも重要な視点であろう〔領塚1985〕。

　以上のような推定が許されるならば、三戸1式・樋沢2式→三戸2式・細久保1式→三戸3式・細久保2式の対比関係を見い出すことができる。

2. 東北の日計式押型紋と大新町式沈線紋

　戦後、東北の早期縄紋土器研究に大きな足跡を残した2人の研究者がいる。一人は江坂輝彌であり、もう一人が佐藤達夫である。江坂は戦後まもなく東北に入り、持論である田戸・住吉町系文化の解明に乗り出す。八戸市付近の白浜・小船渡平・館平、下北の物見台・ムシリ・吹切沢の諸遺跡を発掘調査し、東北の早期編年の骨格をつくりあげる。やや遅れて東北に入った佐藤達夫は、青森県上北の唐貝地貝塚・早稲田貝塚の発掘よる層位的事例に基き、白浜式から前期初頭に至る編年を考察する。その過程で江坂・佐藤の間に日計式押型紋土器の編年的位置づけをめぐって、相異なる見解が提示されることになる〔佐藤・渡辺1958、江坂1959、笹津1960〕。佐藤は唐貝地貝塚の貝層下から出土した日計式を白浜

第2章　関東・北の沈線紋と関・東北の押型紋

式以前の早期初頭に、江坂はこの特殊な押型紋を北海道の押型紋土器（温根沼式）に求め、早期末のムシリ式（Ⅱ・Ⅲ）に位置づけたのである。

　その後、対峙した見解は1964年の岩手県蛇王洞洞穴の、層位的・型式学的に基づく発掘成果により、佐藤見解の正しさが検証される〔芹沢・林1965〕。と同時に、調査者は日計式の上層から出土した沈線紋土器を蛇王洞Ⅱ式と呼び、白浜式以前とされた。調査者の一人林謙作はこの蛇王洞Ⅱ式を当時知られていた大平式よりも古く、日計式に直結する沈線紋土器として位置づけた。この推測が沈線紋東北起源説につながる点については前述の通りである。1980年代に至り、岩手県大新町遺跡の組織的発掘によって三戸式の分布は北に拡大するとともに豊富な資料を提供することになる。今日、この大新町式の分析を通して蛇王洞Ⅱ式に、そして貝殻紋の白浜式へと変遷する型式学的系統観を追うことが可能となったのである。Ⅰ文様帯や体部の装飾の変遷はこのことをよく示している［図Ⅳ-22］。

1）大新町遺跡の沈線紋と日計式の関係

　大新町遺跡は岩手山から延びる泥流地形の南麓部と北上川に挟まれた北岸の火山灰砂台地南縁部に位置する。この一帯は大新町遺跡をはじめ、中期の大集落（大木8a～8b式）の大館遺跡ほか4遺跡を包括した一大遺跡群を形成し、大館遺跡群と呼ばれる。大新町遺跡は中期集落の大館遺跡の東に接し、草創期の爪形紋土器、早期の日計式・沈線紋土器が多量に出土したことで注目され、東北の草創期・早期文化解明の重要な標識資料を提供している。大新町遺跡で従来より知られていた日計式とはやや異なる一群の日計式押型紋土器が武田良夫によって紹介された〔武田・吉田1970〕。その後の盛岡市教育委員会の継続的調査によって、三戸式に対比される多量の沈線紋土器や日計式押型紋土器が検出され、注目されるに至る。この沈線紋（大新町式）と日計式との供伴関係や編年的関係を如何に解明するかは、沈線紋土器の出自とも係わる重要な問題を含んでいる。両者の関係においては、大きく二つの見解に分かれる。一つは日計式が沈線紋土器の直接の出自と考え、日計式を大新町式の前段階におく見解で、沈線紋土器東北起源説に立つ。もう一つは、出自

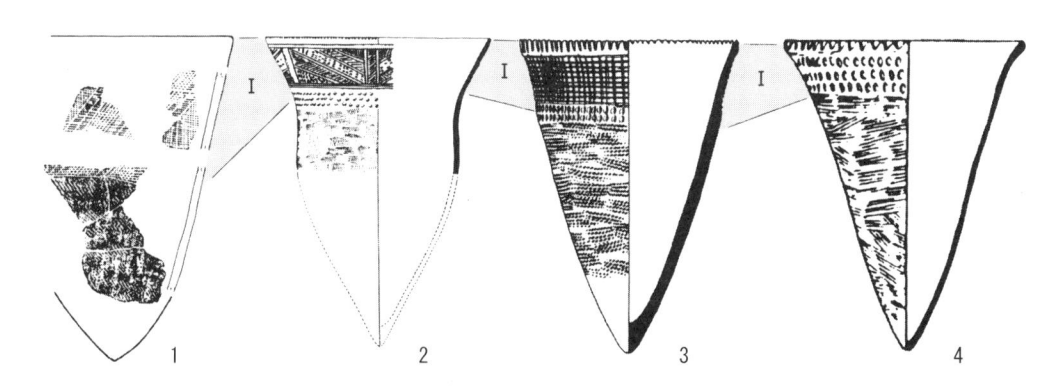

図Ⅳ-22　大新町b式から白浜式への変遷（1 大新町式　2・3 蛇王洞Ⅱ式　4 白浜式）

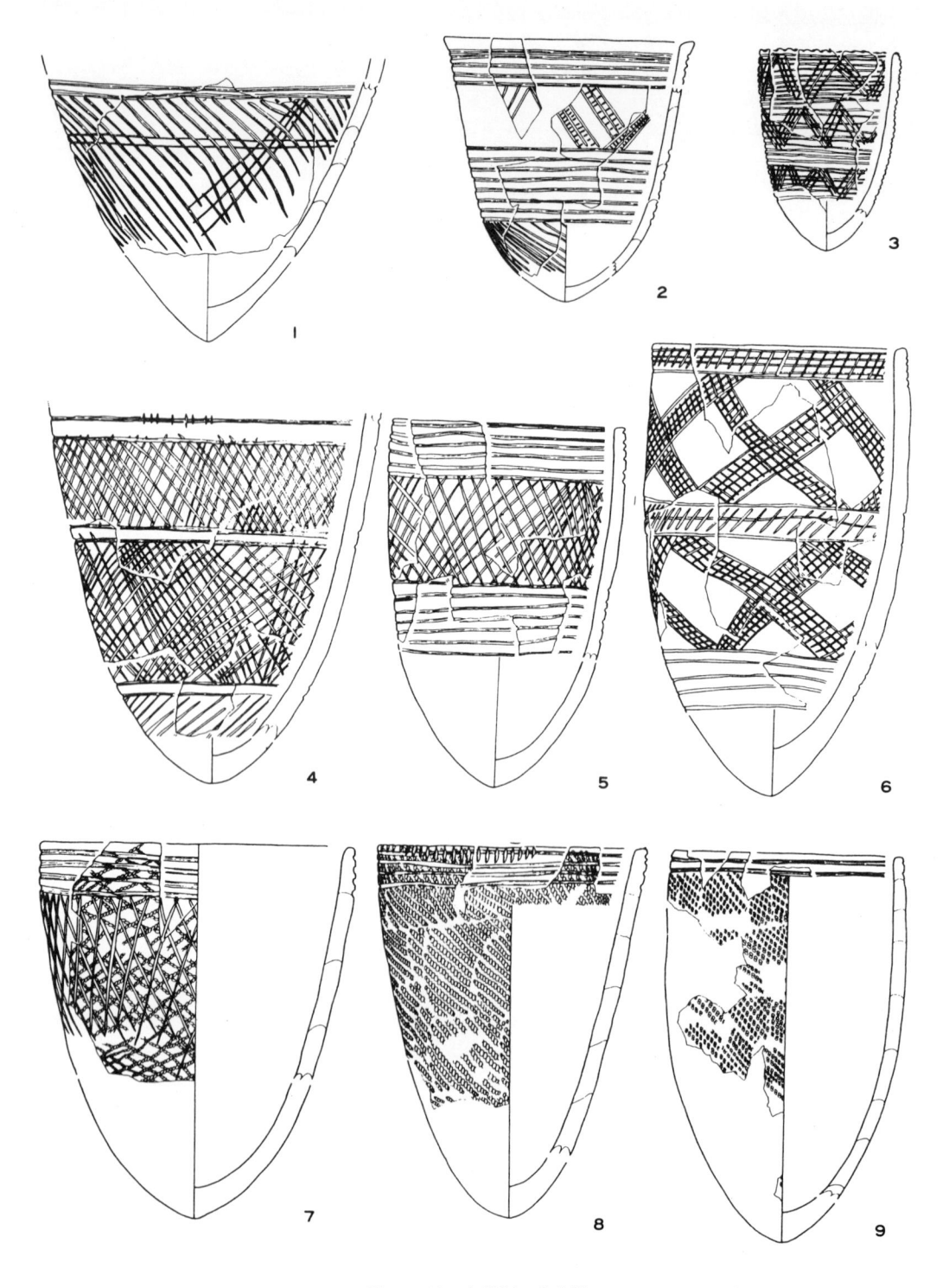

第Ⅳ部　押型紋土器と沈線紋土器の編年的関係

図Ⅳ-23　大新町ａ式土器

- 410 -

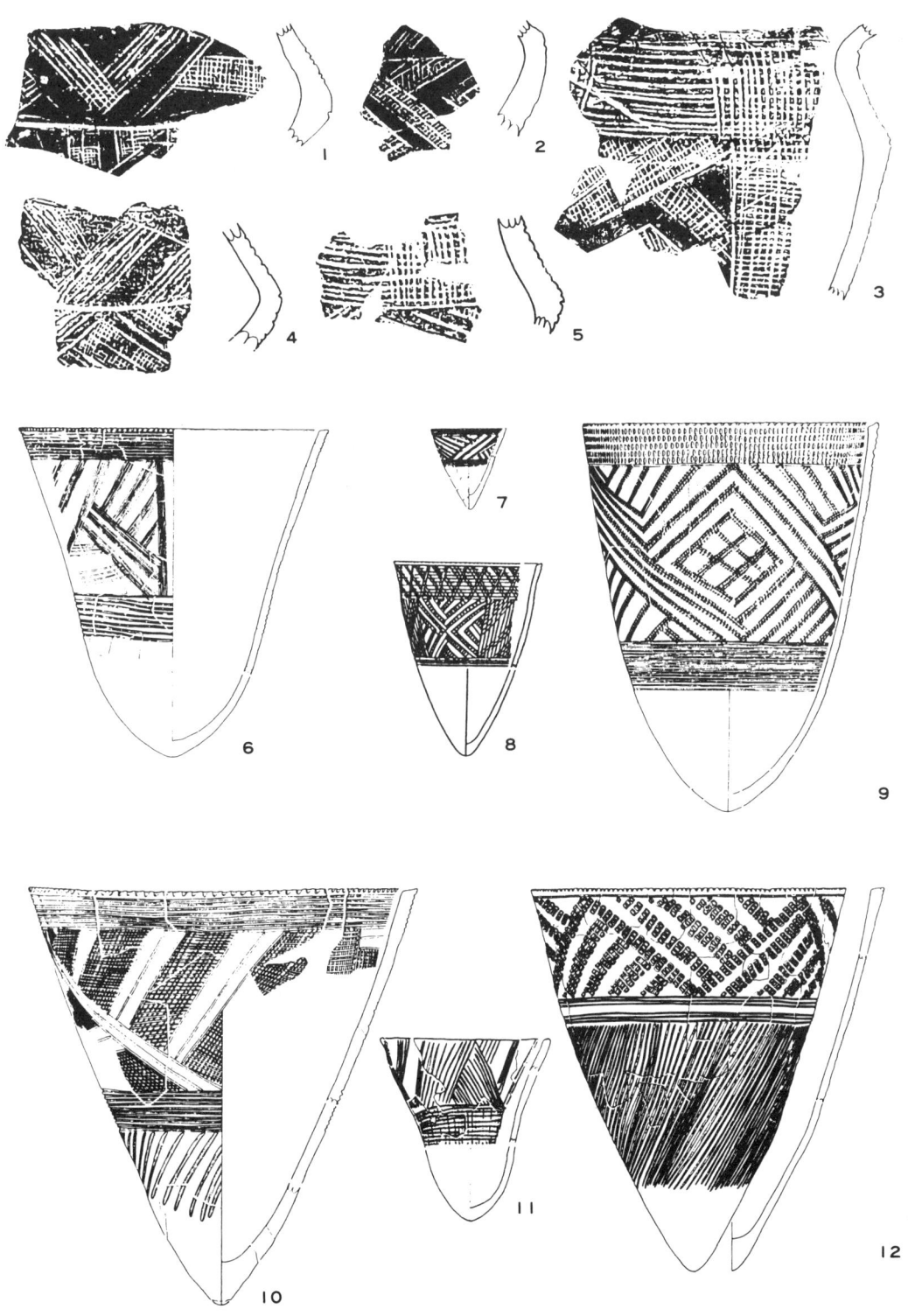

第 2 章　関東・北の沈線紋と関・東北の押型紋

図Ⅳ-24　大新町 b 式土器

- 411 -

第Ⅳ部　押型紋土器と沈線紋土器の編年的関係

はともかく日計式と大新町式を併存と考え、その変遷を関東の三戸式の変遷（1式→2式→3式）に対比させる見解である。すなわち大新町遺跡の沈線紋土器と日計式を共存とみるか、混在とみるかにかかっている。しかしながら、両者はB層（黒褐色〜暗黒色土）から出土し、弁別できる層位的事例は現在のところ検証できない。いずれにしても型式学的考察に依らなければならない。まずは大新町式沈線紋土器の理解からはじめよう。その前に大新町式と蛇王洞Ⅱ式の新旧関係を確認しておきたい。蛇王洞洞穴の層位から日計式から蛇王洞Ⅱ式の変遷は検証されたが、同じ沈線紋土器の大新町式と蛇王洞Ⅱ式の新旧関係について、型式学的にその論拠が示されたことはない。林は蛇王洞Ⅱ式→大平式と位置づけることから、大新町式も新しい位置づけになろう〔林1965〕。しかし今日、この型式学的な理解はおそらく逆であろう。蛇王洞Ⅱ式の文様帯は口縁部近くに縮小し、体部に縄紋・撚糸紋を横位に施紋する。大新式は体部半ばまで幅広く文様帯をもち、下半を斜位の粗沈線を施すものや僅かに縄紋を施す例もある。次に位置する白浜式への変遷を考えると、文様帯や口縁部形態・装飾からも蛇王洞Ⅱ式→白浜式の間に大新式を介在させることは困難であり、それ以前に位置づけるのが妥当であろう［図Ⅳ-22］。中村五郎が指摘したように、蛇王洞Ⅱ式以降は田戸下層式に対比すべき資料と考えられる〔中村五1986〕。

次に、大新町遺跡の沈線紋土器を分析してみる。出土する沈線紋土器には三戸3式に対比する大新町式のほか、文様構成や器形・胎土とも異なる一群の沈線紋土器が存在する。大新町式を細分する特徴を有している。この差異については、当初から調査者によって強

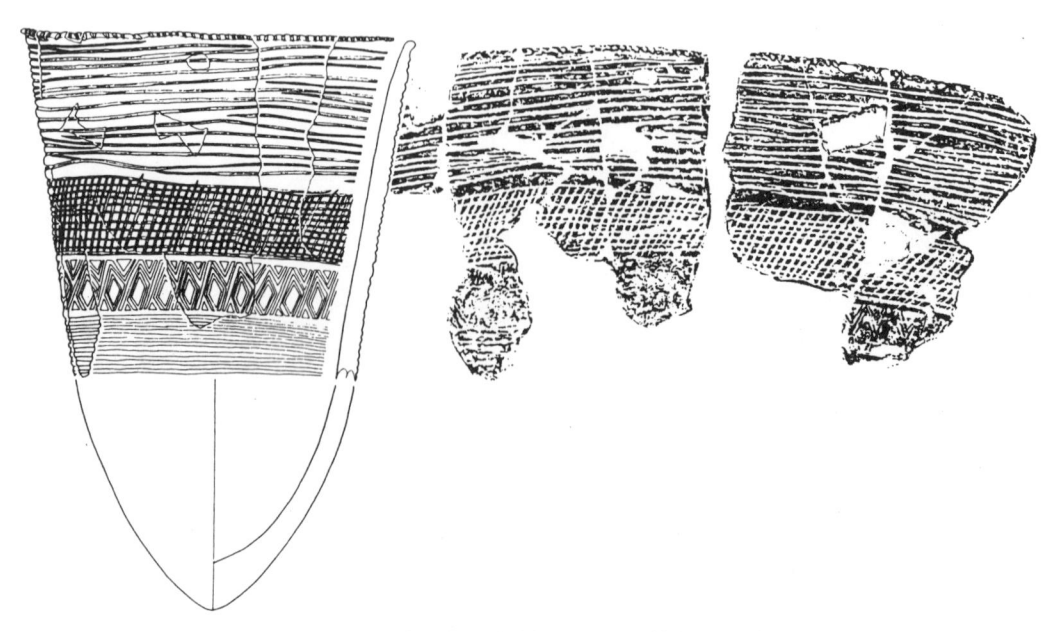

図Ⅳ-25　押型紋・沈線紋併用土器（大新町遺跡）

第2章　関東・北の沈線紋と関・東北の押型紋

く指摘されてきた点でもある[9]。三戸3式に対比すべきものを大新b式、日計式と共通する沈線紋土器を大新a式とよぶ［図Ⅳ-23・24］。a式は胎土中に繊維を含み、日計式と同様砲弾状の器形を呈し、口唇部は丸頭・平頭・内ソギの各種がある。文様帯は底部近くまで施紋され、二帯型・多帯型が多い。b式は胎土に繊維を含まず、円錐系に近い器形を呈し大半が内ソギの口唇部となる。文様帯は一帯型のものが多い。この器形や胎土が異なるa式・b式がともに用いられたとすると、日計式と共通するa式が在地の伝統的な土器、b式が搬入あるいは異系統の土器となる。しかし、こうした共存関係を実証することは難しく、むしろ両者は新・旧関係を示す時系列として捉えることが理解し易い。その一つの根拠は、次に述べる沈線紋と押型紋を併用した土器の存在である。この土器は器形・胎土ともa式に共通しており、より日計式に近いことを示している。すなわち大新a式→b式の変遷が想起される。大新町遺跡の沈線紋は2型式に細分されるのである。

2) 沈線紋・押型紋併用土器の理解

　沈線紋と押型紋を併用した土器は第4次調査（1983年）に出土し、その隣接地の第34次調査（1989年）でさらに同一個体が見つかっている。口縁部から体部下半に至る破片が出揃い、現在、復原されている［図Ⅳ-25］。『報告書』によれば、「器形はほぼ直線的に立ち上がる尖底土器で、推定口径21.5cm、推定器高31cmをはかる。口唇部は内削ぎ状で短沈線による斜位の刻目が施され、文様帯は口縁部4段の施文帯で構成され、上位の口縁部は横位の平行沈線文、体部上半には横位平行沈線文と斜行沈線文を組み合わせた帯状斜格子目文、さらにその下半には押型文による重層y字状文、その下位には横位平行沈線文が巡る。また1段目の平行沈線文と2段目の帯状格子目文間には5～8mm程の間隔があり、

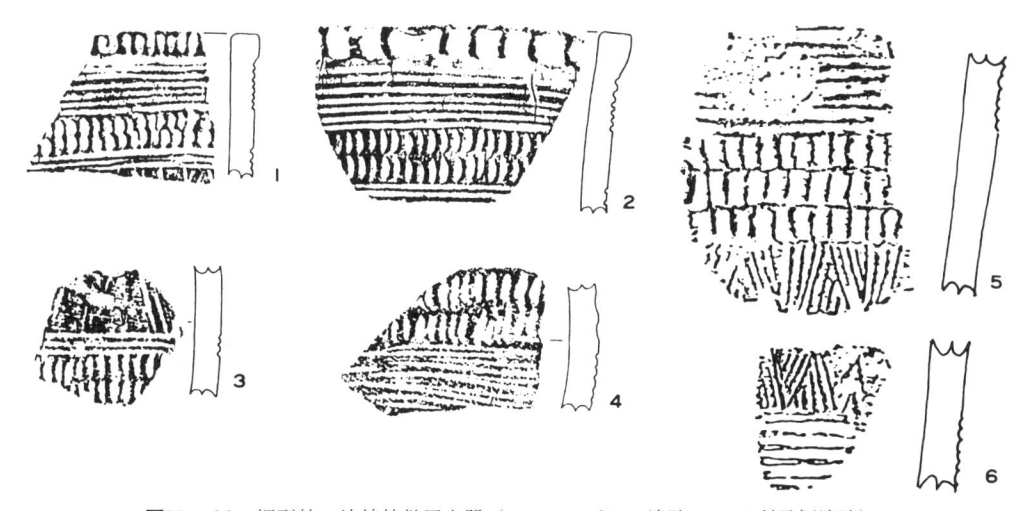

図Ⅳ-26　押型紋・沈線紋併用土器（1～4 ムジナⅠ遺跡　5・6 刈又坂遺跡）

- 413 -

第Ⅳ部　押型紋土器と沈線紋土器の編年的関係

細い無文帯とも理解される。胎土には繊維のほか少量の砂粒及び金色雲母を含む。」と解説されている〔八木・千田1990〕。横位平行線紋を施紋帯とみるか、施紋域の分帯とみるかは見解の分かれるところであるが、いずれにしても多帯型あるいは2帯型の文様帯であることには変わりない。また下位の横位平行沈線紋以下は欠損しているが、押型紋か沈線紋の文様帯が重畳される可能性をもっている。この土器の器形・文様帯構成・胎土とも、明らかに日計式の伝統を引き継いでおり、大新町a式に対比できる資料である。

　異なる施紋具によって描出されたこの土器については、2つの解釈が成り立つ。1つは日計式を母体として沈線紋土器が出自するという立場から、沈線紋土器に日計式の伝統が遺ったとする見解。もう1つは異系統の立場から、日計式土器と沈線紋土器が併存したとする見解である。前者は縦の構造を重視する立場であり、後者は横の構造を重視する。「縦」の理解については、日計式押型紋土器から関東北の沈線紋土器が発生したこと証明しなければならない。一方「横」の理解においては、日計式が在地の土器、沈線紋土器が別な系統の土器であると証明しなければならないであろう。いずれも難しい課題である。しかし、この土器を含めた大新a式が東北の最古の沈線紋土器であるという認識では一致しよう。では、大新a式が関東北の沈線紋土器総体の中で、どのような位置を占めるのか探ってみたい。

　北関東、常陸の刈又坂遺跡とムジナⅠ遺跡の沈線紋土器をみてみよう［図Ⅳ-26］。これらの沈線紋土器の中には、大新町遺跡にみられた日計式押型紋・沈線紋併用土器が存在する。ムジナⅠ遺跡例は口縁部破片で、平頭状口唇部直下に短沈線、続いて平行沈線紋帯、短沈施紋帯を施し、押型紋帯となる。別な破片から以下短沈線紋帯と平行沈線紋帯になる。刈又坂遺跡例は口唇は欠損するが口縁部近くの破片である。平行沈線紋（押型紋？）帯、3列の短沈線紋帯の続き、押型紋を施紋している。いずれも多帯型の沈線紋土器である。これらの土器をみる限り、沈線紋土器に異系統の日計式押型紋が組み入れられたと解釈する方がより妥当であろう。とするならば東北と関東に存在する日計式と沈線紋との併用土器は、日計式押型紋土器と沈線紋土器の相互交流を物語る資料であり、そのことは両者が同時に存在していることを証明している。すなわち、これらの併用土器は「縦」の関係というより「横」の関係を証明している。その時期はムジナⅠ遺跡例・刈又坂遺跡例の沈線紋土器からみて、三戸2式の段階にあたる。また、千葉県今郡カチ内遺跡から出土した日計式押型紋土器は、三戸2式との共存関係を補完するものといえよう。大新町a式は三戸2式に併行し、日型式押型紋土器とも共存すると考えられる[10]。

　また大新町a式－三戸2式の対比が正しいならば、沈線紋土器の出自は自ずと決まってこよう。大新町a式以前は古式の日計式押型紋の段階であるが、関東ではその前に沈線紋

- 414 -

の三戸1式（竹之内式）が存在しており、沈線紋土器の出自は関東に求めなければならない。斯くして南北二系論以来の沈線紋土器東北起源説は瓦解しよう。

3) 日計式土器の細分とその編年的位置

東北に広く分布する日計式土器は多くの研究者によって論及されてきた。その位置づけと変遷については、撚糸紋土器との関係をめぐって諸説が提示されてきた。その大きな理由は、先にも述べたように草創期後半の撚糸紋土器段階の広域編年が未だ確立していないことに起因している。このことは西日本の押型紋土器についても同様のことがいえる。日計式の位置づけについては、日計式を撚糸紋土器全般あるいは後半に対比させ、その編年上の空白を埋めようとする「組み込み論」。もう1つは佐藤達夫が提示した花輪台II式〜田戸下層式とする撚糸紋土器終末から沈線紋土器の変遷と対比する考えに大きく二分することができる。前者は沈線紋土器東北起源説同様、ややもすると裏付けのない願望論であるのに対し、後者は唐貝地貝塚の層位例と型式学的視点から導き出された見解である。前項で述べたように大新a式－三戸2式の段階に、日計式押型紋土器が併行することに疑う余地はない。あとは日計式の細別とその変遷に係わっているのである。

日計式の変遷については、武田の2細分案、相原の4細分案、中村・原川の3細分案が提起されている〔武田1985、相原1985、中村1986、原川雄1988〕。いずれの細分案も破片資料のため主に施紋具の種別の変遷観にとどまり、型式学的な弁別には至っていないのが現状であろう。いま日計式を細分する自己の分析は提示するまでには至らないが、その見通しを述べるに留める。従来から多くの研究者が指摘するように、武田が「大新式」として弁別したX字・V字の中に平行短線を充填した1群の日計式と重層V字・菱形の従来の日計式に大別できよう。両者の新旧関係についても催然と分かって根拠が示されている訳ではない。後に述べる文様帯構成や区画帯の平行沈線紋が平行押型紋の置換、器厚、押型紋と縄紋が交互施紋土器の有無などから、沈線紋の大新町a式と共伴する押型紋を日計式（新）、沈線紋に先行するものを日計式（古）と呼ぶ［図IV－27・28］。（古）式に属する日計式は、青森県唐貝地貝塚例・岩手県馬場野II遺跡例・宮城県松田遺跡例・福島県竹之内遺跡例、（新）式に属するものは青森県幸畑遺跡例・岩手県大新町遺跡例・宮城県下川原子A遺跡例・福島県観音谷地遺跡例を挙げることができる。なお、秋田県岩井堂洞穴には（古）・（新）両式があり、層位的に分離できれば基準資料となろう。

日計式（新）は主に東北北半にはX字・V字に平行線を充填する押型紋が分布するのに対し、南半には平行線を充填する新潟県松ケ峯遺跡例が認められるが、V字・菱形紋に斜位の平行線を充填するものや単位文様の割付が崩れたものが多い。この様相の違いを地域性として論じるためには、まだ資料不足の感を否めない。日計（新）式は（古）式に比べ、

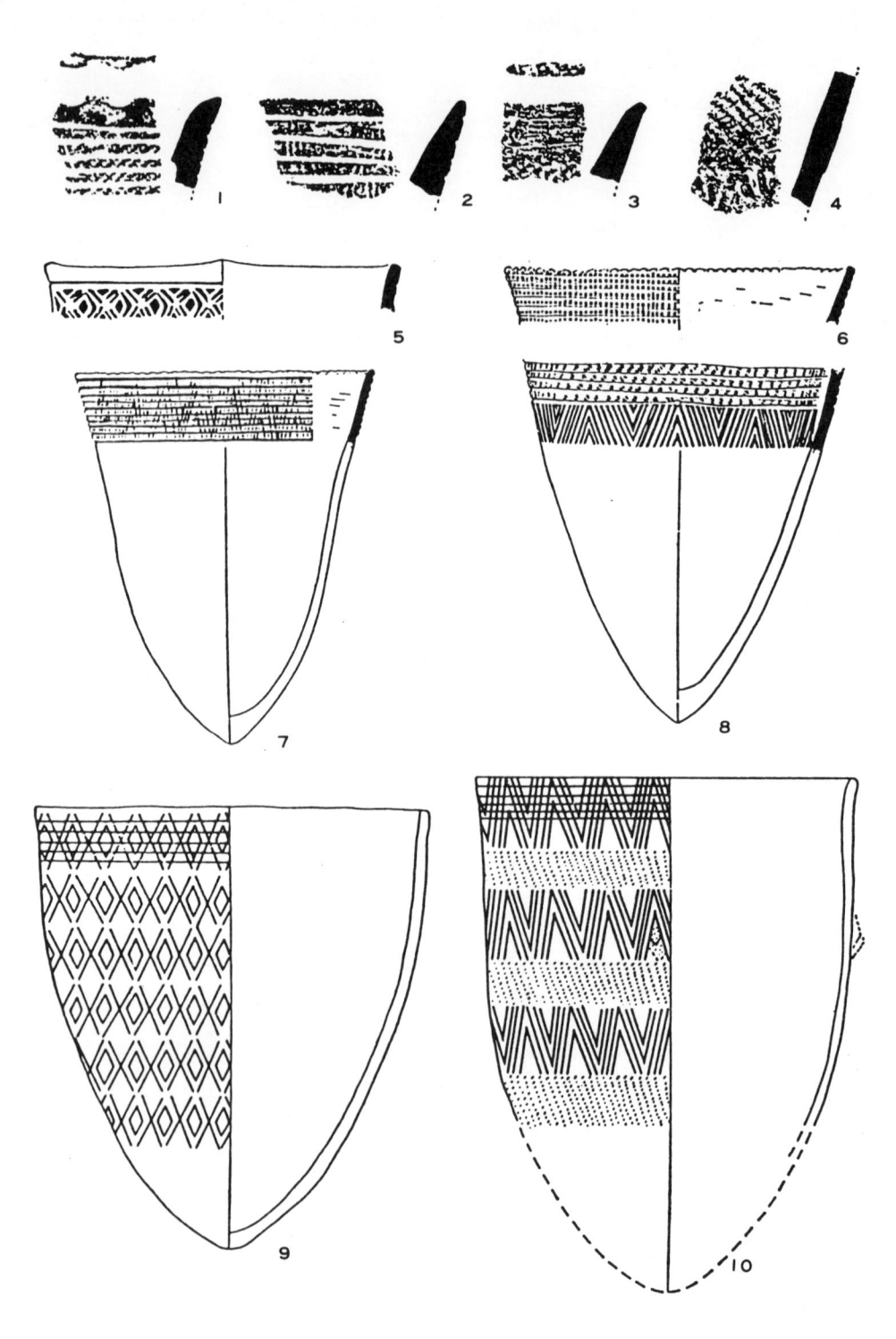

第Ⅳ部 押型紋土器と沈線紋土器の編年的関係

図Ⅳ－27　日計式土器（古段階）（1～4 唐貝地貝塚　5～8 竹之内遺跡　9・10 馬々野Ⅱ遺跡）

第 2 章　関東・北の沈線紋と関・東北の押型紋

図Ⅳ-28　日計式土器（新段階）（1 大新町遺跡　2 塩喰岩陰　3 兕振B遺跡）

第Ⅳ部　押型紋土器と沈線紋土器の編年的関係

原体がさらに長く・太くなり、器壁も厚くなる。（新）式の文様構成は近年の復原例をみると区画帯が平行押型紋となり、口縁部区画帯を構成するほか、体部にも区画帯を施し二帯型の構成をとる。これは沈線紋の大新a式と同じ文様構成であることが判明する。これに対し（古）式は岩手県馬場野Ⅱ遺跡例を除いて文様構成が判明する例は少ない。平行沈線紋を口縁部にのみ施している例もあるが、体部に数条の平行沈線紋を施す例もみられ、多帯に区画する文様構成にもみえる。この点は類例や復原例を待って検討しなければならないが、重要な弁別の指標となるかも知れない。大局的には日計（新）式が大新町a式、（古）式が三戸1式（竹之内式）に対比される。日計式の上限がさらに遡るかどうかは一重に（古）式の細分に係わる問題であるが、新資料でも発見されない限り撚糸紋土器の諸型式に対応する変遷は困難である。遡ったとしても撚糸紋土器終末期に対比できるのが限界であろう。では下限はどうであろうか。次に述べる中部地方の押型紋土器との関係から、大新町b式にも存続していた可能性が窺える。すなわち、日計（古）式－三戸1式日計（新）式－大新a式の対比を軸に、前後それぞれ一型式を加える範囲での変遷が順当な位置づけになろう。

4）日計式押型紋土器と細久保2式の対比

　如上のように日計式押型紋土器の編年的枠組は、関東の沈線紋土器の変遷との対比において捉えられることができる。では、東北の日計式押型紋と西日本に広く分布する押型紋との関係はどのようなものであるか。関東の沈線紋を挟んでほぼ同時期に、北と西に広がる押型紋土器がまったく無関係に出現したとは考えにくい。しかし直接的な関係を示す資料は少ないが、福島県竹之内遺跡の日計（古）式と樋沢2式（普門寺式）の共伴関係が認められる。これらの土器は撚糸紋（稲荷台式）に伴うとする見解もあるが、前述してきたように三戸1式（竹之内式）を媒体として両者が結びついていると考えられる。すなわち、

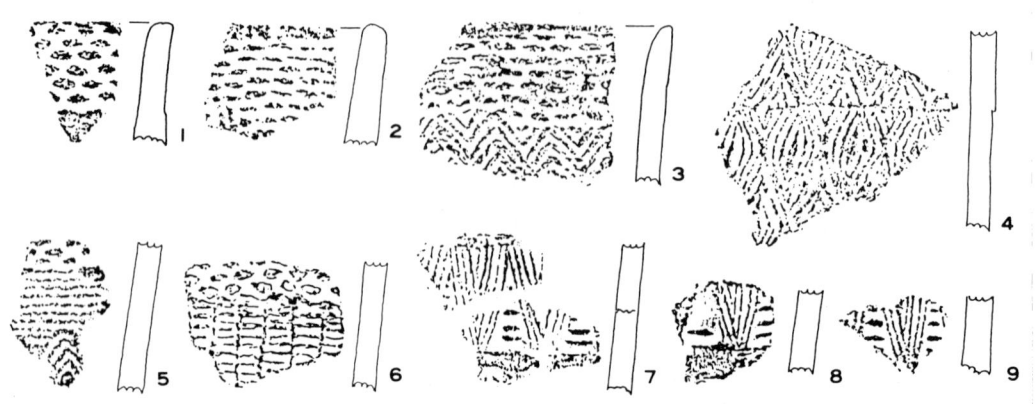

図Ⅳ－29　松ケ峯 No.237 遺跡出土の押型紋土器

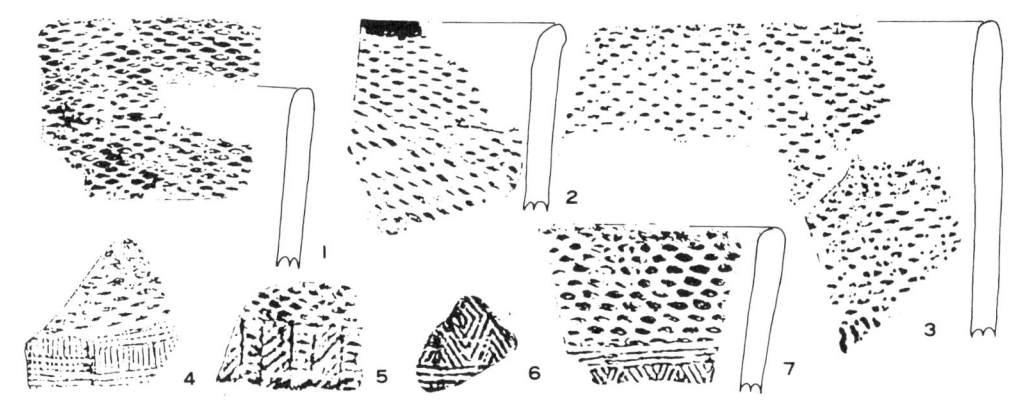

第2章　関東・北の沈線紋と関・東北の押型紋

図Ⅳ-30　塞ノ神遺跡出土の押型紋土器

日計（古）式－三戸1式（竹之内式）－樋沢2式の広域編年が成立する。もう1つの接点は、新潟県松ケ峯No.237遺跡の資料である［図Ⅳ-29］。表採資料であるが、西の細久保2式と日計（新）式が共伴しており、日計式の下限を示す資料と考えられる。出土した日計（新）式は重層菱形紋、重層V字と平行線を充填したV字を組み合わせた単位文様のものがある。いずれも繊維を含み、日計式土器の特徴を有している。これに伴う中部の押型紋土器は楕円の横位密接施紋を主体とし、山形紋との併用紋などもある。これらも繊維を含むものが多い。県下では卯の木遺跡例、信州では学間遺跡例にみられる細久保2式に対比できよう。異種原体を含む点では塞ノ神遺跡例が最も近い［図Ⅳ-30］。塞ノ神遺跡の異種原体を直ちに日計式と関係づけることには躊躇していたが、松ケ峯遺跡例を通して日計式の影響により細久保2式に変容をもたらしたと見て差し支えないであろう。また、前述した三戸遺跡出土の細久保2式に伴う異種原体も同様な例であり、領塚正浩が示唆した日計式との関連性はおそらく正しい評価であろう〔領塚1985〕。

　細久保2式段階には異種原体との併用土器が瀬戸内方面にまで広く分布していることが片岡肇によって指摘されている〔片岡1988〕。すべてを日計式の影響とする訳にはいかないが、日本海側を経由して信州の押型紋土器と日計式との交流が異種原体の出現の一つの契機となったに違いない。細久保2式が関東の三戸3式に対比すべき資料とすると、日計（新）式としたものには大新a式と大新b式の2段階に細分される可能性をもっている。おそらく日計式の下限は三戸式の変遷の範囲内で捉えることができるであろう。すなわち、日計式の下限を通して、細久保2式－三戸3式－大新b式・日計式（新）式とする広域編年が設定できるのである。提示した広域編年については、更に検討すべき点を含んでいるが、大局的には動かし難いものと考えられる。

第Ⅳ部　押型紋土器と沈線紋土器の編年的関係

	押 型 紋	沈　　　線　　　紋			日 計 式
早期	細久保2	三戸3	大　平	大新町b	新　(+)
	細久保1	三戸2	(+)	大新町a	＋
	樋沢2	三戸1	竹之内	日計式	古　＋
	樋沢1	平　坂	(+)		(+)
	中　部	関　東	東北南部	東　北　北　部	

東日本・早期前葉の編年

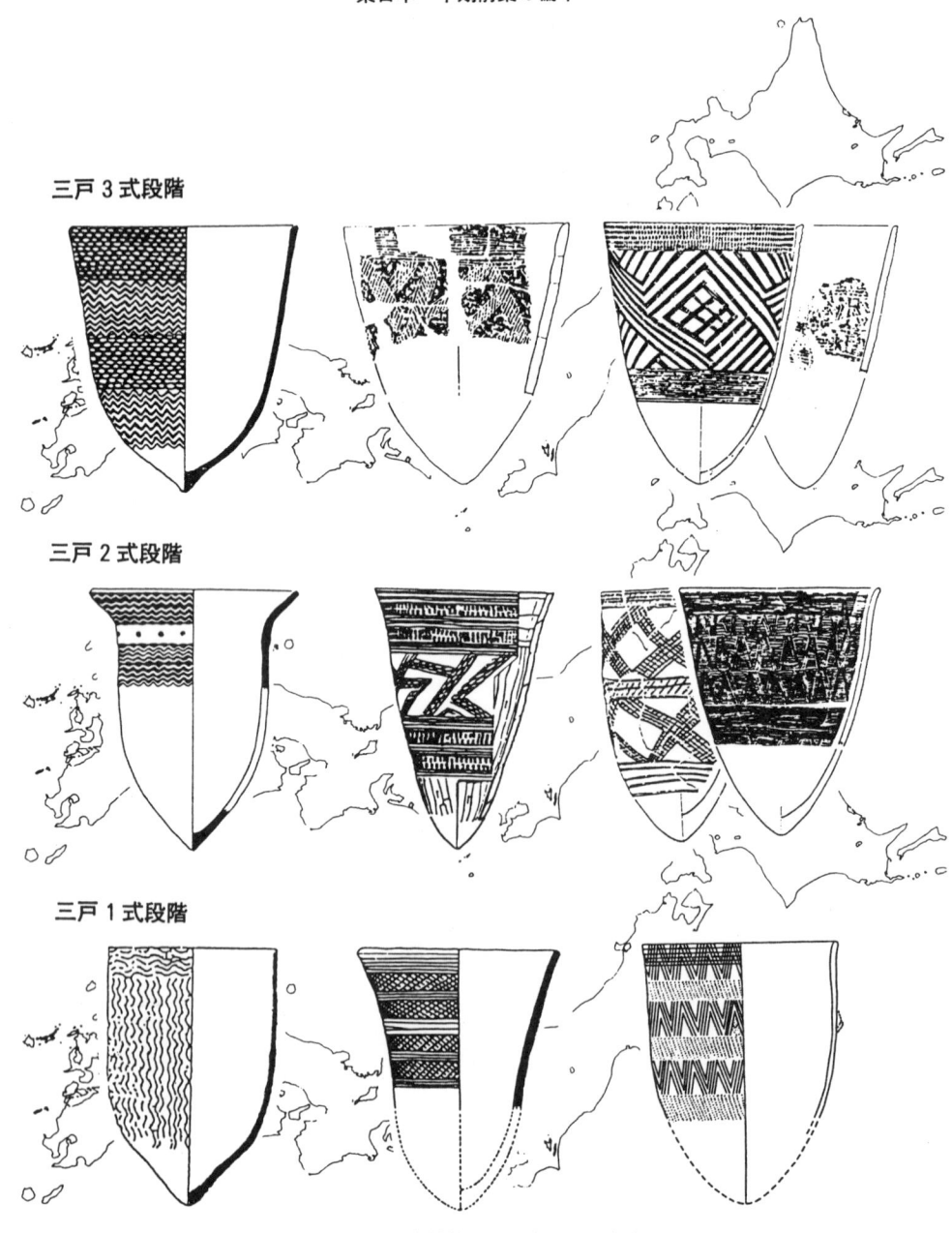

三戸3式段階

三戸2式段階

三戸1式段階

図Ⅳ-31　沈線紋土器の変遷・編年表

- 420 -

おわりに

　以上述べてきたように、関東の沈線紋土器の変遷を軸として中部の押型紋土器、東北の日計式土器の編年的関係を型式学的な視点から追及してきた。その結果、三者には型式学的な相関性を示す資料があり、押型紋土器と沈線紋土器、沈線紋土器と日計式土器、日計式土器と押型紋土器、それぞれが併行関係を保ちつつ交流する様相を捉えることができた。層位的な事例とまではいえないが、竹之内遺跡における三者の出土の在り方は、その関係を暗示しているようにみえる。すなわち三戸1式（竹之内式）－日計式（古）－樋沢2式は共伴した可能性が高い。この併行関係が型式学的にも層位的にも正しいとするならば、沈線紋土器の出自は自ずから決まってこよう。関東で沈線紋土器が出現した時期（三戸1式）、中部と東北では前時代の伝統的回転手法（押型紋）による施紋が継続しており、沈線紋土器の萌芽は認められない。これに対し関東では逸早く回転手法（撚糸紋）から脱却し、沈線で描く描線手法に転換する。この描線手法の発達が文様帯の成立とも深く関わってくるのである。沈線紋土器出現の胎動はすでに撚糸紋土器終末期の木の根式に認められ、沈線紋土器の成立は撚糸紋土器の分布域すなわち関東を母体として成立したことを示唆している。確かに沈線紋土器と日計式土器の文様及び文様帯構成に共通する部分を含んでいる。これは日計式からの出自の関係を示すのではなく、沈線紋土器との併行関係を示していると考えられる。なぜなら、東北における沈線紋土器の出現は次の日計式（新）の段階であり、このことは沈線紋・日計式併用土器が証明している。すなわち、沈線紋土器の出自は、東北ではなく関東に求めなければならない。沈線紋土器東北起源説は「南北二系論」の虚構の上に成り立った幻想に過ぎないことが明らかになった。関東で沈線紋土器が隆盛した時期、東北独自の主体的土器はあくまで日計式土器であり、沈線紋土器は客体的存在でしかない。ではその後、在地の日計式土器はどのように変容していったのであろうか。三戸式土器の下限は、三戸3式－大平式－大新b式とする併行関係が示すように、関東北の土器として広域に分布するが、この時期、日計式が存続していたことは松ケ峯No.237遺跡の共伴関係から推定することができる。おそらく、こうした沈線紋土器の波及により日計式土器の製作集団は、ついに回転施紋具をすて、貝殻を用いた貝殻・沈線紋土器を生み出していく。この画期が早期後半の東北の新たな胎動を生成することになる。

　最後に、沈線紋土器・日計式土器・押型紋土器の関係を、編年表にまとめ結論としたい［図Ⅳ－31］。

　なお、沈線紋東北起源説や日計式土器をより古く位置づける研究者にとっては、容認できない見解を含んでいよう。誤りがあれば正していきたい。

第Ⅳ部　押型紋土器と沈線紋土器の編年的関係

註

（1）1960年代新潟県室谷洞穴から井草式土器が発見された当時は、「田舎の撚糸紋土器」とさげすまれてきた。今日では山形県米沢市ニタ俣A遺跡を北限として、福島県下では各型式の撚糸紋土器が出土している。この東北南部は日計式土器の分布域でもあり、また草創期前半の土器群も発見されており、撚糸紋土器の関係や日計式土器に先行する土器の実態が解明される日は近いと思われる。
（2）「関東」は岡本勇と戸沢充則の共著であるが、前半部分（前期まで）は岡本の筆である。
（3）沈線紋土器の研究者の多くも、日計式土器の中に沈線紋の出自を見い出そうとする傾向にある〔西川1980、高橋1986，1987、恩田1991，1994〕。
（4）恩田勇による調べの三戸式土器の地名表では、岩手県から静岡県・長野県に至る分布域に、96遺跡をあげる〔恩田1991〕。
（5）三戸式は長野県浪人塚遺跡、田戸下層式は岐阜県星の宮遺跡で出土しており、押型紋土器の分布域にも僅かながら認められるが、押型紋土器が関東の沈線紋土器の分布域に広がる力が強い。このことは沈線紋土器の動向と深く係わっていると考えられる。
（6）Ⅰ文様帯の成立を何時に求めるかは重要な問題を含んでいるが、三戸2式の段階と考える。
（7）大新式という呼称は、武田良夫によって大新町遺跡の従来の日計式とは異なる一群の押型紋土器に与えられたが、ここでは大新町遺跡出土の沈線紋土器を「大新町式」、押型紋土器を日計式（新）と呼ぶ。
（8）西日本に広がるいわゆるネガティブ押型紋土器の起源とその位置づけについては、片岡肇の見解以来、未だに草創期後半（撚糸紋土器）に求める傾向が強い。この点については新資料の粟津湖底遺跡例も含めて改めて検討したい。
（9）この重要な観察点についてはあまり注意が払われておらず、一括して論じられる場合が多い。器形・胎土・文様構成ともに細別の条件は整っていると考える。
（10）恩田勇はa・b式を弁別し大新町a式を三戸1式に対比されるが、ムジナ遺跡例・刈又坂遺跡例の併用土器から三戸2式に対比することは動かし難い。なお、恩田のいうA系統第2段階の例示土器は、b式に対比すべき資料である。
（11）押型紋と縄紋を交互に併用する例や沈線による区画は二帯型というより多帯型を意識しているようにみえる。

引用・参考文献

会田　進　1970　「長野県南安曇郡奈川村学間遺跡発掘調査報告」『信濃』22－2
相原淳一　1985　「概説日計式土器群の成立と解体」『赤い本』1
相原淳一　1988　「東北地方の押型文文化をめぐって」『縄文早期文化を考える－押型文文化の諸問題』
赤星直忠　1929　「相模三戸遺跡」『考古学雑誌』19－11
赤星直忠　1936　「古式土器の一形式としての三戸式土器に就いて」『考古学』7－9
石川恵美子　1990　「岩井堂洞窟における早期貝殻沈線文土器の系統と変遷」『秋田県立博物館研究報告』第15集
石橋宏克　1987　「庚塚遺跡－三戸式土器について」『東関東自動車道埋蔵文化財発掘調査報告書』Ⅲ　日本道路公団東京第一建設局
江坂輝彌　1944　「廻転押捺紋土器の研究」『人類学雑誌』59－8
江坂輝彌　1959　「縄文文化の発現　－縄文早期文化」『世界考古学大系』1　平凡社
岡本　勇・戸沢充則　1965　「縄文文化の発展と地域性　－関東－」『日本の考古学』Ⅱ　河出書房新社

岡本東三　1987　「押型紋土器」『季刊考古学』21
岡本東三　1989　「立野式土器の出自とその系統をめぐって」『先史考古学研究』2
岡本東三　1992　「埼玉県・大原遺跡第3類土器をめぐって」『人間・遺跡・遺物』2
岡本東三ほか　1994　『千葉県城ノ台南貝塚発掘調査報告書』千葉大学文学部考古学研究室報告1
恩田　勇　1991　「沈線文土器群の成立と展開 (1)」『神奈川考古』27
恩田　勇　1994　「沈線文土器群の成立と展開 (2)」『神奈川考古』30
片岡　肇　1988　「異形押型文土器について」『朱雀』京都文化博物館研究紀要1
工藤利幸ほか　1986　『馬場野Ⅱ遺跡発掘調査報告書』岩手県文化振興事業団埋蔵文化財調査報告書99
小島正巳・早津賢二　1992　「妙高山麓松ケ峯No.237遺跡採集の押型文土器」『長野県考古学会誌』64
小暮伸之　1996　「縄文時代早期沈線文土器と押型文土器の変遷に関する一試論」『論集しのぶ考古』
笹沢　浩・小林　孚　1966　「長野県上水内郡信濃町塞ノ神出土の押型文土器」『信濃』18-4
笹津備洋　1960　「青森県八戸市日計遺跡」『史學』33-1
佐藤達夫・大野政雄　1967　「岐阜県沢遺跡調査予報」『考古学雑誌』53-2
佐藤達夫・渡辺兼庸　1958　「青森県上北郡の早期縄文土器」『考古学雑誌』43-3
佐藤達夫　1961　「青森県上北郡出土の早期縄紋土器（追加）」『考古学雑誌』46-4
白石地域文化研究会　1985　「宮城県白石市下川原子A遺跡第一次調査報告」『赤い本』1
白崎高保　1941　「東京稲荷台先史遺跡」『古代文化』12-8
新谷　武ほか　1977　『むつ小川原開発予定地内埋蔵文化財試掘調査概報』青森県埋蔵文化財調査報告36
芹沢長介　1954　「関東および中部地方における無土器文化の終末と縄文文化の発生とに関する予察」『駿台史学』4
芹沢長介・林　謙作　1965　「岩手県蛇王洞洞穴」『石器時代』7
高橋　誠　1986　「型式学的方法－貝殻沈線文系土器」『季刊考古学』17
高橋　誠　1987　「土器型式－貝殻沈線文系土器」『季刊考古学』21
竹島国基　1958　「福島双葉郡大平遺跡略報」『石器時代』5
武田良夫　1985　「岩手県に於ける押型文土器文化の様相」『赤い本』1
武田良夫・吉田義昭　1970　「盛岡市大新遺跡」『奥羽史談』69-2
宮城県教育委員会編　1982　『仙南・仙塩・広域水道関係遺跡調査報告書』宮城県文化財調査報告書88
中島　宏　1990　「細久保遺跡2類a群土器についての覚書」『縄文時代』1
中野拓大　1983　「日計式土器研究と今後の展望」『史峰』19
中野拓大　1995　「三戸式土器の成立と展開をめぐる試論」『みちのく発掘』
中野拓大　1996　「東北地方における縄文時代早期前葉土器の概要」『標葉文化論究』
中村孝三郎　1963　『卯の木押型文遺跡』長岡市立科学博物館研究調査報告5
中村五郎　1986　「東北地方古式縄紋土器の編年」『福島の研究』1　地質・考古篇　清文堂出版
中村五郎ほか　1976　『磐梯町の縄文土器』
中山清隆　1985　「日計式土器群の再検討 (1)」『日高見国－菊池啓治郎学兄還暦記念論文集』
中山清隆　1986　「東北地方の押型文土器群」『考古学ジャーナル』265
西川博孝　1980　「三戸式土器の硬究」『古代探叢』1
野内秀明ほか　1982　『横須賀市文化財調査報告書』9　横須賀市教育委員会

第Ⅳ部　押型紋土器と沈線紋土器の編年的関係

芳賀英一ほか　1994　『東北横断自動車道遺跡調査報告』25　福島県文化財調査報告書296　福島県教育委員会
林　謙作　1965　「縄文文化の発展と地域性」『日本の考古学』Ⅱ　河出書房新社
原川雄二　1988　「日計式土器について」『考古学叢考』下巻
原川虎夫・原川雄二　1974　「東北地方押型文土器の諸問題」『遮光器』8
原田昌幸　1991　『撚糸紋系土器様式』『考古学ライブラリー』61　ニュー・サイエンス社
藤本弥城　1980　『那賀川下流域の石器時代研究Ⅱ－ムジナⅠ遺跡－』
松沢亜生　1957　「細久保遺跡の押型文土器」『石器時代』4
馬目順一ほか　1982　『竹之内遺跡』　いわき市埋蔵文化財調査報告8
八木光則・千田和文ほか　1982　『大館遺跡群大新町遺跡発掘調査概報－昭和56年度－』　盛岡市教育委員会
八木光則・千田和文ほか　1983　『大館遺跡群大新町遺跡発掘調査概報－昭和57年度－』　盛岡市教育委員会
八木光則・千田和文ほか　1984　『大館遺跡群大新町遺跡・大館遺跡－昭和58年調査概報－』　盛岡市教育委員会
八木光則・千田和文ほか　1985　『大館遺跡群発掘調査概報－昭和61年度－』　盛岡市教育委員会
八木光則・千田和文ほか　1986　『大館遺跡群大新町遺跡・大館遺跡－昭和60年度発掘調査概報』　盛岡市教育委員会
八木光則・千田和文ほか　1990　『大館遺跡群発掘調査概報－平成元年度－』
山下孫継　1979　『岩井堂洞窟』
山内清男　1929a　「関東北に於ける繊維土器」『史前学雑誌』1－2
山内清男　1929b　「関東北に於ける繊維土器－追加1」『史前学雑誌』1－3
山内清男　1930a　「関東北に於ける繊維土器－追加2」『史前学雑誌』2－1
山内清男　1930b　「関東北に於ける繊維土器－追加3」『史前学雑誌』3－3
山内清男　1932　「日本遠古之文化」(2)　『ドルメン』1－5
山内清男　1935　「古式縄紋土器研究最近の情勢」『ドルメン』4－1
山内清男　1969　「縄紋草創期の諸問題」『ミュージアム』224
領塚正浩　1985　「三戸式土器の検討」『唐沢考古』5
領塚正浩　1987a　「田戸下層式土器細分への覚書」『土曜考古』12
領塚正浩　1987b　「三戸式土器の再検討」『東京考古』5
領塚正浩　1992　「「三戸式」と「日計式」」『人間・遺跡・遺物』2
若月　鮮　1981　「東北地方の押型紋土器群」『長野県考古学会誌』41

第3章　関東・中の沈線紋と関・中部の押型紋

－三戸3式と細久保2式の編年的関係－

はじめに

　「型式とは何か」と問われれば、即座に「型式とは実存である」と答えることにしている。1990年に発掘した千葉県城ノ台南貝塚の第2次調査で、幻の型式とみられていた子母口式土器を層位的に検出した時に実感し得たのである。型式とは高邁な理論や理屈ではない。遺跡や土器自身、言い換えるならば縄紋人が教えてくれるものである。だからこそ、私たちは時間的・空間的な単位として「型式」を認定することができるのである。型式を理解することなく、年代的に土器を羅列したとしても何ら意味をもたない。「年号」が意味をもつのは、その時、その場所における歴史的な事象や人々の思想を反映・表象していることに他ならない。しかし、型式学的理解は10人の考古学者がいれば、十人十色である。型式を共通の理解とするためには、その内容を吟味するとともに研究者の誤解や思惑を排除して、遺跡や遺物に正直に対峙することが寛容であろう。

　早期の沈線紋土器の出現は、縄紋人が制約された回転施紋から自らの意志で自由に文様を描くことのできる描線施紋を獲得した画期的な出来事であった。ちょうど赤ん坊が幼児になるにつれて色鉛筆やクレヨンを持ち、絵を描いたりや文字を書いたりする成長過程に匹敵する。それは世界の先史土器に類をみない原始美術の域に達した縄紋土器の文様史上、大きな転機となった。描線手法の獲得は渦巻紋や曲線紋を生み出し、その描かれた文様から縄紋人の意思や社会を読み解く多くの手がかりを与えてくれる〔岡本東2001〕。

　本論は、縄紋土器の文様発達史における重要な役割を果たした沈線紋土器の理解のため

	押 型 紋	沈　　線　　紋			日　計　式	
早期	細久保2	三戸3	太　平	大新町b	新	（＋）
	細久保1	三戸2	（＋）	大新町a		＋
	樋沢2	三戸1	竹之内		日　計　式　古	（＋）
	樋沢1	平　坂	（＋）			＋
	中　部	関　東	東北南部		東　北　北　部	

図Ⅳ－32　三戸式・日計式・樋沢式・細久保式の対比

－ 425 －

第Ⅳ部　押型紋土器と沈線紋土器の編年的関係

の三部作の一つである。まず、沈線紋土器の出自を関東地方の三戸式に求め、三細分編年を提示した〔岡本東1992〕。その細分案を検証するため、三戸式土器と東北地方の日計式押型紋土器や大新町式沈線紋土器の対比関係を追求した。両地域の沈線紋土器に日計式の押型紋を併用した土器の存在から、三戸2式沈線紋－大新町a式沈線紋－日計式押型紋の三型式が併行することを論じた〔岡本東1997〕。合わせて中部地方の細久保2式押型紋との併行関係を示唆した［図Ⅳ－32］。今回は三戸式の理解のために東北地方からはじめた旅を、日本海廻りで中部地方に入り、細久保2式押型紋と三戸2式沈線紋との関係を検討してみたい。

1．撚糸紋土器と押型紋土器

　まず沈線紋土器と押型紋土器の型式学的検討を行う前に、描線施紋の生成過程を回転施紋に求め、その創出のメカニズムを解明していきたい。縄紋土器の装飾の原点は、縄を回転させることから始まった。

回転原体　原体を回転して施紋する方法は、縄紋原体による縄紋土器と彫刻原体による押型紋土器に大別できる。中には魚の背骨、植物の茎や穂先などを回転したものも知られているが、これらは稀である。縄紋原体には撚った縄をそのまま回転させたものと、軸に縄を巻付けた絡条体を回転したものに分かれる。後者には自縄自巻にしたものもある。彫刻原体には軸の円周にそって刻まれた横刻原体と、軸にそって刻まれた縦刻原体に分かれる。関西地方の大川式、中部地方の立野式は縦刻原体、中部地方の樋沢式・細久保式は横刻原体、東北地方の日計式は縦刻原体が特徴的である。

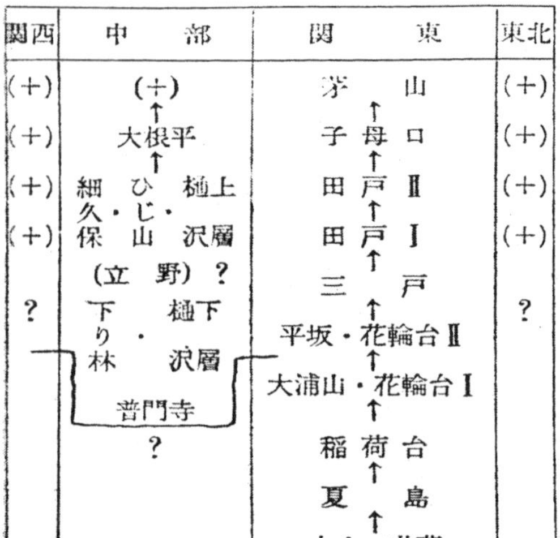

　土器の器面を飾る表出法は、浮紋・沈紋・彩紋の三種に大別できるが、凹凸の回転軌跡で表出された回転施紋が、浮紋の系譜なのか、沈紋の系譜なのか俄に決し得ない。ネガティヴ押型紋、ポジティヴ押型紋と呼ぶが、ネガとポジの関係が実は原体なのか施紋なのかよく判らない。突き詰めればトートロジーに陥るであろう。草創期の爪形紋や押圧縄紋から回転施紋が生成されたとするならば、その表

図Ⅳ－33　芹沢編年（訂正に注意）〔芹沢1954〕

第3章　関東・中の沈線紋と関・中部の押型紋

出法は沈紋の系譜にあるといえよう。このことは早期に至り、沈線紋が創出される背景を考える上で重要な視点であると考えられる。縄紋施紋の土器は、その撚り方によって多様な縄目を作り出していることが知られている。縄紋が「装飾」として生まれたのか、「文様」として意識されていたのか、はたまた土器製作上の器面調整の技法として施紋されたのか。まずはこの問題について考えてみよう。山内清男は草創期前半の「古文様帯」を除いて、文様が出現するのは早期からであると述べている〔山内1964〕。すなわち回転施紋の縄紋土器や押型紋土器には文様がなく、「Ⅰ文様帯」の生成する沈線紋土器に文様が成立し、その後、多様な文様の系統的変遷と展開が認められる。この「文様帯系統論」こそが山内型式学の核心でもある。表裏縄紋土器や撚糸紋土器・押型紋土器は底部まで全面施紋され、裏面や口縁部にも施される。このことは回転施紋が器面調整の仕上げの工具として創出されたことを物語っている。ちょうど、そば打ちの麺棒としての役目をもつとともに、結果として凹凸の回転軌跡が装飾性を有することになる。

　回転施紋は一度に装飾できる範囲が原体の長さや器面の円弧に規制されるため、多くの装飾の変化は望めない。そこで、装飾法に二つの側面から工夫がなされていく。一つは原体自身の変化すなわち縄の撚り方による装飾の変化である。その延長線に、押型紋の彫刻原体も創出されたのであろう。もう一つが回転方向の変化すなわち口縁部に平行に施紋する横位施紋、直交に施紋する縦位施紋といった施紋方位による装飾の変化である。いずれにしても、道路を走る自動車のように定められた軌道を回転する施紋法では、装飾の表出法に限界があり、文様の創設には至らなかったと考えられる。

撚糸紋と押型紋　同じ回転施紋をもつ撚糸紋土器と押型紋土器の編年的関係については、古くして新しい課題でもある。戦前の東京都稲荷台遺跡の発掘による撚糸紋土器の最古性を保証したのは出土層位と押型紋土器の共伴であった。最古としてのプライオリティは押型紋土器にあった。しかし戦後の平坂貝塚・夏島貝塚・大丸遺跡の一連の発掘調査によって、撚糸紋土器の変遷が確立するとともに押型紋土器はその終末期に位置づけられることになる［図Ⅳ-33］[1]〔芹沢1954〕。しかし、近畿地方の大川式・神宮寺式や東北地方の日計式など多様な押型紋土器が発見されたことによって、また中部地方の立野式の位置づけをめぐって、撚糸紋土器との関係が再度問われることになる。

　回転施紋が縄紋原体の回転運動から始まることは、多くの人が認めるところであろう。その出発点が草創期の回転縄紋土器に由来し、表裏縄紋土器の成立後、関東地方においては撚糸紋土器が、近畿（大川式・神宮寺式）・中部（樋沢式・立野式）・東北地方（日計式）においては独自の原体をもつ押型紋土器が展開する。縄紋土器が各地域ごとに定着し、地域性をもった文化圏がはじめて顕在化する。

第Ⅳ部　押型紋土器と沈線紋土器の編年的関係

　しかし、地域性を有する撚糸紋土器と押型紋土器の編年的位置や相互の関係については現在のところ一致した見解は得られていない。端的に言えば、撚糸紋土器が古いのか、押型紋土器が古いのかということである。中部地方の立野式を古くすれば、近畿地方に押型紋土器の出自を求めなければならない。樋沢式を古くすれば、関東地方の撚糸紋土器より古くならない。痛し痒しである。最古性を保証できなければ、中部地方の押型紋土器の独自性は失われるとでもいうのであろうか。地域主義といったら聞こえが良いが、郷土愛とかアイデンティティといった願望論では解決できない。おそらく ^{14}C 年代の羅列によっても両者の編年的関係を解き明かすことはできないであろう。層位的検証が充分でない現状においては、個々の型式学的な検討を積み上げていくしかないのである。

　共伴事例が常に同時期性を示すとは限らない。そのことは学史を繙いてみても、発掘の経験則からも明らかである。芹沢長介は夏島貝塚の報告の中で、戦前の稲荷台遺跡の共伴関係を清算し、「井草式・夏島式・稲荷台式・花輪台式土器は、本来の状態にあっては捺型文土器を共伴しないと考えるのが妥当なのである」と述べた。そして「捺型文土器は現在までの確実な所見にてらして、無文土器群から沈線文土器群にかけて伴存したといえるであろう」と結論づけたのである。さらに「捺型文土器が平坂式土器以前にまでさかのぼって伴出するか否か、もし伴出するとすればその文様は何かという問題は、今後さらに資料の増加をまたなければ解明することができないであろう」と提起した〔杉原・芹沢1957〕。

　すでに夏島貝塚の発掘から半世紀を過ぎているものの、層位的事例は依然として夏島貝塚と平坂貝塚のみである。稲荷台式土器とともに出土した押型紋土器の事例は、神奈川県東方第7遺跡・寺谷戸遺跡、東京都多摩ニュータウンNo.205遺跡・はけうえ遺跡、埼玉県大原遺跡、福島県竹之内遺跡など、その事例は増加しつつある。多くの押型紋は山形紋が主体で、若干、格子目紋が伴っている。しかし、確かに共伴した根拠はない。多摩ニュータウンNo.205遺跡例をみると、稲荷台式とともに、撚糸紋土器の口縁部形態をもつ縦位の山形押型紋や樋沢式の帯状山形紋、従来の撚糸紋にはあまりみられない縄紋施紋の土器も出る。これらが共伴とすれば、樋沢式は稲荷台式から平坂式までの間、継続して共伴す

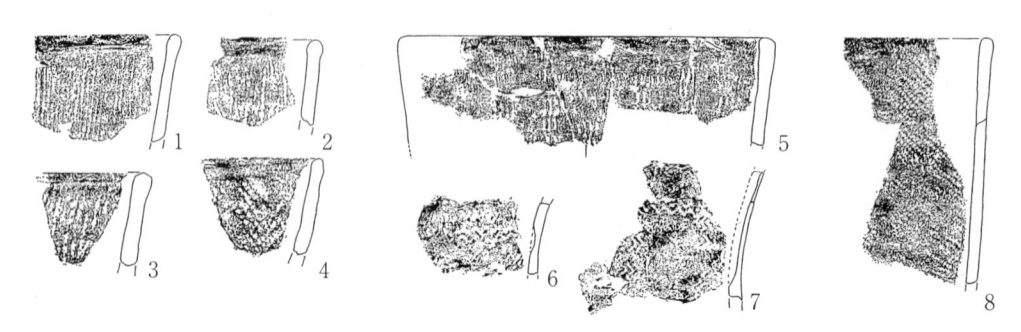

図Ⅳ-34　多摩ニュータウンNo.205遺跡の撚糸紋・押型紋・縄紋土器〔原田・田中1982〕

第3章　関東・中の沈線紋と関・中部の押型紋

ることになる［図Ⅳ-34］。依然として状況証拠か解釈論の域[2]を脱し得ないのである。可能性は否定できないが、押型紋土器自体の編年が確立されていない現在、更なる資料の増加を待って慎重に検討する必要があろう。

共存と併用　稲荷台式以降、花輪台式にいたる撚糸紋土器終末期には、それまでの撚糸紋の規範的な施紋から逸脱した多様な撚糸紋土器が出現してくる。器形も平底になるものが現れる。あわせて無紋土器が多くつくられるようになり、有紋土器と無紋土器の分化が始まる。稲荷原式、木の根式、金堀式、石神式、大浦山式などと呼ばれる独特の施紋法と原体をもつ土器群が乱立する。こうした終末期の揺籃期に、撚糸紋土器が押型紋土器と共伴する事例が確認される。一つは撚糸紋土器の胎土や器形に押型紋が転写されている例である。もう一つが撚糸紋と押型紋を併用している例である。

　前者の代表例は、東京都二宮神社境内遺跡出土の押型紋土器である。口縁部に一条の沈線によって無紋帯をもち以下、幅広の山形紋を縦位に施紋するものである。同じように口縁部の無紋帯を沈線で区画し以下、節の太い撚糸紋を縦位に施紋する撚糸紋土器が出土する。おそらく稲荷原式の仲間である。両者は施紋方位・器面調整・胎土・口縁部形態が共通し、ともに2号住居跡から出土している。この時期の撚糸紋人が縄紋原体を彫刻原体に持ち替えて、撚糸紋土器に転写したことを物語る資料であろう［図Ⅳ-35］。

　後者の例は、撚糸紋と押型紋を併用する撚糸紋土器である。1970年代後半に東寺山石神遺跡から撚糸紋と押型紋の併用する土器が発見されて、再び撚糸紋土器と押型紋土器の関係が活発に議論される契機となった資料である。細かな撚糸紋と幅広い山形押型紋を縦位に施紋した土器である。2点出土している。器厚・胎土とも撚糸紋土器に近似している。口縁部でないため型式は不明であるが、その後の千葉県下の併用土器から判断すると撚糸紋終末期に位置しよう。併用された山形押型紋のほか矢羽根状押型紋もあり、類例は二ツ木向台貝塚・鹿渡遺跡にもある。鹿渡遺跡では矢羽根状押型紋と撚糸紋を併用した土器が出土している。まずは千葉県下における撚糸紋と押型紋の併用例をみていこう［図Ⅳ-36］。

　撚糸紋と山形押型紋を縦位に併用する例は真井原遺跡にみられ、螺旋状山形紋の可能性が高い。A-3の口縁部形態の判明する併用土器は滝ノ口遺跡の資料である。6点の内1

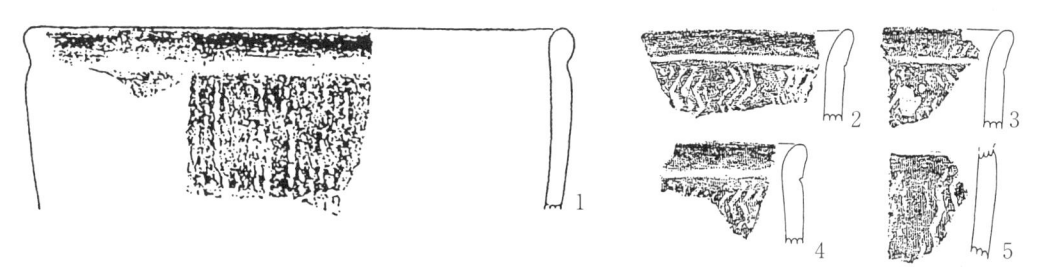

図Ⅳ-35　二宮神社境内遺跡の撚糸紋・押型紋土器〔土井ほか1974〕

- 429 -

第Ⅳ部　押型紋土器と沈線紋土器の編年的関係

点が口縁部片であるが、同一個体である。口縁部に一条の撚糸側面圧痕を廻らせ無紋帯をつくり、以下撚糸紋と幅広の山形押型紋を縦位に施紋する。報告者は稲荷原新段階とするが、いずれにしても終末期のものである。Ａ－４は和良比長作遺跡の出土資料である。撚糸紋の口縁部形態をもち、絡条体条痕（？）で区画し、以下山形押型紋と三角繋押型紋を縦位に施紋した併用土器がある。

　小山遺跡からは「列点状押型紋」と撚糸紋の併用土器や山形押型紋と撚糸紋の併用土器が出土する。Ｄ－３は口唇直下に幅狭の無紋部および列点状押型紋で鋸歯状の区画をつくり、以下撚糸紋を縦位に施紋している。絡状体圧痕紋や刺突紋で構成する金堀式に対比することができる。Ｃ－３は花輪台式の羽状縄紋を「列点押型紋」に置き換えた土器である。類例は生谷境遺跡にある。また、Ｆ－３は鹿渡遺跡の出土例である。撚糸紋土器の器形に、三角繋押型紋を縦位あるいは交差して施紋したものがあり、金掘式の絡条体圧痕紋の施紋構成に類似する。いずれも花輪台式には対比できる資料であろう。

　撚糸紋終末期に伴う押型紋とは、中部地方の見慣れた押型紋とは異質なものである。原田昌幸は「在地化された押型文」・「撚糸文ナイズの押型文」と呼んでいる〔原田1991〕。山形紋も一単位が幅広く、一周一単位か、螺旋状に彫刻されたものとみられるが、単位の繰り返しを確認することはできない。彫刻原体は太く、短いものであろう。列点紋や矢羽根状や三角繋紋の押型紋も、タイヤやキャタピラの圧痕のような特殊な押型紋で、単位の繰り返しは確認できない。やはり特殊な原体であろう。原田昌幸は久我台遺跡例から歯車のような原体を復元している〔原田1988a〕。

　こうした他の地域にみることのできない特殊な押型紋の存在は、撚糸紋文化圏で内在的に考案された可能性も捨て去ることはできない。これらの特殊な押型紋が撚糸紋文化圏で在地化した変容の姿とすれば、本場の中部地方のどのような押型紋あるいはどの型式の影響で生まれてくるのであろうか。その背景を立証する必要があろう。

２．撚糸紋土器から沈線紋土器へ

　撚糸紋終末期には多様な撚糸紋土器群が出現するとともに、押型紋という回転施紋を取り入れる。同時に回転施紋から新たな沈線紋による描線手法を生み出していくのである。こうした胎動はまさに沈線紋土器出現前段階、撚糸紋文化の崩壊過程の様相を示している。ここに草創期と早期の画期を見いだすことができる。

回転から描線へ　　まず、沈線紋生成の過程を千葉県木の根遺跡から出土した撚糸紋土器によって検証してみよう。木の根遺跡では既存の井草式、夏島式、稲荷台式、花輪台式に

－ 430 －

第3章　関東・中の沈線紋と関・中部の押型紋

加え、稲荷台式以降、花輪台式に至る間に沈線紋を伴う「木の根式」と呼ばれる独自の撚糸紋土器が展開する。また、押型紋土器は一点も出土していないが、前述の千葉県内出土の押型紋〔小笠原2003〕を参照しながら、木の根遺跡の終末期撚糸紋・押型紋・沈線紋の三者の関係を論じてみたい［図Ⅳ－36］。

　木の根遺跡のY型とされる撚糸紋は、口縁部に幅広の無紋帯をもつ。稲荷台式（3a類）における縄紋と撚糸紋の比率（3：7）は、逆転し撚糸紋施紋が優勢（7：3）となる。Y型をはじめとする「木の根式」は、稲荷台式に後続する一群の土器である。施紋方向は縦位が主流であるが、縦位＋斜位、斜位を交差させ格子状に施紋するもの、大浦山式のように横位に施紋するものもある。

　A－1は縦位に施紋したものである。その条の軌跡を沈線に置き換えるとA－2の土器になる。A－3・4（滝ノ口遺跡例・和良比長作遺跡例）の押型紋や併用紋も口縁部に無紋帯をもち、縦位に施紋する撚糸紋の規範を踏襲している。

　J型とされる縄紋施紋も口縁部に無紋帯をもち、Y型と同一形態の土器である。施紋方位も、横位・縦位・斜位と多様である。B－1の縄紋施紋の土器ほか、B－3にみられる上半に縄紋、下半に沈線を併用した縄紋＋沈線の土器がある。これは私たちが縄紋施紋の土器を実測するとき、縄紋の撚りと施紋方向の単位の一部だけを表記し、あとは条の方向を線で表すやり方に似ている。施紋の足りない部分について縄紋の条の方向を沈線で表現しているのである。縄紋の軌跡をすべて沈線で表したものがB－2の沈線紋土器である。

　C－1は羽状縄紋をもつ花輪台式である。この羽状縄紋の条の軌跡を表現したものがC－2の矢羽根状の沈線紋土器である。C－3（小山遺跡例）の押型紋も花輪台式の羽状縄紋の条の軌跡を忠実に踏襲している。D－1は口縁部に無紋帯をもち二条の撚糸圧痕で区画し、その下に二条の圧痕を三角紋に廻らせ、以下縄紋を施している。同じ施紋構成をとるものがD－2の沈線紋土器で、口縁部に二条の沈線紋、その下に二条の三角紋と縦位の沈線紋を施す。D－3（小山遺跡例）の押型紋と撚糸紋の併用土器である。いずれも施紋構成は一致している。

　E－1は口縁部に縄紋圧痕や絡条体圧痕を廻らせ無紋帯をつくり、以下縄紋や絡条体圧痕紋・絡条体条痕紋で縦位や斜位の施紋構成をとるものである。花輪台式、絡条体圧痕紋を多用する金堀式にみられるものである。E－3（向境遺跡例）は縦位の撚糸紋と羽状縄紋を併用する土器で、花輪台式の一種である。こうした併用土器を縦沈線紋と格子紋区画で表したものが、E－2である。沈線紋土器誕生の直前の撚糸紋土器であろう。F－1は撚糸紋を斜位に交差させ、格子目紋の施紋構成をもっている。F－2はこうした施紋構成や回転の軌跡を沈線紋で格子目紋で表したものである。F－3（鹿渡遺跡例）の押型紋は縦位の間を斜位に交差させる施紋構成をとる。絡条体圧痕紋を多用する金堀式にも同じ施紋

－ 431 －

第Ⅳ部　押型紋土器と沈線紋土器の編年的関係

構成をもつものがある。こうした撚糸紋・押型紋・沈線紋の関係は原体は異なるが、いずれも撚糸紋土器の器形をもっている。また、装飾は撚糸紋の施文方位と回転軌跡を踏襲し、その規範は逸脱していない。すなわち撚糸紋の作法（土器づくり）と流儀（装飾手法）が守られている。言い換えるならば撚糸紋のキャンバス地に、撚糸紋の筆、押型紋の筆、沈線紋の筆を用いて描いている。異なる筆で描きながら、描き方は同じである。このことは関東地方の撚糸紋の中から、描線手法の沈線紋土器が生成されること物語っている。沈線紋土器の誕生は、押型紋文化圏の作法と流儀の中には見いだすことはできないのである。

沈線紋の出自　　木の根遺跡出土の撚糸紋終末期の多様な資料から、沈線紋土器の成立過程を推定してきた。しかし、越えなければならない大きな課題[3]がある。その一つが「撚糸紋土器の終焉をどのように捉えるか」という問題である。通説に従えば、最終末の広義の平坂式とされる無紋土器群を経て、沈線紋土器が出現するといわれている。撚糸紋の「手抜き」あるいは文様の「簡素化」の中で、次第に装飾がなくなり無紋化する現象は確かに大きな画期ともいえる。しかし、縄紋土器の文様変遷史上において装飾が喪失あるいは中断する現象は起こりうるのであろうか。

　撚糸紋を有する有紋土器に無紋土器が伴うのは事実である。稲荷台式以降有紋・無紋の分化が顕在化し、終末期には東山式、花輪台Ⅱ式、大浦山Ⅱ式、平坂式、天矢場式と呼ばれる多様な無紋土器が存在する。終末期に無紋土器の比率が増加する現象がみられることは確かであろう。しかし、無紋土器のみを抽出し、型式設定することは可能であろうか。パートナーとしての有紋土器があるはずである。平坂式や天矢場式の無紋土器は初期沈線紋土器（三戸1式）と共伴する例も認められる。

　一例を挙げれば、神奈川県内原遺跡では第20号住居跡の大浦山Ⅱ式の無紋土器からⅣa層の平坂式への無紋土器の変遷が認められたいう〔野内ほか1982〕。内原遺跡の平坂式には三戸1式沈線紋や押型紋が伴っている。とするならば、大浦山Ⅰ式（有紋）→大浦山Ⅱ（無紋）→平坂貝塚の平坂式（無紋）→内原遺跡の平坂式（無紋）の三段階に無紋土器は細分されることになる。また花輪台貝塚の住居跡の切合いによって設定されたⅠ式（有紋）→Ⅱ式（無紋）の関係は、南関東の変遷とどのような対比が可能なのか。無紋土器の型式は増大する一方である。口縁に沈線をもつ東山式もそれぞれ型式としての有紋土器が伴うと考えられる。撚糸紋終末期の多様な有紋土器の型式学的理解だけでも大変なのに、別に無紋土器が独立した型式の存続を想定すれば、撚糸紋終末期はますます間延びした編年にならざるを得ない。単に足し算や引き算ではすまされない。

　もう一つの問題は、沈線紋の出自の問題である。古くは林謙作による東北地方起源説、岡本勇による関東地方起源説の相異なる見解が提示された〔林1965、岡本勇・戸沢

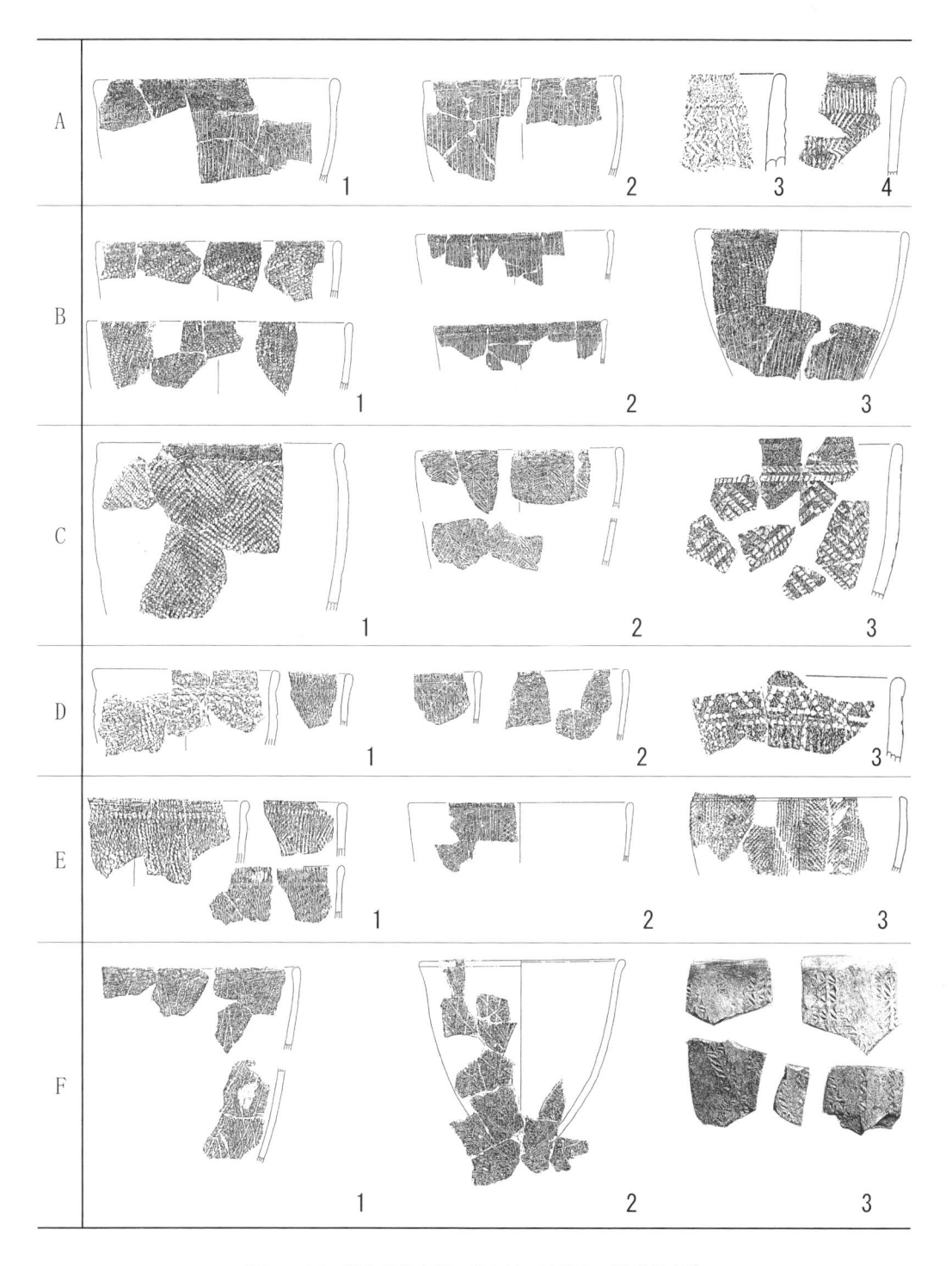

第 3 章　関東・中の沈線紋と関・中部の押型紋

図Ⅳ－36　撚糸紋終末期の撚糸紋・沈線紋・押型紋土器
（A～F－1・2：木の根遺跡　A－3：滝ノ口遺跡　A－4：和良比長作遺跡
C－3・D－3：小山遺跡　E－3：向境遺跡　F－3：鹿渡遺跡）

第Ⅳ部　押型紋土器と沈線紋土器の編年的関係

1965〕。以降、依然として沈線紋土器の出自を東北地方の貝殻・沈線紋土器に求めようとする見解は根強い〔原田1991〕。ならば、貝殻・沈線紋土器の型式編年を提示し、どの型式が撚糸紋終末期に影響を与えたのか、その関係を明確にしなければならない。押型紋との関係も然りである。戦前の「南北二系論」の呪縛から未だに解放されていないようにみえる。

　木の根遺跡の資料を分析したように、東北地方の日計式押型紋や貝殻・沈線紋の変遷から、沈線紋の生成過程を提示することができるであろうか。それは難しいであろう。

沈線紋とⅠ文様帯　まず沈線紋土器の変遷からみてみよう。三戸1式・2式・3式の三時期に区分される。

　初期沈線紋土器は「竹之内式」・「稲荷原型三戸式」と呼ばれる三戸1式の段階である。沈線紋の出自を異にする見解でも、この点ではほぼ一致しているとみてよい。三戸1式の沈線紋は、「木の根式」沈線紋とは異なり、器形も沈線紋も沈線紋土器としての規範をもっている。沈線紋の作法と流儀が確立したことを読み取ることができる。器形は砲弾状あるいは口縁部がやや開く尖底深鉢を呈し、口唇部は丸形か角形の平縁となる。

　装飾は口縁部から胴部上半に施し、下半は無紋で、擦痕の調整が加えられる。装飾は数段の施紋帯で構成される。撚糸紋の施紋が縦方向の回転運動であったのに対し、描線による沈線紋は、円周に沿った横方向の施紋運動になっている。廻線で区画された施紋帯の描線は格子目・斜線・鍵状・山形紋で描出され、単位紋の繰り返しか（A+A+A）、単純な組合せ（A+B+A+B）、（A+B+B）の構成をとる。各施紋帯の幅も短く、前段階の回転施紋の繰り返しと原体の長さの規制から、十分に脱していないことが判る。また、この段階では装飾帯が形成されるものの、まだⅠ文様帯は創出されていない。

　三戸2式の段階も数段の施紋帯をもつが、施紋帯の中央にクランク状・鍵手状の主文様が出現する。その上下の施紋帯は短沈線・竹管で幅狭に描出し、主文様を飾る装飾紋となっている（a+a+Ⅰ+a+a）。これがⅠ文様帯の初源の姿であろう。北関東では三戸2式のⅠ文様帯の部分に日計式押型紋が施紋される。東北地方では三戸2式に対比される大新町a式沈線紋にも日計式押型紋が併用されるのである。異なる地域との文様の互換性から、東北地方の日計式押型紋と三戸2式沈線紋の交差関係を捉えることができる。すなわち三戸式沈線紋が東北地方に拡大する過程で、日計式押型紋文化圏と接触したことを物語っている。その逆は無理があろう。

　三戸3式には胴部上半に、数条の廻線で上下を区画したクランク状に大きく展開するⅠ文様帯が全面に描出される。この文様帯は関東・東北地方に共通しており、三戸3式→大平式→大新町b式の併行関係は多くの人々の認めるところでもあろう。問題は大新町a式

第 3 章　関東・中の沈線紋と関・中部の押型紋

に伴っていた日計式押型紋の消長である。現在のところ大新町ｂ式に共伴する確実な資料は見当たらない。前稿で述べたように、中部地方の「塞ノ神式」は日計式の影響を受けて成立した型式であり、細久保２式段階にあたると考えられる〔岡本東1997〕。三戸遺跡からは中部地方経由の「塞ノ神式」の特殊な複合線押型紋が存在し、おそらく三戸３式に伴ったと想定される。とすれば、大新町ｂ式期まで日計式押型紋は存続し、東北地方の回転施紋は終焉を迎え、描線手法による独自の貝殻・沈線紋土器が展開するのであろう。それは関東地方の田戸下層式から上層式の時期と考えられる。同じ時期、中部地方では押型紋による廻線施紋が存続する。

3．細久保２式押型紋と三戸３式沈線紋

　沈線紋土器の成立を関東地方の三戸式沈線紋に求め、東北地方の大新町式沈線紋や日計式押型紋との交差編年を検証してきた。今回はその旅を東北地方から日本海経由で信州に入り、中部地方の押型紋土器と三戸式沈線紋との対比関係を提示したい。

中部地方の沈線紋　中部地方の沈線紋土器については、主体となる押型紋土器と対比できるだけの十分な資料が整っているわけではない。御代田町塚田遺跡・下荒田遺跡や茅野市判ノ木山西遺跡出土の沈線紋土器が発見されて以降、関東地方の田戸上層式から子母口式にかけて沈線紋土器との対比関係が試みられ、議論が活発になりつつある。しかし、こうした後半期の沈線紋土器と細久保式以降、相木式に至る押型紋土器の消長がどのように関わるのかという点についても十分な交差検証がなされているとは言い難い〔長野県考古学会1997〕。ましてや、三戸式から田戸下層式の前半期の沈線紋土器と押型紋土器の共伴関係が確認できる資料はさらに少ない。関東地方には三戸式以降の沈線紋に少量ながらも押型紋が伴い、中部地方の押型紋にも沈線紋が伴うのは事実であり、資料的な制約の中であっても双方向的な交差関係を検討する必要があろう。

　三戸１式沈線紋は下諏訪町浪人塚遺跡から出土する。４段（A+B+A+B）の装飾帯をもつ、砲弾状を呈する三戸１式土器である。この小竪穴No.3からは縦方向の山形押型紋が出土する。ほかに楕円押型紋も出土する。この三戸１式はおそらく関東地方からの搬入品であろう。会田進・中沢道彦は出土状況から「細久保式前半と三戸式との併行」を想定するが、果たしてそうであろうか〔会田・中沢1997〕。もう１例は上田市陣の岩岩陰遺跡から口縁部片の三戸１式が出土している。一緒に楕円紋や複合線紋の変形押型紋も出土する。最下層の９層からは前期の土器も出土しており、両者を共伴とみるわけにはいかない。こうした三戸１式にどの段階の押型紋が共伴するのか、確定することは極めて重要である。また

− 435 −

第Ⅳ部　押型紋土器と沈線紋土器の編年的関係

現在のところ、後続の三戸2式や三戸3式に対比できる沈線紋土器は確認できない。

　田戸下層式に対比される沈線紋は、古く伊那市浜弓場遺跡で知られていた。沈線紋や貝殻腹縁紋で構成される田戸下層式の古段階の資料である。山形紋や格子目紋も出土しているが、主体は楕円紋で複合線紋の「塞ノ神式」押型紋も伴う。中には楕円紋と沈線紋を併用する土器もみられる。田戸下層式古段階の類例は、大町市山の神遺跡から出土している。やはり主体となる押型紋は横帯施紋の楕円紋や「塞ノ神式」押型紋である。千曲市小坂西遺跡では楕円紋とともに田戸下層式新段階のものや、辰野町平出丸山遺跡では樋沢式以降の各種の押型紋とともに短沈線の田戸下層式新段階のものが出土している。このほか田戸下層式に対比される資料は、望月町新水B遺跡や臼井町上滝遺跡に断片的にみられる。

　これらの沈線紋土器からは押型紋の影を捉えることはできるが、その対比関係を確定できるまでには至っていないのが現状であろう。

細久保2式・「塞ノ神」式　　沈線紋土器との対比を進める前に、細久保式以降の押型紋の変遷を検討する必要があろう。細久保式の細分については前稿に於いて提示した根拠に変更はない。細久保遺跡出土の1類a・b群、2類a群を細久保1式とし、口頸部の横帯紋が長くなり多帯化するもの、頸部の無紋帯に刺突紋を施す特徴をあげた。細久保2式は横位密接施紋の2類b群、施紋方向の定まらない楕円紋を主体とする3類、異種原体を併用して横帯密接施紋の4類をあてた。これを基準として細久保2式と「塞ノ神式」の関連[4]を検討したい。

　信濃町塞ノ神遺跡は山形紋も出土するが、主体は胎土に繊維を含む楕円紋と複合線紋の変形押型紋である。田戸下層式の沈線紋も出土する。特徴的な変形押型紋の存在から通常「塞ノ神式」と呼び、細久保式と弁別しているが、報告者はこれら押型紋の一群を細久保遺跡に対比し、「縦横無尽な施紋法が見られ、この点でも細久保式第三類に併行する内容が積極的に認められる」と指摘している〔笹沢・小林1966〕。ここでは複合線紋の変形押型紋のみを仮に「塞ノ神型」押型紋と呼んでおく。

　細久保遺跡4類の楕円紋と山形紋の異種原体併用

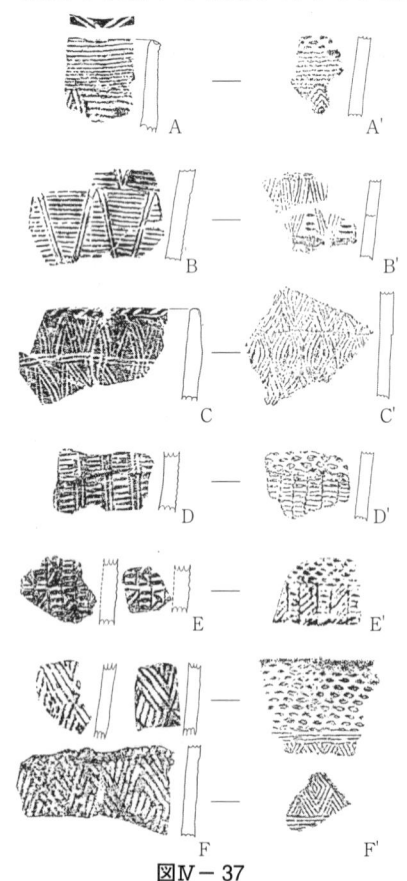

図Ⅳ-37
日計式（A～F）と「塞ノ神型」（A'～F'）

- 436 -

紋には、山形紋が重層した「塞ノ神型」押型紋のような例（4類7）もある。胎土には繊維を含む例も認められ、ともに横帯施紋をもつ点で共通する。胎土（作法）・横帯施紋（流儀）や楕円紋を主体とする特徴から、ここでは複合線紋をもつ「塞ノ神型」押型紋を包括して細久保2式としておきたい。近年、発掘された信濃町市道遺跡や大町市山の神遺跡からは細久保2式と「塞ノ神型」押型紋が共伴とみられる事例が発見されている。将来、「塞ノ神型」押型紋の共伴の有無を基準として弁別ができれば、細久保2式と「塞ノ神式」との細別は可能であろう。

また、問題となるのは「塞ノ神型」押型紋の系譜である。前稿でも指摘したように東北地方の日計式押型紋に、その出自を求めることができる〔岡本東1997〕。塞ノ神遺跡に近接した新潟県松ケ峯No.237遺跡では、楕円紋を主体とし、より日計式に近い複合線紋押型紋が出土している。横帯施紋や繊維を含む特徴をみても塞ノ神遺跡と同時期であろう。こうした「塞ノ神型」押型紋は原体の両端を加工せず、その径も太い。縦刻原体であることや繊維を含む特徴から、日計式押型紋と共通する。仮に、岩手県大新町遺跡の日計式押型紋と比較してみると、「塞ノ神型」押型紋は同じ彫刻構成をもっていることが判る。[図Ⅳ-37]。中部地方の山形押型紋から内在的に変容したとは考えにくい。おそらく「塞ノ神型」押型紋は日計式押型紋の影響を受け、中部地方の押型紋に採用されたものであろう。楕円紋や山形紋の異種原体と併用され、西日本まで広がったものと考えられる。こうした「塞ノ神型」押型紋の分析が進めば、広域編年の一つの基準になろう。

押型紋のⅠ文様帯　　山内清男の文様論に従えば、回転施紋の撚糸紋土器や押型紋土器には文様はない。ところが、驚いたことに押型紋でⅠ文様帯を構成する土器がある。描線施紋のⅠ文様帯を回転施紋の押型紋で表出したものである。それは長野県市道遺跡出土の押型紋土器に認められる。市道遺跡からは4段階の押型紋土器が出土している。Ⅰ類は立野式、Ⅱ類が沢式・樋沢式、Ⅲ類が細久保1式、Ⅳ類が細久保2式に対比できる〔中村由2001〕。Ⅳ類の細久保2式は、楕円紋や山形紋による重複構成の密接施紋、「塞ノ神型」押型紋、押型紋と沈線紋の併用土器からなる。やはり楕円紋が主体で、胎土に繊維を含む土器群である。山の神遺跡も同じ構成をもち、同時期と考えられる。Ⅳ類すなわち細久保2式の押型紋の施紋構成を分析しよう［図Ⅳ-38・39］。

1は異種並列構成とされる山形紋と楕円紋を組み合わせた押型紋土器である。この文様構成は口縁部に横帯施紋の楕円紋、斜位に楕円紋を帯状施紋し、無紋帯の部分に山形紋を充填して密接施紋している。下半には一列しか楕円紋が確認できないが、横帯施紋で文様帯を区画している。文様構成を表出しているのは楕円紋で、山形紋は補助的な役目しかもっていない。山形紋を消去してみると、その文様構成はよく判る（1b）。この文様構成は三

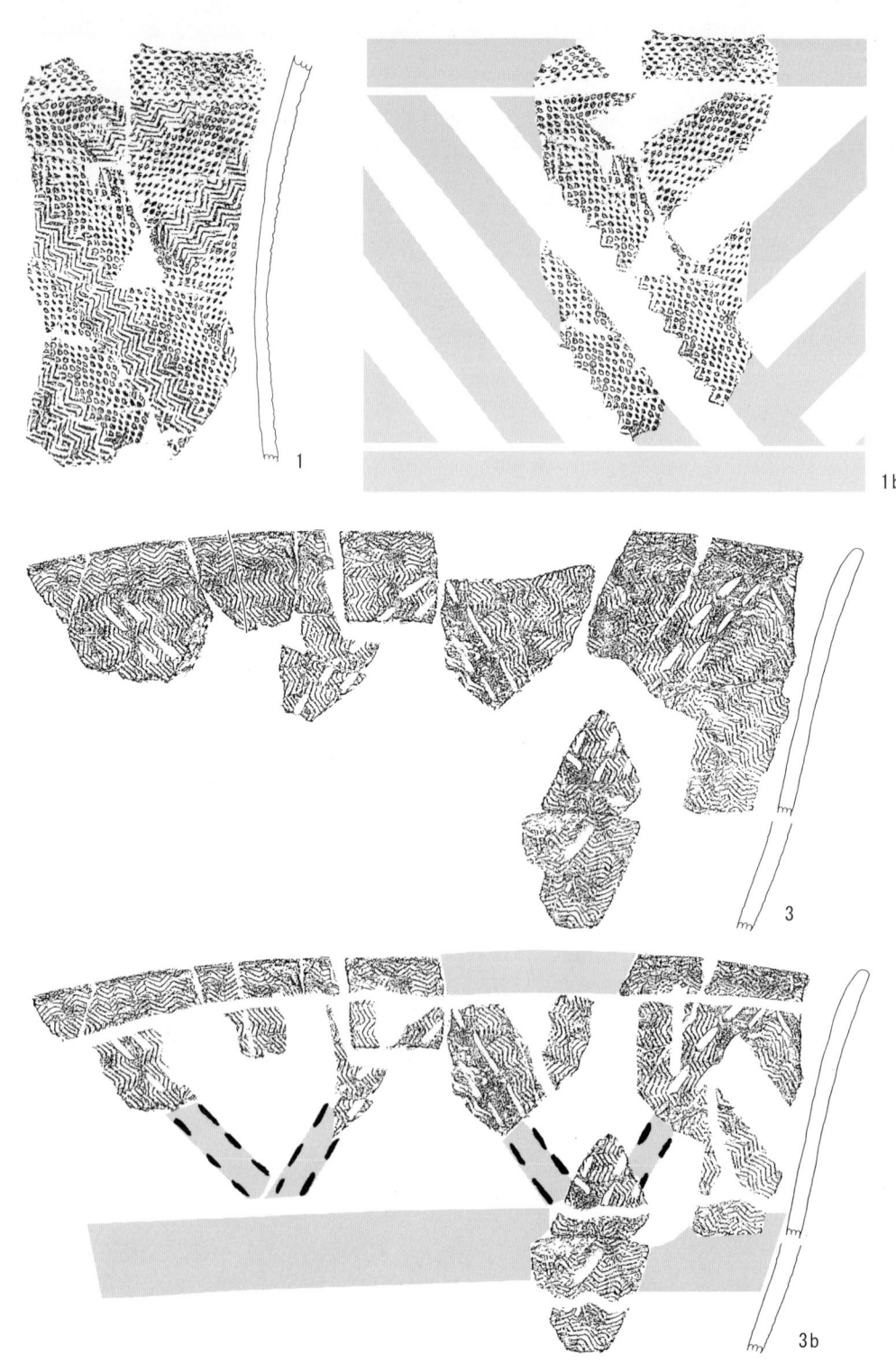

第Ⅳ部　押型紋土器と沈線紋土器の編年的関係

図Ⅳ-38　三戸3式の文様構成をもつ押型紋土器

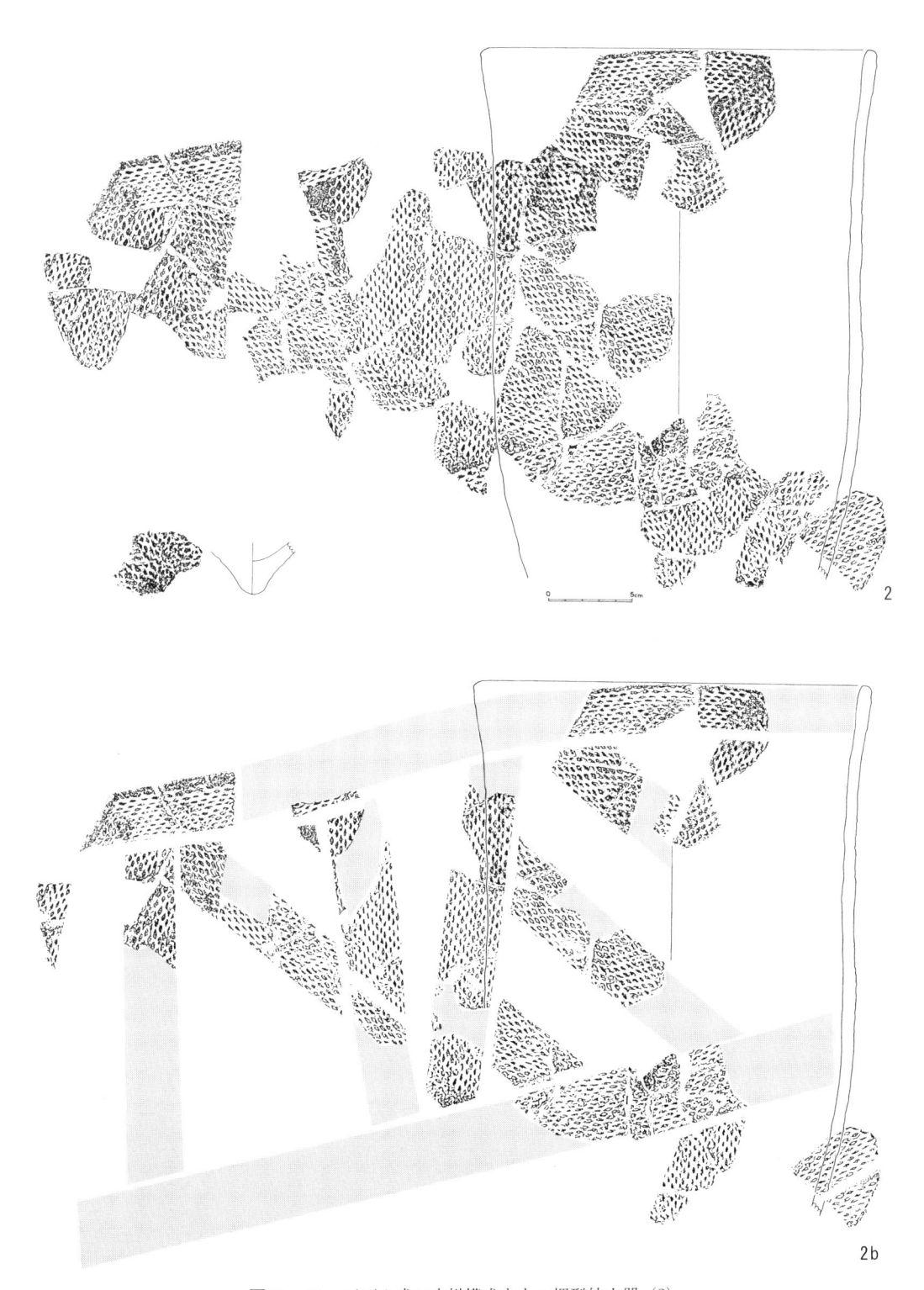

第 3 章　関東・中の沈線紋と関・中部の押型紋

図Ⅳ-39　三戸3式の文様構成をもつ押型紋土器 (2)

第Ⅳ部　押型紋土器と沈線紋土器の編年的関係

戸3式のⅠ文様帯である。すなわち、三戸3式の沈線紋の文様構成を回転押型紋で表出したのであり、沈線紋を押型紋に置き換えた土器である。沈線紋の描線手法に切り替えることなく、あくまで押型紋を固守した中部地方の縄紋人の気概が読み取れる。この文様は押型紋の施紋（流儀）の伝統からは生まれてこない。この土器をつくった中部地方の押型紋人は、三戸3式を知っていたのである。

2は楕円紋で重複構成した密接施紋の土器である。口縁部と胴部下半に横帯施紋を廻らせて上下の区画帯を構成し、その中を斜位に施紋している。いま任意に施紋幅（原体長）で、一帯おきに楕円紋の施紋帯を消去してみる（2b）。やはり、三戸3式のⅠ文様帯の構成になる。従来「縦横無尽」に施紋される押型紋も、こうした文様構成を意識して施紋された可能性が高い[5]。

3は山形紋と列点状の沈線紋を組み合わせた土器である。山形紋を密接施紋した後、列点紋でV字形に施紋した押型紋である。2の楕円紋土器と同じように口縁部と胴部下半に横帯施紋で区画を構成し、その区画内を縦位・斜位で施紋したものである。その区画内の施紋方位を強調するかのように、列点沈線で大きなV字状に列点沈線紋を廻らせる。同様の列点沈線紋を併用する例は静岡県大谷津遺跡にもある。

ほかにも文様構成は分からないが、山形紋や楕円紋で口縁部に横帯施紋し、以下斜位の施紋構成をとる土器が認められる［図Ⅳ-40］。細久保2式段階の押型紋遺跡からは、斜位方向[6]の施紋をもつ例が含まれることが多い。塞ノ神遺跡や細久保遺跡3類の「原体が定まった方向もなく縦横無尽に」施紋される一群の土器は、三戸3式のⅠ文様帯を模倣した押型紋の仲間であろう。

また、市道遺跡からは押型紋と複合鋸歯の沈線紋を組み合わせた併用土器も数点出土している。沈線紋土器との関係をみることができる。数は少ないが、この時期の長野県下の押型紋遺跡にも認められる。類例は埼玉県向山遺跡や静岡県東大室クズレ遺跡からも出土[7]している。これらの沈線紋との併用土器は、東大室クズレ遺跡出土の三戸3式の複合鋸歯沈線紋と共通

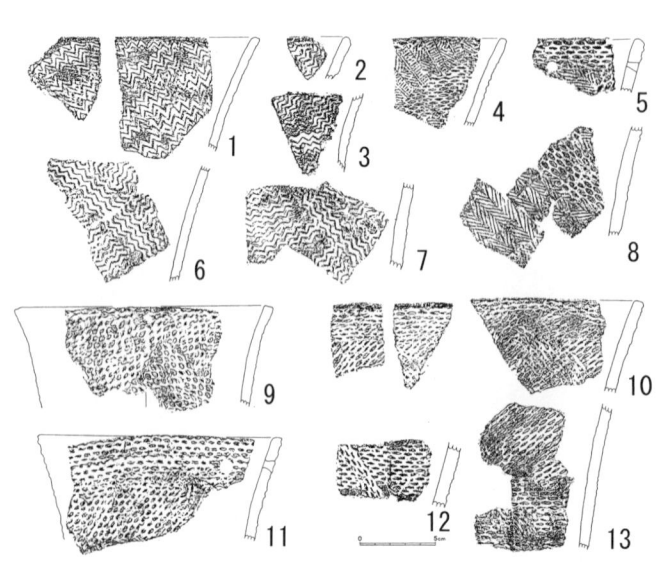

図Ⅳ-40　市道遺跡の斜位施紋の押型紋土器

- 440 -

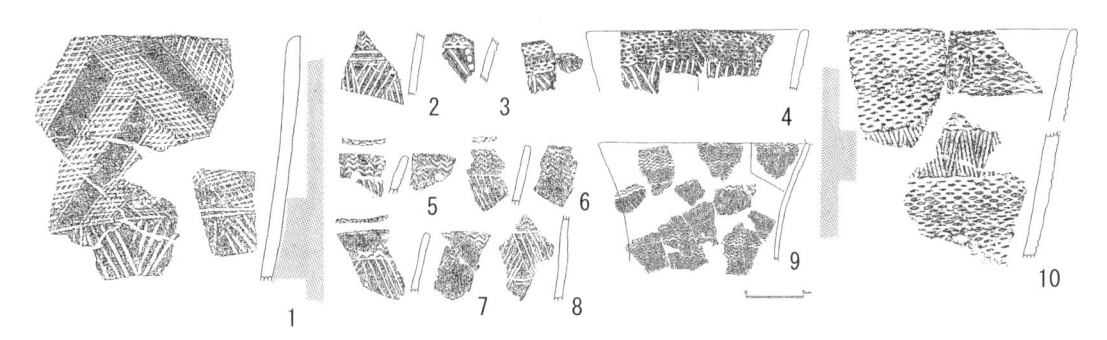

第3章　関東・中の沈線紋と関・中部の押型紋

図Ⅳ-41　三戸3式・細久保式・「塞ノ神型」の綾杉紋
（1・5～8 東大室クズレ遺跡　2～4・10 市道遺跡　9 向山遺跡）

し、「塞ノ神型」押型紋の複合鋸歯紋とも関連しよう［図Ⅳ-41］。

　このように細久保2式段階になると、樋沢式や細久保1式の帯状施紋や異方向・横位施紋の伝統的な押型紋の施紋規範は、東北地方の押型紋や関東地方の沈線紋の影響を受け、次第に変容する姿を読み取ることができる。それは関東地方の三戸3式の段階であろう。

おわりに

　埼玉県大原遺跡や神奈川県三戸遺跡の沈線紋土器の分析を基点とし、まず撚糸紋終末期に沈線紋の出自を求めた。そして東北地方の日計式押型紋・大新町式沈線紋土器との交差の旅に出かけ、北関東のムジナⅠ・刈又坂遺跡や東北の大新町遺跡で、沈線紋と日計式押型紋との併用土器に出会うことができた。今回は逆時計回りで日本海側から信州の押型紋文化圏に入った。そこでは東北地方の日計式押型紋、中部地方の細久保2式押型紋、関東地方の三戸3式沈線紋の交差関係を示す資料に遭遇することができた。果たしてこの旅はゴールとなる三戸遺跡の沈線紋土器に、無事に帰り着くことはできるのであろうか。

　最後に改めて三戸遺跡の沈線紋土器を確認しておこう［図Ⅳ-42］。出土した沈線紋は三戸2式と三戸3式の二時期が存在し、それぞれに押型紋が伴うと考えられる。三戸2式には山形紋を主体とし、異方向施紋や無紋帯に爪形状竹管紋をもつ細久保1式が、三戸3式には楕円紋を主体とし「塞ノ神型」押型紋を伴う細久保2式が、それぞれ共伴した可能性が高い。願望といわれればそれまでであるが、この交差関係はまったくすれ違うことはないであろう。

　すなわち中部地方の押型紋土器、樋沢1式・2式・細久保1式・2式の前半期変遷は、関東地方に沈線紋の出現する撚糸紋終末期から三戸3式に至る沈線紋前半期に対比されるのである。斯くの如く、長くかかった東日本の旅も終わろうとしている。しかし、立野式押型紋や押型紋後半期の高山寺式・相木式の編年的位置は、依然として残されたままであ

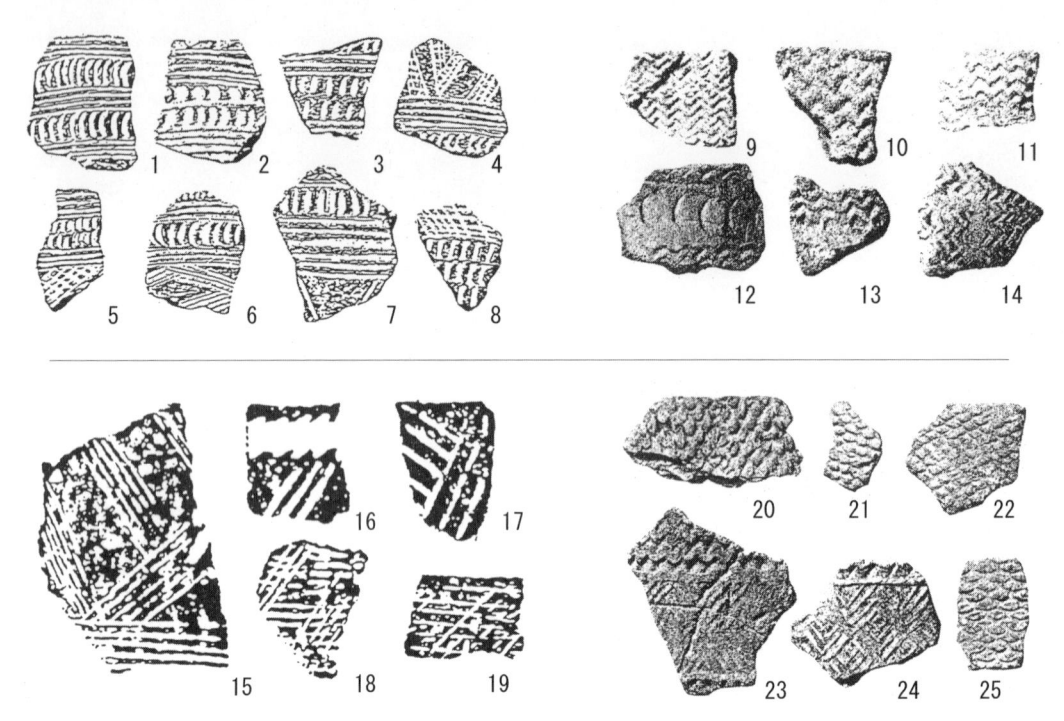

第Ⅳ部　押型紋土器と沈線紋土器の編年的関係

図Ⅳ-42　三戸遺跡の三戸2式（1～8）・細久保1式（9～14）・三戸3式（15～19）・細久保2式（20～25）

る。さらに西日本に目を転じて、大川式・神宮寺式や黄島式との対比関係、また九州島の押型紋土器の変遷など、取り組むべき課題は多い。早急に西日本への旅の準備に取り掛かり広域編年を構築していきたいと考えるが、その道は険しい。

註

（1）撚糸紋土器と押型紋土器を対比した芹沢編年は学史的にも重要である。配られた別刷をみると、この編年表に芹沢自身による加筆・訂正が加えられている（麻生優に謹呈された別刷）。樋沢下層式は、大浦山・花輪台Ⅰ式と平坂・花輪台Ⅱ式の間に位置づけていたことが判る。注意すべき点であろう。

（2）多摩ニュータウンNo.205遺跡の［図Ⅳ-34（5）］の縦位密接の押型紋は器形も施紋方向も稲荷台式撚糸紋を踏襲している。しかし、［図Ⅳ-34（6）・（7）］の異方向帯状施紋の押型紋は樋沢1式である。また撚糸紋にはみられない［図Ⅳ-34（8）］の縄紋は押型紋に伴うと考えられる。稲荷台式との共伴関係を確定するためには、更に検証が必要であろう。

　なお、芹沢編年以来、平坂式には異方向帯状施紋の樋沢式が伴うとされてきた。著者自身も撚糸紋と押型紋の対比の定点と考えてきた。しかし平坂貝塚の押型紋を再検討した守谷豊人は、異方向帯状施紋をもつA類、原体両端を平行線を刻んだ山形紋・格子目紋のB類の存在を指摘した〔守谷1995〕。必ずしも帯状構成だけの押型紋ではないことが判明する。時期差とは考えないが、その実態は内野遺跡の押型紋に近い。また、これらの押型紋は三戸1式に伴う可能性が高い。平坂貝塚からも三戸1式の破片が出土する。平坂貝塚の押型紋は樋沢式でも新しい段階（樋沢2式）のものであり、平坂式と樋沢1式の

- 442 -

第3章　関東・中の沈線紋と関・中部の押型紋

対比関係は、再検討を要しよう。
(3) ここでは池田大助が「木の根式」撚糸紋の分析を通して提起した〔池田1984〕ように、撚糸紋終末期に沈線紋土器の生成過程を見出そうとする立場である。また型式としての無紋土器の存在について、縄紋土器の文様変遷史からも問題があろう。改めて、撚糸紋終末期の無紋土器の在り方を検討してみたい。
(4) 市道遺跡を報告した中村由克は「「塞ノ神式土器」と細久保式土器との関係や一形式として成立するかどうかという点について不十分な点が残されており、必ずしも多くの人に受け入れられていないように感じられる」と述べ、単独型式としての「塞ノ神式」の再定義については、今後の課題としている〔中村由2001〕。
(5) 施紋が重複しており、必ずしも一単位の幅は明確には読み取れないが、施紋方向は分析のような構成をもつことは明らかである。
(6) 山の神遺跡の瘤状突起をもつ細久保1式の山形紋密接施紋の1例（報告書第111図－51）にも、口縁部と胴部を横位施紋し、異方向の斜位施紋で充填したものがある。沈線紋の影響とすれば、三戸2式に対比される。
(7) 向山遺跡や東大室クズレ遺跡の山型紋との併用例は、口唇部や裏面にも施紋がみられ、市道遺跡例より一段階古い可能性もある。

引用・参考文献

会田　進・中沢道彦　1997　「中部高地の早期中葉土器編年の課題」『シンポジウム押型文と沈線文』
赤星直忠　1929　「相模三戸遺跡」『考古学雑誌』19－11
赤星直忠　1936　「古式土器の一形式としての三戸式土器に就いて」『考古学』7－9
秋山真澄ほか　1988　『東大室クズレ遺跡』　伊東市教育委員会
池田大助　1984　「北総台地における沈線文土器群の出現」『千葉県文化財センター研究紀要』8
小笠原永隆　2003　「千葉県下における押型文土器出現期の研究展望」『利根川』24・25
岡本　勇　1953　「相模・平坂貝塚」『駿台史学』3
岡本　勇・戸沢充則　1965　「縄文文化の発展と地域性関東」『日本の考古学』Ⅱ
岡本東三　1987　「押型文土器」『季刊考古学』21
岡本東三　1989　「立野式土器の出自とその系統をめぐって」『先史考古学研究』2
岡本東三　1992　「埼玉県・大原遺跡第3類土器をめぐって」『人間・遺跡・遺物』2
岡本東三　1997　「関東・北の沈線紋と関・東北の押型紋－三戸式土器と日計式土器の編年的関係－」『人間・遺跡・遺物3』
岡本東三　2001　「縄紋土器における曲線紋の成立」『千葉県史研究』9
岡本東三ほか　1994　『千葉県城の台南貝塚発掘調査報告書』　千葉大学考古学研究室報告1
恩田　勇　1991　「沈線文土器群の成立と展開（1）」『神奈川考古』27
恩田　勇　1994　「沈線文土器群の成立と展開（2）」『神奈川考古』30
片岡　肇　1986　「異形押型文土器について」『朱雀』　京都文化博物館紀要第1集
加納　実ほか　1993　『滝ノ口向台遺跡・大作古墳群』　千葉県文化財センター調査報告書232　千葉県土木部
川崎　保　2003　「神村論文を読んで押型文土器の編年を考える」『利根川』24・25
川崎　保ほか　2003　『国営アルプスあづみの公園埋蔵文化財発掘調査報告書』2　長野県埋蔵文化財センター

第Ⅳ部　押型紋土器と沈線紋土器の編年的関係

　　　　　　　　発掘調査報告書60　国土交通局関東地方整備局
小島正巳・早津賢二　1992　「妙高山麓松ケ峯No.237遺跡採集の押型文土器」『長野県考古学会誌』64
笹沢　浩・小林　孚　1966　「長野県上水内郡信濃町塞ノ神遺跡出土の押型文土器」『信濃』18－4
佐藤達夫・大野政雄　1967　「岐阜県沢遺跡調査予報」『考古学雑誌』53－2
縄文セミナーの会編　2005　『早期中葉の再検討』資料集・記録集
白崎高保　1941　「東京稲荷台先史遺跡」『古代文化』12－8
杉原荘介・芹沢長介　1957　『神奈川県夏島における縄文文化初頭の貝塚』『明治大学文学部研究報告』考古学
　　　　　2　明治大学文学研究所
鈴木道之助　1977　「東寺山石神遺跡の撚糸文土器について」『東寺山石神遺跡』
鈴木道之助　1979　「押型文土器と撚糸文土器」『考古学ジャーナル』170
芹沢長介　1954　「関東および中部地方における無土器文化の終末と縄文文化の発生とに関する予察」『駿台史学』4
千葉県史料研究財団編　2000　『千葉県の歴史』資料編考古1
土井義夫ほか　1974　『秋川市二宮神社境内の遺跡』『秋川市埋蔵文化財調査報告書第1集』　秋川市教育委員
　　　　　会社会教育課
中島　宏　1991　「細久保遺跡第2類a群土器についての覚書」『縄文時代』1
長野県考古学会縄文時代（早期）部会編　1997　『押型文と沈線紋』資料集・本編
中村信博　2003　「撚糸文最後の土器群」『利根川』24・25
中村由克　2001　『市道遺跡発掘調査報告書』　信濃町教育委員会
西川博孝　1980　「三戸式土器の研究」『古代探叢』Ⅰ
野内秀明ほか　1982　『横須賀市文化財調査報告書』9　横須賀市教育委員会
林　謙作　1965　「縄文文化の発展と地域性　東北」『日本の考古学』Ⅱ　河出書房新社
原川雄二・田中純男　1982　『多摩ニュータウン遺跡－昭和56年度－』2　東京都埋蔵文化財センター調査報告
　　　　　2　東京都埋蔵文化財センター
原田昌幸　1988a　「押型文土器について」『東金市久我台遺跡』　未資源開発公団房総導水路建設所
原田昌幸　1988b　「花輪台式土器論」『考古学雑誌』74－1
原田昌幸　1991　『撚糸紋系土器様式』『考古学ライブラリー』61　ニュー・サイエンス社
原田昌幸　1997　「撚糸紋土器様式の型式変容」『奈和』35
松沢亜生　1957　「細久保遺跡の押型文土器」『石器時代』4
宮崎朝雄・金子直行　1991　「撚糸文土器群と押型文土器群の関係（素描）」『縄文時代』1
宮崎朝雄・金子直行　1995　「回転文様系土器群の研究」『日本考古学』2
宮澤久史・朝比奈竹男　2004　『向境遺跡』　大成建設
守屋豊人　1995　「平坂貝塚出土器の再検討」『考古学博物館館報』10
八木光則・千田和文ほか　1983　『大館遺跡群大新町遺跡発掘調査概報－昭和57年度－』　盛岡市教育委員会
山内清男　1964　「縄紋式土器・総論」『日本原始美術』1　講談社
領塚正浩　1985　「三戸式土器の検討」『唐沢考古』5
領塚正浩　1987　「三戸式土器の再検討」『東京考古』5

第4章　縄紋土器における曲線紋の成立

はじめに

　世界先史時代における縄紋土器の特色は、器形の豊かさと装飾として自由に展開する渦巻紋の発達にあることは、多くの人々の認めるところである。こうした渦巻紋をはじめとする曲線紋が、縄紋土器の装飾として如何に成立するのか、その過程を探ることは縄紋土器研究における重要な課題の一つであろう。

　装飾的様式上、また世界先史土器の装飾史上も重要な意匠とされる渦巻紋については、19世紀後半から今日に至る美術史・民族学・考古学の立場から、多様な装飾解釈や意味論が提示され展開されてきた〔海野1973〕。

　古典的名著である『美術様式論』[1]において、A.リーグルはギリシアから中央アジア・中国、さらに日本にまで到達する唐草紋の系譜を、ロータス・パルメット・アカントスの装飾紋の分析を通して、エジプト起源であることを跡付けた。かならずしも単系的起源説では十分ではないが、リーグルがめざした装飾の歴史的展開と解釈は、副題にみられる－装飾史の基本問題－として、今日においても重要な視点となっている。

　また、民族学者R.ハイネーゲルデルンは「東南アジアの部族美術の様式」[2]において、ヨーロッパのハルシュタット文化やコーカサス青銅器文化と東南アジアのドンソン青銅器文化との系譜を民族移動・考古学・言語学の立場からダイナミックに展開させた。こうした系統観が成立する大きな要素として取り上げたのが、ハイネーゲルデルンが「装飾的様式」と呼んだ文物に施された渦巻紋意匠の比較検証であった。彼は渦巻紋を考察する中で、「メアンダー的な角状渦文を含む渦巻文意匠が支配的な旧世界の装飾的様式は、日本の縄文を除き、すべてヨーロッパを起源とし、それらは、ヨーロッパでは新石器時代に出現し、メジン（Mezine）出土のような発見物から判断して、旧石器時代に根差すものとさえいえるかも知れない」。こうした「合理的」伝播主義が成立するか問題のあるところであるが、ここでは渦巻紋に精通したハイネーゲルデルンが装飾的様式上、縄紋土器の渦巻紋を例外また異質なものとして捉えた点に注目したい。

　リーグルが唐草紋で、ハイネーゲルデルンが渦巻紋で旧世界を旅をし、新大陸にもつな

第Ⅳ部　押型紋土器と沈線紋土器の編年的関係

がる渦巻紋、スパイラルの旅は果てしなく続いている。その出発点として、まずは縄紋土器における渦巻紋の成立を考えてみたい。

1．縄紋土器の曲線紋をめぐって

　縄紋土器の渦巻紋に注目したのは、おそらく鳥居龍蔵であろう。鳥居は、縄紋土器の特質として次のように述べる〔鳥居 1925〕。「彼らが Ceramic Art. としての土器を作って居る。〈中略〉彼らの当時に施された模様などを見ると、〈中略〉渦巻き模様、いわゆる曲線を用いている。〈中略〉渦の方は非常に多く、而して意匠が非常に複雑で変化が多い。ここに一種の特質がある」。すなわち縄紋土器をセラミック・アートと位置づけ、渦巻紋の意匠の変化と展開に縄紋土器のアートの本質を見出そうとしたのである。こうした原始美術としての土器文様の由来と変遷については、中谷治宇二郎や甲野勇に引き継がれることになる。

　甲野や中谷が展開した土器文様論は、19世紀後半 G. ゼムペルを嚆矢として唱えられた装飾論[3]、すなわち幾何学紋は人間の造り出す織物や編物に由来するという学説に基づいている。渦巻紋や直線的な幾何学装飾紋は、織目や編目、素材や色調の変化に基づき幾何学紋を知り、その図柄を土器装飾に転写したとする考え方である。ゼムペルの説は、カタツムリやのびたシダや巻貝、水流の渦といった自然界からの模倣という単純的な装飾論ではなく、技術的所産からの模倣を軸とした装飾理論を展開し、説得性をもった学説として普及していくのである。甲野が「土器を製作するにあたって、自然物や土器以外の人工物をモデルにしたとする説は、すでに19世紀の終わりごろ米国のホルムスや英国のハッドンなどによって提唱されていた。」と述べている[4]ように、ゼムペル説を縄紋土器文様論に応用したのである〔甲野 1964〕。

　H. ハッドンの比較民族学的見地を下敷きに、甲野は土器の文様を下記の4種に大別し、解説している〔甲野 1953〕。

人工模倣文様（skeuomorphic pattern）　「籠や編物のあみ目や、これをつぎあわす継じめ、またはこれに縄をからげたありさまや、その縄のしばりめなどをもモーティブとするもので、世界のどこにも、もっともありふれています。」

植物模倣文様（phyllomorphic pattern）　「たいがい花や葉を主とするものです。唐草文様・蓮華文様などは、その代表的なものでありますが、このような文様になると、おおむね文化の高い民族が、つくっています。」

動物模倣文様（zoomorphic pattern）　「鳥獣その他をモーティブとしますが、その形

— 446 —

をくずしていっそう文様化するために、そのすがたが、実物よりはるかに怪奇なものになっているのが多いようです。古いものでは、スキタイや、中国のものが、代表的な例とされていますが、現代ではボルネオのダクヤ族がやっている怪獣文様が有名です」。

人体模倣文様（anthropomorphic pattern）　「人のすがたを直線的に表すものと、曲線化するものとがあります。各地の未開種族のうちに、しばしば見られるものですがニュージーランドのマリオ族のつくったものの中には、優れたものがあります。」

　縄紋土器の器形には、動植物人体模倣土器がごくまれに認められるが、その文様はすべて人工物模倣土器文様に限られると断言している。同じく、中谷も「我國石器時代文様ハスベテ工藝起源ノモノデアッテ、他ノ熱帯地方ノ蛮人ノ土俗的文様ノ如キ動物的実骨體文ヲ起源ニスルモノデハナイ」と考えている〔中谷1929〕。また、甲野は縄紋中期の連続渦紋について「ハッドンよれば、スキューオモルフ的文様とされています。彼によればこれらの文様はもともと籠をつくるときの経に緯をからげて、あんでいく工程の連想から生まれたもので、これがしだいに文様化されたのだろうと考えていますが、実証しにくいので彼自身もこれを仮想的起源とひかえめによんでいます。しかし連続渦紋が物をからめる手法にヒントをえている、ということは、たぶん事実でしょう。」と中期の連続渦巻紋も人工模倣文様としている〔甲野1976〕。

　中谷や甲野にみられるハッドン流の縄紋土器の文様解釈学とは別の観点から文様論を展開したのが、山内清男の文様帯系統論である。山内自身に筋金入りと言わしめた文様帯系統論とは、器形の付くべき位置に施された文様帯の縮小・変質・消滅あるいは拡大・多帯化の消長を歴史的変遷のなかで系統的に捉えようとする方法論である。文様の観察の主眼、理論の建て方も、ハッドン流の解釈とは全く別の観点からの文様論であった。中谷や甲野の文様論に対し、冷ややかに次のように発言している〔山内1958〕。「土器の器形および製作に植物模倣、動物模倣、器物模倣の観点から解釈を与えている色々な発言がある。これについては論評すべき点があるが、ここでは略すことにする。以前鳥居博士等は曲線文、渦巻文を縄紋式の特徴として数えられているが、よい着眼ではあるが縄紋式内に於けるこれらの特徴の出現、再発、継続等は甚だ複雑なものである。」

　装飾理論上の人工物模倣説は、先に述べたリーグルによって徹底的に批判される。ゼムペル説が実証的にも理論的にも成立し得ないことを－装飾史の基本問題－として提示したのである。幾何学装飾紋は、織物や編物の織目や編目、素材や色調の変化に基づき幾何学紋を知ったのではない。人間が意識的に織り方や編み方、素材・色を選び、文様を創り出したのであって、その逆ではない、「編む以前の意識的選択と構成を前提としなければならない」と主張したのである。今日では、ハイネーゲルデルンが指摘しているように幾何

第Ⅳ部　押型紋土器と沈線紋土器の編年的関係

学的装飾は、すでに旧石器時代に成立しているのは明らかである。ゼムペル説は、19世紀的装飾論なのである。まずは、そのことを認識すべきであろう。しかし、その後も分かりやすい考え方と流布しているのである。

今日でも小林達雄は「縄文土器を作るに臨んで、それまで慣れ親しんでいた編籠や樹皮籠の方形平底形態をまねたからではなかったかと思われるのである。そしてもう一つの円形丸底は、既成の獣皮袋のイメージを想起させる〈後略〉。

籠をモデルにして土器が作られたと考えると、泉福寺洞穴の豆粒様の文様も〈中略〉そして壬遺跡の口縁の円孔文も、〈中略〉また草創期の土器様式のいくつかに認められる口唇部上の押圧文やジグザグの微隆起線は編籠や革袋などの縁かがりを思わせる。

このように、草創期、すなわち縄文土器発達史の第一期の文様のすべては、土器製作以前に保持された容器のイメージに由来した蓋然性が、極めて高いのである。」と、ハッドン流の土器文様論を高らかに唱えている〔小林1996〕。これでは戦前の中谷・甲野の解釈学に、ひいては19世紀のゼムペルまで先祖帰りしなければならないであろう。

海野弘は自らの装飾論のなかで、「ゼンパーの説はゼンパー自身の考えよりもさらに通俗化され後継者にひきつがれ、考古学的に原始美術をあつかうときにしばしばあらわれている。〈中略〉リーグルの到達点よりもはるかに後退したところで論議が通用していて、幾何学文様は織物から発生したという説をまだ見かけておどろくことがある。」と述べている〔海野1973〕。

２．佐藤達夫の曲線紋の理解

佐藤達夫は1955年10月21日、東洋文化研究所の研究会で「縄紋土器の曲線紋について」と題した発表を行う。研究所の助手時代、30歳の時である。その内容は定かではないが、僅かにそのとき配られた1枚の資料と発表要旨が遺されている（前者を資料〔佐藤1955〕、後者を要旨〔佐藤1956〕と呼ぶ）。縄紋土器の曲線紋の成立を考える前に、まずは、佐藤の縄紋土器の曲線紋に関する理解に迫ることから始めたい［図Ⅳ－43］。

２つの問題　佐藤は縄紋土器の曲線紋について二つの問題にふれている。一つは文様自体の取り扱い方、一つは文様の変化がもつ意味内容である。［要旨］

一．1. 紋様の分類【資料】
　　　結縄紋、懸垂紋、渦巻紋、入組紋、波状紋、弧線紋、爪形紋、並行状紋、並（羊）歯状紋、雲形紋、巴状紋、隆起装飾紋、人面紋様

　　　　　　　　　　　　　　　　（中谷治宇二郎「日本石器時代提要」）

第4章 縄紋土器における曲線紋の成立

<u>2.紋様の転換期</u>【資料】

第一・・・田戸下層式

第二・・・田戸上層式

第三・・・関山式を中心とする

第四・・・諸磯式

第五・・・勝坂式

第六・・・安行式を中心とする　　　　　　　　　　　　（甲野　勇「縄文土器のはなし」）

　分類上の問題点については、「従来の慣習的に用いられる〈中略〉呼び方は、紋様の視覚的特徴を端的に表しているが、相互間に種々の混乱がみられる」と述べている。かつて坪井正五郎が入組紋の一部を大腿骨紋と称したように、文様の名称は至って感覚的なものである。しかし、佐藤が指摘するように、晩期の亀ヶ岡式土器の入組紋を除いて、各曲線紋の系譜・比較・変遷・変容関係については、これまでも系統的な説明が十分になされてきたわけではない。また土器文様としての装飾紋や意匠については、「おそらく、スキゥ

縄紋土器の曲線紋について

　縄紋土器の曲線紋について三つの問題に触れる。一つは紋様自体の取り扱い方、一つは紋様の変化がもつ意味内容である。

　縄紋土器紋様の分類はいろいろの立場からなされている。従来慣習的に用いられることの多い、結縄紋・懸垂紋・渦巻紋・入組紋・羊歯状紋などの呼び方は、紋様の視覚的特徴を端的に表わされているが、相互間に種々の混雑が見られる。おそらく、スキゥモーフィックといわれる（中谷治宇二郎・甲野勇氏らによる）縄紋土器の紋様は、かなり忠実な模倣にもとづく未分化な状態にあり、したがって単位要素に分解しえず、紋様の総体を一単位とみるべきものであろう。この点に縄紋土器およびその社会の性質をうかがうことができよう。

　曲線紋は関東では田戸上層式に現れ、北するにしたがい、出現の時期が下降するらしい。ユーラシア大陸に見られる、北方狩猟民の直線紋土器と、その南辺に位する農耕民の曲線紋土器との対照が、これとどのような関連をもつかは確信できないが、曲線紋一般の性質を考える上には注意すべき点であろう。

　長期間を通じて支配的であった一様な曲線紋は、晩期の一時期に変質する。装飾帯および紋様帯が分化し、それらが特殊な重置を示す（山内清男・吉田格氏らによる）中期末に始まる線から面への手法上の変化（甲野氏による）と、にその過程を見出しえようが、このことは紋様の要素的分化であり、縄紋社会の変化に応ずるものとして重要な意味をもつと思われる。多分次第に依存度を高めていた効果的な生活方法の発達を示すものであろう。またその要因が曲線紋の伝統を通じて、縄紋文化自体に内包されていたことが予想される。

　紋様は、抽象化された要素の結合によるものと、しからざるものとに分かたれる。以上はこれを一つの基準として、縄紋土器の曲線紋について、その特質を考えたものである。

〔東洋文化研究所紀要〕二一冊、昭和三二年〕

地域 時期	関 東	東北南半	東北北半	北海道南半	北海道北半
早期	井草・大丸 夏島 稲荷台 花輪台Ⅰ・大浦山 花輪台Ⅱ・平坂 三戸 田戸下層 田戸上層 子母口 茅山	常世 槻木2・素山	白浜・物見台 吹切沢 (+)	住吉町 (+)	浦幌？
前期	花積下層 関山 黒浜 諸磯 {A 　　　{B 　　　{C 十三坊台	上川名上層・室浜 大木1 大木2A・B 大木{3 　　{4 　　{5 大木6	円筒下層A 円筒下層B 円筒下層C 円筒下層D	石川野・春日町 (+) (+) (+) (+)	大曲・朱円
中期	御隠台 阿玉台・勝坂 加曽利E 加曽利E(新)	大木7A 大木7B 大木8A・B 大木{9 　　{10	円筒上層A 円筒上層B (+) (+)	(+) (+)	船泊下層
後期	堀之内 加曽利B 加曽利B 安行(1/2)	(+) (+) (+) (+)	(+) (+) (+) (+)	青網町 (+) (+) (+)	船泊上層
晩期	安行2-3 安行3 千網	大洞B 大洞B-C 大洞C1・C2 大洞A	亀ヶ岡式	(+)	(希薄？)
続縄紋		(+) (+)	(+) (+)	本輪西上層 江別	(+)

表15　縄紋土器編年表

〔本表は昭和30年10月21日、東京大学東洋文化研究所の研究会で本稿（レジメ）を発表した時に配布されたもの。〕

図Ⅳ-43　佐藤達夫研究発表会要旨〔佐藤1983〕

- 449 -

第Ⅳ部　押型紋土器と沈線紋土器の編年的関係

オモーヒィックといわれる（中谷治宇二郎・甲野勇らによる）縄紋土器の紋様は、かなり忠実な模倣にもとづく未分化な状態」と認定している。未分化な状態が曲線紋以前（撚糸紋土器～田戸下層式）の土器文様を指すのか、縄紋土器総体の土器文様を指すのか定かではないが、おそらく前者のことであろう。

　器物からの転写であるため、「単位要素に分解しえず、紋様の総体を一単位とみるべきものであろう。」と位置づける。文様の各部分は常に全体と関わりをもち、装飾システムのうちに組み込まれているということであろう。器物模倣説を踏襲しているが、重要なことは、土器文様の視覚的構造のなかに縄紋社会の発展の諸相を読み解こうとした点である。

曲線紋の意味　佐藤は文様の構造が社会の構造に呼応していることを示し、曲線紋の変遷を考えたのである。

二．曲線紋の分布（編年表参照）【資料】

（山内清男、芹沢長介、江坂輝彌、大場利夫）

三．ユーラシアにおける曲線紋　【資料】

　黒土地帯原始農耕民の使用した土器、甘粛・河南彩陶の曲線紋とオリエント彩紋土器の直線紋。櫛目紋土器とアムールの渦紋土器

（江上波夫ほか「世界の歴史」Ⅰ）

　佐藤は曲線紋の成立を田戸上層式に求め、北上するに従い下降すると推定している。北の曲線紋の時期を、編年表の「物見台」以降と考えていたのであろう。後に述べるように、今日では田戸下層式に曲線紋が認められ、東北・北海道の田戸上層式並行の資料が豊富になっている。佐藤の指摘で重要な点は、こうした曲線紋の出現を、黒土地帯の農耕民の土器、甘粛・河南の曲線紋、オリエント彩紋の直線紋の巨視的な分析を通して、ユーラシア大陸の北方狩猟民の直線紋土器とその南辺に位置する曲線紋土器との対比の中で考えようとしたことである。旧石器時代が自然主義的であり、新石器時代が幾何学的であるをする芸術史の観点と同様、狩猟社会と農耕社会との装飾・文様の相違を社会構造上の集団の心性あるいは感性の問題と捉えたのである。装飾史において「曲線紋一般の性質を考える上には注意すべき点であろう。」と指摘している。

曲線紋の変質　佐藤は「長期間を通じて支配的であった一様な曲線紋は、晩期の一時期に変質する。」と述べる。すなわち、総体を一単位した土器文様から、装飾帯および文様帯が分化し、特殊な重畳を示す晩期の文様を大きな画期として位置づけている。こうした変質の過程は、中期末のパネル仕立ての文様や器形の変化に求めることができるという。山内の文様帯系統論、すなわちⅠ文様帯の成立、中期のⅠ文様帯とⅡ文様帯の分化、晩期のⅡ文様帯の分化・重畳という系統観に呼応した考え方といえよう。さらに文様の分帯化

現象が、「縄紋社会の変化に応じるものとして重要な意味をもつ」として踏み込み、「多分次第に依存度を高めていった効果的な生活方法の発達を示すものであろう。」と結論づけた。

四．縄紋土器紋様の特質【資料】

「紋様は抽象化された要素の結合によるものと、しからざるものに分かたれる」【要旨】

それを基準として、農耕社会に変容するまでの狩猟社会の情況を、抽象紋の代表である曲線紋を縄紋土器の特質として位置づけ、その変遷の中に縄紋文化の狩猟社会に内包された縄紋人の心性や技術的発達の諸段階を読み解こうとしたのである。

佐藤の視点は、土器文様という縄文人がつくり出した表象を、彼らがもっていた言語・象徴・記号・技術・感性との関係で論じようとしたものである。端的に言えば、土器文様の構造がその社会の構造を反映するものとして、文様解釈学を試みたのである。レヴィーストロースがカドゥヴェオ族の装飾美術の分析を通して、その社会構造の心性の空間を見事に復原した民族誌的研究に相通じるものとして評価できよう〔レヴィーストロース 1977〕。

3．田戸下層式における曲線紋の出現

田戸上層式には曲線紋・渦巻紋・入組紋が隆盛することはよく知られている。近年、これに併行する東北の千歳式、北海道の中野A式などの豊富な資料が出土し、北への曲線紋の広がりが、より正確に捉えられるようになってきた。こうした早期沈線紋土器における初源の曲線紋は、その前段階の田戸下層式に出現している。すでに茨城県常陸伏見遺跡〔常陸伏見遺跡調査会 1979〕・武田石高遺跡〔ひたちなか市教委 1998〕、神奈川県東田原八幡遺跡〔東田原八幡遺跡調査団 1981〕などの資料から確認できるが、最近、千葉県内にも良好な資料が出土してきた。1つは桜井平遺跡資料〔千葉県文化財センター 1998〕であり、もう1つが台木B遺跡資料〔君津郡市文化財センター 1996〕の田戸下層式である［図Ⅳ－44］。いずれも渦巻紋として出現していることに驚かされる。

桜井平遺跡の資料［図Ⅳ－44（1）］　報告書によれば、太沈線によって単純な文様を構成する第5類として分類された田戸下層式土器である。その解説は「おおよその器形を復原できた個体である。底部を欠くが文様構成を知ることができる。口径は29.2cmで、口唇部は外削ぎ状を呈し、胴部はやや膨らむ尖底の深鉢である。口唇部直下に2本の沈線、その下に4本の縦の沈線の間に重層する弧線文が施される。胴部中段は横位の沈線文が7・8本施され、区画文の中を同心円文から次第に小さくなる弧線文が施される。胴部下段には

― 451 ―

第Ⅳ部　押型紋土器と沈線紋土器の編年的関係

横位の沈線文が7・8本、尖底部にかけては縦の沈線が施され、その間を斜位の沈線によってさらに区画がつくられ、その中を弧線が施される。」

　この資料は、太沈線紋が多様される田戸下層式〈新〉に該当する。3帯に構成される上段が、副文様（Ⅰ_b）とするならば、渦巻紋[5]をもつ中段はⅠ文様帯となろう。文様構成は副文様帯（Ⅰ_b）＋主文様帯（Ⅰ）で構成されているB_2類である。やや幅狭であるが、渦巻紋をもつ中段が主文様帯（Ⅰ文様帯）であることは、その後の田戸上層式に致る文様構成の変遷をみても動かしがたい。とするならば『城ノ台南貝塚報告』で示したB_2類およびそれに続く田戸上層式の文様帯系統観には訂正が生じよう〔千葉大学考古学研究室1994〕。改めて図示すると次のようになる［図Ⅳ-45］。また副文様という理解より、Ⅰ文様を飾る上下の装飾帯とみる方がよいのかもしれない。

　ここで重要なことは、Ⅰ文様帯に渦巻紋が生成していることである。おそらく、前段階での区画内の弧線紋による充填手法が発展したのであろう。この描出手順は、おそらく次のようになろう。文様は3単位で構成される。

　1．数条の沈線で、文様帯をつくる。（廻線[6]の描出）
　2．その間を2条の沈線で斜位に区切り（結線の描出）、菱形区画帯をつくる。
　3．菱形区画の中央に同心円紋・渦巻紋を描出する。
　4．菱形区画内の渦巻紋両側の空白を弧線紋で充填する（右側から左側へ）。

台木B遺跡の資料［図Ⅳ-44（2）］　撚糸紋期の覆土中から出土したものである。「2条1単位の横位太沈線文に区画された中に文様を充填したもので、主文様としての太沈線による蕨手状文様を中心に、松葉状に斜位太沈線を施文し、その外側に2条の、内側に1条の細沈線を加えている。また胴部は2条の横位太沈線文間に異方向の斜沈線をそれぞれ施文し、最下段に斜位太沈線を配して、無文となるものと考えられる。さらに口縁部は外傾した角頭状をしており、横位に丁寧になでている。胎土は数mmの石英の小砂礫を含み、焼成は良好である。」

　この資料も太沈線と細沈線を併用した田戸下層式〈新〉である。桜井平遺跡の資料とは異なり、上段の副文様帯はなく、Ⅰ文様帯が口縁部直下に幅広く付けられ、2帯構成となる。菱形の区画の中心に渦巻紋[7]が配され、それがS字状に展開しながら区画線の一部となり、菱形区画を繋ぐ結節部を構成している。その描出手順は次のようになり、2単位の区画帯を構成する。

　1．2条の太沈線で、文様帯をつくる（廻線の描出）。
　2．渦巻紋（右3回反転、左1回反転）描出し、渦巻紋を繋ぐ直線部が菱形区画の一辺となる。
　3．あとの三辺を直線で構成し、菱形区画を構成する。

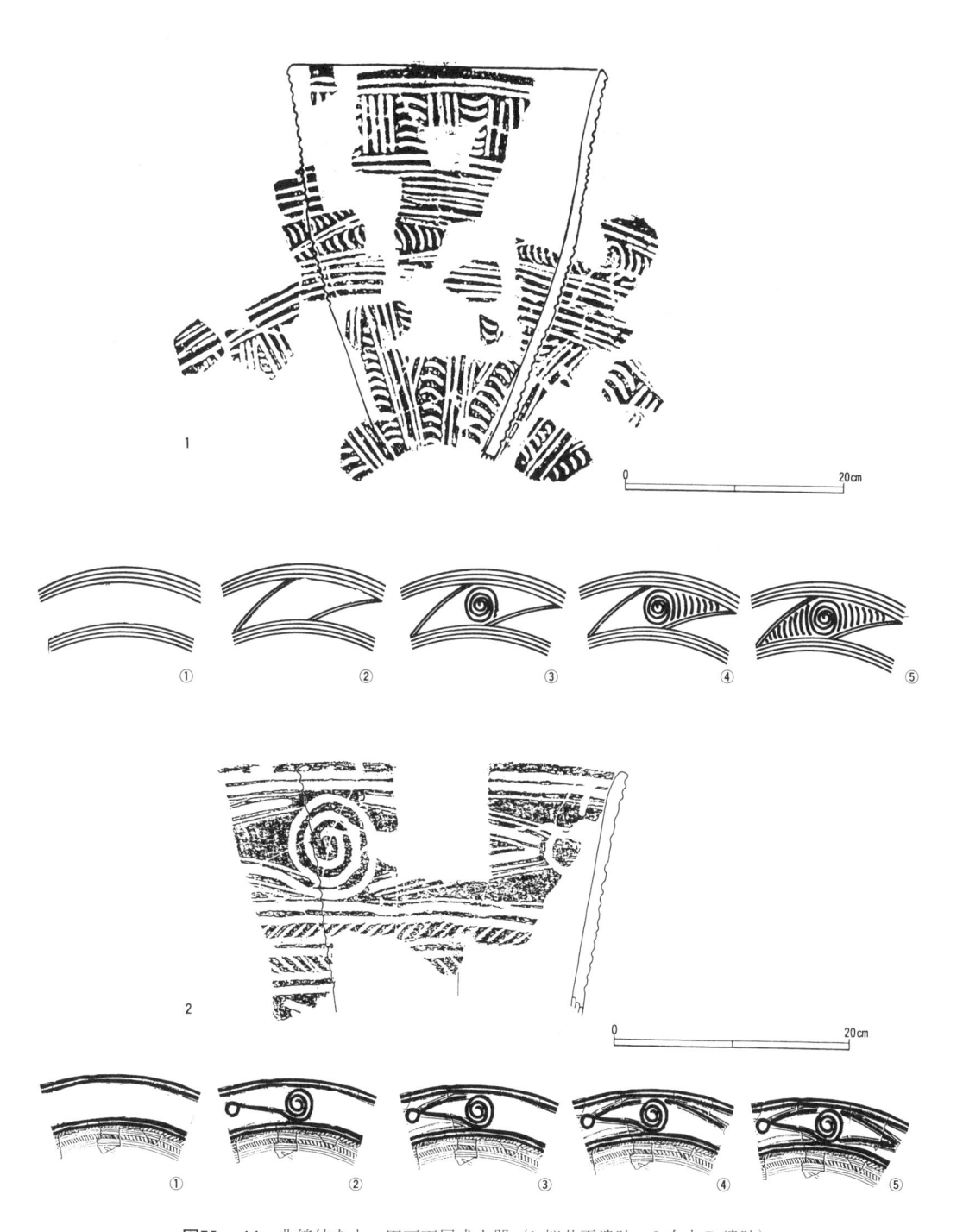

第4章 縄紋土器における曲線紋の成立

図Ⅳ-44 曲線紋をもつ田戸下層式土器（1 桜井平遺跡　2 台木B遺跡）

- 453 -

第Ⅳ部　押型紋土器と沈線紋土器の編年的関係

　両資料の描線手順・手法は異なっている。桜井平資料の渦巻紋は菱形区画内を充填するように配置されるのに対し、台木B資料の渦巻紋は渦巻の直線部が菱形区画の一辺を構成し、より自立的に描出されている。前者は菱形区画内の対向弧線紋の描出運動が発展し、その中心部に渦巻紋を生み出した初出形態を示している。後者はより渦巻紋が伸びやかに展開し、独立した意匠に発達しようとする姿が読みとれる。田戸上層式に入り、入組紋に発展する前段階を迎えている。文様構成からみても桜井平資料より新しい。Ⅰ文様帯に渦巻紋をもつ資料をみると、桜井平資料〔図Ⅳ－45（1）〕→常陸伏見資料〔図Ⅳ－45（2）〕→常陸伏見資料〔図Ⅳ－45（3）〕・桜井平資料〔図Ⅳ－45（4）〕の変遷となろう。

曲線紋と波状口縁　　田戸下層式で生成した曲線紋および縄紋人の表象活動は、装飾の範囲に留まることなく、造形表象にも大きく影響を与えていく。それまでの伝統的な平縁尖底深鉢の土器から、波状口縁[8]という新しい形態を生み出していくのである。言い換えるならば、直線的なフォルムから曲線的なフォルムへの変身である。以降、縄紋土器は文様とともに形態の多様な変化と進展を遂げてゆく。曲線紋出現は縄紋土器のヌーベルバーグであり、文様史上も形態学的にも大きな画期として位置付けることができる。こうした画期をもたらした要因が、装飾活動（曲線紋）にあるのか、造形活動（波状口縁）にあるのか定かではない。こうした設定に意味があるかどうかも疑問があろう。しかし、少なくとも円筒・円錐形等という円という視覚的概念（意識・無意識の問題は別）をもちながらも長い間、形態的変化を生みださなかった保守的・伝習的な造形活動に、その要因を求めることはできない。

　重要なことは、曲線紋が先か、波状口縁が先かではなく、田戸下層式に出現した文様や器形の変革が、縄紋人の思考・社会の変化を反映しているという点にある。すなわち、こうした画期は佐藤達夫が説いたように、縄紋社会の構造や心性の発達の諸相を示しているのである。

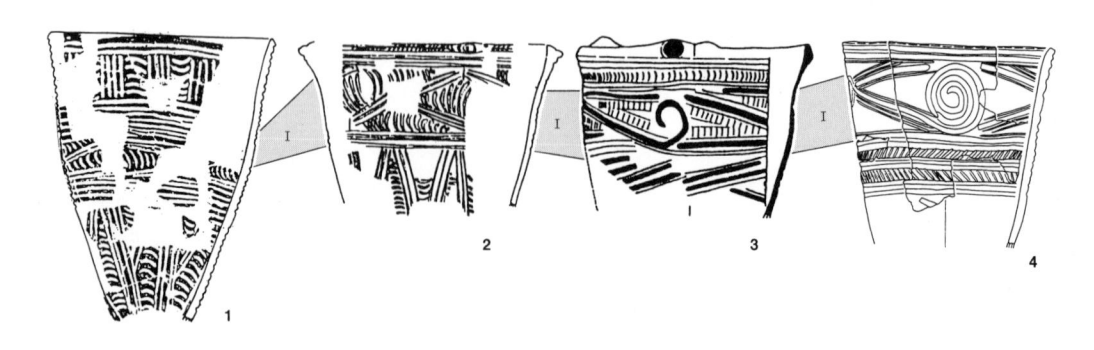

図Ⅳ－45　田戸下層式Ⅰ文様帯の変遷（1桜井平遺跡　2・3常陸伏見遺跡　4台木B遺跡）

－ 454 －

4．菱形区画内の渦巻紋

つぎに、いずれの資料も菱形区画に渦巻紋を配している点について、考えてみよう。

ある実験 この問題を考えるために、考古学概説を受講する百数十人の一般学生にアンケートをとってみた。それは「菱形区画内に文様を描きなさい。」というものである。その結果は次の通りである［図Ⅳ－46］。直線紋で表すもの（Ⅰ）、曲線紋で表すもの（Ⅱ）、細紋風・絵画風に描くもの（Ⅲ）の3種に大別できる。いずれの場合も、文様は菱形区画内を対照的に描いている。Ⅰ・Ⅱ・Ⅲの3種の描出比率は、3：2：1となり、文様や装飾の歴史に反比例している。直線で表すⅠ種は菱形区画に規制され、描出される直線は区画線に接続する［Ⅰ$_1$～$_3$］。曲線で表すⅡ種の多くは渦巻紋であり、菱形区画の空間に独立的に展開している。直線と併用する例は、渦巻紋の周囲を充填する直線であったり、菱形区画を再分割する直線であって、補助的な役割しか果たしていない［Ⅱ$_5$～$_7$］。細紋風・絵画的に描くⅢ種は、図案として確立した精緻な文様構成をもち、菱形区画を面的に装飾する。縄紋土器文様からみれば、近代的な装飾といえよう。

では、こうしたⅠ・Ⅱ・Ⅲ種の装飾から、どのような心性が読みとれるであろうか。アンケートの問いに対して「どうしてこんなことを要求するのであろうか」と思いつつも、無意識的、素直に、問われるままプリミティブに答えるⅠ種、問いに意識的に答えようとするⅡ種、個性的に装飾紋を表象するⅢ種に分けられよう。こうした評価は答えてくれた受講生に失礼な点もあろうが、Ⅰ・Ⅱ・Ⅲ種の比率は当世学生気質の受講傾向を反映しているのかもしれない。

重要な点は、シンボル→記号→文字への変遷と同様、彼らが描いた直線紋→曲線紋→図案化された装飾紋の変遷の中に、人類の感性・心性・思考の発達を読み解くことができることである。

渦巻紋の基本 渦巻紋には独立して展開する単一渦巻紋（A型）と、入組紋や唐草紋のように絡み合って展開する連結渦巻紋（B型）がある〔立田1997〕［図Ⅳ－47］。

単一渦巻紋の基本形は3種であり、その反転形を入れると6種となる。桜井平資料［図Ⅳ－44（1）］はA$_1$型、台木B資料［図Ⅳ－44（2）］はA$_2$型であり、［図Ⅳ－46］のⅡ$_1$はA$_1$型、Ⅱ$_2$・$_3$はA$_3$型、Ⅱ$_3$がA$_3$型である。田戸下層式の渦巻紋は、いずれも単一渦巻紋である。これらの渦巻紋が組み合って展開を始めると田戸上層式と入組紋として発展する。この段階でも渦巻紋の単位を分解することができ、一筆描きの唐草紋にまでは至っていない。すなわち、単一渦巻紋→入組紋→唐草紋と発展する過程を縄紋土器の文様から読み取れるのである。

第Ⅳ部　押型紋土器と沈線紋土器の編年的関係

　　　　Ⅰ　　　　　　　　　　Ⅱ　　　　　　　　　　Ⅲ

　　　　直線紋　　　　　　　　渦巻紋　　　　　　　　細紋・絵画紋

図Ⅳ－46　菱形区画内の装飾紋（千葉大生のアンケートによる）

－ 456 －

第4章　縄紋土器における曲線紋の成立

　連結渦巻紋は、走行渦巻紋、ステップ渦巻紋、嵌入渦巻紋、旋転渦巻紋の4種の基本形に分けられている〔立田1997〕。こうした連結渦巻紋が本格的に出現しはじめるのは、中期後半以降であろう。最も隆盛するのは、晩期の亀ヶ岡式文化である。歴史的にみても、単一渦巻紋が出現し、それが複雑に絡み合う中で連続渦巻紋に発展していくのである。隼人の盾のように、単一渦巻紋がシンボルとして特別な意味を付与される場合は、連続渦巻紋より精神的・文化的に新しい要素のこともある。
　渦巻紋に関する図像解釈は、多種・多様である。J.G.アンダーソンは甘

図Ⅳ－47　A 単一渦巻紋　B 連結渦巻紋〔立田1997〕

粛省半山遺跡で出土した彩陶に描かれた渦巻紋を喪紋と呼び、墓に副葬される文様としている〔J.G.アンダーソン1941〕。渦巻紋は宇宙・月・太陽・水流・蛇・呪縛と解放・死と再生・霊魂・多産性を示す存在として、そのシンボリズムの解釈は果てしなく続く。しかし、縄紋土器に表わされた早期の渦巻紋は、装飾を構成する部分であって、図像解釈できる段階に入っていない。それを作った縄紋人も特定の意味を付与していたとは考えられない。

5．田戸上層式土器の入組紋

　田戸上層式は三段階に分けられる。この時期の曲線紋の特徴は、渦巻紋が入組紋となり、渦巻部が絡み合って展開することである。もう一つは、渦巻紋が一本の沈線で描出されるのではなく、二本の沈線で帯状に表出されることである。文様はリズミカルに施され、かつて甲野勇が「縄文土器の製作者たちは、自分のつくりだす線の流動とリズムに陶酔し、もしその当時鼻歌というものがあったなら、おそらくそれを口ずさみつつその製作に従ったとさえ考えられる。」と述べた〔甲野1964〕その境地に達している。また器形もキャリパー形になり、文様構成も口縁部文様帯、胴部文様帯に分割されて規則的に施紋される。まさに中期の加曽利E式の器形と文様帯構成をみるようである。すなわち田戸上層式は早期に

第Ⅳ部　押型紋土器と沈線紋土器の編年的関係

図Ⅳ-48　田戸上層式の渦巻紋（1 空港No.7遺跡　2 田戸遺跡）

おける文様の隆盛を迎えた時期といえよう。この時期に曲線紋は、北上しながら北海道まで広がっていくのである。田戸上層式、それに併行する東北の物見台式、北海道の中野A式の曲線紋を大観してみたい。

田戸上層式［図Ⅳ-48（1）・（2）］　千葉県空港No.7遺跡の資料をみてみよう〔千葉県文化財センター 1984〕。大半は田戸上層式〈古〉段階の資料である。多くは口縁部文様帯と胴部文様帯に分かれ、分割を示す鋸歯紋が巡らされる。口縁部文様帯を曲線で描出すると、胴部文様帯は直線で入組ませる場合が多い。（1）は、口縁部文様帯に平行沈線で描出するA₂型渦巻紋を入組ませ、右方向に展開させている。展開した渦巻紋の三角状の上下空白部には弧線を配し、その空間を埋めている。キャリパーの頸部には、口縁部と胴部を

- 458 -

第4章　縄紋土器における曲線紋の成立

分割する鋸歯紋を巡らす。胴部文様帯は幅広くつくられ、直線の平行沈線で雷紋風の角形渦巻紋を配している。下端にも鋸歯紋を巡らせ文様帯を区切っている。おそらく口縁部を施紋した後、胴部を施紋したのであろう。文様帯の入組紋は、図示したように "a・b・a・b" と描出し、リズム感を与えている。

　(2)は神奈川県田戸遺跡の資料である〔奈文研1992〕。主文様を隆線紋で描出し、沈線を補完的に併用する田戸上層式〈新〉段階の資料である。口縁部文様帯のみで構成される、波状口縁の土器である。単に入組ませるのではなく、対向する渦巻紋と直線を組合わせてより複雑な文様構成となる。基本的な描出手順は、図のように "a・b・c・d" となる。

物見台式〔図Ⅳ-49 (1)〕　広義の物見台式には当初、江坂輝彌が設定した物見台式と、田戸上層式と同様の入組渦巻紋や文様帯構成をもつ千歳式に大別できる。地域的差か年代差なのか議論もあろうが、2帯構成をもつ千歳式が古く、1帯構成の狭義の物見台式が新しいと考えられる。この問題は別の機会にふれたい。また、千歳式も2段階に分かれよう〔西川1989〕。青森県売場遺跡資料が古く、青森県田面木平遺跡資料が新しい、おそらく田戸上層式〈古〉・〈新〉に対応しよう。ここでは田面木平遺跡資料の渦巻紋の施紋構成を分析したい〔縄文文化検討会1989〕。

　(1)に示した資料は波状口縁の2帯構成をもつ土器で、複雑に入組んだ渦巻紋構成になる。知恵の輪のように組合った渦巻紋の描出手順をみてみよう。口縁部文様帯は、まず波状部を基点にして A_3 型渦巻紋口縁部に配する(①)。次に一方の渦巻紋の反転部を基点に山形に対向する A_1 型の渦巻紋を配し(②)、それに組合わせるように、下の廻線を基点にV字型に対向する A_1 型の渦巻紋を入組ませる(③)。さらに、その空間を入組紋で充填していく。胴部文様帯は上下に分帯する。上段はV字形対向の A_1 型渦巻紋と山形対向の A_1 型渦巻紋を入組ませ、下段はV字紋と弧状紋を組合わせる。

中野A式〔図Ⅳ-49 (2)〕　北海道には、東北の田面木平遺跡資料のように華やかに渦巻紋が入組んで展開する資料は現在のところ出土していない。わずかに中野A遺跡3類土器(仮に中野A式と呼ぶ)に退化した入組紋が認められるに過ぎない〔北海道埋蔵文化財センター1992〕。貝殻紋の伝統に圧され、描線としての曲線紋は発達しなかったのであろうか。中野A式はキャリパー状の口縁部のみに幅狭の文様帯をもつものと、幅広く文様帯をもつものに大別できる(a種・b種)。いずれも文様帯が1帯となるものである。キャリパー状a種には文様帯の下位の廻線からネクタイ状・リボン状に垂下した文様をもつものがある。2帯型のなごりであろうか。入組紋は痕跡的に認められるか、本来、横方向に展開する入組紋が、縦に入組んでいる。

　(2)はキャリパー形のa類土器である。廻線で分帯した後、結線で長方形の区画紋をつ

− 459 −

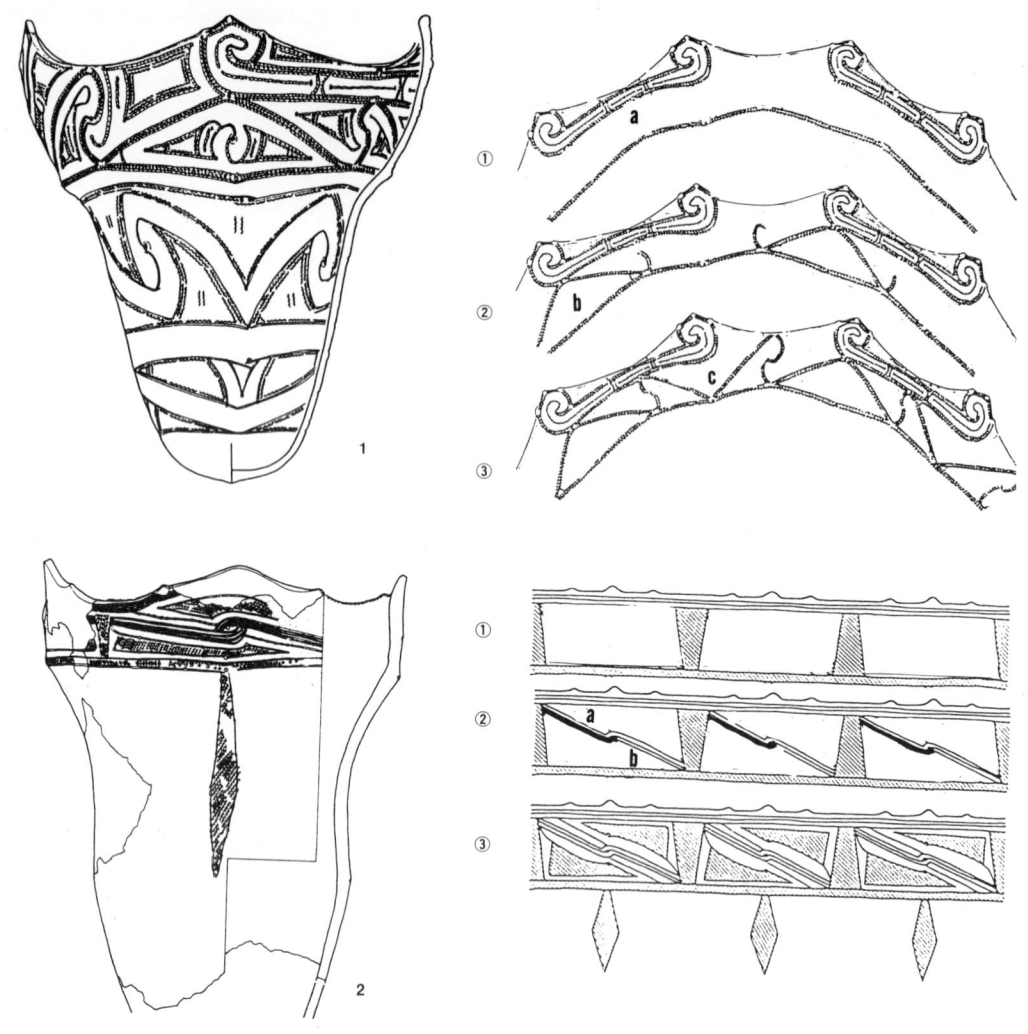

第Ⅳ部　押型紋土器と沈線紋土器の編年的関係

図Ⅳ-49　物見台式・中野A式の渦巻紋（1 田面木平遺跡　2 中野A遺跡）

くる（①）。対角線上に直線的な入組紋を"a・b"と配置する（②）。入組紋は退化し、硬直化し、長方形の3単位の区画紋の中に封じ込められ、もはや渦巻紋が展開する余地はなくなっている（③）。時期的にも田戸上層式の最末期の様相を示していると考えられる。それは、早期における曲線紋の終焉をも意味しているのである。

おわりに

　縄紋土器の装飾技法の主流は、浮紋と沈紋である。彩紋もないわけではないが、大陸における彩陶のような発展は認められない。最古の縄紋土器が浮紋で構成されるのか、それ

- 460 -

とも沈紋で構成されるのか、縄紋土器の出自を考える上で重要な問題を含んでいる。少なくとも隆起線紋土器は浮紋の系譜であり、文様帯をもっている。続く爪形紋・円孔紋・押圧縄紋は、沈紋の系譜であり、これらも文様帯をもつものもある。

次いで、縄の回転手法による施紋法が出現すると単調な繰り返しの文様となり、原体の撚りの変化、回転方向の違いによって、辛うじてその装飾性を保つことになる。押型紋土器も同様である。草創期前半は当初より文様帯が確立し、かつ新潟県室谷洞穴にみられる注口土器をはじめ器形、口縁部・底部形態をとっても多様な変化がみられる。これに対し後半の撚糸紋期は器形も尖底深鉢に画一化され、文様帯も振るわない。これが「古文様帯」の現状であろう。

早期に入り、縄紋人自らの手で文様を描く手法を獲得する。沈線で自由に描く描線手法の出現である。これは筆を持ち、自らの意思をキャンバス（器面）に表象できる手法であり、幼児が言葉・文字を覚え、絵を描きはじめる行為に匹敵しよう。縄紋土器装飾史上、草創期と早期を大別する重要な画期である。沈線紋による描線手法は撚糸紋終末期の木の根式に萌芽し、縄紋の回転運動・軌跡を沈線の描出に置き換えることから始まった。三戸式でも当初は単純な直線幾何学紋の繰り返しであったが、縄紋土器装飾の主たる文様がつくられるようになる。Ⅰ文様帯の生成である。このⅠ文様帯に曲線紋が出現するのが、田戸下層式〈新〉段階である。区画紋内に充填した対向する弧線の描線が動き出し、渦巻紋を生み出すのである。この渦巻紋が次第に自立し始め、文様帯を自在に展開する。田戸上層式がその時代である。渦巻紋の展開は、縄紋社会そのものの躍動感・発展を示しているかのようである。ところが、突然に作家が筆を折るように土器の器面から装飾が消える。土器のつくりも粗雑になる。描出手法も沈紋から浮紋（隆線紋）に転換する。沈線紋以降、条痕紋土器の時代は装飾が振るわない。装飾史上の早期前半と後半期のこの落差は、縄紋社会の変容を示しているに違いない。あのスパイラルは何処へいったのであろうか。その旅は始まったばかりである。

付　記　考古部会長であった麻生優先生が亡くなられて、一周忌を迎えようとしている。昨年の春、『資料編　考古1』の編集を終えられ、職場であった愛知学院大学も辞し、これから千葉県史編さんのお仕事に専念される決意を固められた矢先のことであった。その意味でも残された部会員の責務は大きい。これからの千葉県史編さんの仕事を進めていくためにも、先生への哀悼の意味からも、それぞれの立場から日頃の成果を『千葉県史研究』に反映させ、今後の考古部会の新たな一歩を踏み出すこととした。その一端が、本論稿である。

作成にあたり、石橋宏克・井上賢・加納実・土肥孝・永塚俊司・西川博孝・蜂屋孝之・柳澤清一の諸氏から数々の御指摘と御助言を賜った。記して感謝の意を表したい。

第Ⅳ部　押型紋土器と沈線紋土器の編年的関係

註

（１）　アロイス・リーグルの原著は次の通りである。
　　　Alois Riegl 1893 "Stifragen.Grundlegungen zu einer Geschichte" Berlin
　　　長広敏雄によって日本語訳が出版されている。初版本（1942年版判）再版本（1970年版）がある。本稿は、1942年版を参照した。
　　　リーグル，アロイス、長広敏雄訳　1942『美術様式論』　座右寶刊行会
　　　　　　　　　　　　　　　　　　　1970『美術様式論』　岩崎美術社

（２）　ロバート・ハイネーゲルデルンの元々の原著は1937年の下記の論文である。
　　　Robert,Heine-Geldern 1937 "L'art prébouddhique de la Chine et de l'Asie du Sud － Est et son influence en Oceanie " *Reyue des Arts Asiatiques*
　　　この論文をダグラス・フレザーの求めにより、英文で大幅に書き直したのが、下記の論文である。その日本語訳が古林清司によってなされている〔古林1978〕。本稿はこれを参照した。
　　　Robert,Heine-Geldern "Some Tribal Art Styles of Southeast Asia : An Experiment in Art history"
　　　（Daouglas Fraser ed. 1966 *The Many Faces of Primitive Art* Prenntice-Hall ）
　　　ロバート・ハイネーゲルデルン著　古橋正次訳 1978「東南アジアにおける若干の部族様式」『東南アジア・太平洋の美術』人類学ゼミナール6　弘文社

（３）　ゴットフリード・ゼムペルの原著は次の通りである。
　　　Gottfried Semper 1860 － 63 "Der Stil in den technischen und tektonischen Kunsten,oderPraktische Aesthetik" *Frankuhurt a.M,.2bde*.
　　　G．ゼムペルについては長広敏雄による次の紹介がある。
　　　長広敏雄　1935　「ゴットフリード・ゼムペルの工藝論」　寶雲　第十五冊

（４）　H．ホルムズやC．ハッドンの著作は、この当時の縄紋土器研究者の必読の書となっている。中谷治宇二郎はその著作〔中谷1927〕で、次のH．ホルムスの論文を引用している。
　　　W.H.Holmes 1903 "Aboriginal pottery of the Eastern United States" *Rep.Bur.Amer.Ethn*.pp93-94,Washington,
　　　また、甲野勇もH．ホルムス　1883「古代プエブロ族の土器」の論文やA.C．ハッドンの『芸術の進化』の著書を紹介している〔甲野1964〕。
　　　A.C.Hadden 1895 "Evolution of Art; asIllustrated by the Life History of design"

（５）　『報告書』では同心円紋としている。中心部が損しており判断できないが、渦巻紋になっている可能性が高いと考えられる。

（６）　文様を分帯する横沈線を「廻線」と呼び、分帯の廻線（上）と廻線（下）を縦・斜位に区画する沈線を「結線」と呼ぶ。

（７）　『報告書』の実測図では、施紋されたB型渦巻紋は右側渦巻紋（3回転）から描出され、左渦巻紋（1回転）で終わるように表現されているが、この部分も欠損している。砂粒の動きを見ると、右から左に描出されている。

（８）　岐阜県沢遺跡出土の押型紋土器（沢式）にも、わずかに波状を呈する口縁が認められるが、佐藤達夫はこれを波状とは呼ばず「山形」としている〔佐藤1967〕。平縁から波状口縁の形態的変化の画期は、田戸下層式になってからのことであろう。

第4章 縄紋土器における曲線紋の成立

引用・参考文献

J.G. アンダーソン著・三森定男訳　1941　『支那の原始文化』　四海書房
稲田孝司　1972　「縄文式土器文様発達史・素描　－上－」『考古学研究』18－4
海野　弘　1973　『装飾空間論』美術出版社
岡本東三ほか　1994　『城ノ台南貝塚発掘調査報告書』　千葉大学文学部考古学研究報告第1冊　千葉大学文学部考古学研究室
君津郡市文化財センター　1996　『兎谷・上時田・下時田・向台木・台木B遺跡』　財団法人君津郡市文化財センター発掘調査報告書114　上総新研究開発土地区画整理組合
木村重信　1971　『芸術の始源』　新潮社
E. グローセ著・安藤弘訳　1921　『藝術の始源』
甲野　勇　1953　『縄文土器のはなし』　世界社
甲野　勇　1964　「序日本原始美術の発見」「先史時台の生活と芸術」『日本原始美術』2　講談社
甲野　勇　1976　『縄文土器の話』　学生社
小林達雄　1996　『縄文人の世界』　朝日新聞社
E.H. ゴンブリッチ著・白石和也訳　1989　『装飾芸術論』　岩崎美術社
佐藤達夫　1955　「縄紋土器の曲線紋について」『東洋文化研究所研究発表配付資料』
佐藤達夫　1956　「縄紋土器の曲線紋について」『東洋文化研究所紀要』11
佐藤達夫・大野政雄　1967　「岐阜県沢遺跡調査予報」『考古学雑誌』53－2
佐藤達夫　1983　「縄紋土器の曲線紋について」『東アジアの先史文化と日本』　再録　六興出版
縄文文化検討会編　1989　『東北・北海道における縄文時代早期中葉から前期初頭にかけての土器編年について』第4回縄文文化検討会シンポジウム
立田洋司　1997　『唐草文様』　講談社選書メチエ94　講談社
千葉県文化財センター編　1984　『新東京国際空港埋蔵文化財発掘調査報告書Ⅳ』　新東京国際空港公団
千葉県文化財センター編　1986　『酒々井町伊篠白幡遺跡』　千葉県農業開発会社
千葉県文化財センター編　1998　『干潟工業団地埋蔵文化財調査報告書』　千葉県文化財センター調査報告321
鳥居龍造　1925　『武蔵野及其有史以前』　磯部甲陽堂
長広敏雄　1935　「ゴットフリード・ゼムペルの工藝論」『寶雲』15
中谷治宇二郎　1929　『注口土器ノ分類ト其ノ地理的分布』　東京帝国大学理学部人類学教室研究報告4
中谷治宇二郎　1948　『訂校日本石器時代提要』　養徳社
奈良国立文化財研究所　1992　『山内清男考古資料4』　奈良国立文化財研究所史料34
西川博孝　1989　「「物見台」と「吹切沢」」『先史考古学研究』2
R. ハイネ＝ゲルデルン著・古橋正次訳　1978　「東南アジアにおける若干の部族様式」『東南アジア・太平洋の美術』　人類学ゼミナール6　弘文堂
東田原八幡遺跡調査団編　1981　『東田原八幡遺跡』
ひたちなか市教育委員会　1998　『武田石高遺跡』　（財）ひたちなか市文化・スポーツ振興公社文化財調査報告15　文化・スポーツ振興公社編
常陸伏見遺跡調査会編　1979　『常陸伏見』
北海道埋蔵文化財センター編　1992　『函館市中野A遺跡（2）』　北海道埋蔵文化財センター文化財調査報告書84

第Ⅳ部　押型紋土器と沈線紋土器の編年的関係

A. リーグル著・長広敏雄訳　1942　『美術様式論』　座右寶刊行会
A. リーグル著・長広敏雄訳　1970　『美術様式論』　美術名著選書11　岩崎美術社
領塚正浩　1996　「東北地方北部に於ける縄文時代前半の土器編年」（上）（下）『史館』27・28
レヴィーストロース著・川田順造訳　1977　『悲しき熱帯』　中央公論社
山内清男　1958　「縄紋土器の技法」『世界陶磁全集』1　河出書房新社
A.C.Hadden 1895 "Evolution of Art; asIllustrated by the Life History of design"
Alois Riegl 1893 " Stifragen.Grundlegungen zu einer Geschichte" Berlin
Gottfried Semper 1860-1863 "Der Stil in den technischen und tektonischen Kunsten,oder Praktische Aesthetik" *Frankuhurt a.M,.2bde*.
Robert,Heine-Geldern 1937 "L'art prébouddhique de la Chine et de I'Asie du Sud − Est et son influence en Oceanie " *Reyue des Arts Asiatiques*.
Robert,Heine-Geldern "Some Tribal Art Styles of Southeast Asia：An Experiment in Art history"（Daouglas Fraser ed. 1966 *The Many Faces of Primitive Art*. Prenntice-Hall ）
W.H.Holmes 1903 "Aboriginal pottery of the Eastern United States" *Rep.Bur.Amer.Ethn.*,pp93-94,Washington

付編　1．城ノ台南貝塚出土の田戸下層式土器の細分

はじめに

　田戸下層式は、貝層下第6層から主に出土する。田戸下層式は沈線紋を施す有紋土器と条痕紋・無紋土器で構成される。従来この種の条痕紋土器は三戸式に伴うものとされていたが、明らかに田戸下層式にも存在する。無紋土器とともに田戸上層式や子母口式（第Ⅲb・Ⅳb群土器）に継承され、条痕紋土器群に至る系譜が看取される。底部は従来からいわれているように、器壁と同じ厚さのものと「天狗の鼻状」を呈する尖底の2種があり、時期差を示すものかもしれない。なお、平底はない[1]。田戸下層式は沈線紋で構成される有紋土器を文様要素によって、第1類から第6類に分類した。第5類の三角状連続刺突紋やハの字刺突紋は明神裏3式に対比される。第6類の地紋に擦痕状条痕をもつ粗雑な太沈線で構成される一群の土器は、田戸下層式から上層式への微妙な位置をもつ土器である。田戸下層式の細分については、この時期の貝層が形成されている北貝塚の層位的所見が有効と考えられる。すでに北貝塚の吉田報告において、田戸下層1式・2式の細分案が示唆されたが、ついにその根拠は明らかにされなかった。田戸下層式の細分については、北貝塚の1992年の香取郡市文化財センターによる全面発掘の成果を待たなければならないが、ここでは出土資料をもとに、その見通しについてふれておきたい。

1．従来の細分案について

　さきに述べたように吉田格によって示された2細分案は、江坂輝彌によって解説が加えられる。もとより吉田と江坂の2細分案が同じものであるか定かではないが、江坂の解説では1式に西之城貝塚例、2式に城ノ台北貝塚例・夏島貝塚例・平坂貝塚例をあげた。そして「1式には、貝殻条痕はみられないが、細い平行沈線による鋸歯状紋や刺突紋、貝殻腹縁紋などを全面にほどこしたものが多く、波状口縁があらわれてくる。次の田戸下層2式は、折った笹竹の端のようなもので、施文した太い沈線により、直線紋ばかりでなく曲線紋もえがかれている。」と解説した〔江坂1959〕。この細分はそれ以前に江坂が解説したⅠ

第Ⅳ部　押型紋土器と沈線紋土器の編年的関係

式・Ⅱ式とは異なるものであるが、1式は細沈線・貝殻腹縁紋による直線紋、2式は太沈線と曲線紋の出現を基準とした新たな細分であろう。江坂の見通しは大局的には正しいものであったが、細分案の混乱やその後の資料的制約もあって、十分に検討されることはなかった。1960年代後半からの大規模な行政発掘において、徐々に蓄積されつつあった各地の沈線紋土器群を丹念に集成・分析して、新たな指標を築いたのが1980年代の西川博孝の一連の研究である。戦後の城ノ台北貝塚の調査から約四半世紀を要したことになる。西川はまず三戸式の細分を手掛け、続いて田戸下層式の細分に着手する。西川は細分にあたって、山内清男の文様帯系統論の原理を導入し、その変遷の見通しを立て3細分案を提示する〔西川1980〕。同じ頃、領塚正浩も口縁部・胴部・底部の施紋部位ごとの施紋帯論ともいうべき、独自の文様帯論を展開し、三戸式から田戸上層式にいたる沈線紋土器の変遷を考察する。この分析を通して、田戸下層式を2細分する〔領塚1987, 1988〕。こうした西川・領塚の細分案を受けて、恩田勇は沈線紋土器の成立と展開を関東北の諸型式の関連と細別のなかで組み立てる。しかし恩田の分析も、口縁部Ⅰ文様帯、胴部Ⅱ文様帯と規定し、沈線紋の文様帯をⅡ文様帯の変遷で捉えようとしている〔恩田1991, 1992〕。領塚の施紋帯論も同様であるが、こうした部位ごとに固定した文様帯論では、生成→縮小→消滅し、やがて再生するという山内の文様帯系統論には接近できないであろう。求むべきは独自の文様帯論ではなく、山内が提示した早期のⅠ文様帯の生成とその展開の究明であろう。

2．早期のⅠ文様帯について

山内は「文様帯系統論」の中で草創期・早期の文様帯にふれ、次のように語っている。
Ⅰ草創期前半………隆起線紋・爪形紋・「押圧縄紋」には古文様帯がある。
Ⅱ草創期後半………撚糸紋には文様がない。
Ⅲ早期……………西日本の押型紋・条痕紋（石山Ⅴ式）、東北・北海道の回転縄紋（唐貝地上層式・赤御堂式・綱紋式・中野式）には文様帯は極めて稀。
Ⅳ文様帯の出現……上記の稀「文様帯」の西と東の両極の中央で、文様帯が出現する。
Ⅴ早期のⅠ文様帯…Ⅰ文様帯を遡源して見ると、早期にまで達する。
ⅥⅠ文様帯の例示…口頸部に幅狭く加えられた例、幅広い帯、時には重帯化？している例として、住吉町式・虎杖浜式・野月式・椴法華式、白浜式・大寺式・船入島下層式、田戸下層式・野島式・「茅山下層式」、入海2式をあげる。

すなわち、「早期に文様が生じ、その後長く幾多の変遷を重ね、一部弥生式、続縄紋式

にまで続いている。〈中略〉ある型式の文様帯は前代の土器型式の文様帯と連続、継承関係を持っており、次代型式の文様帯の基礎となる。土器は土器から、文様帯は文様帯から、系統は要約して次の如くたどり得るであろう。」とする結論を導くのである〔山内1964〕。

では、文様帯の出現は早期のいつであろうか。山内は撚糸紋土器を文様帯の断絶期とし、早期の沈線紋土器を胚胎期と位置づけた。関東編年では、田戸下層式・子母口式〔山内1937〕・野島式・茅山下層式の例示しかないが、三戸式も当然含んでいるといえよう。

今日、問題になっている木の根式の沈線紋はしばらくおくとして、早期の文様帯の成立を、三戸1式すなわち竹之内式の平行沈線の横帯区画を重層した文様に求めたい。また、多帯化した文様を1帯あるいは複帯の重畳とみるか、多帯を1帯の文様帯とみるかという問題を残しているが、今は問わない。では、この三戸1式の文様帯が即ちⅠ文様帯の成立につながるであろうか。おそらくその成立は、次の舟塚原類・庚塚タイプと呼ばれる三戸2式の段階であろう。横帯区画に割り込むように配置されるクランク状・鍵手状・幾何学状の主文様帯が、その後に連続・継承されるⅠ文様帯であろう。このⅠ文様帯の生成は1式の横帯区画紋から派生したとする見方もできるが、おそらく中山遺跡にみられる底部近くに描かれたクランク状紋が2式になって、Ⅰ文様帯として位置づけられたものと推定される。こうして生成されたⅠ文様帯は、[図Ⅳ-50]のように口縁部文様帯として定着すると考えられる。

3．田戸下層式の文様帯の変遷と3細分

今回の発掘では、田戸下層式の文様帯の分析や細分に関して新たに提言できる資料は得られなかった。西川が提示した分析の視点を基礎にして、本貝塚の田戸下層式を位置づけてみたい。出土した田戸下層式は3細分の全時期にわたっているとみられる。また、その細分型式には北貝塚の分析を待つこととし、西川の〈古〉・〈新〉・〈新々〉の3段階説に留めておきたい［図Ⅳ-50］。

田戸下層式〈古〉　この時期のⅠ文様帯は、三戸式のⅠ文様帯を継承するものである。その文様構造にはⅠ文様帯のみのA類、Ⅰb+Ⅰ文様帯で構成されるB類、Ⅰ+Ⅰ'に重帯化するC類がある。千葉県西向野遺跡が好例である。西川はB類を上下ほぼ相同の文様を重帯化するⅠ'+Ⅰ文様帯と副文様帯としてのⅠb+Ⅰ文様帯と分けるが、前者の重帯紋は通常、花積下層式の例示のように上位にⅠ文様帯があり、その下にⅠ'+Ⅰ"…と重帯化すると考えられる[2]。ここでは口縁部の幅狭の相同な文様も含め副文様帯と捉え、前者をB$_1$、後者をB$_2$類として一括しておく。A類は埼玉県北宿西遺跡、茨城県沼尾原遺跡、

- 467 -

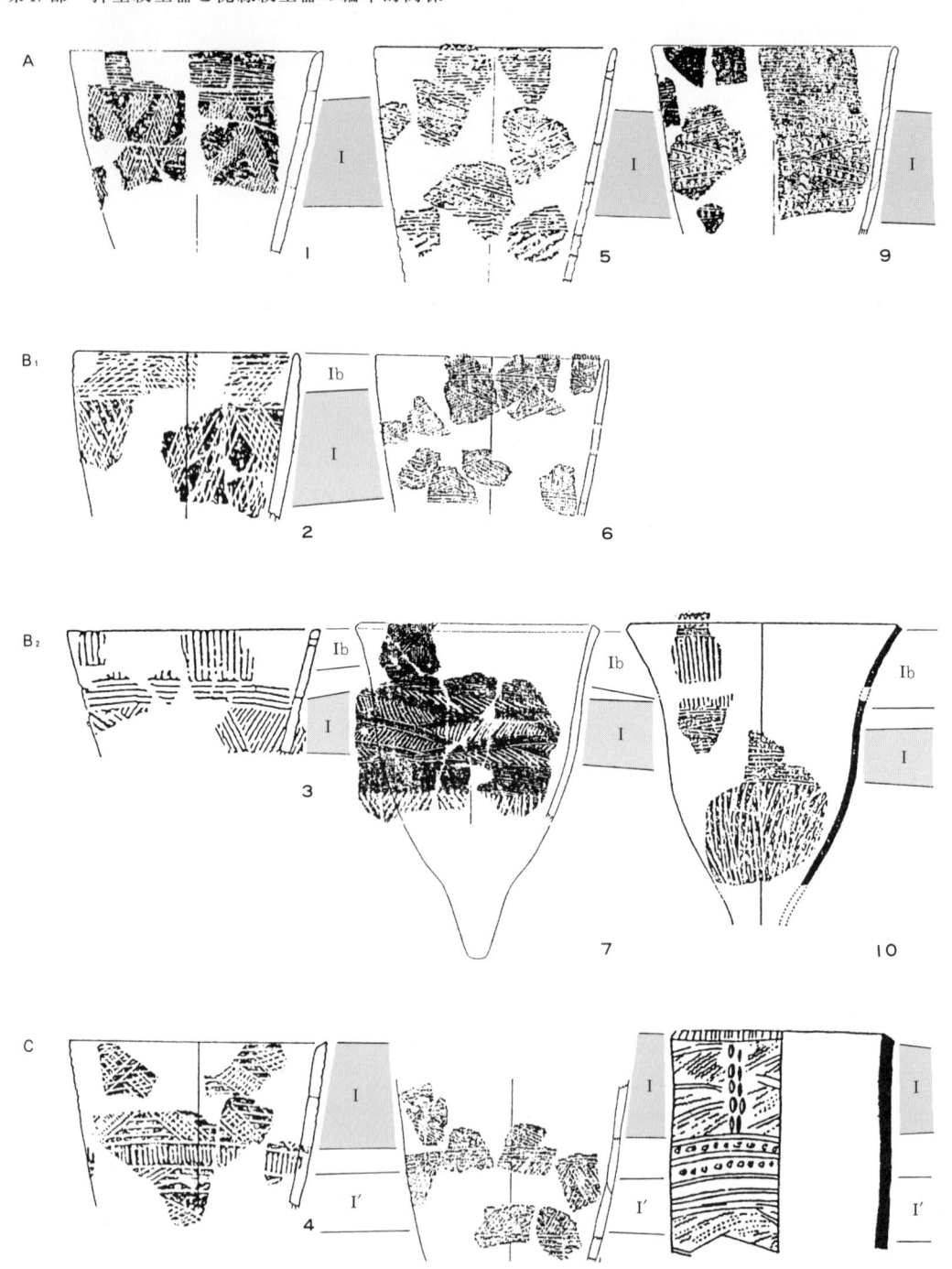

第Ⅳ部　押型紋土器と沈線紋土器の編年的関係

図Ⅳ-50（1）　田戸下層式土器の文様帯変遷
　三戸3式：1 神奈川県荏田第10遺跡　2・4 千葉県庚塚遺跡　3 埼玉県北宿西遺跡
　田戸下層式〈古〉：5・6・8 千葉県西向野Ⅰ遺跡　7 神奈川県鴨居上ノ台遺跡
　田戸下層式〈新〉：9 神奈川県向原遺跡　10 埼玉県三角穴半洞穴　11 千葉県城ノ台北貝塚

- 468 -

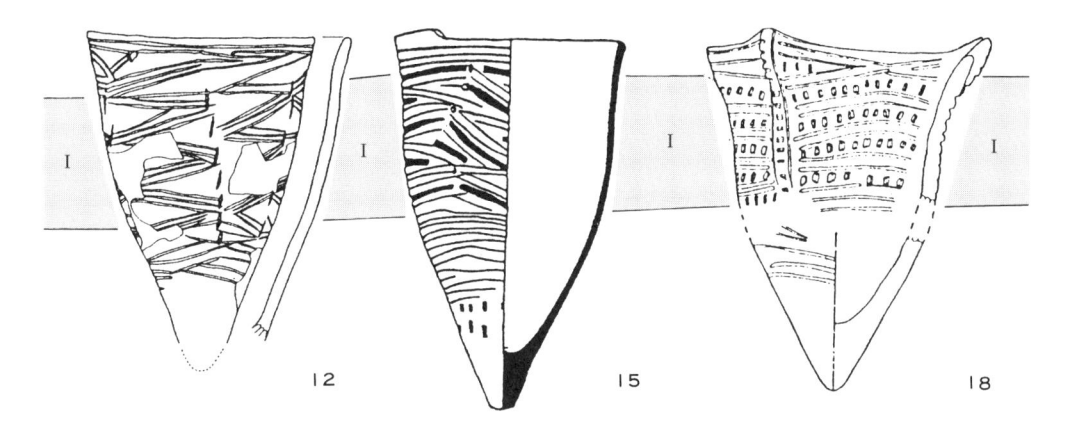

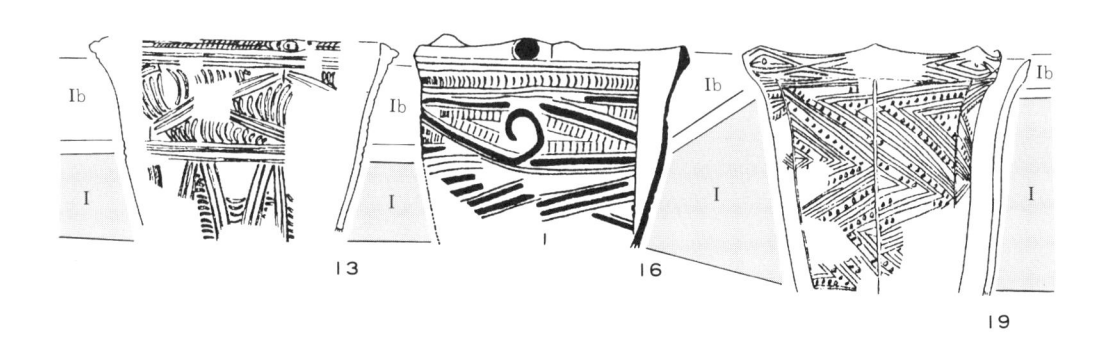

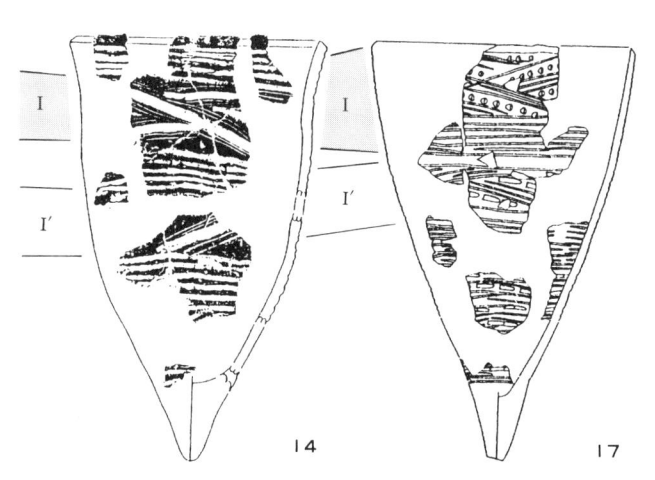

付編　1．城ノ台南貝塚出土の田戸下層式土器の細分

図Ⅳ-50（2）　田戸下層式土器の文様帯変遷
田戸下層式〈新〉：12 千葉県成田空港 No.14 遺跡　13 千葉県泉北側第 2 遺跡　14 神奈川県ナラサス遺跡
　　　　　　　15 千葉県城ノ台北貝塚　16 茨城県伏見遺跡　17 茨城県武田遺跡
田戸下層式〈新々〉：18 千葉県池上りⅠ遺跡　19 千葉県木の根遺跡

- 469 -

第Ⅳ部　押型紋土器と沈線紋土器の編年的関係

静岡県陣場上遺跡、B₁類は千葉県三里塚No.56遺跡、B₂類は埼玉県貝殻山遺跡、神奈川県上ノ台遺跡、福島県前原A遺跡、千葉県水砂遺跡、長野県浜弓場遺跡。C類は千葉県西向野遺跡のほか類例は少ない。本貝塚の田戸下層式はB₂類が主体的である［付図2－31～33・46～50］、A類［付図2－51～55］、B₁類［付図1－2］、C類［付図1－28・29］に属する可能性をもつ資料もあるが、田戸下層式初源期のものは少ない。

田戸下層式〈新〉　前段階に胴部下半の装飾として用いられた太沈線が、この時期、文様帯の描線として採用される。文様帯の幾何学紋は変形し、充填されていた貝殻腹縁紋や短沈線も簡略化され刺突紋を施す。底部も「天狗の鼻状」を呈するものが多い。また、〈古〉段階に胴部上半に施された文様帯が、底部近くまで拡張する。これは副文様帯が横線で区画され、幅広い文様帯として確立することに起因するのかも知れない。この時期も前段階の文様構成をほぼ踏襲するが、B₁類はみられなくなる。A類は横帯区画を多条に配する神奈川県向原遺跡と口縁部直下から太沈線を菱形状に連ねて幅広くⅠ文様帯を構成する千葉県城ノ台北貝塚・空港No.14遺跡、茨城県西谷A遺跡の2種がある。前者は口縁部形態や文様からみて、やや古いと考えられる。B₂類はこの時期最も発達する文様構成である。千葉県城ノ台北貝塚・中山遺跡・椎ノ木遺跡、埼玉県三角穴半洞穴など前代の構成を継承するものと、菱形文を充填する弧線紋や菱形紋と弧線紋がつながって蕨手紋になる千葉県泉北側第2遺跡、茨城県伏見遺跡・武田遺跡、埼玉県北宿西遺跡など2種がある。くの字に肥厚する口縁部形態からみて、後者が新しい。C類も2種に分かれる。千葉県城ノ台北貝塚・稲荷峯遺跡と菱形文を重帯化する神奈川県ナラサス遺跡、茨城県武田遺跡などである。後者はA・B類の新しい要素と共通する。本貝塚の資料はいずれも破片でよく判らないが、A類［付図6－168～173］・B₂類［付図4－110～135］は横帯区画はないが、弧線紋を呈するもの［付図7－216～226］、C類［付図6－198？］に分類できよう。

田戸下層式〈新々〉　この時期のもっとも大きな特徴は、器形の変化であろう。日頸部のくびれが顕著になり、口縁部文様帯と胴部文様帯に分離する。ここで問題になるのは

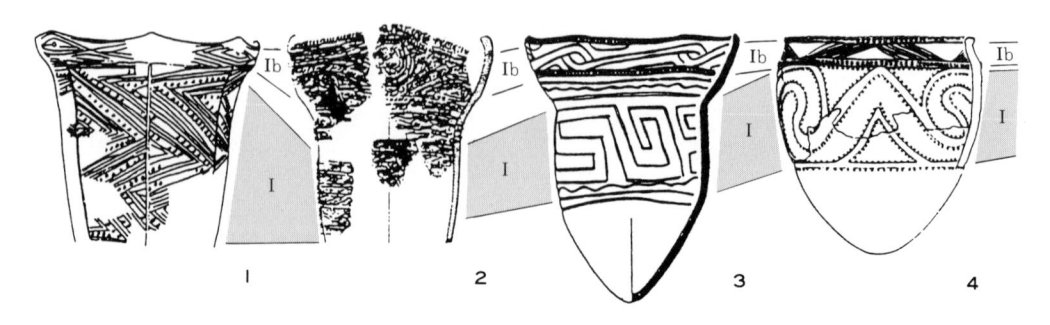

図Ⅳ－51（1）　田戸上層式の文様帯変遷

付編　1. 城ノ台南貝塚出土の田戸下層式土器の細分

口縁部文様帯の解釈である。千葉県木の根遺跡［図Ⅳ−50（19）］をあげれば、菱形状に配する口縁部文様帯を、西川は口唇部Ⅰa文様帯からの変化、領塚は口縁部施紋帯aからの変化、金子は口唇部と口縁部文様帯が合体してできた新生の文様帯と理解する〔金子1993〕。西川の根拠は伏見遺跡にみられる口唇の凹点と菱形紋の凹点の類似性をあげている[3]。とするとこの段階でⅠa+Ⅰの文様構成が新たに生成されたことになる。領塚のその後の施紋帯の変遷にも、やや齟齬がみられる。この口縁部文様帯は、ここでいうⅠb文様帯からの変化であろう。伏見遺跡［図Ⅳ−50（16）］例にみられる菱形に構成される蕨手文（Ⅰb）が、口縁部の成立によって上位に移り、縮小したと考えられる。つまり、田戸上層式になっても田戸下層式を貫くⅠb+Ⅰの文様帯構造は、基本的に継承されたとみることができる。その後の文様帯の変遷は、Ⅰb文様帯の縮小（田戸上層式〈新〉）→消滅→Ⅰ文様帯の空洞化（田戸上層式〈新々〉）を経て子母口式のⅠ文様帯に辿りつくのである［図Ⅳ−51］。この時期に属するものは木の根遺跡例のほか、千葉県池上り遺跡、神奈川県向原遺跡があり、本貝塚からも出土する［付図1−1・2、付図18−T134・135］。終末期の田戸下層式に関しては、頸部にくびれをもつ土器が出現する。こうした器形の変化により、口縁部と胴部の文様帯が明確に分化するようになる。また、この段階に蕨手紋や渦巻紋などの曲線紋も登場し、直線主体の田戸下層式から、曲線紋の盛行する田戸上層式への変化は、前述した文様帯の系統からも明らかである。

おわりに　―田戸下層式土器終末と明神裏3式土器―

　田戸上層式の成立は、おおよそ田戸下層式からの系譜でとらえられると考えられるが、茨城県ムジナ1遺跡〔藤本1980〕では、多数の田戸下層式とともに、興味深い資料が出土している［図Ⅳ−52］。1〜3は口縁部にⅠbが確立していることから、田戸下層式〈新々〉の段階に位置づけられるであろう。4〜11は東北地方の明神裏3式の特徴である、Ｖ字状

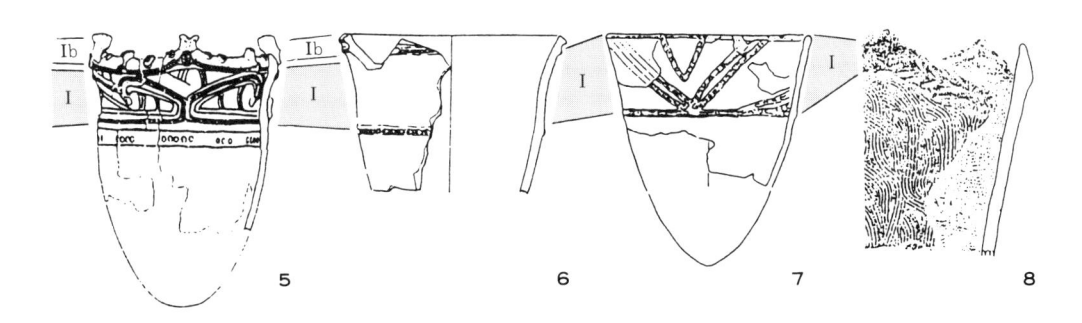

図Ⅳ−51（2）田戸上層式の文様帯変遷

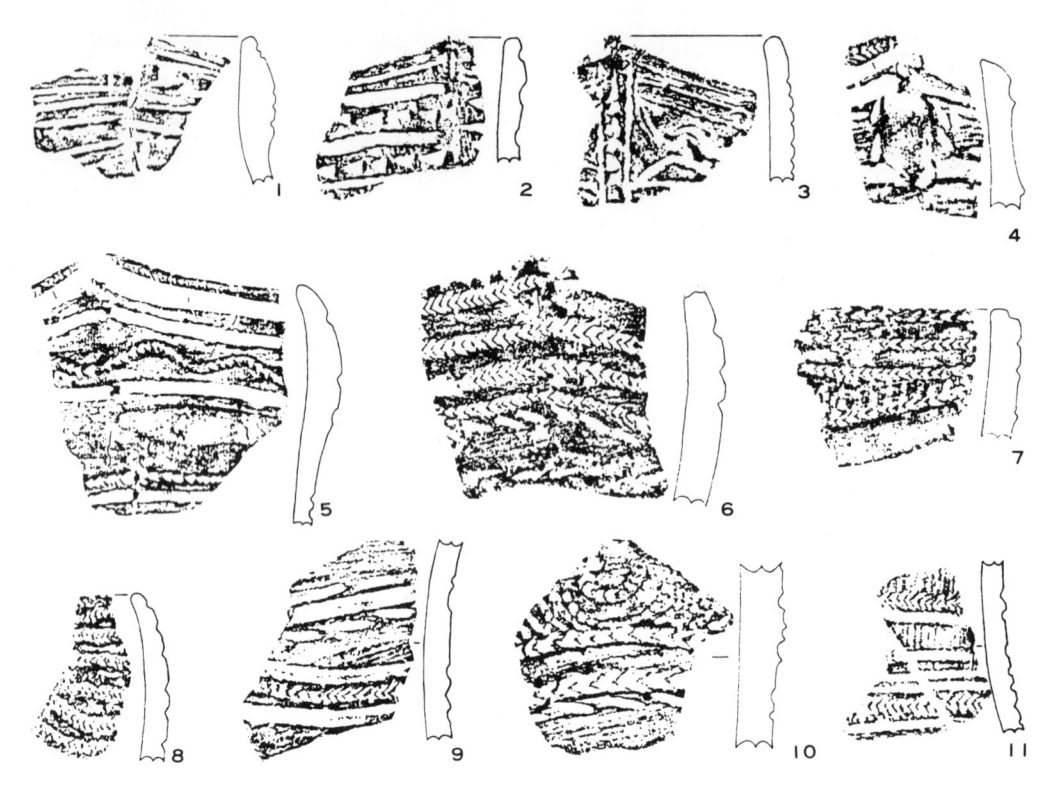

第Ⅳ部　押型紋土器と沈線紋土器の編年的関係

図Ⅳ－52　茨城県ムジナⅠ遺跡出土土器

押引紋が施紋されている。5は太沈線間にV字状押引紋による波状紋が描かれている。同じように3は沈線による波状紋がみられる。田戸上層式は1点も出土していないことから、明神裏3式と田戸下層式〈新々〉の平行関係を示す資料といえよう。本貝塚においても、明神裏3式と考えられる土器が8点出土している。そのうちの6点は、田戸下層式期の所産である第6層から出土した。269はその上の第5層、264は表土層出土である。ムジナⅠ遺跡の資料と本貝塚の層位事実から、田戸下層式終末期と明神裏3式が併行関係にあることは明らかであろう[4]。と同時に、田戸上層式の成立にあたっては、東北地方の明神裏3式や道徳森式の影響を考慮する必要があろう。

註

（1） 沈線紋土器群にも平底を呈するものがある。千葉県側高遺跡例（三戸2式）、千葉県中山遺跡例（田戸下層式〈新〉）、千葉県城ノ台北貝塚例（田戸下層式〈新々〉）等各時期に稀にみられる。

（2） 山内清男は、重帯化の事例として『原始美術』掲載の茅山下層式を疑問符をつけながらも例示している。この場合はⅠ'＋Ⅰのようにもみえる。しかし、この茅山下層式は、ここでいうⅠb＋Ⅰの文様帯構成に近いと考えられる。

（3） 西川博孝が説くように、口縁部の発達とともに口唇部装飾が口縁部文様帯に転移するという型式学的理解には一理ある。しかし、田戸下層式になっても口唇部装飾は盛んに施されている。田戸下層式からつづく口唇部装飾は部位を違えることなく一貫してその系譜を追うことができる。

（4） 田戸下層式終末期に明神裏3式が並行であることは確かと考えられるが、それ以上のことは今のところわからない。明神裏遺跡出土資料〔中橋・後藤ほか1976〕を見ると、明神裏3式はいくつかのタイプがあり、細分できそうである。それらがどういった序列で、また、関東や東北北部のどの時期に対比できるのか、今後の検討課題である。

引用・参考文献

石田広美・小林清隆ほか　1985　『主要地方成田安食線道路改良工事（住宅宅地関連事業）地内埋蔵文化財発掘調査報告書　池上り遺跡』

江坂輝彌　1959　「縄文文化の発現　－縄文早期文化」『世界考古学大系』1　平凡社

大塚和男ほか　1986　『北宿西・北宿南遺跡発掘調査報告書』　浦和市遺跡調査会報告書63　浦和市遺跡調査会

岡本　勇・山田昌久　1981　『横須賀市文化財調査報告書』8　横須賀市教育委員会

恩田　勇　1991　「沈線文土器群の成立と展開（1）」『神奈川考古』27

恩田　勇　1994　「沈線文土器群の成立と展開（2）」『神奈川考古』30

金子直行　1993　「子母口式新段階「木の根A式」土器の再検討－細隆起線文土器の出自と系譜を中心として－」『埼玉県埋蔵文化財調査事業団研究紀要』10

佐々木藤雄ほか　1982　『向原遺跡』　神奈川県立埋蔵文化財センター調査報告書1

高橋　誠編　1987　『椎ノ木遺跡』　財団法人印旛郡市文化財センター発掘調査報告書15

中橋彰吾・後藤勝彦ほか　1976　「明神裏遺跡」『白井市史別巻　考古資料編』

西川博孝　1980　「三戸式土器の研究」『古代探叢』Ⅰ

野口行雄編　1983　『新東京国際空港埋蔵文化財調査報告書Ⅲ』　新東京国際空港公団

藤本弥城・藤本　武　1980　『那珂川下流の石器時代研究』Ⅱ

宮　重之・池田大助　1981　『木の根　成田市木の根No.5・No.6遺跡発掘調査報告書』　千葉県文化財センター

山内清男　1964　『日本原史美術』1　講談社

山内清男　1941　「子母口式」『日本先史土器図譜　第十二輯』

吉田　格　1954　「千葉県香取郡城ノ台北貝塚」『日本考古学年報』2

領塚正浩　1987　「田戸下層式土器細分の覚書」『土曜考古』

領塚正浩　1988　「田戸下層式土器研究をめぐる諸問題」『縄文早期の諸問題』

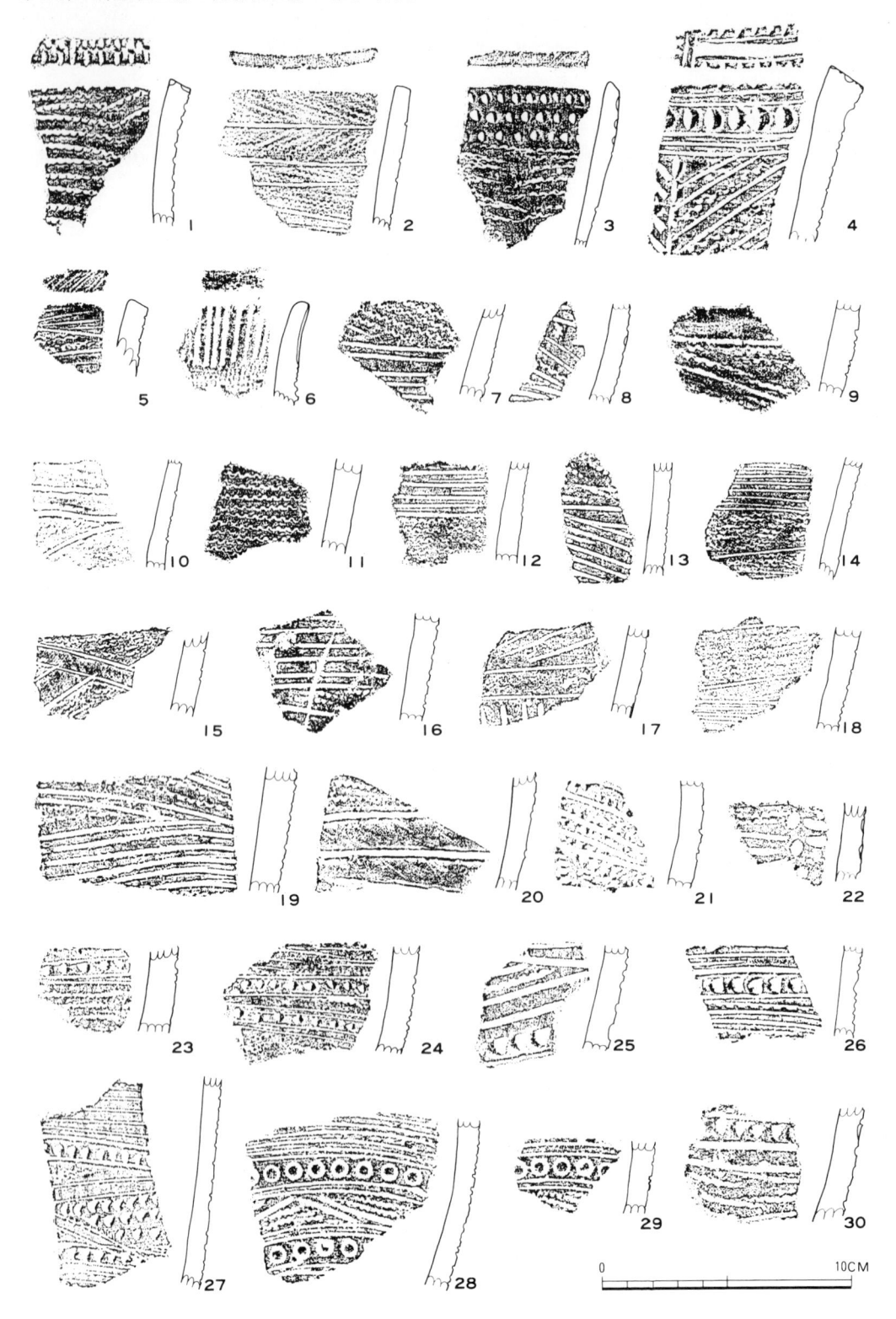

第Ⅳ部　押型紋土器と沈線紋土器の編年的関係

付図1　城ノ台南貝塚出土の田戸下層式土器

付編　1. 城ノ台南貝塚出土の田戸下層式土器の細分

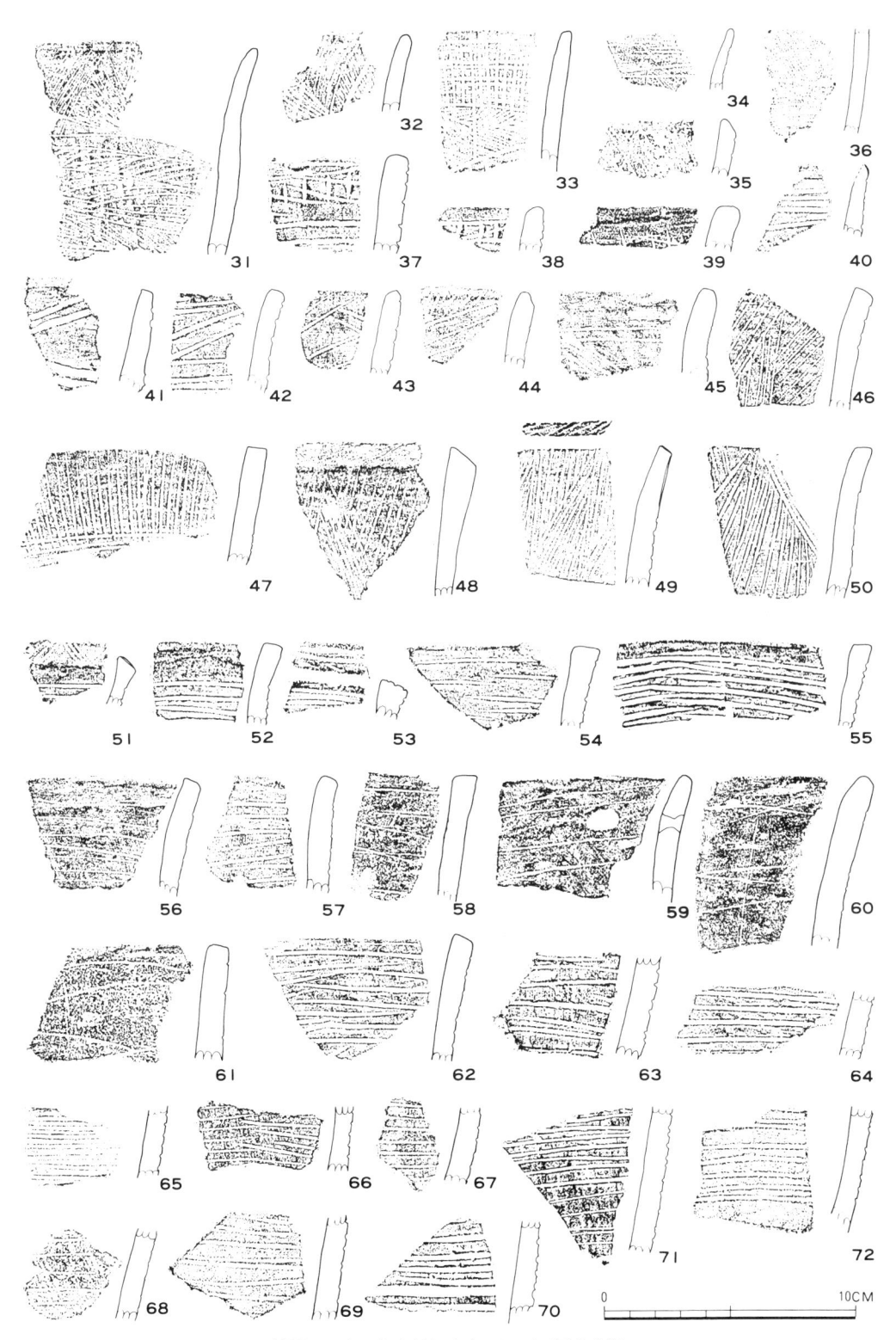

付図2　城ノ台南貝塚出土の田戸下層式土器

- 475 -

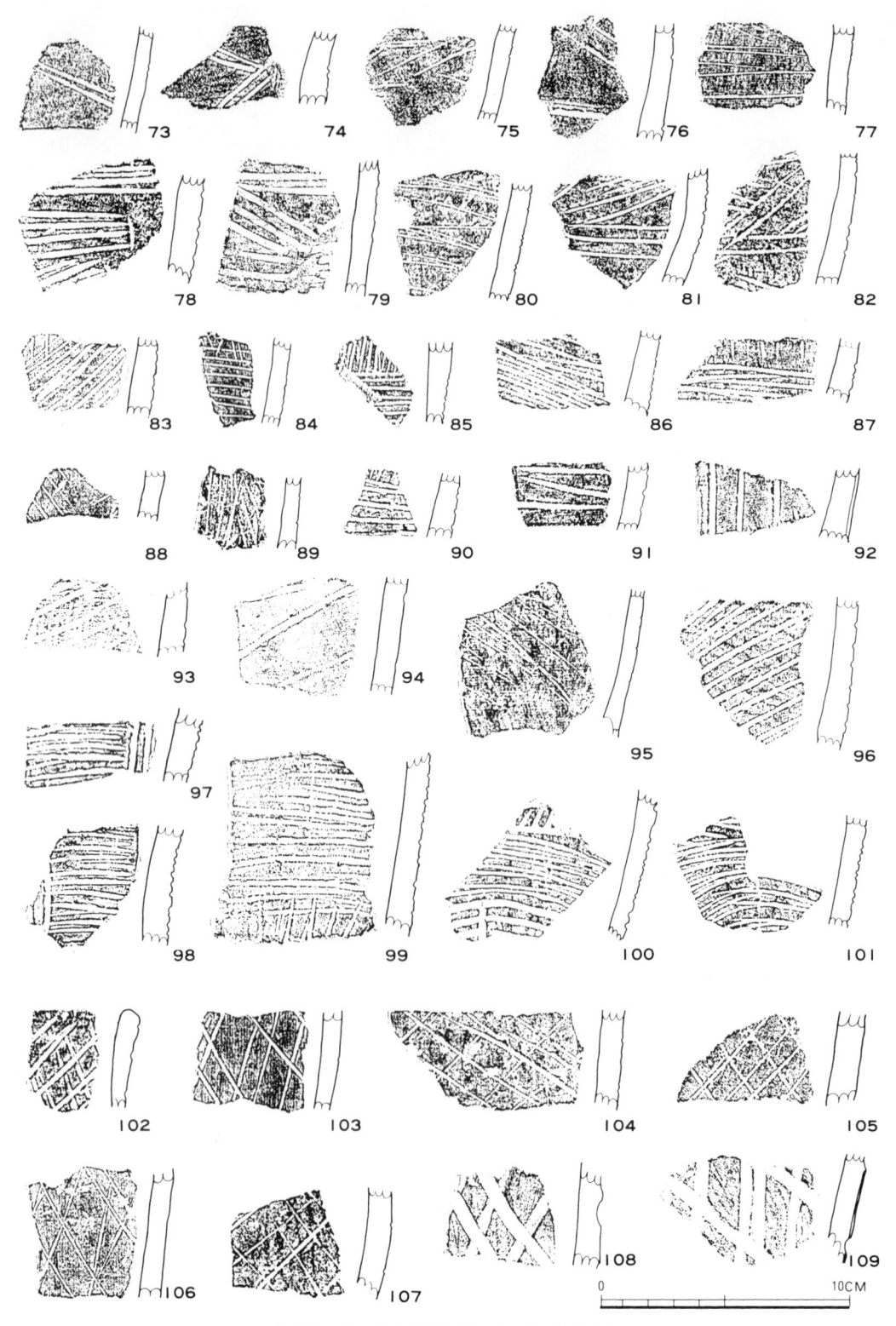

第Ⅳ部　押型紋土器と沈線紋土器の編年的関係

付図3　城ノ台南貝塚出土の田戸下層式土器

付編　1．城ノ台南貝塚出土の田戸下層式土器の細分

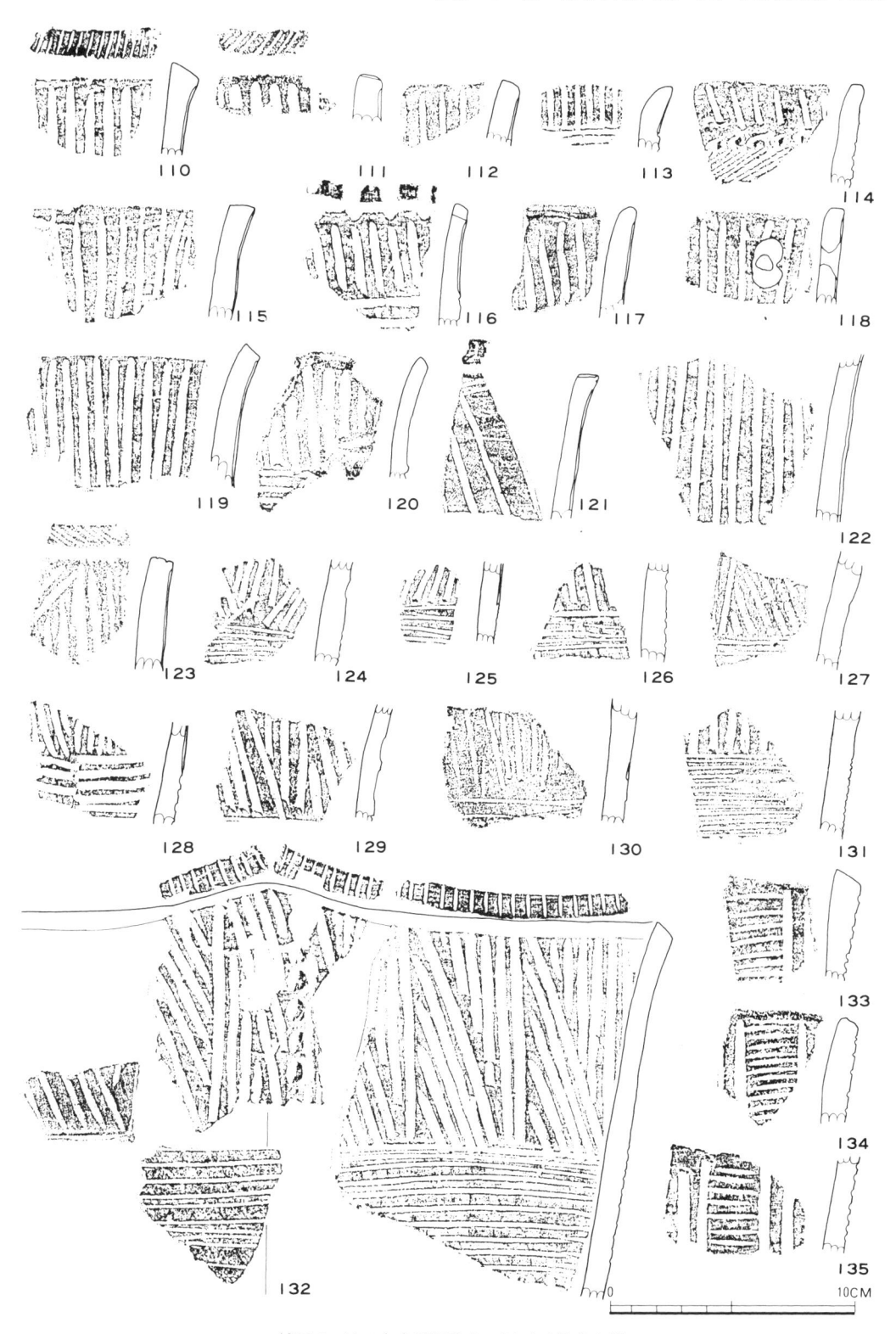

付図4　城ノ台南貝塚出土の田戸下層式土器

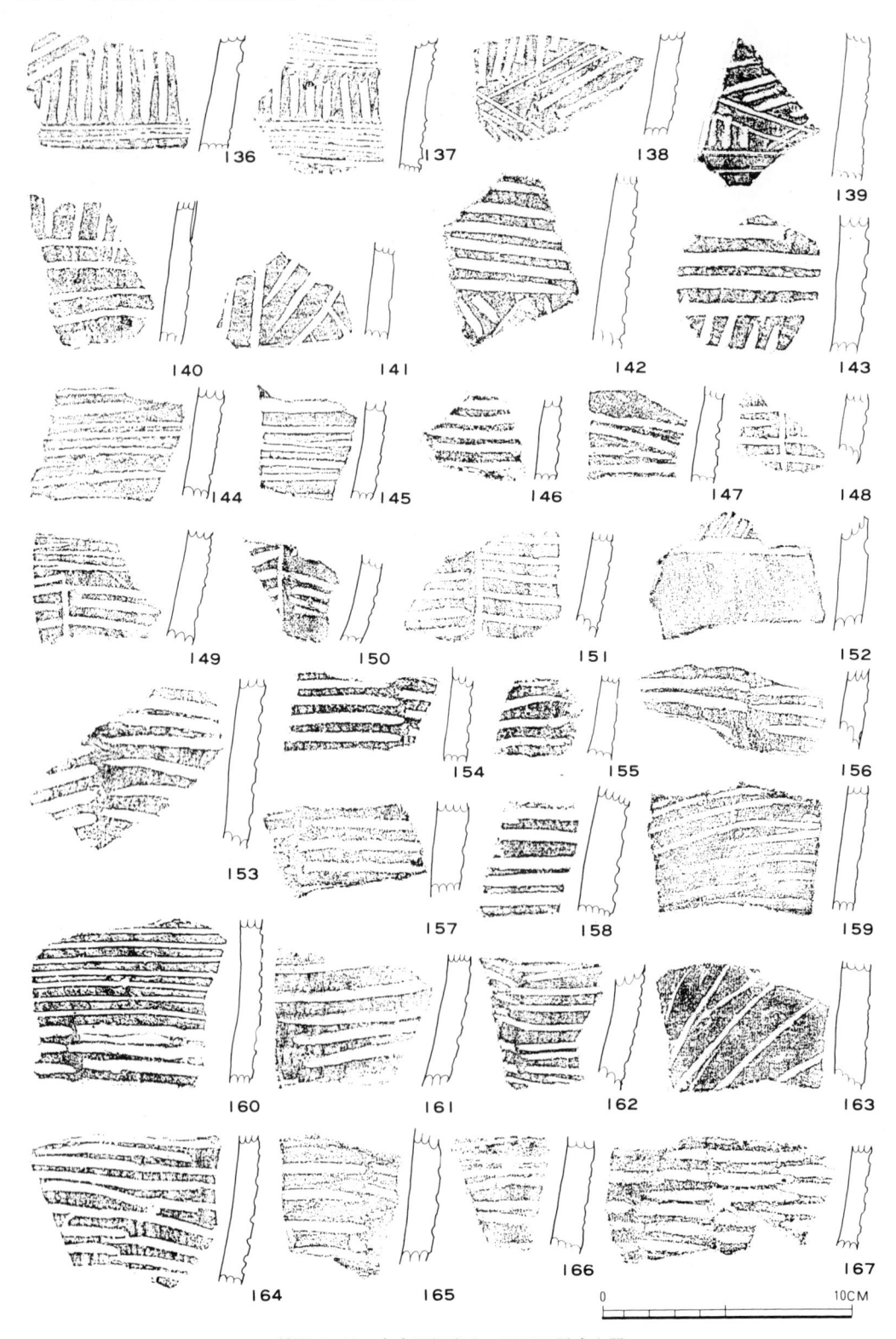

第Ⅳ部　押型紋土器と沈線紋土器の編年的関係

付図5　城ノ台南貝塚出土の田戸下層式土器

- 478 -

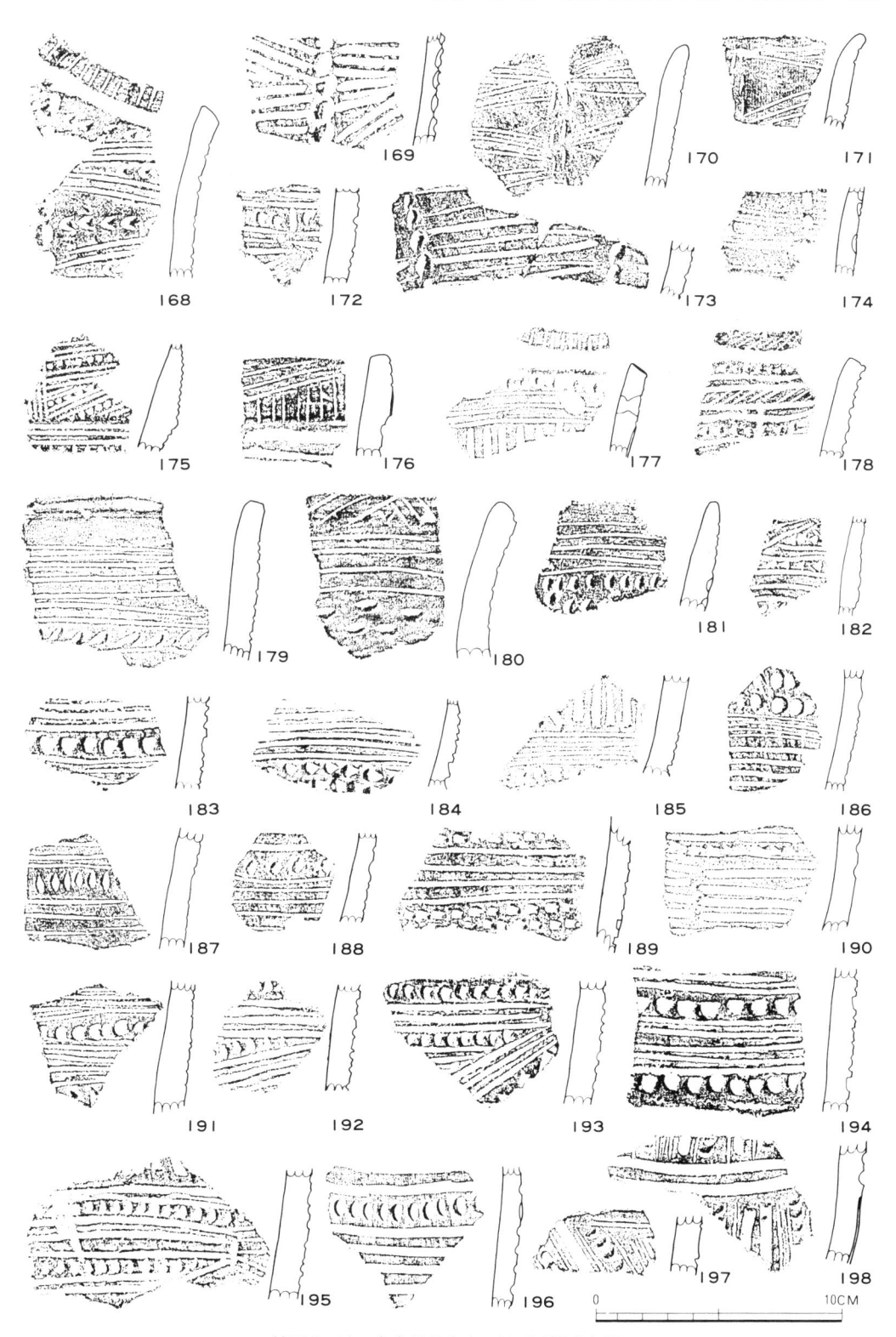

付編　1. 城ノ台南貝塚出土の田戸下層式土器の細分

付図6　城ノ台南貝塚出土の田戸下層式土器

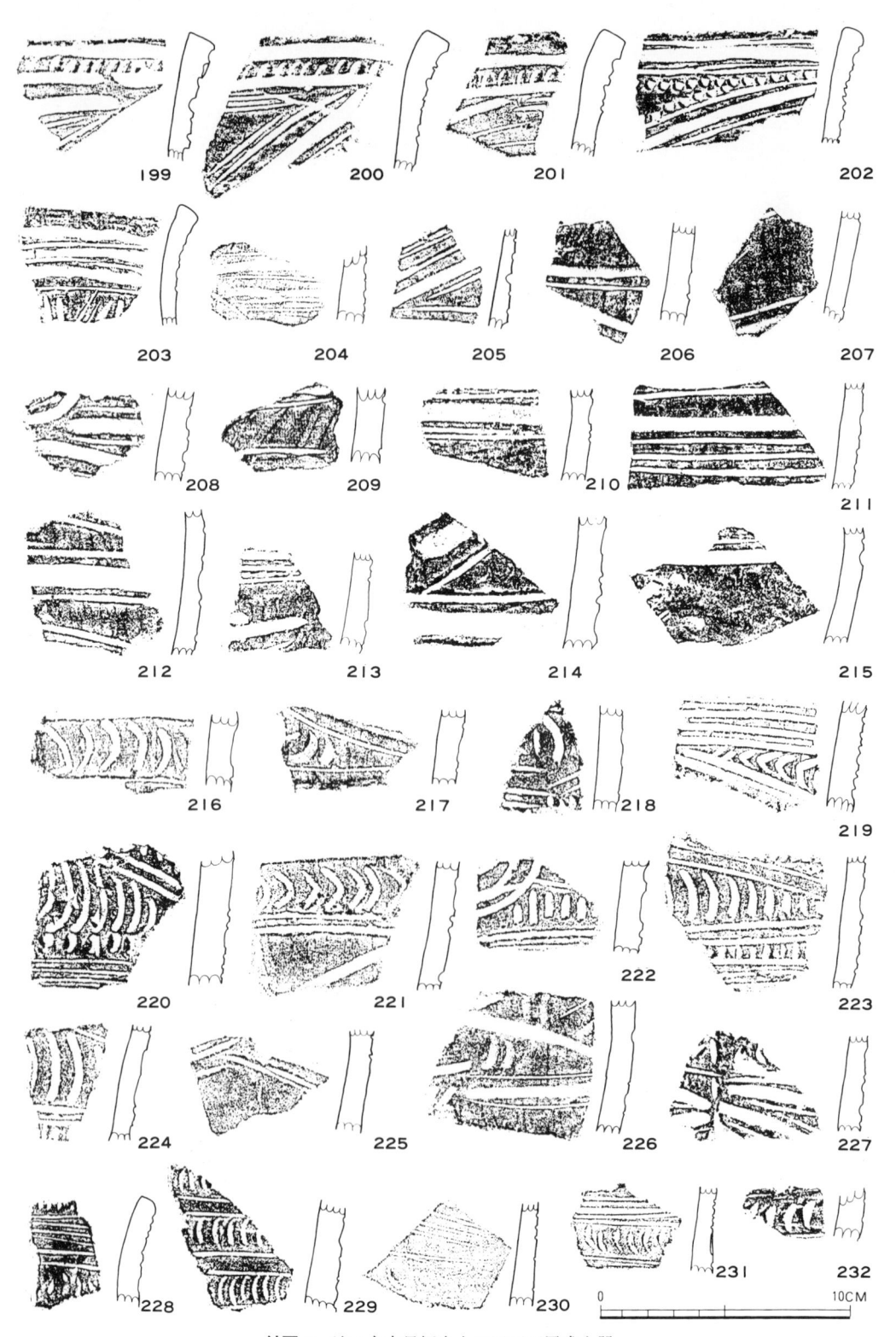

第Ⅳ部　押型紋土器と沈線紋土器の編年的関係

付図7　城ノ台南貝塚出土の田戸下層式土器

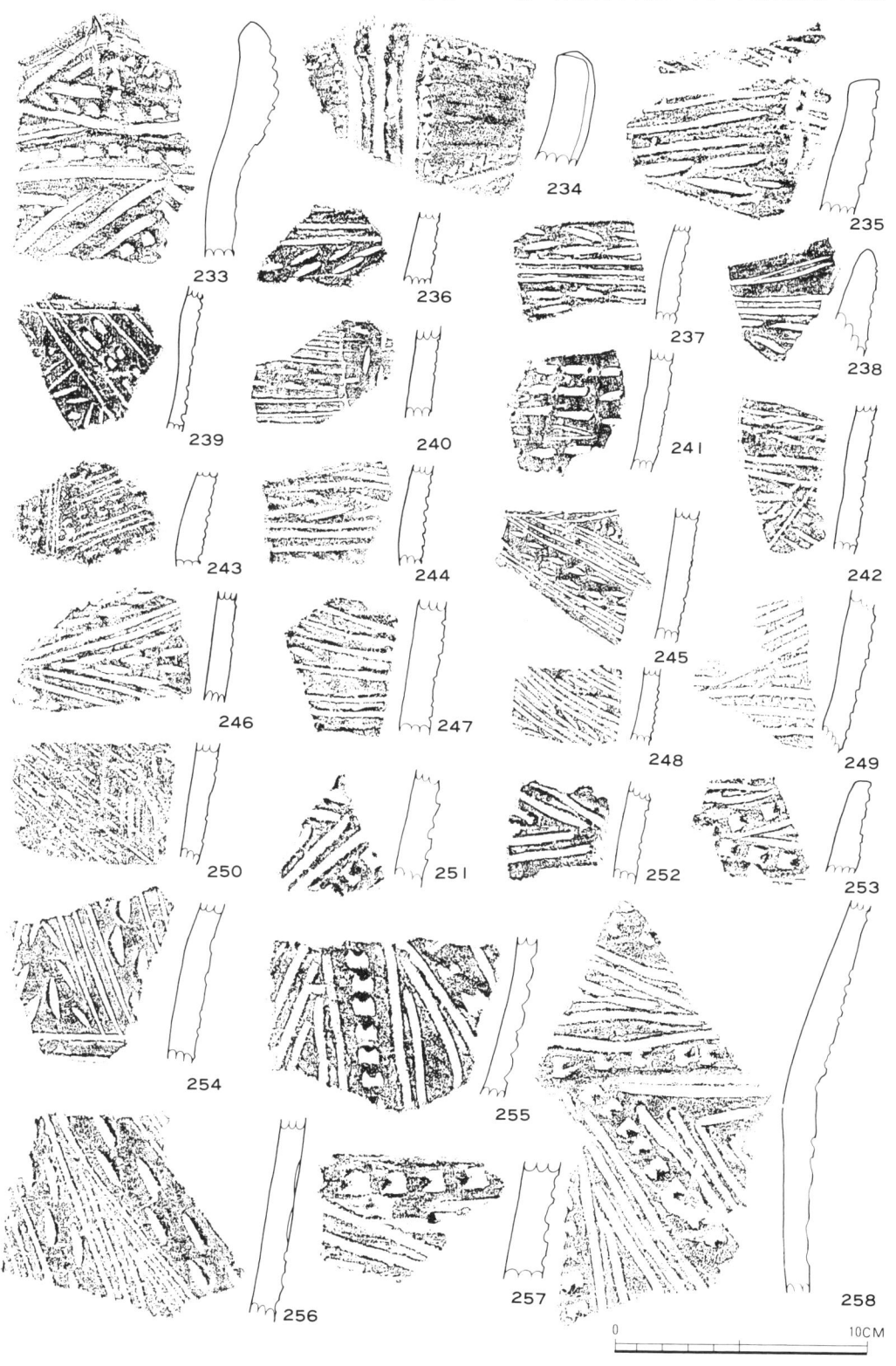

付編　1．城ノ台南貝塚出土の田戸下層式土器の細分

付図8　城ノ台南貝塚出土の田戸下層式土器

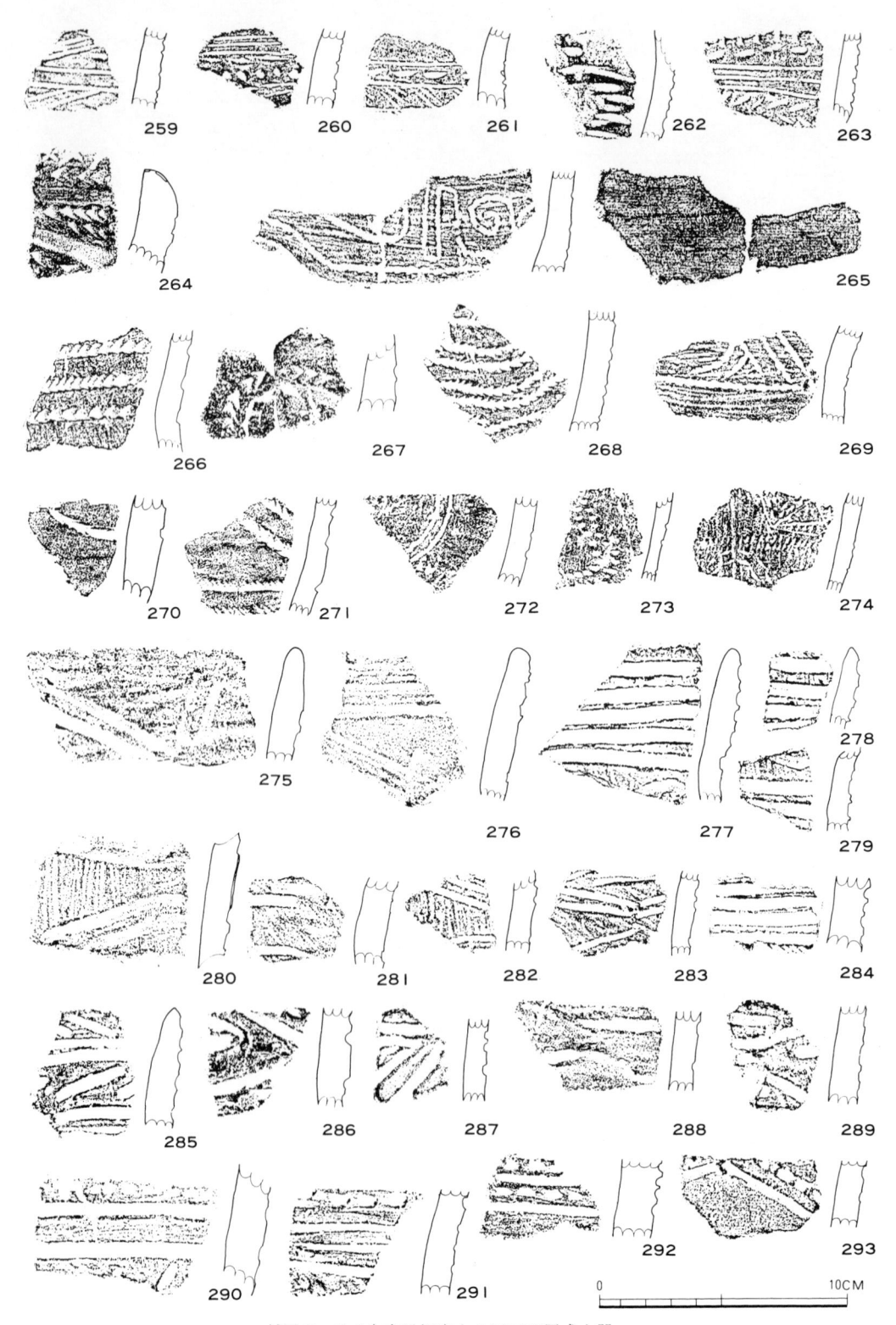

第Ⅳ部　押型紋土器と沈線紋土器の編年的関係

付図9　城ノ台南貝塚出土の田戸下層式土器

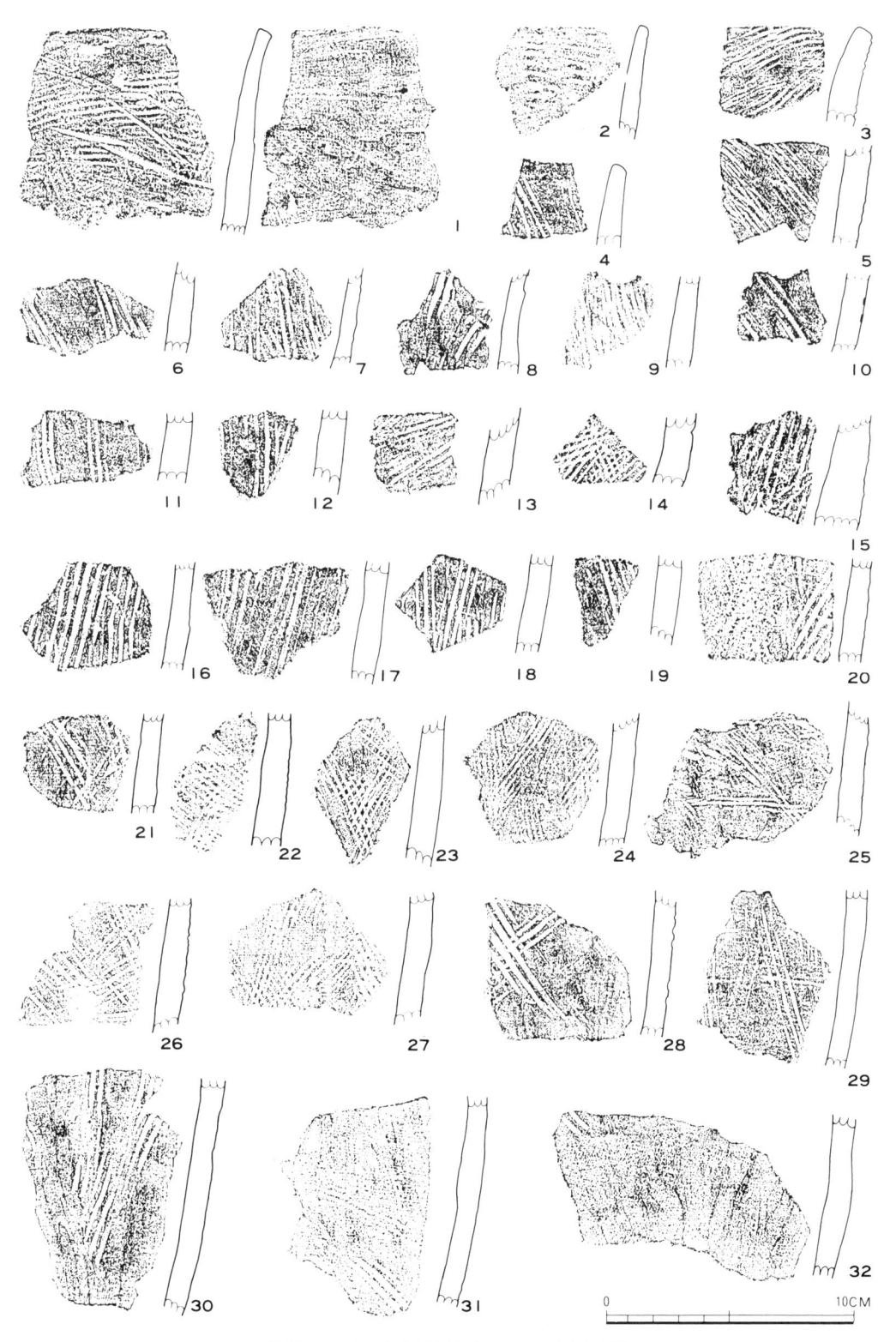

付編　1. 城ノ台南貝塚出土の田戸下層式土器の細分

付図10　城ノ台南貝塚出土の田戸下層式土器

- 483 -

第Ⅳ部　押型紋土器と沈線紋土器の編年的関係

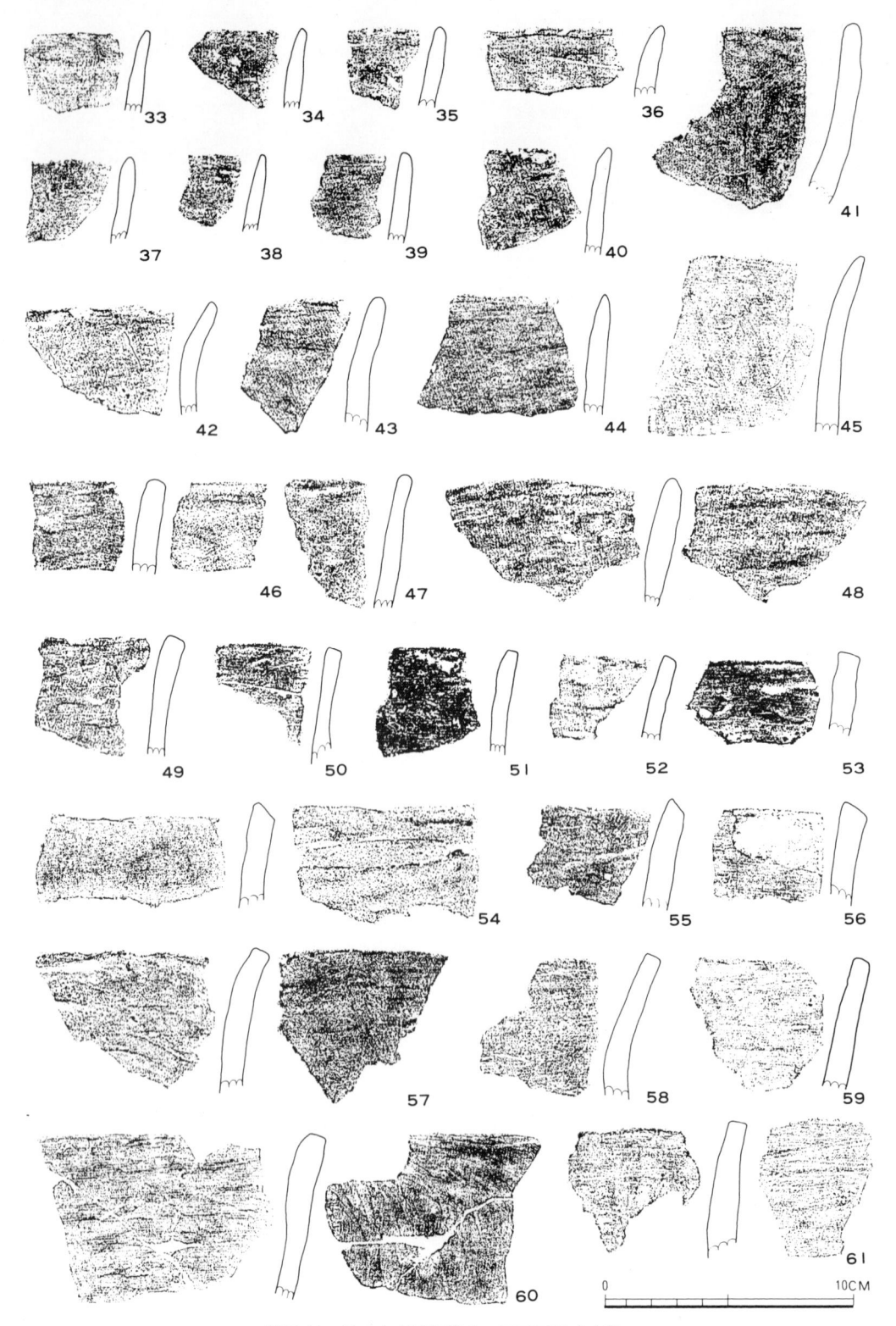

付図11　城ノ台南貝塚出土の田戸下層式土器

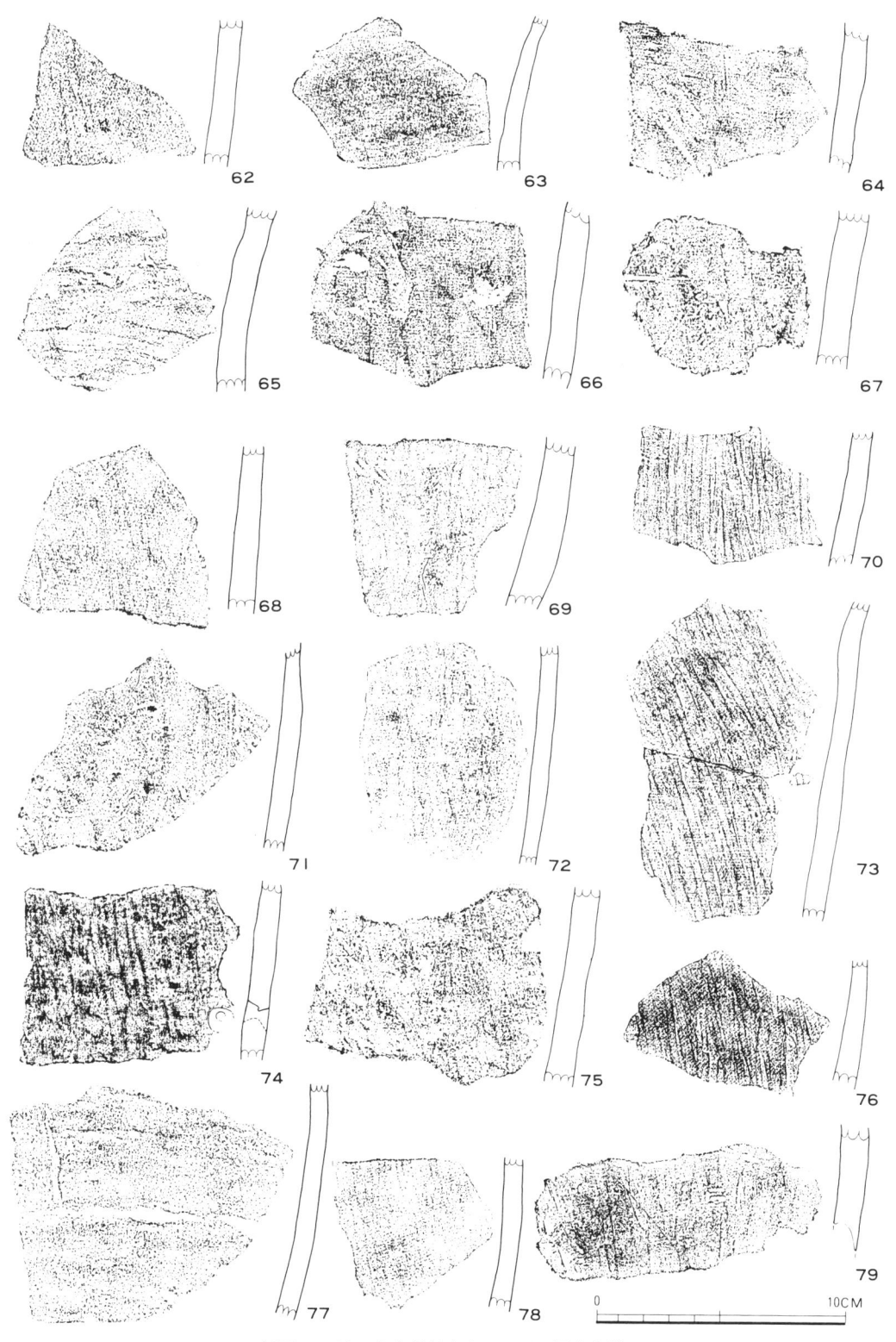

付編　1．城ノ台南貝塚出土の田戸下層式土器の細分

付図12　城ノ台南貝塚出土の田戸下層式土器

- 485 -

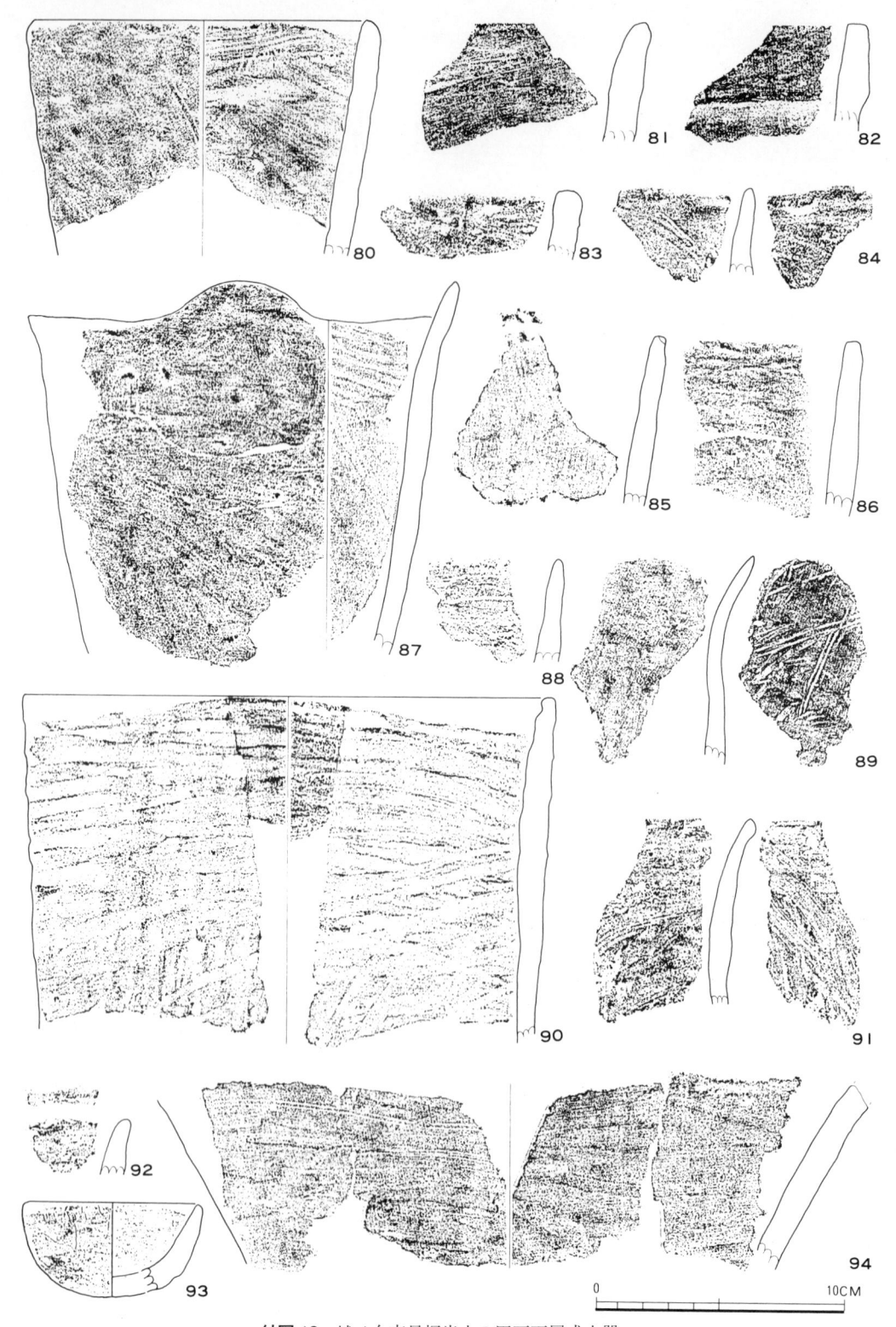

第Ⅳ部　押型紋土器と沈線紋土器の編年的関係

付図13　城ノ台南貝塚出土の田戸下層式土器

付編　1．城ノ台南貝塚出土の田戸下層式土器の細分

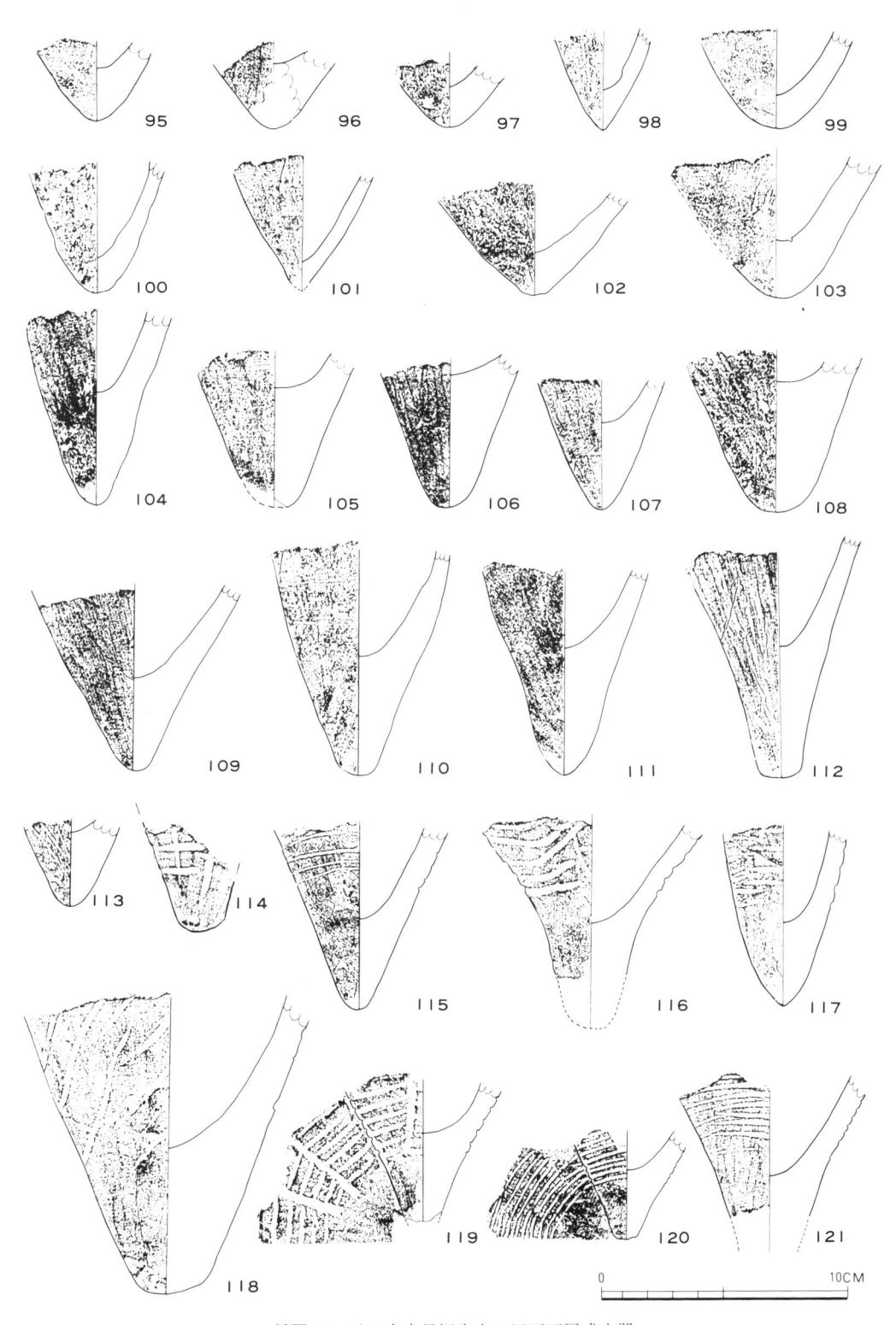

付図14　城ノ台南貝塚出土の田戸下層式土器

− 487 −

第Ⅳ部　押型紋土器と沈線紋土器の編年的関係

付図15　城ノ台南貝塚出土の田戸下層式土器

- 488 -

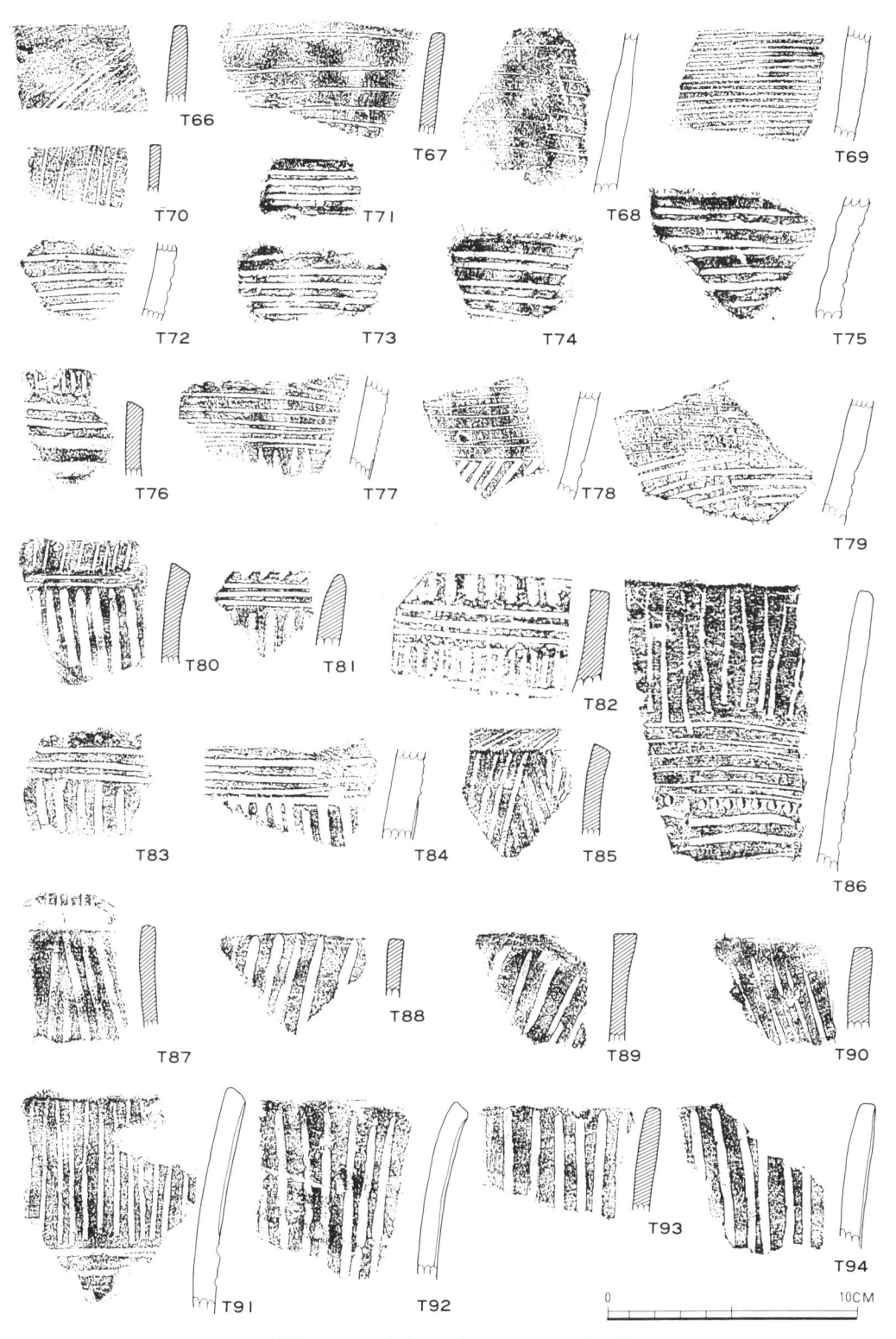

付編 1. 城ノ台南貝塚出土の田戸下層式土器の細分

付図 16 城ノ台南貝塚出土の田戸下層式土器

− 489 −

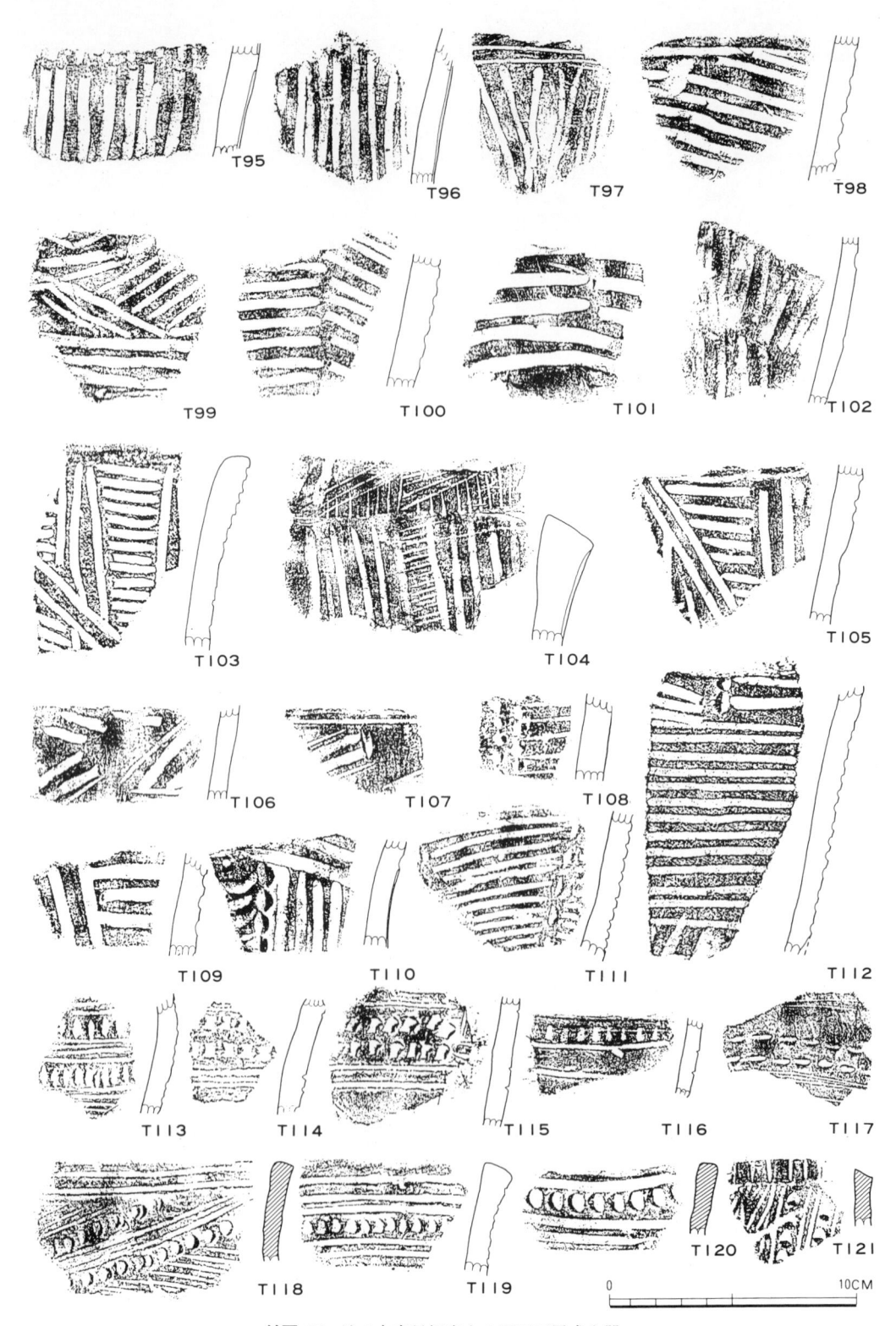

第Ⅳ部　押型紋土器と沈線紋土器の編年的関係

付図17　城ノ台南貝塚出土の田戸下層式土器

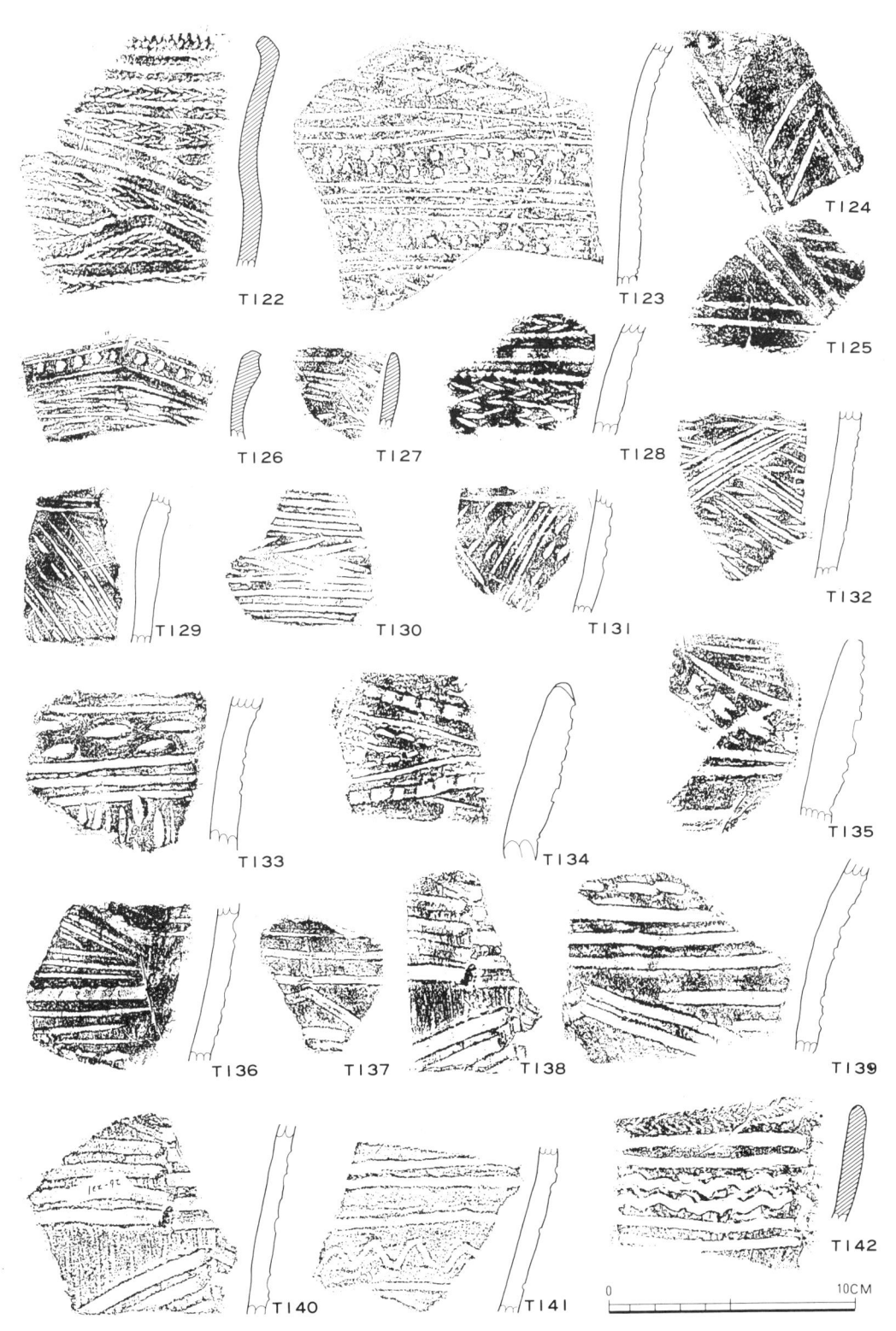

付編　1. 城ノ台南貝塚出土の田戸下層式土器の細分

付図18　城ノ台南貝塚出土の田戸下層式土器

— 491 —

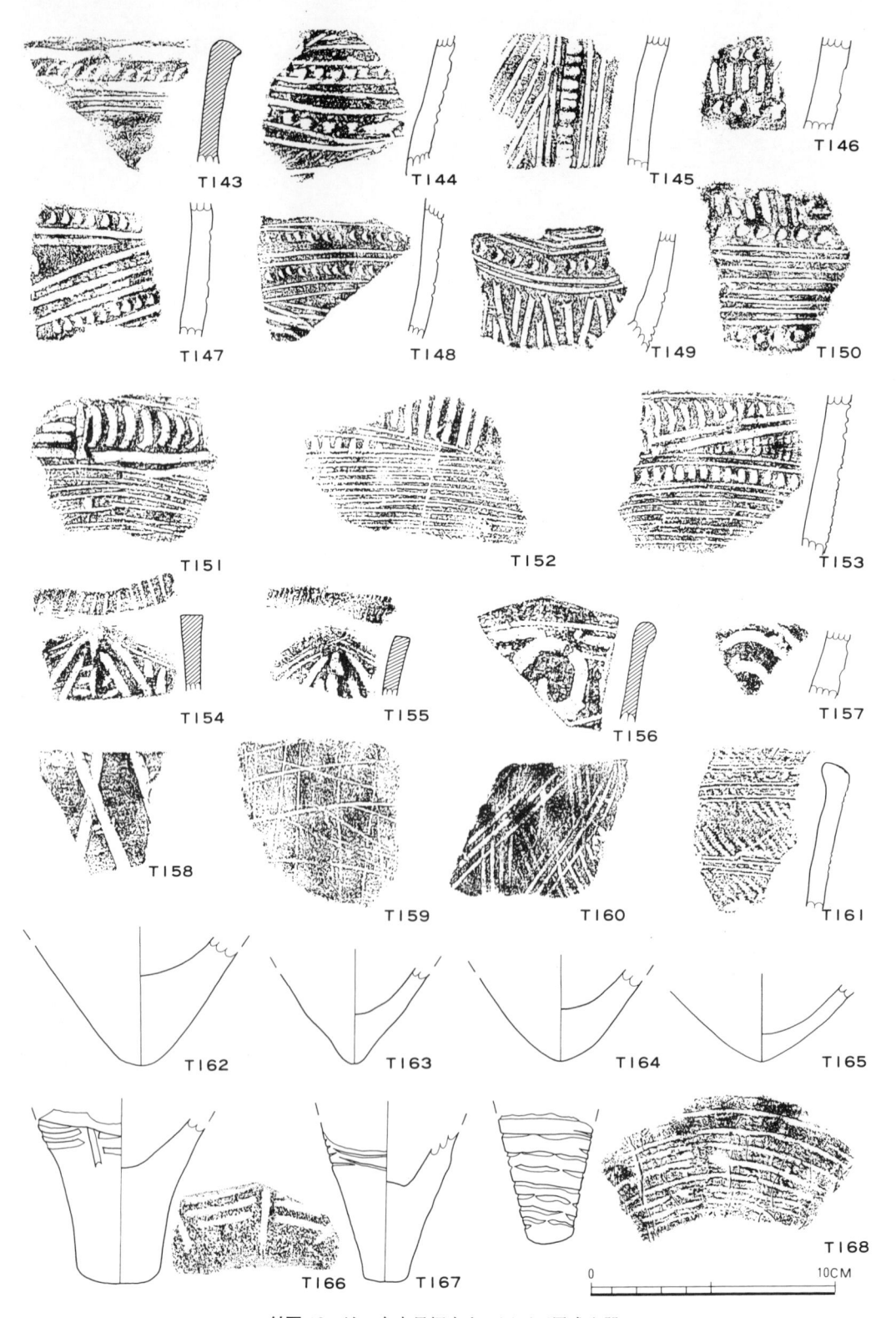

第Ⅳ部　押型紋土器と沈線紋土器の編年的関係

付図19　城ノ台南貝塚出土の田戸下層式土器

付編　1. 城ノ台南貝塚出土の田戸下層式土器の細分

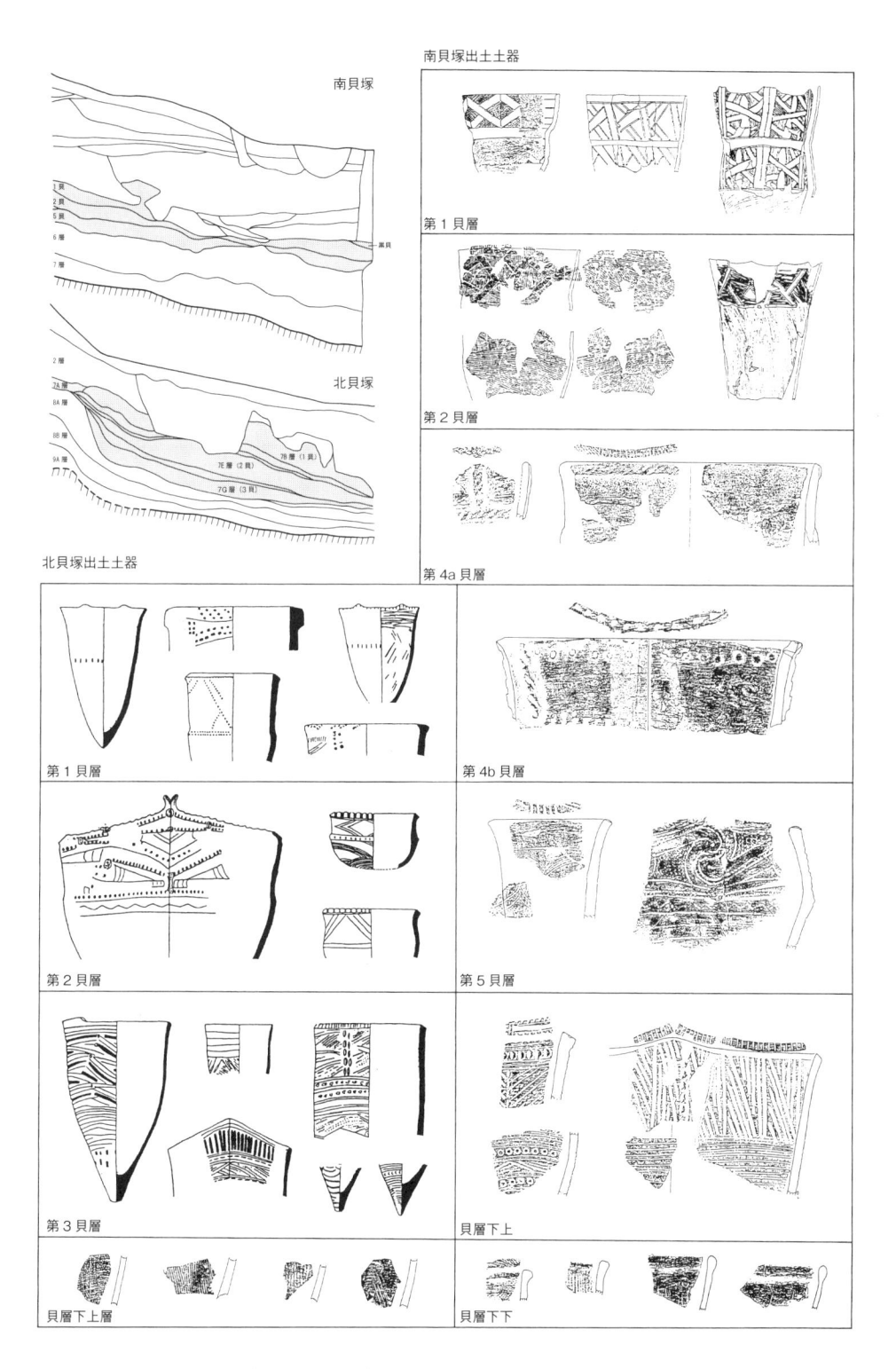

付図 20　城ノ台北貝塚・南貝塚形成時期と層位

- 493 -

跋

　自分史を振り返ると、考古学への関心は、小学校の時、多摩川縁の亀甲山古墳に土器を拾いに行ったことに始まる。帰りが遅くなり、心配した母親から酷く叱られたことが今でも鮮明に浮かんでくる。中学生に入ると漠然と子供が将来の夢を抱くように、「将来、考古学者になろう」と決心する。まさに"考古ボーイ"の端くれである。
　高校時代になると、國學院大學で考古学を専攻した上川名昭先生が考古クラブの顧問。縄紋時代中期の山梨県塩山の重郎原遺跡・柳田遺跡、晩期の千葉県上新宿貝塚など、発掘調査を初めて体験する。重要性は何も解っていなかったが、上新宿貝塚の成果を聞き及び、飛んでこられたのが山内清男博士である。このときが初めて、尊顔を拝することになる。
　しかし、当時のあこがれの考古学者は芹沢長介先生。芹沢先生がつくられたドルメン教材社の図解編年表をテキストに型式名を覚え、『石器時代の日本』が考古学のバイブルであった。後に初めてお目にかかった芹沢先生は、ダンディでオピニオン・リーダーとしてのオーラが漂っていた。当時の考古学の指南役は、國學院大學学生の川崎義雄さん。川崎さんに連れられて尖石遺跡の見学や大宮の奈良瀬戸遺跡の発掘にも参加した。こうした機会を通して、同世代の戸田哲也さん・早川泉さん・白石浩之さん・能登健さんなど、当時の考古ボーイと知り合う。また、山内博士に教えを乞うことができたのも、川崎さんの導きのおかげである。感謝している。
　晴れて明治大学考古学専攻生になり、学問としての考古学を本格的に学ぶことになる。初々しい大学生とは異なり、こと考古学に関してはやや色の染まった、ませた新入生であった。今、自らが教える側に立ってみると、扱いづらい学生であったに違いない。戸沢充則先生からは辛抱強く御指導いただいた。川東羽田遺跡・砂川遺跡・月見野遺跡・加曽利貝塚・姥山貝塚など重要な遺跡の発掘調査に参加する機会を与えていただき、多くのことを学ぶことができた。また、明大考古学の枠に囚われることなく、麻生先生の発掘や山内先生のもとに通うことができたのも

戸沢先生のおかげである。杉原イズム絶頂期、意に沿わぬ行動をとれば破門された時代のことである。

　山内先生のもとに通う大学院時代のある日、「本ノ木遺跡資料の整理を行うように」とのご下問、ついては「早急に大学から君のところへ運ぶように」とのお達しであった。あとさき考える暇もなく、トラックを手配し平箱１００近くの資料を自宅の物置に移した。剥片類から整理を始めたものの、翌年８月、先生は逝去され、私も奈良に奉職することになった。爾後４０年以上、自宅に凍結したままになった。

　凍結した理由は自己の怠慢にあるが、没後の山内所蔵資料が奈良国立文化財研究所に移管されたこととも係わっている。坪井清足さん・田中琢さん・佐原眞さん、山内家ご遺族の意向に逆らって、奈良への移管に反対・阻止の立場を貫いた。以後、かつての上司に抵抗し、ご遺族の意志にも反対した不逞の輩となった。蟄居の身となり、山内所蔵資料にも、ご遺族とも係わることなく今日に至った。詮ないことである。

　しかし、お預かりした本ノ木遺跡資料の整理は、私に重く課せられた山内先生の遺言のようなものである。この枷を解くことが、私の遺された使命だと考えている。幸いなことに山内家の御許可を得ることができ、また、多くの人々の御尽力により、その端緒は拓かれようとしている。山内先生、没後４０年を過ぎ、その長い空白を埋めるべく、本ノ木遺跡資料の公開に向けて全力を尽くす決意である。

2012年2月21日

岡本　東三

索 引

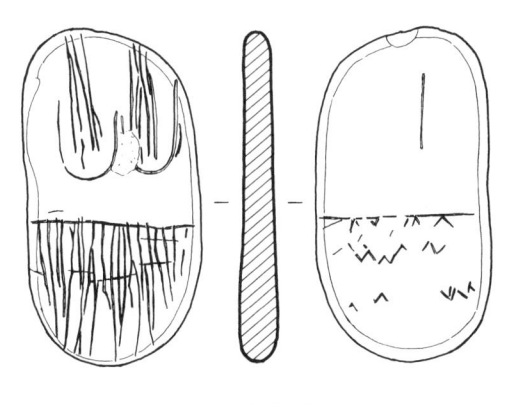

上黒岩洞穴

索　引　-人　名-

ア

- 安蒜政雄……………………………………… 140
- 相沢忠洋……………………………………… 196
- 会田　進……………………… 295, 301, 302, 335, 435
- 相原淳一……………………………………… 283, 415
- 赤星直忠……………………… 248, 374, 389, 403, 404
- 麻生　優……………………… 53, 87, 198, 199, 200, 221, 229, 312
- 安達厚三……………………………………… 343, 344
- 石川日出志…………………………………… 138
- 井川文子……………………………………… 34
- 石井　寛……………………………………… 351
- 石井浩幸……………………………………… 121
- 石沢寅二……………………………………… 103
- 石橋宏克……………………… 371, 389, 392, 402, 406
- 稲田孝司……………………… 88, 92, 93, 94, 95, 97, 104, 111, 113, 115, 116, 118, 120, 121, 123, 125, 126, 128, 136
- 今村啓爾……………………………………… 253
- 上田三平……………………………………… 166
- 江坂輝彌……………………… 8, 63, 89, 194, 195, 199, 244, 245, 253, 282, 284, 294, 295, 296, 309, 314, 342, 343, 351, 371, 375, 376, 378, 379, 380, 381, 382, 401, 408, 450, 459, 465, 468
- 大塚達朗……………………… 87, 200, 201, 202, 210, 211, 212, 213, 219, 221, 335
- 大野延太郎…………………………………… 165, 166
- 大場利夫……………………………………… 59, 450
- 小笠原重太…………………………………… 50
- 岡田茂弘……………………… 296, 301, 314, 327
- 岡本　勇……………………… 194, 262, 310, 334, 377, 382, 389, 402, 432
- 小田静夫……………………… 35, 155, 158
- 恩田　勇……………………………………… 406, 468
- 織笠　昭……………………………………… 149
- 及川　穣……………………………………… 138
- 奥　義次……………………………………… 63, 168, 349
- 海野　弘……………………………………… 445, 448

カ

- 片岡　肇……………………… 295, 296, 300, 311, 315, 319, 322, 332, 419
- 金関丈夫……………………………………… 348
- 片山長三……………………… 295, 296, 314
- 加藤晋平……………………… 34, 35, 59, 182, 278
- 加藤　稔……………………………………… 35, 60
- 鎌木義昌……………………… 147, 189, 194, 198, 209, 342, 348
- 神尾明正……………………………………… 229
- 神村　透……………………… 62, 63, 294, 295, 296, 308, 309, 310, 311, 312, 313, 315, 317, 329, 331, 335
- 川道　寬……………………………………… 153
- 木村英明……………………………………… 116
- 喜田貞吉……………………………………… 375
- 木下哲夫……………………………………… 166
- 栗島義明……………………… 87, 88, 90, 91, 92, 94, 98, 102, 103, 104, 147, 155, 201
- 桑山龍進……………………………………… 372
- 甲野　勇……………………… 244, 446, 447, 448, 449, 450, 457
- 紅村　弘……………………………………… 343
- 後藤守一……………………………………… 195, 376, 377
- 小林紘一……………………………………… 4
- 小林達雄……………………… 33, 53, 61, 87, 104, 185, 188, 196, 197, 198, 199, 290, 351, 448
- 小林康男……………………………………… 331, 332, 335

サ

- 酒詰仲男……………………………………… 296, 314, 381
- 佐々木洋二…………………………………… 53, 54, 59, 60, 196
- 佐藤達夫……………………… 14, 15, 17, 31, 34

- 499 -

	35, 37, 50, 52, 53, 59, 60, 61, 87, 104, 160, 168, 170, 175, 176, 177, 181, 182, 196, 197, 198, 199, 200, 201, 202, 208, 209, 210, 211, 216, 218, 219, 221, 282, 283, 286, 295, 296, 301, 302, 311, 314, 315, 319, 332, 408, 409, 415, 448, 449, 450, 451, 454
佐藤禎宏	100, 133, 136, 137
佐原　眞	38, 42, 53, 95, 181, 296
三瓶雅延	232, 235
白石浩之	43, 53, 61, 97, 196, 200, 201, 221
白崎高保	194, 195, 294, 308, 309, 372, 374, 375, 376, 401
下村三四吉	244
杉原荘介	5, 115, 150, 186, 189, 198, 209, 428
杉原敏之	152
鈴木公雄	196
鈴木忠司	88, 89
鈴木正博	8, 200, 202, 213, 221, 223, 253, 258
鈴木道之助	196, 199, 201, 300, 303, 334
鈴木保彦	43, 196, 199, 201
鈴木重信	49
鈴木孝志	50, 59, 60, 170
鈴木　隆	100, 121
鈴木茂夫	319
芹沢長介	15, 32, 33, 34, 43, 46, 61, 86, 87, 103, 104, 130, 147, 182, 185, 189, 194, 195, 196, 197, 198, 199, 209, 273, 274, 283, 294, 295, 309, 310, 312, 313, 314, 315, 372, 375, 378, 379, 381, 401, 407, 409, 426, 427, 428, 450
関野哲夫	331, 335
副島邦弘	344

薗田芳雄	381
タ	
高橋　誠	371, 383, 392, 406
竹島国基	382
武田良夫	283, 409, 415
田中　琢	53
谷口康浩	111, 118, 201
鎮西清高	177
辻　誠一	5
角鹿扇三	177
角田文衛	187
坪井正五郎	449
土肥　孝	41, 50, 53, 63, 166, 171, 201, 225, 326, 335
東木龍七	244
戸沢充則	59, 150, 194, 295, 309, 315, 328, 329, 331, 332, 402, 432
戸田哲也	196, 226, 335
鳥居龍蔵	347, 446, 447
ナ	
中島　宏	226, 328, 332, 333, 407
永塚俊司	102, 138
長沼　孝	138
永山倉造	53
中司照世	166
中村五郎	5, 412, 415
中村貞史	5, 52
中村孝三郎	61
中谷治宇二郎	446, 447, 448, 450
中沢道彦	435
新田栄治	157
西川博孝	138, 335, 371, 382, 383, 389, 406, 459, 468, 469, 471
沼　弘	165, 166
野沢久治	165, 166
野沢徳松	63, 166, 167
長広敏雄	462
野沢徳松	63, 166, 167
ハ	
橋本　正	305, 306, 344, 355
長谷部言人	50

林　謙作	96, 402, 409, 412, 432
林　茂樹	33, 52, 63, 85, 86, 95, 126, 322
原田昌幸	430
春成秀爾	155
久永春男	312
樋口清之	377
藤井祐介	302
藤沢宗平	33, 62, 63
藤森栄一	40, 61

マ

増田進治	165, 166
松田真一	326, 327, 328
宮下健司	205
守屋以智雄	177
森嶋　稔	35, 36, 37, 40, 41, 47, 61, 62, 90, 2
森　鴎外	115
森本六爾	375
森谷ひろみ	229

ヤ

八木奘三郎	244, 342, 346
柳澤清一	378
柳田國男	9
矢野健二	315, 323, 326, 327, 328
八幡一郎	186, 194, 196
山田　猛	326, 328
山内清男	3, 5, 7, 8, 9, 13, 14, 15, 17, 31, 32, 33, 34, 35, 47, 50, 53, 59, 61, 86, 87, 88, 103, 115, 138, 170, 177, 181, 182, 185, 186, 187, 193, 194, 195, 196, 197, 198, 204, 205, 206, 212, 213, 245, 249, 263, 275, 276, 278, 290, 293, 294, 296, 297, 307
	374, 375, 376, 377, 378, 379, 380, 381, 382, 401, 403, 404, 407, 427, 437, 447, 450, 468, 469
横田義章	101, 147, 155
横山又次郎	245
吉田　格	132, 194, 195, 371, 372, 381, 465
吉田英敏	344

ラ

領塚正浩	371, 383, 389, 392, 406, 408, 419, 468, 471

ワ

渡辺　誠	196, 221
綿貫俊一	102, 147, 155
和田長治	302, 348

〈海外〉

アーケル	52
アンダーソン	457
エッシャー	307
オクラドニコフ	51, 88, 275, 278
グロート	382
ショコプリアス	35
ゼムペル	446, 447, 448
チェルネツォフ	34, 276
リビー	3
マリンガー	31, 52
ハイネーゲルデルン	445, 447
バーッキット	31
ハッドン	446, 447, 448
ホルムズ	446
ミルン	243, 271
モース	243
ラボック	33, 95
レヴィーストロース	451
リーグル	445, 447, 448
チャイルド	95

索　　引　－遺跡名－

ア

赤坂遺跡（押）……………… 301, 316, 319, 320, 321
　　　　　　　　　　　　　　　　　　　322
朝日遺跡（押）……………………………………… 351
新井遺跡（撚）……………………………… 195, 375
穴神洞穴（草）……………………………………… 223
荒海貝塚（縄）……………………………………… 262
荒海川表貝塚（縄）………………………………… 262
荒屋遺跡（細）……………… 18, 21, 102, 114, 116
　　　　　　　　　　　　117, 130, 133, 146, 149
新水B遺跡（沈）…………………………………… 436
安房神社洞穴（縄）………… 229, 230, 247, 248, 249
　　　　　　　　　　　　　　　　　　　265
井草遺跡（撚）……………… 195, 196, 197, 303, 312
　　　　　　　　　　　313, 375, 379, 380, 428
　　　　　　　　　　　　　　　　　　　430
飯塚貝塚（縄）……………………………………… 260
池上りI遺跡（沈）………………… 387, 395, 467, 471
池の原遺跡（細）……………………………… 25, 114
行谷貝塚（縄）……………………………………… 262
石神遺跡（草）……………… 37, 41, 45, 63, 82
　　　　　　　　　　　168, 284, 285, 300, 303
　　　　　　　　　　　　　　　　　334, 429
石小屋洞穴（草）…………… 199, 201, 219, 222, 224
　　　　　　　　　　　　　　　225, 226, 313
石畑岩陰（草）……………………………………… 226
石山貝塚（押）……………… 312, 313, 343, 349, 352
　　　　　　　　　　　　　　　　　　　468
石山遺跡（草）……………… 16, 18, 22, 104, 106
　　　　　　　　　　　　　　　　　130, 146
市ノ久保遺跡（細）………… 15, 28, 91, 94, 102
　　　　　　　　　　　147, 155, 160, 163, 2
一ノ沢洞穴（草）…………… 45, 48, 60, 215, 216
　　　　　　　　　　　　　　　　　222, 226
市道遺跡（押）……………………… 437, 440, 441
市場坂遺跡（神）………………… 39, 41, 45, 61, 74
一峰神社貝塚（縄）………………………………… 260
稲荷沢遺跡（押）………………… 316, 320, 321, 322
稲荷原遺跡（撚）…………… 284, 285, 303, 334, 371
　　　　　　　　　　　382, 383, 388, 395, 406

　　　　　　　　　　　　　　　429, 430, 434
乾田II遺跡（草）…………………………………… 224
伊府遺跡（草）……………………………………… 41
今郡カチ内遺跡（押）……… 334, 392, 393, 394, 395
　　　　　　　　　　　　　　　　　　　414
岩井堂洞穴（早）…………………………… 283, 415
岩井貝塚…………………………………………… 229
岩宿遺跡（先）……………… 31, 32, 34, 36, 85
　　　　　　　　　　　95, 106, 180, 181, 187
　　　　　　　　　　　　　　　194, 196, 209
岩瀬遺跡（草）……………………………… 224, 225
岩垂原遺跡（神）……………………… 40, 47, 62
岩土原遺跡（細）…………………………………… 91
岩ノ鼻遺跡（押）…………………………………… 328
上野A遺跡（先）…………………………………… 120
上野遺跡……………………………… 14, 15, 192, 213
上野原遺跡（早）…………………………… 9, 73, 145
上ノ平遺跡（草）…………………………… 103, 104
上ノ原遺跡（細）…………………………… 15, 94
上原遺跡（細）……………………………………… 114
臼谷岡ノ城遺跡（草）……………………………… 105
後野遺跡（細・神）………… 8, 15, 16, 43, 44
　　　　　　　　　　　49, 85, 87, 95, 101
　　　　　　　　　　　121, 146, 180, 182, 192
　　　　　　　　　　　　　　　　　　　208
後野A遺跡（神）…………………………………… 100
後野B遺跡（細）…………………………… 102, 114
内原遺跡（沈）……………………… 383, 384, 408, 432
卯ノ木遺跡（押）…………………………… 104, 294
卯ノ木南遺跡（草）………………… 103, 104, 105
売場遺跡（沈）……………………………………… 459
上場遺跡（草）……………………………… 160, 218, 220
生谷境遺跡（押）…………………………………… 430
栄ノ浦海底遺跡（草）……………………… 229, 235, 242
越中山K・S遺跡（先）……………… 114, 117, 120
越中山E遺跡（先）………………………………… 125
恵日山遺跡（押）…………………………………… 349
柄沢遺跡（草）……………………………… 213, 223
遠藤貝塚（縄）……………………………………… 262
大網山田台（細）…………………………………… 114

大浦山遺跡（撚）……………………………… 242
大刈野遺跡（神）……………… 8, 100, 125, 126, 130
　　　　　　　　　　　　　　　　　　　208, 211
大川遺跡（押）………………… 286, 287, 295, 296, 300
　　　　　　　　　　　　　303, 314, 320, 326, 328
　　　　　　　　　　　　　　　　　　332, 333
大平山元Ⅰ遺跡（神）……………4, 8, 14, 15, 16
　　　　　　　　　　　　　　　35, 43, 44, 46, 47
　　　　　　　　　　　　　　48, 85, 87, 95, 98
　　　　　　　　　　　　　101, 105, 111, 121, 128
　　　　　　　　　　　　　146, 158, 168, 180, 181
　　　　　　　　　　　　　　　　　　　　208
大平山元Ⅱ遺跡…………………………47, 125, 130
大寺山洞穴………………… 7, 229, 230, 247, 248
　　　　　　　　　　　　　249, 252, 263, 265, 266
大鼻遺跡（押）………………………… 288, 315, 326
大原遺跡（撚）………………… 195, 371, 372, 374, 375
　　　　　　　　　　　　　380, 381, 428, 441
大道端遺跡（押）……………………………… 347
大平遺跡（沈）………………………… 382, 402, 403
大谷寺洞穴（草）…………………47, 197, 216
御髪内貝塚（縄）……………………………… 260
沖ノ島海底遺跡（撚）……… 231, 238, 239, 242, 243
　　　　　　　　　　　　　252, 253, 254, 256, 262
　　　　　　　　　　　　　　　263, 264, 265, 266
沖餅遺跡（細）………………………………… 102
奥ノ仁田遺跡（草）……… 9, 145, 152, 155, 218
置戸安住遺跡（神）………………… 44, 98, 180
小佐原遺跡（草）……………………………… 226
小竹貝塚（縄）………………………………… 258
打越遺跡（縄）…………………………260, 261
お仲間林遺跡（先）…………………………… 120
お宮の森遺跡（草）……………………225, 226
表舘1遺跡（草）…………………………221, 225
恩原遺跡（細）……………………100, 114, 116, 149

カ

飼古屋岩陰（押）……………………………… 288
貝殻山遺跡（沈）……………………………… 470
貝沼遺跡（神）…………………………………39
加賀名遺跡………………………………… 247
角二山遺跡（細）……………………………113, 116
柿原遺跡（尖）………………………………… 152
栫ノ原遺跡（草）………………………………9, 215
糟塚遺跡（押）………………………………… 347
柏原遺跡（押）……………………… 155, 221, 347

頭無遺跡（細）………………… 16, 92, 102, 114, 130
加曽利貝塚（縄）……………………………… 262
勝坂遺跡（草）………………… 8, 15, 92, 94, 100
　　　　　　　　　　　　　　　　　102, 138, 208
金谷原遺跡（先）……………………………… 120
歌舞島B洞穴………………………………… 247
蒲田遺跡（押）………………………………… 347
鎌石橋遺跡（草）……………………………… 218
上下田遺跡（細）…………………………………91
上黒岩洞穴（草）……………… 41, 100, 213, 223, 225
上草柳遺跡（細）……………………………… 102
上滝遺跡（沈）………………………………… 436
神滝遺跡（押）…………………………344, 349
上野第一地点（草）…………… 8, 15, 88, 89, 92
　　　　　　　　　　　　　　94, 101, 102, 208, 211
　　　　　　　　　　　　　　　　　　　　223
上野第二地点（草）…………………………… 223
上福岡貝塚（縄）……………………………… 260
上屋地A遺跡（神）……………………………35
唐沢B遺跡（神）…………… 18, 35, 40, 42, 43
　　　　　　　　　　　　　　44, 47, 48, 50, 52
　　　　　　　　　　　　　100, 126, 128, 168, 180
御座岩遺跡（押）……………………………… 301
鴨子平遺跡（細）……………………………… 114
鴨平遺跡（草）………………………………219, 225
唐貝地貝塚（押）……………… 282, 283, 408, 415
刈又坂遺跡（沈）……………… 343, 351, 414, 441
川木谷遺跡（神）……………………… 16, 100
川島谷遺跡（草）……………………………… 225
神鍋遺跡（押）………………… 287, 297, 300, 302, 303
　　　　　　　　　　　　　　　　　305, 348
冠遺跡（先）…………………………… 15, 100
観音谷地遺跡（押）…………………………283, 415
黄島貝塚（押）………………… 342, 343, 348
喜子川遺跡（縄）……………………………212, 220
北貝塚（縄）…………………… 260, 262, 465, 468, 469
　　　　　　　　　　　　　　　　　　　　470
北宿西遺跡（沈）……………………………469, 470
木戸場A遺跡（細）…………………………… 114
狐久保遺跡（草）……………………………… 223
木の根遺跡（撚）……………… 394, 430, 432, 434, 471
桐山和田遺跡（草）…………………………… 223
久古遺跡（押）………………………………… 288
九合洞穴（草）………………… 105, 223, 224, 225, 300
　　　　　　　　　　　　　　　　　　　　319
久我台遺跡（押）……………………………… 430

葛原沢遺跡（草）	223, 225
栗木Ⅳ遺跡（草）	224
下り林遺跡（押）	294
黒川東遺跡（草）	223
黒浜貝塚（縄）	260
車塚遺跡（押）	349
高山寺貝塚（押）	256
神並遺跡（押）	315, 319, 326, 328, 333
広福寺遺跡（草）	223
向陽台遺跡（押）	286, 332, 334
こうもり穴洞穴（縄・弥）	229, 230, 249
小坂西遺跡（沈）	436
小瀬ガ沢洞穴（草）	210, 211, 219, 224, 225, 226
小橋貝塚（縄）	260
五平遺跡（沈）	383, 384
小山遺跡（押）	430, 431
小馬背遺跡（草）	40, 62
小船渡平遺跡（沈）	408
米島貝塚（縄）	260
御領貝塚（縄）	152

サ

塞ノ神遺跡（押）	419, 436, 437, 440
西鹿田遺跡（草）	197
相模野149遺跡（草）	202, 210, 211
桜井平遺跡（沈）	451, 452, 453, 454, 455
桜峠遺跡（押）	351
酒呑ジュリンナ遺跡（草）	25, 41, 45, 47, 48, 63, 81, 219, 223, 224
幸畑遺跡（押）	283, 415
佐野洞穴（縄）	229, 230, 248
狭山B遺跡（細）	43, 114, 132, 133, 134, 135
猿島遺跡（撚）	242
実信貝塚（縄）	259
三角穴半洞穴（沈）	466, 470
三角山遺跡（草）	9, 145, 155, 160
三ノ原遺跡（草）	226
三枚原遺跡（草）	226
三里塚遺跡	470
鹿渡遺跡（撚）	429, 430, 431, 433
砂野遺跡（神）	43
杉谷遺跡（細）	114, 116, 136
椎ノ木遺跡	470
地国穴台遺跡（草）	223
篠岡貝塚（縄）	260
下荒田遺跡（沈）	435
下川原A遺跡（押）	283, 415
下久具遺跡（押）	349
下鶴間長堀遺跡（先）	97, 102
下宿遺跡（草）	215, 216, 222, 225
下高洞遺跡（草）	263, 264
下堤D遺跡（細）	114
下茂内遺跡（神）	8, 15, 24, 29, 100, 102, 106, 130, 146, 208, 211
蛇王洞洞穴（沈）	282, 409, 412
正源寺遺跡（細）	114
正面中島遺跡（細）	114
白滝遺跡（神）	38, 59, 65, 116
白滝13地点（神）	47, 48
白岩尾掛遺跡（草）	202, 210, 224, 225
白草遺跡（細）	23, 92, 106, 114, 146
白鳥平遺跡（草）	218, 219
白浜遺跡（沈）	408
城ノ台貝塚（沈）	252, 380, 381, 425, 452, 465, 466, 467, 468, 470, 474, 475, 476, 477, 478, 479, 480, 481, 482, 483, 484, 485, 486, 487, 488, 489, 490, 491
神宮寺遺跡（押）	287, 295, 297, 301, 313, 314, 328
新田貝塚（縄）	260
新道4遺跡（細）	29, 98
壬遺跡（草）	104, 105, 215, 216, 221, 224, 225, 448
陣場上遺跡（沈）	470
新納屋2遺跡（押）	283
駿河小塚遺跡（細）	25, 92, 102
瀬戸口遺跡（草）	218
仙川遺跡（先）	97
泉福寺洞穴（草）	28, 48, 87, 106, 145, 146, 147, 148, 149, 150, 153, 159, 160, 161, 180, 198, 199, 200, 201, 209, 210, 212, 213, 214, 216, 217, 218, 219, 220, 221, 224, 229, 347, 352, 448
早水台遺跡（押）	346
掃除山遺跡（草）	152, 155, 159, 160, 217

	219
総豪遺跡（押）	349
園田遺跡（尖）	152
側ヶ谷戸貝塚（縄）	260
側ヶ谷戸遺跡（神）	39, 52, 74

タ

代官山遺跡（先）	97, 106, 146
大新町遺跡（沈）	201, 214, 216, 219, 222, 225, 283, 392, 395, 403, 409, 412, 413, 414, 415, 417, 437, 441
台木B遺跡（沈）	451, 452, 453, 454, 455
大丸遺跡（撚）	195, 284, 294, 309, 312, 313, 379, 401, 427
高賀遺跡（押）	349, 350
鷹島海底遺跡（押）	253, 254, 256, 265
高出北ノ原遺跡（神）	40, 45, 47, 62, 79
多久三年山遺跡（神）	15, 37, 44, 47, 48, 147, 152
武田石高遺跡（沈）	451
竹ノ内遺跡（押）	283, 284, 335, 371, 383, 384, 385, 394, 395, 407, 408, 415, 416, 418, 421, 428
田沢遺跡（草）	40, 45, 47, 48, 61, 104, 105, 223
タチカルシュナイB遺跡（細）	19, 44, 45, 48, 105
立野遺跡（押）	294, 309, 312, 313, 314, 315, 316, 319, 320, 329
滝ノ口遺跡（押）	429, 431, 433
立縫遺跡（押）	288
田戸遺跡（沈）	312, 374, 380, 458, 459
駄場先遺跡（草）	223
多摩ニュータウンNo.269遺跡（押）	284, 303
多摩ニュータウンNo.205遺跡（押）	428
多摩ニュータウンNo.796遺跡（草）	29, 100, 104, 202, 210, 211
多摩ニュータウンNo426（草）	223
田面木平遺跡（沈）	459, 460
樽岸遺跡（神）	14, 44, 45, 47, 48, 84, 98, 180
樽口遺跡（細）	114, 123, 124, 125, 126, 130, 136, 146
茶園遺跡（細）	100, 101, 153, 154
帖地遺跡（草）	8, 9, 91, 102, 145

	153
長者久保遺跡（神）	14, 20, 32, 34, 37, 38, 40, 43, 44, 45, 47, 48, 49, 59, 84, 90, 98, 101, 106, 126, 128, 133, 146, 161, 168, 175, 176, 177, 178, 179, 180, 181, 182
長兵衛岩陰（縄）	229
塚田遺跡（沈）	435
月岡遺跡（細）	114
月山沢遺跡（細）	114, 120, 121
月山沢J遺跡（神）	100, 106, 120, 121, 146
月夜野遺跡（神）	39, 60, 73
月出松遺跡（草）	224
綴子遺跡（神）	43, 45, 50, 98, 170
辻ノ内遺跡（神）	37, 40, 61, 76
堤貝塚（縄）	262
津畑遺跡（先）	155
津吉遺跡（細）	150
手児塚遺跡（神）	61, 79
寺尾遺跡（草）	18, 40, 45, 48, 61, 75, 89, 90, 100, 104, 106, 146, 202, 210, 211
寺谷戸遺跡（撚）	428
東京国際空港No.12遺跡（草）	223
東京国際空港No.14遺跡（沈）	470
鴇崎貝塚（撚）	7, 239
渡具知東原遺跡（縄）	160, 220
飛ノ台貝塚（押）	351
戸谷沢遺跡（神）	39, 60, 70
鳥浜貝塚（草）	7, 215, 216, 219, 220, 222, 223, 224, 225, 226, 253, 258, 272

ナ

中尾田遺跡（押）	346
中尾岳洞穴（草）	28, 48, 105, 106, 146, 153, 221
中後迫遺跡（押）	346
中ッ原遺跡（細）	24, 92, 106, 114, 146
中土遺跡（細）	21, 114
中林遺跡（草）	90, 103, 104
仲町遺跡（草）	225
中道遺跡（神）	40, 43, 45, 61, 74
夏島貝塚（撚）	5, 6, 7, 195, 239

- 505 -

	242, 252, 284, 294, 309
	313, 372, 378, 401, 427
	428, 430, 465
西向野遺跡（沈）	466, 469, 470
西之城貝塚（撚）	7, 239, 465
中甫洞穴（縄）	220
長堀北遺跡（草）	15, 16, 23, 92, 94
	100, 102, 104, 106, 138
	146, 153
中本遺跡（草）	44, 45, 48, 59, 66
	98
中見代第1遺跡（草）	215, 216, 222, 225
なすな原遺跡（草）	40, 61, 214, 216, 222
	223
鉈切洞穴（縄）	230, 247, 248, 249
鳴鹿山鹿遺跡（草）	17, 18, 41, 44, 45
	47, 48, 50, 63, 81
	84, 100, 104, 106, 118
	146, 165, 167, 168, 169
	170, 172, 173, 174
仲町A遺跡（草）	226
ナラサス遺跡（沈）	467, 470
成井遺跡（草）	219
西方貝塚（縄）	261, 262
西谷遺跡（草）	40, 45, 61, 74, 225
	313
西谷A遺跡（沈）	470
西又遺跡（草）	40, 45, 47, 62
新田野貝塚（縄）	259, 260
荷取洞穴（草）	213, 224, 313
二宮森腰遺跡（撚）	284, 285, 303, 334, 429
額田大宮遺跡（細）	102
沼尾原遺跡（沈）	469
野岳遺跡（細）	16, 28, 94, 95, 102
	147, 150, 152, 153
野国遺跡（縄）	160, 220
野渡貝塚（縄）	260

ハ

場北遺跡（神）	43
萩平遺跡（草）	105, 317, 319
はけうえ遺跡（沈）	383, 384, 388, 395, 428
橋立洞穴（草）	197, 201, 224, 313
八森遺跡（神）	98, 99, 100, 101, 118
	128, 133, 137
椛の湖遺跡（草）	197, 312, 314

花見山遺跡（草）	27, 40, 45, 48, 49
	61, 213, 214, 216, 221
	222, 223, 224
花輪台貝塚（撚）	282, 283, 294, 312, 313
	379, 380, 381, 415, 428
	429, 430, 431, 432
羽根尾貝塚（縄）	261
馬場野遺跡（草）	214, 216, 415, 418
浜弓場遺跡（沈）	436, 470
林跡遺跡（草）	223
判ノ木山西遺跡（沈）	435
樋沢遺跡（押）	285, 286, 288, 290, 291
	294, 295, 301, 302, 303
	304, 308, 309, 310, 311
	312, 313, 314, 315, 320
	321, 322, 323, 327, 328
	329, 330, 331, 332, 333
	334, 335, 395, 407, 408
	418, 421, 425, 426, 427
	428, 436, 437, 441
東庄内A遺跡（押）	297, 300
東寺方遺跡（神）	39, 41, 61, 75
東方遺跡（撚）	303, 384, 428
東寺山石神遺跡（撚）	284, 285, 300, 303, 334
	429
東田原八幡遺跡（沈）	451
東名海底貝塚	253, 256, 257, 258, 259
	265
東麓郷2遺跡（神）	98
常陸伏見遺跡（沈）	451, 454
仁柿百合遺跡（押）	349
日向洞穴（草）	45, 48, 60, 71, 197
	201, 204, 213, 214, 223
	224, 226, 351
日計遺跡（押）	282, 283
干満遺跡（草）	216, 222
日吉神社遺跡（押）	349, 350
平坂貝塚（撚）	195, 238, 239, 242, 263
	264, 284, 294, 301, 302
	303, 304, 305, 309, 310
	313, 334, 378, 384, 401
	408, 427, 428, 432, 465
平出丸山遺跡（沈）	436
深原遺跡（押）	347, 352
深見諏訪山遺跡（先）	97, 214, 216
福井洞穴（細・草）	15, 32, 33, 48, 87

	106, 145, 146, 147, 148
	149, 150, 153, 155, 158
	160, 180, 196, 197, 198
	199, 200, 201, 204, 209
	213, 216, 217, 218, 219
	220, 221, 223, 224, 314
福沢遺跡（押）……………	316, 320, 321, 322, 329
	331
二ッ木向台貝塚（撚）……………………	429
不動ケ岩屋洞穴（草）………27, 37, 41, 45, 48
	52, 63, 82, 106, 146
吹切沢遺跡（沈）………………………………	408
舟塚原遺跡（沈）………	382, 389, 391, 392, 395
	406, 469
船野遺跡（細）……………15, 16, 28, 91, 92
	94, 95, 101, 102, 103
	147, 150, 152, 153, 155
	160, 161
普門寺遺跡（押）………	284, 294, 301, 302, 303
	304, 312, 313, 334, 335
	372, 380, 381, 383, 384
	388, 395, 408, 418
別宮家野遺跡（押）…………………327, 328
蛇新田遺跡（神）………………40, 61, 76
平台貝塚（押）………………………………	351
辺田山谷遺跡（沈）…………	383, 387, 395
弁天島遺跡（神）………………………40, 62
坊池遺跡（押）……………………349, 350
宝導寺貝塚（縄）……………………………	259
星の宮遺跡（押）………287, 349, 350, 352
細久保遺跡（押）……	286, 287, 294, 301, 302
	303, 304, 309, 310, 311
	312, 313, 314, 315, 321
	327, 328, 331, 332, 333
	334, 335, 350, 389, 395
	407, 408, 418, 419, 425
	426, 435, 436, 437, 440
	441, 442
穂谷遺跡（押）………………288, 303, 348
法華原遺跡（押）……………………………	347
ホロカ沢遺跡（細）………44, 92, 95, 102, 120
	125, 128, 130, 132, 133
	135
本寿寺洞穴（縄）……………………229, 249

マ

真井原遺跡（押）……………………………	429
舞ノ原遺跡（押）……………………………	346
槙の内貝塚（縄）……………………………	260
先刈海底貝塚（押）………	244, 253, 255, 256, 259
	265, 272
前田遺跡（細）……………16, 22, 41, 63, 82
	102
前田耕地遺跡（草）……………17, 18, 23, 104
前原遺跡（草）………………………………	105
前原A遺跡（沈）……………………………	470
増子川小石遺跡（草）………………………	226
桝形遺跡（細）……………16, 22, 47, 130, 190
松ヶ崎貝塚（縄）……………………………	249
松ケ峯No.237遺跡（押）……	418, 419, 437
松田遺跡（押）……………………283, 415
馬取貝塚（縄）………………………………	288
馬見岡遺跡（細）………………114, 130, 131
間村遺跡（神）………………………59, 65, 98
丸山遺跡（細）……………………………114, 116
馬渡岩陰（草）………………………48, 105, 225
真脇遺跡（縄）……………………………242, 258
万田貝殻坂貝塚（縄）………………………	261
神子柴遺跡（神）……………14, 17, 18, 32, 33
	35, 40, 42, 43, 44
	47, 50, 85, 86, 95
	100, 106, 107, 126, 128
	133, 168, 170, 180, 181
	196
水久保遺跡（草）……………………………	226
水子貝塚（縄）………………………………	260
水砂遺跡（沈）………………………………	470
水迫遺跡（草）……………………………9, 145
南葛野遺跡（草）……………………………	105
南大溜袋遺跡（草）…………………	18, 104
南原遺跡（草）……………………104, 105, 223
三戸遺跡（沈）………	284, 308, 309, 374, 381
	382, 383, 384, 389, 401
	403, 404, 406, 407, 408
	419, 435, 441
三つ木遺跡（押）……………………319, 322
三船台遺跡（草）……………………………	223
皆野遺跡（神）…………………………	40, 168
港町岩陰（押）……………………349, 352
箕輪Ⅱ貝塚（縄）……………………………	260
宮ノ入遺跡（神）……………17, 40, 50, 170

宮ノ前遺跡（細）	114, 128, 216	湯ノ花遺跡（細）	114, 125
宮林遺跡（草）	201, 204, 220	弓張平B遺跡（草）	18, 104, 120
明鐘崎洞穴（縄）	248	横井竹ノ山遺跡（草）	159
向境遺跡（撚）	431	横倉遺跡（神）	15, 18, 43, 50, 100
向中野遺跡（押）	349, 350		170
向ノ原遺跡（草）	216, 224	吉岡遺跡（草）	104
向原遺跡（沈）	470, 471	吉田遺跡（神）	98
向山遺跡（押）	408, 440	芳見沢遺跡（細）	8, 102, 130, 208
ムシリ遺跡（沈）	408		
武者ヶ谷遺跡（草）	210, 211, 221	ラ	
モサンル遺跡（神）	35, 38, 40, 43, 44	陸別遺跡（神）	15, 98
	48, 49, 51, 98, 180	領家遺跡（草）	41, 100
持川遺跡（神）	18, 39, 50, 98, 170	浪人塚遺跡（沈）	435
本ノ木遺跡（草）	17, 32, 40, 86, 103		
	104, 105, 196, 225, 496	ワ	
物見台遺跡（沈）	408	若宮遺跡（押）	322
門田遺跡（草）	37, 103, 150, 160, 212	早稲田貝塚（沈）	408
	218, 220	和良比長作遺跡（押）	430, 431
村杉遺跡（神）	40, 44, 48		
室谷洞穴（草）	197, 216, 461	〈海外〉	
		アファントバ・ゴラ遺跡	34
ヤ		ウスチ・ベラヤ遺跡	34, 182
安毛遺跡（押）	349, 350	昆々渓遺跡	52
家敷畑遺跡（神）	40	沙鍋屯洞穴	52
安原遺跡（先）	155	スヤンゲ	149
ヤトコロ遺跡（押）	346	チャドベック遺跡	34, 182
柳又遺跡（草）	48, 92	ドロンノール遺跡	52
柳又A遺跡（細）	114	メジン遺跡	445
ヤーヤー洞穴（縄）	220	林西遺跡	52
宥勝寺北遺跡（草）	219		

索　引　－用　語－

ア

相木式……………………287, 288, 435, 441
アサ………………………………239, 241
アトランテック期…………………………244
荒屋型彫器………………116, 117, 133, 149
安行式……………………………290, 403, 449
Ⅰ文様帯………………213, 384, 392, 404, 409
　　　　　　　　427, 434, 437, 440, 450
　　　　　　　　452, 454, 461, 468, 469
　　　　　　　　　　　　　470, 471
岩土原型細石核………………………………102
浮島式……………………………………259
渦巻紋………………425, 445, 446, 447, 448
　　　　　　　　451, 452, 454, 455, 457
　　　　　　　　458, 459, 460, 461, 471
畦原型細石核………………………………150, 152
卯ノ木式……………………………301, 303, 304
浦幌式……………………………………197
A.M.S法………………………3, 4, 7, 113, 115
　　　　　　　　　　　　　　　　146
As-YP火山灰………………16, 102, 130, 132, 211
As-SP火山灰………………………………102, 130
As-YPk火山灰……………………125, 126, 130, 132
海老山型細石核………………………………92
円盤形石核……………………………14, 47, 170
円盤形（C型）………………………………44
円盤形C型石核………………………………48
遠軽ポイント…………………46, 48, 105, 192
円筒下層式……………………………………401
オカ遺跡・オカ貝塚………………242, 256, 264
大磯型地震……………………………………261
「大磯型地震隆起」…………………………263
大浦山式…………………7, 238, 239, 429, 431
大浦山式Ⅰ式………………………………238, 432
大浦山式Ⅱ式………………………………432
大川式……………281, 286, 287, 288, 290
　　　　　　　　296, 301, 302, 304, 311
　　　　　　　　314, 315, 318, 319, 320
　　　　　　　　321, 322, 323, 326, 327
　　　　　　　　328, 333, 334, 426, 427

442
大川・神宮寺式……………308, 310, 311, 314, 315
　　　　　　　　317, 318, 319, 321, 322
　　　　　　　　323, 326, 328, 333, 334
押圧縄紋……………40, 48, 103, 104, 105,
　　　　　　　　150, 189, 197, 201, 213
　　　　　　　　216, 219, 220, 221, 225
　　　　　　　　226, 295, 426, 461, 468
押型紋文化………………8, 343, 351, 352, 353
押型紋文化圏…………………………………432
押型紋土器………………7, 152, 153, 155, 193
　　　　　　　　194, 197, 200, 220, 221
　　　　　　　　226, 227, 238, 253, 254
　　　　　　　　255, 257, 281, 282, 283
　　　　　　　　284, 285, 286, 287, 288
　　　　　　　　290, 293, 294, 295, 296
　　　　　　　　300, 301, 302, 303, 304
　　　　　　　　307, 308, 309, 310, 311
　　　　　　　　312, 313, 314, 315, 317
　　　　　　　　322, 326, 329, 331, 332
　　　　　　　　333, 334, 335, 343, 344
　　　　　　　　346, 347, 348, 349, 351
　　　　　　　　352, 353, 371, 372, 374
　　　　　　　　375, 394, 401, 403, 407
　　　　　　　　408, 415, 418, 419, 421
　　　　　　　　426, 427, 428, 429, 431
　　　　　　　　435, 437, 441, 442, 461
押型紋1期海水面……………………254, 256, 265
押型紋2期海水面……………254, 255, 256, 257, 265
押引紋土器…………………………152, 158, 221
大鼻式……………………288, 326, 327, 328, 334
大原3類土器………………371, 379, 380, 381, 382
　　　　　　　　　　　　383, 384, 392, 394
大平山元技法…………………………………120
大谷寺3式……………………………………226
興津式…………………………………………249
打越式海退説…………………………………258
遠賀川式土器…………………………………115
温根沼式………………………………………408

- 509 -

恩原・湧別型細石核	16		33, 36, 37, 48, 51
			85, 86, 87, 88, 89
カ			91, 92, 93, 94, 95
貝殻沈線紋文化	8		97, 98, 100, 101, 102
海退	231, 243, 244, 249, 252		103, 105, 106, 111, 118
	260, 261, 262, 263, 266		145, 146, 192, 196, 197
回転縄紋土器	197, 272, 427		199, 201, 208, 209, 217
拵ノ原型石斧	155, 158		221
カキ礁	7, 242, 245, 246, 254	佐野式	290
	256, 257, 260, 262, 266	沢式	285, 286, 290, 295, 296
加治屋園型細石核	102, 150, 152, 153		302, 311, 322, 323, 332
金堀式	429, 430, 431		333, 334, 407, 408, 437
神山型彫器	136	^{14}C 年代	3, 4, 5, 7, 8
窩紋土器	198, 202, 208, 210, 211		32, 33, 34, 35, 49
亀ヶ岡式土器	115, 193, 374, 449		87, 96, 133, 146, 182
茅山式	374, 379		185, 187, 193, 197, 204
唐津型細石核	150, 153		208, 212, 239, 245, 246
川原田式	288		247, 254, 256, 257, 263
関東大震災	231, 243, 247		266, 273, 274, 275, 278
神鍋第10地点式	302, 304		314, 428
黄島式	254, 288, 442	滋賀里式	290
曲線紋	425, 445, 448, 449, 450	子母口式	195, 247, 374, 378, 379
	451, 454, 455, 457, 458		395, 403, 425, 435, 465
	459, 460, 461, 465, 468		469, 471
	471	植刃	17, 46, 104, 158, 190
黒浜式	259, 260, 261, 266		276
元禄地震	248	植民論	111, 115, 116, 117, 136
格子目紋土器	210, 211	塞ノ神式	284, 287, 435, 436
格子目紋	202, 254, 294, 296, 300	塞ノ神B式	257
	302, 304, 309, 313, 317	縄紋海進	7, 35, 230, 231, 242
	319, 320, 372, 380, 389		243, 244, 245, 246, 247
	428, 431, 436		249, 252, 253, 255, 256
較正年代	3, 4, 7, 111, 113		257, 258, 259, 260, 261
小瀬ガ沢式	87, 199, 200, 201, 202		262, 263, 264, 265
	209, 210, 211	縄紋海進Ⅰ期	265, 266
小瀬ガ沢ポイント	46, 105	縄紋海進Ⅱ期	265, 266
古文様帯	8, 213, 216, 223, 226	縄紋海進Ⅲ期	265, 266
	384, 392, 427, 461, 468	縄紋海進Ⅳ期	265, 266
古紋様帯	225	縄紋海進Ⅴ期	266
高山寺式	255, 256, 272, 287, 288	照葉樹林文化論	145
	303, 350, 441	条痕紋土器	158, 221, 461, 465
五領ヶ台式	260	植物模倣文様	446
		蛇王洞Ⅱ式	409, 412
サ		十三菩提式	249
西海技法	98, 149, 150, 161	下宿式	221
細石器文化	8, 13, 15, 16, 32	下小野式	259

白鳥平式	218, 220		407, 408, 414, 418, 421
白浜式	408, 409, 412, 468		434, 469
神宮寺式	255, 281, 286, 287, 288	立川ポイント	38, 46, 48, 98, 104
	290, 295, 296, 301, 302		192
	304, 310, 311, 314, 315	立野式	286, 288, 290, 294, 295
	318, 319, 320, 321, 322		302, 304, 307, 308, 311
	323, 326, 327, 328, 333		312, 313, 314, 315, 317
	334, 427, 442		318, 319, 320, 321, 322
神宮寺・大川式	293, 294, 295, 296, 297		323, 326, 328, 329, 331
	300, 302, 303, 304, 322		333, 334, 335, 426, 427
人工模倣文様	446, 447		428, 437, 441
人体模倣文様	447	縦刻原体	293, 297, 300, 302, 304
杉久保型ナイフ形石器	136		322, 323, 426, 437
住吉式	374, 403	田戸下層式	254, 285, 287, 304, 351
擦切技法	278		371, 372, 375, 377, 378
石鏃文化	13, 14, 16, 158		379, 380, 381, 382, 384
石刃技法	8, 14, 15, 89, 96		389, 392, 395, 403, 404
	97, 98, 100, 104, 106		406, 407, 412, 415, 435
	138, 190, 192		436, 449, 450, 451, 452
石刃鏃	275		454, 455, 461, 465, 468
関山式	259, 260, 261, 449		469, 470, 471, 472
瀬戸内技法	17, 117	田戸上層式	212, 287, 377, 378, 379
繊維土器	193, 374, 401, 402, 403		380, 381, 392, 395, 403
泉福寺10層式	200, 217		435, 449, 450, 451, 452
「前期旧石器」捏造事件	3		454, 455, 457, 458, 459
前期旧石器	146, 152		460, 461, 465, 468, 471
前期初頭海水面	249, 252, 265, 266		472
掃除山式	218	田村式	288
早水台式	288	断面三角形	39, 40, 41, 42, 46
続細石器文化	48, 100, 105, 147, 155		47, 181, 190
	161, 192, 268	千歳式	451, 459
		短編年	245, 253, 266
タ		長編年	7, 266
大木式	401, 403	彫掻器	15, 98, 125, 133, 178
「第三の土器」	3, 7, 8, 192, 200	槻木式	374
	201, 208, 209, 210, 211	爪形紋土器	37, 103, 158, 160, 180
	212, 221, 227		197, 198, 199, 201, 204
大新町式	283, 389, 404, 406, 408		212, 213, 216, 217, 218
	409, 412		219, 220, 221, 223, 224
楕円紋	254, 285, 286, 287, 288		225, 295, 311, 312, 314
	290, 294, 296, 300, 303		315, 323, 326, 409
	309, 313, 317, 318, 319	低湿地性貝塚	242, 258, 259, 260, 262
	320, 322, 323, 328, 332	デポ	17, 18, 50, 90, 98
	334, 435, 436, 437, 440		100, 121, 152, 170, 180
	441	天矢場式	238, 432
竹之内式	284, 371, 384, 392, 406	豆粒紋土器	87, 149, 198, 199, 205

- 511 -

	209, 210, 212, 213, 216
堂地西式	218, 220
動物模倣文様	446
轟A式	257
トロトロ石器	341, 342, 343, 344, 345, 346, 347, 352, 353, 354

ナ

ナイフ形石器文化	8, 39, 92, 95, 117, 136, 153, 181, 238
中野A式	451, 458, 459
夏島式	309, 372, 428, 430
七号地海進	243, 244
南北二系論	89, 284, 294, 295, 308, 309, 310, 401, 402, 406, 421
南島型爪形紋土器	160
丹生論争	10, 196
『日本遠古之文化』	115, 193, 195, 196, 198, 374
日本古代文化学会	8, 195, 372, 376, 377
Ⅱ文様帯	450, 468
沼段丘	246, 248, 263
沼サンゴ礁	245, 246, 249, 252
ネガティヴ押型紋	145, 255, 281, 286, 287, 288, 293, 426
野岳・休場型細石核	102, 152

ハ

ハイドロアイソスタシー	246, 263
蓮田式	401
花輪台式	282, 283, 285, 294, 379, 380, 415, 428, 429, 430, 431, 432
花見山式	221, 223, 224
半月形石器	17
花積下層式	259, 260, 261, 469
椛の湖式	314
ハマ遺跡・ハマ貝塚	242, 256, 259, 261, 262, 263, 264, 266
東釧路式	197
東山型ナイフ形石器	136
樋沢式	285, 286, 288, 290, 308, 311, 313, 314, 315, 321, 322, 323, 328, 329, 331, 332, 333, 334, 335, 407

	426, 427, 428, 436, 437, 441
日計式	227, 281, 282, 283, 284, 287, 290, 304, 310, 311, 335, 351, 352, 383, 384, 392, 394, 401, 406, 408, 409, 412, 413, 414, 415, 418, 419, 421, 426, 427, 434, 435, 437, 441
平坂式	238, 263, 284, 294, 301, 302, 303, 304, 384, 428, 432
表裏縄紋土器	226, 312, 314, 315, 326, 335, 427
福井型細石核	89, 90, 149, 150, 153
福井式	200, 217, 218, 223
舟塚原類	382, 389, 392, 406, 469
「舟形沈文」	297, 301, 319
普門寺式	284, 294, 301, 302, 303, 304, 313, 372, 383, 384, 408, 418
篦紋土器	199
「本州型」爪形紋	218, 220
細久保式	286, 287, 302, 303, 310, 311, 314, 328, 332, 333, 350, 389, 407, 426, 435, 436
穂谷式	288, 303, 348
ポジティヴ押型紋	426

マ

円鑿形石斧	7, 34, 155, 177, 178, 181, 182
三浦層群鏡ヶ浦層	232, 238, 252, 265
港川人	3
神子柴文化（神子柴・長者久保文化）	4, 7, 8, 9, 13, 14, 15, 16, 17, 18, 32, 33, 34, 35, 36, 37, 38, 39, 40, 43, 44, 46, 47, 48, 49, 51, 52, 85, 86, 87, 88, 89, 90, 91, 92, 93, 94, 95, 96, 97, 98, 100, 101, 102, 103, 104, 105, 106, 111, 118, 121, 125, 126, 145, 146

- 512 -

	147, 149, 152, 153, 155
	158, 160, 161, 170, 180
	181, 182, 189, 190, 192
	197, 201, 208, 209
神子柴型石斧	15, 16, 35, 36, 41
	88, 89, 91, 93, 100
	101, 102, 103, 120, 128
	133, 136, 138, 147, 152
	155, 168
三戸式	187, 193, 194, 238, 247
	285, 294, 303, 304, 371
	372, 374, 375, 377, 378
	379, 380, 381, 382, 383
	384, 392, 394, 395, 401
	402, 403, 404, 406, 407
	409, 419, 421
宮林式	221, 226
ミネルヴァ論争	8, 32, 33, 115, 136
	138, 193, 195, 196, 208
	307, 375
明神裏式	465, 471, 472
ムシリ式	282, 408
本ノ木論争	8, 10, 17, 18, 32
	33, 87, 91, 103, 193
	196, 208, 379
本ノ木式	18, 103, 104, 196, 198
	199, 201, 209, 216, 218
	220, 223, 225, 226
物見台式	458, 459
諸磯式	259, 261, 372, 449
文様帯系統論	213, 427, 447, 450, 468

ヤ

矢柄研磨器	14, 17, 46, 158, 190
	205, 206, 276, 278
ヤトコロ式	288, 346
ヤンガードリアス期	7, 244
矢羽根状押型紋	429
山形紋	254, 284, 285, 286, 290
	294, 295, 296, 297, 300
	302, 303, 309, 311, 313
	317, 318, 319, 320, 321
	322, 323, 327, 328, 329
	331, 332, 333, 334, 372
	380, 408, 419, 428, 429
	430, 434, 436, 437, 440

	441
有耳石斧	277, 278
有舌尖頭器文化	38, 43, 46, 47, 48
	86, 94, 95, 98, 100
	103, 106, 136, 146, 152
	158, 180, 189, 190, 192
	208
湧別技法	14, 16, 92, 98, 100
	101, 102, 103, 111, 113
	116, 117, 120, 121, 126
	130, 133, 136, 149, 161
撚糸紋土器	3, 7, 49, 88, 185
	186, 187, 193, 194, 195
	196, 197, 198, 204, 205
	216, 226, 281, 282, 284
	285, 290, 293, 294, 295
	303, 304, 308, 309, 310
	311, 312, 313, 314, 315
	334, 335, 352, 371, 372
	374, 375, 376, 377, 378
	379, 381, 382, 384, 394
	401, 402, 403, 406, 407
	408, 415, 418, 421, 426
	427, 428, 429, 430, 431
	432, 437, 450, 469
八日市新保式	290
横刻原体	297, 302, 304, 322, 323
	426
撚糸紋期海水面	242, 243, 250, 252, 254
	256, 264, 265

ラ

絡条体圧痕紋土器	216, 225, 226, 430, 431
蘭越型細石核	150
隆起線紋土器	3, 8, 33, 35, 36
	41, 44, 46, 47, 48
	49, 87, 90, 91, 95
	96, 106, 145, 147, 150
	152, 155, 158, 160, 189
	190, 192, 196, 197, 198
	199, 201, 202, 205, 208
	209, 210, 211, 212, 213
	216, 217, 218, 221, 223
	227, 281, 296, 314, 401
	461
両面調整技法	14, 98, 102

〈海外〉

- アンドロノヴォ文化······················· 277
- イサコヴォ文化················ 7, 32, 33, 34, 35
  44, 47, 51, 52, 53
  86, 87, 181, 182, 274
  275
- カタコンブ··································· 278
- カルツゥーム文化···························· 52
- カレリア型石斧······················ 277, 278
- キトイ文化······················ 274, 276, 278
- グルマトゥハ文化···························· 51
- グラスコーヴォ文化······················· 274
- ケルチェミナール文化···················· 276
- ゴルドノヴォ文化·························· 277
- ジェスニスク・ソジュスク文化·········· 52
- シヴェラ文化······························· 276
- スマトラリス文化··························· 31
- セロヴォ文化················ 47, 51, 52, 53, 274
  275
- セルト型細石核···························· 150
- トアラ文化····························· 31, 32, 181
- バイカル編年················ 51, 274, 275, 276
- バジタン文化································ 31
- ハットグレイブス························· 278
- パッセイジグレイブス···················· 278
- ファーユム文化······························ 52
- ヒン文化···························· 274, 275, 276
- ホアビニアン文化······················ 31, 32, 181
- ペリカチⅠ文化······························ 51
- リトリナ海進···························· 35, 245, 272

初出一覧

序　説　　多岐亡羊の起源論
　　　　　2003　「多岐亡羊の縄紋文化起源論」『季刊考古学』　第 83 号　雄山閣

第Ⅰ部　　細石器文化と神子柴文化
　第 1 章　縄紋文化移行期の石器群の変遷
　　　　　1993　「縄紋文化移行期石器群の諸問題」『環日本海における土器出現期の様相』　日本考古学協会　新潟大会実行委員会
　第 2 章　神子柴・長者久保文化について
　　　　　1979　「御子柴・長者久保文化について」『奈良国立文化財研究所研究論集』Ⅴ　奈良国立文化財研究所
　第 3 章　神子柴文化をめぐる 40 年の軌跡
　　　　　1999　「神子柴文化をめぐる 40 年の軌跡－移行期をめぐるカオス－」『先史考古学研究』第 7 号　阿佐ヶ谷先史学研究会
　第 4 章　細石器文化と神子柴文化の危険な関係
　　　　　2006　「細石器文化と神子柴文化の危険な関係」『石器に学ぶ』第 9 号　石器に学ぶ会
　第 5 章　九州島の細石器文化と神子柴文化
　　　　　2002　「九州島の細石器文化と神子柴文化」『泉福寺洞穴　研究編』　発掘者談話会
　付編 1　福井県鳴鹿山鹿遺跡出土の局部磨製石斧
　　　　　1983　「福井県鳴鹿山鹿遺跡出土の局部磨製石斧（土肥孝と共著）」『考古学雑誌』第 65 巻 1 号
　付編 2　青森県長者久保遺跡
　　　　　1983　「青森県長者久保遺跡」　戸沢光則・安蒜政雄編　『探訪先土器の遺跡』　有斐閣

第Ⅱ部　　先土器時代から縄紋時代
　第 1 章　移行期の時期区分について
　　　　　1986　「先土器時代から縄紋時代へ」『考古学研究』　第 33 巻第 1 号
　第 2 章　「縄紋土器起源論」のゆくえ
　　　　　1994　「「縄紋土器起源論」のゆくえ－「正統」と「異端」の相剋－」『季刊考古学』第 50 号

第 3 章　縄紋土器起源の系譜とその変遷
　　　　2008　「縄紋土器起源の系譜とその変遷」『先史考古学研究』第 11 号　阿佐ヶ谷先史学研究会

第 4 章　沖ノ島海底遺跡の意味するもの
　　　　2012　「沖ノ島海底遺跡の意味するもの − 縄文海進と隆起現象のはざまで − 」『千葉大学文学部考古学研究室 30 周年記念　考古学論攷』　千葉大学文学部考古学研究室

付編 1　山内説と比較年代法
　　　　1982　「山内説と C − 14 年代」『シンポジウム C − 14 年代の信頼性』　文部省科学研究費特定研究「古文化財」総括班

第Ⅲ部　押型紋土器の編年とその技法
　第 1 章　押型紋土器の地域性
　　　　1987　「押型紋土器」『季刊考古学』第 21 号

　第 2 章　神宮寺・大川式押型紋土器について
　　　　1980　「神宮寺・大川式押型紋土器について − その回転施紋具を中心に − 」『考古学論叢　藤井祐介君追悼記念』

　第 3 章　立野式土器の出自とその系統
　　　　1989　「立野式土器の出自とその系統をめぐって」『先史考古学研究』第 2 号　阿佐ヶ谷先史学研究会

　第 4 章　トロトロ石器考
　　　　1983　「トロトロ石器考」『人間・遺跡・遺物 − わが考古学論集 1 − 』　発掘者談話会

第Ⅳ部　押型紋土器と沈線紋土器の編年的関係
　第 1 章　埼玉県大原遺跡第 3 類土器をめぐって
　　　　1992　「埼玉県・大原第 3 類土器をめぐって」『人間・遺跡・遺物 − わが考古学論集 2 − 』　発掘者談話会

　第 2 章　関東・北の沈線紋と関・東北の押型紋
　　　　1997　「関東・北の沈線紋と関・東北の押型紋 − 三戸式土器と日計式土器の編年的関係 − 」『人間・遺跡・遺物 3 − 麻生優先生退官記念論文集 − 』　発掘者談話会

　第 3 章　関東・中の沈線紋と関・中部の押型紋
　　　　2010　「関東・中の沈線紋と関・中部の押型紋 − 三戸 3 式と細久保 2 式の編年的関係 − 」岡本東三・柳澤清一編『土器型式論の実践的研究』　人文社会科学研究科　研究プロジェクト報告書第 128 集　千葉大学大学院人文社会学研究科

第4章　縄紋土器における曲線紋の成立
　　　2001　「縄紋土器における曲線紋の成立」『千葉県史研究』　第9号
付編1　城ノ台南貝塚の田戸下層式土器の細分
　　　1995「田戸下層式土器（第Ⅱ群土器）について」『城ノ台南貝塚発掘調査報告書』　千葉大学文学部考古学研究報告第1冊　千葉大学文学部考古学研究室

著者紹介

岡本　東三（おかもと　とうぞう）

1947年東京都生まれ。

1971年明治大学大学院修士課程修了。

1971年より奈良国立文化財研究所主任研究官・文化庁記念物課文化財調査官を経て、1987年より千葉大学文学部助教授、1996年より千葉大学文学部教授。

主な著書に『東国の古代寺院と瓦』（吉川弘文館）・『古代寺院成立と瓦』（山川出版社）・『房総の先端から列島史を考える』（千葉日報社）、掲載論文のほか「法隆寺天智九年焼亡をめぐって」（『文化財論叢』）・「舟葬説再論」（『大塚初重先生頌寿記念考古学論集』）・「横浜で生まれた仏蘭西瓦」（『横浜市歴史博物館紀要』6）などがある。

千葉大学考古学研究叢書　5
縄紋文化起源論序説

2012年2月21日　初版発行

著　者　岡本　東三
発行者　八木　環一
発行所　株式会社　六一書房
　　　　〒101-0051　東京都千代田区神田神保町 2-2-22
　　　　TEL　03-5213-6161　　FAX　03-5213-6160
　　　　http://www.book61.co.jp　　E-mail info@book61.co.jp
　　　　振替　00160-7-35346

印　刷　藤原印刷株式会社

ISBN978-4-86445-011-9 C3021　　© Tozo Okamoto 2012　　Printed in Japan